Felix Urban
Gleiches zu Gleichem:
Figurenähnlichkeit in der späthöfischen Epik

Quellen und Forschungen zur Literatur- und Kulturgeschichte

Begründet als
Quellen und Forschungen
zur Sprach- und Kulturgeschichte
der germanischen Völker

von

Bernhard Ten Brink und
Wilhelm Scherer

Herausgegeben von
Ernst Osterkamp und
Christiane Witthöft

101 (335)

De Gruyter

Gleiches zu Gleichem: Figurenähnlichkeit in der späthöfischen Epik

‚Flore und Blanscheflur', ‚Engelhard',
‚Barlaam und Josaphat', ‚Wilhalm von Wenden'

von

Felix Urban

De Gruyter

ISBN 978-3-11-221559-3
e-ISBN (PDF) 978-3-11-069100-9
e-ISBN (EPUB) 978-3-11-069109-2
ISSN 0946-9419

Library of Congress Control Number: 2020936392

Bibliografische Information der Deutschen Nationalbibliothek
Die Deutsche Nationalbibliothek verzeichnet diese Publikation in der Deutschen
Nationalbibliografie; detaillierte bibliografische Daten sind im Internet
über http://dnb.dnb.de abrufbar.

© 2025 Walter de Gruyter GmbH, Berlin/Boston
Dieser Band ist text- und seitenidentisch mit der 2020 erschienenen gebundenen Ausgabe.
Satz: Dörlemann Satz, Lemförde
Druck und buchbinderische Verarbeitung:
CPI books GmbH, Leck

www.degruyter.com

Vorwort

Die vorliegende Arbeit wurde im Wintersemester 2018/2019 von der Neuphilologischen Fakultät der Ruprecht-Karls-Universität Heidelberg unter dem Titel „Gleiches zu Gleichem. Ähnlichkeit zwischen Figuren in der deutschsprachigen Epik des 13. Jahrhunderts. Flore und Blancscheflur – Barlaam und Josaphat – Engelhard – Wilhalm von Wenden" als Dissertation angenommen und für den Druck geringfügig überarbeitet.

Diese Studie zur Figurenähnlichkeit in der späthöfischen Epik ist das Produkt eines Weges, auf dem ich von der Unterstützung vieler profitieren durfte. Mein Dank gilt dabei all jenen, die durch Ermunterung, kritische Fragen und handfeste Korrekturen dazu beigetragen haben, dass aus einer vagen Idee ein Buch werden konnte. Insbesondere danke ich Ludger Lieb, der mich mit kreativen und inspirierenden Diskussionen für die Mediävistik begeistert, mein Interesse an kulturhistorischen und narratologischen Fragestellungen gefördert und vor allem diese Arbeit von Anfang an interessiert, intensiv und zeitaufwendig betreut hat. Mathias Herweg danke ich ebenso für die regelmäßige und intensive Betreuung, darüber hinaus aber vor allen Dingen für das Einbringen seiner weitreichenden Sachkenntnis zum Werk Rudolfs von Ems und Ulrichs von Etzenbach und einer dementsprechend kritischen Lektüre, die zu mehreren fruchtbaren inhaltlichen Diskussionen geführt und mein Buch verbessert haben.

Auch ohne die unterstützende, inspirierende und ermunternde (Büro-) Gemeinschaft mit Isabella Managò, Laura Velte und Simon Pupic, die meine Arbeit Stück für Stück gelesen, korrigiert und an vielen Abenden mit mir diskutiert haben, wäre dieses Buch nicht entstanden – und hätte das alles nicht so viel Spaß gemacht. Bedanken möchte ich mich außerdem bei allen Mitgliedern unseres mediävistischen Kolloquiums bzw. dem mediävistischen Team des Germanistischen Seminars in Heidelberg für die zahlreichen Diskussionen und Abende, die alle auf ihre Weise in diese Arbeit eingeflossen sind – das sind neben den bereits genannten insbesondere: Tobias Bulang, Ricarda Wagner, Michael Ott, Sophie Knapp, Helge Perplies und Stefan Seeber. Schließlich und sowieso danke ich Alice Urban für die Geduld, die Ermunterungen und aufbauenden Gespräche, für Wochenenden in Kölner Bibliotheken und die Freude an den manchmal etwas seltsamen Geschichtchen von Flore, Blanscheflur, Engeltrud und Engelhard.

Des Weiteren danke ich der Studienstiftung des deutschen Volkes für die finanzielle Unterstützung während der dreijährigen Arbeit an diesem Projekt und den Herausgeber/innen der Reihe Quellen und Forschungen, zu der mein Buch nun glücklicherweise zählen darf.

Heidelberg im April 2020
Felix Urban

Inhalt

1 Ähnlichkeit und Liebe. Einleitung 1
  1.1 Homophilie: Die Liebe zum Gleichen 1
  1.2 Zur Fragestellung dieser Untersuchung 6
  1.3 Erzählkern der Entdifferenzierung 10
    1.3.1 Fariduddin 'Attars ‚Vogelgespräche' 11
    1.3.2 Wolframs von Eschenbach ‚Parzival' 15
  1.4 Themen der Forschung 20
    1.4.1 Stellvertretung 22
    1.4.2 Personenidentifizierung 26
    1.4.3 Sympathie 33
    1.4.4 Zur Forschungseinordnung der vorliegenden Arbeit 38
  1.5 Begriffe 39
  1.6 Zum Textkorpus 41
  1.7 Zum Aufbau dieser Arbeit 47
  1.8 Theorie. Erzählen von Gleichheit und Differenz 50
    1.8.1 Entdifferenzierung 53
    1.8.2 Ähnlichkeitsnormen 57
    1.8.3 Erzählprothesen 62

2 Ähnlichkeit denken 69
  2.1 Einleitendes: Transpersonalität und Sympathie 69
  2.2 Gleiches in Gleichem. Kosmos 78
    2.2.1 Die Kette der Wesen 79
    2.2.2 Heilsame Entdifferenzierung 96
    2.2.3 Zusammenfassung 103
    2.2.4 Lektüre: ‚Narzisslied' 105
  2.3 Gleiches aus Gleichem. Verwandtschaft 121
    2.3.1 Lektüre: ‚Eneasroman' 122
    2.3.2 Zeugungstheorien 125
    2.3.3 Einleiblichkeit 132
    2.3.4 Zwillinge 141
    2.3.5 Inzest 145
    2.3.6 Zusammenfassung 152
  2.4 Gleiches zu Gleichem. Freundschaft 155

	2.4.1 Lektüre: Schöpfungsgeschichten	156
	2.4.2 Einleitendes	162
	2.4.3 Begriffe	163
	2.4.4 Schriften	165
	2.4.5 Bilder	185
	2.4.6 Ähnlichkeitsnormen im Freundschaftsdiskurs	189
	2.4.7 Freundschaft und Liebe	192
	2.4.8 Zusammenfassung	201
2.5	Zusammenfassung	204
3 Ähnlichkeit erzählen	209
3.1	Liebe: Diesseits der Stille. ‚Flore und Blancheflur'	209
	3.1.1 Dynamik der Differenz und Stille der Einheit. Expositionen	214
	3.1.2 Ähnlichkeitsnormen in ‚Flore und Blancheflur'	221
	3.1.3 Das verlorene Paradies. Blancheflurs Scheingrab	231
	3.1.4 Die Wieder-Holung des Paradieses	234
	3.1.5 Wo Gleiches ist, ist auch ein Weg. Flores Reise nach Babylon	240
	3.1.6 Gleiches zu Gleichem. Der Erzählrahmen	248
	3.1.7 Zusammenfassung	251
3.2	Freundschaft: Zwei Hälften eines Apfels. ‚Engelhard'	254
	3.2.1 Kristall unter Kieseln. Ähnlichkeitsnormen im ‚Engelhard'	262
	3.2.2 Der gebotene Apfel. Eine Freundschaft wie im Paradies	277
	3.2.3 Zwei Hälften eines Apfels. Einheit und Ähnlichkeit der Freunde	284
	3.2.4 Eine Frage des Geschmacks. Wahrnehmen und Erkennen	292
	3.2.5 Evas Apfel. Liebe, Freundschaft und Familie	305
	3.2.6 Zusammenfassung	311
3.3	Glaube: Erleuchtete Herzen. ‚Barlaam und Josaphat'	314
	3.3.1 Ähnliche Figuren in der Gattungstradition der *chansons de geste*	318
	3.3.2 Ähnliche Figuren in der Stofftradition des ‚Barlaam und Josaphat'	327
	3.3.3 Ähnlichkeitsnormen im ‚Barlaam und Josaphat'	329
	3.3.4 (Un-)Gleiche Zauberer. Nachor und Barlaam	332
	3.3.5 Erweiterung statt Alternative. Der zweite Barlaam	335
	3.3.6 Sichtbare Heiligkeit. Ähnlichkeit und Erkenntnis	342
	3.3.7 Welt und Wüste. Gottesähnlichkeit durch Entsagung	344
	3.3.8 Einheit der Dreiheit. Zur Figurenkonstellation	351
	3.3.9 Zusammenfassung	355
3.4	Verwandtschaft: Prekäre Einheit. ‚Wilhalm von Wenden'	356
	3.4.1 Gott und die Welt. Ähnlichkeitsnormen im ‚Wilhalm von Wenden'	361

       3.4.2 Die Einheit des ‚Sippenkörpers' und die Liebe zum Gleichen . 380
       3.4.3 Danus und Boizlabe in der Echokammer. Zwillinge 386
       3.4.4 Zusammenfassung 404

4 Zusammenfassung der Ergebnisse 409

5 Bibliographie 421
    5.1 Primärliteratur 421
    5.2 Sekundärliteratur 424

6 Register 449

1 Ähnlichkeit und Liebe. Einleitung

1.1 Homophilie: Die Liebe zum Gleichen

Engeltrud weiß sich zu helfen: Des Problems, sich in zwei Personen zugleich verliebt zu haben (und sich entscheiden zu müssen), weil diese sich zum Verwechseln ähnlich sehen, entledigt sie sich, indem sie kurzerhand deren *namen in den munt* nimmt (v. 1169) und einer vergleichenden Kostprobe unterzieht.[1] Ein synästhetisches Zusammenspiel köstlich-süßer Klänge verhilft ihr zu der Entscheidung, von nun an nicht mehr Dietrich, sondern ausschließlich Engelhard zu lieben, denn:

> *die zwéne namen, sam mir got,*
> *Engeltrûd und Engelhart,*
> *gehellent nâch gelîcher art*
> *und zement bî einander wol.*
> *dâ von ich Engelharten sol*
> *für Dieterichen minnen.*
> (v. 1206–1211)

Zuneigung erweist sich als eine Frage des Geschmacks – und der Ähnlichkeit. Zu dieser Szene aus Konrads von Würzburg um 1260 entstandenem Roman ‚Engelhard' ließe sich noch einiges sagen, etwa, dass Namensgleichheit hier offenbar, für höfische Verhältnisse unüblich, Statusgleichheit sticht (denn anders als die Königstochter Engeltrud und der Herzogsohn Dietrich ist Engelhard Kind eines verarmten Grafen).[2] Hier aber genügt zunächst die Feststellung, dass Engeltrud mit dem Denkmuster, das sie ihrer Entscheidung zugrunde legt, keineswegs allein, sondern in einer langen Tradition steht: Von Homers ‚Odyssee' (7. Jahrhundert v. Chr.) über die Freundschaftstheorien Platons (5. Jahrhundert v. Chr.), Aristoteles' (4. Jahrhundert v. Chr.) und Ciceros (1. Jahrhundert n. Chr.), über die Traktate des

---

1   Zitiert nach: Konrad von Würzburg, Engelhard, hg. von Ingo Reiffenstein, 3., neubearbeitete Auflage der Ausgabe von Paul Gereke, Tübingen 1983.
2   Vgl. zur Szene Küsters, Blick (1994), S. 302–309, ders., Gewissheit (2012), S. 783–786, Schulz, Unterscheidungen (2002) sowie ders., Erkennen (2008), S. 395–403, und J.-D. Müller, Kompromisse (2007), S. 223 f., sowie ausführlich in Kap. 3.2.4.3 in dieser Arbeit. Zur Frage der Datierung vgl. Brunner, Phantasien (1981), S. 286–299.

Kirchenvaters Augustinus (4. Jahrhundert n. Chr.), des Mönchs Aelred von Rievaulx (12. Jahrhundert n. Chr.) und die Liebeslehre des Andreas Capellanus (12. Jahrhundert n. Chr.),[3] über die Brautwerbungsmuster der höfischen Epik bis in die Online-Dating-Plattformen des 21. Jahrhunderts:[4] Überall scheint die These Geltung zu beanspruchen, dass die Ähnlichkeit zwischen Menschen die Voraussetzung von Liebe, Zuneigung und Freundschaft sei – dass Gleiches sich gerne zu Gleichem geselle.[5]

Nicht nur die Behauptung einer solchen ‚Homophilie', einer ‚Liebe zum Gleichen',[6] sondern auch das ausgeprägte Interesse an ihren Ursachen ist von einer bemerkenswerten kulturellen und historischen Konstanz.[7] So wurde sie über die antiken und mittelalterlichen Freundschafts- und Liebestheorien hinaus auch im wissenschaftlichen Diskurs des 20. und 21. Jahrhunderts unter dem Begriff der ‚Sympathie' zum Gegenstand der Ethnologie[8] und insbesondere zu einem ausgesprochen beliebten Forschungsfeld der Sozialpsychologie,[9] die seit den Untersuchungen des Psychologen Donn

---

3 Vgl. für das Mittelalter z.B. Schnell, Causa (1985), S. 304ff. Dass es diese Vorstellung des ‚Gleichen zum Gleichen' schon in der vorsokratischen Zeit gab, zeigt J.-D. Müller, Gleiches (1965), zur Vorsokratik S. 155–167, zu Platon, S. 177–183. Zu den entsprechenden Freundschafts- und Liebestheorien siehe Kap. 2.4.

4 Vgl. Heine/Foster/Spina, Variation (2009), S. 247.

5 Sentenzen, die Vergleichbares ausdrücken, finden sich bereits in der frühesten Antike, vgl. das Material bei C. W. Müller, Gleiches (1965), S. 160, Anm. 30, und bei Fürst, Streit (1996), S. 237.

6 Vgl. den Abschnitt ‚Gleich und gleich gesellt sich gern: Homophilie' des Kapitels von Kessels/Hannover, Gleichaltrige. In: Pädagogische Psychologie, hg. von Elke Wild und Jens Möller, Berlin 2009, S. 283–304, hier: S. 291ff. Auf S. 291 wird ‚Homophilie' wie folgt definiert: „Homophilie bezeichnet allgemein das Phänomen, dass Kontakt zwischen ähnlichen Personen wahrscheinlicher ist als Kontakt zwischen unähnlichen Personen, Gruppen-Homophilie das Phänomen, dass Mitglieder einer Gruppe ähnlicher sind als Nicht-Gruppenmitglieder und Freundschafts-Homophilie das Phänomen, dass Menschen auch ihre Freunde vorzugsweise unter solchen Personen wählen, die ihnen selbst auf relevanten Merkmalen ähnlich sind."

7 Vgl. dazu Heine/Foster/Spina, Variation (2009).

8 Vgl. K. E. Müller, Universum (1987), v.a. S. 198–216, sowie Kap. 2.1 in dieser Arbeit.

9 Es handle sich um „[o]ne of the most robust findings in the literature on interpersonal attraction", schreiben etwa Heine/Foster/Spina, Variation (2009), S. 247, ähnlich bereits Montoya/Horton, Investigation (2012), S. 64. In letzter Zeit scheint sich in der Sozialpsychologie allerdings die Erkenntnis durchgesetzt zu haben, dass es möglicherweise weniger objektiv nachweisbare Ähnlichkeit (*actual similarity*), als vielmehr die von den Individuen wahrgenommene und zugeschriebene Ähnlichkeit (*perceived similarity*) sei, die zur Zuneigung führe, vgl. dazu Tidwell/Eastwick/Finkel, Attraction (2013) sowie Selfhout/Denissen/Branje/Meeus, Similarity (2009). Darüber hinaus weisen neuere Meta-Studien darauf hin, dass sich der Zusammenhang zwischen Ähnlichkeit (in Werten und Charaktereigenschaften) und Zuneigung zwar dort nachweisen lässt, wo keine oder nur kurzzeitige Interaktion zwischen den Personen stattfand (z.B. indem man den Proband*innen Bilder von diesen Personen zeigte), nicht aber in längeren Beziehungen, vgl. dazu v.a. Montoya/Horton/Kirchner, Metaanalysis (2008).

Byrne in den 1960er und 1970er Jahren vom *Byrne-* oder *Similarity-Attraction*-Effekt spricht.¹⁰

Anders als im Falle der Behauptung selbst, ist hinsichtlich der Frage, *weshalb* es zu einem solchen Zusammenhang von Ähnlichkeit und Zuneigung komme, spitzt man den Befund ein wenig zu, ein recht grundsätzlicher Unterschied zwischen vormodernen und modernen Erklärungsmodellen zu konstatieren. Dies sei hier zunächst an einem Roman illustriert, der wenige Jahrzehnte nach Konrads ‚Engelhard' entstanden ist: Der ‚Reinfrid von Braunschweig' (um 1300) macht die ‚Homophilie'-These zum Thema eines kleinen Exkurses¹¹ und vermag so einen Einblick in weit verbreitete Erklärungsmuster seiner Zeit zu geben.¹² Wenn es auch besser sei, nach dem Höchsten und Besten zu streben, so unterrichtet die *Minne* den Erzähler – am Ende strebe stets Gleiches zu Gleichem (v. 8792–8797):¹³

> *Diz ist an allen dingen*
> *ez sî übel, ez sî guot,*
> *ez sî trûric, hôhgemuot,*
> *ez sî leidic, ez sî frô,*
> *ez sî nider, ez sî hô,*
> *ez sî swach, ez sî gesunt,*
> *wilt und zam, daz ist mir kunt*
> *an armen und an rîchen:*
> *sô minnet sîn gelîchen*
> *ein ieclîch creâtiure.*
> *diz kunt von der nâtiure*
> *von irre maht und ouch ir kraft.*
> (v. 8788–8801)

Der Erzähler des ‚Reinfrid' hält die Liebe zum Gleichen für ein allgemeingültiges Prinzip (*an allen dingen*), das nicht nur für den Menschen, sondern für jedes geschaffene Wesen (*ein ieclîch creâtiure*) gelte, und führt sie auf eine in allen Dingen wirkende, gottgegebene Kraft zurück, die zugleich das innere Wesen einer Person umfasst (*nâtiure*).¹⁴ Weder von diesem universellen

---

10 Vgl. Byrne, Attraction (1971).
11 Vgl. zu den Exkursen im ‚Reinfrid von Braunschweig' insgesamt Linden, Exkurse (2017), S. 369–442, speziell zu dem hier besprochenen: S. 418–422.
12 Zitiert nach ‚Reinfrid von Braunschweig', hg. von Karl Bartsch, Stuttgart 1871. Als *terminus post quem* für die Entstehungszeit gilt die Erwähnung des Verlusts der Kreuzzugsfestung Akkon im Jahr 1291, vgl. Ebenbauer, Art. Reinfried von Braunschweig. In: VL 7 (1989).
13 Ein weiteres Beispiel für einen solchen expliziten Erzählerkommentar findet sich in Konrads von Würzburg ‚Der Trojanische Krieg', hg. von Adelbert von Keller, Stuttgart 1858, v. 7806–7810: *Nâture ist alsô liste rîch: | wâ si mac vinden ir gelîch, | daz wol ir art gebillet, | dem grebet's unde billet | biz ûf den grunt der sêle.*
14 Vgl. zur Natur als Ursache der Minne insgesamt Schnell, Causa (1985), S. 286–311, und zu den Konzeptionen von *nâtiure* in der mittelalterlichen Epik Goetz, Gott (2011), S. 15–38,

Anspruch noch von der These einer ‚natürlichen' Einheit der ähnlichen Wesen, die sich lieben, geht die Sozialpsychologie aus, wenn sie sich auch keineswegs einig darüber ist, wie sich die sympathiefördernde Wirkung von Ähnlichkeit[15] erklären lässt:[16] Die einen führen sie auf die positiv erfahrene Bekräftigung eigener Wertvorstellungen und Ansichten zurück (*Reinforcement-*Hypothese),[17] andere auf die Berechenbarkeit der Interaktion (*Uncertainty-reduction-*Hypothese),[18] wieder andere vermuten, dass allein die Information, eine Person vertrete ähnliche Einstellungen wie man selbst, dazu führe, dass man dieser Person weitere ‚positive' Eigenschaften zuschreibe (*Information-integration-*Hypothese).[19]

Indem diese Erklärungsangebote einer modernen empirischen Sozialpsychologie von der psychisch-kognitiven Situation eines (menschlichen) Individuums ausgehen, unterscheiden sie sich nun fundamental von den vornehmlich von der Theologie geprägten Vorstellungen des christlich-europäischen Mittelalters. Hier wird die Annahme einer Liebe zum Gleichen nicht vom Einzelnen, sondern vom Ganzen, von der gottgeschaffenen Ordnung aller Dinge aus gedacht: Indem es im ‚Reinfrid' die ‚Natur' ist, die ähnliche Wesen, ob Mensch oder Tier, miteinander verbindet, proklamiert dieser Roman, wie viele andere Texte dieser Zeit, die Homophilie als universales, kosmologisches Prinzip,[20] das gelegentlich sogar dazu führt, dass sich Menschen zu *Gegenständen* hingezogen fühlen, wenn

---

Grubmüller, *Natûre* (1999), sowie Friedrich, Ordnung (2009). Letzterer (S. 74) erläutert: „Die Natur fungiert als Wille Gottes. Im Hintergrund steht die Vorstellung, daß Gott jedem Geschöpf […] spezifische Eigenschaften zugewiesen und die Obhut für diese Dispositionen an die Natur delegiert hat […]." Vgl. zu der Stelle auch Schnell, Causa (1985), S. 304. Linden, Exkurse (2017), S. 418, weist außerdem darauf hin, dass damit andere *causae amoris* ausgesetzt werden: „Nicht mehr die tugendhafte Vervollkommnung des Ritters im Minnedienst führt zu Minneerfolg, auch nicht das Wirken der personifizierten Minne als äußere Schicksalsmacht, sondern Minne folgt dem allgemeinen Gesetz der Natur, die Gleich und Gleich einander erkennen und lieben lässt."

15 Dabei werden verschiedenste Merkmale der jeweiligen Testpersonen berücksichtigt: In den meisten Studien geht es um Ansichten und Wertvorstellungen; geforscht wurde allerdings auch zur Ähnlichkeit der Charaktereigenschaften, der Hobbys, der Namen, des Alters, der Bildung, der Religion u.v.m. Mit Angabe der Studien zu den einzelnen Merkmalen vgl. Montoya/Horton, Investigation (2012), S. 64f., sowie Heine/Foster/Spina, Variation (2009), S. 247.
16 Ich folge hier den Ausführungen von Montoya/Horton, Investigations (2012), S. 65f., Heine/Foster/Spina, Variation (2009), S. 247f., sowie Selfhout/Denissen/Branje/Meeus, Similarity (2009), S. 1152–1154.
17 Vgl. dazu Clore/Byrne, Attraction (1974).
18 Vgl. dazu Berger/Calabrese, Explorations (1975).
19 Vgl. dazu Kaplan/Anderson, Attraction (1973).
20 So zum Beispiel im Freundschaftstraktat Aelreds von Rievaulx (Kap. 2.4.4.7) oder in der Rahmenerzählung zu Konrad Flecks ‚Flore und Blancheflur' (Kap. 3.1.6).

1.1 Homophilie: Die Liebe zum Gleichen

diese bestimmte Merkmale mit ihnen teilen.[21] Zurückgeführt wird diese Anziehungskraft dabei meist auf die Vorstellung einer eigentlichen Einheit der Ähnlichen, beispielsweise auf eine physische Körpereinheit, einen gemeinsamen Leib, eine gemeinsame Natur[22] oder gar auf eine ursprüngliche Einheit allen Seins in der göttlichen Transzendenz, die in der irdischen Vielheit noch als Spur in der Gemeinschaft der Ähnlichen zu finden sei.[23] Dieses ‚vormoderne' Erklärungsmodell zur Homophilie[24] verfügt sogar über zwei Ursprungserzählungen: Gottes Schöpfung des zweiten Menschen aus dem Leib des ersten im Alten Testament und die Teilung der kugelrunden Doppelmenschen durch Zeus in der Aristophanesrede in Platons ‚Symposion' (das man im westlichen Europa allerdings erst im 15. Jahrhundert wiederentdeckte).[25] Nicht die kognitive Funktionsweise des Individuums steht im Zentrum mittelalterlicher Erklärungen der ‚Sympathie' zwischen jenen, die sich ähnln,[26] sondern deren (meta-)physische Einheit.

Engeltrud zieht nun aus ihrem Unterscheidungs- und Erkenntnisprozess allerdings noch eine weitere Schlussfolgerung, die sich als naheliegende ‚Schattenseite' des beschriebenen Denkmusters der Liebe fassen lässt: Jener, der ihr im für relevant befundenen Merkmal nicht gleiche, habe nichts weniger als seine Daseinsberechtigung verwirkt. Während sie Engelhard nun sehnsüchtig liebt, wünscht sie Dietrich, so brutal wie konsequent, schlicht-

---

21 Nicht immer machen die Texte dies explizit. Auf ein anschauliches Beispiel dafür haben Schulz, Erkennen (2008), S. 414 f., und zuvor bereits Rikl, Affekt (1996), S. 48 f., hingewiesen: In Konrads von Würzburg ‚Partonopier und Meliur' geben dem verirrten Protagonisten offenbar jene Dinge Orientierung, die ihm im Glanz – Zeichen des höchsten Adels und höfischer Zivilisiertheit – ähneln, vgl. dazu Kap. 2.1.
22 Zahlreiche Beispiele der mittelalterlichen Literatur können dies illustrieren, etwa im Falle der Sympathie zwischen Rennewart und Gyburc (Kap. 3.3.1) oder zwischen Wilhalm und seinen Söhnen bzw. zwischen den Söhnen selbst (Kap. 3.4). In Konrads ‚Trojanerkrieg' etwa wird die Sympathie des Priamus für Paris entsprechend mit dem *sippebluot* begründet (v. 3212), vgl. dazu auch J.-D. Müller, Kompromisse (2007), S. 50.
23 So insbesondere in den neuplatonisch inspirierten Kosmologien des Christentums (Kap. 2.2), die sich auch in die Freundschaftstheorien der Antike und des Mittelalters einschrieben (Kap. 2.4) und als Denkfiguren die Literatur, etwa Konrad Flecks ‚Flore und Blanscheflur' (Kap. 3.1) und Konrads von Würzburg ‚Engelhard' (Kap. 3.2) prägten.
24 Die Ethnologie hat die ‚Sympathie' unter Ähnlichen schon länger auf Prozesse der (Stammes-)Gruppenkonstituierung zurückgeführt, insbesondere Klaus E. Müller, Universum (1987), S. 198–216. Ich komme auf diese Modelle in Kap. 2.1 ausführlicher zurück.
25 Vgl. dazu auch Kraß, Männerfreundschaft (2016), S. 37 ff., und S. 44 f., ausführlich zu den beiden Geschichten Kap. 2.4.1.
26 Der Begriff der ‚Sympathie' kommt von griech. *sympátheia* und meint so viel wie ‚mitleidend' und ‚mitfühlend', vgl. Duden Etymologie. Herkunftswörterbuch der deutschen Sprache, S. 832. In seiner griechischen Verwendung scheint die Konzeption einer eigentlichen Verbundenheit und Einheit der Verschiedenen mitgedacht zu sein, vgl. Kap. 2.4.4.4.

weg den Tod (v. 1225–1235).²⁷ Das Prinzip des ‚Gleichen zum Gleichen' ist ohne den Ausschluss des ‚Ungleichen' nicht zu denken.

1.2 Zur Fragestellung dieser Untersuchung

Weniger konstant als die Behauptung, dass ähnliche Personen sich zugeneigt seien, ist auch die literarische, insbesondere die narrative Inszenierung von Ähnlichkeit zwischen Figuren. So versieht die höfische Epik erzählte Ähnlichkeit mit für Leser*innen²⁸ der Gegenwart zuweilen ‚fremden' Assoziationen und Erzählelementen²⁹ – etwa wenn, wie erwähnt, eine Königstochter den ‚kulinarischen Klang' zweier Namen kosten muss, um deren Träger zu unterscheiden (‚Engelhard'), wenn die Ähnlichkeit zwischen zwei Personen besonders in einer landschaftlichen Umgebung zu erblühen scheint, die sich nicht vom Wechsel der Tages- und Jahreszeiten betrüben lässt (‚Flore und Blanscheflur'), wenn eine Person, die einer anderen zum Verwechseln ähnlich sieht, trotzdem als Double erkannt wird, weil ihr Körper keine ‚Heiligkeit' ausstrahle (‚Barlaam und Josaphat'), oder wenn ein Herrscher ausgerechnet dann die körperliche Einheit seiner Familie beschwört, nachdem er gerade seine Zwillingssöhne verkauft hat (‚Wilhalm von Wenden').

Die Liste an potenziellen Irritationsmomenten in Geschichten, die von Ähnlichkeit erzählen, ließe sich fortsetzen. Sie war gewissermaßen der Anfang der Entstehung dieser Arbeit, die sich, indem sie sich mit derartigen, zuweilen auch alteritären Bedeutungszuschreibungen der Ähnlichkeit zwischen Menschen beschäftigen wird, als Beitrag zu einer kulturwissenschaftlichen und an der ‚historischen Anthropologie' ausgerichteten Literaturwissenschaft versteht.³⁰

---

27 *Mit der vil süeʒen kündekeit | diu maget vant ein underscheit | an den trûtgesellen ʒwein. | diu schœne kam des über ein | daʒ si von grunde wolte senen | ʒallen zîten sich ûf jenen | und disen wollte mîden. | si wollte gerne lîden | durch Engelharten senenôt | und Dieterîche den tôt | wünschen ʒaller stunde.*

28 Ich verwende in dieser Arbeit den Genderstern, möchte aber darauf hinweisen, dass es Textstellen geben wird, in denen ich ausschließlich die männliche Form verwende, nämlich dann, wenn sich einigermaßen sicher sagen lässt, dass die gemeinte Gruppe, beispielsweise von ‚Autoren', sich selbst als männlich bzw. von ihrem rezipierenden Umfeld oder im Nachhinein als männlich definiert wurde.

29 Vgl. zum Forschungsparadigma der ‚Alterität' mittelalterlicher Literatur und seinen Problemen Kragl, Alterität (2013).

30 Dies ist für die Germanistische Mediävistik eigentlich selbstverständlich, da sie schon immer dazu gezwungen war, die zuweilen aus gegenwärtiger Perspektive befremdlichen Eigenheiten und Bedeutungszuschreibungen mit einem Blick in den ‚Kontext' eines literarischen Textes ‚aufzufangen' und zu erklären. Vgl. zur Theoriebildung vor allem Kiening, Anthropologie (2002), sowie die Beiträge des Sammelbands zur ‚Germanistik als Kulturwissenschaft', hg. von Claudia Benthien und Hans Rudolf Velten (2002), darin insbesondere Röcke, Anthropologie (2002).

1.2 Zur Fragestellung dieser Untersuchung

Zur Diskussion werden die beiden vermeintlich einfachen Fragen stehen, wie und weshalb die deutschsprachige Epik des Mittelalters eigentlich von Ähnlichkeit zwischen Menschen bzw. Figuren erzählt. Gerade in der höfischen Epik, deren Figuren sich ohnehin schon selten elementar voneinander unterscheiden[31] und in denen Homophilie in ihrer spezifisch-höfischen Auslegung narzisstischer Aristophilie[32] geradezu standardmäßig als Basisregel jeder Brautwerbung – „dem Besten die Schönste"[33] – und jeder Männerfreundschaft – ‚dem Besten der Beste' – vorausgesetzt wird,[34] erweist sich die Beantwortung der Frage, weshalb in manchen Fällen Ähnlichkeit besonders hervorgehoben, mit einer Geschichte versehen und problematisiert wird, als ziemlich ertragreich: Offenbar ermöglicht das Erzählen von Ähnlichkeit vor allen Dingen in einigen nicht-arturischen höfischen Romanen des 13. Jahrhunderts, in denen es aus dem Bereich der Zwischenepisoden, Nebenfiguren und impliziten Basiskonfigurationen des Erzählens der früheren Epik ins thematische Zentrum rückt, die Reflexion über Beziehungen, Entscheidungen sowie über – bei aller Allgemeinheit dieser Begriffe – den Menschen, Gott und die Welt. Oft scheint die Literatur dabei die gesellschaftliche Systemstelle einzunehmen, an der Wertekonflikte „symbolisch, und das heißt in der Regel: narrativ, bewältigt werden".[35] Dies geschieht durch erzählte Vermittlungsversuche oder gezielte Kollisionen zwischen konträren Normen, beispielsweise zwischen der Vorstellung, dass alle Menschen sich als Geschöpfe Gottes ähneln, und dem Problem, dass dennoch nicht alle ‚gleich glauben', oder zwischen der Annahme, dass weltliche Ordnungen auf sozialen Unterschieden beruhen müssen, und dem Heilsziel, diese Unterschiede im himmlischen Jenseits zu überwinden.[36]

---

31   Mit Gerok-Reiter, Individualität (2006), S. 43, gesprochen: „Man wird heute […] vom Konsens ausgehen können, dass sich die mittelhochdeutsche Epik gegen eine Suche nach möglichen Individualitätsspuren in besonderer Weise sperrt", denn „Figuren sind, überspitzt formuliert, lediglich Ausführungsobjekte kollektiv gültiger Motivationsstrukturen […]." Vgl. auch Schulz, Erzähltheorie (2015), S. 12: „Die Figuren erscheinen kaum je als komplexe Charaktere […], sondern in erster Linie als Handlungsträger, die bestimmte Typen repräsentieren" – und diese Typen unterscheiden sich eben häufig nur bedingt.
32   Den Begriff der ‚Aristophilie', der ‚Selbstliebe' des Adels, prägte Schultz, Love (2006), S. 79. „Gemeint ist", wie Kraß, Einführung (2014), S. 29, erläutert, „die narzisstische Disposition eines gesellschaftlichen Standes, der vor allem sich selbst begehrt". Vgl. ähnlich ders., Heteronormativitätsforschung (2014), S. 99.
33   Strohschneider, Regeln (1997), S. 9.
34   Weil dieses Prinzip sich an dem anderen narrativen Prinzip, dass sich aus den Gleichen der Tafelrunde stets ein ‚Bester' herausschält, reibt, kommt es in den entsprechenden Freundschaftserzählungen der Artus-Epik zu der eigentümlichen Spannung aus Gleichheit und Rivalität, vgl. dazu Hasebrink, Wunde (2009).
35   J.-D. Müller, Kompromisse (2007), S. 108.
36   Vgl. etwa Strohschneider, Textheiligung (2002), S. 111: „Was immanent ist, die Dinge der Welt und diese insgesamt sind je ein Unterschiedenes und ein Unterscheidbares, so daß sich

Ausgangspunkt dieser Arbeit ist also die Feststellung, dass ein bestimmtes kulturelles Wissen über die Ähnlichkeit zwischen Verwandten, Freund*innen und Geliebten, aber auch zwischen Menschen ganz allgemein, in einigen Texten nicht (mehr) fraglos vorausgesetzt, sondern thematisiert, befragt und problematisiert wird. Der bereits angeführte ‚Reinfrid von Braunschweig' ist ein gutes Beispiel dafür, wie in der späthöfischen Epik die reine ‚Anwendung' des Homophilie-Prinzips nicht mehr immer unhinterfragt Geltung beansprucht, sondern seine Bedingungen genauer beleuchtet werden, indem es etwa darum geht, hinsichtlich *welcher* Merkmale sich ein Liebespaar denn eigentlich ähneln sollte. Höchster Adel, der sich im schönen Aussehen, in vorbildlichen Tugenden und im höfischem Habitus artikuliert,[37] ist in diesem Falle nicht entscheidend, solange die Gleichheit der inneren Wesensart, der ‚Natur', nicht gegeben ist:

> *ez hilfet enkein wirde,*
> *es hilfet schœne kraft noch tugent,*
> *rîcheit milte zuht noch jugent,,*
> *dâ sî denn glîch nâtiure bî.*
> (v. 8816–8819)

Konkret wird es mir mit Blick auf die Darstellungsweise erzählter Ähnlichkeit um drei Fragen gehen, nämlich erstens, von welcher Ähnlichkeit hinsichtlich welcher Merkmale genau erzählt und welche Bedeutung und Bewertung ihr in den jeweiligen Texten auch im Verhältnis zu anderen Merkmalsgleichheiten zugeschrieben wird. Zweitens möchte ich herausarbeiten, inwiefern sich bestimmte Narrative und ‚Erzählkerne' um die Ähnlichkeit zwischen Figuren herausbilden.[38] Und drittens wird die Untersuchung danach fragen, wie die als bemerkenswert markierte Ähnlichkeit sich zu der ‚Ordnung' der jeweiligen Textwelt verhält. Das heißt, es wird auch darum gehen, welche Merkmalsgleichheiten die imaginierten Gemeinschaften der Texte als relevante ‚Zugangsvoraussetzungen' zu diesen Gemeinschaften markieren, welche Merkmale Inklusion, Privilegierung, Schutz, Fürsorge und Wertschätzung ermöglichen (und welche nicht),[39] und wie diese ‚Nor-

---

das Heilige differenztheoretisch [...] bestimmen läßt als das, was jenseits aller Unterschiede ist, was von allen Unterschieden durch einen Unterschied unterschieden ist: das Nichtunterschiedene."

[37] Diese Eigenschaften sind Linden, Exkurse (2017), S. 219, zufolge die wesentlichen Ergebnisse der „vom höfischen Diskurs mühsam erarbeiteten Wert- und Auswahlkategorien im Bereich des Minnehandelns".

[38] Zum Begriff der ‚Erzählkerne' vgl. J.-D. Müller, Kompromisse (2007), S. 29–34, und Kap. 1.3 in dieser Arbeit.

[39] Indem bestimmte Merkmalsdifferenzen zwischen Figuren zu Schutzlosigkeit, Diskriminierung und Exklusion führen, während eine andere Merkmalsgleichheit, etwa der Glanz des

1.2 Zur Fragestellung dieser Untersuchung

men der Ähnlichkeit' in einigen Texten bestätigt, hinterfragt oder gar unterlaufen werden.

Vollkommen neu sind diese Fragen nicht.[40] Neu ist der Anspruch, die bereits vorhandenen Forschungserkenntnisse, die oft kaum Bezug aufeinander nehmen, in einer zusammenhängenden Arbeit in Buchlänge zu bündeln, die genannten Fragen ins Zentrum einer Analyse von Einzeltexten zu stellen, sie an mehreren Texten vergleichend durchzuspielen und ihre Antworten auch konsequent kulturhistorisch herzuleiten, dabei aber die Tendenz zur ‚Konterdiskursivität' literarischer Texte zu berücksichtigen.[41] Letzteres bedeutet im Zusammenhang des Themas dieser Arbeit beispielsweise, dass die Ähnlichkeit zwischen Eltern und Kindern im medizinischen Diskurs meist auf den ‚formenden' Samen des Vaters zurückgeführt und das Ideal einer Vater-Sohn-Ähnlichkeit propagiert (Kap. 2.3.2) oder die Geburt von Zwillingen mit Fehlhaltungen beim Geschlechtsverkehr erklärt und tendenziell als wenig wünschenswert betrachtet wird (Kap. 2.3.4), literarische Texte solche Ähnlichkeitsverhältnisse aber funktional einsetzen und dabei die medizinischen ‚Kenntnisse' auch zuweilen ignorieren – bemerkenswerte Ähnlichkeit also vor allen Dingen textinterne Funktionen erfüllt, die nicht einem zeitgenössischen Gelehrtenwissen entsprechen müssen.[42]

Bevor ich die vorliegende Arbeit in die bisherige Forschungslandschaft einordne, möchte ich eine zentrale Textbeobachtung vorwegnehmen, die sich hinsichtlich zahlreicher Figurenkonstellationen machen ließ, und in diesem Zusammenhang bereits eine wichtige These dieser Arbeit beschreiben. Ich werde dies am Beispiel zweier Texte tun, die eigentlich zur Peripherie meines Korpus' gehören: Der eine, die ‚Vogelgespräche' (persisch *Manṭiq aṭ-ṭair*, um 1200?) des persischen Dichters Fariduddin 'Attar, besetzt für meine Arbeit die Rolle einer bedauernswerten Leerstelle, weil er als *persischer* Text aus dem *islamischen* Kulturraum des Hochmittelalters nicht zu meiner Textauswahl passt, aber geradezu idealtypisch das erzählt, was sich in Ansätzen in der deutschsprachigen höfischen Literatur des 12. und 13. Jahrhunderts finden lässt;[43] der andere, Wolframs von Eschenbach ‚Parzival' (1200/10),

---

Adels, aber den Aufstieg solcher Figuren ermöglichen kann, bewegt sich diese Arbeit auch im Rahmen der Intersektionalitätsforschung, vgl. zur Einführung Kraß, Einführung (2014).

40 Zu nennen sind vor allen anderen die Arbeiten von Ute von Bloh, Doppelgänger (2005), Zwillinge (2007), Gleichheit (2011), und von Armin Schulz, Erkennen (2008), S. 254–289.

41 Vgl. zum Begriff Warning, Konterdiskursivität (1999). Dies bezeichnet die Tendenz literarischer Texte, Annahmen bestimmter (Gelehrten-)Diskurse nicht einfach nur zu übernehmen, sondern abzuwandeln, damit zu spielen, gegen den Strich zu bearbeiten usw. Methodenkritisch dazu, Friedrich, Zähmung (1999).

42 Vgl. die Einführungen zur Relevanz kulturellen Wissens für die Textinterpretation bei Schulz, Erzähltheorie (2015), S. 21–26, mit weiterer Literatur.

43 Ich zitiere den Text nach der deutschsprachigen Übersetzung in Auszügen: ‚Attar, Vogelgespräche und andere klassische Texte. Vorgestellt von Annemarie Schimmel, München

erzählt keineswegs primär von Menschen, die sich ähneln, zeigt aber gerade, weil sich hier Erzählelemente nachweisen lassen, die insbesondere in den Romanen des 13. Jahrhunderts virulent werden sollen, wie prägend bestimmte Denk- und Erzählmuster um die Ähnlichkeit zwischen Menschen bereits in der höfischen Literatur um 1200 gewesen sind.

1.3 Erzählkern der Entdifferenzierung

Die *Textbeobachtung* lautet, dass in mehreren Texten Ähnlichkeit zwischen Figuren als ein (Beziehungs-)Ideal imaginiert wird, was in vielen Fällen dazu führt, dass ähnliche Figuren sich im Handlungsverlauf weiter aneinander angleichen. Ich vermute, dass sich dies, so die *These*, auf neuplatonische Denkmuster zurückführen lässt, die in hohem Maße auf die christliche Theologie des Mittelalters und auf das ‚Imaginäre' auch der höfischen Feudalkultur und ihrer Literatur einwirkten:[44] Maximale Ähnlichkeit spiegelt diesen Denkmustern zufolge eine ursprüngliche, oft transzendent gedachte Einheit, die es über einen Weg der weitgehenden Entdifferenzierung wiederzuerlangen gilt.

Die Liebe zum Gleichen wird in der mittelalterlichen Literatur also häufig im Zusammenhang mit weiteren Erzählelementen narrativ realisiert: Figuren, die Merkmale miteinander teilen, tendieren nicht nur dazu, Sympathie für ‚ähnliche Andere' zu empfinden, sondern auch dazu, sich diesen weiter anzugleichen, wobei verbliebene Differenzen häufig handlungsauslösend fungieren und die Einebnung bestimmter Differenzen das finale Ziel des Erzählens darstellt – mit dem Ende von Unterschieden endet auch das Erzählen. Diese Tendenz zur ‚Entdifferenzierung' zwischen ähnlichen Figuren möchte ich narratologisch als einen ‚Erzählkern' beschreiben. Definieren lässt sich ein solcher nach Jan-Dirk Müller als

> die regelhafte Verknüpfung eines Themas bzw. einer bestimmten thematischen Konstellation (die ihrerseits ihre Wurzeln in übergreifenden kulturellen Konstellationen hat) mit einem narrativen Potential, aus dem verschiedene narrative Konfigurationen generiert werden können.[45]

1999, S. 145–233. Vollständig lässt sich der Text seit Neuestem in englischer Übersetzung lesen: Attar, The conference of the birds, translated by Sholeh Wolpé, New York 2017.

44　Das ‚Imaginäre' verstehe ich mit J.-D. Müller, Kompromisse (2007), S. 10, als „alle Arten von ‚gedachten Ordnungen', von vorreflexiven Einstellungen, von Selbst- und Fremdbildern, von Wertungen und Hierarchien, von Wünschen und Begehren, Vorlieben und Phobien usw." Dabei sind literarische Texte „imaginäre Ordnungen zweiten Grades; d.h. sie sitzen auf imaginären Ordnungen ersten Grades auf, zitieren sie, überführen sie in besondere Konfigurationen, erproben ihren Spielraum, pointieren ihre blinden Flecken oder Widersprüche und wirken auf sie zurück" (S. 12).

45　J.-D. Müller, Kompromisse (2007), S. 22, dazu insgesamt ebd., S. 29–34.

Bei dem von mir angenommenen ‚Erzählkern der Entdifferenzierung' ist die ‚thematische Konstellation' die bemerkenswerte Ähnlichkeit zwischen Figuren, die mit dem ‚narrativen Potential' der Idealisierung und weiteren Angleichung verknüpft wird, während die dahinter liegenden ‚kulturellen Konstellationen' in neuplatonischen Vorstellungen vom Verhältnis zwischen transzendenter Einheit und immanenter Verschiedenheit liegen.

1.3.1 Fariduddin 'Attars ‚Vogelgespräche'

Ich möchte dies zunächst an den ‚Vogelgesprächen' illustrieren: 'Attars Epos erzählt die Geschichte von einem riesigen Schwarm Vögel,[46] der sich unter der geistigen Anleitung eines Wiedehopfs (*Hudhud*) auf den beschwerlichen Weg macht, den idealen König namens Simurgh zu finden. Diese Vögel sind gleich, insofern sie Vögel sind, aber verschieden, indem der Text ausführlich über die *Eigenarten* der Untergattungen unterrichtet.[47] Nachdem Hudhud zunächst einiges an Überzeugungsarbeit bei den Vögeln leisten muss, die alle aufgrund weltlicher Belange der Reise zunächst fern bleiben wollen – dem Steinhuhn genügt seine Liebe zu Edelsteinen, der Ente die Reinheit ihres Wassers usw.[48] – begibt sich die Schar auf eine lange und beschwerliche Reise. Sich *nicht* auf die Reise zu machen, wird damit als ein bequemes Festhalten an irdischen Dingen kodiert. Die sieben Täler, die es auf der Reise zu passieren gilt, halten eigenartige Erlebnisse bereit, die tatsächlich wenig mit den irdischen Gelüsten der reisefaulen Vögel zu tun haben: Im ‚Tal der Gotteseinheit' verschmelzen die Vögel vorübergehend: „[A]us einem Hemd erheben sich die Köpfe! | Siehst viele du, siehst wenige du dort – | auf diesem Wege ist ja alles eins", verrät uns der Erzähler.[49] Im so genannten ‚Tal der Verwirrung' verlieren sich die Vögel selbst, wissen nicht mehr, wer sie sind, weil „Gotteseinheit auf der Seele liegt", und können die eigenen Wesensmerkmale nicht mehr benennen und unterscheiden: „Bist du vergänglich, bleibend, oder beides? | Bist beides du? Bist nicht du? Bist du eines?".[50]

Der Wiedehopf Hudhud beruhigt seine Fluggefährten immer wieder mit kleinen Geschichten, die diese Erlebnisse parabelartig aufnehmen. Einmal etwa erzählt er, die Erfahrung der Verschmelzung aufnehmend, von einem Falter, der so nah wie kein anderer an die ersehnte Einheit mit einer

---

46 Es heißt zu Beginn des zweiten Kapitels: „Die Vögel aller Welt versammelten sich einst, | die wohlbekannten hier, und die verborgenen auch", ebd., S. 158.
47 Ebd., S. 152–157.
48 Vgl. ebd., S. 164f.
49 Ebd., S. 217f.
50 Ebd., S. 220.

Kerze kommt, indem er sich voller Freude auf die Flamme setzt und mit ihr „gleichfarbig" wird.[51] Er ist noch nicht Eins mit der Kerze, aber er teilt Merkmale mit ihr, gleicht sich ihr an. Ein anderes Mal bezieht sich eine an den Narziss-Mythos erinnernde Parabel auf die Erfahrung der Verwechslung zwischen Ich und Du: Ein Liebender springt dem Geliebten, der ins Wasser gefallen ist, hinterher und begründet diesen Sprung damit, dass er „nicht wußte, wer ich bin, wer du", und führt aus:

> Wenn du ich bist und ich dann immer du,
> sind wir zwei Leiber auch und einer nur.
> Besteht die Zweiheit noch – Unglaube ist's;
> Entfällt die Zweiheit, leuchtet Einheit auf![52]

Während also auf dem Weg zum Idealkönig Simurgh die Verschiedenheit abgewertet, mit Gottesferne attribuiert („Unglaube") und als zu überwindendes („Besteht die Zweiheit *noch*") Defizit eingeführt wird, gilt das Gegenteil für das Ideal einer Auflösung der Unterschiede in einer Einheit, die zudem als Licht imaginiert wird („leuchtet Einheit auf"). Es ist naheliegend, dass dieser ersehnte Zustand leuchtender Einheit, wie er auch im Faltergleichnis durchscheint, das Ziel der Vogelreise darstellt: Als am Ende nur noch dreißig Vögel den Palast Simurghs erreichen, erhalten sie durch den ‚Boten der göttlichen Unbedürftigkeit' ein Schriftstück, das ihre eigene Geschichte beschreibt[53] – und auf einmal erkennen sie: Simurgh sind sie selbst. Am Glanz ihrer eigenen Wangen, so heißt es, nehmen die Vögel die Nähe des Lichtursprungs, der Sonne, wahr: Simurghs Angesicht.[54] Dies ist bereits im Namen des Königs prädestiniert, denn *si murgh* bedeutet ‚dreißig Vögel'. Als lexematische Einheit ist es der ersehnte Herrscher, als Wort-Teilung seine Untertanen:

> Sie sahen sich als Simurgh ganz und gar,
> und auch als si murgh, dreißig Vögel, klar!
> Und wenn sie ihren Blick zum Simurgh wandten,
> dann waren dreißig Vögel dort vorhanden,
> und blickten sie dann wieder auf sich selbst,
> dann war es ganz der Simurgh, der sie waren,

---

51 Ebd., S. 224: „Noch einer stand berauscht und trunken auf | und setzt' sich tanzend auf die Flamme drauf. | Zu Feuer wurden ihm gleich Hals und Hand, | und er verlor sich ganz, entzückt, entbrannt. | Als ganz und gar ihn so ergriff die Glut, | da wurden alle Glieder rot in Glut. Der Kritiker sah in von ferne strahlen, | gleichfarbig mit der Kerze nun durch Licht. | Er sagte: ‚Dieser Falter tat's genug'! | Der Wissende versteht es –. Nun genug!"
52 Ebd., S. 219.
53 Ebd., S. 228 f.
54 Ebd., S. 229: „Der Nähe Sonne strahlte ihnen auf, | und ihre Seele leuchtete vom Strahlen. | Von ihrer Wangen Widerschein erblickten | die dreißig Vögel Simurghs Angesicht."

> und blickten sie auf alle beide gleich,
> so waren beide doch ein Simurgh gleich,
> denn der war jener, jener war auch diese [...].[55]

Die Vogelschar ähnelt Simurgh also bereits vor ihrer Ankunft, ist, wie Hudhud erläutert, sein mattes Abbild,[56] sein Schatten,[57] deren Glieder sich in dieser Ähnlichkeit zum Ideal auch untereinander ähneln und dem Ideal der Einheit näherkommen, indem sie sich untereinander entdifferenzieren – erst am Ende der beschwerlichen Reise aber werden alle Unterschiede aufgelöst: „Der Schatten schwand nun in der Sonne. Finis!".[58] Wo alles Eins ist, gibt es keine Handlung, keine Akteure und auch keine Stimme mehr, die die Dinge unterscheiden und von ihrem Verschiedensein erzählen könnte. Dennoch spricht der Erzähler weiter:

> So lang sie wanderten, konnt' ich noch reden:
> da sie zu Ihm gelangten, blieb nichts mehr.
> Hier ist der Worte Ende nun genaht –
> kein Wandrer blieb, kein Führer und kein Pfad.[59]

Der Grund für den vorübergehend andauernden Redefluss des Erzählers liegt wohl darin, dass auf der Ebene des Erzählens noch Verschiedenheit besteht, nämlich in der Differenz von sprechendem ‚Ich' zu hörendem ‚Du'.

Ich fasse die wesentlichen Aspekte dieses entdifferenzierenden Erzählens zusammen: Ähnliche Figuren – gleich in ihrem Vogelsein, unterschiedlich in ihren Untergattungen – gehen in einer Einheit auf, die als strahlendes, über-weltliches Ideal ersehnt, aber erst am Ende als Einheit erkannt wird; der Weg dorthin wird als Angleichungsbewegung und Verschmelzung zwischen ähnlichen Figuren beschrieben; die Handlung entsteht mit dem Wunsch zur Annäherung an Simurgh, also, wie wir schließlich erfahren, mit einer Bewegung zur Entdifferenzierung, und endet mit dem Ende der Unterschiede.

Ein Blick auf den kulturellen Kontext seiner Entstehung erhellt die zentralen Prinzipien der Geschichte: Attar[60] nämlich, der vermutlich zwi-

---

55 *Ebd., S. 230.*
56 Ebd., S. 230: „Die HOHEIT ist ein Spiegel, wie die Sonne, | denn wer hierher kommt, sieht sich selbst in Ihm [...]."
57 Ebd., S. 170: „Denn wisse, wenn der Simurgh aus dem Schleier, | der Sonne gleich, die Wange läßt erglänzen, | wirft auf den Staub Millionen Schatten er | und blickt dann diese reinen Schatten an. | So streut er seinen Schatten auf die Welt, | und so viel' Vögel kommen auf die Welt! | Du Ahnungsloser, wisse: alle Vögel | der Welt sind nicht als Simurghs Schatten nur [...]."
58 Ebd., S. 231.
59 *Ebd.*
60 Einführend Kermani, Schrecken (2005), S. 38–59 und Schimmel, Einleitung (1999), S. 7–55; grundlegend zum Werk ʿAttars: Ritter, Meer (1955). Ich möchte hier darauf hinweisen, dass

schen der Mitte des 12. Jahrhunderts und 1221 in Nischapur im heutigen Iran[61] lebte, war Sufi, also ein Anhänger der islamischen Mystik, die im 8. und 9. Jahrhundert entstand und um das Jahr 1000 eine bedeutende Veränderung erfuhr: Es entwickelte sich eine neue Ausrichtung des Sufismus, die nun auch die Liebe zu irdischen Wesen (statt ausschließlich zu Gott) zuließ, mehr noch: die davon ausging, „daß sich der göttliche Geliebte in der Schönheit eines irdischen Wesens manifestieren könne [...]".[62] Solche ‚Personalisierungen' der Liebe zu einer göttlichen Instanz kennen wir auch aus der christlichen Mystik, insbesondere aus den Hohelied-Exegesen seit dem 12. Jahrhundert.[63] Interessanterweise entspringen einige Aspekte sowohl der christlichen als auch der islamischen Mystik demselben Gedankengebäude: dem Neuplatonismus.[64] Zu diesen Aspekten gehört auch die Vorstellung, dass das Verschiedene der Welt aus einem ursprünglichen höchsten ‚Einen' geflossen ist und es einen Weg zurück in dieses Eine gibt.[65] Das entdifferenzierende Erzählen der ‚Vogelgespräche' verbindet Ähnlichkeit also nicht nur mit Angleichung, sondern auch mit dem Ziel eines Aufgehens in einer göttlichen Einheit, deren Spiegel die ähnlichen Figuren sind – und greift dabei zudem auf kulturelle Konstellationen zurück, die auch die christliche Theologie und vor allen Dingen die Mystik des Mittelalters, vor deren Hintergrund die höfische Literatur entstand, massiv beeinflusste.[66]

Ich breche an dieser Stelle die Analyse der ‚Vogelgespräche' ab und komme zum ‚Parzival', bei dem mich für meine These insbesondere zwei

---

ich kein Orientalist bin und über wesentliche Voraussetzungen, um die Dichtungen 'Attars adäquat zu beschreiben, nicht verfüge. Mir geht es nicht um eine Interpretation der ‚Vogelgespräche', sondern um ein Aufzeigen interessanter Äquivalenzen zur höfischen Literatur, also eher um einen Ausdruck der Faszination an der Möglichkeit einer entsprechenden Relektüre mittelhochdeutscher Literatur.

61 Vgl. Schimmel, Einleitung (1999), S. 10.
62 Ebd., S. 14.
63 Vgl. dazu etwa Haug, Wendepunkte (1999), v.a. S. 367. Ich komme in Kap. 2.2.2 ausführlich darauf zurück.
64 Vgl. Schimmel, Sufismus (2005), S. 17 f.: „Was für Einflüsse auf den entstehenden Sufismus im 8. und 9. Jahrhundert eingewirkt haben, wird sich nie im Einzelnen feststellen lassen. Es waren sicher nicht nur Kontakte mit den christlichen Eremiten [...] Aber schließlich waren im gesamten Orient seit hellenistischer Zeit mystische, gnostische und hermetische Gedanken weit verbreitet [...] In den folgenden Jahrhunderten nehmen solche Einflüsse Gestalt an, als griechische philosophische Gedanken dank den arabischen Übersetzungen griechischer Werke, vor allem der sogenannten ‚Theologie des Aristoteles', einem neuplatonischen Werk, bekannt wurden, so daß man etwa das System des großen Theosophen Ibn 'Arabi als ‚islamisierte Form des Neuplatonismus' bezeichnet hat [...]".
65 Vgl. dazu etwa Haug, Grundformen (1995), S. 511. Darauf komme ich in Kap. 2.2.1 ausführlicher zurück.
66 Haug, Gotteserfahrung (2000), S. 203 f., konstatiert einen Zusammenhang zwischen der Personalisierung der Gottesliebe und der höfischen Liebeslyrik, auf den ich in Kap. 2.2.4 in Bezug auf Heinrichs von Morungen ‚Narzisslied' eingehen werde.

aufeinander bezogene Textstellen interessieren, und zwar jene beiden, in denen Cundrie, die Gralshüterin, bei der Tafelrunde erscheint, einmal, im 6. Buch, um Parzival zu verfluchen, und einmal, im 15. Buch, um ihm seine Berufung zum Gralsherren zu offenbaren.[67]

1.3.2 Wolframs von Eschenbach ‚Parzival'

Im 6. Buch ist ein scheinbarer Idealzustand Parzivals erreicht, der mit der Herausstellung von (Rang- und Status-)Gleichheit unter den Rittern der Tafelrunde verknüpft wird. Diese Ausblendung von Unterschieden führt zum Stillstand der Handlung (als sei der Idealzustand am Ende der ‚Vogelgespräche' bereits erreicht). Auf der Wiese, wo die Artusgemeinschaft zeltet und wohin Gawan Parzival nun geführt hat, wird die Tafelrunde, *swie si wær ze Nantes lân* (309, 12), nachgebildet. Dass das teure Seidentuch aus Acraton rund ausgeschnitten wird, lässt sich als symbolische Demonstration der Statusgleichheit aller Beteiligten verstehen:[68] *diu gesitz wârn al gelîche hêr* (309, 25). Die Rundheit garantiert so ein friedfertiges Zusammenkommen unter Gleichen ohne Auseinandersetzung und Rivalität.[69] Parzival sticht aus diesem Kreis der Gleichen als deren ‚Spiegel' hervor: Sein Mund habe vielen Damen schon besser gedient als so manches *trüebe[s] glase* (311, 17). Parzival besetzt so strukturell gewissermaßen die Position Simurghs, des strahlenden Spiegels der Ähnlichen – dieser Idealzustand maximaler Ähnlichkeit (Fast-Einheit) korrespondiert, wie erwähnt, mit Handlungsstillstand: Niemand bewegt sich, alles sitzt (311, 4, 7, 8, 10),[70] es wird nur noch die Schönheit des Gegenwärtigen, die Schönheit der (scheinbaren) Idealität Parzivals, in dem sich die anderen spiegeln können, beschrieben: Wie die Vögel Simurghs Angesicht im Glanz ihrer eigenen Wangen erblicken,[71] ist die *varwe* von Parzivals *wangen* (311, 19 f.) dazu fähig, die anderen dem (scheinbaren) Ideal ähnlicher

---

67 Vgl. einführend v. a. Bumke, Wolfram (2004), S. 40–275, sowie das Kapitel zum ‚Parzival' von Bernd Schirok, Joachim Heinzle und Volker Mertens in: Wolfram von Eschenbach. Ein Handbuch. Bd. 1: Autor, Werk, Wirkung, hg. von Joachim Heinzle, Berlin 2011, S. 221–439.
68 Zur „hochgradige[n] Sensibilität" des mittelalterlichen Adels auf dem Gebiet solcher symbolischen Handlungen grundlegend Althoff, Macht (2013), hier: S. 171.
69 Dazu gehört auch, dass ein jeder Ritter seine Freundin bei sich sitzen lassen kann (310, 5 ff.): *ouch was der rinc genomn sô wît | daz âne gedrenge und âne strît | manc frouwe bî ir âmîs saz*.
70 Das ‚Sitzen' der Figuren wird durch Wiederholung hervorgehoben (311, 4–12): *man saʒte den künec Clâmidê | anz uover zuo dem Plimiʒœl: | bî dem saʒ Jofreit fiʒ Idœl. | zwischen Clâmidê und Gâwân | der Wâleis sitzen muose hân. | als mir diu âventiure maʒ, | an disem ringe niemen saʒ, | der muoter brust ie gesouc, | des werdekeit sô lützel trouc*.
71 'Attar, Vogelgespräche, S. 229.

zu machen, sich selbst gleicher zu werden und so die dauerhafte Liebe zu anderen zu ermöglichen (311, 18–28).[72]

Doch das Ideal zerbricht, Handlung wird wieder in Gang gesetzt, denn Parzival taugt (noch) nicht zum ‚Spiegelkönig'. Ausgerechnet jene hält der Gemeinschaft den Spiegel vor und zeigt ihnen ihre Verschiedenheit auf, die sich maximal von den *beâ schent*, den ‚schönen Leuten', unterscheidet, ihnen, wie der Erzähler ausdrücklich anmerkt, ganz *unglîche* sieht (313, 1 ff.): Cundrie.[73] Sie zeichnet sich in ihrem Aussehen durch Merkmale verschiedenster Tierarten aus,[74] doch diese ‚Hässlichkeit' korreliert, anders als in den meisten Darstellungen hässlicher Figuren, nicht mit Bosheit oder ‚Heidentum',[75] denn Cundrie ist ausgesprochen gebildet (312, 19–25), tugendhaft (312, 2), schön gekleidet (313, 3–13) und sie ist die Botin des Grals. Cundrie ist eine Figur des ‚Dazwischen' (gut, aber hässlich) und spiegelt auf diese Weise die Situation der nur scheinbaren Idealität Parzivals und der Tafelrunde (schön, aber nicht gut).[76]

Ihre Aussage, *tavelrunder ist entnihtet* (314, 29), beruht auf der Feststellung der ungleichen Zusammensetzung dieser Tafelrunde – Falschheit nehme an ihr Teil (314, 30) – durch denjenigen, der nur die Zeichen des ‚Roten Ritters' trage (315, 10 f.), diesem aber *unglîch* sei (315, 13). Die Feststellung von Differenz führt dazu, dass wieder etwas erzählt werden kann, Handlung in Gang kommt: Die inszenierte Einheit zersplittert, wird Vielheit. Aus der gemeinsamen Erstarrung des feierlichen (aber nur scheinbaren) Gleichseins an der Tafel entfalten sich plötzlich individuelle, kaum noch verbundene Einzelhandlungen, die ‚Erzählmaschinerie' kommt wieder in Gang: Die einheitlich positive Stimmung wird eine ‚verschiedenfarbige' (*geparriertez leben*, 326, 7); die in sich ruhende Sitzgruppe zerspringt, als *alle stuonden ûf über al* (326, 9); Gawan wird überraschenderweise (323, 27) mit einer neuen Aven-

---

72 *sîn varwe zeiner zangen | wær guot: si möhte stæte haben, | diu den zwîvel wol hin dan kann schabn. | ich meine wîp die wenkent | und ir vriuntschaft überdenkent. | sîn glast was wîbes stæte ein bant: | ir zwîvel gar gein im verswant. | ir sehen in mit triwe enpfienc: | durch diu ougen in ir herze er gienc.*

73 Im Übrigen hat auch diese Unähnlichkeit eine Geschichte: Wolfram erzählt von der Entstehung eines Menschengeschlechts der Unähnlichen, das seine ‚Monstrosität' fortpflanzt: Aller Warnungen Adams zum Trotz hätten die Frauen verbotene Pflanzen gegessen, die *die menschen fruht verkêrten* (518, 19). Die Frage, wie der Unterschied entstand, wird mit dem Verweis auf die Paradieserzählung beantwortet: *Von wîbes gir ein underscheit | in* [den Bruder Cundries, Malcrêatiure] *schiet von der mennescheit* (520, 1 f.). Eine ziemlich ähnliche Erklärung für die Unterschiede zwischen Menschen findet auch Aelred von Rievaulx in seinem Freundschaftsbuch der 1160er Jahre (Kap. 2.4.4.7).

74 Sie trägt einen Zopf wie das Rückenhaar eines Schweins, hat die Zähne eines Ebers und lange Augenbrauen, Ohren wie ein Bär, ein behaartes Gesicht, Hände wie Affenfell und Fingernägel wie Löwenkrallen (313, 17–314, 10).

75 Vgl. Gerok-Reiter, Individualität (2006), S. 108 f.

76 Vgl. ebd., S. 122 f. Zu ‚heidnischen' Zwischenfiguren vgl. Kap. 3.3.1 in dieser Arbeit.

1.3 Erzählkern der Entdifferenzierung

tiure konfrontiert, die nur ihm ganz persönlich gilt und nicht einmal von dem übernommen werden darf, der ihm am meisten gleicht: seinem Bruder (324, 3–10); auf einmal fällt Clamide seine unerwiderte Liebe zu Cunneware ein und macht sie zum Staatsakt (326, 15–328, 1); die gebildete ‚Heidin' von Janfuse schwärmt plötzlich von Parzivals Bruder Feirefiz, von dem Cundrie erzählt hatte (328, 2–329, 10); Artus denkt unvermittelt an den Thronräuber Lähelin (331, 15f.) und dann strömen einige Kämpfer auf zur Aventiure nach *Schastel marveile* (334, 7). Das *happy end* des Einsseins ist vorerst verdorben. Aus der Einheit strömt nun das Viele, Unverbundene, aus der Ruhe wird ‚Gewusel', aus der gemeinsamen Stagnation Handlung. Festgestellte Ungleichheit bedeutet offenbar Handlungsnotwendigkeit: das emsige Ausströmen – um das, was ungleich ist, zu entdifferenzieren.

Dies geschieht – ich spitze ein wenig zu – in zehn weiteren Büchern. Im 15. Buch wiederholt sich die Szene des sechsten in gesteigerter Form. Die erneute Einheit der Tafelrunde wird möglich, nachdem die Fäden der verstreuten Einzelhandlungen Parzivals und Gawans wieder zusammen gefunden haben und nachdem auch ein weiterer Repräsentant des Unähnlichen als eigentlich gleich erkannt und aufgenommen werden konnte: Feirefiz trägt wie Cundrie und ihr Bruder (519, 19) *vremdiu mâl* (758, 5), hat aber trotz seiner schwarz-weißen Hautfarbe ein Merkmal höfischer Schönheit: einen (zur Hälfte) roten Mund (758, 19f.); er ist ‚Heide', doch aus seinen *heidenschiu ougen* rinnt Taufwasser (752, 24–30); außerdem ist er der ‚Fremde', handelt aber nach höfischen Prinzipien, indem er für den Dienst einer Frau kämpft (768, 1–769, 4). Der Grund für diese Ähnlichkeit trotz Glaubensdifferenz ist Verwandtschaft: Er ist Parzivals Halbbruder, was ausdrücklich eine Gleichheit im Rang zwischen den beiden begründet (749, 15–22).[77] Feirefiz sakralisiert nach dieser Erkenntnis nicht nur das Modell des transpersonalen ‚Sippenkörpers',[78] indem er der scheinbaren Dreiheit aus Gahmuret, Parzival und Feirefiz eine eigentliche Einheit – Trinität – zuschreibt (752, 7–10).[79] Er postuliert, nachdem sich die Kämpfenden als Brüder erkannt haben, außerdem eine Ich-Du-Gleichsetzung, wie sie 'Attars Vögel im ‚Tal der Gotteseinheit' erleben durften:

---

77 Trotzdem Feirefiz älter ist als Parzival (weshalb dieser skeptisch gegenüber der neuen Ranggleichheit bleibt), besteht Feirefiz auf den Abbau von Hierarchie (749,15–22): *dô sprach der rîche Feirefîz | Jupiter hât sînen vlîz, | werder helt, geleit an dich. | du solt niht mêre irzen mich: | wir heten bêd doch einen vater.' | mit brüederlîchen triwen bater | daz er irzens in erliez | und in duzenlîche hieze.*

78 Zum Begriff und seiner Problematik komme ich in Kap. 2.3.3.

79 *Wil ich der wârheit grîfen zuo, | beidiu mîn vater unde ouch duo | und ich, wir wâren gar al ein, | doch ez an drîen stücken schein.*

> *mit dir selben hastû gestritn.*
> *gein mir selbn ich kom ûf geritn,*
> *mich selben het ich gern erslagn:*
> *done kundestu des niht verzagn,*
> *dune wertest mir mîn selbes lîp.*
> (752, 15–19)

Die Erkenntnis der eigentlichen Ähnlichkeit des Anderen, die auf verwandtschaftliche Einheit zurückgeführt wird, ermöglicht Feirefiz' Aufnahme in die Runde der Gleichen. Auch dieses Mal erscheint Cundrie, allerdings um an Parzival gerichtet feierlich zu verkünden: *daz epitafjum ist gelesen: | du solt des grâles hêrre wesen* (781, 15 f.). Cundrie überbringt, nun da Parzival tatsächlich zum Spiegel der Gleichen werden kann, wie bei 'Attar der ‚Bote der göttlichen Unbedürftigkeit', die Nachricht der göttlichen Gnade, die trotz allen Willens und aller Mühen, die Verschmelzung allen Seins zu einer Einheit erst erwirken kann.

Die Entdifferenzierung und Hinführung zur tatsächlichen Gleichheit an der Tafelrunde unter Parzival geht, wie zwischen Feirefiz und Parzival, mit der Erkenntnis von Verwandtschaft[80] oder sogar mit der ‚Ansippung' Nicht-Verwandter einher.[81] Einerseits nämlich heiratet der nunmehr getaufte Feirefiz die Gralsträgerin Repanse de Schoye, die wiederum die Tante Parzivals (die Schwester Herzeloydes) ist. Andererseits ist Parzival, wie er nun von Cundrie erfahren darf, Vater von Zwillingen geworden (781, 20 f.), was in diesem Roman keineswegs Grund zur Sorge,[82] sondern vielmehr Zeichen der Verdichtung und Vereinheitlichung ist. Darüber hinaus steht der eine Sohn, Loherangrin, auf den der Erzähler am Ende seinen Blick richtet, für die Entdifferenzierung der ‚Heid*innen': Als Schwanritter ist er verknüpft mit der Sage um den Grafen Gottfried von Bouillon, dem Anführer des Ersten Kreuzzugs und ersten König von Jerusalem.[83] Dasselbe gilt für den Sohn von Feirefiz und Repanse: Der *priester Jôhan* (822, 25), wie der Sohn vom Erzähler genannt wird, stand im Mittelalter für die Christianisierung Indiens und damit ebenfalls für die Einheit des Getrennten in

---

[80] Dass der Roman auch einen Prozess der Erkenntnis- und Wahrnehmungsfähigkeit des Protagonisten beschreibt, zeigt auch Bumke, Blutstropfen (2001), S. 77–109.

[81] Mit Schulz, Erkennen (2008), S. 272, lässt sich festhalten: Dem ‚Parzival' unterliegt „die Vorstellung eines gemeinsamen ‚Sippenkörpers', dessen Glieder erst miteinander harmonisiert werden müssen."

[82] Zu den häufig negativen Zwillingsvorstellungen im Mittelalter vgl. insbesondere Sieber-Lehmann, Zwillinge (2015). Ich komme darauf in Kap. 2.3.4 sowie am Beispiel des ‚Engelhard' (Kap. 3.2.5) knapp, am Beispiel des ‚Wilhalm von Wenden' (Kap. 3.4.3) ausführlicher zurück.

[83] Vgl. Bumke, Wolfram (2004), S. 122.

Gott.⁸⁴ So richtet Wolframs Erzähler am Ende also den Blick in eine Zukunft, die eine weitere Vereinheitlichung und Verdichtung der Vielfalt versprechen soll. Während in 'Attars mystischem Epos am Ende eine intradiegetische Einheit, die *Unio*, der Figuren besteht, ist dies im weltlichen Roman ‚Parzival' nicht der Fall – erzählt wird nur von der (hoffnungsfrohen) Aussicht auf eine weitere Vereinheitlichung der Verschiedenen.

Auch hier also wird der Erzählkern der Entdifferenzierung narrativ realisiert, und zwar in einer Weise, die mit den ‚Vogelgesprächen' vergleichbar ist: Auch im ‚Parzival' sucht man nach einem religiös überhöhten Ideal,⁸⁵ das den anderen ein Spiegel sein soll, werden Angleichungsprozesse zwischen den sich bereits ähnelnden Figuren vollzogen, ist Erkenntnis von Gleichheit vonnöten ebenso wie ein religiös konnotierter gnadenhafter Akt (das Epitaph); beide Texte imaginieren das Ideal der (Nahezu-)Einheit als ‚Leuchten', arbeiten also mit einer vergleichbaren Lichtmetaphorik, die wiederum auf den Neuplatonismus zurückgeht.⁸⁶ Anders als die mystischen ‚Vogelgespräche' endet der weltlich-höfische Roman ‚Parzival' nicht in einer gänzlichen Verschmelzung in einer transzendenten Einheit: Angedeutet wird nur eine Verdichtung und Angleichung auf die Zukunft hin, und zwar vor allem über den Code der Verwandtschaft.

Die Peripherie erhellt das Zentrum: Obschon die ‚Vogelgespräche' weder in mittelhochdeutscher Sprache noch vor einem christlichen Hintergrund verfasst sind, lassen sich in dem Text Erzählprinzipien aufzeigen, die sich auch in der höfischen Literatur finden lassen, und vor allen Dingen, indem 'Attars Text recht eindeutig im Bereich der mystischen Literatur zu verorten ist, die kulturellen Konstellationen ausmachen, die hinter diesen Erzählprinzipien stehen – nämlich eine neuplatonisch inspirierte Mystik; obwohl der ‚Parzival' Ähnlichkeit bei Weitem nicht zum zentralen Gegenstand des Erzählens erhebt, lassen sich in ihm narrative Ansätze nachweisen, die vermutlich auf ähnliche kulturelle Konstellationen zurückgehen wie die ‚Vogelgespräche'.

---

84 Vgl. dazu ebd., S. 121 f.: „Schon vor 1200 wurde ein Brief des Presbyters Johannes an den griechischen Kaiser Manuel I. (gest. 1180) bekannt, indem Johannes sich als Großkönig eines christlichen Reichs in Indien vorstellte und sich anbot, von Osten her die ‚heidnischen' Sarazenen anzugreifen, um das Heilige Land zu befreien. Dieser Brief fand in Europa weite Verbreitung und wurde in die meisten Volkssprachen übersetzt."

85 Der Gralstein ist offensichtlich an die himmlische Sphäre geknüpft: Er kann von ‚falschen', sündigen Menschen nicht getragen (477, 16 ff.), von Ungetauften nicht einmal gesehen werden (810, 3–13; 813, 9 ff.); die Gralsburg kann, wie Gott, nur *unwizzende* gefunden werden (250, 26–30); niemand kann den Gral erjagen, nur der Himmel kann einen Menschen zum Gral berufen (268, 12 ff.), vgl. die Stellenangaben bei Bumke, Wolfram (2004), S. 135–142.

86 Vgl. Oster, Farben (2014), S. 43 f., sowie zur Lichtmetaphorik im ‚Parzival' insgesamt Cessari, Licht (2000). Zur Lichtmetaphorik bei Pseudo-Dionysius, der diese, neben Augustinus, dem Christentum vermittelte, siehe auch Kap. 2.2.2.1 in dieser Arbeit.

Beide Texte sind besonders anschauliche Belege für eine wesentliche These, der ich in dieser Arbeit nachgehen möchte, und verdeutlichen, gerade weil sie außerhalb des eigentlichen Textkorpus stehen, ihre Tragweite: Weitestgehende Ähnlichkeit zwischen Menschen wird im ‚Imaginären' der christlich-mittelalterlichen Adelskultur häufig als transzendiertes Ideal gedacht, weil sie für die Nähe zur göttlichen Einheit steht und diese spiegelt. Diese Einheit wird, der neuplatonischen Kosmologie entsprechend, als Ursprung imaginiert, der über einen Weg der Entdifferenzierung wiederhergestellt werden soll. Und diese Denkfigur ist es, die als kulturelle Konfiguration hinter dem Erzählkern der Entdifferenzierung steht, nach dem ähnliche Figuren, die sich zueinander hingezogen fühlen, sich aneinander angleichen, wobei die maximale Ähnlichkeit die finale Motivation von Handlung darstellt. Ich komme auf die Grundlagen und ihre narrativen Realisierungen ausführlich zurück.

1.4 Themen der Forschung

Diese zuweilen religiöse Idealisierung von Ähnlichkeit zwischen Figuren, die sich auch in weiteren Romanen des 13. Jahrhunderts zeigen wird, ist von der Forschung bislang kaum, die Verbindung zu kosmologischen (neuplatonischen) Vorstellungen von Einheit und Vielheit gar nicht bemerkt worden. Auch insgesamt steht die kulturhistorische und literaturwissenschaftliche Auseinandersetzung mit Ähnlichkeit zwischen Figuren in der deutschsprachigen Literatur des Mittelalters noch auf schwachen Füßen und ist über kleinere Studien zu Einzeltexten bislang kaum hinausgekommen.[87] Dies möchte ich mit der vorliegenden Arbeit ändern. Zusammenhängen mag das Fehlen einer Monographie zu diesem Gegenstand damit, dass es sich dabei gewissermaßen um eine thematische Schnittstelle zwischen verschiedenen Forschungsfeldern handelt, in deren Kontext er schon oft, mal ausführlicher, mal eher in Nebensätzen, perspektiviert worden ist. Zu nennen wären hier etwa die Felder der ‚Personenidentifizierung', der Stellvertretung, der Freundschaftskonzeptionen oder des Umgangs mit ‚Andersgläubigen'.

Ich werde im Folgenden keinen Forschungs*bericht* vorlegen, der bestimmte einschlägige Studien mit ihren jeweiligen Perspektiven und Thesen

---

87 Zu nennen wären die Lexikonartikel Frenzel, Motive (2008), S. 92–112, sowie Pape, Art. Doppelgänger. In: Enzyklopädie des Märchens (1981), Sp. 766–773, drei grundlegende Aufsätze Ute von Blohs, nämlich dies., Doppelgänger (2005), dies., Zwillinge (2007), sowie dies., Gleichheit (2011), Auszüge aus Armin Schulz' Arbeit zur Personenidentifizierung, und zwar ders., Erkennen (2008), v. a. S. 239–289, ein Aufsatz von Winst, Sameness (2013), und McCaffrey, Identity (1998).

nacheinander abhandelt, weil es mir, um zu zeigen, auf welchen Erkenntnissen diese Arbeit aufbaut und wo sie über bisherige Beobachtungen hinausgehen wird, sinnvoller erscheint, die insgesamt recht verstreuten Nebenbeobachtungen thematisch zusammenzufassen. Mir geht also darum, jene Beobachtungen und Thesen der mediävistischen Forschung zu bündeln, die zur Ähnlichkeit zwischen Figuren bislang verstreut und oft nur am Rande aufgestellt worden sind. Dabei werde ich auch solche Studien berücksichtigen, die sich nur mit Blick auf Einzeltexte äußern. Ziel ist es also zunächst, aus den vielen Einzelstudien und -thesen eine Forschungslandschaft zu formen, um dann auf dieser Basis die Ziele und Vorgehensweise meiner eigenen Studie zu erläutern.

Drei Motivkorrelationen lassen sich beschreiben, die in der Ähnlichkeit berücksichtigenden mediävistisch-literaturwissenschaftlichen Forschung ausgemacht worden sind und deren Erkenntnisse ich nun knapp skizzieren werde, nämlich erstens, dass Ähnlichkeit mit Stellvertretungshandlungen (Kap. 1.4.1), zweitens mit der Identifizierung von Personen (Kap. 1.4.2) sowie drittens mit der Sympathie zwischen Personen (Kap. 1.4.3) zusammenhängt.[88] Diese drei thematischen Konstellationen haben in der Forschung bereits einige Aufmerksamkeit gefunden, ohne dabei allzu häufig in einen Zusammenhang des generellen Erzählens von Ähnlichkeit gestellt worden zu sein. Bei dem folgenden Überblick werde ich die Ordnung der bisherigen Forschungserkenntnisse nach den benannten Motiven auch dazu nutzen, zunächst einige einschlägige Primärtexte anzuführen, in denen die entsprechende Motivkorrelation eine Rolle spielt, um auf diese Weise sichtbar zu machen, auf welches Textkorpus sich die dazugehörige Forschung bezieht (oder beziehen kann).[89]

---

88 Thematisch geht es bei der Personenidentifizierung um die (historische) Anthropologie der Wahrnehmung und die sinnliche Unterscheidungsmöglichkeit zwischen Personen, bei der Stellvertretung hingegen um konkrete Handlungssituationen, die sich aus Problemen einer solchen Unterscheidbarkeit ergeben können. Obwohl es sich hier also um zunächst unterschiedliche Kategorien handelt, ragt das Thema der Identifizierung doch immer wieder in Stellvertretungshandlungen hinein, weshalb Überschneidungen auch im Folgenden nicht zu vermeiden sind.

89 Ich kann dabei keinen Anspruch auf Vollständigkeit erheben. Die Textstellen ergeben sich einerseits aus der Lektüre der entsprechenden Forschungsliteratur, aus meiner eigenen Lektüre von Primärtexten, sowie aus der Recherche in den Bänden des ‚Motif-index of German secular narratives from the beginning to 1400', hg. von Helmut Birkhan, Berlin 2005–2010, die hinsichtlich dieses Themas gewinnbringend, zum Teil aber auch unvollständig sind und sich vor allem dafür eignen, Figuren zu finden, die sich physisch ähneln. Vgl. v. a. die Motive F 577 (*Persons identical in appearance*), F 577.1 (*Friends identical in appearance*), H 20 (*Recognition by resemblance*), K 1840 (*Deception by substation*).

1.4.1 Stellvertretung

‚Prosalancelot': Die Tochter des Truchsessen König Leodagans, Genuvere, ähnelt Artus' Ehefrau Ginover im Namen, in der äußeren Erscheinung und im Alter, wird König Artus nach anfänglich gescheiterten Versuchen als ‚echte' Ginover untergeschoben und ersetzt diese; ‚Karlmeinet': In dieser Version der Berta-Sage ähnelt die Tochter der Amme, die Pippin untergeschoben wird, seiner Braut Berta in der äußeren Erscheinung; Gottfried von Straßburg, ‚Tristan': Bei Gottfried wie auch in anderen ‚Tristandichtungen' trägt Brangäne Isoldes Kleider, um diese im Ehebett zu ersetzen; darüber hinaus stellt Isolde Weißhands Name deren Potential zur Substitution von Tristans Geliebter Isolde heraus; im ‚Tristant' Eilharts von Oberg beauftragt Isolde zwei junge Männer, sich in entsprechender Kleidung als Tristan auszugeben; Konrad von Würzburg, ‚Engelhard': Dietrich, der mit seinem Freund Engelhard die Merkmale innerer Tugendhaftigkeit und äußerer Erscheinung teilt, ersetzt diesen im Gottesurteilskampf; Rudolf von Ems, ‚Barlaam und Josaphat': Nachor soll Barlaam im Religionsdisput ersetzen, um Josaphat von der Falschheit des christlichen Glaubens zu überzeugen, wird aber schließlich tatsächlich zu dessen Stellvertreter und besiegt die ‚heidnischen' Glaubensgruppen; Heinrich von dem Türlîn, ‚Diu Crône': Gawein besiegt Aamanz, der genauso aussieht wie er selbst und von gleicher ‚Männlichkeit' sei, Aamanz wird anschließend enthauptet und sein Kopf an den Artushof gebracht, wo man fortan um Gawein trauert; Heinrich von Wildonie, ‚Der nackte Kaiser': Ein Engel in der Gestalt des Kaisers nimmt sich dessen Kleider und gibt sich fortan selbst als Kaiser aus. Jans Enikel, ‚Weltchronik': Der ‚Riuzenkönig' begehrt seine Tochter und lässt das ganze Reich vergeblich nach einem Double absuchen.

Vor allen Dingen physische Ähnlichkeit, aber auch Gleichheit der Kleidung oder der Namen treten häufig im Zusammenhang mit dem Handlungsmotiv der Stellvertretung und Substitution auf.[90] Dies hat Tradition: Vor allem mit Blick auf die Literaturgeschichte des ‚Doppelgänger'-Motivs, wie sie Pape und Frenzel nachzeichnen, – also der „physischen Ähnlichkeit zwischen zwei Personen"[91] – seit der Antike,[92] lässt sich zeigen, dass der Reiz von Täuschungs- und Verwechslungshandlungen durch Ähnlichkeit nie nachgelassen hat.[93] Seit der romantischen Literatur des 18. und 19. Jahrhunderts und namentlich seit Jean Pauls ‚Siebenkäs', in dem der Begriff des ‚Doppelt-

---

[90] Vgl. dazu grundlegend am Beispiel des ‚Prosalancelot' Witthöft, Vertreten (2017), einführend außerdem Roth, Art. Stellvertreter. In: Enzyklopädie des Märchens 12 (2007), Sp. 1232–1236.
[91] So die Definition von ‚Doppelgängerei' bei Frenzel, Motive (2008), S. 92.
[92] Das prominenteste Beispiel sind vielleicht die ‚Menaechmi' des Plautus (206 v. Chr.), die vor allem in der Frühen Neuzeit, etwa von Shakespeare, wieder stärker rezipiert wurden, vgl. Frenzel, Motive (2008), S. 93 f.
[93] Vgl. dazu Pape, Art. Doppelgänger. In: Enzyklopädie des Märchens 3 (1981), Sp. 766–773, und Frenzel, Motive (2008), S. 92–112.

gängers' erstmals auftaucht,⁹⁴ ist allerdings eine starke Tendenz zur Psychologisierung und Dämonisierung personaler Doppelungen in der Literatur zu verzeichnen – das Double wird zum Ausdruck einer gefährlichen Ich-Spaltung, zum „entfremdete[n] Teil des Subjekts".⁹⁵ Weil wir es bei den vormodernen Figuren, die Merkmale miteinander teilen, noch mit eigenständigen Personen, die sich ähneln zu tun haben,⁹⁶ schlug Dennis F. Mahoney sogar eine terminologische Unterscheidung für die jeweiligen Motive *vor* und *nach* diesem kulturhistorischen und literaturgeschichtlichen Wandel vor: Die personalen Doppelungen vor der Romantik bezeichnet er als ‚Double', jene der Romantik als ‚Doppelgänger'.⁹⁷ Zwar sind die Argumente, die Mahoney anführt, überzeugend, doch ist der Begriff der ‚Doppelgänger' in der entsprechenden (mediävistischen) Literaturwissenschaft für Figuren, die sich physisch ähneln, so einschlägig, dass ich eine diesbezügliche Veränderung für wenig fruchtbar halte und die beiden Begriffe in dieser Arbeit darum synonym verwenden werde.

Die Motivkorrelation von Ähnlichkeit und Stellvertretung wird nicht selten in einem Atemzug genannt⁹⁸ und ist in der Forschung immer wieder zum Gegenstand eingehender Untersuchungen bestimmter Einzeltexte und -szenen geworden. Naheliegender Weise erleichtert wahrnehmbare Ähnlichkeit zwischen Figuren eine Handlung, in der die eine Figur die andere ersetzen oder (täuschend) vertreten soll.⁹⁹ Für die ‚weltliche' Literatur des europäischen Mittelalters lässt sich dabei literaturgeschichtlich, wie Pape andeutet, eine Tendenz zur ‚Verweltlichung' der Substitution mithilfe von Ähnlichkeit ausmachen: Während in antiken Texten von zahlreichen Göttern oder Dämonen die Rede ist, die, wie in der Tradition des ‚Amphytrion', in

---

94 Vgl. Frenzel, Motive (2008), S. 100. In dem Roman heißt es: „Doppeltgänger heißen Leute, die sich selbst sehen" (zitiert nach: ebd.).
95 von Bloh, Doppelgänger (2005), S. 341. Vgl. zu diesem Wandel schon Pape, Art. Doppelgänger, In: Enzyklopädie des Märchens 3 (1981), Sp. 771, der beschreibt, dass erst „[d]as moderne D[oppelgänger]motiv […] mit der Entdeckung des Unbewußten, der Identitätskrise des Individuums und dem seit der Romantik aktuellen Problem der Ichspaltung" einhergeht. Vgl. zu den Doppelgängern der Romantik vor allem Hildenbrock, Doppelgänger (1986), Fichtner, Doppelgänger (1999), Bär, Spaltungsphantasie (2005).
96 So auch von Bloh, Doppelgänger (2005), S. 342.
97 Vgl. Mahoney, Double (2015), S. 215.
98 Vgl. z.B. Roth, Art. Stellvertreter. In: Enzyklopädie des Märchens 12 (2007), Sp. 1232: „Die Stellvertretung […] ist ein häufiges Motiv in Volkserzählung und Lit., das mit dem Motiv des Doppelgängers […] verwandt ist", sowie Witthöft, Vertreten (2017), S. 5, die den ‚Doppelgänger' zum „festen Figurenarsenal der Stellvertretung und Substitution" zählt.
99 Solche physische Ähnlichkeit ist eine von mehreren Optionen, die in vielen Erzählungen Stellvertretung ermöglichen. Daneben verweist Klaus Roth, Art. Stellvertretung. In: Enzyklopädie des Märchens 12 (2007), Sp. 1232f., auf „Verwandlung, Gestalttausch, Rollentausch und Geschlechtswechsel […]."

die Gestalt eines anderen schlüpfen, um mit einer Frau zu schlafen,[100] finden derartige Betrugsgeschichten in der weltlichen Literatur durch Menschen statt, die ihre Identität durch Ähnlichkeit oder Dunkelheit kaschieren.[101] Nur der zweite Ausläufer dieses Götter-Double-Motivs, dessen Realisierungen Pape als die „eigentlichen D[oppelgänger]märchen" bezeichnet,[102] dass nämlich ein Engel oder Dämon die Gestalt eines Herrschers annimmt, um seinen Hochmut vorzuführen und der offenbar auf die jüdische Salomo-Legende zurückgeht, erreichte, wie Goebel nachweisen kann, im Hochmittelalter einige Beliebtheit,[103] etwa in Heinrichs von Wildonie Kurzerzählung ‚Der nackte Kaiser'.[104]

Die ‚Ersetzbarkeit' einer Figur durch eine andere aufgrund ihrer Ähnlichkeit und einer entsprechend gescheiterten Personenidentifizierung (und hier überschneiden sich die von mir ausgemachten Motivkorrelationen)[105] wird, wie die Forschung herausgestellt hat, in verschiedenen Handlungszusammenhängen unterschiedlich bewertet und geht in ihrer Bedeutung über das reine literarische Vergnügen an Verwechslungsgeschichten hinaus – zwei wesentliche Beobachtungen der Forschung zu dieser Thematik möchte ich hervorheben. Bei beiden geht es um folgenreiche *Konsequenzen* der Substitution.

1.4.1.1 Gefährdung von Einmaligkeit

In Verbindung mit dem Motiv der ‚untergeschobenen Braut' etwa kommt es, wie zum Beispiel im ‚Prosalancelot', zu Krisen, die die Grundlagen höfischer Kultur selbst betreffen können:[106] „Wenn Ginover spielerisch leicht [...] verkannt wird", wird die „Einzigartigkeit der Minnedame" – und mit ihr ein wichtiges beziehungsstiftendes und ordnungserhaltendes Modell der höfischen Kultur – „zur Makulatur".[107] Indem in einer Liebesbeziehung eine Person aufgrund ihrer wahrnehmbaren Ähnlichkeit tatsächlich Anspruch auf den Platz einer anderen Person erheben kann, wird auch die körperliche

---

100 Vgl. Pape, Art. Doppelgänger. In: Enzyklopädie des Märchens 3 (1981), Sp. 768. Dabei handelt es sich um das Motiv D658.2: *Transformation to husband's (lover's) form to seduce woman* nach Thompson, das im ‚Motif-Index' der mittelalterlichen Literatur keinen Textbeleg aufweist.
101 Vgl. ebd.
102 Vgl. ebd.
103 Vgl. ebd., vor allem aber Goebel, Motive (1932), S. 89–115.
104 Goebel, Motive (1932), S. 107, nennt außerdem die ‚Gesta Romanorum', ein Meisterlied und ein weltliches Spiel von Hans Sachs, u. v. a.
105 Vgl. Roth, Art. Stellvertreter. In: Enzyklopädie des Märchens 12 (2007), Sp. 1233, sowie Witthöft, Vertreten (2017), S. 40 f.
106 Vgl. Witthöft, Vertreten (2017), S. 234 f.
107 Ebd., S. 236.

Liebe selbst kritisch hinterfragt, als eine, in der „jeder und jede [...] beliebig austauschbar ist".[108] Wo dies nicht gelingt, wie in der Isolde-Weißhand-Episode im ‚Tristan',[109] oder wo ein Double vergeblich gesucht wird, wie in der Geschichte vom ‚Riuzenkönig', der seine Tochter begehrt,[110] wird die Einmaligkeit der jeweiligen Figur bzw. der geliebten Eigenschaften gerade hervorgehoben. Ersetzbarkeit durch Ähnlichkeit also berührt auch Fragen von Identität und Einmaligkeit, die vor allem in Liebes- und Freundschaftsbeziehungen gerne beschworen wird.

1.4.1.2. Erweiterung des Einzelnen

In anderen Fällen ist diese Substitutionsfähigkeit durch Ähnlichkeit mit vollkommen anderen, für die ersetzbaren Figuren positiven Folgen verbunden und ermöglicht zugleich eine Reflexion über die Bestandteile von Identität, wie Jan-Dirk Müller am Beispiel des Gawein-Doubles Aamanz in der ‚Crône' Heinrichs von dem Türlîn zeigt: Der abgeschlagene Kopf des Doubles wird dem Artushof gebracht, wo man nun laut um Gawein klagt, der in der Zwischenzeit seinen Ruhm durch weitere Taten mehren kann. Auf diese Weise fungiert das Double als physische Erweiterung des Originals, als ‚öffentlicher Gawein' neben dem realen: „So kann gleichzeitig von rühmenswerten Taten und der Rühmung dessen, den man bei Hof betrauert, erzählt werden".[111] Hier geht es also weniger um das Problem der verloren gegangenen Einmaligkeit durch ein Double, als vielmehr um die *vorübergehende* Aufspaltung dessen, was einen Artusritter ausmacht: (Nach-)Ruhm auf der einen, das Ausführen rühmenswerter Taten auf der anderen Seite.[112] Eine ähnliche Erweiterung stellt, wie ich in Kap. 3.4 zeigen werde, Nachor in Rudolfs ‚Barlaam und Josaphat' dar, der zunächst den Eremiten Barlaam durch eine Täuschungshandlung *ersetzen* soll und damit die Wahrheit des christlichen Glaubens, den sein Double repräsentiert, in Frage stellen würde, dann aber, indem er durch Gottes Einfluss das Christentum verteidigt, statt es zu diffamieren, Barlaam würdig *repräsentiert*, dessen reale *Präsenz* mit seiner Tötung verbunden wäre.[113] Eine solche vorübergehende Substitution als Erweiterung, die sich für die

---

108 Ebd., S. 241.
109 Vgl. dazu ebd., S. 252–258.
110 Vgl. zu der Episode aus der ‚Weltchronik' des Jans Enikel v. a. Mierke, Ordnungen (2014), S. 80–86 und S. 155–158 und Kap. 2.3.5 in dieser Arbeit.
111 J.-D. Müller, Kompromisse (2007), S. 252.
112 Vgl. ebd., S. 250 ff.
113 Mit Witthöft, Vertreten (2017), S. 12, lassen sich „innerliterarische Phänomene des Repräsentierens [...] unter den Formen der [...] Stellvertretung [...] und Phänomene des Präsentierens [...] unter denen der Substitution" fassen.

ersetzte Figur als Hilfe erweist, findet sich, wie Witthöft zeigen kann,[114] auch in den Freundschaftsgeschichten rund um den ‚Amicus und Amelius'-Stoff (Kap. 3.2): Indem die eine Figur sein Double ersetzt, ohne diesem den Platz auf dem Königsstuhl bzw. im Ehebett tatsächlich streitig zu machen (indem er also (täuschend) vertritt, aber nicht ersetzt), wird zugleich ein ideales Vertrauensverhältnis zwischen Freunden hergestellt.[115] Ähnlichkeit kann also auch zur körperlichen Erweiterung einer Figur dienen, zur Vertretung, die den eigenen Wirkungskreis erweitern kann und die Gefahr von Identitäts- und Machtverlust abweist, die der Stellvertretung durch ähnliche Figuren immer implizit inhärent ist.[116]

1.4.2 Personenidentifizierung

Konrad von Würzburg, ‚Engelhard': Engeltrud verliebt sich zunächst in Engelhard und Dietrich, weil sie sie nicht unterscheiden kann / am dänischen Hof halten alle Dietrich und Engelhard für Brüder / um die beiden unterscheiden zu können, erhalten sie Kleidung in unterschiedlicher Farbe / im Gottesurteilskampf halten alle Dietrich für Engelhard; Rudolf von Ems, ‚Barlaam und Josaphat': Josaphat erkennt als einziger, dass es sich bei Nachor nicht um Barlaam handelt; Heinrich von dem Türlîn, ‚Diu Crône': Alle halten den Kopf Aamanz' für den Gaweins, auch wenn Keie es zunächst für unwahrscheinlich hält, dass Gawein tot sein könne; ‚Prosalancelot': Alle halten Genuvere aufgrund ihrer Ähnlichkeit zu Ginover für die Königin / Lancelot wird aufgrund seiner Ähnlichkeit zu seinem Vater Ban mehrmals erkannt / das Kind Galaat wird aufgrund seiner Ähnlichkeit zu Lancelot als dessen Sohn identifiziert; Der Pleier, ‚Meleranz': Meleranz' Ähnlichkeit zu Artur lässt die Königin eine Verwandtschaft vermuten; ‚Rappoltsheimer Parzival': Gawans Sohn erkennt seinen Vater an der Ähnlichkeit zu ihm selbst; Wolfram von Eschenbach, ‚Parzival': Gramoflanz erkennt Itonje, weil sie ihrem Bruder Beacurs ähnelt / Parzival hält Condwiramurs für Liaze, weil sich die beiden Cousinen ähneln; Ulrich von Türheim, ‚Rennewart': Willehalm erkennt Malefer aufgrund dessen Ähnlichkeit zu Kyburc und hält ihn darum für Rennewarts Sohn; Göttweiger ‚Trojanerkrieg': Marcus nimmt die Ähnlichkeit zwischen Hector und Paris wahr und hält sie für Brüder; Konrad Fleck, ‚Flore und Blanscheflur': Die Gastgeber Flores halten ihn aufgrund seiner Ähnlichkeit zu Blanscheflur für Bruder / der Kämmerer des Amirals hält die beiden aufgrund ihrer körperlichen Ähnlichkeit für Freundinnen; Wolfram von Eschenbach, ‚Willehalm': Alle nehmen die Ähnlichkeit zwischen Gyburc und Rennewart wahr, erkennen aber nicht ihre Verwandtschaft; Ulrich von Etzenbach, ‚Wilhalm von Wenden': Wilhalm hält Danus und Boizlabe aufgrund ihrer Ähnlichkeit für Brüder, bemerkt aber nicht, dass es sich um seine Söhne handelt; Heinrich von Veldeke, ‚Eneasroman': Eneas'

---

114 Vgl. dazu Witthöft, Vertrauen (2005).
115 Vgl. ebd., S, 402.
116 Vgl. Witthöft, Vertreten (2017), S. 81.

Enkel Silvius Eneas ähnelt seinem Großvater im Aussehen und im Namen und zeigt deren Verwandtschaft an; ‚Crescentia'-Legende in der ‚Kaiserchronik': Die Zwillingsbrüder Dietrich und Dietrich können kaum voneinander unterschieden werden; ‚Reinfrid von Braunschweig': Yrkane erkennt Reinfrid, weil sie ‚eine Natur' teilen.

Nicht nur Täuschungshandlungen, in denen ähnliche Figuren einander vertreten, sind eng an das Problem der korrekten Personenidentifizierung geknüpft.[117] Auch in vielen anderen Fällen verhindert die Gleichheit bestimmter Merkmale eine Identifizierung von Personen und damit häufig auch die an diese Unterscheidung geknüpften sozialen Auswirkungen:[118] Können christliche zum Beispiel nicht von ‚heidnischen' Figuren unterschieden werden, droht eine Verwechslung von Freund und Feind, werden Statusunterschiede ignoriert oder lassen sie sich nicht erkennen, ist die soziale Differenzierung der höfischen Gesellschaft bedroht, sind Geschwister gleichen Geschlechts und gleich alt, ist die Frage der Herrschaftsnachfolge kaum zu beantworten, sind Figuren gleichermaßen schön, lässt sich in den heteronormativen Textwelten des Mittelalters nur schwer entscheiden, wer sich besser für die Ehe eignet – und so weiter. Die Identität einer Figur also hängt von einigen entscheidenden Gnorismata ab, die es zu identifizieren gilt – wo eine Figur nicht erkannt werden kann, steht es, weil Epistemik in der mittelalterlichen Literatur meist ‚soziale Epistemik' ist, wie vor allem Armin Schulz herausarbeitete, häufig schlecht um ihre soziale Einbindung.[119] Hinsichtlich dieser Problematik diskutierte die Forschung bisher a) den zuweilen prekären Status von Ununterscheidbarkeit, b) die an die Ähnlichkeit zwischen Figuren geknüpften Wahrnehmungsprozesse und Zuordnungsentscheidungen sowie c) die Funktionen der zu verzeichnenden Tendenz, äußere Ähnlichkeit auf Verwandtschaft zurückzuführen. Hinsichtlich der thematisierten Erkenntnisprozesse im Zusammenhang mit thematisierter Ähnlichkeit wur-

---

117 Vgl. ebd., S. 41: „In allen Erzählungen über Substitutionen in der Liebe wird die Begrenztheit der menschlichen Sinne als Erkenntnisquelle vorgeführt."

118 Schulz, Erkennen (2008), fasst zusammen: „In Zeiten, in denen menschliche Identität durch die Zugehörigkeit zu einer sozialen Gruppe und durch Genealogie bestimmt erscheint, Individualität sich also im Sinne Luhmanns vorrangig als ‚Inklusionsindividualität' und kaum je als ‚Exklusionsindividualität' formiert, gilt das Augenmerk menschlicher Wahrnehmung, wo es um die Einschätzung und das (Wieder-)Erkennen des anderen geht, im Wesentlichen den äußerlich ‚lesbaren' Zeichen seiner Standeszugehörigkeit, den äußeren Attributen seiner Identität."

119 Vgl. ebd., S. 502, sowie ders., Epistemik (2009), hier v.a. S. 661: „Die soziale Epistemik der laikalen Adelskultur basiert auf der Grundannahme, dass das sichtbare Äußere einer Person untrennbar mit ihrem Inneren, ihrem ‚Kern' oder ihrem ‚wahren Wesen' verbunden ist, entweder im Sinne einer Entsprechung oder im Sinne eines Gegensatzes; keinesfalls aber ist es bloß zufällig."

den d) bereits verschiedene Textfunktionen formuliert, die diese Motivkorrelation zuweilen einnimmt.

1.4.2.1 Ununterscheidbarkeit als Bedrohung

In insgesamt drei Aufsätzen hat Ute von Bloh sich bereits mit unterschiedlichen Formen der ‚Personendoppelung' beschäftigt[120] und dabei (zunehmend) die These eines grundsätzlich „beunruhigend[en], rechtfertigungsbedürftig[en] oder sogar gefährlich[en]" Status und „Verunsicherungspotential[s]" von Doppelungen in der mittelalterlichen Literatur ins Zentrum ihrer Argumentation gestellt,[121] das aber, wie sie zu Recht bemerkt, mit der „positiv konnotierten Doppelung" von Ähnlichkeit in Beziehungen in Konkurrenz stehe (s.u.).[122] In ihrem Aufsatz zum ‚Engelhard' und zu ‚Olwier und Artus' (2005) führt sie das von ihr ausgemachte Verunsicherungspotential von Ähnlichkeit auf die Exklusivität der Paarbindung zurück, die sich aus ihr ergebe und die gegenüber anderen Formen der Gemeinschaft privilegiert werde.[123] Ähnlichkeit erweise sich, so von Bloh, als Ausdruck einer „die Umgebung irritierenden, von ihr nicht zu kontrollierenden und deswegen prekären Nähe, die in ein Spannungsverhältnis zu gesellschaftlichen Ansprüchen gerät".[124] Diese Argumentation führt sie auch mit Blick auf Zwillingserzählungen fort (2007): Zwar sei das Erzählmotiv der ‚verfeindeten Brüder' im Mittelalter kaum produktiv, aber auch jene Zwillingsfiguren, die einander durch Zuneigung verbunden sind, weisen von Bloh zufolge ein „gesellschaftsfeindliche[s] Potential" auf.[125] Dies sucht sie in diesem Fall in problematischen und gesellschaftsfeindlichen Handlungen der Zwillinge im ‚Wilhalm von Wenden' zu belegen, die sich allerdings – und dies ist ein Problem in von Blohs ansonsten überzeugender Gesamtargumentation – nicht auf die Ähnlichkeit zurückführen lassen.[126] Ihre Lektüre von Doppelungsgeschichten

---

120 Vgl. von Bloh, Doppelgänger (2005), dies., Zwillinge (2007), sowie dies., Gleichheit (2011).
121 von Bloh, Doppelgänger (2005), S. 343.
122 Ebd.
123 Vgl. ebd., S. 355.
124 Ebd., S. 358.
125 von Bloh, Zwillinge (2007), S. 6.
126 von Bloh führt etwa das Verpassen einer Frist, ihr Räuberdasein und schon ihre auffällige Größe bei der Geburt auf die problematische Ähnlichkeit der Zwillinge im ‚Wilhalm von Wenden' zurück (S. 8f.). Auf die entsprechende Lektüre des Romans komme ich in Kap. 3.4.3 ausführlich zurück. Nicht halten lässt sich etwa auch die Annahme, dass die Figuren am dänischen Hof im ‚Engelhard' die Ähnlichkeit darum als ‚Wunder' bezeichnen, weil, wie von Bloh, Doppelgänger (2005), S. 352, argumentiert, „fehlende[ ] Unterschiede [...] Unheil erahnen" lassen; Engelhard und Dietrich müssen sich weiter auch nicht aufgrund ihrer gefährlichen Gleichheit trennen, die zu einem „desorientierte[n] sexuelle[n] Begehren"

ist derart von der Annahme geleitet, dass die Ähnlichkeit zwischen Figuren gesellschaftsgefährdend sei, dass nahezu alle Handlungen und Erzählerkommentare in diese Richtung gelesen werden: In ihrem Aufsatz zur ‚unmöglichen Gleichheit' (2011) führt sie etwa die häufige Protektion ähnlicher Figuren durch Gott auf die zweifelhafte Disposition und grundsätzliche Erklärungsbedürftigkeit von Ähnlichkeit zurück,[127] was sich, wie ich meine, für keinen Text nachweisen lässt, und begründet die „Aura des Obskuren", die ähnliche Figuren umgebe, mit der Möglichkeit von Verstellung und Betrug[128] – obschon bei Weitem nicht jede Geschichte von ähnlichen Figuren dieses Szenario mit einschließt. Dennoch lässt sich ihre Grundthese, dass mit der Ähnlichkeit zwischen Figuren in bestimmten Merkmalen *potentiell* ein gesellschaftsgefährdendes Moment verknüpft sein *kann*,[129] halten, etwa wenn Engelhard seine Kinder tötet, um seine auf Gleichheit basierende Freundschaft zu retten, oder wenn Flore Status- und Glaubensdifferenzen ignoriert, um die ansonsten ihm ähnliche Blancheflur zu lieben. Wie genau aber von Ähnlichkeit erzählt wird, ob als primär gesellschaftsgefährdendes oder als idealisiertes Phänomen, scheint mir erstens kaum verallgemeinerbar zu sein und sich zweitens nicht gegenseitig auszuschließen. Letzteres ist, wie ich in dieser Arbeit argumentieren werde, darauf zurückzuführen, dass wir es bei der Notwendigkeit der dargestellten Gesellschaften, Unterscheidungen zu treffen und auf diese Weise Inklusion und Exklusion, Bevorzugung und Benachteiligung zu steuern, auf der einen, und dem zuweilen religiös überhöhten Ideal der Ähnlichkeit zwischen Figuren auf der anderen Seite, mit einem kulturellen Wertekonflikt innerhalb der christlich-höfischen Feudalkultur zu tun haben, den die Romane thematisieren. Die Beobachtung wurde, unabhängig von den Ausführungen von Blohs, von Peter Strohschneider und Silke Winst auf die Überlegungen René Girards zu vormodernen Gemeinschaften bezogen, deren Grundlage Unterscheidungen seien, die, falls sie fehlten, mit Akten der Gewalt wiederhergestellt würden – ich komme in Kap. 1.8.1 ausführlich darauf zurück.[130]

---

führe (S. 353), sondern – im Gegenteil – weil jetzt zwischen den (vermeintlich) Gleichen ein Unterschied (im sozialen Status) aufgedeckt wird, der die idealisierte Ähnlichkeit in Frage stellt, vgl. dazu Kap. 3.2.
127 Vgl. von Bloh, Gleichheit (2011), S. 65.
128 Ebd., S. 66.
129 Vgl. ebd., S. 90: „Bei den Doppelwesen handelt es sich um potentiell verdächtige Gestalten."
130 Vgl. Strohschneider, Inzest-Heiligkeit (2001), und Winst, Amicus (2009).

1.4.2.2 Kategoriale Ähnlichkeit vs. konkrete Merkmalsgleichheit

In den wenigsten Fällen ähneln sich Figuren in bestimmbaren individuellen physiognomischen Merkmalen, sondern vielmehr, wie dies tendenziell für die äußere Erscheinung literarischer Figuren der mittelalterlichen Epik insgesamt zu gelten scheint,[131] in einer „Summe konventionalisierter Indizien, die [...] Übereinstimmung in Hinsicht auf ethische Überzeugungen und soziale Gleichheit signalisieren (Tugenden; Habitus als Ergebnis von Erziehung, Körperbau, Sprache)".[132] Gelegentlich geht es auch um die Merkmalsgleichheit im Alter, Status, Glauben, in der gemeinsamen Erziehung, der ‚Natur' usw., die (dem Prinzip der ‚Kalokagathie' entsprechend) in der mittelalterlichen Literatur oft, aber nicht immer, an der Körperoberfläche ablesbar sind.[133] Denn „adelige Körper sind im höfischen Roman gerade nicht individualisiert, sondern idealisiert".[134] Armin Schulz unterscheidet darum zwischen konkreten Merkmalsgleichheiten und einer kategorialen Ähnlichkeit. Ersteres liegt vor, wenn die Identifizierung einer Person sich aus „konkreten Vorstellungen über die körperliche Gestalt und ihre individuellen Merkmale" ergibt,[135] Letzteres, wenn die wahrnehmbare Ähnlichkeit „keine individuellen Merkmale, sondern die Zugehörigkeit zu denselben Kategorien", beispielsweise „die sichtbare adelige Idealität" meint.[136] Für die äußere Wahrnehmbarkeit von Ähnlichkeit zwischen Figuren bedeutet dies, dass nicht unbedingt das gleiche Gesicht aufgrund gleicher Merkmale wahrgenommen wird, sondern beispielsweise die gleiche glänzende Schönheit und der gleiche ideale Habitus, die auf die Kategorie höchsten Adels verweisen.[137]

---

131 Vgl. zum Themenkomplex der Personenidentifizierung grundsätzlich Hahn, Personerkenntnis (1977), Kartschoke, Erkennen (1992), J.-D. Müller, Heldenepos (1992), Wenzel, Hören (1994) und vor allem Schulz, Erkennen (2008), darin zu den kategorialen Ähnlichkeiten S. 254–289. Prägnant Schulz, Erkennen (2008), S. 11: „Ein äußerlich unversehrter Körper gilt augenscheinlich als im wesentlichen merkmallos."
132 von Bloh, Doppelgänger (2005), S. 357.
133 Insbesondere Ingrid Hahn, Personerkenntnis (1977), S. 398, weist darauf hin, dass vor allem „die Merkmalskomplexe Gestalt, Kleid und Gebärde" meist äußere Zeichen sozialer Identität und Tugenden sind. Dass dies nicht immer gilt, sondern stets zwei einander widersprüchliche Sätze, nach denen „das Äußere [...] *Abbild* des Inneren' und ‚das Äußere [...] *Gegenbild* des Inneren'" ist, zeigte Wenzel, Hören (1994), S. 193. Die für die höfische Literatur zentrale Eigenschaft des Adels etwa ist meist durch Schönheit und Glanz artikuliert und verliert damit „jede Konkretheit, obwohl sie ein körperliches Fundament hat [...]. Glanz ist ein Zeichen, auch wenn er mitunter derart übersteigert erscheint, daß er sich der Wahrnehmbarkeit entzieht", so Schulz, Erkennen (2008), S. 243.
134 Ebd., S. 254.
135 Ebd., S. 285.
136 Ebd., S. 286.
137 Vgl. ebd., S. 262 f.

1.4.2.3 Das Gleiche erkennt das Gleiche

Dabei gilt, folgt man den Ausführungen von Ingrid Hahn und Armin Schulz, dass tendenziell jene Figuren zu einer Identifizierung einer anderen Figur in der Lage sind, die Merkmale mit ihnen teilen, weil sie zu einer gemeinsamen Gruppe gehören: Um zur Personenidentifizierung weniger oder sogar gar nicht auf äußere Zeichen angewiesen zu sein, wird in vielen Texten die Merkmalsgleichheit „zwischen Erkennendem und Erkanntem, die Teilhabe an einer *transpersonalen Identität*', wie in Verwandtschafts- sowie in bestimmten Liebes- und Freundschaftsbindungen, aber auch etwa die gemeinsame Zugehörigkeit zur Adelskultur vorausgesetzt,[138] kurz: das Gleiche erkennt das Gleiche.[139] Dabei wird dieses Erkennen jedoch häufig nur auf der Ebene der ‚inneren Sinne' möglich, indem das *herze* oder die *natûre* Personen erkennt und sympathisch findet, die ihr gleichen, weil sich eben nicht immer konkrete körperliche Merkmale benennen ließen, die eine Identifizierung eindeutig ermöglichen.[140] Dass ein Erkenntnisvorgang, der ohne physiognomische Merkmale auskommt – und diesen Aspekt berücksichtigt Schulz in seinen Analysen kaum –, seit dem 12. Jahrhundert tendenziell der Sphäre des Heiligen zugeordnet werden kann, zeigt außerdem Alois Hahn: Dort nämlich „bedarf es keiner Narben mehr, keiner Stimmerkennung oder physiognomischer Expertise: Identität und Identifikation werden identisch".[141]

1.4.2.4 Sechs Funktionen des (Nicht-)Erkennens durch Ähnlichkeit

Während einige Merkmalsgleichheiten, wie eine gemeinsame *natûre* oder ein gemeinsames *herze*, nicht immer äußerlich erkannt werden können, ist dies beim ‚Sippengesicht', das nahe Verwandte miteinander teilen, und gelegentlich in der Kategorie des ‚Glaubens' der Fall – bzw. dann, wenn die Ähnlichkeit zwischen den entsprechenden Figuren „eine spezifische Funktion innerhalb des jeweiligen narrativen Weltentwurfs erfüllt".[142] Schulz arbeitet in seiner Studie zur ‚Personenerkenntnis' insgesamt fünf solcher Funktionen heraus (ohne diese explizit als solche zu bezeichnen), eine sechste lässt sich Beate Kellners Studie zum ‚Genealogischen Erzählen' entnehmen. Eine erste Funktion ist die ‚abgewiesene Alternative', wenn etwa in Pleiers ‚Meleranz' zwar dessen Ähnlichkeit zu König Artus mehr-

---

138 Schulz, Erkennen (2008), S. 500.
139 Vgl. ausführlich ebd., S. 236–289. Zuvor bereits Hahn, Personerkenntnis (1977), S. 442 ff.
140 Vgl. ebd., S. 264.
141 Hahn, Narbe (2004), S. 61.
142 Schulz, Erkennen (2008), S. 265.

mals bemerkt wird, die auf deren Verwandtschaft hinweist, sich daraus aber keinerlei Handlungsfolgen ergeben, um so die Möglichkeit abzuweisen, „Meleranz könnte alles nur seiner Verwandtschaft mit Artus verdanken".[143] Zweitens kann die Nicht-Unterscheidbarkeit zwischen sich zwar ähnelnden, aber in ihrer Schönheit, ihrem Adel oder ihrem Glauben unterscheidbaren Figuren auf die eingeschränkte Erkenntnisfähigkeit der wahrnehmenden Figuren verweisen: Schulz führt als Beispiel Parzivals Verwechslung von Condwiramurs und Liaze an,[144] denken ließe sich aber genauso an die zur richtigen Identifizierung unfähigen ‚Heid*innen' in Rudolfs ‚Barlaam und Josaphat', in dem nur Josaphat an der fehlenden ‚Heiligkeit' Nachors erkennt, dass es sich bei ihm nicht um Barlaam handeln kann (Kap. 3.3). Darüber hinaus fungiert das Erkennen von Ähnlichkeit, drittens, als Auslöser von Assoziationen, um an eine andere Figur zu erinnern, wie etwa in ‚Mai und Beaflor', in dem der anwesende Sohn Beaflors durch seine Ähnlichkeit zur Mutter auf diese und damit auf die inzestuöse Schuld ihres Vaters verweist,[145] oder in ‚Flore und Blanscheflur', wo die Ähnlichkeit zwischen den Liebenden dazu führt, dass die verschiedenen Gastgeber Flores sich an seine Geliebte erinnert fühlen und ihm den Weg zu ihr weisen (Kap. 3.1). Viertens wird das Erkennen von Verwandten und Freund*innen, mit denen man das Merkmal eines gemeinsamen ‚Leibes' oder ‚Herzens' teilt, dort ausgesetzt, wo die Einheit des ‚Sippen'- oder ‚Freundschaftskörpers' prekär ist, sich ein Riss im Ideal der Einheit zeigt – Schulz führt als Beispiele vor allem die zahlreichen Verwandten- und Freundeskämpfe etwa in den Epen Wolframs von Eschenbach und Hartmanns von Aue an.[146] Fünftens kann das Erkennen von Ähnlichkeit zwischen Figuren ihre ideale Passung zueinander präfigurieren und ihre Trennung überbrücken – auf das Beispiel, das Schulz wählt, Konrad Flecks ‚Flore und Blanscheflur', komme ich ausführlich zurück (Kap. 3.1).[147] Zuletzt, sechstens, lässt sich mit Beate Kellners Studie zum ‚genealogischen Erzählen' ergänzen, dass die Wahrnehmung von Ähnlichkeit zwischen Verwandten, etwa zwischen Vater und Sohn oder – wie im ‚Eneasroman' – Großvater und Enkel, Stabilität und Kontinuität in Herrschaftsdynastien anzeigt.[148] Wo diese Ähnlichkeit fehlt oder nicht erkannt wird, kann die entsprechende Dynastie auch gefährdet sein, wie wenn in Rudolfs von Ems ‚Alexanderroman' der Protagonist seinem Vater Philipp nicht ähnelt[149] oder der ‚Heide' Flore sich

---

143   Ebd., S. 266.
144   Vgl. ebd.
145   Vgl. ebd., S. 270.
146   Vgl. ebd., S. 270–279.
147   Vgl. ebd., S. 279–289.
148   Vgl. Kellner, Ursprung (2004), S. 14.
149   Vgl. dazu J.-D. Müller, Kompromisse (2007), S. 84–88.

1.4.3 Sympathie

Konrad Fleck, ‚Flore und Blanscheflur': Schon als Kinder ähneln sie sich im Alter, in ihrer Schönheit, im Geburtsort und ihrer Erziehung und verlieben sich bereits in ihrer Wiege ineinander; Konrad von Würzburg, ‚Engelhard': Engelhard und Dietrich gehen aufgrund ihrer Ähnlichkeit eine Freundschaft miteinander ein / Engeltrud verliebt sich zunächst in beide, entscheidet sich dann aber aufgrund ihrer Namensähnlichkeit zu Engelhard für diesen; Konrad von Würzburg, ‚Trojanerkrieg': Paris und Priamus lieben sich aufgrund ihres gemeinsamen ‚Blutes'; Ulrich von Etzenbach, ‚Wilhalm von Wenden': Die Zwillingsbrüder, die sich aber nicht als solche erkennen, freunden sich aufgrund ihrer Ähnlichkeit sofort miteinander an; Bene und Wilhalm fühlen sich von den beiden Zwillingen angezogen, ohne sie als ihre Söhne zu erkennen; ‚Reinfrid von Braunschweig': Yrkane und Reinfrid lieben sich und teilen eine ‚Natur'.

Dass Ähnlichkeit in der mittelalterlichen Literatur geradezu immer als *causa amoris* und als Grundlage von Freundschafts- und Liebesbeziehungen fungiert, auch wenn dies nicht in jedem Text explizit so beschrieben wird, und dass es sich dabei vor allem um die Merkmale des Adels, der Tugendhaftigkeit und der Schönheit handelt, gehört zum Basiswissen der mediävistischen Literaturwissenschaft: „Wer zueinander gehört und füreinander bestimmt ist, teilt bestimmte Merkmale: Mindestens sind es Schönheit und Adel [...], [150] „[d]ie Allianz setzt (gleichen) Rang und (gleiche) Vollkommenheit der Partner voraus".[151] In den meisten Fällen korrespondieren solche Eigenschaften miteinander: Weil allein die äußere Schönheit als Liebesursache nicht unbedingt genügt, wird sie häufig als äußeres Zeichen inneren Adels und innerer Vollkommenheit inszeniert,[152] so dass Figuren, die einander im Äußeren ähneln, sich vor allem aufgrund ihrer inneren Ähnlichkeit, die sich am Leib sichtbar manifestiert, lieben. So selbstverständlich diese Regel erscheinen mag, so wenig gilt dies offenbar für ihre Bedingungen und Auswirkungen – nur so ist zu erklären, dass sich verschiedene Texte immer wieder an ihr abarbeiten und diese Basisregel überhaupt zum Thema machen, etwa indem unterschiedliche Merkmalsgleichheiten miteinander in Konkurrenz treten, nicht erkannt werden, schwierige Entscheidungen nach sich ziehen, schicksalshaft den Weg der Protagonist*innen zum Heil oder in den

---

150 Schulz, Erzähltheorie (2015), S. 56, ähnlich S. 110 ff.
151 J.-D. Müller, Kompromisse (2007), S. 366.
152 Vgl. Schnell, Causa (1985), S. 271 f.

(vorübergehenden) Abgrund führen usw. Die Forschung hat dieses Prinzip am Beispiel von Figuren, die sich in bemerkenswerter Weise ähneln, immer wieder beschrieben, mit bestimmten Narrativen verknüpft und zudem auf entsprechende theoretische Schriften zurückgeführt. Darüber hinaus ließen sich in unterschiedlichen (Gattungs-)Zusammenhängen spezifische Funktionen ausmachen, die der Inszenierung der Liebe zum Gleichen in den jeweiligen Texten zukommt.

1.4.3.1 Anziehung und Identitätsstiftung durch Ähnlichkeit

Dass eine Figur, die einer anderen ähnelt, als „Partner imaginiert [wird], die zu ihrem Double in einer positiv konnotierten Beziehung steht",[153] ist vor dem Hintergrund der Paarbildungsprinzipien der mittelalterlichen Literatur kaum verwunderlich und nur dort erwähnenswert, wo es darum geht die mittelalterlichen ‚Doppelungen' von modernen ‚Doppelgängern' abzugrenzen, wie Ute von Bloh dies tut. Interessant ist darum nicht allein diese Sympathie selbst, sondern eher, wie von ihr erzählt, wie und wo sie thematisiert, worauf sie zurückgeführt wird. Auf der Ebene der literarischen Texte lässt sich, wie bereits ausgeführt, mit von Bloh festhalten, dass Ähnlichkeit zwischen Figuren oft ambivalent bewertet wird, nämlich einerseits als „positiv konnotierte Doppelung" und andererseits als „Bedrohung".[154] Hinsichtlich der positiven Doppelung stellt sie mit Blick auf den ‚Engelhard' heraus, dass sich zwischen den Doubles eine Art „unbezwingbare Anziehungskraft" ergibt, die dazu führt, dass sie „unter allen Umständen zueinander" finden,[155] um schließlich eine „identitätsstiftende Freundesliebe" einzugehen.[156] Diese ‚Anziehungskraft' lässt sich, wie Armin Schulz beobachtet hat (ohne sich auf von Bloh zu beziehen), verallgemeinern, denn zuweilen lassen sich Figuren auch von Gegenständen anziehen, die ihnen, etwa im Adel anzeigenden schönen Glanz, ähneln.[157] ‚Identitätsstiftend' ist eine solche Liebe unter Gleichen, wie Silke Winst an einem Text der ‚Amicus und Amelius'-Tradition zeigen kann, insofern, als sie Zugehörigkeit zu einer Gemeinschaft anzeigt und diese mit Gewalt nach außen verteidigt: „Sameness appears as an ideal model to generate, strengthen and enhance male identity".[158] Anders als in modernen Gesellschaften entstehe hier auch die Identität des Einzelnen

---

153 von Bloh, Doppelgänger (2005), S. 342.
154 Ebd., S. 343.
155 Ebd.
156 Ebd., S. 345.
157 Vgl. Schulz, Erkennen (2008), S. 414f. Vgl. dazu Kap. 2.1 in dieser Arbeit.
158 Winst, Sameness (2013), S. 135.

weniger durch die Differenz zu anderen als vielmehr durch Ähnlichkeit.[159] Ähnlichkeit zwischen Figuren also führt, so die Beobachtung, zu einer Anziehung und häufig zu einer Beziehungsbildung zwischen ähnlichen Figuren, die deren Identität stärkt, indem die entsprechende Gemeinschaft streng nach außen hin abgegrenzt und verteidigt wird.

1.4.3.2 Ähnlichkeit in Freundschaftstheorien

Die Freundschaftsdarstellungen der mittelalterlichen Literatur werden in der Forschung immer wieder auf ihre Zusammenhänge zu den Gelehrtendiskursen und insbesondere auf die Schriften Ciceros und Aelreds von Rievaulx zurückgeführt.[160] Hinsichtlich der Ähnlichkeit in literarischen Freundschaften ist immer wieder darauf hingewiesen worden, dass auch dies ein Vorbild in der antiken und mittelalterlichen Freundschaftstheorie finde.[161] Andreas Kraß etwa konnte zeigen, dass bereits in diesen Theorien zur *amicitia* über die Entdifferenzierung hinsichtlich der Statusdifferenz nachgedacht und dass dies in literarischen Texten gelegentlich aufgenommen werde.[162] Systematisch begegnete man der Thematisierung von Ähnlichkeit im Freundschaftsdiskurs allerdings noch nicht. Auch wenn verschiedene Studien die Geschichte antiker und mittelalterlicher Freundschaftstheorien gut aufgearbeitet haben und immer wieder auf die Fortschreibung dieser Theorien in der Literatur hingewiesen wurde,[163] fehlt bislang eine Darstellung zu den Fragen, welche Rolle der Ähnlichkeit in Fragen der Sympathiestiftung zukommt, welche Geschichte der Homophilie erzählt und wie sie erklärt wird und wie genau dies in die entsprechenden Texte hineinstrahlt. Um Wiederholungen zu vermeiden, breche ich den Überblick zur Forschung zum Freundschaftsdiskurs an dieser Stelle ab, die ich im entsprechenden Kapitel ausführlich zu Wort kommen lassen werde (Kap. 2.4).

---

159 Vgl. ebd.
160 So etwa bei Winst, Amicus (2009), S. 48, die das Freundschaftsnarrativ im ‚Engelhard' nach den ‚Stufen' der Freundschaft bei Aelred von Rievaulx gliedert; grundsätzlich bei Krüger, Freundschaft (2011), sowie bei Kraß, Männerfreundschaft (2016), S. 147–221.
161 Vgl. beispielsweise von Bloh, Doppelgänger (2005), S. 348, sowie Kraß, Ebenbildlichkeit (2015), S. 253, u.v.a.
162 Vgl. Kraß, Kleider (2006), S. 323.
163 Vgl. v.a. Oschema, Freundschaft (2006), und Kraß, Männerfreundschaft (2016), ausführlich dazu in Kap. 2.4 in dieser Arbeit.

1.4.3.3 Einheit und Ähnlichkeit

Insbesondere Andreas Kraß und Armin Schulz argumentieren in ihren Studien zur ‚Männerfreundschaft' bzw. zur ‚Personenerkenntnis' aus je unterschiedlicher Warte für einen Zusammenhang zwischen der Ähnlichkeit von Figuren und deren transpersonaler Identität, ihrer Einheit.[164] Kraß versteht die Darstellung von Freund*innen als Einheit des Leibes oder des Herzens als Metapher, deren Einsatz Folge einer Emotionalisierung des im Hochmittelalter zunehmend auf die Religion bezogenen Freundschaftsdiskurses sei und aus der „Formel, dass der Freund ein anderes Selbst sei" hervorgehe.[165] Schulz hingegen sieht diese Darstellungen von Freund*innen und Liebenden als Einheit als ‚konnotative Ausbeutung' des verwandtschaftlichen Modells des ‚Sippenkörpers' und dementsprechend als ‚Naturalisierung' künstlicher Bindungen[166] – darum basierten auch Freundschaft und Liebe „nicht auf *psychischen*, sondern wie die Verwandtschaft auf *physischen Übereinstimmungen*".[167] Beide Erklärungsmodelle schließen einander nicht unbedingt aus und ich bin hinsichtlich der unzureichenden intradiegetischen Herleitungen und der Quellenlage skeptisch bezüglich monokausaler Erklärungen: Liebende Gemeinschaften als Einheit zu denken, deren Glieder einander ähneln, ist sowohl in Verwandtschaftsmodellen des Mittelalters üblich (Kap. 2.3) als auch in Freundschaftstheorien der Antike (Kap. 2.4). Das bereits vorgestellte oft religiös überformte Narrativ der Entdifferenzierung hin zu einer ursprünglich vorhandenen Einheit stärkt tendenziell eher Kraß' Argumentation, was allerdings nicht heißen muss, dass die Literatur Modelle von Einheit und Ähnlichkeit unterschiedlichen Ursprungs nicht miteinander kombiniert: Denn auch in Texten, in denen Ähnlichkeit und Einheit miteinander verknüpft und religiös überformt werden, wie in ‚Flore und Blanscheflur' (Kap. 3.1) und im ‚Engelhard' (Kap. 3.2), führen außenstehende Figuren die Ähnlichkeit der ‚Doubles' auf eine gemeinsame Abstammung, also auf einen ‚Sippenkörper' zurück.

---

164 Vgl. Schulz, Erkennen (2008), S. 264–279, Kraß, Männerfreundschaft (2016).
165 Vgl. Kraß, Männerfreundschaft (2016), S. 25, am Beispiel von Nisus und Euryalus, S. 195 f.
166 Vgl. Schulz, Erkennen (2008), S. 140.
167 Vgl. ebd., S. 264.

1.4.3.4 Drei Funktionen der Betonung von Sympathie durch Ähnlichkeit

Weil die Annahme einer Liebe zum Gleichen in der mittelalterlichen Literatur eine gewisse Allgemeingültigkeit beansprucht, gilt für die Herausstellung seiner Wirkung dasselbe wie für die Betonung wahrgenommener Ähnlichkeit zwischen Verwandten: Angezeigt wird der Zusammenhang von Ähnlichkeit (und Sympathie) dort, wo er für die Handlung und den Entwurf der jeweiligen Textwelt von Bedeutung ist. Damit hat sich die Forschung bislang nicht systematisch beschäftigt, aber, wie im Falle der meisten Teilbereiche dieses Forschungsüberblicks, im Hinblick auf Einzeltexte wichtige Beobachtungen gemacht, derer ich insgesamt drei zähle. Erstens kann, wie wiederum Schulz darlegt, der Zusammenhang von Sympathie und Ähnlichkeit Differenzen betonen, indem, etwa wenn Rennewart und Gyburc sich nicht erkennen, sich aber zueinander hingezogen fühlen, daraus gerade keine Annäherung erfolgt, weil eine wichtige Differenz vorher noch zu überwinden wäre, in diesem Fall die Glaubens- und die Statusdifferenz, die am äußeren Eindruck Rennewarts ablesbar ist.[168] Zweitens weisen sowohl Philipp McCaffrey als auch Silke Winst an Flecks ‚Flore und Blanscheflur' nach, dass die Ähnlichkeit in bestimmten Merkmalen Differenzen überbrücken kann – Ähnlichkeit zeigt dann an, dass Differenzen überwindbar sind (in diesem Fall die Glaubensdifferenz bzw., präziser, das ‚Heidentum').[169] Am Beispiel desselben Textes weisen, drittens, Amelie Bendheim und Dominik Schuh aus der Perspektive der Intersektionalitätsforschung darauf hin, dass die Inszenierung von Ähnlichkeit auch dazu dienen kann, bedeutungsvolle Differenzen wie Geschlecht, Glaube oder Status zu relativieren bzw. zu glätten, weil das Nebeneinander von Gleichheit und Differenz zu einer Ambivalenz der Figuren und auf diese Weise beispielsweise dazu führen könne, dass eine christliche Sklavin, die aber den Eindruck höchsten Adels macht, an einem ‚heidnischen' Königshof privilegierten Zugang zu der Herrscherfamilie erhält.[170] Was hier nur angedeutet wird, ist für das Erzählen von Ähnlichkeit ausgesprochen relevant: Der Zusammenhang von Ähnlichkeit und Sympathie bzw. sozialer Bevorzugung verweist in mehreren Fällen auch darauf, dass die Grundlagen der Homophilie immer wieder neu diskutiert werden müssen, stellen also die wichtige Frage: In welchen Merkmalen muss eine

---

168 Vgl. ebd., S. 146: „Der Erzähler drückt dasjenige aus, was man hätte sehen können [...]. Offenbar ist Rennewarts äußere Fremdheit derartig groß und auffällig, daß sie alle anderen Wahrnehmungen überdeckt."
169 Vgl. McCaffrey, Identity (1998), S. 129 f., Winst, Sameness (2013), S. 138 f. Mit Rückgriff auf die Freundschaftstheorie Aelreds zeigt dies Kraß, Kleider (2006), S. 323–326, auch für den ‚Engelhard'.
170 Vgl. Bendheim/Schuh, Lebenswege (2017), S. 118.

Figur einer anderen ähneln, um Sympathie und damit Solidarität erwarten zu können? Es geht bei einer Analyse des Erzählens von Ähnlichkeit also, wie eingangs erwähnt, mithin auch um die wohl kaum vermeidbaren ‚Schattenseiten' einer Liebe zum Gleichen: Wo bestimmte Merkmalsgleichheiten Liebe, Fürsorge und Schutz ermöglichen, werden jene, die sie nicht erfüllen, ausgeschlossen.

1.4.4 Zur Forschungseinordnung der vorliegenden Arbeit

Diese hier vorgestellten Thesen zur literarischen Inszenierung von Ähnlichkeit zwischen Figuren zeigen, dass sehr wesentliche Erzählmuster, Funktionen und hinter den Texten liegende Basisregeln und Wissenskonfigurationen zur Ähnlichkeit zwischen Menschen bzw. Figuren bereits erkannt und formuliert worden sind. Was fehlt, ist eine Monographie, die die kulturhistorischen Bedingungen des Erzählens von Ähnlichkeit zwischen Menschen darlegt und grundlegend danach fragt, welche Funktionen diese literarischen Inszenierungen außerordentlicher Merkmalsgleichheit für den Gesamtentwurf, etwa mit Blick auf die Figurenkonstellation bestimmter Texte einnehmen können.

Konkret lassen sich mit Blick auf die vorgestellten Forschungserkenntnisse (abgesehen von der Bündelung der bisherigen Forschung) meines Erachtens mindestens fünf Forschungsdesiderate konkret ausmachen, derer sich die vorliegende Studie annehmen möchte: Es gilt, erstens, die kulturhistorischen Grundlagen zusammenfassend und aufeinander Bezug nehmend zu erarbeiten, auf deren Basis die Literatur von Ähnlichkeit erzählt, sowie zweitens einen theoretischen Zugang zu schaffen, mit dem dieses Erzählen kohärent analysiert werden kann. Auf einer solchen Basis muss, bei aller Vorsicht, drittens, versucht werden, kulturhistorische Erklärungen für bestimmte Tendenzen des Erzählens von Ähnlichkeit anzubieten, etwa hinsichtlich der ‚Anziehungskraft' zwischen Ähnlichen oder auch in Bezug auf die ambivalente Bewertung von Ähnlichkeit als Gefahrenpotential einerseits und religiös überhöhtes Beziehungsideal andererseits. Viertens wird sich die Studie erstmals darum bemühen, Einzeltexte, die die Ähnlichkeit zwischen Figuren zu einem ihrer zentralen Themen machen, als Ganzes hinsichtlich ihrer Inszenierung von Merkmalsgleichheiten und -differenzen zu untersuchen. Dabei soll also auch über die einzelnen Figuren, die sich ähneln, hinausgegangen und diese als Teil einer Textwelt mit bestimmten Ähnlichkeitsideologemen verstanden werden. Zuletzt, fünftens, gilt es, dies vergleichend zu tun und wiederkehrende Motive und Narrative sichtbar zu machen.

1.5 Begriffe

Von ‚Ähnlichkeit zwischen Figuren' zu sprechen, ist dabei – dies gilt es zunächst zu bemerken – ein terminologisch und epistemologisch schwieriges Unterfangen, weil vor allem der Begriff der ‚Ähnlichkeit' sich einer einfachen Definition, die sich unhinterfragt für eine Analyse eignete, entzieht.[171] Dies hängt vor allen Dingen damit zusammen, dass es sich sowohl bei ‚Ähnlichkeit' als auch bei ‚Gleichheit' nicht um ontologische, sondern um epistemische Tatsachen handelt. Ähnlichkeit ist eine Zuschreibung durch beobachtende Instanzen, eine Vergleichskategorie,[172] und damit abhängig von Wahrnehmungsvorgängen, über deren Valenz sich streiten lässt, denn, wenn ‚Ähnlichkeit' bedeutet, dass Menschen oder Gegenstände „in mehreren Merkmalen […] übereinstimmen",[173] lässt sich dies für nahezu *alle* Figuren in irgendeiner Weise behaupten. Als Auswahlkriterium dafür, welche Figuren Gegenstand dieser Arbeit werden, eignet sich die Kategorie der Ähnlichkeit darum nur mit dem Zusatz, dass diese Ähnlichkeit sich auf einer von zwei Ebenen als *bemerkenswert* erweist, nämlich entweder, weil literarische Figuren oder die Erzählinstanz explizit auf diese *gelîchheit* aufmerksam machen, oder weil sie für die Figuren oder die Handlung nachweislich Bedeutung erlangen. Letzteres heißt, es genügt nicht, alle Textstellen zu suchen, in denen behauptet wird, zwei Figuren ähnelten einander, auch wenn es diese Textstellen gibt und diese zweifellos oft besonders interessant sind. Ähnlichkeit aber entsteht auch durch den Erzählprozess selbst, etwa durch Verweise, ähnliche Formulierungen oder durch Eigenschaften, die Figuren gemeinsam eindeutig von anderen abheben – dies mag die Gefahr bergen, die Grenzen des Analysegegenstandes unscharf werden zu lassen, ist aber für eine literaturwissenschaftliche Analyse, die den Anspruch erhebt, die Funktionsweise eines literarischen Textes auch ‚gegen den Strich' und über die expliziten Aussagen hinaus zu erfassen, unabdingbar.

Dabei werde ich in dieser Arbeit bezüglich der jeweiligen Figuren von ‚Ähnlichkeit' oder ‚Merkmalsgleichheit', nicht aber von einer ‚Gleichheit' der Figuren insgesamt sprechen, weil es in jedem der Beispieltexte von Relevanz ist, dass eben nicht von einer Übereinstimmung in allen, sondern nur in eini-

---

[171] Eine theoretische Auseinandersetzung mit dem Problem der ‚Figur' hingegen würde in dieser Arbeit zu weit führen, doch es sei erwähnt, dass es sich hinsichtlich dieses Erzählelements aus der Perspektive der historischen Narratologie nach wie vor um ein eher schwach beforschtes Gebiet handelt, vgl. grundsätzlich bisher vor allem Jannidis, Figur (2004), und für die historische Narratologie, durchaus kritisch gegenüber Jannidis: Stock, Figur (2010).
[172] So die Definition von ‚Ähnlichkeit' im Philosophischen Wörterbuch, hg. von Georg Klaus, Berlin 1972.
[173] So die Definition von ‚ähnlich' im Philosophischen Wörterbuch, hg. von Heinrich Schmidt, Stuttgart 1991.

gen Merkmalen die Rede ist – ich unterscheide also, anders als die bisherige Forschung,[174] der Etymologie der Begriffe entsprechend, graduell zwischen ‚Gleichheit' und ‚Ähnlichkeit': Während ‚gleich' sich aus einer Zusammensetzung aus dem germanischen Präfix *ge-* und germanisch *$l\bar{\imath}ka$ ergibt und, indem *$l\bar{\imath}ka$ den ‚Körper' bzw. die ‚Gestalt' meint, ursprünglich in etwa „dieselbe Gestalt habend" bedeutet,[175] kommt ‚ähnlich' aus einer Mischung aus germanisch *ana – ‚nahezu, fast' – und *$gal\bar{\imath}ka$ –‚gleich' – zustande[176] und bezeichnet eine Einschränkung des ‚Gleichen' hin zu ‚nahezu gleich'.[177] Im Neuhochdeutschen werden diese Begriffe immer noch in dieser Bedeutung, gelegentlich aber auch synonym für „in allen oder wesentlichen Merkmalen übereinstimmend" verwendet,[178] wobei die ursprüngliche auf den Körper bezogene Bedeutung erweitert wurde.

Aus der Perspektive der (lateinisch geführten) Gelehrtendiskurse des Hochmittelalters ist allerdings zu vermerken, dass sich auch andere Unterscheidungen zwischen ‚Ähnlichkeit' (*similitudo*) und ‚Gleichheit' (*aequalitas*) denken lassen: Seit Aristoteles bezeichnet ‚Ähnlichkeit' in der Philosophie „im Unterschied zur Gleichheit, die auf die Quantität bezogen wird, die Übereinstimmung verschiedener Dinge in der Qualität".[179] Eine graduelle Unterscheidung zwischen einem ‚Gleichen selbst' – dem Urbild – und dem ‚Ähnlichen', dem Abbild, zieht wiederum Platon und diskutiert die Ähnlichkeit auch schon im Zusammenhang mit dem Ursprung von Freundschaft und Liebe.[180] Diese Unterscheidung Platons und dann Plotins zwischen

---

[174] Eine Ausnahme stellt die Arbeit von Schulz, Erkennen (2008), dar, dessen Differenzierung zwischen ‚Merkmalsgleichheit' und ‚kategorialer Ähnlichkeit' allerdings vor allem auf den Bereich der Personenwahrnehmung anwendbar ist: Merkmalsgleichheit liegt aus dieser Perspektive dann vor, wenn die Identifizierung einer Person sich aus „konkreten Vorstellungen über die körperliche Gestalt und ihre individuellen Merkmale" ergibt (S. 285), kategoriale Ähnlichkeit, wenn die wahrnehmbare Ähnlichkeit „keine individuellen Merkmale, sondern die Zugehörigkeit zu denselben Kategorien", beispielsweise „die sichtbare adelige Idealität", meint (S. 286). Dennoch verwendet auch Schulz sowohl den Begriff der ‚Gleichheit' als auch den Begriff der ‚Ähnlichkeit', wenn er von der ‚kategorialen Ähnlichkeit' spricht (ebd.).

[175] Vgl. Art. ‚gleich'. In: Etymologisches Wörterbuch des Deutschen (2 Bde.), hg. von Wolfgang Pfeifer, Berlin 1993, S. 454 f. Vgl. auch Art. ‚gleich'. In: Deutsches Wörterbuch von Jacob und Wilhelm Grimm, Leipzig 1971, Online-Zugriff am 26. 02. 2018.

[176] Art. Art. ‚ähnlich'. In: Etymologisches Wörterbuch des Deutschen (2 Bde.), hg. von Wolfgang Pfeifer, Berlin 1993, S. 20. Vgl. auch Art. ‚ähnlich'. In: Deutsches Wörterbuch von Jacob und Wilhelm Grimm, Leipzig 1971, Online-Zugriff am 26. 02. 2018.

[177] Vgl. Art. ‚an'. In: Etymologisches Wörterbuch des Deutschen (2 Bde.), hg. von Wolfgang Pfeifer, Berlin 1993, S. 37.

[178] Vgl. ‚ähnlich'. In: ebd., S. 20, sowie Art. ‚gleich'. In: ebd., S. 545 f.

[179] Mittelstrass/Schlüter, Art. ‚Gleichheit'. Historisches Wörterbuch der Philosophie, hg. von Joachim Ritter, S. 114.

[180] Vgl. Schlüter, Art. Ähnlichkeit. In: Historisches Wörterbuch der Philosophie, hg. von Joachim Ritter, S. 114 f. Zu Platons Freundschaftstheorie vgl. Kap. 2.4.4.1 in dieser Arbeit.

Ähnlichkeit als dem, was für die Abbilder untereinander und für das Verhältnis der Abbilder zum Urbild, und Gleichheit als einer Kategorie, die allein für das Urbild gelte, ist Teil des neuplatonischen-christlichen Diskurses über das Verhältnis zwischen Gott (Urbild) und seinen Geschöpfen, auf den ich in dieser Arbeit noch ausführlich zurückkommen werde (Kap. 2.2).

Interessanterweise trifft die mittelhochdeutsche Literatur nun allerdings überhaupt keine Unterscheidung zwischen den ihr zur Verfügung stehenden Wörtern *gelîche* und *anelîche* und den möglicherweise dahinterstehenden Konzepten: Hier ist mit sehr wenigen Ausnahmen, die die Begriffe dann aber synonym verwenden – zum Beispiel Konrads von Würzburg ‚Engelhard' – nie von *anelîche*, sondern ausschließlich von *gelîche* die Rede.[181] Dies geschieht selbst dort, wo der gelehrte Bezugsrahmen zwischen *aequalitas* (Gleichheit) und *similitudo* (Ähnlichkeit) zu unterscheiden pflegt, wie bei Meister Eckhart oder Heinrich Seuse.[182]

Für die Analyse von Ähnlichkeit zwischen Figuren bedeutet dies, wie gesagt, dass jene Figuren von Interesse sind, die in bemerkenswerter Weise Merkmale miteinander teilen, weil dies entweder von der Erzählinstanz oder von anderen Figuren explizit benannt wird oder weil der Erzählprozess dies herausstellt und dieser Ähnlichkeit eine Bedeutung für die Figuren und die Handlung zuweist. Im jeweiligen Kontext der direkten Erwähnung von *gelîcheite* ist dabei stets zu ermitteln, worauf dieser Begriff abzielt und die mögliche religiöse Implikation, also die Ähnlichkeitsbeziehung des Menschen zu Gott, bei Bedarf in der Analyse zu berücksichtigen.

1.6 Zum Textkorpus

Nicht alle Erzähler*innen mittelalterlicher Epik teilen mein Interesse an den Bedingungen und Problemen der Homophilie, manchen dient sie auch einfach nur als impliziter Bestandteil des Figurenhandelns, der sich von selbst

---

181 Eine Suche in der online verfügbaren Mittelhochdeutschen Begriffsdatenbank (mhdbdb) und im ebenfalls online verfügbaren mittelhochdeutschen Wörterbuch (mhdwb-online) ergibt eine eindeutige Präferenz von *gelîch* gegenüber *anelîch*. Für *anelich/enlich/anelîchen* finden sich insgesamt nur zwölf Treffer, und zwar im ‚Engelhard' Konrads von Würzburg, in der ‚Kudrun', im ‚Prosa-Lancelot', im ‚Processus juris', im ‚Wilhalm von Wenden', im ‚Exemplar' von Heinrich Seuse, in der Reimpredigt ‚Die Wahrheit', im ‚Leben der heiligen Elisabeth' sowie in der Prophetenübersetzung des Klaus Krank. In den geistlichen Schriften spielt der Begriff im Zusammenhang mit Gottesähnlichkeit eine Rolle, in anderen weltlichen Texten im Zusammenhang mit Verwandtschaft, aber auch mit dem Wiedererkennen von Personen. Für *gelîch/gelîchheit/gelîchen* ergibt die mittelhochdeutsche Begriffsdatenbank über 5000 Belegstellen.

182 Vgl. Steer, Predigt 51 (2008), S. 80: „Eckhart kennt nur *glîch* für *similis* und *aequalis*." Ähnliches gilt für Seuse, vgl. Madej-Anderson, Ähnlichkeit (2012), S. 117 ff.

versteht.[183] Der Schwerpunkt der vorliegenden Studie dagegen wird auf insgesamt vier deutschsprachigen Texten liegen, die die Anziehung und/oder Entdifferenzierung zwischen Ähnlichen sowie die ‚Schattenseite' der Homophilie, die ‚Ausgrenzung' von Unähnlichen, auf ihre Bedingungen hinterfragen und vor dem Hintergrund der Merkmalsgleichheiten und -differenzen diskutieren, die für die imaginierten Ordnungen der jeweiligen Textwelten besonders relevant sind: Die Rede ist von Konrad Flecks ‚Flore und Blanscheflur' (um 1200/20), Rudolfs von Ems ‚Barlaam und Josaphat' (um 1210), Konrads von Würzburg ‚Engelhard' (um 1250/70) und Ulrichs von Etzenbach ‚Wilhalm von Wenden' (um 1290).

Dieses primäre thematische Auswahlkriterium erhöhter Aufmerksamkeit auf die Auswirkungen und Bedeutungen von Ähnlichkeit nun impliziert interessanterweise noch weitere Gemeinsamkeiten der ausgewählten Texte: Es handelt sich um höfische Romane des 13. Jahrhunderts, die nicht von den Rittern der Tafelrunde erzählen,[184] sowie tendenziell eine Verwandtschaft mit hagiographischem Erzählen oder mit der Tradition der *chanson de*

---

183   Ein vielleicht recht gutes Beispiel dafür ist neben dem ‚Erec' Hartmanns von Aue, in dem das Problem, dass Iders der ‚Beste', aber seine Freundin nicht die ‚Schönste' ist, auf ein Ordnungsproblem hinweist, das durch Erec (dem ‚Besten') mit seiner Freundin Enite (der ‚Schönsten') gelöst werden kann (vgl. Schulz, Erzähltheorie (2015), S. 49), Gottfrieds ‚Tristan': Wie Schultz, Love (2006), S. 83, zeigt, unterscheiden sich Tristan und Isolde kaum in ihren anatomischen Merkmalen. Was begehrenswert an der anderen Person ist, ist die Liebe zum gleichen Adel; was ihre Präfiguration füreinander bestimmt, ist, wie Kraß, Heteronormativitätsforschung (2014), S. 99, resümiert, „der aristokratische Narzissmus, der im Begehren nach dem höfischen Habitus seinen Ausdruck findet, einem Habitus, der [...] ein gemeinsames Ideal des Körpers, der Kleidung, der Ethik und des Verhaltens umfasst". Tristan und Isolde sind gleich in ihrem Adel, in ihrer Schönheit und – zunehmend – auch in ihrer Bildung. Diese ideale ‚Passung' selbst aber wird in dem Roman gerade nicht zum Problem, sondern vielmehr gewissermaßen als Selbstverständlichkeit vorausgesetzt, das Skandalon dieser Passung, anders als etwa im ‚Engelhard' beiseitegeschoben, indem Tristan *eigentlich* ja ein Königssohn ist und also keine Differenz im sozialen Status existiert.
184   Zu nennen wären zwei Ausnahmen, und zwar zunächst ein Einzeltext, ein Artusroman des 13. Jahrhunderts, in dem Ähnlichkeit nun doch eine recht prominente Rolle spielt: Der sogenannte ‚Prosalancelot' stellt mit der ‚zweiten Ginover' Ähnlichkeit durchaus ins Rampenlicht und thematisiert auch die Ähnlichkeit zwischen den Freunden Lancelot und Gahalot, aber dabei geht es vor allen Dingen um Fragen nach der Ersetzbarkeit und Unersetzbarkeit, die den Roman auch hinsichtlich seiner Inszenierung von funktionierender und scheiternder Herrschaft thematisiert. Dies wäre für eine Arbeit, die sich mit allen Funktionen der Ähnlichkeit zwischen Figuren auseinandersetzen würde, eine wichtige Quelle, in der vorliegenden Arbeit aber mag der Verweis auf die entsprechende Habilitationsschrift von Christiane Witthöft, Vertreten (2017), genügen. Ähnliches gilt für die Tradition der Tristan-Dichtungen, in denen die Verwechslung durch Merkmalsgleichheiten zum Teil der großangelegten Täuschungsmanöver des Protagonisten wird, etwa bei Heinrich von Freiberg, in dessen Tristan-Text sich die Artusritter alle an einer Sense schneiden, um auf diese Weise das blutige Zeichen Tristans zu tragen, dessen Verletzung ihn auf diese Weise nicht mehr verraten kann. Merkmalsgleichheit ist in dieser Tradition primär hinsichtlich der auf Wahrnehmung basierenden Täuschungshandlungen von Interesse und berührt darum weniger das Thema der

geste aufweisen, die wiederum häufig mit Motiven und Erzählelementen der hagiographischen Tradition operiert.[185]

Dass mit der thematischen Fokussierung auf das Erzählen von bemerkenswerter Ähnlichkeit auch eine Einschränkung auf Texte, die im weitesten Sinne auf den ‚hagiographischen Diskurs' rekurrieren, zusammenhängen könnte,[186] hat beiläufig bereits Ute von Bloh bemerkt.[187] Ich teile mit Blick auf die hier zur Diskussion stehenden Texte ihre Beobachtung, nicht aber ihre Erklärung, der Zusammenhang von erzählter Ähnlichkeit und hagiographischem Diskurs sei auf die „Außergewöhnlichkeit" und „Erklärungsbedürftigkeit" der ähnlichen Figuren zurückzuführen.[188] Dieser Rückschluss überbetont erstens erneut das vermeintlich Irritierende und Bedrohende der ‚Doppelungsphantasien'. Damit verkennt sie, zweitens, die weite Verbreitung des Erzählens von Ähnlichkeit zwischen Figuren in der weltlichen Epik, die in den hier zur Diskussion stehenden Texten gewissermaßen ‚nur' auf die Spitze getrieben und zu einem zentralen Sujet erhoben wird, und verkehrt, drittens, meiner Ansicht nach die Kausalkette: Es sind nicht die ähnlichen Figuren, die in den hagiographischen Diskurs ‚hineinmanövriert' werden müssen (weil sie für ‚weltliche' Texte zu erklärungsbedürftig sind), sondern es ist – im Gegenteil – gerade die Ähnlichkeit, die den hagiographischen Diskurs (unter anderem) in die entsprechenden Texte holt. Ähnlichkeit nämlich, so werde ich in dieser Arbeit mit Blick auf Gelehrtendiskurse über die Schöpfung (Kap. 2.2) und über Freundschaft (Kap. 2.4), aber auch anhand der literarischen Texte selbst argumentieren, steht häufig für eine Spur der Transzendenz in der Immanenz, indem maximale Merkmalsgleichheit dem „Nichtunterschiedene[n]", das das Göttliche auszeichnet,[189] in einer Welt der irdischen Unterscheidungen am Nächsten kommt.

Die Literatur der *chanson de geste* wiederum bietet sich grundsätzlich für die Reflexion von Merkmalsgleichheit und -differenz an, indem schon eine ihrer gattungsbestimmenden Merkmale die Inszenierung von Glaubens-

---

vorliegenden Arbeit. Vgl. dazu Schulz, Erkennen (2008), S. 290–354, und Küsters, Gewissheit (2012), S. 561–724.
185 Vgl. beispielsweise in Bezug auf die Minne zwischen Willehalm und Gyburc, auf die „Elemente legendarischen Erzählens" übertragen würde, Bulang/Kellner, Verfahren (2009), S. 160.
186 Vgl. zur Frage, ob es sich bei ‚Hagiographie' um eine Gattung handelt oder um einen ‚hagiographischen Diskurs' ausführlicher im Forschungsüberblick bei Hammer, Erzählen (2015), S. 11–18, bes. s. 12.
187 von Bloh, Doppelgänger (2005), S. 343, nennt dabei zwar keine Beispiele, konstatiert aber, dass „[u]nunterscheidbar ähnliche Freunde oder auch Zwillinge […] seit dem 12. Jahrhundert überwiegend in Legenden und legendenverwandten Texten ausphantasiert" seien.
188 Ebd.
189 Vgl. Strohschneider, Textheiligung (2002), S. 111.

differenzen darstellt[190] und die deutschsprachigen Texte vom ‚Rolandslied' über den ‚Willehalm' zum ‚Barlaam und Josaphat' (oder zum ‚Partonopier und Meliur') immer wieder die Möglichkeit eines fließenden ‚Übergangs' von der einen zur anderen Seite diskutieren, der im 13. Jahrhundert – ich würde sagen: zunehmend – die Ähnlichkeit zwischen christlichen und ‚heidnischen' Figuren positiv betont.[191]

Ich wäre dennoch vorsichtig mit kategorischen Kausalschlüssen bezüglich der Frage, weshalb die deutschsprachigen Autoren nun dazu neigten, im 13. Jahrhundert Ähnlichkeit anders und intensiver zu diskutieren als zuvor bzw. entsprechend weit verbreitete Stoffe (wie jenen über die Freunde Amicus und Amelius) erst jetzt und nicht schon früher wiederzuerzählen. Vorstellen könnte ich mir aber eine Kombination mindestens dreier Faktoren: Erstens tendieren viele der späthöfischen, nicht-arturischen Romane zu einer Theoretisierung und Diskursivierung der Ideologeme (wie die Homophilie) ihrer Vorgänger.[192] Zweitens mag in der *chanson de geste*-Literatur die Kreuzzugserfahrung ihren Teil zu einer Betonung der ‚Gemeinsamkeiten' zwischen Christ*innen und Nicht-Christ*innen beigetragen haben, die sich auch in der Inszenierung von Ähnlichkeit widerspiegelt (ich komme in Kap. 3.3.1 darauf zurück).[193] Und drittens könnte man die vielleicht etwas plakative Feststellung Karl Bertaus, bezüglich der Literatur seit 1220 sei von einem „Diskurswechsel von den Feinen zu den Frommen" zu sprechen,[194] der zeitlich mit dem steigenden Einfluss der Bettelorden auch an den Höfen zusammenfällt,[195] auch dahingehend verstehen, dass in zunehmendem Maße

---

190 Vgl. Mölk, chanson (1979), Sp. 1229.
191 Diesen Übergang diskutiere ich ausführlicher in Kap. 3.3.1. Diese Überwindung der „fatale[n] Kreuzzugsideologie, die im Andersgläubigen nur den Teufel sieht, den es gewaltsam zu bekehren oder totzuschlagen gilt", wird aber bei Ulrich von dem Türlîn wieder zurückgenommen, wie Heinzle, Geschichte (1984), S. 120f., herausstellt.
192 So werden, wie Kiening, Weltentwürfe (1993), S. 375, anmerkt, von den höfischen Romanen des 13. Jahrhunderts zunehmend bestimmte Prämissen der ‚klassischen Zeit' nicht mehr einfach übernommen, wie beispielsweise „das ungebrochene Vertrauen auf eine innerliterarische Utopie (arturische Gesellschaft, Gral oder Minnetranszendenz)". Die reflektierende Haltung späthöfischer Romane, die Traditionen kritisch und aufeinander Bezug nehmend verfügbar halten, wurde von der Forschung mit Begriffen wie ‚Hybridität' oder ‚Interdiskursivität' belegt, vgl. z.B. Herweg, Verbindlichkeit (2010), S. 55f. Insbesondere das Thema der Minne – und dazu gehört im Grunde auch die Homophilie – wird zunehmend theoretisiert und diskursiviert, vgl. zu den entsprechenden ‚Extremfällen der Exkursgestaltung' und dem ‚engagierten Erzählern' Linden, Exkurse (2017), S. 369–508. Den ‚Reinfrid' etwa sieht Linden, ebd., S. 537, zwar als extremen Ausnahmefall, doch sei er „dennoch symptomatisch für einen Wandel, in dem die Reflexion im Vergleich zur Erzählung immer mehr zunimmt."
193 Vgl. hinsichtlich des ‚Willehalm', Knapp, Perspektiven (2014), S. 690–693, sowie Bumke, Wolfram (2004), S. 329f.
194 Bertau, Literaturgeschichte (1983), S. 107.
195 Vgl. ähnlich und hinsichtlich der gattungsbedingten Inszenierungen der Epistemik Schulz, Epistemik (2009), S. 659ff.

religiöse und mystische Literatur nicht nur entstanden ist,[196] sondern ihre Motive – wie die Ähnlichkeit zwischen Braut und Bräutigam in den Hohelied-Exegesen (Kap. 2.2.2.2) – auch die ‚weltliche' Literatur geprägt haben.[197]

Die vier Romane, die, ungeachtet der Richtigkeit dieser literaturgeschichtlichen Überlegungen, offensichtlich Ähnlichkeit zum Gegenstand ihrer narrativen Reflexion machen, und darum in dieser Arbeit den Kernbestand des Textkorpus bilden, seien im Folgenden knapp vorgestellt.

Flecks Roman erzählt die Geschichte zweier Kinder, die am gleichen Tag und am gleichen Ort geboren werden, beide Namen erhalten, die an Blumen erinnern, und gemeinsam erzogen werden, sich aber in den Merkmalen des Glaubens und des sozialen Status unterscheiden – aus dieser Gemengelage entwickelt sich eine Geschichte über die entdifferenzierende Kraft der Minne unter in vielerlei Hinsicht Merkmalsgleichen, an deren Ende sich auch die letzten Differenzen auflösen. Bemerkenswert an diesem Roman ist vor allen Dingen, dass die Liebe unter Ähnlichen als eine Art überirdische Paradiessituation imaginiert wird, in der weder das irdische ‚Gesetz' der Zeit noch Leid von Bedeutung ist. Dieses transzendierte Ähnlichkeitsideal kollidiert bei Fleck mit einer Werteordnung, nach der insbesondere die Unterschiede im Status und Glauben ordnungsstiftend sind.

Bei Konrad von Würzburg lassen sich – und darum folgt er in meiner Untersuchung gegen die Chronologie der Entstehung auf Flecks Liebesroman – vergleichbare Tendenzen des Erzählens von Ähnlichkeit nachweisen: In diesem Fall ist es eine Männerfreundschaft unter Ähnlichen, die als paradiesisches Ideal inszeniert wird, das gegen die Normen der Textwelt verstößt. Dieser Roman handelt dabei von Entscheidungen, die auf Unterscheidungen beruhen: Hin- und hergerissen zwischen einer höfischen Ordnung, in der Ununterscheidbarkeit zwar ein Faszinosum darstellt, vor allem aber soziale Differenzierungen unterläuft, und ihrer Eigen-Ordnung der gleichen Tugenden, die sich am gleichermaßen schönen Körper manifestieren, entscheiden sich Dietrich und Engelhard schließlich radikal für letztere, hinweg über die normative Setzung, dass nur die Gleichheit des Blutes und die Gleichheit des sozialen Status zähle.

Rudolfs von Ems Roman über die Christianisierung des ‚heidnischen' Indiens knüpft an einer sich entwickelnden *chanson de geste*-Tradition an, Zwischenfiguren zu entwerfen, deren Ambivalenz die binäre Ordnung zwischen ‚heidnisch/böse/hässlich' und ‚christlich/gut/schön' hinterfragt, und zeigt an einem ‚heidnischen' Double des christlichen Eremiten Barlaam, dass auch

---

196 Vgl. den Überblick bei Heinzle, Geschichte (1984), S. 60–84.
197 Vgl. z.B. Haug, Gotteserfahrung (2000), S. 203f., hinsichtlich der sogenannten ‚Minne- und Aventiureromane' wurde immer wieder, z.B. bei Heinzle, Geschichte (1984), S. 114, eine „Tendenz zum Religiösen" und zu den Motiven der Hagiographie festgestellt.

‚Heid*innen' das Potential einer Entdifferenzierung, die in diesem Fall Christianisierung bedeutet, in sich tragen – eine Erzählbewegung, die am Ende auch der Protagonist Josaphat durchlebt, allerdings auf umgekehrtem Wege: Er ist bereits Christ, muss aber noch zum physischen Double des Eremiten werden, indem er seine weltliche Herrschaft und seinen adeligen Leib aufgibt.

Jene letzte Thematik, der Wertekonflikt zwischen radikaler christlicher Askese und Herrschaftsanspruch des Adels, ist es, die im ‚Wilhalm von Wenden' zum wesentlichen Sujet und an ähnlichen Figuren ausgetragen wird: Bene und Wilhalm sind ein ungleiches Herrscherpaar, indem Bene geradezu areligiös, pragmatisch herrscht, Wilhalm sich aber vom einen Tag auf den anderen zum christlichen Glauben bekennt und sich von seinen Pflichten als Fürst lossagt. Zugleich aber ähneln sie sich, indem sie ‚einen Leib' teilen und beide auch implizit die Normen des anderen verkörpern. Gespiegelt wird diese Geschichte von Differenzierung und Entdifferenzierung an ihren Söhnen, Zwillingen, die einerseits die Gespaltenheit der ursprünglichen familiären Einheit symbolisieren, deren massive Ähnlichkeit und Liebe zueinander aber andererseits die Wiederherstellung der Einheit, die Entdifferenzierung, präfiguriert.

Ich werde mich im Analyseteil dieser Arbeit zur *Figurenähnlichkeit* also einerseits aus Gründen der Praktikabilität auf eine enge zeitliche und sprachlich-kulturelle Auswahl (*in der späthöfischen – und deutschsprachigen – Epik*) beschränken, die sich andererseits aber auch im thematischen und ansatzweise sogar gattungstheoretischen Zuschnitt begründen lässt. An einigen Stellen der Arbeit werde ich diese Einschränkung allerdings übergehen, nämlich dort, wo die ausgewählten Romane mit bestimmten Vorgängern operieren, in denen Ähnlichkeit bereits eine Rolle spielt – etwa mit dem ‚Rolandslied des Pfaffen Konrad', dem ‚Willehalm' Wolframs von Eschenbach (Kap. 3.3.1), dem ‚Gregorius' Hartmanns von Aue oder der ‚Crescentia'-Geschichte der Kaiserchronik (Kap. 3.4.3) –, wo sich einzelne frühere Texte der höfischen Literatur in besonderem Maße als Beispiel im kulturhistorischen Teil der Arbeit heranziehen lassen – wie die Schöpfungserzählungen aus der ‚Weltchronik' oder der ‚Wiener Genesis' (Kap. 2.2.1), der Eneasroman' (Kap. 2.3.1) oder die Geschichte vom Riuzenkönig aus Jans Enikels ‚Weltchronik' (Kap. 2.3.5) – bzw. wenn sie hinsichtlich der Thematik dieser Arbeit Ausnahmeerscheinungen darstellen – etwa im Falle des sogenannten ‚Narzissliedes' Heinrichs von Morungen (Kap. 2.2.4).

1.7 Zum Aufbau dieser Arbeit

Die vorliegende Arbeit besteht aus insgesamt zwei Teilen, deren erster die kulturhistorischen Bedingungen des Erzählens von Ähnlichkeit zwischen Menschen erläutert, das heißt, breit angelegt und auf entsprechenden kulturhistorisch angelegten Forschungsarbeiten basierend, danach fragt, auf welchen Wissensgrundlagen die mittelalterlichen Autoren aufbauen konnten, wo sich bereits in Gelehrtendiskursen Probleme, Konflikte oder Fragestellungen auftun, die in den literarischen Texten dann narrativ ausgestaltet werden. Auf dieser Basis wird der zweite Teil dann Einzelanalysen zu den vier vorgestellten höfischen Romanen anbieten, die aber immer wieder aufeinander Bezug nehmen und Gemeinsamkeiten des Erzählens von Ähnlichkeit aufzeigen werden.

Den Übergang von diesen einleitenden Bemerkungen zu den beiden Hauptteilen der Arbeit stellt ein Theoriekapitel dar (1.8), in dem ich beschreiben werde, mit welchem theoretischen Instrumentarium ich den in den Romanen imaginierten Ordnungen beikommen werde, vor deren Hintergrund dann die ähnlichen Figuren spezifische Probleme dieser Ordnungen aufnehmen und thematisieren. Dabei werde ich zunächst eine der klassischen ethnologischen Theorien zur Bedeutung von Unterscheidungen in vormodernen Gesellschaften, René Girards Werk ‚Das Heilige und die Gewalt' (erstmals erschienen im Jahre 1972 als ‚La Violence et le sacré'), vorstellen und für die Analysen fruchtbar machen, wobei ich, anders als ein Großteil der bisherigen Forschung, darauf hinweisen möchte, dass die *mittelalterlichen* Texte das Fehlen von Unterschieden nicht nur als Quelle von Gewalt, sondern auch als Weg zum Heil interpretieren, woraus sich immer wieder Konflikte zwischen unterschiedlichen normativen Setzungen in den Texten ergeben (Kap. 1.8.1). Mit Judith Butlers Begriff der ‚Ähnlichkeitsnormen', den sie in ihrer Essaysammlung ‚Raster des Krieges. Warum wir nicht jedes Leid beklagen' (erstmals erschienen im Jahre 2009 als ‚Frames of War: When is Life Grievable?') prominent macht, werde ich diese erwähnten unterschiedlichen normativen Setzungen in den Textwelten beschreiben, die die Grundlage von Exklusions- und Inklusionsmechanismen in bestimmten Gemeinschaften darstellen (Kap. 1.8.2). Schließlich werde ich mit dem Konzept der ‚Erzählprothese', das David Mitchells und Sharon Snyders *disability studies* ‚Narrative Prosthesis. Disability and the Dependencies of Discourse' (erstmals erschienen im Jahr 2000) entlehnt ist, diese soziologischen und ethnologischen Theorien durch eine narratologische ergänzen, die in der Entdifferenzierung einzelner Figuren gegenüber einer bestimmten Norm ein Grundmuster der Narration überhaupt entdeckt (Kap. 1.8.3).

Die kulturhistorische Grundlegung, der erste Teil der Arbeit, besteht dann aus insgesamt vier Teilkapiteln, die und deren Unterkapitel den Bezugsrahmen der literaturwissenschaftlichen Analysen bilden und jeweils auch einzeln und unabhängig voneinander (nach-)gelesen werden können, das heißt im besten Falle auch eine nicht-lineare Lektüre erlauben sollen. Das erste Kapitel (Kap. 2.1) führt in einige Aspekte ein, die in jedem der darauffolgenden kulturhistorischen Kapitel eine Rolle spielen werden, nämlich vor allem die Konzeption der vormodernen Identität als eine transpersonale, deren Zugehörigkeit zu einem größeren Verbund zuweilen, wie Klaus E. Müller für die Ethnologie herausgestellt hat, geradezu physisch gedacht wird. Diese Transpersonalität ist es auch, die Solidarität in diesen Gruppen begründet, und zwar im Wesentlichen über Sympathie, wobei diese Einheitskonzeption einer Gruppe auch durch metonymische Denkfiguren, nach denen Einzelne für das Ganze stehen können, unterstützt wird (Kap. 2.1).

Im zweiten Teilkapitel werde ich eine mittelalterlich-christliche Konzeption der Ähnlichkeitsverhältnisse der Schöpfung skizzieren, wie sie sich seit den Kirchenvätern findet (Kap. 2.2). Grundlegend ist hier die Vorstellung einer Wesenskette der Schöpfung, die alle geschaffenen Dinge, vom leblosen Stein bis zu den Engeln, miteinander verbindet und eine Hierarchie der zunehmenden Gottesähnlichkeit beschreibt, in der der Mensch ein Zwischenwesen zwischen Himmel und Erde darstellt (Kap. 2.2.1). Dieses Zwischenstadium wird insbesondere seit Pseudo-Dionysius Areopagita als eines gesehen, das es durch eine Angleichungsbewegung zu überwinden gilt. Diese theologische Argumentation möchte ich mit Blick auf die Schriften des Kirchenvaters auf der einen und auf die Hohelied-Interpretationen des 12. Jahrhundert, in denen diese Angleichungsbewegung zwischen Schöpfer und Geschöpf gewissermaßen symbolisch personalisiert wird, auf der anderen Seite skizzieren (Kap. 2.2.2). Nach einer Zusammenfassung der Ergebnisse (Kap. 2.2.3) werde ich eine Relektüre des sogenannten ‚Narzissliedes' Heinrichs von Morungen vornehmen, das ich vor dem Hintergrund der zeitgenössischen Mystik, insbesondere des sogenannten ‚Granum Sinapis', als höfischen Reflex dieses Ähnlichkeitsdenkens verstehe, das hier auf die personale Liebe zur Dame übertragen wird (Kap. 2.2.4).

Im dritten kulturhistorischen Teil wird die Bedeutung von Ähnlichkeit im mittelalterlichen Verwandtschaftsdiskurs dargestellt. In einem ersten Schritt werde ich am Beispiel des ‚Eneasromans' Heinrichs von Veldeke zeigen, wie Ähnlichkeit in genealogischen Darstellungen zum Einsatz kommt, um das Viele zu ordnen, das eine aus dem anderen herzuleiten und Kontinuität (und Dynastie) zu stiften (Kap. 2.3.1). Anschließend wird es mir um die mittelalterlichen Zeugungstheorien, also darum gehen, wie man sich im Mittelalter die verwandtschaftliche Ähnlichkeit überhaupt herleitete (Kap. 2.3.2), um dann in einem nächsten Schritt die Konzeption der ‚Einleiblichkeit' zu erläutern, die nahe Verwandte physisch miteinander verbinden und Solidarität stiften soll (Kap. 2.3.3). Hier interessieren insbesondere

1.7 Zum Aufbau dieser Arbeit

die Bedeutung von verwandtschaftlichen Anlagen, aber auch die verwandtschaftlich bedingte Sympathie, also die Erklärung der Liebe zum Gleichen durch das gleiche ‚Blut'. Zwei weitere Kapitel erläutern dann zwei Problembereiche verwandtschaftlicher Ähnlichkeit, und zwar einerseits Zwillinge, die im mittelalterlichen Gelehrtendiskurs, der das ‚Zwillingshafte' auch als über die Verwandtschaft hinausgehende Denkfigur nutzte, keinen guten Stand hatten und tendenziell als gefährliche Doppelung, als Rivalität und Feindschaft fördernd, gesehen wurden (Kap. 2.3.4). Andererseits wird es um das Problem inzestuöser Beziehungen gehen, das der Homophilie einen Riegel vorschiebt, indem diejenigen, die sich vielleicht am meisten ähnlich, Verwandte, gerade nicht so lieben dürfen wie andere (Kap. 2.3.5). Auch hier werden die entsprechenden Überlegungen in einem abschließenden Fazit zusammengefasst (Kap. 2.3.6).

Im letzten kulturhistorischen Teilkapitel wird es um das klassische Wirkungs- bzw. Bedeutungsfeld der Homophilie gehen, nämlich um Freundschaft und Liebe und dabei in besonderem Maße um die antiken und mittelalterlichen (Männer-)Freundschaftsdiskurse. Zu Beginn werde ich eine entsprechende Lektüre zweier Schöpfungsmythen, der alttestamentlichen Paradieserzählung und der Aristophanesrede in Platons ‚Symposion', sowie der ‚Turmbau'-Erzählung im Alten Testament vornehmen, in denen die Liebe zum Gleichen jeweils mit einer ursprünglichen Einheit der nunmehr geteilten Ähnlichen erklärt wird und die ich gewissermaßen als ‚Urmythos' der Einheits-These zur Homophilie verstehe (Kap. 2.4.1). Nach einer kurzen Einleitung in das Kapitel (Kap. 2.4.2), werde ich hier noch einmal auf die Begriffsproblematik (vgl. bereits Kap. 1.5) zurückkommen, da sich nämlich gerade mit Blick auf die Freundschaftsschriften der Antike zeigen lässt, dass auch hier eine Begriffsunterscheidung, etwa zwischen *aequalitas* und *similitudo* weitgehend ausbleibt (Kap. 2.4.3). Anschließend wird es um ausgewählte Freundschaftstheorien gehen, die explizit die Ähnlichkeit zwischen Freund*innen ins Zentrum ihrer Überlegungen stellen, namentlich ist dies bei Platon, Aristoteles, Cicero, Plotin, teilweise in biblischen Erzählungen, bei Augustinus und Aelred von Rievaulx der Fall, wobei Letzterer sich als besonders interessant für diese Arbeit erweist, auch weil er mit Rückgriff auf die Vorstellungen bei Platon und Plotin ein Freundschaftsmodell entwirft, das die Liebe zwischen Ähnlichen als Gottesnähe deutet und diese sogar mit einer Geschichte versieht (Kap. 2.4.4). Ausblickend werde ich dann beschreiben, wie sich diese Vorstellungen auch in der entsprechenden Freundschaftsikonographie artikulieren (Kap. 2.4.5), um dann Tendenzen der Ähnlichkeitsnormen aufzuzeigen, die in den genannten Freundschaftstheorien Geltung beanspruchen und Exklusions- bzw. Inklusionsmechanismen installieren und regeln (Kap. 2.4.6). Vor einer abschließenden Zusammenfassung der Ergebnisse (Kap. 2.4.8) werde ich noch knapp den entsprechenden

Diskurs im Bereich der ‚heterosexuellen' Beziehungen umreißen und vor allem aufzeigen, wie die theoretischen Konzeptionen der Männerfreundschaft auch jenen über die ‚heterosexuelle' Liebe beeinflussten (Kap. 2.4.7). Eine stark abstrahierte Zusammenfassung am Ende des kulturhistorischen Kapitels wird dasselbe abschließen (Kap. 2.5).

Das Analysekapitel zum ‚Erzählen von Ähnlichkeit' gliedert sich nach den vier zu behandelnden Haupttexten. Gemeinsam ist dem Analyseaufbau der jeweiligen Teilkapitel dabei, dass es zu jedem Roman eine Beschreibung der Ähnlichkeitsnormen geben wird, die der Text entwirft, auf deren Basis dann jeweils die Handlung hinsichtlich der Bedeutung von Gleichheit und Differenz beschrieben wird (Kap. 3.1.2, Kap. 3.2.1, Kap. 3.3.3, Kap. 3.4.1). Die anderen Unterkapitel der Analysen richten sich in der Tendenz nach der Chronologie der zu analysierenden Texte und dabei an für die vorliegende Arbeit relevanten Textstellen aus, wobei natürlich die thematische und argumentative Kohärenz Chronologie im Zweifel sticht. Die vier ausgewählten Romane überschneiden sich zwar in verschiedener Hinsicht dahingehend, dass sie (dem Auswahlkriterium des Korpus entsprechend) einen Erzählkern der Entdifferenzierung realisieren, schreiben der Ähnlichkeit zwischen Figuren aber im Umfeld unterschiedlicher Themen und Diskurse Bedeutung zu. Bei Konrad Fleck steht die ‚heterosexuelle' *Liebe* zwischen Merkmalsgleichen (Kap. 3.1) im Zentrum, die durch bestimmte Merkmalsdifferenzen zunächst verhindert wird, bei Konrad von Würzburg (Kap. 3.2) ist es ein Modell der *Männerfreundschaft*, das sich, ähnlich wie bei Fleck, über Differenzen, die in der jeweiligen Textwelt von Bedeutung sind, hinwegsetzt. Weil diese beiden Romane thematisch und in der Inszenierungsform nah beieinander sind, werden sie, wie bereits angemerkt, gegen die Chronologie ihrer Entstehung direkt hintereinander behandelt, statt Rudolfs ‚Barlaam und Josaphat' vorzuziehen. Dieser Roman stellt sich dann in eine Tradition der narrativen Verhandlung von Differenzen und Gleichheiten, wie wir sie in der *chanson de geste*-Literatur vorfinden, und arbeitet sich primär an der Frage ab, inwiefern Menschen sich ähneln können, die sich im *Glauben* unterscheiden (Kap. 3.3). Daran knüpft auch der ‚Wilhalm von Wenden' thematisch an, trägt die Frage der Glaubensdifferenz aber noch stärker als Rudolfs Roman in den Bereich der auf *Verwandtschaft* gründenden Ähnlichkeit einer Herrschaftsfamilie (Kap. 3.4). Kap. 4 fasst schließlich die Ergebnisse der Arbeit knapp zusammen.

1.8 Theorie. Erzählen von Gleichheit und Differenz

Was sich in den beiden eingangs vorgestellten Geschichten, 'Attars ‚Vogelgesprächen' und Wolframs ‚Parzival' (Kap. 1.3), als Gemeinsamkeit beobachten ließ, ist (mindestens) ihrer beider Tendenz, die Figuren, von denen sie erzählen, einander anzugleichen. Während es bei dem sufistischen Text offenbar um eine nicht auf bestimmte Merkmale zu reduzierende Angleichung des Seins unter den Vögeln einerseits und damit der Vögel gemeinsam an Simurgh andererseits zu gehen scheint, erzählt Wolfram die Geschichte der Entdifferenzierung in höfisch-weltlichen Parametern: Relevant sind am schönen Leib sichtbare Statusgleichheit (und damit auch die gleichermaßen große Schönheit) der Artusritter an der hierarchiefreien Tafelrunde sowie die Gleichheit des Blutes im sich verdichtenden Netz der Verwandten. Beiden Entdifferenzierungen eignet dabei etwas Überweltliches, Heiliges: Die Vögel begeben sich auf eine Reise zum Unteilbar-Einen, dessen Abbild sie sind, um mit diesem Ideal zu verschmelzen. Die dahinterliegenden Vorstellungen, Gott als das Unteilbare, die Schöpfung als das Verschiedene zu begreifen, kennen wir auch aus der christlichen Mystik des Hochmittelalters – ich komme darauf zurück (Kap. 2.2). Daran, so werde ich in dieser Arbeit argumentieren, partizipieren auch einige höfischen Erzählungen von Ähnlichkeit. Im ‚Parzival' wird die Angleichung der Figuren aneinander dementsprechend erst dann möglich, als Parzival zum König jenes Gralsteins geworden ist, der offensichtlich an die himmlische Sphäre gebunden ist.

Daraus ergeben sich zunächst drei Schlussfolgerungen, die auch für einige weitere Analysen dieser Studie relevant sein werden und die sich als Anknüpfungspunkte für allgemeinere kultur- und literaturtheoretische Überlegungen anbieten.

Erstens: Entdifferenzierung ist in diesen Beispielen an religiöses Heil gebunden und damit grundsätzlich als etwas (im Rahmen des christlich-mittelalterlichen Normgefüges) Positives, Erstrebenswertes benennbar. Weil diese Vorstellung allerdings in einem gewissen Widerspruch zu der in vielen (vormodernen) Gesellschaften beobachtbaren Notwendigkeit steht, Unterschiede herzustellen und zu erhalten, scheint sie mir ein spezifisches, an die himmlische Sphäre gebundenes Gegenkonzept zur gefährlichen, weil schließlich ‚gewaltsamen Entdifferenzierung',[198] die René Girard beschrieben hat, zu sein, weshalb ich sie als ‚heilsame Entdifferenzierung' bezeichnen möchte. Damit steht Girards Losung, „Wo Unterschiede fehlen, droht Gewalt",[199] die Prämisse, ‚Wo Unterschiede fehlen, ist Gott', gegenüber, die in manchen der Erzählungen von ähnlichen Menschen gleichzeitig verhandelt und gegeneinander ausgespielt werden.[200]

---

198 Vgl. Girard, Gewalt (2006), S. 81.
199 Ebd., S. 88.
200 Ähnlich bereits Strohschneider, Inzest-Heiligkeit (2000), S. 130: Der „Ausgang aus jener gesetzten und ‚gesetzlichen' Ordnung der Unterschiede" sei zugleich „der Eingang in das Nichtunterschiedene [...]. Es heißt Gott, Gnade, Heil." Vgl. ähnlich ders., Textheilung (2002), S. 111.

Zweitens: Girards Kulturtheorie hat eine (bereits angesprochene) ethische Kehrseite. Wenn Differenzierung für funktionierende Gemeinschaften eine kulturelle Notwendigkeit ist, ist Unterscheidung immer auch gebunden an Exklusion. Nicht alle Vögel sind dazu bestimmt, Simurgh zu erreichen, nicht alle Menschen sind ‚gleich' genug, um der Tafelrunde anzugehören und nicht alle können unter den Schutzschild der Verwandtschaft gelangen. Historisch wandelbare Normen der Ähnlichkeit regulieren, wie Judith Butler unlängst gezeigt hat, die Zugehörigkeit zu Fürsorge, Schutz und Betrauerung.[201]

Drittens: Die Feststellung von Ungleichheit innerhalb einer Gruppe, die Gleichheit postuliert – man denke an das Auftreten Cundries an der Tafelrunde der scheinbar Gleichen – ist ein Makel, der der erzählerischen Kompensation bedarf. Die als unsäglich und unansehnlich markierte Differenz ist Auslöser erzählter Handlung, macht also das Erzählen nicht nur möglich, sondern notwendig, um das Minimalziel, einen akzeptierbaren, geringeren Grad an Differenz, erzählerisch herzustellen. Indem sich eine Erzählung darum bemüht, eine als Makel verstandene Differenz zu beseitigen, fungiert der Erzählakt selbst als eine Art Korrektiv dieses Makels. David T. Mitchell und Sharon L. Snyder sprechen von einer ‚Erzähl-Prothese' (*Narrative Prosthesis*), die sich um das Verdecken und/oder Auflösen unerwünschter Differenzen, zum Beispiel einer in einem bestimmten sozialen Kontext als ‚Makel' empfundenen körperlichen oder kognitiven Einschränkung, bemüht.[202]

Die hier angesprochenen Theorien Girards, Butlers und Mitchells/Snyders entstammen zunächst ganz unterschiedlichen Wissenschaftskontexten, operieren teilweise auf unterschiedlichen Ebenen, verfolgen also auch unterschiedliche Ziele und nehmen nicht (explizit) Bezug aufeinander: Während der ethnologische Ansatz Girards darauf zielt, ‚primitive' Gesellschaften und die Mythen, auf denen sie basieren und durch die sie funktionieren, mit einer allgemeine Geltung beanspruchenden Theorie zu beschreiben, geht es Butler um eine Analyse und Kritik vornehmlich gegenwärtiger Gesellschaften hinsichtlich ihrer differenzierenden Verteilung von Schutz und Fürsorge. Die Studien Mitchells und Snyders hingegen suchen das kulturelle Konstrukt ‚Behinderung' einerseits zu historisieren und andererseits literaturwissenschaftlich und literaturtheoretisch nutzbar zu machen. Dennoch lassen sich in Einzelaspekten Bezüge herstellen, die für die hier angestrebten Analysen nützliche Instrumentarien bereitstellen, basieren doch all diese Ansätze auf der Beobachtung, dass menschliche Kulturen durch normative Setzungen Merkmale festlegen, in denen Mitglieder einer Gemeinschaft sich zu ähneln haben, um dieser Gemeinschaft voll anzugehören und ihre Privilegien zu ge-

---

201 Butler, Raster (2010).
202 Mitchell/Snyder, Prosthesis (2000).

nießen: Nach Girard benötigt jede Kultur die Festlegung insbesondere sozialer Differenzen, um Gewalt und Chaos zu vermeiden – damit ergeben sich hierarchische Gruppen, deren Mitglieder sich jeweils untereinander ähneln und sich von den anderen unterscheiden (sollen); nach Butler sind es genau solche diskursiv hergestellten Festlegungen von Merkmalsgleichheiten, die dazu führen, dass bestimmten Existenzen überhaupt Schutz und Fürsorge gewährt wird, während anderen ein geringeres oder gar kein Recht auf die Zugehörigkeit zur Gruppe der schützenswerten ‚Lebewesen' gewährt wird und sich so eine differenzierende Verteilung von Anspruch auf Hilfe, aber auch emotionaler Beteiligung (insbesondere Trauer) ergibt; wie bei Girard und Butler, so sind es auch bei Mitchell und Snyder Festlegungen bestimmter Merkmale, deren Übereinstimmung die Zugehörigkeit zu bestimmten Gruppen und ihren Privilegien ermöglicht, und bestimmte Differenzen, die zum Ausschluss aus diesen Gruppen führen – nach Mitchell und Snyder sind es (meist körperliche oder kognitive) Differenzen, die innerhalb einer Kultur dann als ‚Makel' interpretiert werden und zum Ausschluss führen bzw. durch ‚Prothesen' verdeckt oder beseitigt werden.

Diese theoretischen Ansätze und ihre von mir festgestellten Gemeinsamkeiten möchte ich im Folgenden knapp und ohne Anspruch auf Vollständigkeit noch etwas genauer skizzieren. Dabei geht es mir nicht um eine unhinterfragte Übernahme dieser recht grundsätzlichen theoretischen Konzepte und ihre ‚Anwendung' auf Texte, sondern um eine Fruchtbarmachung bestimmter Aspekte für die Analyse des Erzählens von ähnlichen Figuren.

1.8.1 Entdifferenzierung

Girards kulturtheoretische Überlegungen zum Zusammenhang von (fehlender) Differenz in Gesellschaften und (heiliger) Gewalt sind in den letzten Jahren immer wieder im Rahmen mediävistisch-literaturwissenschaftlicher Studien aufgegriffen worden.[203] Im Mittelpunkt von Girards Kulturtheorie – ich beziehe mich hier insbesondere auf seine Schrift ‚Das Heilige und die Gewalt' (‚La Violence et le sacré') – steht die These eines direkten Zusammenhangs von Nachahmung und Gewalt in ‚primitiven', institutionell nicht geregelten Gesellschaften. Indem Rivalität, so Girard, weniger deshalb ent-

---

203 Zu den triangulären Begehrensstrukturen auf der Basis von Girard, Figuren (1999), und, daran anknüpfend Sedgwick, Men (1985), vgl. insbesondere die Studien von Kraß, Dreieck (2003), ders., Queer (2004), ders., Kleider (2006), S. 333–337, ders., Rivale (2010). Weitere mediävistisch-literaturwissenschaftliche Ansätze, die sich auf Girards Kulturtheorie beziehen, finden sich bei Quast, Anthropologie (1998), Strohschneider, Inzest-Heiligkeit (2000), Kellner, Ursprung (2004), S. 114–119, Oswald, Gabe (2004), S. 49–52, dies., Aussatz (2008), S. 40–43, Winst, Amicus (2009), S. 40 ff., S. 258, S. 287–291, dies., Identity (2013).

stehe, weil zwei Personen dasselbe Objekt begehrten, sondern sie darum dasselbe Objekt begehrten, weil eine andere Person es begehrt, führe Nachahmung zu Rivalität:

> Der Rivale begehrt das gleiche Objekt wie das Subjekt. [...] Die Rivalität ist nicht die Frucht einer zufälligen Übereinstimmung der beiden Wünsche, die auf das gleiche Objekt zielen. *Das Subjekt begehrt das Objekt, weil der Rivale es begehrt.* Indem der Rivale dieses oder jenes Objekt begehrt, gibt er dem Subjekt zu verstehen, daß das Objekt begehrenswert ist.[204]

Ein Mensch (A) begehrt nach Girard also einen Gegenstand nicht vornehmlich deshalb, weil das Objekt aus sich heraus attraktiv ist, sondern, weil es seine Attraktivität durch die Aufmerksamkeit, das Begehren, eines anderen Menschen (B) erhält. Diesen anderen Menschen (B) nimmt sich der erste Mensch (A) zum ‚Modell', er imitiert ihn in dessen Begehren nach dem Objekt. Durch dieses nun doppelte, mimetische Begehren wird das Objekt auch für den nachgeahmten Menschen (B) erneut aufgewertet – auch sein Begehren nach dem Objekt wird nun gesteigert, indem dieser sich wiederum das Begehren des ersten Menschen (A) zum Vorbild nimmt.[205] Durch Mimesis ergibt sich so eine sich steigernde Kette des Begehrens, bzw. der reziproken Nachahmung. Aus der Nachahmung erwächst so ein Konkurrenzkampf zwischen Rival*innen, der sich theoretisch als Kettenreaktion ewig fortsetzen kann und eine letztlich endlose Gewalteskalation bewirkt – aus Mimesis folgt die Rivalität um ein Objekt, aus der Rivalität die reziproke Gewalt.

Dabei bezieht sich Girard insbesondere auf die griechische Tragödie, die er gewissermaßen als literarischen Laborraum entfesselter Gewaltreziprozität analysiert:

> Die Tragödie ist die Ausgewogenheit eines Gleichgewichts, das nicht jenes der Gerechtigkeit, sondern jenes der Gewalt ist. Nie findet sich etwas in der Waagschale, das sich nicht unverzüglich auch in der anderen fände; es sind die gleichen Beschimpfungen, die ausgetauscht werden [...]. Der Konflikt setzt sich ewig fort, weil es keinen Unterschied zwischen den Gegnern gibt.[206]

Wenn Kulturen keine Mechanismen fänden (oder diese ihre Wirkung eingebüßt hätten), diese Gewaltspiralen abzuleiten, weil immer mehr sich nachahmende, aneinander ansteckende Gegner*innen sich immer weiter in ihren Schlägen und Rachaktionen aneinander angleichen, seien diese Gesellschaften dem Untergang geweiht. Ihnen drohe eine *„Krise der Unterschiede"*,

---

204 Girard, Gewalt (2006), S. 214.
205 Vgl. ebd., S. 215.
206 Ebd., S. 72.

die eine „Krise der kulturellen Ordnung insgesamt" sei und dazu führe, die in ihrem Begehren, ihren Attacken, Gegenschlägen und Racheakten unterschiedslosen Rival*innen zu zerstören.[207] Ohne „ein organisiertes System von Unterschieden", wie beispielsweise die Rangordnung oder die Unterscheidung zwischen Verwandten und Nicht-Verwandten, sei ein friedliches Zusammenleben nicht möglich.[208] Nach Girard kann es überhaupt keine Ordnung geben, die nicht auf gesetzten Unterschieden beruht. So verhindere etwa die Unterscheidung zwischen Verwandten und Nicht-Verwandten, die gekoppelt sei an das Verbot endogamer Beziehungen, die Rivalität zwischen Männern einer bestimmten Gruppe. Dass Inzest beispielsweise im Mittelalter zur Todsünde wird, ist nach Girard dann darauf zurückzuführen, dass sie eine Krise jener Unterschiede herbeiführen könnte, auf die eine Gesellschaft angewiesen ist (Kap. 2.3.5).[209]

Um die theoretisch endlose Kette gegenseitiger Gewalt zu unterbinden, verfügen wir heute über Institutionen, Normen, einigermaßen verbindliche Moralvorstellungen, Gesetze und Verbote. Auch diese aber müssten laut Girard erst gewaltsam durchgesetzt werden. Eine in frühen Gesellschaften häufig aufzufindende Lösung, um eine einigermaßen stabile Gesellschaft zu gründen oder, wenn es einen Rückfall der entsprechenden Gesellschaft in den Mechanismus von Gewalt und Gegengewalt gegeben habe (wie in den Tragödien), sei die Wahl eines Opfers, das stellvertretend für die gefährdete Gemeinschaft getötet, geschändet oder ausgestoßen werde.[210] Die interne Gewalt einer Gesellschaft wird also abgeleitet auf eine gemeinsame Gewalttat an einem stellvertretenden Sündenbock. Wirksam könne die Opferstellvertretung im anschließenden Opferkult allerdings nur werden, wenn sie nicht als solche offenkundig wird.[211] Sie müsse die Waage halten zwischen Erinnerung an das ursprüngliche gewaltableitende Opfer – durch Ähnlichkeit zu dem, was es vertritt – und, um die Interpretation der Tötung als rächbaren *Mord* zu vermeiden, der Verkennung dieses Ursprungs – durch Differenz zu dem, was es vertritt.[212] Als besonders geeignet erwiesen sich jene Wesen, die einerseits keine Gefahr bergen, gerächt zu werden, und die andererseits (bzw. damit verbunden) bestimmte Merkmale aufweisen, die sie selbst der Entdifferenzierung verdächtig machen. Dazu zählen nach Girard etwa Zwillinge, die durch ihre oft körperliche Ähnlichkeit auf eine Krise der Unterschiede verweisen und das Prinzip der Primogenitur in Frage stellen

---

207 Ebd., S. 77.
208 Ebd.
209 Vgl. ebd., S. 646 f., vgl. zu diesem Aspekt v. a. Strohschneider, Inzest-Heiligkeit (2000).
210 Vgl. Girard, Gewalt (2006), insbesondere S. 9–61.
211 Vgl. ebd., S. 15.
212 Vgl. ebd., S. 24.

(Kap. 2.3.4), Inzestuöse, die den Unterschied zwischen Verwandten und Nicht-Verwandten verwischen (Kap. 2.3.5), oder Mischwesen (wie Cundrie), die die Differenz zwischen Mensch und Tier undeutlich werden lassen (Kap. 2.2.1).[213] Indem das Opfer als Sündenbock der Gesellschaft das Zerstören dieser Gesellschaft verhindert hat, erfahre es, um seinen Status als Opfer eines Gewaltaktes zu verschleiern, eine zuweilen sakrale Wertschätzung und sei darum das Heilige immer an die Gewalt gekoppelt.[214]

Beispiele aus dem Textkorpus:

Eine mit Girards Ansätzen möglicherweise ‚erklärbare' Skepsis gegenüber Formen von Entdifferenzierungen bzw. fehlender Unterscheidungsmöglichkeit, die gelegentlich auch an Gewaltphantasien gekoppelt ist, durchzieht dementsprechend die Texte, die von ähnlichen Menschen erzählen: So befiehlt der dänische König Fruote in Konrads von Würzburg ‚Engelhard' (Kap. 3.2) den sich durch nichts unterscheidenden Freunden, Dietrich und Engelhard, sich wenigstens verschieden zu kleiden (v. 828–833); so kommt Engeltrud im selben Roman in schwere Nöte, weil sie sich in beide zugleich verliebt und wünscht, nachdem sie im Namen ein Differenzmerkmal gefunden hat, jenem, den sie nicht liebt, den Tod (v. 1232 ff.); so drängt es den Amiral in Konrad Flecks ‚Flore und Blanscheflur' (Kap. 3.1) zur rohen Gewalt, als er entdeckt, dass die einander so ähnlichen Menschen sich nicht ähneln dürften, denn sie sind verschiedenen Geschlechts (v. 6403 f.); und so zerstört das Kind in Heinrichs von Morungen ‚Narzisslied' (Kap. 2.2.4) sein Spiegelbild, das der Sänger mit seiner Dame assoziiert (Str. I), die ihm später blutend im Traum erscheint (Str. II).

Die Beispiele ließen sich (und werden sich im Laufe dieser Arbeit) erweitern. Interessant ist nun aber vor allem, dass in all den besagten Beispielen sich stets auch die Gegenthese verbirgt, dass nämlich Entdifferenzierung nicht nur mit Gewalt verknüpft, sondern auch positiv assoziiert ist: Das Zusammentreffen der Unterschiedslosen, Engelhard und Dietrich, ist Gottes Wille (v. 487–491) und der dänische Hof feiert diese Ähnlichkeit noch mehr als ihre Tugenden (v. 822–827) und vergleicht sie sogar mit Engeln (v. 783 f.); die Entdifferenzierung der geschlechtlichen Unterschiede zwischen Flore und Blanscheflur wird vom Erzähler zugleich dazu genutzt, diese Beziehung als eine ideale, asexuelle Beziehung zwischen Gleichgeschlechtlichen in Szene zu setzen, die, wie es an entsprechender Stelle heißt, auf jede ‚bäu-

---

213 Vgl. Girard, Ausstoßung (1992), S. 30–37.
214 Vgl. Girard, Gewalt (2006), S. 51.

1.8 Theorie. Erzählen von Gleichheit und Differenz

rische' Sexualität verzichten (v. 6094–6103); und die Ähnlichkeit zwischen Sänger-Ich und Dame motiviert das Ich zugleich zum immer währenden Streben nach der Einheit mit der Ähnlichen (Str. IV).

Der Sorge vor einer ‚gewaltsamen Entdifferenzierung' steht also oftmals die Hoffnung auf eine ‚heilsame Entdifferenzierung' gegenüber, wie sie sich auch in den ‚Vogelgesprächen' und im ‚Parzival' entdecken lässt und die ich in dieser Arbeit auf das neuplatonische Denken und die (christliche) Mystik zurückführen werde (Kap. 2.2). Beide Arten der Entdifferenzierung sind einander widersprechende, miteinander in Verhandlung tretende Denkfiguren, die sich in den Erzählungen, um die es hier gehen soll, manifestieren. Tendenziell ist jene der gewaltsamen Entdifferenzierung bezogen auf das irdische, weltliche Denken, das die Ordnung diesseitiger Kulturen regelt, die auf Unterscheidungen beruhen, während die heilsame Entdifferenzierung Wege in jene Sphären bieten kann, in der es keine Unterschiede mehr gibt, nämlich in die Welt der Engel – in das Reich der Ähnlichkeit (*regio similitudinis*).[215] Heiligkeit unterscheidet sich von der immanenten Welt der Unterschiede vor allem durch das Ende aller Unterschiede.[216]

1.8.2 Ähnlichkeitsnormen

Als ‚opferfähige' Kategorie von Lebewesen, also als solche, die von der Gemeinschaft zugunsten einer Beendigung der Gewaltspirale ausgesondert oder getötet werden können, gelten nach Girard meist jene, die eine

> möglichst große Ähnlichkeit mit den nicht opferfähigen Kategorien (Mensch) aufweisen; der Unterschied [aber] darf dabei nichts an Klarheit verlieren, und eine Verwechslung muß ausgeschlossen bleiben.[217]

Die Tötung dieser opferfähigen Lebewesen wird darum nicht als zu rächender und die Gewaltspirale so potenzierender *Mord* angesehen, weil ihre Ähnlichkeit zur Gemeinschaft zwar eine Stellvertretung derselben ermöglicht, sie aber zugleich entscheidende Differenzen zu ihr aufweisen, die dazu führen, dass ihr „Tod weniger wichtig ist oder überhaupt nicht zählt".[218] Die wesentliche Eigenschaft, die die zukünftigen Opfer vereine – Girard nennt als Beispiele etwa Tiere, Kriegsgefangene, Sklaven und Invaliden –, sei, dass sie

---

215 Vgl. auch dazu Kap. 2.2 in diesem Buch.
216 Vgl. Strohschneider, Textheiligung (2002), S. 111.
217 Girard, Gewalt (2006), S. 24.
218 Ebd., S. 11.

bereits ein Leben an der Peripherie der Gemeinschaft fristeten und niemand sie als schützenswert erachte:

> Zwischen der Gemeinschaft und den rituellen Opfern fehlt genau jener Typus von sozialen Bindungen, der bewirkt, daß Gewaltanwendung gegen ein Individuum Vergeltung durch andere Individuen, die nächsten Verwandten, nach sich zieht; diese machen es sich nämlich zur Pflicht ihre Angehörigen zu rächen.[219]

Der fehlende Schutz resultiert so aus ihrer fehlenden Zugehörigkeit zu einer bestimmten Gruppe, die das Lebewesen für schützenswert erachtet, und diese fehlende Zugehörigkeit wiederum resultiert daraus, dass das opferfähige Lebewesen den Mitgliedern der Gemeinschaft in bestimmten Eigenschaften nicht zu Genüge ähnelt, um ihr Teil zu sein: Tiere sind zu wenig Mensch, Kriegsgefangene oder Fremde zu wenig eingeboren oder verwandt, Sklav*innen zu wenig adlig, Invalid*innen entsprechen zu wenig einer bestimmten körperlichen Norm.

Ohne sich explizit auf Girards Theorien zu beziehen, sucht Judith Butler in ihrer Essaysammlung ‚Raster des Krieges' (‚Frames of War') diese Mechanismen des Ausschlusses der ‚Unähnlichen' theoretisch aufzuarbeiten. Sie geht von „Normen der Ähnlichkeit" aus,[220] die von einem kulturell und historisch variablen, die Deutung des Wahrgenommenen bestimmenden ‚Rahmen' (*frame*) abhängig und insofern kontingent seien. Diese Ähnlichkeitsnormen bestimmten das meist nicht hinterfragte Zugehörigkeitsgefühl der Mitglieder einer Gemeinschaft zu dieser Gemeinschaft. Dabei sei diese Zugehörigkeit auf der Basis etwa von Verwandtschaft, Bündnis, Sprache, Kultur, Religion oder Territorium häufig an ein Verantwortungsgefühl des Individuums gegenüber dieser Gruppe gebunden. Dies bedeutet, dass dieses Individuum damit die Auffassung vertritt, nur für jene Verantwortung zu tragen, die ihm auf eine bestimmte Weise ähneln.[221] Labil sei diese gemeinschaftserhaltende Ordnung dadurch, dass beispielsweise das Interpretationsraster, das vorausgesetzt werde, um Ähnlichkeit festzustellen und ihr Bedeutung zuzuweisen, nicht immer dasselbe, kulturell und historisch variabel sei und sogar innerhalb einzelner Gemeinschaften variieren könne, sowie dadurch, dass meist ungeklärt bleibe, welche Verantwortung das Individuum gegenüber jenen trage, die dieser Ordnung nicht entsprechen oder sie unterlaufen.[222]

Nehmen wir mit Butler an, dass jedes Leben „nur dann als beschädigt oder zerstört wahrgenommen werden" kann, wenn es zuvor als ‚lebendig'

---

219 Ebd., S. 25 f.
220 Butler, Raster (2010), S. 41.
221 Vgl. ebd.
222 Vgl. ebd.

eingestuft worden ist, und dass diese Wahrnehmung auf bestimmten politischen Vorentscheidungen beruht,[223] dann sind diese labilen Ähnlichkeitsnormen ziemlich bedeutsam. Denn wenn eine Existenz in bestimmten Aspekten nicht jenen ähnelt, die als ‚Lebewesen' definiert werden, hat sie ein Problem: Ihr Verlust ist kein Verlust, ihr Tod ist kein Tod und so kann sie auch nicht vor diesem geschützt oder bei ihrem Ableben betrauert werden. Diese ‚Betrauerbarkeit' (*grievability*) ist für Butler ein Schlüsselbegriff: Sie sei „die Voraussetzung dafür, dass es auf ein bestimmtes Leben ankommen kann", dass zum Beispiel die Ankunft eines Kindes gefeiert wird,[224] denn „[w]er nicht betrauerbar ist, lebt außerhalb des Lebens".[225]

Der Widerspruch, leben zu können, ohne zu leben, beruht dabei auf Butlers Annahme, dass die Regeln, welche Bedingungen erfüllt sein müssen, um als ‚Lebewesen' zu zählen, variabel und durchaus hinterfragbar sind: Auch wer nicht (vollständig) zum Kreis der ‚Lebenden' gezählt wird, kann in einem anderen kulturellen Kontext durchaus als ‚lebendig' interpretiert werden. Lebewesen nun, die als solche anerkannt würden, aber die Ähnlichkeitsnormen von bestimmten Gruppen nicht vollständig erfüllten, würden zwar möglicherweise eher geschützt als ‚Nicht-Lebewesen', doch auch ihr Tod erfülle die Gruppenmitglieder mit weniger Trauer als es beim Tod eines (ähnlicheren) Gruppenmitgliedes der Fall sei (und wird somit auch eher in Kauf genommen).[226]

---

223 Ebd., S. 9.
224 Ebd., S. 22.
225 Ebd.
226 Als Beispiel für diese differenzierte Verteilung der Betrauerung von Lebewesen führt Butler unter anderem den Umgang einiger amerikanischer Politiker*innen und konservativer Journalist*innen mit der Berichterstattung über den Irak- und Afghanistankrieg an: So sei es als ‚unamerikanisch' kritisiert worden, Fotos zu veröffentlichen, die beweisen würden, dass Amerikaner Folterungen durchgeführt hätten: „Was wurde hier eigentlich gesagt? Mir scheint, diejenigen, die die Macht des Bildes in diesem Fall beschneiden wollten, beabsichtigten zugleich eine Macht des Affektes [...]", S. 45. Als weiteres Beispiel dient ihr die Frage des Anthropologen Talal Asad, weshalb man emotional unterschiedlich auf verschiedene Formen der Gewalt reagiere, etwa, wie es genau vonstattengehe, dass man gegenüber Selbstmordattentaten Grauen und moralische Entrüstung empfinde und gegenüber staatlich verantworteter Gewalttakte kaum: „Tötet beispielsweise jemand im Krieg oder kommt jemand im Krieg ums Leben, und wird dieser Krieg [...] von einem Staat [geführt], dem wir Legitimität zuerkennen, dann betrachten wir diesen Tod als bedauerlich, traurig und unglücklich, aber nicht als radikal ungerecht. Geht die Gewalt jedoch von Aufständischen aus, denen wir keine Legitimität zuerkennen, ändert sich, wie Asad annimmt, regelmäßig unsere affektive Reaktion", S. 46. Andere Beispiele könnten etwa die Berichterstattungen über Flugzeugabstürze (und die damit einhergehenden Affekte der Rezipierenden) sein, die meist hervor heben, wie viele ‚Deutsche' dabei ums Leben gekommen seien, oder die Berichte über die zahlreichen toten geflüchteten Menschen im Mittelmeer und dem damit einhergehenden Grad der Trauer, Empörung und Entrüstung etwa im Vergleich mit jenem um die Opfer von Attentaten in Europa.

Dies führe dazu, dass es ‚Lebewesen' gebe, die weniger schützenswert als andere seien, weil ihrem möglichen Ableben weniger Bedeutung zugeschrieben werde – und dies, obwohl sie gleichermaßen immer schon in ihrem Lebendigsein gefährdet seien:

> Wir werden nicht zuerst geboren und sind irgendwann später gefährdet; vielmehr ist das Gefährdetsein als solches mit der Geburt koextensiv (die Geburt ist per definitionem eine Gefährdung), was bedeutet, dass es darauf ankommt, ob dieses neue Wesen überlebt oder nicht und dass sein Überleben von einem [...] sozialen Netz helfender Hände abhängt. [...] Nur in Verhältnissen, in denen sein Tod von Bedeutung ist, kann der Wert dieses Lebens zutage treten.[227]

Für Butler ergeben sich aus diesen Überlegungen enorme Widersprüche bei der Verteilung von Verantwortungsgefühlen des Einzelnen gegenüber anderen ‚Existenzen': Es sind zwar, wie gesagt, variable Ähnlichkeitsnormen, die bestimmen, wer ‚lebt', ‚lebenswert' ist und darum geschützt werden soll. Dennoch, so Butler, sei zugleich alles, was ist, grundsätzlich gefährdet: Während also in jeder Kultur eine ungleiche Verteilung von Schutz stattfindet, ist die Gefährdung immer „in Begriffen der Gleichheit zu denken".[228] Jede Existenz ist also gefährdet und damit schutzbedürftig, aber nur wer bestimmte Ähnlichkeitsnormen erfüllt, ist schützenswert und bei seinem Ende ‚betrauerbar' und erinnerungswürdig.[229] Die Folge: Es findet eine spezifische „differenzierte Verteilung der Gefährdung" bzw. des Schutzes, zum Beispiel durch Krieg, Mitspracherechte oder Nahrungsverteilung, statt.[230]

Für Butler, die es nicht bei einer Analyse belässt, ergibt sich daraus auch ein ethisches Handlungs- bzw. Haltungsaxiom, das auf die andauernde Reflexion des eigenen Angewiesen-Seins auf ‚helfende Hände', der eigenen Schutzbedürftigkeit sowie der Bedingungen zielt, was ein Lebewesen schützenswert macht. Es gehe nicht darum, „dass alles, was sterblich ist [...] uns eine Verpflichtung zur Lebenserhaltung auferlegt".[231] Sehr wohl aber ergebe sich eine Pflicht „aus der Tatsache, dass wir von Anfang an soziale Wesen und von dem abhängig sind, was außerhalb unserer selbst liegt",[232] dass wir also ohne die Hilfe anderer nicht überlebensfähig sind:

---

227 Ebd., S. 22.
228 Ebd., S. 29.
229 So fragt der englische Untertitel von *Frames of War. When is Life Grievable?* (im Deutschen: *Warum wir nicht jedes Leid beklagen*).
230 Ebd., S. 31.
231 Ebd., S. 29.
232 Ebd.

Unsere Pflichten beziehen sich auf die Bedingungen, die Leben ermöglichen, nicht auf das ‚Leben selbst', oder vielmehr: Unsere Pflichten ergeben sich aus der Einsicht, dass es kein nachhaltiges Leben ohne die Erfüllung dieser Nachhaltigkeitsbedingungen geben kann und dass diese Bedingungen sowohl in unserer politischen Verantwortung liegen als auch Gegenstand unserer schwierigsten ethischen Entscheidungen sind.[233]

Beispiele aus dem Textkorpus:

Für die Analyse vom Erzählen von ähnlichen Menschen ergibt sich aus diesen Überlegungen die ‚Pflicht', die in der Literatur artikulierten Bedingungen dieser ‚schwierigsten ethischen Entscheidungen' zu reflektieren und die Ähnlichkeitsnormen, die sie rahmen, zu historisieren: Welche Merkmale sind es, die sich zu ähneln haben, damit ein Individuum ‚lebt' oder schützenswert ist? An welchen Stellen zeigen sich Risse im Normgefüge der Ähnlichkeit, weil bestimmte Individuen sie unterlaufen oder bestimmte Aspekte des Rahmens sich widersprechen? Insbesondere in den mittelalterlichen Diskursen über den Unterschied zwischen äußerlich identifizierbarem Adel und Nicht-Adel,[234] zwischen Mensch und Tier (Kap. 2.2.1), zwischen Verwandten und Nicht-Verwandten (Kap. 2.3) und zwischen freundschaftsfähigen und nicht-freundschaftsfähigen Existenzen (Kap. 2.4) werden uns wichtige Bedingungen, die auch in vielen literarischen Texten Gültigkeit beanspruchen, überliefert.

Beispiele dafür, dass in den hier zur Diskussion stehenden Geschichten Ähnlichkeitsnormen thematisiert und ausgehandelt werden, die Exklusion oder Inklusion oder eine Neuordnung bestimmter Normen nach sich ziehen, gibt es viele. Nur zwei besonders eindrückliche möchte ich hier nennen: In Konrads ‚Engelhard' (Kap. 3.2) stiftet die Ähnlichkeit der Namen zwischen Engeltrud und Engelhard eine neue Gemeinschaft, die allerdings aufgrund der sozialen Differenz – Engelhard gehört zum niedrigen Adel, Engeltrud ist eine Königstochter – nicht sein darf. Als Engelhard der Minnekrankheit verfällt und an ihr zu sterben droht – sein Leben auf ihre helfenden Hände angewiesen ist –, gibt Engeltrud nach und entscheidet sich damit gegen die Ähnlichkeitsnormen ihrer Herkunftsgemeinschaft. Engelhard wiederum opfert am Ende des Romans, als sein Freund Dietrich, der ihm im inneren Wesen gleicht, am Aussatz erkrankt ist, seine eigenen Kinder, um ihn zu retten. Innere Wesensgleichheit schlägt hier eine zentrale Ähnlichkeitsnorm der mittelalterlichen Feudalkultur: die Gleichheit des Blutes zwischen Nah-

---

233 Ebd.
234 Vgl. zur ‚Ideologie des adeligen Körpers' ausführlich Schulz, Erkennen (2008), S. 242–254.

verwandten (Kap. 2.3). In Wolframs ‚Willehalm' wiederum (Kap. 3.3.1) wird die in der Tradition der *chanson de geste* angelegte Ähnlichkeitsnorm der Verbindung von Tugend, Schönheit und christlichem Glauben durch mehrere Figuren, insbesondere aber durch Gyburcs Bruder Rennewart, unterlaufen. König Loys differenziert mit Blick auf das klägliche Leben Rennewarts an seinem Hof zwischen verschiedenen Ähnlichkeitsnormen: Wenn dessen Adel und sein schönes Äußeres ihn auch für eine Teilhabe an der entsprechenden Gemeinschaft prädestinierten, sei der König nur unter der Voraussetzung, dass Rennewart sich zum Christentum bekehre, zu einer besseren Behandlung Rennewarts bereit (191, 1–18). Willehalm hingegen ignoriert diese Ähnlichkeitsnorm weitgehend und setzt stattdessen auf Rennewarts tugendhaftes und höfisches Inneres (194, 1–4).

1.8.3 Erzählprothesen

Nach Butler bestimmen gewisse ideologieabhängige Vorentscheidungen das, was ein Leben ausmacht, was dieses Leben als ‚beschädigt' definiert und welche Ähnlichkeitsnormen dementsprechend die vollständige Zugehörigkeit zu einer Gruppe konstituieren, die sie schützt und, nach Girard, opferunfähig werden lässt. Diese Annahme teilen implizit auch David Mitchell und Sharon Snyder, die in ihrem Buch ‚Narrative Prosthesis' (2000) insbesondere der These nachgehen, dass körperliche oder kognitive Beeinträchtigungen, die heutzutage meist unter dem Begriff ‚Behinderung' (*disability*) subsumiert werden, Akte des Erzählens anstoßen.[235] Nun wird es in der hier vorliegenden Arbeit nur am Rande um Analysen im Rahmen der *disability studies* gehen können,[236] doch einige literaturtheoretische Überlegungen von Mitchell/ Snyder zum Zusammenhang von Differenz und dem Akt des Erzählens, eignen sich als Bezugspunkt für die Analyse des entdifferenzierenden Erzählens ausgesprochen gut.

---

235 Mitchell/Snyder, Prosthesis (2010). Die Übersetzungen in diesem Kapitel stammen von mir.
236 In den letzten Jahren ist die mediävistische Forschung zur ‚Behinderung' insbesondere im englischsprachigen Raum stark gewachsen und hat die theoretischen Bedingungen zu weiteren Arbeiten gelegt: Vgl. für die Literaturwissenschaften neben Mitchell/Snyder, Prosthesis (2000) den von denselben herausgegebenen Sammelband Mitchell/Snyder, Difference (1997), sowie etwa Pearman, Disability (2010); aus historischer Perspektive beispielsweise Eyler, Disability (2010), Metzler, Disability (2006) und dies., Fools (2016). Im deutschsprachigen Raum ist die Arbeitsgruppe ‚Homo debilis. Dis/ability in der Vormoderne' unter der Leitung von Cordula Nolte, Uta Halle und Sonja Kerth an der Universität Bremen hervorzuheben. Aus den Forschungen im Rahmen des Projektes gingen bereits eine größere Zahl an historischen und literaturwissenschaftlichen Arbeiten hervor, vgl. v.a. das Handbuch der Dis/ability History der Vormoderne (2017).

1.8 Theorie. Erzählen von Gleichheit und Differenz

Wie Butler gehen auch Mitchell und Snyder davon aus, dass die Beurteilung, dass etwas defizitär sei und so nicht der Ähnlichkeitsnorm beispielsweise eines ‚idealen' Körperkonzeptes genüge, auf Vorannahmen beruht, die sozial, historisch und kulturell variabel sind. Dabei scheint es in nahezu allen Kulturen die Sichtweise zu geben, dass dieser wahrgenommene ‚Makel' ein Problem ist, das einer irgendwie gearteten Lösung, einer ‚Prothese', also eines ‚Ersatzes' und einer Korrektur dieses Mangels, bedarf.[237] Ziel solcher ‚Prothesen' sei es dabei, einen solchen ‚unvollkommenen' (*disabled*) Körper zu einer scheinbaren Ähnlichkeit mit der vorausgesetzten ‚ursprünglichen Vollkommenheit' (*originary wholeness*) zu führen.[238]

Ohne dabei behaupten zu wollen, dass es keine kognitiven und körperlichen Differenzen gebe, die zu unterschiedlichen Fähigkeiten und Möglichkeiten führen, geht es Mitchell/Snyder darum, dass die diskursiv hergestellte Körpernorm und Behinderung sich gegenseitig bedingen.[239] Ein Nicht-Genügen einer Norm gibt es nur, wenn es die Norm gibt, und die Norm kann es nur geben, wenn die sie Überschreitenden ihre Grenzen definieren.[240] Jede Form der den Körper korrigierenden Prothese, des ‚prothetischen Eingriffs' (*prosthetic intervention*), sei nun darum bemüht, die Differenz, die sich aus der Abweichung, der Behinderung, ergibt, auszulöschen. Und weil dies nie gänzlich möglich sei, gehe es einer Gesellschaft, die diese prothetischen Eingriffe durchführe, stattdessen darum, den betroffenen Körper „zu einem zulässigen Grad der Differenz zurückzuführen".[241] In diesem Sinne ist die Prothese dann Teil eines sich mit ihrer Hilfe selbst stabilisierenden Systems mit bestimmten den Körper und die Kognition betreffenden Ähnlichkeitsnormen.

Während nun reale Prothesen stets etwas auf irgendeine Weise Unbehagliches seien (weil sie die Differenz nicht zu verdecken vermögen), gebe es

---

237 Vgl. Mitchell/Snyder, Prosthesis (2000), S. 47.
238 Das bedeutet zugleich, dass es nicht die ‚Behinderung' ist, die ausschließt, sondern die Norm, die zugleich durch die Behinderung und ihrer ‚Prothetisierung' überhaupt erhalten wird, vgl. ebd., S. 6f.
239 Ein eindrückliches Beispiel dafür, wie variabel die Wahrnehmung von Idealität und Defizienz sein kann, liefert Davis, Venuses (1997). Indem er die Venus von Milo, die gemeinhin als weibliches Schönheitsideal rezipiert wurde, mit einem Auszug aus den Memoiren Pam Herberts, einer querschnittsgelähmten Frau, die ihre Hochzeitsnacht beschreibt, konfrontiert, produziert er einen Widerspruch, den er selbst als Frage formuliert: „[W]hy does the impairment of the Venus de Milo in no way prevent ‚normal' people from considering her beautiful, while Pam Herbert's disability becomes the focal point for horror and pity?" (S. 52).
240 Vgl. Mitchell/Snyder, Prosthesis (2000), S. 7.
241 Ebd.: „If disability falls too far from an acceptable norm, a prosthetic intervention seeks to accomplish an erasure of difference all together; yet, failing that, as is always the case with prosthesis, the minimal goal is to return one to an acceptable degree of difference."

nun eben, so Mitchell/Snyder, auch *textuelle* Prothesen, die versuchten, das Unbehagen, das sich aus einer Differenz ergebe, zu mildern, indem sie diese Abweichungen weitgehend verschleierten.[242] Das Analyseverfahren, dass die Autor*innen vorschlagen, zielt darauf, aufzudecken, wie die Tricks und Listen der Prothesen, die das Ziel verfolgen, den unvollkommenen Körper in seiner Unvollkommenheit aus dem Sichtfeld zu nehmen, funktionieren und zuweilen scheitern.[243]

Das, was Mitchell/Snyder nun als Erzählprothese bezeichnen, hebt auf das Erzählen selbst ab und bezeichnet die Abhängigkeit des Erzählens von *disability*, also der als Makel wahrgenommenen Differenz.[244] Diese Abhängigkeit bestehe in doppelter Hinsicht: Einerseits diene *disability* als eine differenzierende Charakterisierungsmöglichkeit einer Figur und andererseits als nützliches metaphorisches Hilfsmittel.[245] *Disability*, so die erste Funktion der Erzählprothese, verleihe einer Figur ein Differenzmerkmal zu einer Norm und hebe diese Figur so von der (fiktiven) anonymen Gesellschaft ab, stelle sie als etwas Besonderes, etwas Erzählenswertes heraus. Oftmals, so die zweite Funktion, stünden diese abweichenden Figuren dann metaphorisch (oder metonymisch) für den sozialen Kollaps, für die Labilität der Ordnung, die auf labilen Kategorien beruhe – die Abweichung sei auch eine Unterwanderung.[246]

Von hier aus heben die Autor*innen auf eine sehr generelle literaturtheoretische Prämisse ab, deren Allgemeinheitsanspruch möglicherweise zu weit geht, für viele Erzählungen des Mittelalters allerdings durchaus eine interessante Perspektive bietet. Behinderungen, so die These der Autor*innen, vermögen Erzählungen ins Leben zu rufen, indem alle Erzählungen sich darum bemühten, bestimmte Normabweichungen entweder zu korrigieren, zu verdecken oder zumindest zu begreifen – die Überschreitung der Norm zu beherrschen. Der literarische Gegenstand par excellence sei dann eine Abweichung von einer weitgehend akzeptierten Norm.[247] Als ‚Erzählprothese' begreifen sie den Mechanismus, wenn sich eine Erzählung darum be-

---

242 Vgl. ebd., S. 8.
243 Vgl. ebd.
244 Vgl. ebd., S. 47.
245 Vgl. ebd.
246 Vgl. ebd., S. 47f.
247 Ebd., S. 53: Ebd., S. 53: „Narrative prosthesis (or the dependency of literary narratives upon disability) forwards the notion that all narratives operate out of a desire to compensate for a limitation or to reign in excess. This narrative approach to difference identifies the literary object par excellence as that which has become extraordinary – a deviation from a widely accepted norm. […] The very need for a story is called into being when something has gone amiss with the known world, and, thus, the language of a tale seeks to comprehend that which has stepped out of line. In this sense, stories compensate for an unknown or unnatural deviance that begs an explanation."

1.8 Theorie. Erzählen von Gleichheit und Differenz

müht, „eine Abweichung, die im jeweiligen sozialen Kontext als unzulässig markiert wird, zu beheben oder zu korrigieren".[248]

Eine sehr schematische Struktur einer Erzählung sieht aus dieser Perspektive dann vier Schritte vor: 1) Eine deutlich markierte Differenz bzw. Abweichung (einer Figur) wird eingeführt; 2) indem die Erzählung Erklärungsbedarf hinsichtlich der Ursprünge und/oder der Konsequenzen dieser Differenz anmeldet, macht sie ihren Gegenstand interessant und erzählenswert – und legitimiert damit ihre eigene Existenz; 3) die Abweichung wird zum Hauptgegenstand der Erzählung; 4) die unzulässige Differenz wird ‚repariert', beispielsweise durch eine ‚Heilung', eine Rettung der verschmähten Person vor sozialer Verurteilung, die Auslöschung des Abweichenden oder indem die Normen so verschoben werden, dass die unzulässige Abweichung nicht mehr unzulässig und/oder keine Abweichung mehr ist.[249]

Die anfängliche Abweichung muss dabei keineswegs eine körperliche oder kognitive ‚Behinderung' sein, wie auch Mitchell/Snyder einräumen.[250] Wichtig ist nur, dass der Beginn einer Erzählung eine bemerkenswerte und „unansehnliche Eruption des innerhalb eines sozialen Sichtfelds Abweichenden" bietet, die beispielsweise von sozialen, sprachlichen oder körperlichen Gewaltakten begleitet werden kann, die das Abweichende als Erzählgegenstand geradezu verlangen.[251]

Implizit knüpfen diese Überlegungen damit an der strukturalistischen Erzähltheorie Juri Lotmans an, die in der mediävistischen Literaturwissenschaft, anders als das Konzept der ‚Narrative Prosthesis', immer wieder Verwendung findet.[252] Auch bei Lotman entsteht erzählte Handlung (er spricht

---

[248] Ebd., S. 53: „Our notion of narrative prosthesis evolves out of this specific recognition: a narrative issue to resolve or correct [...] a deviance marked as improper to a social context."
[249] Vgl. ebd., S. 53f. Man denke nur beispielsweise an Hartmanns Artusromane, in denen die aufzuhebende Differenz einer Figur durch die Krise, die den ‚zweiten Cursus' begründet, gerade durch ihren scheinbaren Erfolg im ‚ersten Cursus', der eine entsprechende Ähnlichkeitsnorm etabliert, besonders hervorgehoben wird. Erecs und Iweins *disability* ist ihre Unfähigkeit, den Normen, die der Artushof voraussetzt, zu entsprechen. Die Krise repräsentiert zugleich, indem sie in einer Welt stattfindet, die das Höfische vom Nicht-Höfischen zu unterscheiden sucht, eine ‚Krise der Unterschiede' im Sinne Girards. Die Ambivalenz des Artushofes muss zu einer klaren Differenzierung zurückgeführt werden, indem der entsprechende Protagonist auszieht, seine eigene Differenz zur idealen Ähnlichkeitsnorm überwindet und damit die innere Einheit des Artushofes, die sich aus der Unterscheidung zum Unhöfischen ergibt, wiederherzustellen. Zurück kommen sie am Ende als Verwandelte, die die Normen in geradezu vorbildlicher Weise repräsentieren. Ähnlich argumentiert im Übrigen Schulz, Erzähltheorie (2015), S. 243f., wenn er von einem „Kampf für eine gewaltsame Re-Differenzierung" spricht (S. 244).
[250] Vgl. ebd., S. 55.
[251] Vgl. ebd.
[252] Gut und einführend erklärt bei Schulz, Erzähltheorie (2015), S. 184; bekannt ist insbesondere die an Lotman, Struktur (1972) anknüpfende Theorie Warnings zum ‚Erzählen im Paradigma': Warning, Paradigma (2001) und ders., List (2003).

vom ‚Ereignis') bekanntlich, indem eine Figur die Grenze eines semantischen Raums überschreitet, der auch ein ‚ideeller' Raum, eine Ordnung mit bestimmten Normen, sein kann.[253] Ein Text wird nach dieser Vorstellung erst dann ‚sujethaft', also narrativ, wenn eine Figur eine Grenze überschreitet, die zwei semantische Räume voneinander trennt, deren Normen nicht miteinander vereinbar sind.[254] Ein narrativ relevantes Ereignis vollzieht sich dann, wenn die Grenzüberschreitung der Figur für die Ordnung der literarischen Welt bedeutsam ist – wenn sich also eine bemerkenswerte und unzulässige Abweichung von den geltenden (Ähnlichkeits-)Normen vollzieht.[255] Und wie Mitchell/Snyder geht auch Lotman von einem Drang der Erzählung zur Aufhebung der Differenzen zwischen Figur und normativer Ordnung, aus der sie ausgetreten ist, aus: So gehe die entsprechende Figur am Ende der Erzählung entweder im neuen Raum auf, der zur neuen Norm wird (die Grenzen werden verschoben), oder die Figur kommt verwandelt zurück und weist keine Differenzen mehr zur Ordnung dieses Raumes auf.[256]

Beispiele aus dem Textkorpus:

Für die Analyse höfischer Erzählungen können sich die Prämissen dieser Erzähltheorien als äußerst fruchtbar erweisen.[257] Die Texte, die von Ähnlichkeit erzählen, arbeiten ebenfalls immer wieder mit der Herausstellung einer oder mehrerer zu überwindender Abweichungen von Ähnlichkeitsnormen, die mal auf zwei Personen, mal auf größere Gruppen bezogen sind. Wenn eine Figur aufgrund bestimmter Merkmale von dieser Norm abweicht, dient diese Differenz entsprechend als Erzählantrieb mit dem Ziel, die Differenz zu minimieren, zu beseitigen oder zu verdecken. Ein Beispiel für diese erzählerische Funktion von Differenzen ist der ‚Barlaam und Josaphat' Rudolfs von Ems (Kap. 3.3): Hier etabliert der Erzähler mit seinem legendarischen Prolog (v. 1–216) eine christliche Ordnung, die die Erzählung normativ rahmt, um sodann von einer Figur, König Avenier, zu erzählen, die deutlich an ihrer Abweichung von dieser Norm arbeitet, indem sie, wie uns der Erzähler wissen lässt, ‚heidnisch' und nach den Geboten des Teufels lebt

---

253 Vgl. Lotman, Struktur (1972), S. 332.
254 Vgl. ebd., S. 338.
255 Vgl. zu diesem Aspekt genauer ebd., S. 341.
256 Vgl. ebd., S. 342 f.
257 Vgl. jeweils von Lotman ausgehend am Beispiel des ‚Tristan' Warning, List (2003), sowie für das Brautwerbungsschema Schulz, Erzähltheorie (2015), S. 191–214, zur ‚gestörten Martenehe', ebd., S. 214–241, zum Artusroman, ebd., S. 241–281, und zum Minne- und Aventiureroman, S. 281–291.

und Christ*innen unterdrückt (v. 234–249). Weil Avenier damit, im Sinne der zweiten Funktion der ‚Erzählprothese', zugleich metonymisch für die Abweichung und Untergrabung einer Norm steht, geht es in der Erzählung darum, ihn und sein Reich der im Prolog etablierten Ähnlichkeitsnorm anzugleichen. Dies geschieht durch die Abweichung in der Abweichung: Avenier wird ein Sohn geboren, Josaphat, dessen wesentliche Charakterisierung (im Sinne der ersten Funktion der Erzählprothese) ein Normbruch ist: Ein Weissager prophezeit, dass dieses Kind sich zum christlichen Glauben bekehren werde (v. 850 ff.). In meiner Analyse wird es insbesondere um eine ‚heidnische' Figur namens Nachor gehen, ein körperlicher Doppelgänger jenes christlichen Eremiten namens Barlaam, der sich Josaphats annehmen und die Prophezeiung wahrmachen wird. Indem Nachor äußerlich dem Idealtypus der christlichen Figur (Barlaam) in diesem Roman gleicht und schließlich auch eine Überwindung der im ‚Herzen' verorteten Abweichung (sein ‚heidnischer' Glaube) vollziehen wird, steht der Doppelgänger insofern metonymisch für das Potential defizitärer, weil ‚heidnischer' Figuren, zu Christ*innen zu werden, die Abweichung also überwinden, die Defizienz des ‚Heidentums' ‚prothetisieren' zu können.

Die Funktionsweisen erzählter Ähnlichkeit in den literarischen Texten, die in dieser Arbeit im Zentrum stehen werden, lassen sich mit den vorgestellten theoretischen Konzepten Girards, Butlers, Mitchells und Snyders bzw. Lotmans teilweise gut beschreiben, aber erst mit Blick auf die historischen Diskurse jener Zeit auch in ihrer spezifischen Konkretisierung erklären. Sei es die Inszenierung ‚gewaltsamer' oder ‚heilsamer' Doppelgänger, sei es der Ausschluss jener, die den Ähnlichkeitsnormen einer Gemeinschaft nicht genügen, oder sei es die Tendenz vieler literarischer Texte, Differenzen als Erzählanlass zu wählen – all diese Theoreme haben zuweilen verschiedene und einander widersprechende Wissens- und Glaubensfundamente im ‚Imaginären' des christlich-europäischen Mittelalters, an dem die literarischen Texte dieser Zeit anknüpfen. Dieses Wissenskompendium um den Gegenstand der Ähnlichkeit zwischen Menschen zu umreißen und damit in groben Zügen Teilbereiche eines ‚Ähnlichkeitsdiskurses' zu skizzieren, wird das Ziel des folgenden Kapitels sein.

2 Ähnlichkeit denken

2.1 Einleitendes: Transpersonalität und Sympathie

Die zu Beginn dieses Buches als historisch ausgesprochen konstant vorgestellte Annahme einer ‚Homophilie' (Kap. 1.1), also die Vorstellung, dass Menschen, die sich in ähneln, sich auch zueinander hingezogen fühlen, begegnet uns in der mittelalterlichen Literatur und in den Wissensdiskursen, an denen sie anknüpft, im Zusammenhang mit einigen wesentlichen Beziehungskonzeptionen, die für das Mittelalter von Bedeutung sind: in der Beziehung zwischen Gott und Mensch sowie zwischen Mensch und der göttlichen Schöpfung insgesamt (Kap. 2.2), in der Beziehung zwischen Verwandten (Kap. 2.3) sowie in homosozialen und ‚heterosexuellen' Freundschafts- bzw. Liebesbeziehungen (Kap. 2.4). Wenn sich auch um all diese Beziehungskonzeptionen Spezialdiskurse konstituieren, so ist ihnen doch diese Idee, das Gefühl der realen Zusammengehörigkeit unter Existenzen, einer Einheit jener, die sich ähneln, gemein. Dahinter steht eine Besonderheit vormoderner Anthropologie, nämlich dass sich Identität in der Regel weniger durch die Propagierung von ‚Individualität' ergibt, „sondern im Gegenteil in der *Teilhabe* an Kräften, Mächten und Eigenschaften, die die einzelne Person überschreiten".[1] Identität bedeutet im Mittelalter also insbesondere, einer bestimmten Gruppe zuzugehören, wobei eben jene Zugehörigkeit durch äußere Zeichen einerseits, durch das ‚Ansehen' andererseits bestätigt und überhaupt erst hergestellt wird.[2] Mit Niklas Luhmann lässt sich, wie unter anderem Jan-Dirk Müller herausstellt, im Falle der mittelalterlichen Identität von ‚Inklusionsidentität' sprechen:

> Der einzelne wird als Mitglied einer Gruppe [...], zu der er gehört, aufgefaßt (‚Inklusion'). Er kann sich gegenüber der Gruppe auszeichnen, indem er ihre Werte

---

[1] Schulz, Erzähltheorie (2015), S. 18.
[2] Auf eine Beschreibung der komplexen Diskurse zur Identität und der narrativen Inszenierungen von Identität in volkssprachigen Texten des Mittelalters muss ich hier verzichten, vgl. dazu J.-D. Müller, Kompromisse (2007), S. 225–271, hier: S. 226. Zur Identität und Wahrnehmung in der mittelalterlichen Literatur vgl. grundlegend Schulz, Erkennen (2008); zur Identität im Zusammenhang mit dem vestimentären Code vgl. Kraß, Kleider (2006); einführend zum mittelalterlichen Diskurs über Identität und Identifikation von Moos, Identität (2004).

auf exorbitante Weise verkörpert (wie der Held), und er kann ihre Normen exemplarisch verfehlen (wie der Sünder), aber er hat nicht die Möglichkeit, sich nicht in irgendeiner Weise in Hinsicht auf sie zu bestimmen. Zwar ist die ‚Inklusion' nie eine vollständige, und es gibt vielfältige Möglichkeiten individueller Abweichung, doch ist sie dem Gefühl individueller Besonderheit vorgeordnet.[3]

Dass jene literarischen Figuren, die bestimmte Merkmale miteinander teilen, sich häufig zueinander hingezogen fühlen und jene Figuren, die bestimmte Merkmalsgleichheiten verlieren, in eine Krise geraten und die Ähnlichkeit zur Gruppe anschließend wiederhergestellt, die Differenz ‚prothetisiert' werden muss (Kap. 1.8.3),[4] ist gruppenstärkend und -konstituierend. Die ‚Sympathie' unter Ähnlichen lässt sich historisch[5] auf sehr alte und in verschiedensten Kulturen auffindbare Vorstellungen zurückzuführen, auf die insbesondere der Ethnologe Klaus E. Müller immer wieder hingewiesen hat, und nach denen die Angehörigen einer solchen Gruppe eine imaginierte (aber keineswegs nur metaphorisch verstandene) ‚Einheit' darstellen und durch unsichtbare – ‚sympathetische' – Kräfte zusammengehalten und ‚zusammengezogen' werden.[6] Die Merkmalsgleichheiten zwischen Personen einer Gruppe stiften Vertrauen – allgemeiner: „[Z]wischen ähnlichen Dingen, Eigenschaften, Phänomenen und Vorgängen waltet ‚Sympathie'".[7]

Diese Anziehungskraft zwischen Existenzen, die Merkmale miteinander teilen, kommt in der mittelalterlichen Literatur meist vor allem durch kategoriale Ähnlichkeit zustande, wie durch den an der äußeren Gestalt ablesbaren Adel.[8] Dies äußert sich implizit schon, wo die ‚Schönste' zum ‚Besten' findet[9] oder sich die ‚Stärksten' miteinander anfreunden. In seltenen Fällen wird dieses Prinzip einer geradezu magischen Anziehung unter Gleichen auch zwischen Menschen und Dingen wirksam – wie zum Beispiel in Konrads von Würzburg ‚Partonopier und Meliur'.[10] Hier wird in

---

[3] J.-D. Müller, Kompromisse (2007), S. 228. Vgl. auch Luhmann, Liebe (1990), S. 148–258, und daran anknüpfend Hahn, Konstruktionen (2000).
[4] Vgl. dazu v. a. J.-D. Müller, Identitätskrisen (2004), und Gerok-Reiter, Individualität (2006).
[5] Zu den sozialpsychologischen Erklärungsmodellen vgl. mit weiterer Literatur Kap. 1.1 in dieser Arbeit.
[6] Vgl. v. a. K. E. Müller, Universum (1987), v. a. S. 198–216.
[7] Ebd., S. 251.
[8] Zur Unterscheidung zwischen ‚kategorialer Ähnlichkeit' und konkreter Merkmalsgleichheit vgl. Schulz, Erkennen (2008), S. 254–289, vgl. außerdem den Forschungsüberblick in Kap. 1.4.2 in dieser Arbeit.
[9] Vgl. zu dieser Basiskonfiguration höfischen Erzählens Strohschneider, Regeln (1997), S. 9.
[10] Diesen Text zitiere ich im Folgenden nach: Konrads von Würzburg Partonopier und Meliur. Aus dem Nachlasse von Franz Pfeiffer, Wien 1871, hg. von Karl Bartsch, Berlin 1970. Zur Szene vgl. auch Rikl, Affekt (1996), S. 36–48, sowie Schulz, Erkennen (2008), S. 414 f.

2.1 Einleitendes: Transpersonalität und Sympathie

diesem Zusammenhang auch zugleich auf mögliche kulturelle Funktionen dieser Anziehungskraft hingewiesen: Orientierung in einer ansonsten sich als ungeordnet präsentierenden Welt. Der Protagonist, dessen außerordentlicher Adel sich in seiner strahlenden und leuchtenden Schönheit artikuliert (v. 256–261, v. 272 ff., v. 292–295, v. 8522–8527 u.v.a.), wächst in einer Welt auf, die glänzt und strahlt, wie er selbst (v. 238 f., 250–253). Als er eines Tages den glänzenden Raum des Adels verlässt und sich im topischen Raum des Unzivilisierten, Unhöfischen schlechthin verirrt, dem dunklen Wald voller wilder Tiere (v. 518–550), fehlt ihm jede Orientierung, das Unbekannte schreckt ihn: *in hete daz irre wilde pfat | erschrecket in dem muote* (v. 554 f.). Sein vorübergehendes Waldleben nimmt ihm seine Adelsqualitäten: Sein Pferd, Zeichen seiner ritterlichen Qualitäten, die er zuvor noch bei der Jagd unter Beweis gestellt hat, wird *vil dürre mager unde kranc* (v. 578) und auch sein eigenes *leben hövesch unde stolz* ist dahin (v. 586 f.).[11] Schließlich verirrt er sich zum wilden Meer – ausgerechnet dort aber bietet sich wieder Orientierung: Er sieht ein Schiff mit einer *brücke*, über die man – im Gegensatz zu den beschwerlichen Pfaden im Wald – sanft gehen kann (v. 633 f.). Vor allem aber ist das schöne Schiff (v. 649) mit Gold und Edelsteinen geschmückt (v. 638) und verfügt über ein so herrliches Zelt, dass es einem Kaiser genügen würde (v. 763 ff.), sowie über Reichtümer und Schmuck (v. 766 f.). Der Anblick dieses Reichtums beruhigt den jugendlichen Helden ein wenig (v. 774 f.).[12] Unter den vielen Wegen, die er hätte wählen können, zieht es ihn, wie von selbst, aus dem Wald – dem Unhöfischen – hinaus und auf das reich verzierte Schiff, und dieses führt ihn zum Ursprung dieses Reichtums: Zu einer Stadt, die strahlt und glänzt wie Himmelskörper (v. 776–785), die von leuchtenden Türmen umgeben ist (v. 806–809), die Häuser mit glitzernden Dächern beherbergt (v. 842–847) und insgesamt so sehr strahlt, dass es die Augen blendet (v. 878 f.). Von dort aus reitet er, weil es sein *edel herze* ihm so aufträgt (v. 941), in die Burg, die noch herrlicher und schöner ist als alles, was er in der Stadt bereits beobachten durfte (v. 939–951), darin in den schönsten Saal (v. 972 f.), um sich schließlich – ich überspringe die komplexen Handlungsstränge des Romans – in eine Frau zu verlieben, die nicht nur die Herrin dieser Stadt ist, sondern diese auch, wie Partonopier erst später feststellen darf, durch ihre eigene strahlende Schönheit in optimaler Weise repräsentiert: Meliurs Körper offenbart sich als hellstes Licht, das, wie ihre Stadt, die Augen überfordert (v. 7866–7908). Wo nichts Orientierung zu geben vermag, wo der Held sich im Unbekannten befindet, zieht es ihn zu

---

11 Zur symbolischen Spiegelung des Zustands Partonopiers in den Tierfiguren des Romans vgl. Friedrich, Menschentier (2009), S. 375–386, insbesondere S. 384 ff.
12 Vgl. zur Emotionsinszenierung im Roman Eming, Emotion (2006), S. 169–239, zur ‚Angsterzeugung und Angstbewältigung auf Partonopiers Weg zu Meliur' v.a. S. 176–183.

allem, das ihm ähnelt – zu glänzendem und schönem Adel: „Die Logik der Merkmalsgleichheit" – die Homo-, genauer: die Aristophilie – „erfaßt hier auch das Verhältnis zwischen Menschen und Dingen".[13] Diese Anziehungskraft des Ähnlichen gibt dem Helden nicht nur Orientierung, sondern weist ihm auch einen Weg zu einem sozialen Status, der seiner inneren Tugendhaftigkeit und äußeren Schönheit entspricht, denn der junge Graf wird am Ende zum Kaiser aufsteigen und damit zum Herrn eines Landes und zum Ehemann einer Dame, die ihm in ihrer glänzenden Schönheit entsprechen. Es ist die Einheit des strahlend-guten Adels, die Partonopier dorthin führt, wo er hingehört.

Zurück zur Ethnologie: Im Falle von Gruppenbindungen führt diese Orientierung am Gleichen zu Akten der Solidarität mit jenen, die aufgrund dieser Ähnlichkeit zu einem Individuum ‚passen'. Menschen, die sich ähneln, so die Vorstellung, verfügen über einen raschen Austausch von Informationen, sie fühlen mit, sie sind empathisch und damit – und dies ist entscheidend für den Zusammenhalt einer solchen Gruppe – solidarisch.[14] Nach Müller liegt die kulturelle Funktion der Betonung von Einheit und der Liebe zum Gleichen in älteren Gesellschaften darin, dass sich auf diese Weise zum einen Kohärenz und Stabilität in nicht-institutionalisierten Jagd- und Sammelgesellschaften schaffen ließ,[15] die, zum anderen, den ‚Lohn' eines „gefestigten *Identitätsbewusstsein[s]*" nach sich zogen,[16] eine Ähnlichkeitsnorm stifteten, die Orientierung, Schutz und Fürsorge bot (Kap. 1.8.2). Indem diese Gesellschaften Harmonie und Einheit beschworen, die sich an wahrnehmbaren Merkmalen zeigen sollten, war die Teilhabe an diesen Merkmalen identitäts- und solidaritätsstiftend. Damit sind, so Müller, die archaischen Vorstellungen von Bluts- und Seelenverwandtschaft unter Familienmitgliedern oder von der magischen Verbindung zwischen Mensch und

---

13 Schulz, Erkennen (2008), S. 414.
14 Vgl. K. E. Müller, Universum (1987), S. 206.
15 Vgl. K. E. Müller, Sinnkonzepte (2004), S. 436. Müller argumentiert hier in drei Schritten: 1) Die alten Sammel- und Jagdgesellschaften waren in ihrer wichtigen, auch lebenserhaltenden Kohärenz bedroht durch Bindungsschwäche und Fluktuation, weil es wenig Vorschriften zu Bindung und Treue gab. 2) Darauf reagierten sie mit im Wesentlichen drei Gegenmaßnahmen, nämlich der „strickten Verpflichtung zur *Reziprozität*", also mit Güterteilung, der „unbedingten Solidarität unter Engstverwandten" und „dem Gebot, sich an Normen zu halten" (S. 436). 3) Diese Regeln bedurften wiederum drei „*plausibler Begründungen*" (ebd.), nämlich „Zeugungsvorstellungen, die eine Erklärung für die Bluts- mehr noch die *Seelenverwandtschaft* unter Familienmitgliedern" lieferten, um eine Empfindungsgemeinschaft innerhalb der Gruppe herzustellen (S. 137), die „Auffassung, dass normwidriges Verhalten zu Unfruchtbarkeit, Krankheit" usw. führe sowie die „Überzeugung, mittels Magie [...] Einfluss auf Menschen und Umwelt nehmen [...] zu können" (ebd.). Zur weiteren Stärkung dieser Argumente wurden sie auf jenseitige Mächte zurückgeführt (ebd.).
16 Vgl. K. E. Müller, Sympathie (1995), S. 135.

Natur, die zudem noch auf ‚jenseitige Mächte' zurückgeführt werden, letztlich Strategien, um die Solidarität zur Gruppe und ihre Normen und Werte als feste Regeln zu begründen[17] – wer etwa davon ausgeht, dass das einzelne Individuum einen Teil eines größeren ‚Organismus' darstellt, empfindet den Angriff auf einen anderen Teil als Angriff auf sich selbst und schützt diesen (bei Gefahr) bzw. (mit Butler, Kap. 1.8.2) ‚betrauert' und erinnert diesen (bei Ableben) umso stärker; wer in der Dunkelheit der ‚Fremde' dort Orientierung sucht, wo es glänzt wie man selbst, findet, wie Partonopier, zu sozialem Aufstieg und weltlichem Heil. Innerhalb einer solchen „*sympathetische[n] Empfindungsgemeinschaft*", insbesondere unter Engstverwandten,[18] aber auch unter Eheleuten[19] herrsche, so Müller, eine Art kollektives Verantwortungsbewusstsein, das durch die Behauptung tatsächlicher Einheit, eines ‚gemeinsamen Leibes',[20] geschaffen und durch den Verweis auf die wahrnehmbare Ähnlichkeit statt auf die Differenz gestärkt werde. Ein Beispiel für gezielt eingesetzte Merkmalsgleichheiten, die diese Gruppensolidarität verstärken sollten, stellt etwa die Namensgebung dar: Indem Namen in den alten ‚Naturvölkern' als „*Teil der Persönlichkeit*" galten, vermochte die Gleichheit der Namen auf die Einheit der entsprechenden Persönlichkeiten zu verweisen.[21] Dabei galt jene Annahme einer konkreten Verbindung des Ähnlichen nicht nur für Menschen, sondern für alle wahrnehmbaren Phänomene.[22]

Wenn die feudalistischen Adelsgesellschaften auch weit stärker institutionalisiert waren als die alten Jagd- und Sammelgesellschaften, von denen Müller spricht, so dienten diese alten Vorstellungen doch nach wie vor zur Stabilisierung von Gruppen und Ordnung der Welt insgesamt:[23]

> Analoge Auffassungen beherrschen bekanntlich auch das antike, namentlich stoisches und neuplatonisches Denken und blieben danach in der ‚Sympathie'- oder sogenannten ‚magnetischen Kraftlehre' bis ins 18. Jahrhundert hinein, von nicht zu unterschätzendem Einfluss auf die europäische Geistesgeschichte. [...] Je ähnlicher zwei Erscheinungen einander waren, desto enger die sympathetische Beziehung, die sie verband.[24]

---

17 Vgl. K. E. Müller, Sinnkonzepte (2004), S. 436f.
18 Vgl. K. E. Müller, Sympathie (1995), S. 137.
19 Ebd., S. 138.
20 Ebd., S. 140.
21 Ebd., S. 139.
22 Diese Vorstellung ist es, die Michel Foucault als Episteme der Ähnlichkeit beschreibt, vgl. Foucault, Ordnung (1973), S. 46–77. Vgl. auch K. E. Müller, Sympathie (1995), S. 141.
23 Vgl. zum Konzept der ‚Sympathie' im Mittelalter Hansen, Magic (1978) und zuvor, allerdings mit einem deutlichen Schwerpunkt auf ‚Altertum und Neuzeit' (so auch der Untertitel), schon Stemplinger, Sympathieglaube (1919).
24 K. E. Müller, Sympathie (1995), S. 140f., ähnlich ders., Universum (1987), S. 202f.

So existierte auch in den Gelehrtendiskussionen des Hoch- und Spätmittelalters eine Vorstellung einer inneren, geradezu magischen Verbindung von Dingen, die sich ähnelten,[25] weil sie, wie etwa Thomas von Aquin schreibt, natürlicher Weise miteinander verbunden seien und nach Einheit strebten.[26] Dieser Zusammenhang zwischen wahrnehmbarer Ähnlichkeit zweier Dinge und ihrem dementsprechend ähnlichen bzw. verbundenen ‚innerem Wesen' erklärt sich wiederum aus der Annahme, dass die ‚Natur' einer Sache oder einer Person, also die Kraft, die sie bestimmt,[27] im Mittelalter tendenziell nicht nur als ein sprachliches oder gedankliches Konzept, sondern als eine real existierende, also erkennbare und sogar transferierbare Sache verstanden wurde.[28] Auswirkungen hatte dies beispielsweise für die mittelalterliche Heilkunde, nach der dann etwa ein Leberblümchen wegen seiner leberähnlichen Form bzw. Farbe sich für die Heilung von Lebererkrankungen eignen kann.[29] Die Kraft der Ähnlichkeit bzw. Unähnlichkeit von bestimmten Dingen, die auf einem ‚realen' Zusammenhang dieser Dinge beruhte, fasst Bert Hansen wie folgt zusammen:

> Two principles sum up the interactions of affinity: „like effects like" and „like affects like." William of Auvergne (bishop of Paris, 1228–49) wrote: „Some people have defined nature as an innate force in things of procreating like things out of like; and Aristotle says that every operation of nature is by similitude."[30]

Eine Sache kann also Dinge hervorbringen, die ihr ähneln (*like effects like* oder auch: *like engenders like*) – dazu zählt etwa die Fortpflanzung oder die gute Wirkung guter Taten – und zwischen Dingen, die sich ähneln, besteht ein Affektzusammenhang, eine ‚reale' Verbindung, die dazu führt, dass beispielsweise eine Beschädigung der einen Sache zu einer Beschädigung der anderen führen kann, wie eine Art Ansteckung des einen durch das andere.[31] Bei diesen naturphilosophischen Überlegungen, die ursprünglich auf Platon bzw. Aristoteles zurückgehen,[32] blieb es jedoch nicht. Als Denkfiguren finden sie sich eben auch in den antiken und mittelalterlichen Freundschaftstheorien wieder, nach denen stets Ähnliche sich lieben und zueinander stre-

---

25 Vgl. Dazu Hansen, Magic (1978), v.a. S. 489–495.
26 Vgl. dazu Aertsen, Nature (1988), S. 342ff.
27 Vgl. Zum Begriff der *nature* v.a. allgemein Goetz, Gott (2011), S. 15–38, Grubmüller, *Natûre* (1999), sowie Friedrich, Ordnung (2009).
28 Vgl. Hansen, Magic (1978), S. 489.
29 Vgl. ebd., S. 491.
30 Hansen, Magic (1978), S. 491. Das Zitat Wilhelms von Auvergne entstammt dessen Schrift *Liber de vitiis et peccatis*.
31 Vgl. ebd., S. 492.
32 Vgl. ebd., S. 493, sowie bereits Stemplinger, Sympathieglaube (1919) und C. W. Müller, Gleiches (1965).

2.1 Einleitendes: Transpersonalität und Sympathie

ben, etwa aufgrund ihrer inneren Seelen- und Wesenseinheit (vgl. Kap. 2.4), im verwandtschaftlichen Modell des ‚Sippenkörpers', dessen Mitglieder sich intuitiv erkennen und Zuneigung empfinden (vgl. Kap. 2.3) und gelegentlich sogar in dem Verhältnis zwischen Dingen und Menschen, die bestimmte Merkmale miteinander teilen.

Dass die wahrnehmbare Ähnlichkeit zwischen Dingen ein Hinweis auf eine tatsächliche Verbindung zwischen diesen Dingen sei, scheint für viele mittelalterliche Gelehrte eine Selbstverständlichkeit gewesen zu sein.[33] Dies ist auch dadurch zu erklären, dass zwischen Zeichen und Bezeichnetem bei Weitem nicht so streng unterschieden wurde, wie dies heutzutage der Fall ist: Für die mittelalterliche Zeichentheorie lässt sich, etwas zugespitzt, sagen, dass man gemeinhin von einem tendenziell metonymischen[34] Verhältnis zwischen Signifikat und Signifikant ausging, also von einer tatsächlichen Verbindung zwischen Ding und seinem Zeichen – etwa zwischen einem Namen und ihrem Träger oder zwischen einem Körper und dem sozialen Status bzw. Herkunft der Person.[35] Insbesondere Harald Haferland hat herausgearbeitet, dass die Annahme eines ‚metonymischen' Zusammenhangs zwischen Zeichen und Bezeichnetem als Spezifikum ‚vormodernen Denkens' zu benennen ist,[36] nach dem das Zeichen das Bezeichnete nicht ersetzt oder repräsentiert, sondern eins mit ihm ist.[37] Besonders relevant ist dies etwa für die mittelalterliche Staatstheorie, wie sie Ernst H. Kantorowicz heraus-

---

33   Vgl. Hansen, Magic (1978), S. 493.
34   Während die Rhetorik Metonymie vornehmlich als rein sprachliches Phänomen der Substitution einer Sache durch eine andere versteht (‚Goethe lesen' statt ‚ein Werk von Goethe lesen'), fasst die kognitive Linguistik, auf die Haferland sich in seinen Studien zur Metonymie bezieht, darunter ein Verhältnis der Teilhabe zwischen Zeichen und Bezeichnetem, genauer: eine ‚Kontiguitätsbeziehung': „Der Begriff der Kontiguität", so fasst Haferland, Anthropologie (2004), S. 41 f., zusammen, „bezeichnet eben das Verhältnis zwischen verschiedenen räumlich-zeitlich und sachlich zusammenhängenden Entitäten. Bei einer Metonymie werden dann zwei kontige (d.h. in einer Kontiguität stehende – man sollte hier zunächst ganz vage bleiben: – in einem realen Zusammenhang stehende) Entitäten derart gefaßt, daß die eine für die andere tritt oder einsteht."
35   Vgl. mit Beispielen auch Schulz, Erzähltheorie (2015), S. 63 f.
36   Vgl. insbesondere Haferland, Anthropologie (2004), ders., Verschiebung (2008), erweitert um eine Theorie ‚metonymischen Erzählens' Haferland/Schulz, Erzählen (2010), und, erläuternd und kritisch, auch Kragl, Alterität (2013), S. 110–119. Zur Kritik vgl. außerdem Kropik, Metonymie (2012) und J.-D. Müller, Probleme (2014).
37   Beispiele ließen sich viele finden und Haferland führt in seinen Studien zahlreiche an. Ein recht gutes Beispiel dafür, dass es Fälle gibt, bei denen es um mehr als um ‚Phraseologismen' geht (wie wenn *mîn lîp* für *ich* verwendet wird), wählt Haferland, Anthropologie (2004), S. 47 f., aus dem ‚Herzog Ernst', wo der König um Ernsts Mutter wirbt und als *rîche* bezeichnet wird (v. 464), der König also für das Reich selbst einsteht, sowie aus dem ‚Rolandslied' und dem ‚Parzival', wo sich Figuren vor einem Brief des Königs verneigen, der Reich und König präsent hält: „Man verhält sich gegenüber diesen Konkreta – in denen allein das Abstraktum *rîche* faßbar wird –, als seien sie identisch mit dem Abstraktum" (ebd., S. 49).

gearbeitet und mit den ‚zwei Körpern des Königs' auf einen Begriff gebracht hat: Anknüpfend an die sich im Hochmittelalter etablierende Konzeption der Gemeinschaft aller Christ*innen als ‚Leib', als *corpus mysticum Christi*, dessen sichtbares Haupt der römische Papst sei,[38] bemühten sich verschiedene Staatstheoretiker vor allem seit dem 13. Jahrhundert um eine Übernahme dieses Körperkonzepts für den weltlichen Staat.[39] Mit der zunehmenden Aristoteles-Rezeption in dieser Zeit wurde dessen Staatskonzeption mit der theologischen Vorstellung vom ‚mystischen Leib' verbunden und von nun an häufiger vom ‚politischen Körper' gesprochen.[40] Ein Beispiel, das Kantorowicz anführt, stammt von Baldus von Ubaldis (14. Jahrhundert):

> Beispielsweise definiert Baldus das Volk, *populus*, als einen mystischen Körper. Nach seiner Auffassung war ein *populus* nicht einfach die Summe der Individuen einer Gemeinschaft, sondern *hominum collectio in unum corpus mysticum*, die Sammlung von Menschen in *einem* mystischen Körper. Die Menschen bilden *quoddam corpus intellectuale*, einen Körper oder eine Körperschaft, die man nur geistig erfassen kann, weil sie kein realer, stofflicher Körper ist.[41]

Das ‚Staatsoberhaupt' dieses Leib-Modells des Staates, der König, wurde von den entsprechenden Theoretikern offenbar nicht vom Staat getrennt, erhielt keinen separaten Körper: „Der Gedanke der organischen Einheit von Haupt und Gliedern war zu stark, um eine Trennung zu gestatten".[42] Doch weil das ‚Haupt' sterblich war, mussten zugleich Strategien geschaffen werden, um den Bruch durch Kontinuität zu kompensieren.[43] Um im Wandel die Identität des (Staats-)Körpers oder anderer Körperschaften aufrecht zu erhalten, bemühte man sich schließlich auch um eine Transpersonalität institutioneller Einrichtungen, die überzeitlich war, in der die einzelnen Teile des Körpers sukzessive ausgetauscht werden konnten.[44] Um die Unsterblichkeit des ‚Hauptes', des Königs, der metonymisch auch das Reich, das er regiert, präsent hält, zu garantieren, die für die Kontinuität von Herrschaft unbedingt notwendig war, war das „Zusammenwirken von drei Faktoren [notwendig]: der Fortdauer der Dynastie, dem korporativen Charakter der Krone und der Unsterblichkeit der Königswürde".[45]

---

38 Vgl. Kantorowicz, Körper (1994), S. 206–217, hier: S. 206f., vgl. auch Haferland, Anthropologie (2014), S. 49. Dass aber gerade der Papst über keine zwei Leiber verfügt, sondern sterben muss, zeigt vor allen Dingen Bagliani, Leib (1997).
39 Vgl. Kantorowicz, Körper (1994), S. 218–241.
40 Vgl. ebd., S. 221.
41 Ebd.
42 Ebd., S. 276.
43 Vgl. dazu auch Kellner, Ursprung (2004), S. 120–127.
44 Vgl. ebd., S. 122f., sowie Kantorowicz, Körper (1994), S. 287 und S. 306–316.
45 Kantorowicz, Körper (1994), S. 319.

2.1 Einleitendes: Transpersonalität und Sympathie

Diese drei Faktoren fielen ungefähr mit der ununterbrochenen Linie natürlicher königlicher Körper zusammen, mit der Permanenz des politischen Körpers, den das Haupt zusammen mit den Gliedern darstellte, und mit der Unsterblichkeit des Amtes, d.h. des Hauptes allein.[46]

Es gab in der mittelalterlichen Adelsgesellschaft also, dies gilt es im Zusammenhang dieser Arbeit festzuhalten, Konzeptionen von personenübergreifender ‚Einleiblichkeit',[47] nach denen ein einzelner Mensch in den ‚Körper' einer sozialen Gemeinschaft inkludiert ist und – wie Beate Kellner und Armin Schulz vor allem für die entsprechenden Vorstellungen verwandtschaftlicher ‚Sippenkörper' in literarischen Texten zeigten (vgl. Kap. 2.3.3)[48] – nach denen die Teile dieses Ganzen durch wahrnehmbare Ähnlichkeit untereinander das Ganze präsent halten.

Die Liebe zu sich solchermaßen ähnelnden Menschen einer sozialen Gemeinschaft scheint mir dabei, wie gesagt, auf alte archaische und dem Mittelalter vor allem über den Neuplatonismus vermittelte Vorstellungen von ‚sympathetischen' Beziehungen unter Gleichen zurückzugehen, indem den Gleichen ein tatsächlicher Zusammenhang zugeschrieben wurde. Diese Konzeptionen von Partizipation sind also nicht ausschließlich in weltlichen Kategorien, etwa von Verwandtschaft oder Herrschaft, zu denken. Die Studien von Klaus E. Müller zeigen vielmehr, dass es als Plausibilisierungsstrategie anzusehen ist, die Vorstellungen einer ‚Verbindung' zwischen Mitgliedern einer Gruppe auf jenseitige Mächte zu verlagern – diese Strategien wirkten dann vor allem im Neuplatonismus und im mittelalterlichen Christentum nach, etwa in den entsprechenden Konzeptionen von einer einheitlichen und durch Ähnlichkeitsbeziehungen organisierten Ordnung aller geschaffenen Dinge, deren Prinzipien sich analog in all ihren Teilen nach einem Prinzip des ‚Gleichen im Gleichen' wiederfinde: dem Kosmos.

---

46 Ebd.
47 Von einem „einleiblichen verwandtschaftlichen Körper" spricht z.B. Elke Koch, Trauer (2006), S. 136, im Hinblick auf die kollektive Trauer der Verwandtschaft Willehalms nach der Nachricht von Vivianz' und Myles Tod (Willehalm, 152, 1–10). Indem die einzelnen Figuren in der gemeinsamen Trauer über den Verlust eines Teils des verwandtschaftlichen Körpers in diesem Kollektiv verschwunden gehen, nehme die Trauer hier eine „identitätskonstituierende Funktion" ein (ebd.), indem sie die Einzelnen im Ganzen aufgehen lässt. Vgl. dazu auch Kap. 2.3.3.3 in dieser Arbeit.
48 Kellner, Ursprung (2004); Schulz, Erkennen (2008).

2.2 Gleiches in Gleichem. Kosmos

Nv han ich churtz begriffen, wie der mensch der gantzen werlt sei geleich. Darvmb haizzt er in chriechischer sprach microcosmus, daz ist als vil gesprochen als die clain werlt. Vnd darvmb sprechent huebsch levt: ich sach alliu werlt in einem rocke.[49]

Der Mensch, so schließt Konrad von Megenberg sein erstes Kapitelchen in seinem um 1350 entstandenen ‚Buch der Natur' (*puoch von den naturleichen dingen*), sei ein Abbild des gesamten Kosmos, die Welt in klein, und zwar indem er jedem Teil der Welt ähnle, allem hinsichtlich bestimmter Merkmale ‚gleich' sei.[50] Ähnlichkeitsverhältnisse zu den irdischen und überirdischen Dingen bestimmen in der mittelalterlichen ‚Anthropologie' ganz wesentlich die Natur des Menschen und verorten ihn in einer kosmologischen Hierarchie, in der alles mit allem verknüpft ist. Diese Ähnlichkeitsverhältnisse innerhalb der Schöpfung und zwischen Schöpfung und Schöpfer vermögen insbesondere die Transzendierung ähnlicher Figuren kulturhistorisch einzuordnen.

Zwei Gedankengänge der mittelalterlichen Philosophie bzw. Theologie scheinen mir dabei von wesentlicher Bedeutung zu sein. Erstens: Die göttliche Schöpfung ist als eine vom Göttlich-Einen absteigende, durch Ähnlichkeit verbundene ‚Kette der Wesen' zu begreifen. Dabei ergibt sich die Gattung der Menschen vor allem aus der gemeinsamen, im Bereich der irdischen Vielfalt größtmöglichen Ähnlichkeit zu Gott. Zweitens: Der Aufstieg auf der Stufenleiter des Seins und die Einheit mit Gott sind das Ziel menschlichen Daseins, dessen Erreichen aber von göttlicher Gnade abhängig bleibt. Die bemerkenswerte Ähnlichkeit zwischen literarischen Figuren kann, so möchte ich argumentieren, aus dieser Warte als ein Schritt zur Entdifferenzierung, als Nähe zu Gott, in dem keine Verschiedenheit mehr existiert, verstanden werden.

In den folgenden Unterkapiteln werde ich zuerst die Idee der Wesenskette, in dem der Mensch ein Zwischenwesen zwischen der materiellen und intelligiblen Welt darstellt (Kap. 2.2.1), und anschließend die damit zusammenhängenden Modelle eines (mystischen) Aufstiegsweges zu Gott skizzieren (Kap. 2.2.2). Zum Schluss möchte ich, nach einem Fazit zu diesen Überlegungen (Kap. 2.2.3), versuchen, zu zeigen, dass diese Vorstellun-

---

[49] Konrad von Megenburg, Das Buch der Natur, I.0, 25–28 (S. 28). Vgl. ähnlich schon Konrads Vorlage, Thomas von Cantimprés ‚Liber de natura rerum', 1, 1, 1 f.: *Partes corporis humani principaliter create sunt, ut dicit Aristotiles, et posite secundum creationem et situm totius mundi. Unde Grece homo microcosmos quasi minor mundus dicitur.* Zitiert nach: Thomas Cantimpratensis, Liber de natura rerum. Editio princeps secundum codices manuscriptos, Teil I: Texte, hg. von Helmut Boese, Berlin 1973.

[50] Vgl. genauer zum mittelalterlichen Menschen als Mikrokosmos Goetz, Gott (2016), S. 430–467 f.

gen keineswegs auf die ‚mystische' Literatur beschränkt blieben, sondern auch im höfischen Liebesdiskurs eine Rolle spielten, indem ich eine entsprechende Lektüre des ‚Narzissliedes' Heinrichs von Morungen vornehme (Kap. 2.2.4).

2.2.1 Die Kette der Wesen

Die Kirchenväter und die mittelalterlichen Gelehrten konstruierten die göttliche Schöpfung in der Nachfolge antiker Philosophen – zu nennen sind hier vor allen Dingen Platon, Aristoteles und Plotin – als eine zusammenhängende ‚große Kette der Wesen', wie Arthur Lovejoy diese Ordnung der Dinge erstmals 1933 in seinem gleichnamigen Buch (engl. *The great chain of being*) genannt hat.[51] Diese ursprünglich (neu-)platonische Emanationslehre, die Vorstellung des Hervorgehens der Vielheit aus der absoluten Fülle des Einen, wurde insbesondere von Augustinus und Pseudo-Dionysius Areopagita übernommen und mit dem christlichen Schöpfungsprozess in eins gesetzt:

> [A]n die Stelle der höchsten Position der platonischen Seinspyramide, an die Stelle des ersten Prinzips oder des Hen, trat der Schöpfergott, und so mußte denn die Vorstellung einer stufenweisen Emanation des Seins über vermittelnde Instanzen fallen gelassen und der Übergang vom Einen in das Viele dem höchsten Prinzip zugewiesen, d.h. zum Schöpfungsakt uminterpretiert werden. Das führte zu einer [...] veränderten Vorstellung von der Anwesenheit des Göttlichen in der Welt: die Ähnlichkeit prägte die Schöpfung insgesamt [...].[52]

Gott, der Eine, schuf die Welt, das Viele, aus der Einzahl schälte sich die Zwei.[53]

Dahinter steht eine ‚Schichtontologie': die Vorstellung einer stufenweisen und auf Ähnlichkeit bzw. Teilhabe basierenden Verbindung allen Seins,

---

51 Vgl. Lovejoy, Universum (1985), S. 82: „Die Stufenleiter des Seins [...] wird also zum Kerngedanken der neuplatonischen Kosmologie"; zum Platonismus, Aristotelismus und Neuplatonismus vgl. ebd., S. 37–86, und zum Mittelalter S. 87–122.

52 Haug, Wendepunkte (1999), S. 362. Vgl. dazu grundlegend Ruh, Geschichte 1990, S. 31–82 sowie McGinn, Mystik (1994), S. 233–269.

53 Auch im Alten Testament lässt Gott die Welt als eine der Unterschiede, „in Prozessen der Differenzsetzung" entstehen (Strohschneider, Textheilung (2002), S. 111): Gott schafft aus dem Einen Himmel und Erde, unterscheidet dann von der Finsternis das Licht, den Abend vom Morgen, vom Himmel die Erde usw. usf. (Gen 1, 1ff.). Die Zahlensymbolik des Mittelalters trägt dem ebenfalls Rechnung: „Unter der Voraussetzung, daß die Eins nicht als Zahl, sondern als Ursprung und Seinsgrund der Zahlen verstanden wird, ist die Zwei die erste Zahl und zugleich die Realisierung der Abweichung von der *unitas* bzw. dessen Zerstörung", Mexer/Suntrup, Zahlenbedeutungen (1987), Sp. 97.

und zwar vom unbelebten Stein über die Pflanzen, Tiere, Menschen und Engel bis zum Göttlich-Einen.[54] Dass der Mensch allem anderen ähnelt, Gleiches in Gleichem ist, ist dabei die Folge des göttlichen Schöpfungsprinzips des ‚Gleichen aus Gleichem'.[55]

Ich möchte dieses Weltdeutungskonzept der Verknüpfung aller Dinge – innerhalb dessen der Mensch eine zentrale ‚Scharnierstelle' zwischen himmlischer und irdischer Sphäre besetzt – in diesem Teilkapitel in drei Schritten beschreiben, indem ich zunächst die mittelalterlich-christliche Verortung des Menschen als Zwischenwesen mit Ähnlichkeitsverhältnissen zur Transzendenz und Immanenz beschreibe, anschließend ausführe, inwiefern diese Zwischenstellung in mittelalterlichen Schöpfungserzählungen als Abstieg narrativiert wurde, um dann, auf diesen Ausführungen basierend, knapp die Ambivalenz in den höfischen Bewertungen von Gleichheit und Verschiedenheit darzustellen.

2.2.1.1 Der Mensch als Zwischenwesen

Der Mensch nimmt innerhalb der angesprochenen Seinshierarchie eine Sonderstellung ein, die ihn als Glied zwischen Irdischem und Göttlichem verortet, der beiden Sphären einerseits ähnelt und sich andererseits von ihnen unterscheidet.[56] Die schwierigen Abgrenzungsversuche ‚nach unten', also zwischen ‚Mensch' und ‚Tier', beschreibt Udo Friedrich für das Mittelalter in seinem Buch ‚Menschentier und Tiermensch'.[57] In seinem Resümee stellt er fest, dass die christlich-mittelalterliche Version der ‚anthropologischen Maschine' zur ‚Erzeugung des Humanen' „sowohl eine prinzipielle Gleichheit

---

54   Auf diese Vorstellung (wie auf die Arbeiten Lovejoys) nimmt auch Michel Foucault Bezug, wenn er in seiner ‚Ordnung der Dinge' (frz. *Les Mots et les choses*) der Zeit bis 1700 zuschreibt, in der Ähnlichkeit das entscheidende Instrument zur „Erkenntnis der sichtbaren und unsichtbaren Dinge" gesehen zu haben (S. 46). So habe „die Welt eine Kette mit sich selbst" gebildet, und zwar „durch die Verkettung der Ähnlichkeiten […]" (S. 48). Insgesamt äußert sich Foucault zu den Epistemen der Ähnlichkeit v. a. auf den Seiten 46–77. Vgl. außerdem zur Kritik Otto, Foucault (1992).
55   Vgl. auch Friedrich, Ordnung (2003), S. 74.
56   Es geht in diesem Kapitel also um die Frage, was der Mensch eigentlich (innerhalb christlich-mittelalterlicher, gelehrter Vorstellungen) ist, und damit um grundlegende Fragen der (historischen) Anthropologie. Vgl. Zur historischen Anthropologie in der mediävistischen Literaturwissenschaft einführend Röcke, Anthropologie (2002), und Kiening, Anthropologie (2002).
57   Friedrich, Menschentier (2009), dessen Ausführungen zum ‚Anthropologischen Rahmen' (S. 39–144, bes. S. 39–82) diesen Teilkapitel wesentliche Anregungen verdankt. Grundlegend zum mittelalterlichen Bild vom Menschen ist darüber hinaus vor allem Goetz, Gott (2016), S. 365–543, zum Verhältnis von Mensch und Tier, S. 410–418.

der Menschen als auch eine Differenz von Mensch und Tier" voraussetze, die beide „aber praktisch immer schon gestört" seien.[58] Genauer:

> Die Schöpfungsgeschichte macht den Menschen zum Ebenbild Gottes, der Sündenfall nähert ihn andererseits dem Status des Tiers an. […] Zum einen entsteht ein Prozeß der Verwilderung, der sich in der unkontrollierten Dynamisierung von Körperenergien, von Gewalt, Sexualität und Wahnsinn, artikuliert. […] Zum anderen artikuliert sich die Animalisierung des Menschen in der Subtraktion des specimen humanum schlechthin, der ratio.[59]

Der Sündenfall vergrößert den Unterschied des Menschen zum göttlichen Urbild und nähert den Menschen den Tieren an, indem der *sensus* den Sieg über die *ratio* davonträgt. Doch wird der Mensch nie ganz Tier: Seine Fähigkeit zur Vernunft verleiht ihm das Potential, seine Sinne zu kontrollieren und so gegen seinen ‚degradierten' Status anzukämpfen. So heißt es beispielsweise im ‚Didascalicon' Hugos von St. Viktor:

> Während […] die Natur der unvernünftigen Tiere, die durch keine rationale Urteilskraft beherrscht wird, ihre Bewegungen nach den Eindrücken richtet […], so ist es doch auf der anderen Seite so, daß die Handlungen der vernunftbegabten Seele [des Menschen] nicht durch blinde Begierde hinweggerissen werden, sondern daß ihnen stets die Weisheit als Leiterin vorausgeht.[60]

Der Mensch ist nicht allein von animalischen Trieben abhängig, ihm steht mit seiner vernunftbegabten Seele weit mehr zur Verfügung als sein sinnlicher Wahrnehmungsapparat. Laut Thomas von Aquin ist er ein Zwischenwesen, der, so schreibt er in seiner ‚Summa Theologiae', einerseits „mit den Engeln die Vernunft teilt, [andererseits aber] mit den Tieren die Sinnlichkeit, mit den Pflanzen das Wachstum und mit den unbelebten Dingen den stofflichen Körper".[61]

Was den Menschen zum Menschen macht, ist diesen mittelalterlichen Theorien zufolge insbesondere dieses Dasein als

---

58 Friedrich, Menschentier (2009), S. 389. Den Begriff der ‚anthropologischen Maschine' entnimmt Friedrich Giorgo Agambens Buch ‚Das Offene. Der Mensch und das Tier' (2003), S. 46.
59 Friedrich, Menschentier (2009), S. 389.
60 *Si enim brutorum animalium natura, quae nullo regitur rationis iudicio, motus suos secundum solas sensuum passiones diffundit* […], *restat ut rationalis animae actus caeca cupiditas non rapiat, sed moderatrix semper sapientia praecedat.* Zitiert nach: Hugo von St. Viktor, Didascalicon de studio legendi. Studienbuch, übersetzt und eingeleitet von Thilo Offergeld, Freiburg u. a. 1997, 1, 4 (S. 124 f.).
61 Thomas von Aquin, Summa theologiae I, 96, 2: *Est autem in homine quatuor considerare: scilicet rationem, secundum quam convenit cum angelis; vires sensitivas, secundum quas voncenit cum animalibus; vires naturales, secundum quas convenit cum plantis; et ipsum corpus, secundum quod convenit cum rebus inanimatis*, hier zitiert nach: Friedrich, Menschentier (2009), S. 41.

Zwischenwesen zwischen dem Reich des Stofflichen, Materialen, sinnlich Zugänglichen, und dem rein intellektuell erfaßbaren, außersinnlichen Reich des Göttlichen und seiner Engel.[62]

Er ist das entscheidende Glied in der Kette der Wesen zwischen Intelligiblem (oben) und Materiellem (unten). Dementsprechend beginnen auch die meisten Naturenzyklopädien des Mittelalters mit einer Beschreibung des Menschen in seiner Zwischenstellung.[63] Als Beispiel sei noch einmal Konrads von Megenberg um die Mitte des 14. Jahrhunderts entstandenes ‚Buch der Natur' (I.0), das im Wesentlichen auf dem etwas über hundert Jahre älteren ‚Liber de natura rerum' Thomas' von Cantimpré zurückgeht, angeführt. Der Mensch, so steigt Konrad ein, sei so beschaffen,

daz seins wesens stuk und seins leibes glider sint gesetzet nach dem satz der gantzen werlt, wan in dem menschen ist vernunft als in dem engel, vnd chain ander creatur hat vernunft an den engel vnd den menschen. [...] Auch nimt der mensch sein narunge mit ezzen vnd mit trinchen vnd wechst auf vnd ab. Mit dem geleicht er den paumen vnd den chraeutern vnd allen den dingen, die narung phlegent. Auch ist der mensch gemischet auz den vier elementen, di da haissent fewr, luft, wazzer vnd erd. Mit dem gelicht er den stainen vnd gesmeid vnd allen dem, daz auz den elementen wirt.

Mit seiner vernunftbegabten Seele gleiche er, so Konrad, den Engeln, mit seiner Nahrungsaufnahme und seinem Wachstum den Pflanzen und mit seiner Zusammensetzung aus den vier Elementen allen anderen, unbelebten Dingen.[64]

Zentral für die christlich-mittelalterliche Bestimmung dessen, was der Mensch ist, ist – dies klingt bei Thomas und Konrad schon an – dessen Ähnlichkeitsverhältnis zur himmlischen Sphäre. Ein (erster) grundlegender Unterschied zwischen Gott und den Menschen ist der, dass Letztere sich auch untereinander voneinander unterscheiden. Dieser Beobachtung, dass sich einerseits alle Menschen ähneln (weil sie Menschen sind) und sich andererseits alle Menschen voneinander unterscheiden (weil sie verschiedene Personen sind),[65] kommen mittelalterliche Theolog*innen zunächst einmal bei, indem sie zwischen ‚Sein' und ‚So-Sein', zwischen ‚Form' und ‚Substanz', unterscheiden.

---

62 Schulz, Erzähltheorie (2015), S. 31.
63 Vgl. auch Friedrich, Menschentier (2009), S. 41.
64 So auch schon Augustinus von Hippo (De civitate Dei VIII, 6), vgl. Kersting, Augustinus (1991), S. 61.
65 Einführend zum Problem vom Menschen als ‚Individuum', ‚Person' und ‚Typus' vgl. Goetz, Gott (2016), S. 467–490.

Die Form ‚informiert' die Substanz, das heißt: sie gibt dieser erst eine Gestalt [...]. Form und Substanz, so Otto [von Freising], aber machen die Menschen gleichartig oder artgleich (*conforme*), nämlich ‚substantiell ähnlich' (da von gleicher Substanz), und heben sie als Menschen von anderen Geschöpfen ab, während [...] die Zusammensetzung (*concretio*) aus verschiedenen ‚Akzidentien', den nicht-seinsbestimmenden Äußerlichkeiten oder Zusätzen, eine Differenzierung zwischen den einzelnen Menschen bewirkt, die sich trotz ihrer Artgleichheit folglich wiederum voneinander unterscheiden: Plato und Sokrates sind zwar beide Menschen, jedoch zwei verschiedene Menschen (oder Individuen).[66]

Während im göttlichen Wesen Form und Substanz ein und dasselbe sind,[67] ist dies bei den irdischen Wesen nicht der Fall, denn sie sind einander immer gleich und doch verschieden, da zwar die Substanz dieselbe, die jeweilige Zusammensetzung, die die Form vorgibt, jedoch eine je individuelle ist. Eine Stufe unterhalb der menschlichen Position in der Wesenskette differenziere sich, so verstehen etwa Augustinus und Hugo von St. Viktor die Geschichte der Schöpfung, diese weiter aus, indem es von den Tieren nicht nur eine einheitliche, sondern viele verschiedene Arten gebe.[68]

Der wesentliche (zweite) Aspekt, den mittelalterliche Gelehrte hinsichtlich der menschlichen Stellung im Verhältnis zu Gott diskutieren, ist, naheliegenderweise, die Frage nach der Ebenbildlichkeit (Gen. 1, 26). Diesbezüglich bemühen die Gelehrten dann häufig die bereits angesprochene (Kap. 1.5) Unterscheidung zwischen ‚Gleichheit' (*aequalitas*) und ‚Ähnlichkeit' (*similitudo*), so etwa bereits der Kirchenvater Augustinus, indem er die Ähnlichkeitsbeziehung zwischen Gott und dem Menschen mit dem Bild eines Spiegels umschreibt:

So ist im Spiegel ein Bild (*imago*) des Menschen, da dieses durch ihn ‚ausgedrückt', d.h. hervorgerufen ist; da ist sofort auch Ähnlichkeit (*similitudo*), aber nicht Gleichheit (*aequalitas*), da vieles dem Bild fehlt, was jenem Ding innewohnt, durch das es hervorgerufen wird.[69]

---

66 Ebd., S. 392.
67 Vgl. ebd., S. 391 f.
68 Vgl. ebd., S. 386 f.
69 *Ubi imago, continuo similitudo, non continuo aequalitas: ut in speculo est imago hominis, quia de illo expressa est; est etiam necessario similitudo, non tamen aequalitas, quia multa desunt imagini, quae tamen insunt illi rei, de qua expressa est*, zitiert nach: Aurelius Augustinus, Dreiundachtzig verschiedene Fragen. De diversis quaestionibus octoginta tribus, zum erstenmal in deutscher Sprache von Carl Johann Perl, Paderborn 1972, S. 226; die Übersetzung folgt Huber, Bildlichkeit (2015), S. 115. Aufgenommen wird diese Unterscheidung später beispielsweise von Petrus Lombardus, Sententiae 2, dist. 16, cap. 4, par. 1: „Der Mensch ist von Gott erschaffen, nicht gezeugt; er ist Gott daher nicht an Gleichheit gleich, sondern durch eine gewisse Ähnlichkeit angenähert" (*Homo creatus est a Deo, non genitus; non parilitate aequalis, sed quadam similitudine accedens ei*), zitiert nach: Goetz, Gott (2016), S. 389.

Die Ebenbildlichkeit und Ähnlichkeit des Menschen zu Gott beziehen sich in solchen Beschreibungen stets allein auf die Seele, nicht aber auf den Körper, der Gott nicht ähnlich ist, sondern, wie Petrus Lombardus differenziert, eine dienende Funktion hat: Er ist nicht selbst ähnlich, sondern zur Ähnlichkeit gemacht, nämlich indem der menschliche Körper aufrecht steht, also gen Himmel gerichtet ist und so dem Ziel der vernunftbegabten Seele, der Gotteserkenntnis, entsprechen kann.[70]

Innerhalb dieses dualistischen Menschenbildes ist es also die Seele, die das Zwischenwesen Mensch mit dem Transzendenten verbindet.[71] Besonders einflussreich für deren Konzeption als wesentlicher Ort der Verbindung zu Gott war wiederum die Seelentheorie des Kirchenvaters Augustinus,[72] die er am systematischsten in seiner im frühen fünften Jahrhundert entstandenen Schrift ‚Von der Dreieinigkeit' (*De trinitate*) formulierte.[73] In der Hierarchie des Seins bildet die in der Seele angesiedelte Vernunft,[74] über die der Mensch verfügt, für Augustinus die Spitze der endlichen Welt. Alle Schöpfung ähnelt Gott in Teilen, aber nur die höchste Potenz der Seele, der Geist, ist auch sein Abbild,[75] das darum auch eine „strukturelle[ ] Ähnlichkeit mit der göttlichen Trinität" vorzuweisen habe.[76] Diese Vernunft wird vermittelt durch die ‚inneren Augen' (*oculi cordis*), die unmittelbar mit dem Einen, den unveränderlichen ‚Ideen', verknüpft und zu deren Erkenntnis sowie dazu in der Lage sind, die äußerlichen Wahrnehmungen in göttliche Erkenntnis umzusetzen, Gottes Spuren zu lesen.[77] Diese inneren Sinne, die zu höheren

---

70 Vgl. dazu ebd., S. 390.
71 Indem die Seele nicht wie der Leib dem Irdischen, sondern dem Göttlichen ähnelt, ist sie, wie Philipowski, Gestalt (2013), S. 39, ausführt, weniger ein Gegenstand der mittelalterlichen Psychologie, also dem Bereich des individuellen Denkens und Fühlens, als vielmehr ein Teilgebiet der „Kosmologie, der Theologie oder der Erkenntnistheorie [...]."
72 Vgl. zu dieser bis ins 13. Jahrhundert dominanten Theorie der Seele ebd., S. 35–67. Erst im 13. Jahrhundert musste dieses Modell allmählich seine Monopolstellung aufgeben, als mit der Rezeption von Aristoteles' Schrift ‚Über die Seele' (*De anima*) ein Modell hinzutrat, das die Seele als „erste[n] Akt eines physischen, organischen Körpers" verstand (De anima, II, 1, 412b5–6), vgl. dazu: Flüeler / Imbach, Mensch (1992), S. 504. Nach Kemp, Psychology (1996), S. 35, bedeutet diese Definition der Seele, dass diese von ihrer (potentiellen) Funktion für den Körper aus gedacht wird (statt als dessen Widerpart). Zur Illustration führt er ein Beispiel des Aristoteles an: Was die Seele für den Körper sei, sei die Sehfähigkeit für das Auge (*De anima*, 412b 18–22; 413a 28–29).
73 Vgl. Philipowski, Gestalt (2013), S. 45–52, sowie Kersting, Augustinus (1991).
74 Meist wird diese ‚Vernunft' als *mens, anima rationalis* oder *animus* bezeichnet, vgl. Kersting, Augustinus (1991), S. 61.
75 Augustinus, De diversis quaestionibus LXXXIII, LI, vgl. Kersting, Augustinus (1991), S. 61.
76 Kersting, Augustinus (1991), S. 59.
77 Vgl. ebd.; das Modell der Welt als ‚Spur' Gottes geht auf die Auslegung von Röm. 1, 20 zurück, die neben Pseudo-Dionysius Areopagita insbesondere Augustinus durchführt und für die Folgezeit grundlegt (Augustin, De trinitate VI 10.12; Confessiones VII 17.23). Richard von St. Viktor (De trinitate I 8; 10; V 6; VI 1. 15. 17) und Bonaventura (Itinerarium mentis

Formen der Erkenntnis verhelfen, wurden in der volkssprachigen Literatur früh ‚konnotativ ausgebeutet' und, ohne dabei zwingend ihre religiöse Konnotation aufzugeben, auf die intime Wahrnehmung zwischen liebenden Personen übertragen.[78]

Die im Mittelalter enorm wirkungsvolle dualistische Konzeption des Menschen unterscheidet diesen, wie sich bereits bei Thomas von Cantimpré und Konrad von Megenburg feststellen ließ, auch in seinen Wahrnehmungs- und Erkenntnismöglichkeiten deutlich von den anderen Lebewesen. Denn von den drei Potenzen der Seele, wie sie beispielsweise Hugo von St. Viktor in seinem ‚Didascalicon' erläutert,[79] verfügt nur der Mensch über die dritte, und diese ist die Vernunft. Sie ist ‚göttlicher Natur' (*huic divinae naturae*), nimmt die Sinneseindrücke von außen nicht nur auf, sondern ist, wie gesagt, mithilfe der ‚inneren Sinne' auch in der Lage das Nicht-Sichtbare – das Intelligible – zu erkennen, und dient damit als „Brücke in die Transzendenz, weil [sie] das Göttliche erkennen kann".[80] Die Seele ist zu dieser Erkenntnis des Göttlichen in der Lage, da sie in sich selbst am Göttlichen teilhat. Gottes Wille, dass der Mensch zu dieser Erkenntnis fähig sei, wird im Mittelalter immer wieder als eigentlicher Grund für die Gottesähnlichkeit des Menschen angeführt, von der der biblische Schöpfungsbericht erzählt.[81] Indem die Erkenntnisfähigkeit der Seele die Gottesähnlichkeit des Menschen ausmacht, weil sie an Gott teilhat, ist Gotteserkenntnis Selbsterkenntnis,[82] erkennt das Gleiche das Gleiche[83] – ein Wahrnehmungsprinzip, das, wie erwähnt (Kap. 1.4.2), in der volkssprachigen Literatur für den Bereich der Personenerkenntnis grundsätzlich Geltung beansprucht:[84] Wenn Verwandte oder

---

in Deum c. II) vertreten dieses Modell im Mittelalter, vgl. die Angaben nach Ruh, Geschichte (1990), S. 46.

78 Vgl. zur Tradition der *oculis cordis* insgesamt Kolb, Minne (1958), sowie Schleusener-Eichholz, Auge (1985), S. 1019–1040.
79 Hugo von St. Viktor, Didascalicon, I, 3 (S. 118–125).
80 Schulz, Erzähltheorie (2015), S. 39. Vgl. dazu generell Kemp, Psychology (1996).
81 Vgl. Goetz, Gott (2016), S. 381.
82 Vgl. dazu auch Ruh, Geschichte (1990), S. 86, sowie Flasch, Augustin (1994), S. 71: „Selbsterkenntnis und Gotteserkenntnis bilden [für Augustinus] insofern eine Einheit, als Gott der Inbegriff der Normen ist, die anwenden zu können die Auszeichnung der Seele darstellt. Die menschliche Seele ist definiert durch ihren Anteil am intelligiblen Licht, dessen Grund das göttliche Eine ist."
83 Die Vorstellung, dass wahre Erkenntnis durch die Ähnlichkeit zwischen Geist und Kosmos zustande kommt, ist weder mittelalterlich noch originär platonisch, sondern findet sich schon bei den Vorsokratikern, vgl. dazu insgesamt C. W. Müller, Gleiches (1965), z. B. zu Empedokles, S. 50–64.
84 Als eindrückliches Beispiel sei erneut (Kap. 1.1) an den ‚Reinfrid von Braunschweig' erinnert: Yrkane vermutet unter der Rüstung des für sie eintretenden Ritters Reinfrid, woraufhin die Minne den irritierten Erzähler aufklärt: *diu nâtûre twinget dich | daz dîn sin muoz minnen dar | dâ sî iender wirt gewar | daz ir gelîch nâtûre lît* (v. 8764–8767). Zur Forschung (Kap. 1.4.2) vgl.

Liebende sich ohne eindeutige äußerliche Erkennungszeichen sofort erkennen, der Adel den Adel als solchen identifizieren, nur das Heilige den Heiligen als solchen wahrnehmen kann,[85] dann ist dies auf dieses ursprünglich religiös-mystische Erkenntnisprinzip, dass das Gleiche das Gleiche erkennt, zurückzuführen.[86]

Im Hinblick auf die dem Menschen zur Verfügung stehenden Sinne betonen mittelalterliche Wahrnehmungstheorien in der Nachfolge des Aristoteles immer wieder diese Besonderheit der spirituellen Erkenntnis, die durch den ‚inneren Menschen' (*homo interior*), dem die Seele entspricht, erfolgt. Hinsichtlich der äußeren Sinne werden für solche geistlichen Erkenntnisprozesse häufig die ‚niederen' Sinne wichtig, insbesondere der Tast- und Geschmackssinn, denen beiden ein direkter Zugang zum Herzen und damit zur Seele zugesprochen wird.[87] Im Idealfall erfolgt die mit der Seele sich vollziehende Gotteserkenntnis durch ein synästhetisches Zusammenspiel aller Sinne.[88] Um also zu erkennen, dass die Ähnlichkeit zwischen Menschen eine ist, die als göttliches Zeichen und als besondere Nähe zur Einheit des Schöpfers verstanden werden kann, ist ein gesonderter Wahrnehmungsprozess vonnöten, der sich nicht allein auf das (äußere) Auge verlassen kann.

2.2.1.2 Der Mensch im Reich der Unähnlichkeit

Diese besondere Ähnlichkeitsbeziehung zu Gott wird vom Menschen allerdings bald nach seiner Entstehung wieder aufs Spiel gesetzt, indem er das Verbot, vom Baum der Erkenntnis zu essen, bricht. Zur Strafe wird der Mensch zum Teil des Differenten, er lebt fortan in der *regio dissimilitudinis*, im ‚Land der Unähnlichkeit' – ein Begriff, mit dem Augustinus, indem er auf Platon und Plotin zurückgreift, den Zustand bezeichnet, in dem der Mensch seine Gottesebenbildlichkeit verloren hat und dem Land der Gottesähnlichkeit, in dem die Engel leben, nicht mehr angehören darf.[89] Die Vorstellung,

---

    v. a. Hahn, Personerkenntnis (1977), S. 442 ff., sowie ausführlich Schulz, Erkennen (2008), S. 236–289.
85 Die Beispiele sind Legion. Zu denken ist etwa an die Wahrnehmungsinszenierungen in Konrads von Würzburg Legende ‚Alexius', in der der heilige Protagonist von seinen Verwandten nicht, dafür aber von göttlichen Instanzen (einem Marienbild etwa) erkannt und als Heiliger gekennzeichnet werden kann. Auch im ‚Barlaam und Josaphat' Rudolfs von Ems (Kap. 3.3) erkennt nur Josaphat Nachor, Barlaams Double, als Nicht-Heiligen.
86 Vgl. auch Hahn, Personerkenntnis (1977), S. 443, sowie Hahn, Narbe (2004), S. 61.
87 Vgl. ausführlicher mit Quellenangaben Schulz, Erkennen (2008), S. 400 ff.
88 Vgl. ebd., S. 402, sowie ders., Erzähltheorie (2015), S. 40.
89 Vgl. zur Begriffs- und Motivgeschichte Schmidt, Grundbegriff (1968), hier S. 65, und zum Einfluss des Konzepts auf die mittelhochdeutsche Literatur, insbesondere am Beispiel von Otfrids ‚Evangelienbuch' Schmidt, regio (1971).

dass der Mensch nach seiner Verbannung aus dem Land der Ähnlichkeit in einer *regio dissimilitudinis* leben muss, zeigt sich immer wieder in der mittelalterlichen Theologie seit dem 12. Jahrhundert,[90] prägt aber beispielsweise auch in der Volkssprache das Erzählen nicht nur vom Sturz des Menschen, sondern auch vom Sturz Satans, und dies schon in Otfrids von Weißenburg im 9. Jahrhundert entstandenen ‚Evangelienbuch'.[91]

Im Paradies, so eine Grundannahme der christlich-mittelalterlichen Theologie, war der Mensch, wie die Engel im Land der Ähnlichkeit, zur Seligkeit geschaffen.[92] Ohne den Sündenfall wäre er nicht nur unsterblich gewesen,[93] sondern auch „zur höchsten Seligkeit der Engel aufgestiegen", hätte die Engelschöre auffüllen können.[94] Die meisten mittelalterlichen Theolog*innen erzählen nun interessanterweise (in der Nachfolge Augustinus') eine in der Genesis nicht erwähnte, im Mittelalter jedoch nie bezweifelte Vorgeschichte des Sündenfalls,[95] die das Problem des Übermuts aus dem Wunsch der zu weitreichenden Angleichung, der gefährlichen und *gewaltsamen Entdifferenzierung* (Kap. 1.8.1), an Gott ausführlich reflektiert: die Geschichte vom Fall des Erzengels Luzifer und seiner Anhänger.[96] Dieser Fall des ursprünglich ebenfalls selig geschaffenen Luzifers ist begründet in dessen *freiwilligem* Verstoß gegen die göttliche Ordnung, Gott gleich sein zu wollen.[97] Neben zahlreichen lateinischen Schriften mittelalterlicher Theo-

---

90 Z.B. bei Bernhard von Clairvaux, Wilhelm von St. Thierry, Meister Eckhart, Heinrich Seuse und anderen, vgl. Schmidt, Grundbegriff (1968) mit Belegstellen zu Bernhard (S. 69 ff.), Wilhelm (S. 71 ff.), Eckhart (S. 85–91), Seuse (S. 94–97). Zur *similitudo/glicheit* und *regio dissimilitudinis* bei Letzterem vgl. auch Madej-Anderson, Seuse (2012), v. a. S. 117–122.

91 Dort wird Satans vollständige Entfremdung vom Himmelreich direkt mit der Verkündigungsszene verknüpft, also mit dem Moment, in dem Gott den Menschen offenbart, dass er sich ihnen als Mensch nähern, sich ihnen ähnlich machen wird, vgl. Schmidt, regio (1971), S. 308 f.

92 So schreibt Honorius von Autun in seiner Schrift ‚Inevitabile seu de libero arbitrio', Sp. 1218 A: *Protoplastus ad beatitudinem creatus, in paradiso id est in loco voluptatis, locutus erat*, zitiert nach: Goetz, Sündenfall (2014), S. 11.

93 So Beda Venerabilis in seiner Schrift ‚In Genesim', 1, 1, 29 f.: *Ita quippe immortalis factus est ille, ut possit non mori si non peccaret; sin autem peccaret, moreretur*, zitiert nach: Goetz, Sündenfall (2014), S. 11. Zu dieser komplizierten Frage nach der Sterblichkeit und Unsterblichkeit des Menschen genauer Goetz, Gott (2012), S. 199: „Das Spektrum der Strafen wurde im Mittelalter noch vertieft und erweitert. Durch den Sündenfall verlor der Mensch nach Hugo von St. Viktor beinahe alle seine von Gott verliehenen guten Eigenschaften: die Gesundheit, die ihn vor dem Verderben […] bewahren sollte, und die Unversehrtheit, die ihm Vollkommenheit gewährleisten sollte. Ohne diese *integras* des menschlichen Körpers aber wurde der sündige Mensch sterblich. Sterblichkeit wird damit zur Folge des Verlustes der Vollkommenheit als eigentlicher Strafe."

94 Goetz, Sündenfall (2014), S. 12.

95 Vgl. Goetz, Gott (2012), S. 176.

96 Vgl. dazu ausführlich Goetz, Gott (2012), S. 171–211, und ders., Sündenfall (2014).

97 Vgl. Goetz, Gott (2012), S. 6.

log*innen betten auch volkssprachige Texte den Engelfall in Nacherzählungen der Bibel oder in ‚Weltchroniken' ein.⁹⁸

Den Grundgedanken dieser Erzählungen bildet, wie gesagt, die Annahme, dass der Fall Luzifers und die Vertreibung des Menschen aus dem Paradies jeweils mit dem problematischen Wunsch dieser Geschöpfe nach einer übermäßigen Angleichung an Gott zusammenhängt – ein Narrativ, das auch andere ‚Urmythen' der Menschheit aufweisen (Kap. 2.4.1). An zwei mittelhochdeutschen Textbeispielen, der im frühen 12. Jahrhundert entstandenen sogenannten Frühmittelhochdeutschen Genesis (FG) und an der auf das späte 13. Jahrhundert zu datierenden ‚Weltchronik' von Jans Enikel (WC), möchte ich dieses Narrativ kurz illustrieren.⁹⁹

In beiden Erzählungen wird der Schöpfung des Menschen eine längere Vorgeschichte vorangestellt, die mit dem Sturz Luzifers endet (FG, v. 9–94; WC, v. 139–334). In dieser ersten Schaffensperiode Gottes entstehen die Engelschöre. Unter den Engeln aber sticht Luzifer als der Schönste hervor. Der neuplatonischen Vorstellung Gottes als Ursprung allen Lichts, an dem die Schöpfung in absteigendem Maße Anteil hat,¹⁰⁰ entsprechend, wird Luzifer in beiden Texten als *liehtvaz* (FG, v. 32; WC, v. 150) und damit als besonders gottähnlicher Engel entworfen, der aus der gleichartigen Masse der Anderen hervorscheint (FG, v. 25 f.), dem keiner der anderen Engel gleicht (WC, v. 151).¹⁰¹

Gott, der Eins ist, schafft zwar schon vor dem Menschen das Viele – zehn Chöre, viele Engel –, aber unter diesen noch keine wesentlichen Unterschiede. Sie spiegeln die Einheit Gottes in höchstem Maße, indem sich zwischen ihnen keine Differenzen zeigen. Die Hervorhebung eines Einzelnen jedoch ist der Beginn der Unterschiede und damit der Konflikte – und somit der erzählbaren Handlung.¹⁰² Vorher erleben wir die Geschöpfe nicht in Ak-

---

98   Vgl. zu diesem Aspekt am Beispiel der ‚Frühmittelhochdeutschen Genesis' schon Lieb, Schöpfung (2009), und zu Jans Enikels ‚Weltchronik' sowie zur ‚Christherre-Chronik' und zur ‚Weltchronik' Heinrichs von München am Beispiel der Schöpfungsgeschichte vgl. Plate, Bibel (2004).
99   Ich zitiere die ‚Wiener Genesis' im Folgenden nach der Ausgabe: Die Frühmittelhochdeutsche Genesis. Synoptische Ausgabe nach der Wiener, Millstätter und Vorauer Handschrift, hg. von Akihiro Hamano, Berlin/Boston 2016, und Jans von Enikel ‚Weltchronik' nach der Ausgabe: Jansen Enikels Werke, hg. von Philipp Strauch, München 1980.
100 Vgl. zu diesem Aspekt Ruh, Geschichte (1990), S. 48, sowie Haug, Licht (2008).
101 Dass dieser besondere Engel nun von Anfang an mit zwei Namen ausgestattet ist und, zumindest in der ‚Frühmittelhochdeutschen Genesis' noch den des *tievel* erhält (FG, v. 36), mag zugleich schon darauf verweisen, dass mit ihm etwas nicht stimmt: Im sich durch Einheit statt durch Differenz auszeichnenden Himmel hat alles seinen Ort und seinen Namen, vgl. Lieb, Schöpfung (2009), S. 49.
102 Insofern haben wir es hier mit einer Art ‚Vorgeschichte' von hagiographischen Erzählungen zu tun, in denen Heiligwerdung stets als „Distanznahme zu all jenen differenziellen Ordnungen, als welche Immanenz sich darstellt, und Ununterscheidbarwerden in jenem Nicht-

tion, aber jetzt, da es einen gibt, der sich unterscheidet, und dem Gott sich, weil er ihm ähnlicher ist als alle Engel, in besonderer Weise liebend zuwendet (FG, v. 28f. und v. 33; WC, v. 185f.), kommt Bewegung ins Himmelsreich: Aus seiner einzigartigen Nähe zu Gott schließt Luzifer, es gebe auch keine Unterschiede mehr zwischen ihm und seinem Schöpfer (FG, v. 45ff.), und möchte darum seinen Platz einnehmen, ihm *ebengewaltich* [...] *wesen* (FG, v. 49 und ähnlich v. 54) und das Himmelreich übernehmen (WC, v. 193f.). Vergleichbar mit den Folgen des Auftritts von Cundrie im ‚Parzival' (Kap. 1.3), entsteht auch in diesen Schöpfungserzählungen die Handlung durch das Aufdecken bzw. Entstehen von Unterschieden. Wo alles Eins wäre, bestünde weder Handlungs- noch Erzählbedarf.

Luzifers Selbstüberschätzung, Gott aufgrund seiner Ähnlichkeit nicht nur nah sein zu können, sondern ihn zu ersetzen, ist jene Differenz zu den anderen Engeln, die der ‚Erzählprothese' bedarf (Kap. 1.8.3), die in diesem Fall dazu führt, dass die Abweichung ‚abgeschoben' wird: Luzifers Aufstand scheitert und er wird mit all seinen rebellischen Genossen aus dem Himmelreich verbannt. Damit verschwindet auch seine hervorgehobene Ähnlichkeit zu Gott und zu den Engeln: In der ‚Weltchronik' klagt der Verstoßene über seine durch den Sturz verlorene Schönheit. Nun sei er hässlich und stinke *als ein vûler hunt* (v. 305–309). Der Verlust der Engelsgleichheit geht offenbar – wie die Vertreibung des Menschen aus dem Paradies – mit einer Animalisierung des überheblichen Engels einher.[103]

In beiden Texten wird der Fall Luzifers und der freigewordene Platz im Engelschor direkt mit der Schaffung der Menschen verknüpft: Gott möchte diesen Chor nun auffüllen durch ein menschliches Wesen, das ihm ähnle (FG, v. 92, 176, 207, 228, 230; WC, v. 445 und 451). Damit weist der Mensch sowohl durch seine zugedachte Position im zehnten Chor als auch durch die besondere Ebenbildlichkeit zu Gott eine strukturelle Ähnlichkeit zum Engel Luzifer auf.[104]

Doch auch diese Schöpfung Gottes macht sich des übermütigen Angleichungsversuches schuldig (FG, v. 984), allerdings ohne wie Luzifer die-

---

Differenzierten, das alles Differenzielle transzendiert" erzählt wird, Strohschneider, Textgeschichten (2014), S. 194. Vgl. ähnlich ders., Textheiligung (2002), S. 111.

[103] Ähnlich auch Honorius, Elucidarium, I, 34, der Luzifer zuschreibt, einst der Schönste, dann der Dunkelste, einst der Strahlendste, dann der Finsterste, einst lobenswert, dann verabscheuungswürdig gewesen zu sein: *De palatio est propulsus et in carcerem est retrusus, et sicut prius pulcherrimus, ita post factus est nigerrimus; qui prius splendidissimus, postea tenebrosissimus; qui prius omni honore laudabilis, post omni horrore execrabilis*, zitiert nach Goetz, Sündenfall (2014), S. 10.

[104] Allerdings scheint die menschliche Ebenbildlichkeit noch über die Strahlkraft Luzifers hinauszugehen, denn erstens sind die Menschen, anders als die Engel, nun auch selbst in der Lage, sich zu reproduzieren, den Chor selbst aufzufüllen (v. 47), und zweitens scheint die Ähnlichkeit zu Gott nun auch den Bereich des Körpers zu betreffen, vgl. dazu Lieb, Schöpfung (2009), S. 50.

sen Plan direkt zu verfolgen, sondern indem sie sich vom Teufel verführen lässt.[105] Erst der Fall der Engel also machte, so schreibt Honorius, die Verführung des Menschen überhaupt möglich,[106] wenngleich die menschliche Fähigkeit zum Hochmut, der aus dem Versprechen erwuchs, zu sein wie Götter, nach Hugo von St. Viktor ihren Teil dazu beitragen musste.[107] Die Folge dieses Vergehens ist auch hier die Entfremdung: Die Menschen verlieren ihre größtmögliche Gottesähnlichkeit, ihr ‚Engelsgewand' (FG, v. 971 f.) und entdecken die Differenz: nämlich einerseits jene der Geschlechter (FG, v. 727) und andererseits, indem sie vom Baum der Erkenntnis essen, jenen zwischen Gut und Böse.

Von nun an wird der Mensch animalisiert, sein Körper wird sterblich, er gleicht sich, wie schon Luzifer, den Tieren an, wird vergänglich und fällt dem Materiellen anheim,[108] während die Seele Gottes Abbild bleibt. Augustinus entwickelt daraus, wie gesagt, das Modell der zwei Menschen, aus denen jeder Mensch besteht, nämlich auf der einen Seite der *homo exterior*, der dem ‚alten Menschen', Adam, dem Körper, und auf der anderen Seite der *homo interior*, der dem ‚neuen Menschen', Jesus Christus, und der Seele entspricht.[109] Diese Seele ist für Augustinus der eigentliche Mensch, denn sie ist über die Vernunft mit dem Intelligiblen verknüpft, ist „Einheit in Vielheit".[110] Als Engelswesen geboren, ist der Mensch so aufgrund seiner (teuflischen) Überheblichkeit von nun an ein Zwischenwesen in der großen Kette der göttlichen Schöpfung.

2.2.1.3 Einheit und Fülle

Von dieser Warte aus betrachtet, kann – und Augustinus von Hippo und Aelred von Rievaulx tun dies ziemlich explizit (Kap. 2.4.4.6/7) – die Ähnlichkeit zwischen Menschen als ein Wieder-Annähern an den engelsgleichen Status gelesen werden, in dem es keine Unterschiede mehr gibt: „Das Hei-

---

105 Dies wird gelegentlich als Grund dafür angeführt, warum der Engelfall im Schöpfungsbericht keine Erwähnung findet, z. B. im 9. Jahrhundert bei Remigius von Auxerre (Expositio super Genesim 3, 7): Im Gegensatz zu Luzifer könne der Mensch die Gnade wiedererlangen, denn er sei verführt worden. Der gefallene Engel aber habe aus freiem Entschluss gesündigt, vgl. Goetz, Sündenfall (2014), S. 5.
106 Vgl. Goetz, Gott (2012), S. 188, mit Verweis auf Honorius Augustodunensis, ‚Inevitabile', Sp. 1211 D.
107 Vgl. ebd., S. 192, mit Verweis auf Hugos von St. Viktor ‚Summa sententiarum', 3, 6, Sp. 97: *Est enim superbia radix omnis peccati. Audiens enim mulier: Eritis sicut dii, elata est in superbiam; quae superbia erat comprimenda per poenas illud peccatum secuturas*, zitiert nach ebd., S. 192, Anm. 98.
108 Vgl. dazu Friedrich, Menschentier (2009), S. 40–49.
109 Vgl. Philipowski, Gestalt (2013), S. 48; ausführlicher Goetz, Gott (2016), S. 498–502.
110 Flasch, Augustin (1994), S. 77.

lige ist das Nicht-Unterschiedene",[111] und damit jener Ort, an dem die ‚heilsame Entdifferenzierung' vollzogen ist (Kap. 1.8.1). Allerdings ergibt sich hinsichtlich der mittelalterlichen Bewertung des Gegenteils, explizit betonter Vielfalt, ein durchaus paradoxes Bild: Einerseits steht sie für den Abstand vom Göttlich-Einen. Andererseits, nämlich insofern Gott nicht nur Einheit, sondern auch Fülle ist, kann die Mannigfaltigkeit der Welt auch als Zeichen dafür verstanden werden, wie vielfältig (nämlich allumfassend) Gott und damit seine Schöpfung ist.[112] Auf diese Weise gelang es beispielsweise Augustinus, auch die monströsen Wesen in eine christliche Schöpfungsordnung zu integrieren: Indem er davon ausging, dass Gott eine Ordnung (*ordo*) schuf, in der alles, Gleiches und Verschiedenes, seinen gebührenden Platz habe,[113] konnte er schließen, dass die Verschiedenheit der irdischen Dinge ihre Einheit aus der Ordnung des Vielfältigen gewinnt.[114] Dinge, die auf den ersten Blick nicht in die Schöpfung passten, wiesen, wenn sie auch in ihrer ‚Hässlichkeit' kaum mehr von Gottes Licht zu glänzen schienen, Relationen zu anderen Dingen auf, indem sie beispielsweise als notwendiges Gegenstück zu etwas anderem verstanden werden konnten. Augustinus illustriert dieses Verständnis der Integration von ‚Hässlichem' am Bild eines gemusterten Teppichs:

> Ebenso nun wie man die bei uns vorkommenden Mißgeburten rechtfertigt, kann man auch etwaige mißgestaltete Völker rechtfertigen. Gott ist der Schöpfer aller und weiß am besten, wo und wann es angebracht ist oder war, etwas zu schaffen; er versteht sich auch darauf, bald aus gleichen, bald aus verschiedenen Teilstücken das Teppichmuster des schönen Weltalls zu weben. Aber wer das Ganze nicht zu

---

111 Strohschneider, Textgeschichten (2014), S. 173.
112 Vgl. dazu Lovejoy, Universum (1985): Er vertritt die These, dass es in der Nachfolge Platons eine Vorstellung des ‚Prinzips der Fülle' gegeben habe, nach dem „die Fülle der wirklichen Schöpfung genau so groß wie das Reich der möglichen und der schöpferischen Potenz einer vollkommenen und unerschöpflichen Quelle angemessen sein muß, und daß schließlich die Welt umso vollkommener ist, je mehr Dinge sie enthält" (S. 69 f.). Beispielsweise Augustinus habe sich diesem Konzept angeschlossen: „Wenn alle Dinge gleich wären, […] dann gäbe es nicht die Mannigfaltigkeit der Dinge, aus denen die Welt besteht, und die vom höchsten Wesen […] bis zu den niedrigsten Geschöpfen hinabreicht" (S. 87). Für das Mittelalter illustriert Lovejoy die Vorstellung der notwendigen Fülle der Schöpfung u. a. an Pseudo-Dionysius Areopagita und Dante (S. 87–122, hier: S. 87–90), weist allerdings auch auf verschiedene theologische Probleme hin, die sich aus dieser Haltung ergaben wie z.B. die Frage nach der Willensfreiheit Gottes (ab S. 90).
113 Es heißt bei Augustinus, De Civitate Dei, XIX, 13: „Ordnung aber ist die Verteilung gleicher und ungleicher Dinge, die jedem den gebührenden Platz anweist" (*Ordo est parium dispariumque rerum sua cuique loca tribuens dispositio*), zitiert nach: Aurelius Augustinus, Vom Gottesstaat (Bd. 2). Aus dem Lateinischen übertragen von Wilhelm Thimme, München 1978.
114 Zum Ordo-Gedanken und der daraus erfolgenden ‚Hermeneutik des Fremden' vgl. Münkler/Röcke, ordo (1998), hier S. 717, sowie außerdem die Ausführungen von Friedrich, Menschentier (2009), S. 46 f.

überschauen vermag, wird durch die vermeintliche Häßlichkeit eines Teilstückes beleidigt, weil er nicht erkennt, wozu es paßt und worauf es sich bezieht.[115]

Die Verschiedenheit wird also durch die Ordnung des Gesamten zu einer geschlossenen Einheit, die die Einzelnen jedoch nicht zu überschauen in der Lage sind. Die Vielfalt, und damit auch das Hässliche, gehört notwendigerweise zu Gottes Schöpfung, weil Gott unendlich vielfältig (und zugleich Einheit) ist.[116]

Dementsprechend begegnet uns in der mittelhochdeutschen Literatur eben bei weitem nicht nur ein Lob der Ähnlichkeit und eine Problematisierung des Vielfältigen, sondern, im Gegenteil, auch eine Feier der Mannigfaltigkeit insbesondere der Farben,[117] die, wie ich meine, auf dieses ‚Prinzip der Fülle' zurückzuführen ist, an dem die höfische Literatur partizipiert.[118] Gerade die Inszenierung von höfischer Idealität und Freude lebt von beiden Aspekten und für beide möchte ich zwei kleine Beispiele anführen: für das Lob der Merkmalsgleichheit Hartmanns ‚Erec' und Wolframs ‚Parzival', für das der Vielfältigkeit Hartmanns ‚Iwein' und (ausgerechnet) das ‚Rolandslied'.[119]

Wo ein Hof sich selbst feiert und in Szene setzt, so lässt sich in der höfischen Epik um 1200 immer wieder beobachten, kleidet man sich gleich bzw. ordnet sich Gleiches zu Gleichem.[120] So erscheinen beispielsweise im

---

115 Augustinus, De Civitate Dei, XVI, 8 (S. 294): *Qualibus autem ratio redditur de monstrosis apud nos hominum partibus, talis de monstrosis quibusdam gentibus reddi potest. Deus enim est creator omnium, qui ubi et quando creari quid oporteat vel portuerit, ipse novit, sciens universitatis pulchritudem quarum partium vel similitudinem vel diversitate contexat. Sed qui totum inspicere non potest, tanquam deformitate partis offenditur, quoniam qui congruat, et quo referatur, ignorant.* Vgl. auch Münkler/Röcke, ordo (1998), S. 731.
116 Zur Frage, woher die monströsen Wesen kommen, insbesondere ob sie von Adam abstammen, äußerte sich neben Augustinus auch Thomas von Cantimpré und, von seiner Vorlage deutlich abweichend, Konrad von Megenburg, vgl. Münkler, monstra (2006), 235–242.
117 Vgl. zur Beobachtung, dass Polychromie in vielen Texten für herrschaftlichen Glanz steht und somit positiv besetzt ist, Quast, Ritter (2012), sowie Klein, Farben (2014).
118 Es lassen sich bezüglich dieser ‚Feier der Mannigfaltigkeit' allerdings zwei Schönheitstheorien unterscheiden: Jene, die Augustinus hier präsentiert, nach der sich Vielfalt zur Einheit ordnet, wird meist als die einzige und allgemeingültige mittelalterliche Theorie des Schönen verstanden. Es existiert allerdings noch eine zweite, in der es auf die Vielfältigkeit selbst ankommt, in der es mehr um Wirkung der verschiedenen, individuellen Einzelteile geht, die den Eindruck des schönen Ganzen erzeugt, vgl. Jackson, Typus (2003), S. 187–198, insbes. s. 187 ff.
119 Ich zitiere den ‚Erec' im Folgenden nach: Hartmann von Aue, Erec, hg. von Albert Leitzmann, fortgeführt von Ludwig Wolff, 7. Auflage besorgt von Kurt Gärtner, Tübingen 2007, und das ‚Rolandslied' nach: Das ‚Rolandslied' zitiere ich hier nach folgender Ausgabe: Das Rolandslied des Pfaffen Konrad. Mittelhochdeutsch / Neuhochdeutsch, hg., übersetzt und kommentiert von Dieter Kartschoke, Stuttgart 1993.
120 Vgl. z. B. auch Ulrichs von Etzenbach ‚Alexander' (v. 17416) und in Heinrichs von dem Türlin ‚Krone' (v. 20997 f., 21004). Folgende Ausgaben habe ich verwendet: Alexander von

2.2 Gleiches in Gleichem. Kosmos

‚Erec' die adligen Hochzeitsgäste zum Teil mit 500 gleichgekleideten Rittern (v. 1910f., v. 1980f.), die geladenen Könige sortieren sich nach ihrem Alter und tragen ebenfalls die gleiche Kleidung (v. 1950ff.) und die 80 von Erec befreiten Witwen gleichen sich offenbar in jeglicher Hinsicht:

gelîche klage, gelîche riuwe
gelîcher stæte, gelîcher triuwe,
gelîcher schœne, gelîcher jugent, ,
gelîcher zuht, gelîcher tugent,
gelîcher wæte, gelîcher güete,
gelîcher ahte, gelîcher gemüete
(v. 9934–9939)

Diese Gleichheit der Damen im inneren Befinden, Alter, innerer und äußerer Idealität spiegelt sich formal in der geradezu penetranten anaphorischen Verwendung des Adjektivs *gelîch* und hebt die Ähnlichkeit der Schar auf diese Weise auch sprachlich hervor. Der Erzähler markiert die Ähnlichkeit damit als ebenso *bemerkenswert* für seine Rezipient*innen wie sie offenbar auch den Anwesenden am Artushof erscheint: Man ist zunächst irritiert und erstaunt (v. 9876–9886) über diese *seltsænern schar | [...] in einer var* (v. 9882f.) – das Gesehene geht also über das hinaus, was man zu sehen gewohnt ist.[121] König Artus bereitet die Gruppe ähnlicher Frauen nun ausdrücklich Wohlbehagen (v. 9942) und er stellt fest, dass sie *unsers hove wünne* (v. 9947) mehre. Die Einfarbigkeit der Kleidung bestimmter Personengruppen ist also etwas, das man selten sieht, etwas Irritierendes und Bemerkenswertes, wird aber deutlich als eine Bereicherung markiert.

In Wolframs ‚Parzival' lässt sich Vergleichbares beobachten: Die Gralsgesellschaft in Munsalvæsche erscheint als eine (zwar erlösungsbedürftige aber dennoch) Art bessere, neue Gesellschaft, „in der der Gegensatz zwischen Diesseits und Jenseits aufgehoben ist".[122] Dementsprechend präsentiert sich diese Gesellschaft als eine, die um den (himmlischen) Wert der Ähnlichkeit weiß: Am Höhepunkt der geheimnisvollen Prozession, in der Parzival der Gral vorgeführt wird, erscheinen nacheinander in wohlgeordneten Gruppen 24 junge Damen und bringen Tischgestelle, Kerzen und Gedeck. Dabei

---

Ulrich von Eschenbach, hg. von Wendelin Toischer, Tübingen 1888, sowie Heinrich von dem Türlîn, Diu Crône. Kritische mittelhochdeutsche Leseausgabe mit Erläuterungen, hg. von Gudrun Felder, Berlin 2012.

121 Vgl. ähnlich auch Quast, Ritter (2012), S. 172, der der Irritation über die Einfarbigkeit offenbar eine negative Wertung zuschreibt, die ich im Text so nicht erkennen kann.

122 Bumke, Wolfram (2004), S. 183. Dafür sprechen nach Bumke mehrere Aspekte: Die Gralsritter werden als *rîterlîchiu bruoderschaft* (470, 19) bezeichnet und damit in die Nähe religiöser Ritterorden gerückt; in der Gralsgesellschaft herrscht ein Eheverbot und der Gral, über den die Gesellschaft wacht, ist ein göttliches Wunderding.

tragen schon die ersten beiden Damen, deren liebreizendes Äußeres der Erzähler ausdrücklich hervorhebt (v. 232, 11–15), offenbar die gleichen Kleider und sehen auch sonst genau gleich aus (v. 232, 11–30). Nachdem sich zu dem Paar zwei weitere Mädchen gesellt haben, rühmt der Erzähler noch einmal den schönen Anblick der inzwischen vier Damen (v. 233, 9f.), bevor er betont, dass sie allesamt dieselbe Kleidung trügen (v. 233, 11). Dasselbe gilt auch für die nächsten acht Mädchen, die hinzukommen (v. 234, 3f.), nun allesamt in grasgrünen Kleidern (234, 3f.). Es folgen am Ende, gemeinsam mit der Königin, weitere zwölf Mädchen mit Kleidern aus denselben Stoffen (235, 8–14). Auch hier also präsentiert sich ein zudem geradezu sakralisierter Hof durch den Auftritt ähnlicher Figuren. Doch bei der Ähnlichkeit dieser Damen geht es um mehr als um Repräsentation: Vom Einsiedler Trevrizent erfahren wir später, dass es Gott so bestimmt habe, dass sich nur Mädchen des Grals annehmen dürften (v. 493, 19ff.). Die Damen hüten und präsentieren also ein göttliches Wunderding in göttlichem Auftrag – ihre auffällige Ähnlichkeit scheint mir diese Nähe zu Gott sichtbar zu unterstreichen.[123] Zahlreiche weitere Beispiele ließen sich nennen – Konrad von Würzburg etwa neigt in seinen Turnierbeschreibungen dazu, die Gleichheit der gegeneinander antretenden Gruppen zu rühmen oder, so in seinem ‚Partonopier und Meliur', die exakt gleiche Gruppengröße und die Vermischung des Verschiedenen (Christ*innen und ‚Heid*innen') zu einer einheitlichen Gruppe, in der man das Differente nicht mehr als solches erkennen könne, als Heilsvoraussetzung aller Beteiligten zu benennen.[124]

Auf der anderen Seite nun wird im ‚Rolandslied' der höfische Glanz des Heerlagers Karls des Großen gerade dadurch hervorgehoben, dass die sinnliche Wahrnehmung der „reichhaltige[n] Fülle und Vielfalt" dieses Lagers durch die ‚heidnischen' Boten Marsilies ausführlich beschrieben wird.[125] Sie erblicken

---

[123] Dass die Bewertung von Monochromie durchaus text- und sogar szenenabhängig ist, zeigt Mareike Klein, Farben (2014), S. 222, am Beispiel des ‚Willehalm' Wolframs von Eschenbach: „Das Blutvergießen [...] wird [...] als Prozess einer monochromen Einfärbung mit Rot veranschaulicht, was die allmähliche Auslöschung der höfischen Polychromie versinnbildlicht."

[124] Konrad von Würzburg, Partonopier und Meliur. Aus dem Nachlasse von Franz Pfeiffer, hg. von Karl Bartsch, Berlin 1970, v. 14066–14081: *nu si gemischet wurden gar | zein ander ûf der heide, | sô daz kein underscheide | wart von in gehalten, | dô wurden si gespalten | und in zwei ganze teil geschart. | der kristen und der heiden wart | beidenhalp gelîche vil. [...] kein turnei weder sît noch ê | wart als eben ûf geleit. | daz kam dô zeiner sleikeit | in allen und ze heile.*

[125] Vgl. dazu auch Wandhoff, Blick (1996), S. 192ff., hier S. 193. Ähnlich auch Klein, Farben (2014), S. 46. Die darauffolgende Lichtmetaphorik bei der Wahrnehmung des Kaisers (v. 686–696) knüpft übrigens ebenfalls deutlich an die pseudo-dionysische Lichtmetaphysik an – Karl hat in besonderem Maße am Leuchten Gottes teil.

> *manigen helt küenen,*
> *manigen van grüenen,*
> *manigen rôten unde wîzen.*
> *diu velt sâhen si glîzen,*
> *sam siu wæren rôt guldîn.*
> (v. 631–635)

Auf der einen Seite verweist der Erzähler auf das Vorhandensein von Vielfalt (der Farben) und auf der anderen Seite, durch anaphorische Verwendung des Adjektivs *manic* hervorgehoben, auf die Vielheit und Fülle des Wahrgenommenen. Das ergriffene Staunen der ‚heidnischen' Boten (v. 636–640) nimmt, als sie das Lager auf dem Weg zu Karl durchschreiten, ebenso wenig ein Ende wie die Betonung der Fülle durch sprachliche Wiederholung durch den Erzähler: Sie sehen *manigen* stolzen Helden (v. 641) und *maniger slachte seitspil* (v. 651), *manic vederspil* (v. 665), *vile manic edele wîb* (v. 668) und vieles mehr. Sie nehmen also unterschiedlichste Farben und Tätigkeiten und das jeweils in betont großer Zahl wahr. Wie Artus die Gleichheit der Damen mit der *wünne* des Hofes in Verbindung bringt, so konstatiert auch der Erzähler mit Blick auf das bunte Treiben im christlichen Heer: *aller wunne was dâ vil* (v. 652), mehr noch: *aller werlt wunne was dâ vil* (v. 666).

Anders als in Hartmanns erstem Artusroman und ähnlich wie im ‚Rolandslied' hebt auch der Erzähler im ‚Iwein', die Idealität des bunten Treibens, der Verschiedenheit hervor. Das Pfingstfest am Artushof, das uns der Erzähler zuvor als das schönste Fest, das jemals stattgefunden habe, anpreist (v. 31–37), zeichnet sich offenbar insbesondere dadurch aus, dass alle Anwesenden explizit ganz verschiedenen Tätigkeiten nachgehen, was auch dieser Erzähler durch Anaphern hervorhebt:

> *dise sprâchen wider diu wîp,*
> *dise banecten den lîp,*
> *dise tanzten, dise sungen,*
> *dise liefen, dise sprungen,*
> *dise hôrten seitspil,*
> *dise schuzzen zuo dem zil,*
> *dise redten von seneder arbeit,*
> *dise von grôzer manheit.*
> (v. 65–72)

Während im ‚Erec' und im ‚Parzival' die Gleichheit, vor allem die gleichfarbigen Kleider, die höfische Freude steigert, offenbart sich der höfische Glanz im ‚Rolandslied' und im ‚Iwein' durch die Vielfalt der verschiedenen Dinge, Farben und Tätigkeiten. Das Eine ist schön, weil sich darin die Idealität der (göttlichen) Einheit zeigt, das Andere, weil es die Fülle der (göttlichen) Schöpfung vereint.¹²⁶ Dies ist gewissermaßen die Grundlage der ambivalenten Bewertung von Merkmalsgleichheit und -differenz in der mittelalterlichen Literatur: Während Ähnlichkeit einerseits die Nähe zur göttlichen Einheit spiegelt sowie Identität und Solidarität stiftet, zeichnet sie sich, indem sie nicht ‚Gleichheit' ist, auch durch verbliebene Differenzen aus, die den Abstand zur göttlichen Einheit markieren und Neid und Missgunst (und damit Gewalt) zwischen den Verschiedenen, die sich ähneln, befördern kann (Kap. 1.8.1).¹²⁷ Ebenjene Differenz allerdings ist, wenn sie Fülle und Vielfalt anzeigt, ebenfalls ein Spiegel der göttlichen Fülle. Weil nur im Jenseits Einheit und Vielfalt ununterscheidbar werden, bleiben die Kategorien auf Erden verschieden und ihre Bewertung ambivalent.

2.2.2 Heilsame Entdifferenzierung

2.2.2.1 Das Aufstiegsmodell des Pseudo-Dionysius Areopagita

Das Zwischenwesen ‚Mensch' zeichnete sich, wie wir bisher sehen konnten, sowohl durch Identität als auch durch Differenz bzw., nach dem vierten Laterankonzil von 1215, stets durch eine größere Unähnlichkeit als Ähnlichkeit zum Schöpfer aus.¹²⁸ Wesentlich an dieser Definition ist, dass das Menschsein nicht als statisch, sondern als unvollständiger Zustand, den es zu überwinden gilt, bestimmt wird: Die Menschen sind, selbst wenn ihre Ähnlichkeit Gottesnähe anzeigen mag, noch nicht Eins in Gott. Augustinus leitet dementsprechend aus seiner Theorie, die Seele sei Abbild des göttlichen Urbilds, das Ziel ab, dass dieses Abbild „durch Erneuerung noch vollkommener werden soll, um ihm [Gott] dann gänzlich gleich [*similis*] zu werden".¹²⁹

Zwar setzten sich in der Geschichte der Mystik im späten Mittelalter tendenziell Modelle durch, die die unüberbrückbare Differenz zwischen Schöpfer und Schöpfung betonen.¹³⁰ Das Gedankenfundament all dieser

---

126 Ein Beispiel für die Gleichzeitigkeit dieser Prinzipien findet sich in Konrads von Würzburg ‚Engelhard' (Kap. 3.2): Auf dem Turnier, auf dem Engelhard kämpft, wird einerseits hervorgehoben, dass sich exakt gleichgroße Gruppen an Rittern bilden (v. 2678 u. v. 2699), die im Übrigen als fliegende Engel im ‚irdischen Paradies' umschrieben werden (v. 2646 f. u. v. 2768), und wird andererseits die bunte Vielfalt der farbigen Schilde betont (v. 2648–2655), die auf dem Schlachtfeld glänzen.
127 Diesen Aspekt hebt dann explizit noch einmal Aelred von Rievaulx hervor (Kap. 2.4.4.7).
128 *Inter Creatorem et creaturam non tanta similitudo notari, quin inter eos maior dissimilitudo notanda*, zitiert nach: Haug, Wendepunkte (1999), S. 358.
129 Augustinus, De Civitate Dei, XI 26, zitiert nach Ruh, Geschichte (1990), S. 98 f.
130 Vgl. dazu grundlegend Haug, Wendepunkte (1999).

Modelle jedoch ist im Wesentlichen dasselbe, und zwar eines, das dem Mittelalter maßgeblich durch einen Theologen des fünften Jahrhunderts vermittelt wurde, der sich als jener Dionysius ausgab, den Paulus auf dem Areopag bekehrt haben soll.[131] Walter Haug fasst das Grundmodell dieses Pseudo-Dionysius Areopagita wie folgt zusammen:

> Es ist die Idee, daß sich die Gottheit ins Seiende ausgießt und sich in ihm darstellt, so daß alles, insofern es Sein hat, auf das absolute Sein als seinen Ursprung zurückverweist. Das läßt sich in die Formel fassen: Alles Seiende ist Theophanie. Oder lichtmetaphysisch formuliert: Das irdische Licht ist der Abglanz jenes Lichtes, das Gott ist. Deshalb ist es möglich, den Weg vom relativen Sein zum absoluten Sein, vom irdischen Licht zum göttlichen Licht zurückzugehen.[132]

Die neuplatonische Vorstellung des Ausflusses des Vielen aus Gott war nicht nur Ausgangspunkt für das schon vorgestellte Konzept der Wesenskette und beeinflusste Theologie und Philosophie in hohem Maße.[133] Es lieferte auch „das Grundmodell für das seit dem 12. Jahrhundert sich entwickelnde mystische Schrifttum" in Form des paradoxen Konzepts der unähnlichen Ähnlichkeit zwischen Gott und seinen Geschöpfen,[134] und zwar dezidiert „mit dem Ziel des ‚Ähnlich- und Einswerdens' mit Gott".[135] Da Gott aber zugleich das ganz Andere, Undenkbare bleibt, kann über ihn eigentlich auch nichts gesagt und kann er nicht erreicht werden. Mit diesem Widerspruch muss der Mensch nach Pseudo-Dionysius leben.[136]

Dessen Schrift, ‚Die himmlische Hierarchie',[137] formuliert bereits in den ersten Sätzen seine so wirkmächtige lichtmetaphysische Schöpfungsvorstellung:

---

131 Vgl. ebd., S. 363, sowie Ruh, Geschichte (1990), S. 32–41, und Störmer-Caysa, Mystik (2004), S. 63. Zur Pseudo-Dionysius-Rezeption vgl. auch den Sammelband ‚Die Dionysius-Rezeption im Mittelalter', hg. von Tzotscho Boiadjiev, Georgi Kapriev und Andreas Speer, Brepols 2000.
132 Haug, Grundformen (1995), S. 511. Vgl. einführend v. a. Ruh, Geschichte (1990), und Störmer-Caysa, Mystik (2004), S. 60–70.
133 So hielt z. B. Albertus Magnus seine erste Vorlesung als Leiter des *Studium generale* der Dominikaner in Köln zur pseudo-dionysischen Schrift ‚Von den Namen Gottes', vgl. Speer, Lichtkausalität (2000), S. 346.
134 Haug, Wendepunkte (1999), S. 363. Der zugegebenermaßen etwas schiefe Begriff der ‚unähnlichen Ähnlichkeit', der die Gleichzeitigkeit von Unähnlichkeit und Ähnlichkeit bezeichnen soll, stammt von Pseudo-Dionysius Areopagita selbst (CH, II, 4, 141C–144A) und wird an der entsprechenden Stelle der Übersetzung bei Eriugena (PL 122) mit dem Begriff *dissimiles similitudines* wiedergegeben.
135 Ruh, Geschichte (1990), S. 43.
136 Vgl. Störmer-Caysa, Mystik (2004), S. 61.
137 Vgl. einführend Ruh, Geschichte (1990), S. 31–82, und Störmer-Caysa, Mystik (2004), S. 60–70.

> Jedes Hervortreten der vom Vater ausgehenden Lichtausstrahlung, die uns als Gabe des Guten erreicht, nimmt als einende Kraft in der Orientierung nach oben die Scheidung von uns weg und führt uns zur Einheit des Vaters zurück, der alles in sich versammelt, und zur Ungeschiedenheit, die Gott gleich macht. (I, 1, 120B–121A).[138]

Gott ist die Quelle allen Lichts, dessen Abglanz den Menschen den Weg aus dem „Gestaltengewimmel" (II, 1, 137B) zurück zur Gottgleichheit weist, die in ihrer letzten Konsequenz Einheit ist. An den Menschen ist es, die Welt als über sich hinausweisend zu verstehen: als Abglanz des höchsten Lichts, und zwar mit den geistlichen Sinnen, mit durch die äußere Wahrnehmung der materiellen Körper ungetrübten Augen (I, 1, 121A/B).[139]

Doch genügen kann diese menschliche Anstrengung nie: Nur Gott ist in der Lage (man denke wieder an die ‚Vogelgespräche' und den ‚Parzival', Kap. 1.3), in einem Akt der Gnade jene, „die nach Kräften die Augen zu ihm erheben, zu sich empor[zuziehen], soweit es ihnen zukommt, und [...] sie zu einem Einen kraft seiner die Scheidungen aufhebenden Einheitswirkung" zu machen (I, 1, 121B). Die irdische Welt dient dann als eine Art Vorbereitung zur Schau der tatsächlichen himmlischen Hierarchie, weil der menschliche Sinnesapparat mit den konkreten Vorstellungen besser zurechtkomme (I, 1, 121, C–124A). Im Unterschied zu den Tieren aber befinde sich der Mensch immerhin dazu in der Lage, die ‚unähnlichen Ähnlichkeiten' der Schöpfung mit dem Schöpfer zu erkennen und überwinden zu wollen (II, 1, 137D–II, 4, 144A).

Pseudo-Dionysius schreibt den irdischen Wesen, die zwar immer etwas Gott ‚Ungleiches' blieben (III, 1, 164D), aber am Licht der Einheit Anteil hätten (III, 1, 164D), einen klaren ‚Zweck' zu: „Angleichung an Gott so gut wie möglich und Einswerdung mit ihm", sich von seiner Schönheit

> [...] prägen zu lassen so weit wie möglich und das Gefolge der dieser Nachgehenden zu prächtigen Bildern Gottes, zu klaren und fleckenlosen Spiegeln zu vervollkommnen, die den Strahl vom Quell des Lichts [...] aufnehmen, sich von dem verliehenen Glanz in geheiligter Weise erfüllen lassen und ihn vorbehaltlos auf das Nachgeordnete ausstrahlen [...]. (III, 2, 165A)

---

138 Die ‚Himmlische Hierarchie' zitiere ich im Folgenden nach: Pseudo-Dionysius Areopagita, Über die himmlische Hierarchie/ Über die kirchliche Hierarchie. Eingeleitet, übersetzt und mit Anmerkungen versehen von Günter Heil, Stuttgart 1986, S. 28–71.
139 Vgl. Ruh, Geschichte (1990), S. 46: „Mit seiner Überzeugung von der Zeichen-Präsenz Gottes in der sichtbaren Welt gehört Dionysius in die von Röm. 1, 20 [...] ausgehende, von Augustinus grundgelegte und von Richard von St. Viktor und Bonaventura besonders eindrucksvoll vertretene Tradition."

2.2 Gleiches in Gleichem. Kosmos

Die Wesenskette, die er ‚Hierarchie' nennt,[140] sei dabei selbst schon

> Abbild der Schönheit des Gottesprinzips, welche in hierarchisch gegliederten Ordnungen und Wissenschaften die Mysterien der ihr eigenen Erleuchtung begeht und sich an das ihr eigene Prinzip angleicht, so weit es ihr zusteht. (III, 2, 165B)

Pseudo-Dionysius' Konzept zur gänzlichen Angleichung an Gott ist ein Stufenweg in drei Schritten: der Reinigung, der Erleuchtung und schließlich der Vollendung (III, 2, 165B/C). Antriebskraft dieses Aufstiegswegs ist, wie Pseudo-Dionysius in platonischer Tradition in seiner Schrift ‚Die Namen Gottes' ergänzt, die Liebe, die christliche Agape.[141] Sie sei die „Liebe, die in gleicher Weise in Gottes Zuwendung zu seinen Geschöpfen wie in der Gottsuche des Menschen sich manifestiere" (DN, 709B).[142]

Relevant für die Texte, die hier im Zentrum stehen sollen, ist dieses pseudo-dionysische Aufstiegsmodell vor allem, weil die ‚Himmlische Hierarchie' im 9. Jahrhundert in den Westen gelangte, ins Lateinische übersetzt wurde und die ihr inhärente Lichtmetaphysik und Stufentheorie massiven Einfluss auf die mittelalterliche Theologie und insbesondere die Mystik nahm.[143] Aufgenommen wurde es beispielsweise von Bernhard von Clairvaux in seiner Schrift ‚De diligendo Deo', von Richard von St. Viktor in seinem ‚Benjamin maior' und von Bonaventura in seinem Werk ‚Itinerarium mentis in Deum'.[144] Sie alle entwerfen in leichten Abwandlungen nach dem pseudo-dionysischen Vorbild Stufenwege zu Gott, meist beginnend bei der Betrachtung der irdischen Dinge als Spuren Gottes, hin zur Betrachtung der Seele, die als göttliches Abbild verstanden wird, bis man sich zuletzt dem absoluten Guten zuwendet, wobei sich vor dem letzten Schritt die Notwendigkeit eines gnadenhaften Entgegenkommens Gottes ergibt.[145]

Allerdings existieren durchaus verschiedene Schwerpunktsetzungen bei den Pseudo-Dionysius-Nachfolger*innen: Während Bernhard von Clairvaux in seiner Stufenlehre die Liebe als den „Weg des Heils" beschreibt,[146] versteht Richard von St. Viktor die Kontemplation, die geistige, erkennende Schau, als wesentliche Kraft des Aufstiegs.[147] Bernhards Stufenlehre beginnt

---

140 Vgl. Störmer-Caysa, Mystik (2004), S. 63.
141 Vgl. Haug, Wendepunkte (1999), S. 364.
142 Zitiert nach Haug, Gotteserfahrung (2000), S. 198.
143 Vgl. Haug, Wendepunkte (1999), S. 363.
144 Vgl. dazu ebd., S. 365 f., und ausführlicher Ruh, Geschichte (1990), S. 229–234 (zu Bernhard) und S. 397–406 (zu Richard).
145 Vgl. Haug, Wendepunkte (1999), S. 365 f.
146 Ruh, Geschichte (1990), S. 229.
147 Vgl. ebd., S. 399. Vgl. zu Bernhards und Richards Modell auch McGinn, Mystik (1994), S. 328–332.

bei der Eigenliebe, die allerdings in der zweiten Stufe gemeinnützig ausgeweitet werden kann, nämlich als „Liebe zum Nächsten, der als anderes Ich erkannt wird [...]".[148] In der dritten Stufe liebt der Mensch Gott, weil er ihn in dessen Wohltaten erfährt, also aus egoistischen Motiven. Erst im nächsten Grad der Liebe ist der Mensch zur reinen, uneigennützigen Gottesliebe fähig.[149] Die letzte Stufe hingegen ist die „Vereinigung mit dem Göttlichen", nämlich die Liebe zu sich selbst aus der Liebe zu Gott heraus, da nun beides Eins geworden ist.[150] Dieser letzte Vorgang ist für Bernhard nur für einen kurzen, gnadenhaften Moment möglich, in dem das Ich sich auflöst.[151]

Richard von St. Viktor hingegen entwirft ein Modell der sechs Stufen zur Gotteserkenntnis, und zwar nicht allein über die Stufen der Liebe, sondern auch über die des Denkens: In der ersten Stufe bestaunt der Geist die Vielfalt der irdischen Dinge, das schöne Abbild; in der zweiten Stufe blickt er auf Ursache, Grund und Zweck dieser Dinge; anschließend kann es gelingen, über die sichtbaren Dinge zur Schau des Unsichtbaren zu gelangen, und zwar durch Gleichnis und Allegorie; auf der vierten Stufe erkennt der Geist sich selbst, rein und unabhängig vom Irdischen; die fünfte Stufe führt über die Vernunft hinaus, lässt sie hinter sich und ermöglicht die Erkenntnis der göttlichen Natur; der letzte Schritt ist mit der Vernunft gar nicht mehr zu fassen, er besteht darin, „sich vom göttlichen Denken erfassen zu lassen".[152]

2.2.2.2 Die Hohelied-Interpretation des 12. Jahrhunderts

Etwa zur selben Zeit, in der auch die pseudo-dionysischen Aufstiegswege verschiedenste Ausformulierungen fanden – im 12. Jahrhundert –, entwickelte sich ein neues Konzept zur Beschreibung einer Vereinigung mit Gott, und zwar eine Art geistliche Liebesliteratur: die allegorischen Auslegungen des ‚Hoheliedes', die die (erotische) Begegnung zwischen Braut und Bräutigam als *Unio* von Seele und Christus deuteten.[153] Indem die Seele hier, wenn auch in der Form einer Allegorie, einen Leib erhält, knüpft die Hoheliedausle-

---

148 Ruh, Geschichte (1990), S. 231. Zur Vorstellung eines ‚anderen Ich' vgl. auch Kap. 2.4.4 in dieser Arbeit.
149 Vgl. ebd. Ruh geht im Übrigen von insgesamt vier Stufen aus, indem er Eigenliebe und Nächstenliebe zu einer vereinigt.
150 Ebd., S. 232.
151 Vgl. ebd.
152 Störmer-Caysa, Mystik (2004), S. 81; vgl. die Zusammenfassung der sechs Stufen nach ders., S. 78–83, sowie Ruh, Geschichte (1990), S. 401 f.
153 Vgl. dazu grundsätzlich Ohly, Hohelied-Studien (1958); einführend außerdem Störmer-Caysa, Mystik (2004), S. 141–152, und Haug, Wendepunkte (1999), S. 366–369.

gung auch am augustinischen Konzept des ‚inneren Menschen' (*homo interior*) an.[154] Ähnlich wie in den pseudo-dionysisch inspirierten Stufenwegen ist auch hier die Liebe der wesentliche Antrieb der Vereinigung und ist Angleichung und Verschmelzung der Partner*innen das Ziel. Aber die Liebenden begegnen sich nun auf gleicher Ebene.

> Dies hat weitreichende Folgen: Das Interesse liegt in diesem Zusammenhang nicht mehr allein auf dem Prozeß, der zur Einigung führt, vielmehr ist das neue und bedrängende Thema nun der Augenblickscharakter der erotischen Ekstase. Das ‚Hohelied' zeichnet ein Hin und Her vor zwischen Begegnung und Trennung, zwischen Zuwendung und Abwendung, zwischen Glück und Verzweiflung. Die mystische Interpretation formuliert dies zu einem dramatischen Wechsel zwischen dem Eintreten in die Unio und ihrem Verlust um.[155]

Die wohl einflussreichste Version dieser Hohelied-Auslegungen stammt wiederum von Bernhard von Clairvaux.[156] In seinen zwischen 1135 und 1153 entstandenen ‚Hoheliedpredigten' (*Sermones super Cantica canticorum*)[157] inszeniert Bernhard die liebende Begegnung zwischen der Einzelseele (68, 1)[158] und Christus als eine, die diese Ungleichen gleich macht: Diese Liebe „kennt keinen Unterschied unter Herzen, die sich vollkommen lieben. Sie gleicht hoch und niedrig aus, ja sie macht nicht nur gleich (*pares*), sondern ein (*unum*)" (59, 2).[159] Dass nun auch die niedrige Seele des einzelnen Gläubigen an den Geliebten Forderungen stellen kann, begründet Bernhard mit der maßlosen Liebe des Bräutigams, Christi.[160]

Auch in Bernhards Hohelied-Auslegungen wird die Vereinigung der Seele mit Gott nicht nur mit der Liebe, sondern mit Selbsterkenntnis verknüpft. Wenn Christus (der Bräutigam) die Seele (die Braut) beispielsweise abweist und fortschickt, tut er dies mit der Begründung, dass sie sich nicht kenne (34, 1), denn „[n]iemand kann ohne Selbsterkenntnis selig werden" (37, 1).[161] Diese Selbsterkenntnis ist die Voraussetzung zur Gotteserkennt-

---

154 Ähnlich Störmer-Caysa, Mystik (2004), S. 142.
155 Haug, Wendepunkte (1999), S. 367.
156 Ich folge dabei den Ausführungen und deutschsprachigen Zitaten von Kurt Ruh, Geschichte (1990), S. 249–268. Die lateinischen Zitate nach: Bernardus Claraevallensis, Sermones super Cantica canticorum (Bd. 1 und 2), Rom 1958.
157 Vgl. Ruh, Geschichte (1990), S. 249. Die lateinischen Zitate nach: Bernardus Claraevallensis, Sermones super Cantica canticorum (Bd. 1 und 2), Rom 1958.
158 *Quae est sponsa, et quis est sponsus? Hic Deus noster est, et illa [...] nos sumus [...]*. Vgl. Ruh, Geschichte (1990), S. 260.
159 *Omnes ex aequo intuetur, qui perfecte se amant et in seipso celsos humilesque contemperat; nec modo pares, sed unum eos facit*; Übersetzung nach Ruh, Geschichte (1990), S. 259.
160 Vgl. ebd.
161 [...] *neminem absque sui cognitione salvari* [...], Übersetzung nach ebd., S. 260.

nis, die zur Einswerdung führt: „Die Selbsterkenntnis, die in Tränen sät, die Gotteserkenntnis, die mit Jubel erntet" (37, 4).[162]

Verbunden wird die durch Liebe motivierte, durch Selbsterkenntnis ermöglichte Vereinigung der Liebenden bemerkenswerterweise mit einer Vorstellung der auch körperlichen Angleichung. Die Beschreibung der Braut, sie sei „schwarz aber schön" (HL 1, 4), weil die Sonne sie verbrannt habe (HL 1, 5), verknüpft Bernhard mit der ungepflegten und hässlichen äußeren Erscheinung vieler Heiligen bei gleichzeitiger Schönheit und Klarheit des Inneren, das Gott schaue (25, 5).[163] Ihrer Schwärze brauche sie sich nicht zu schämen, denn damit gleiche sie Christus selbst: „Sie ist schwarz, aber hat die Gestalt und Ähnlichkeit des Herrn" (25, 8).[164] Im Angesicht seines Todes für den Menschen sei die Haut Christi beschmutzt und schwarz (25, 9) – indem die Braut das dunkle Äußere und das klare Innere des Bräutigams annimmt, erneuert sie ihre einst verlorengegangene Gottesebenbildlichkeit.[165]

Bernhards Modell einer personalisierten angleichenden Liebe zwischen Seele und Christus, die aber immer nur einen Augenblick lang erfahren werden kann und sich darum insbesondere in der Sehnsucht der Braut artikuliert,[166] hatte viele Nachfolger*innen wie insbesondere Wilhelm von St. Thierry und Mechthild von Magdeburg, deren teilweise sehr eigenwilligen Verarbeitungen dieser Thematik nichts wesentlich Neues zum Zweck dieses Kapitels beitrügen.[167] Wichtig scheint mir insgesamt die Feststellung, dass die (Wieder-)Angleichung des Menschen an Gott von den mittelalterlichen Theolog*innen auch in den Kategorien personaler Liebe gedacht wurde, in deren Prozess es also um eine ‚Angleichung' zweier Menschen geht.[168] In der Allegorese lassen sich die Erzählungen der schmachtenden Liebe zwischen Braut und Bräutigam zwar übersetzen, aber, wie Haug schon anmerkt, „die Kraft des Bildes ist nicht wegzuinterpretieren", ein personaler und enthierarchisierter Zug dringt in die Mystik, der sich auch darin „dokumentiert […], daß als Zielfigur Christus an die Stelle Gottes tritt".[169]

---

162 *Qui seminant in lacrimis, in exsultatione metent! […] et nostri quidem in lacrimis serens, quae autem Dei metens in gaudio*, die Übersetzung nach ebd., S. 261.
163 Vgl. ebd. Aufgenommen wird dieses Motiv beispielsweise auch in Rudolfs ‚Barlaam und Josaphat' (dazu Kap. 3.3.7).
164 *Nigredo est, sed forma et similitudo Domini*.
165 Vgl. Ruh, Geschichte (1990), S. 261.
166 Vgl. Haug, Wendepunkte (1999), S. 367.
167 Vgl. ebd., sowie Haug, Gotteserfahrung (2000), S. 200–203. Zu Wilhelm von St. Thierry ausführlicher Ruh, Geschichte (1990), S. 294–310.
168 In der hagiographischen Literatur etwa wurde, so von Moos, Identität (2004), S. 16, „die Angleichung aller Heiligen unter sich […] zu einem hagiographischen Topos" und legitimierte „auch die gattungsgerechte Einförmigkeit und Repetitivität der Heiligenviten".
169 Haug, Wendepunkte (1999), S. 367.

Haugs Frage, ob dieses Denkmuster der Personalisierung und der Hervorhebung der Verlusterfahrung in Bezug auf die Liebe zwischen Schöpfer und Schöpfung, nicht eines sei, das auch im weltlichen Bereich wie der höfischen Liebeslyrik analoge Entwicklungen gezeitigt habe (wenn auch unter anderen Voraussetzungen),[170] möchte ich nach einem kurzen Fazit noch einmal anhand des sogenannten ‚Narzissliedes' Heinrichs von Morungen aufgreifen.

2.2.3 Zusammenfassung

Es ging mir bei diesem Durchgang durch mittelalterliche Vorstellungen vom Menschsein darum, zu zeigen, dass Ähnlichkeit eine wesentliche Wahrnehmungs- und Deutungskategorie im mittelalterlichen Nachdenken über den Menschen in der gottgeschaffenen Welt darstellte. Eine Antwort auf die Frage, was Ähnlichkeit so bemerkens- und gelegentlich lobenswert macht, scheint in der neuplatonischen Philosophie zu liegen, die insbesondere Pseudo-Dionysius Areopagita und Augustinus dem Mittelalter vermittelt haben. Im Zentrum steht dabei die Vorstellung einer Ähnlichkeit aller existierenden Dinge, die darin begründet ist, dass die Vielfalt dieser Dinge ursprünglich aus dem neuplatonischen Einen bzw. christlichen Gott ‚geflossen' sind und nun, in einer absteigenden Kette, aneinander und am Einen Anteil haben.

Zwei miteinander zusammenhängende Gedankengänge, jenen der absteigenden Wesenskette auf der einen und jenen der möglichen Wiedervereinigung mit Gott auf der anderen Seite, standen in diesem Kapitel im Zentrum und können zu einer Analyse des Erzählens von ähnlichen Figuren beitragen. Die Idee der Wesenskette, in der der Mensch ein Zwischenwesen zwischen Irdischem und Himmlischem ist, ist in dieser Hinsicht insbesondere unter drei Gesichtspunkten relevant.

Erstens kann festgehalten werden, dass, wenn das Irdische sich insbesondere durch Vielfältigkeit und Differenz auszeichnet, die Ähnlichkeit irdischer Dinge zumindest als bemerkenswert, vielleicht sogar als Zeichen oder Spur Gottes bewertet werden kann. Die Ähnlichkeit der Engel, unter denen es keine Unterschiede und damit keinen Handlungs- bzw. Erzählbedarf gibt, ist das Ideal, das der Mensch mit dem Sündenfall verspielt hat und darum im ‚Land der Unähnlichkeit' leben muss. Allerdings ergeben sich zwei Möglichkeiten, wie Mannigfaltigkeit und Vielfalt verstanden werden können: Weil Gott sowohl Einheit als auch Fülle ist, kann neben der Ähnlichkeit auch die enorme Vielfalt der Schöpfung eine positive Bewertung erfahren.

---

170 Vgl. Haug, Gotteserfahrung (2000), S. 203f.; ähnlich auch Störmer-Caysa, Mystik (2004), S. 144.

Zweitens aber ist, vor dem Hintergrund eines über lange Zeit gültigen dualistischen Leib-Seele-Konzepts des Menschen, eine rein körperliche Ähnlichkeit nicht unbedingt Indiz für eine Gleichheit der gottesähnlichen Seelen in ihrer Erkenntnisfähigkeit und ihrem Streben nach Gott – das Innere ist bemerkenswerter als das Äußere. Wenn zwei Körper sich ähneln und wenn die Seele des einen nicht vernünftig ist und nicht erkennt, dass sie Anteil am Göttlichen hat und die Unähnlichkeit folglich nicht zu überwinden sucht, ist noch nichts gewonnen.

Und drittens ist für dieses Erkennen des Inneren als ein Erkennen des Göttlichen die dritte Potenz der Seele, die Vernunft, die zugleich Abbild Gottes ist, verantwortlich: Verschiedene Ähnlichkeiten bedürfen verschiedener Wahrnehmungsprozesse. Der *homo exterior* nimmt wie die Tiere Äußerlichkeiten wahr, aber nur der *homo interior* vermag von diesen aus eine Brücke in die Transzendenz zu schlagen, die göttlichen Zeichen zu lesen, und zwar weil er selbst am Göttlichen teilhat, weil das Ähnliche das Ähnliche erkennt. Häufig sind die seit Aristoteles so genannten ‚niederen' Sinne wie Riechen, Tasten oder Schmecken diejenigen, auf die es diesen bei geistlichen Erkenntnisvorgängen ankommt.

Es zeigten sich darüber hinaus, vereinfacht gesagt, zwei (mystische) im Mittelalter rezipierte Modelle der Angleichung und Wiedervereinigung mit Gott, und zwar ein ‚pseudo-dionysisches' Modell des Stufenwegs und ein ‚bernhardsches' Modell der personalen, erotischen Begegnung von Braut und Bräutigam im Hohelied.

Das Stufenmodell ist hierarchisch verfasst: Die menschliche Seele, die am Licht Gottes teilhat, muss sich um den Weg ‚nach oben' bemühen, ist aber, um die letzte Stufe der Vollendung zu erreichen, von göttlicher Gnade abhängig – bei aller Gottesähnlichkeit bleibt der Schöpfer doch auch das ‚ganz Andere'. Einheit kann für den Menschen auf Erden so nur augenblickhaft erfahren werden. Wesentlich für die Möglichkeit eines Aufstiegs ist dabei eine über das rein Rationale hinausgehende Erkenntnis: die Erkenntnis der eigenen Gottesähnlichkeit, der Spur Gottes in den Dingen und dementsprechend die Liebe nicht nur zu Gott, sondern zur Schöpfung und sich selbst, weil alles Anteil am Schöpfer hat. Für das mittelalterliche Erzählen ist besonders relevant, dass Ähnlichkeit stets als unvollständiger Zustand gedacht wird, als einer, der zur gänzlichen Gleichheit und zur Einheit in Gott führen soll. Dies scheint mir die wesentliche Denkfigur zu sein, die hinter dem Narrativ der Entdifferenzierung steht, das einige der mittelalterlichen Texte mitunter zu prägen scheint, wie ich es für die ‚Vogelgespräche' und den ‚Parzival' schon zu zeigen versucht habe (Kap. 1.3).[171]

---

[171] Für die hagiographische Tradition wurde schon verschiedentlich darauf hingewiesen, dass die Auflösung von Differenzen zwischen Immanenz und Transzendenz ganz wesentlicher

Die Hohelied-Allegorese auf der anderen Seite ist ein weniger hierarchisches Modell, in dem die Seele und Christus als Braut und Bräutigam umeinander werben. Im Zentrum steht hier nun nicht ein Modell der Stufenleiter, sondern die Sehnsucht nach der Wiederkehr der nur momenthaft möglichen Vereinigung mit dem Geliebten. Indem die Basis dieser Auslegung die Beschreibung einer emotionalen und erotischen Liebesbeziehung zwischen Menschen ist, bleibt mit der spirituellen Vereinigung das Bild einer weltlichen verbunden und bietet Anknüpfungspunkte für das Erzählen von menschlichen Beziehungen in weltlicher Literatur. Auch die Protagonist*innen dieses Modells ähneln sich, indem die Braut/Seele innerlich schön ist wie der Bräutigam/Christus und äußerlich ‚hässlich'. Auch hier spielt Erkenntnis eine wichtige Rolle, denn die Erkenntnis dieser Ähnlichkeit ist die Voraussetzung der Verschmelzung: Selbsterkenntnis ist Gotteserkenntnis, weil das Innere Anteil am Göttlichen hat.

2.2.4 Lektüre: ‚Narzisslied'

Bewegte sich das bisher Dargestellte weitgehend im Bereich des kollektiven Imaginären weniger der Adelsgesellschaft als vielmehr der Klostergemeinden, möchte ich mit einer kurzen Analyse versuchen, etwas deutlicher zu machen, weshalb ich glaube, dass es sich hier um Denkfiguren handelt, die über den geistlichen Diskurs hinausreichen, die in der höfischen Literatur übernommen werden oder zumindest als ‚unbewusste' Kategorien der Weltdeutung über die Klöster hinausstrahlten.[172] Ansetzen möchte ich dabei an einem Interpretationsangebot, das Walter Haug unter anderem für das ‚Narzisslied' (MF 145, 1) Heinrichs von Morungen gemacht hat.[173]

Bestandteil des Erzählens vom Heiligen sei, vgl. v. a. Strohschneider, Inzest-Heiligkeit (2000), ders., Textheiligung (2002), bes. s. 117 f. u. S. 140, ders., Textgeschichten (2014), S. 170–190 und S. 193–217, sowie Hammer, Erzählen (2015), S. 121–126.

172 Ob der Begriff der ‚konnotativen Ausbeutung' diesen Sachverhalt korrekt beschreibt, ist wohl kaum eindeutig aufzulösen und gilt es zu diskutieren. Zum Begriff vgl. Warning, Ich (1979), S. 138–144.

173 Vgl. Haug, Gotteserfahrung (2000), S. 208–212. Anmerken möchte ich, dass meine Lektüre (selbstverständlich) nicht auf die vielen Analyseansätze, die zu diesem Lied vorgeschlagen wurden (vgl. den Sammelband ‚Das Narzisslied Heinrichs von Morungen. Zur mittelalterlichen Liebeslyrik und ihrer philologischen Erschließung', hg. von Manfred Kern, Cyril Edwards und Christoph Huber, Heidelberg 2015) eingehen, sondern nur auf einige wenige zurückgreifen wird. Einen fragengeleiteten raschen Überblick über das ‚Gestöber' (S. 95) der verschiedenen Interpretationsansätze der vergangenen Jahre bietet Wachinger, Strophe (2015), S. 93 ff.

Haug sieht im Hohelied-Modell Bernhards, in einem Gegensatz zum pseudo-dionysischen Stufenmodell,[174] die Möglichkeit, die mystische Vereinigung von Seele und Gott und personale Liebesbeziehungen zusammenzudenken bzw. in derselben Sprache zu beschreiben, und vermutet, dass die höfische Liebeslyrik und die Hohelied-Allegoresen von den gleichen ‚geistigen Voraussetzungen' ausgehen.[175] Als Gedankenexperiment schlägt er vor, das fiktive Arrangement des höfischen Liebesliedes in den Kategorien der neuplatonisch geprägten Liebeskonzeption zu beschreiben:

> An der Stelle des höchsten Prinzips steht im klassischen Minnesang die *vrouwe*, die [...] als *summum bonum* gewissermaßen in die Transzendenz gehoben wird. Transzendenz aber heißt hier absolute Unerreichbarkeit. Es besteht also – anders als im platonistischen Modell – keine Chance, das Absolute [...] zu erreichen; dies deshalb nicht, weil ja die Vergöttlichung der Frau über ihre Stilisierung als unerreichbare zustandekommt. Es handelt sich um eine künstliche [...] Transzendenz, die nur um den Preis der unüberschreitbaren Differenz zu haben ist.[176]

Die Dame also übernimmt die Rolle des unerreichbaren Einen, das Sänger-Ich jene der Seele, die sich in der ständigen, verzehrenden Sehnsucht nach Vereinigung befindet, im Wissen allerdings, dass diese nie möglich ist, da die Dame (wie das Eine) stets das ganz Andere bleibt. In diesen Beschreibungscodes treffen sich höfische Liebeslyrik und ‚negative Theologie'. Heinrichs von Morungen ‚Narzisslied' nun inszeniere – abweichend vom ‚klassischen' Minnesang – die Dame nicht mehr als unerreichbare, ewig differente, göttliche Person, sondern vielmehr die Erkenntnis, dass die „personale Du-Beziehung [...] die Körperlichkeit und damit die Vergänglichkeit" mit einschließe: „Die Bereitschaft zum Tod ist der Preis für ein Modell, das die geschlechtliche Liebe zu ihrem Recht kommen" lasse.[177] So stehe der zerbrochene Spiegel der ersten Strophe für die Unerreichbarkeit der Dame, der verwundete Mund der zweiten für das Problem der Vergänglichkeit, wenn die Fiktion der Vergöttlichung aufgehoben werde, und das Narzissmotiv der dritten für die Bereitschaft zur Vergänglichkeit für die irdische Liebe.[178] Die letzte Strophe, in der die Unerreichbarkeit der Dame wieder hervorgehoben wird, appelliere an einen ‚neuen Weg', von der Unerreichbarkeit zur kon-

---

174 Ich werde in Kap. 2.4 allerdings zeigen, dass es durchaus einen Strang im antiken und mittelalterlichen Freundschaftsdiskurs (der den Liebesdiskurs maßgeblich beeinflusste) gegeben hat, der eine Gleichzeitigkeit von personal-weltlicher Beziehung und Ausrichtung auf Gott zuließ.
175 Vgl. ebd., S. 199. Ähnlich außerdem schon Kuhn, Rittertum (1963), S. 224, sowie Tervooren, Minnesang (2000).
176 Haug, Gotteserfahrung (2000), S. 205 f.
177 Ebd., S. 210.
178 Vgl. ebd., S. 209 f.

kreten personalen Beziehung und dies stelle „die weltliche Realisierung jener Erfahrung, die im religiösen Bereich sich als Wende vom platonistischen Aufstiegsmodell zur personalen Gottesliebe" zeigte, dar.[179]

Ich möchte einerseits insofern an Haugs Überlegungen anschließen, als ich die These unterstütze, dass die Mystik und insbesondere die Hohelied-Exegese einen Code bereitstellen, in dem irdische Beziehungen zwischen Menschen beschrieben und so nobilitiert (wenn nicht: sakralisiert) werden können. Andererseits möchte ich einen neuen Akzent setzen: Ich sehe das ‚Narzisslied' (bzw. seine letzte Strophe) anders als Haug keineswegs als Aufruf zum ‚Neuanfang' und Abkehr von der Vergöttlichung der Dame, sondern vielmehr als Inszenierung einer Erkenntnis der ‚unähnlichen Ähnlichkeit' zwischen Ich und Dame, die in der Notwendigkeit der unendlichen Wiederholung mündet.[180]

Folgende Aspekte sollte das ‚Narzisslied' aufweisen, wenn man ihm eine gemeinsame ‚geistige Grundlage' bzw. eine Partizipation am mystischen Code unterstellen möchte: Die Seele (das Ich) erkennt, dass es dem göttlichen Einen (der Dame) zwar ähnelt, an ihr Anteil hat, und darum Hoffnung auf eine Verschmelzung haben kann. Zugleich muss es feststellen, dass die Differenz unendlich groß, die Verschmelzung zu Lebzeiten im irdischen ‚Land der Unähnlichkeit' unmöglich bleibt, und zwar aufgrund des Sündenfalls, und dass die augenblickhafte *Unio* der Gnade des Einen (der Dame) bedarf. Die Erkenntnis dieses Paradoxons ist allein mit den Mitteln der äußeren Wahrnehmung und des vernünftigen Nachdenkens nicht fassbar, sondern ist abhängig von göttlicher Schau und Vision. Die Konsequenz dieser Erkenntnis ist die unendliche Wiederholung der Bemühung um Angleichung im Wissen, dass Bemühungen allein nie zum Ziel führen.[181]

Dieses ‚Narrativ' vom Erkenntnisprozess zur Schau und damit zum Programm der Wiederholung bestimmt, so meine These, das ‚Narzisslied', und zwar nach folgendem Muster: Strophe I und III zeigen irdische, unvollständige Möglichkeiten der Erkenntnis und rahmen Strophe II, in der die ‚wahre' Erkenntnis in Form einer göttlichen Vision inszeniert wird, die in Strophe III allerdings zu einer ‚Entwicklung' führt, zu der das Ich in Stro-

---

179 Ebd., S. 211.
180 Vgl. ähnlich Kellner, Poetik (2007), S. 199f., und bereits dies., Gewalt (1997), S. 61, die zwar die Wiederholung als notwendiges Resultat, den Erkenntnischarakter aber „in der schmerzvollen Akzeptanz der narzißtischen Spannung und Selbstreflexion als Bedingung des Sangs" sieht, dies., Gewalt (1997), S. 65.
181 Mit diesen Überlegungen begebe ich mich auf die Suche nach den zeitgenössischen Vorstellungen hinter der altbekannten Tatsache, dass „[d]ie Iteration der auf den ersten Blick je gleichen Minnethematik mit ihrer Zuspitzung im Paradox einer Werbung, deren Ziel die Erfüllung einer Liebe ist, die gerade nicht erreicht werden darf [...] die Grundstruktur des Regelsystems der hohen Minne" bildet, Kellner, Gewalt (1997), S. 33.

phe I, in der der menschliche ‚Fauxpas' geschieht, noch nicht in der Lage gewesen ist und in Strophe IV zu einem Handlungsprogramm ausformuliert werden kann. Die Erkenntnis der unähnlichen Ähnlichkeit zwischen Ich und Dame wird dabei insbesondere durch die Metaphorik des Spiegels und der Spiegelung artikuliert.

Im Folgenden werde ich nun versuchen, diese These in fünf Schritten argumentativ zu unterfüttern: Zuerst werde ich zeigen, (a) auf welchen Ebenen das Lied mit Spiegelungsprozessen als Erkenntnisprozessen arbeitet, um diese Metaphorik dann (b) vor dem Hintergrund mystischer Texte kontextualisieren.[182] Anschließend werde ich (c) die Erkenntnismöglichkeiten in den ersten drei Strophen unter anderem mit Rückgriff auf die antike bzw. mittelalterliche Traumtheorie unterscheiden. Mit Hilfe eines kurzen Vergleichs (d) des *höfischen* ‚Narzissliedes' mit einem *mystischen* Lied werde ich versuchen, die analogen Denkfiguren aufzudecken, um dann am Ende (e) mit einem knappen Ausblick auf andere Lieder zu schließen.

2.2.4.1 Spiegeln als Erkennen im ‚Narzisslied'

I:
Mir ist geschehen als einem kindelîne,
daz sîn schœnez bilde in einem glase gesach
unde greif dar nâch sîn selbes schîne
sô vil, biz daz ez den spiegel gar zerbrach.
Dô wart al sîn wunne ein leitlich ungemach.
alsô dâhte ich iemer vrô ze sîne,
dô ich gesach die lieben vrouwen mîne,
von der mir bî liebe leides vil geschach

II:
Minne, diu der werelde ir vröude mêret,
seht, diu brâhte in troumes wîs die vrouwen mîn
dâ mîn lîp an slâfen was gekêret
und ersach sich an der besten wunne sîn.
Dô sach ich ihr liehten tugende, ir werden schîn,
schœn unde ouch vür alle wîp gehêret,
niuwen daz ein lützel was versêret
ir vil vröuden rîches rôtes mündelîn.

---

182 Vgl. dazu v. a. Hasebrink, Spiegel (2000) am Beispiel von Mechthilds von Magdeburg ‚Licht der fließenden Gottheit'.

III:
Gróz angest hân ich des gewunnen,
daz verblîchen süle ir mündelîn sô rôt.
des hân ich nu niuwer klage begunnen,
sît mîn herze sich ze sülher swære bôt,
Daz ich durch mîn ouge schouwe sülhe nôt
sam ein kint, daz wîsheit unversunnen
sînen schaten ersach in einem brunnen
und den minnen muoz unz an sînen tôt.

IV:
Hôher wîp von tugenden und von sinnen
die enkan der himel niender ummevân
sô die guoten, die ich vor ungewinne
vremden muoz und immer doch an ir bestân.
Owê leider, jô wânde ichs ein ende hân
ir vil wunneclîchen werden minne.
nû bin ich vil kûme an dem beginne.
des ist hin mîn wunne und ouch mîn gerender wân.[183]

Der Blick auf Heinrichs von Morungen Lieder aus der Perspektive der pseudo-dionysisch beeinflussten Mystik rechtfertigt sich schon allein darum besonders, weil seine literarischen Imaginationen der unerreichbaren *vrouwe* mit einer Lichtmetaphysik arbeiten, die stark an jene in der Tradition des Pseudo-Dionysius Areopagita erinnert.[184] Wie dieser in seiner Schrift ‚Von den Göttlichen Namen' (*De divinis nominibus*) erläutert, ist Gott nicht nur vollkommene Gutheit und Ursprung alles Guten. Er ist auch wie die Sonne,

> denn gleichwie unsere Sonne ohne Berechnung oder Wahl, nur durch ihr Sein selbst alles das erleuchtet, was dazu befähigt ist, auf charakteristische Art und Weise an ihrem Licht teilzunehmen, so entsendet auf analoge Weise in der Tat auch das Gute [...] allein durch seine Existenz allem Seienden die Strahlen seiner Güte.[185]

Indem das Gute, wie die Sonne, die dazu Befähigten anstrahlt, werden diese, wie in den ‚Vogelgesprächen' und im ‚Parzival' (Kap. 1.3), zu Spiegeln dieses Guten. Sie werden ihm ähnlich, aber nicht gleich, sie bleiben Abbild, aber immer mit dem Ziel, wie es Pseudo-Dionysios propagiert, sich zu „fle-

---

183 Das ‚Narzisslied' zitiere ich nach: Des Minnesangs Frühling, unter Benutzung der Ausgaben von Karl Lachmann und Moritz Haupt, Friedrich Vogt und Carl Kraus bearb. Von Hugo Mooser und Helmut Tervooren (Bd. 1), Stuttgart 1988 (MF 145, 1).
184 Zum Aspekt des Lichts und des Blicks bei Morungen vgl. Kellner, Poetik (2007), S. 187–202.
185 *De divinis nominibus* IV, 1, zitiert nach: Speer, Lichtkausalität (2000), S. 348.

ckenlosen Spiegeln zu vervollkommnen" (CH, 154, 1A–7A). An dieser Vorstellung halten nicht nur mittelalterliche Gelehrte wie Albertus Magnus und Thomas von Aquin fest,[186] sondern scheint sie auch für das Verhältnis von vergöttlichter Dame und schmachtendem Ich in den Liedern Heinrichs von Morungen eine Rolle zu spielen. So inszeniert Morungen das Sänger-Ich beispielsweise in dem Lied, *het ich tugende niht so vil* (MF 124, 32), als Mond, der seinen Glanz vom Schein der Sonne hat (I, 5f.). Erreicht das Strahlen (ihrer Augen) das Innere des Ichs, wo das Herz bzw. die Seele sitzen, ist die große Distanz zur Dame, die das Bild der Sonne artikuliert, wie aufgehoben,[187] denn die Seele gehört zur Sphäre des Intelligiblen. Das Verhältnis von Ich und Dame besteht in der paradoxen Gleichzeitigkeit von Nähe und Ferne, aber auch von Ähnlichkeit (beide strahlen) und Unähnlichkeit (das Ich strahlt nur abbildhaft). Das Ich ist, ähnlich wie im augustinischen Bild von der Gottesebenbildlichkeit des Menschen (Kap. 2.2.1.1), ein nicht ganz klarer Spiegel der Dame.

Vergleichbares findet sich auch im ‚Narzisslied': „Das Lied bietet", so arbeitet Andreas Kraß heraus, „eine Poetik des Spiegels, insofern es nicht nur von einem solchen handelt, sondern auch komplexe Spiegelungsverhältnisse inszeniert".[188] Dies geschieht erstens auf der Ebene der expliziten Benennung von Spiegelbildern: Ein Kind sieht sein Bild in einem Glas (I, 2), greift danach und zerstört den *spiegel* (I, 4); in der dritten Strophe sieht ein Kind, wie Narziss, sein begehrenswertes Spiegelbild im Wasser (III, 6f.). Spiegelungen geschehen zweitens auf der Ebene von direkten Vergleichen: Das Sänger-Ich vergleicht sich mit dem Kind der ersten (*mir ist geschehen als einem kindelîne*, I, 1; *alsô dâhte ich iemer vrô ze sîne*, I, 6) und der dritten Strophe (*sam ein kint* [...], III, 6). Sie geschehen drittens auf der Ebene der indirekten Vergleiche bzw. Assoziationen: Durch den Vergleich des Ichs, das seine Dame *gesach* (I, 7) und darum viel *leide*[ ] (I, 8) habe erfahren müssen, mit dem Kind, das sein Abbild *gesach* (I, 2) und durch den Griff danach in *leitlich ungemach* gestürzt werde (I, 5), werden auch Dame und Spiegelbild durch ‚spiegelbildliche' Beschreibungen miteinander verglichen. Dies wird noch einmal verstärkt, indem in der zweiten Strophe eine herrliche Dame erscheint, die mit dem Spiegelbild nicht nur den *schîn/schîne* (I, 3 und II, 5) teilt, sondern auch die Versehrtheit: Wie der Spiegel zerbrochen ist, ist der Mund der Dame *versêret* (II, 7).[189]

Die Spiegelungen sind dabei von „trügerischer Evidenz", da die Ursachen der Spiegelungsverhältnisse zum Beispiel zwischen zerbrochenem

---

186 Vgl. dazu Speer, Lichtkausalität (2000).
187 Vgl. Kellner, Poetik (2007), S. 187 ff.
188 Kraß, Spiegel (2009), S. 80. Vgl. ähnlich Kellner, Gewalt (1997), S. 60.
189 Ähnlich auch Kraß, Spiegel (2009), S. 81.

Glas und versehrtem Mund unklar bleiben.[190] Auch die direkten Vergleiche entbehren einer intuitiv nachvollziehbaren Logik: Inwiefern ist die Situation des Ichs, das vom Anblick der Dame Freude und Leid erfährt (I, 6 ff.), tatsächlich vergleichbar mit dem Kind, das den Spiegel zerbricht? Während das Kind doch das Begehrte zerstört, weil es Unerreichbar ist, leidet das Ich wohl eher unter dem Wissen um die Unerreichbarkeit der Dame.[191] Oder: Wie weit trägt der Vergleich des Narzissmythos mit der Trauer des Ichs über die bloße Möglichkeit (*angest* […], *daz verblîchen süle*, III, 1 f.), dass die Dame vergänglich ist? Das Ich führt in diesen Spiegelungsprozessen Situationen zusammen, die möglicherweise, aber nicht eindeutig vergleichbar sind, es spiegelt rhetorisch die eine Situation in der anderen, aber ohne, dass ihre Ähnlichkeit offensichtlich wäre. Dasselbe gilt für die Verbindung Spiegelbild-Dame: Durch die Vergleiche, durch die Versehrtheit der Dame nach dem Spiegelbruch und durch die Wiederholung bestimmter Wortfelder werden Spiegelbild und Dame zusammengeführt, aber identisch sind sie nicht.[192]

Mit diesen unvollständigen, unklaren Spiegelungen inszeniert Morungen die Wahrnehmung der Dame als unvollständigen Erkenntnisprozess. Zwar prägen Wörter aus dem semantischen Feld der visuellen Wahrnehmung die Situation des Ich: *gesach* (I, 2), *schîne* (I, 3), *gesach* (I, 7), *seht* (II, 2), *ersach* (II, 4), *sach* (II, 5), *schîn* (II, 5), *mîn ouge* (III, 5), *ersach* (III, 7). Doch aus der Warte mittelalterlicher Wahrnehmungstheorien ergibt sich – andererseits – noch keine Erkenntnis über das eigentliche ‚unsichtbare' Wesen von Ich und Dame, die darin bestünde, das eigene Ich in seiner unähnlichen Ähnlichkeit mit dem darum unerreichbar bleibenden Ideal der Dame zu begreifen – denn ohne Selbsterkenntnis gibt es keine Gotteserkenntnis.

Nachdem die Strophen I und III sich an Formen der Erkenntnis über Spiegelungs- und Wahrnehmungsprozesse abgearbeitet haben, formuliert die letzte Strophe das Programm, dem das Ich verschrieben bleiben muss: Es müsse die Dame immer *vremden*, ihr ‚fremd' bleiben, und zugleich *an ir bestân* (IV, 4), auf die Möglichkeit der Einheit ‚bestehen'. Dieses Programm ergibt sich aus dem Paradox der unähnlichen Ähnlichkeit und bedeutet, dass das Ich keinen Schritt vorangekommen ist: *nû bin ich vil kûme an dem beginne* (IV, 7).[193] Das Ich ist der Dame, wie die Seele dem Einen, nur ähnlich, aber die Verschmelzung zum Einen muss ausbleiben und doch immer angestrebt

---

190 Ebd.
191 Ähnlich auch Kellner, Poetik (2007), S. 197, und Huber, Bildlichkeit (2015), S. 112.
192 Vgl. Kellner, Poetik (2007), S. 197 f.
193 Ich möchte also behaupten, dass diese mittelalterliche Denkfigur möglicherweise eine Erklärung dafür bietet, „[w]arum sich das Ich in dieser dilemmatischen Zwangslage befindet", Wachinger, Strophe (2015), S. 99.

werden. Der Zustand der Ähnlichkeit bei gleichzeitiger Differenz hat die unendliche Wiederholung zur Folge: das nächste klagende Umkreisen der Dame im nächsten Lied, etwa wie der Falter, der in 'Attars ‚Vogelgesprächen' die Kerze umkreist (Kap. 1.3).

2.2.4.2 Spiegeln als Erkennen im ‚Fließendem Licht der Gottheit'

Die Metapher des Sich-Spiegelns in der ersten und dritten Strophe und die direkten oder indirekten In-eins-Setzungen von Spiegelbild und Dame lassen sich vor dem Hintergrund der Verwendung dieser Metapher in mystischen Texten erklären.[194] Indem, wie beispielsweise bei Bernhard von Clairvaux, Gotteserkenntnis an Selbsterkenntnis geknüpft ist, steht der Spiegel etwa im ‚Fließenden Licht der Gottheit' (*ein vliessendes lieht der gotheit*) Mechthilds von Magdeburg, die an der Bernhardschen Hohelied-Allegorese anknüpft,[195] sowohl für die Erkenntnis der eigenen, irdischen Unähnlichkeit zu Gott als auch für das Gegenteil, die Gottesähnlichkeit.[196]

Für die (Erkenntnis der) Gottesunähnlichkeit des Ichs steht der Spiegel, wenn das Ich beschließt, sich in die schmutzigsten Kleider zu begeben, weil diese Kleider seiner Schuld, seiner Vergänglichkeit, seiner Sündhaftigkeit und so seiner Unähnlichkeit entsprächen.[197] Anschließend nimmt es den Spiegel der ‚wahren Erkenntnis' – *einen spiegel der waren bekantnisse* (IV, I, S. 426) – und sieht darin, *wer ich selber bin* (ebd.). Die (Erkenntnis der) Gottesähnlichkeit hingegen repräsentiert der Spiegel, wenn die Seele nach der kurzzeitigen Einswerdung mit dem Herrn, die zugleich ihre eigene Auflösung wie Wasser im Wein bedeutet,[198] und zu ihrem Herrn sagt: „*Herre, du bist min trut, min gerunge, min vliessender brunne, min sunne und ich bin din spiegel*" (IV, I, S. 28). Sie ist

---

194 Vgl. mit Beispielen und weiteren Literaturangaben zur Spiegelmetaphorik in verschiedenen Textsorten Linden, Glas (2015), S. 134. Auch die Metapher des Spiegels als Möglichkeit der Gottes- und Selbsterkenntnis geht dabei im Übrigen auf Platon zurück, wurde von Plotin aufgenommen, findet sich im 1. Korintherbrief und spielt in Predigten und vielen mystischen Texten eine Rolle, vgl. die Beispiele bei Wenzel, Spiegelungen (2009), S. 68ff.
195 Vgl. Hasebrink, Spiegel (2009), S. 158–161.
196 Im Folgenden zitiert nach: Mechthild von Magdeburg, Das fließende Licht der Gottheit. Aus dem Mittelhochdeutschen übersetzt und herausgegeben von Gisela Vollmann-Profe, Berlin 2010. Vgl. zum Folgenden v. a. Hasebrink 2009.
197 *Swenne ich aller menschen armeste an min gebet gan, so ziere ich mich nach miner unedelkeit: So kleide ich mich mit dem pfuole, der ich selber bin. Da nach schoehe ich mich mit der edelen zit, die ich verlorn han alle mine tage, und so gúrte ich mich mit der pine, die ich verschuldet habe. Da nach nime ichumbe mich einen mantel der bosheit, der ich vol bin; so setze ich uf min hovbet ein crone der heimlichen schemede, die ich wider got begangen han.* (IV, I, S. 426).
198 *Alse sich der hohe fúrste und die kleine dirne alsus behalsent und vereinet sind als wasser und win, so wirt si ze nihte und kumet von ir selben* (I, IV, S. 26).

zwar nicht dasselbe wie das Urbild, aber die *sunne* spiegelt sich in ihr, sie ist das ähnliche Abbild und hat damit Anteil am Licht.[199]

In beiden Situationen erkennt das Ich, dass alles Irdische höchstens eine unvollkommene, wandelbare und vergängliche Spiegelung des Göttlichen, nicht aber das Göttliche selbst sein kann. Weil eine Verschmelzung von Ich und Gott nur momenthaft möglich ist und zugleich Ich-Auflösung bedeutet, werde, so analysiert Burkhard Hasebrink, die Verschmelzung der Liebenden durch die Spiegelmetaphorik sprachlich vollzogen:

> An die Stelle der Verschmelzung tritt die Dynamik der Beziehung als Spiegelung, in deren Wechselseitigkeit [...] die Partner ihre Präsenz im Anderen und die Präsenz des Anderen in sich selbst finden.[200]

Akzeptiert man diese mystischen Denkfiguren als tatsächlichen ‚Rahmen' oder zumindest als Code für das Sprechen über die Liebe zwischen Ich und Dame im Minnesang, so stehen auch die Spiegelungsprozesse im ‚Narzisslied' für die unvollständige Identität zwischen Ich und Dame, für die Unklarheit des irdischen Spiegels, wobei diese Erkenntnis dem Narzisslied-Ich, anders als der Seele bei Mechthild, in der Eingangsstrophe nicht zugänglich zu sein scheint.

2.2.4.3 Geträumte Wahrheit im ‚Narzisslied'

In der ersten Strophe sieht das Kind, mit dem das Ich sich vergleicht, nur seine eigene Schönheit, also seine Ähnlichkeit zum Ideal (*sîn schœnez bilde*, I, 2).[201] Im Traum hingegen erkennt es, dass sein Versuch der irdischen Verschmelzung einen schädigenden Angriff auf die Dame darstellt und dass der Eindruck des schönen Spiegelbilds nicht ganz der Wahrheit entspricht: Die Dame bzw. das Spiegelbild ist zwar *schœn* (II, 6), aber zugleich versehrt. Wie Luzifer und der Mensch aus ihrem Spiegel- bzw. Abbildverhältnis übermütig und ‚selbstverliebt' handelten, begehrt das Kind sich selbst, statt im Spiegel auch seine eigene Unvollkommenheit, seine bloße Abbildhaftigkeit zu er-

---

199 Vgl. zur theologischen Diskussion, inwiefern das Abbild tatsächlich identisch mit dem Urbild oder nur in einem analogen Verhältnis zu ihm steht, auch Hasebrink, Spiegel (2009), S. 162.
200 Ebd., S. 166.
201 Aus dieser Perspektive ist die ‚gespiegelte Dame' das im Medium Spiegel konkretisierte, göttliche Urbild, dessen unvollständiges menschliches Abbild das Ich ist (nicht andersherum). Vgl. zu weiteren Möglichkeiten, das Urbild-Abbild-Verhältnis in diesem Text zu interpretieren, Linden, Glas (2015), mit weiterer Literatur auf S. 130 f.

kennen: Die Überhöhung des Narzissmus der höfischen Feudalgesellschaft, der ‚Aristophilie', wird hier gewissermaßen als solche entdeckt und dekonstruiert, denn das Streben nach der Einheit mit dem Gleichen bleibt auf Erden unerfüllt.

Diese Erkenntnis der unähnlichen Ähnlichkeit, der Schönheit und gleichzeitigen Versehrtheit, ist nun interessanterweise keine, zu der das Ich mit den Mitteln vernünftigen Nachdenkens gerät, im Gegenteil: Es ist vollständig passiv. Der mit dem (seelischen?) Ich nicht-identische Körper schläft (II, 3: *dâ mîn lîp an slâfen was gekêret*),[202] es ist die Zeit des Traumes, der gottähnlichen Seele und der inneren Erkenntnis. Diese geht über die Vernunft hinaus und ergibt sich aus der göttlichen Gnade des Entgegenkommens: Die ‚Minne' ist es hier, die die Erkenntnis in der Person der schönen und versehrten Dame bzw. des Spiegelbildes ‚bringt' (II, 2: *brâhte*).

Der Traum ermöglicht eine Form der Erkenntnis, die explizit nicht rational ist, sondern als Gabe und Erscheinung, als ‚Vision' daherkommt.[203] Damit reproduziert Morungen implizit ein antik-mittelalterliches Traumwissen, nach dem Träume Visionen zu bieten in der Lage sind. Nach dem Gelehrten Macrobius, der um das Jahr 400 Ciceros Schrift ‚Scipios Traum' (*Somnium Scipionis*) kommentierte und dem Mittelalter wesentlich das antike Traumwissen vermittelte, gibt es fünf verschiedene Formen des Traums (*insomnium, visum, somnium, visio, oraculum*).[204] Die drei höheren Stufen bieten den Träumenden höhere Wahrheiten: Das *somnium* offenbart Wahres in verhüllter Form, die *visio* Zukünftiges, im *oraculum* folgen gar Handlungsanweisungen durch eine göttliche oder zumindest Gott stellvertretende Instanz.[205]

Bei der Erscheinung im Traum der zweiten Strophe handelt es sich am ehesten um das *somnium*. Dem Ich wird die Wahrheit verhüllt dargebracht, die Schau bedarf der Deutung: Die Schönheit der Dame, das ‚Leuchten' ihrer Tugenden (II, 5) steht für die Vollkommenheit Gottes, dem das Ich ähnelt (denn die Dame ist auch Spiegelbild des Ich) und mit dem es Eins werden will. Die Versehrtheit kann assoziativ mit dem Bruch des Spiegels und so mit einer ‚übergriffigen' Tat des kindlichen Ichs verbunden werden, die wiederum an den Sündenfall der ersten Menschen erinnert: Mit dem *kindelîne* ruft das Ich einen ursprünglichen und unschuldigen, aber auch unvernünftigen Zustand seiner Selbst auf. Aus der eigenen Gottes- bzw.

---

202 Vgl. zu dieser „Dissoziation des Subjekts in *mîn lîp* und *ich*" auch Schmid, Ich (2015), S. 66.
203 Damit gehe ich hier nicht davon aus, dass die Strophe vor dem Hintergrund der ‚negativen' Traditionslinie der Traumtheorie gelesen werden sollte, nach der der Traum eher Trugbilder produziert als Visionen, vgl. dazu Linden, Glas (2015), S. 138.
204 Vgl. Bumke, Blutstropfen (2001), S. 50f. Vgl. grundlegend zur mittelalterlichen Traumtheorie Speckenbach, Träume (1998), zu Macrobius: S. 300f.
205 Vgl. Speckenbach, Träume, S. 300f.

Damenähnlichkeit zieht es den falschen Schluss, mit dem Ähnlichen Eins werden zu können und ‚greift' (mit Gewalt) danach, mit der Folge, dass die Ebenbildlichkeit unvollkommen wird. Die Dame des Traums erinnert das Ich so an den selbstverschuldeten Verlust der absoluten Ähnlichkeit und zeigt ihm sein eigentliches Spiegelbild: die unvollkommene Vollkommenheit, die unähnliche Ähnlichkeit mit dem Einen (der Dame).[206] Die Sehnsucht nach der ‚heilsamen' und die Gefahr der ‚gewaltsamen' Entdifferenzierung (Kap. 1.8.1) werden hier gewissermaßen direkt miteinander konfrontiert.

Die dritte Strophe arbeitet zwar wieder mit einem Vergleich und gehört wohl nicht mehr zur Sphäre der visionären Schau. Das Narzissbild wiederholt dabei aber nicht einfach die Szenerie der ersten Strophe, denn vom Hineinspringen des Kindes zu seinem *schaten* im Wasser (III, 7) ist nicht die Rede. Wir erfahren nur: Es muss das Bild lieben bis es stirbt (III, 8).[207] Dabei handelt es sich um eine ‚Entwicklung', die aus der Vision des Traums resultiert: Irdisch ist zwar die wahre Erkenntnis nicht möglich – immer noch fehlt dem Ich die *wîsheit* (III, 6), immer noch arbeitet es mit Analogien, die nie ganz identisch mit dem sprachlich nicht greifbaren Bezugspunkt sind, und immer noch begehrt es sein Spiegelbild – aber der Übergriff findet nicht mehr statt.[208] Das Ich harrt aus, übt sich in Selbsterkenntnis, um irgendwann die nächste Stufe zu erringen. Die endgültige Verschmelzung dagegen ist tatsächlich erst im Tode möglich, wie das Ich richtig schließt.

2.2.4.4 Das ‚Narzisslied' und das ‚Granum Sinapis'

Der bisherige Eindruck, dass das ‚Narzisslied' bzw. bestimmte Aspekte des Hohen Minnesangs am Denken und Sprechen der Mystik partizipieren, wird noch verstärkt, bezieht man ein etwa 100 Jahre jüngeres mittelhochdeutsches

---

206 Man könnte in Anbetracht des gewalttätigen Zugriffs des Ichs nach ‚sich selbst' und zugleich nach der Dame darüber nachdenken, inwiefern sich auch die imaginierten Gewaltszenen insbesondere in Morungens Liedern vor dem Hintergrund des ‚mimetischen Begehrens' nach Girard lesen ließen, denn mindestens im ‚Narzisslied' scheint zu gelten: „Wo Unterschiede fehlen, droht Gewalt" (Girard, Gewalt (2006), S. 88). Diese Lektüre böte sich auch insofern an, als ich den Übergriff vor dem Hintergrund des biblischen Sündenfalls verstehe, den auch Girard in seine Kulturtheorie mit einbezieht und die Tat der ersten Menschen ebenfalls als „konfliktuelle Auflösung, die Tilgung der gemeinschaftsbildenden Differenzen und Hierarchien" und die Vertreibung aus dem Paradies als gewaltsame „Rückkehr zur Differenz" versteht, Girard, Ende (2009), S. 192. Vgl. zur Gewalt in Morungens Lieder v. a. Kellner, Gewalt (1997), zum ‚Narzisslied' S. 56–66.
207 Vgl. Kellner, Gewalt (1997), S. 63.
208 Anders Kraß, Spiegel (2009), S. 81.

Lied des frühen 14. Jahrhunderts mit ein, das aus den Kreisen des Mystikers Meister Eckhart kommt.[209] Das achtstrophige sogenannte ‚Senfkorn'-Lied (*granum sinapis*)[210] ist zunächst einmal insofern deutlich von den Konzepten des Pseudo-Dionysius Areopagita geprägt, der auch in den Kommentaren zum Lied immer wieder zitiert wird,[211] als es die Gottheit als ‚ausfließend' (I, 8; II, 1; II, 5) und ‚unteilbar' (II, 7), als immer begehrenswerte ‚überwesenhafte Vollkommenheit' (VIII, 10), zu der das Ich aufsteigen (III, 8 ff.)[212] und sich darin auflösen will (VIII), imaginiert.[213]

> I:
> *In dem begin*
> *hô uber sin*
> *ist ie daz wort*
> *ô rîcher hort*
> *dâ ie begin begin gebâr!*
> *ô vader brust,*
> *ûz der mit lust*
> *daz wort ie vlôz!*
> *doch hat der schôz*
> *daz wort behalden, daz ist wâr.*
>
> II:
> *Von zwên ein vlût,*
> *der minnen glût,*
> *der zweier bant,*
> *den zwein bekannt,*
> *vlûzet der vil sûze geist*
> *vil ebinglîch*
> *unscheidelîch.*
> *dî drî sîn ein.*
> *weiz du was? Nein.*
> *iz weiz sich selber aller meist.*
>
> III:
> *Der drîer strik*
> *hat tîfen schrik,*
> *den selben reif*
> *nî sin begreif:*

---

209 Zur Verfasserfrage vgl. Ruh, Eckhardt (1985), S. 49 ff.
210 Im Folgenden zitiert nach ebd., S. 47–49. Seinen Namen erhält es durch den lateinischen Kommentar zu diesem Lied, der es mit einem Senfkorn vergleicht, das zwar klein sei, aber große Kraft in sich berge, vgl. ebd., S. 51, sowie Haug, Granum (2003), S. 76.
211 Vgl. Ruh, Eckhardt (1985), S. 55.
212 Vgl. Haug, Granum (2003), S. 79.
213 Vgl. Ruh, Eckhardt (1985), S. 55–59.

hîr ist ein tûfe sunder grunt.
schach unde mat
zît, formen, stat!
der wunder rink
ist ein gesprink,
gâr unbewegit stêt sîn punt.

IV:
Des puntez berk
stîg âne werk,
vorstentlichkeit!
der wek dich treit
in eine wûste wunderlîch,
dî breit, dî wît,
unmêzik lît.
dî wûste hat
noch zît noch stat,
ir wîse dî ist sunderlîch

V:
Daz wûste gût
nî vûz durch wût,
geschaffen sin
quam nî dâ hin:
us ist und weis doch nimant was.
us hî, us dâ,
us verre, us nâ,
us tîf, us hô,
us ist also,
daz us ist weder diz noch daz.

VI:
Us licht, us clâr,
us vinster gâr,
us unbenant,
us unbekant,
beginnes und ouch endes vrî,
us stille stât,
blôs âne wât.
wer weiz sîn hûs?
der gê her ûz
und sage uns, welich sîn forme sî.

VII:
Wirt als ein kint
wirt toup, wirt blint!
dîn selbes icht
mûz werden nicht,

al icht, al nicht trîb uber hôr!
lâ stat, lâ zît
ouch bilde mît!
genk âne wek
den smalen stek
sô kums du an der wûste spor.

VIII:
Ô sêle mîn
genk ûz, got în!
sink al mîn icht
in gotis nicht,
sink in dî grundelôze vlût!
vlî ich von dir,
du kumst zu mir.
vorlîs ich mich,
sô vind ich dich,
ô uberweselîches gût!

Das Lied lässt sich in drei thematische Abschnitte teilen: Die ersten drei Strophen preisen die Dreieinigkeit Gottes, die dem menschlichen Verstand unbegreiflich bleiben: Der Heilige Geist sei Vater und Sohn gleich (II, 6) und untrennbar (II, 7) und fließe doch aus diesen heraus, als *minnen glût* (II, 2). Die Erkenntnis dieser Paradoxie obliegt allein dem Göttlichen selbst: *weiz du was? Nein. | iz weiz sich selber aller meist.* (II, 10). Der menschliche *sin* (III, 4) kann die Paradoxie der Tiefe ohne Grund (III, 5), der Zeit-, Formen- und Ortlosigkeit (III, 7), des Ursprungspunktes, auf dessen Berg man steigen solle (III, 10; IV, 1 f.), nicht begreifen und reagiert mit Erschrecken (III, 2). Die Strophen III bis VI weisen ein angesprochenes Du an, von aller Vernunft abzusehen, den Berg des Punktes zu besteigen, um eine wunderbare und unendliche Wüste zu betreten (IV), die wiederum nicht mit *geschaffen sin* greifbar sei (V, 3) und die mit den widersprüchlichsten Eigenschaften belegt wird (V, 5–10; VI, 1–5). Das Du solle, einem *kint* gleich (VII, 1) alle Sinne (VII, 2) fahren lassen und so die Spur der Wüste finden (VII, 10). Die letzte Strophe (VIII) beendet das Lied, indem es das Du nun als *sêle mîn* (VIII, 1) offenbart, die in Gott eingehen (VIII, 2), in die ‚grundlose Flut', in sich selbst und in Gott versinken solle (VIII, 3 ff.), und spricht schließlich – indem es den Unterschied von Ich und Du auflöst – von seinem eigenen, erhofften Eingehen in Gott (VIII, 5–10).

Sechs Aspekte machen das ‚Granum Sinapis' (GS) mit dem ‚Narzisslied' (NL) vergleichbar und erhellen so die gemeinsame Grundlage. Erstens werden in beiden Liedern Dame bzw. das Eine als etwas ganz und gar Übermächtiges gefasst. Die ‚Wüste', das absolute Nichts, in dem die Gottesbegegnung möglich wird, ist unmessbar weit (GS, IV, 6 f.) und die

Dame kann selbst vom unendlichen Himmel nie umfasst werden (NL, IV, 1 f.).[214]

Zweitens wird in beiden Liedern die Unmöglichkeit artikuliert, das Wesen der Dame/des Einen mit menschlicher Vernunft zu begreifen.

Drittens streben dennoch sowohl Morungens Sänger-Ich als auch die Seele im ‚Granum Sinapis' danach, schließlich Eins mit Gott/der Dame zu werden: Wie das Kind im ‚Narzisslied' nach dem Spiegelbild/der Dame greift, warnt das Ich im ‚Granum Sinapis' mehrmals davor, seinen Sinnen zu vertrauen und Gott auf diese Weise erfassen zu wollen. Erst in der nahen wie fernen, tiefen wie hohen, existenten wie nicht-existenten Wüste (GS, V, 5–10), jenseits aller Wahrnehmung (GS, VII, 1 f.) und im ‚Narzisslied' jenseits der verstandesmäßig erstellten Analogien, sondern nur im Traum und im Tod des Leibes, ist die Verschmelzung möglich.

Viertens wird diese Möglichkeit der Vereinigung vom gnadenhaften Entgegenkommen Gottes/der Dame abhängig gemacht: Im Traum des Ichs im ‚Narzisslied' wird die wahre Erkenntnis als Vision ‚gebracht' (II, 1 f.) und in der letzten Strophe des ‚Granum Sinapis' wird die Flucht in das Wesenlose mit der Hoffnung verknüpft, dass dann Gott sich der Seele gnadenhaft nähere: *du kumst zu mir* (VIII, 7).

Fünftens verknüpfen beide Ichs die menschlich-irdische Unmöglichkeit der Erkenntnis und Verschmelzung von Seele/Ich und Gott/Dame mit der dennoch bestehenden Notwendigkeit, sich um das Unmögliche zu bemühen: Das Kind im ‚Narzisslied' verharrt vor seinem Spiegelbild (III, 8), das Ich muss der Dame immer ‚fremd' und doch bei ihr bleiben (IV, 4) und die Seele im ‚Granum Sinapis' wird mit Aufträgen, durch Verzicht auf die Vernunft das Unmögliche zu versuchen, zum Beispiel des Punktes Berg zu beschreiten (IV, 1 f.), überschüttet.[215]

Und sechstens wird der Modus, in dem eine Verschmelzung eventuell möglich sein könnte, mit dem Status des Kindes verglichen, bei Morungen in Strophe I und III, im ‚Granum Sinapis' in Strophe VII, 1 f.: *Wirt als ein kint | wirt toup, wirt blint!* Das Kind wird in beiden Liedern einerseits damit assoziiert, frei von ‚Sinnen', *wîsheit unversunnen* (NL, III, 6), zu sein, und steht zugleich für eine Rückkehr zum Ursprung, zu einem ehemaligen Seinszustand. Im ‚Narzisslied' wird dies explizit vorgeführt, indem das Kind der ersten Strophe, das den Fehler des Spiegelbruchs begeht, in der dritten im meditativen Blick ins Wasser verharrt, ohne zu springen. Die Rückkehr zu

---

214 Vgl. Haug, Granum (2003), S. 79: „Die Leere der Wüste ist eine traditionelle Metapher für die Entbundenheit der Gottheit von allem Konkreten; sie kennzeichnet ihren Sonderstatus gegenüber allem Seienden: die Leere steht für ein Sein jenseits von Raum und Zeit."
215 Vgl. ebd., S. 79.

diesem ursprünglichen Zustand führt ein Stück näher an die Einheit mit Gott, aus dem das Viele einmal ‚geflossen' ist.

2.2.4.5 Spuren der unähnlichen Ähnlichkeit im Minnesang

Heinrichs ‚Narzisslied' ist ein besonders gutes Beispiel dafür, dass sich das Liebesspiel des Minnesangs auch in den Begriffen des christlichen Neuplatonismus bzw. der Mystik beschreiben lässt, doch man könnte weitere anführen. Von Morungens schon zitiertem Lied, *het ich tugende niht so vil* (MF 124, 32), abgesehen, eignet sich auch *west ich, ob ez verswîget möhte sîn* (MF 127, 1) für eine entsprechende Perspektivierung: Hier wird die Teilhabe des Ichs an der Dame nicht über die visuelle, sondern über die auditive Wahrnehmung kommuniziert: *Der sô lange rüeft in einen touben walt, | ez antwürt im dar ûz eteswenne* (II, 1 f.). Dies erlaubt zumindest die Assoziation, dass das Ich nicht nur eine Antwort der Dame, etwa einen Gruß, erwarten kann, sondern tatsächlich die Wiederholung des Gesagten: seine eigene Stimme.

In Reinmars Lied *Ich hân varender vröiden vil* (MF 174, 3) konstatiert das ich in der letzten Strophe:

> *Ich hân iemer teil an ir;*
> *den gib ich niemen, swie*
> *vrömed er mir iemer sî.*
> *ôwe, wan wurde er mir,*
> *daz ich einen tac belibe von*
> *sorgen vrî!*
> *Got weiz wol, daz ich ir nie vergaz*
> *und daz wîp mir geviel nie baz.*
> *wirt mir sîn anders niht,*
> *doch sô hân ich daz.*
> (V, 1–7)

Das Ich weiß, dass es ‚Anteil' an der Dame hat (V, 1) und weiß zugleich,– der paradoxen Situation der unähnlichen Ähnlichkeit entsprechend –, dass dieser Anteil ihm ‚fremd' bleibe (V, 2), und wünscht sich, dass dieser Anteil tatsächlich ‚Sein' werde (V, 3), dass, so könnte man folgern, aus der unvollkommenen eine vollkommene Ähnlichkeit werde.

Und, zuletzt, lässt das alternde Ich in der letzten Strophe von Walthers von der Vogelweide ‚Alterston' (L 66, 21),[216] nachdem es der irdischen Liebe

---

[216] Zitiert nach: Walther von der Vogelweide. Leich, Lieder, Sangsprüche. 15., veränderte und erweiterte Auflage der Ausgabe Karl Lachmanns. Aufgrund der 14., von Christoph Cormeau bearbeiteten Ausgabe neu herausgegeben von Thomas Bein, Berlin 2013.

entsagt hat (IV, 9–12), seine Zuhörer*innen wissen, es habe ein *schœne bilde* erwählt, das durch seinen Anblick und seine Anrede seine Schönheit verloren habe (V, 1–4). In diesem ‚Bild' sei ein *wunder* gewesen, das nun fortgegangen sei (*ich enweiz war*, V, 5), weshalb es seinen ‚Geruch' (*smac*) und sein rosenfarbenes Aussehen (V, 7 f.) verloren habe. Und am Ende spricht das Ich schließlich zu diesem Bild:

Mîn bilde, obe ich gekerket bin
in dir, sô lâ mich ûz alsô,
daz wir ein ander vinden frô,
wan ich muoz aber wider in.
(V, 9–12)

In diesem kryptischen Arrangement wird ein ‚Bild', wie bei Morungen das ‚Abbild', durch eine Handlung des Ich vergänglich, auch hier verschwimmt das ‚schöne Bild' mit dem Ich, das sich nun als im Bild eingeschlossen imaginiert. Und auch hier verbindet sich Entfremdung mit Vereinigung, Teilhabe mit Fremdheit.

Aus dieser Perspektive inszeniert ‚der Minnesang' die unendliche Wiederholung der Bemühung um das Unerreichbare, nämlich die Verschmelzung mit dem Ideal, an dem das Ich einerseits Anteil hat und ihm andererseits fremd bleibt. Die mit der *ratio* und den äußeren Sinnen kaum fassbare Erkenntnis der unähnlichen Ähnlichkeit des Ichs zum absoluten Guten, das von der Dame repräsentiert wird, ist das Dilemma, das die Bitten und Klagen am Laufen hält. Was die Mystik als unerreichbaren Wunsch nach der Verschmelzung mit Gott inszeniert, fasst der Minnesang dabei in die Formen der personalen Liebesbeziehung. In der Einheit könnte – man denke an die Engelschöre – der Gesang stoppen, aber weil zur Ähnlichkeit auch Differenz gehört, bedarf es der Handlung, ist sie der Treibstoff der unendlichen Wiederholung.

2.3 Gleiches aus Gleichem. Verwandtschaft

Sehr viel ‚alltagspraktischer' als das Nachdenken über die Ähnlichkeit zwischen den irdischen Wesen allgemein und dem Verhältnis von himmlischer Einheit und irdischer Verschiedenheit, wie es auch das ‚Narzisslied' in eigentümlicher Weise artikuliert, mutet der Diskurs über die Ähnlichkeit zwischen Verwandten an, denn hier geht es häufig um Fragen der Herrschaftslegitimation, der Dynastiebildung und der Gruppensolidarität. Dennoch sind auch die mittelalterlichen Vorstellungen von Zeugung oder Geschwisterbeziehungen, von ‚Blutsverwandtschaft' und ‚natürlicher' Liebe unter Verwandten nicht unabhängig von den vormodernen Konzeptionen des Kosmos, die ich im vorangegangenen Kapitel skizziert habe: Auch im Nachdenken über verwandtschaftliche Ähnlichkeit wird diese, wie beim Verhältnis zwischen Gott und Seele, als ‚tatsächliche' Anteilhabe gedacht und werden aus dieser (meta-)physischen Verbindung heraus besondere Wahrnehmungsmöglichkeiten abgeleitet; auch hier spielen Schöpfungsvorstellungen und Konzepte von ‚Substanz' und ‚Form' eine Rolle und auch hier lässt sich eine ambivalente Bewertung von Ähnlichkeit ausmachen.

Nicht immer sind die Verbindungen der unterschiedlichen Diskurse klar zu bestimmen. Zentral für diese Arbeit ist, dass sich dennoch ein allgemeiner (oft in sich widersprüchlicher) Ähnlichkeitsdiskurs beschreiben lässt, der thematische Diskurse über wiederkehrende Wertungen, Codes und Axiome gewissermaßen ‚rhizomartig' miteinander verbindet. Dies ist auch darauf zurückzuführen, dass vormoderne Ordnungen von Wissen nicht immer in spezialisierte Teilbereiche untergliedert werden: Aristoteles zum Beispiel (und mit ihm seine Rezipierenden im 12. und 13. Jahrhundert) übertrug seine Vorstellung von den ‚vier Ursachen', von denen alle natürlichen Dinge abhingen, direkt auf seine Konzeption von Zeugungsvorgängen und erklärte auf diese Weise auch die Ähnlichkeit zwischen Nahverwandten (s.u.).

2.3.1 Lektüre: ‚Eneasroman'

Eine gemeinsame verwandtschaftliche Abstammung jedenfalls kann wohl als die für die mittelalterliche Feudalkultur lebenspraktisch entscheidendste Erklärung für wahrnehmbare Ähnlichkeiten zwischen Menschen gelten. ‚Genealogie' als (verwandtschaftlich) auseinander hervorgehende Kette mit einem gemeinsamen Ausgangspunkt erreicht ihre gesellschaftliche Funktion, das Viele und Verschiedene zu ordnen, indem sie es auf einen gemeinsamen Ursprung zurückführt,[217] und auf diese Weise Stabilität und Kontinuität zu gewährleisten,[218] vor allem durch Wiederholung und Ähnlichkeit. Die Möglichkeit, Vergangenes im Gegenwärtigen, Fernes im Hiesigen, Getrenntes im Gemeinsamen wiederzuerkennen, macht sie für das Mittelalter zu einem zentralen institutionellen Gefüge, das zugleich alle möglichen Formen mittelalterlichen Wissens ordnet und auf andere Wissens- und Beziehungsformen übertragen wird.[219]

Beide Aspekte, die Vereinheitlichung des Vielen und die Übertragung genealogischen Denkens auf andere Wissensbereiche, zeigen sich in der Literatur vielerorts, besonders eindrücklich beispielsweise in den Beziehungs-

---

217 Vgl. Kellner, Ursprung (2004), S. 15.
218 Vgl. ebd., S. 14.
219 Vgl. ebd., S. 14f. Dies ist die zentrale These in Kellners Habilitationsschrift.

2.3 Gleiches aus Gleichem. Verwandtschaft

beschreibungen im ‚Eneasroman' Heinrichs von Veldeke.[220] Indem der Erzähler am Ende des Romans die Ahnenreihe, in der Eneas steht, als solche skizziert, deren einzelne Personen sich in ihrer beschriebenen Idealität kaum voneinander unterscheiden und in der vor allem Eneas' Enkel Silvius Eneas sich (nicht nur hinsichtlich seines Namens) durch eine bemerkenswerte Ähnlichkeit zum Großvater auszeichnet – dieser nämlich *wart reht also getan | als Eneas der troian | an dem hare und an der hute* (v. 13347 ff.)[221] –, wird ein transpersonaler Zusammenhang (Kap. 2.1) der Individuen behauptet. Der Einzelne steht nicht nur für sich, sein Programm und seine Gegenwart, sondern verkörpert zugleich auch die Vergangenheit seiner ruhmreichen Vorfahren. Die entsprechende Herrschaftsdynastie wird durch diese Wiederholung des Vergangenen unsterblich gemacht, weil die Einzelglieder jeweils das Ganze verkörpern.[222] Zugespitzt könnte man sagen: Die Unsterblichkeit, die der Mensch gemeinsam mit seiner Gottesnähe durch Ähnlichkeit aufgegeben hat, um ins ‚Reich der Unähnlichkeit', in die irdische Differenz verstoßen zu werden (Kap. 2.2.1.2), lässt sich ein Stück weit durch die Unsterblichkeit der Dynastie bewältigen, deren Einheit sich in der zeitlosen Ähnlichkeit ihrer Mitglieder manifestiert. Diese Idee einer sich in Ähnlichkeit manifestierenden Einheit der ‚Sippe'[223] wird in diesem Roman auf die Beziehungskonzeption einer ‚Männerfreundschaft', in diesem Fall zwischen Nisus und Euryalus, übertragen.[224] Sie verstehen sich nicht als getrennte Personen, sondern als ‚ein Leib', dessen Aufspaltung den Tod bedeutet – nur von dieser Regel erzählt die kurze Episode (v. 6537–6794).[225] Wenn die

---

220 Im Folgenden zitiert nach: Heinrich von Veldeke, Eneasroman. Mittelhochdeutsch/Neuhochdeutsch, hg. von Dieter Kartschoke, Stuttgart 2002.
221 Und weiter heißt es: *daz markten die lûte, | die si beide erkanden: | an füzen unde an handen | mohte manz wol merken | an worten und an werken | und uber allen sînen lîb. | vil holt wâren in diu wîp. | von Ênêâ sînem anen | von dem erbetez in ane* (v. 13350–13358).
222 Vgl. dazu Kellner, Ursprung (2004), S. 221–224.
223 Der mittelhochdeutsche Begriff *sippe* verweist auf das mittelalterliche Konzept eines sehr geschlossenen Familienverbandes, der teilweise auch als *ein* Körper imaginiert wird (Kap. 2.3.3) und darüber hinaus für die Mitglieder eines ‚Sippenverbands', die über das Blut als miteinander verbunden imaginiert werden, Rechtsschutz bedeutet. Ich verwende diesen mittelalterlichen Begriff trotz seiner Kontaminierung im Nationalsozialismus: Hier wurde ‚Sippe' zum Konzept einer vermeintlich germanischen ‚Volksrasse' und zur Grundlage rassischer Erziehung. Viktor Klemperer fasst in seinen Tagebüchern von 1940 zusammen: „Kurve eines Wortes. *Sippe* im Mittelalter normal gebräuchlich für Familie. In der Neuzeit pejorativ. Jetzt mit affektiver Gloriole. ‚Weihnachten das Fest der Sippe.'" Vgl. dazu insgesamt Schmitz-Berning, Vokabular (2007), S. 574 ff., hier: S. 576.
224 Wobei es vielleicht nicht ganz richtig ist, von einer ‚Übertragung' zu sprechen, denn das Modell einer physischen Einheit einer Gemeinschaft ist nicht unbedingt originär eines des Verwandtschaftsdiskurses (Kap. 2.1).
225 *in alsô vile jâren, | sô si wâren ensamen, | niht wan ein der namen | wâren sie gescheiden: | wan si dûhte beide, | daz si ein lîb wâren* (v. 6546–6551); ‚*geselle, vil lieber man, | daz ich weiz und daz ich kan |*

antiken und mittelalterlichen Freundschaftskonzeptionen das Modell eines gemeinsamen ‚Sippenkörpers' zwar nicht benötigen, um Ähnlichkeit zur Voraussetzung ‚wahrer' Freundschaft zu machen (Kap. 2.4), so bietet sich dieses doch an, um das ‚Zusammengehören' zweier Personen und ihre unbedingte Solidarität untereinander zu beschreiben.[226] Im Fall von Nisus und Euryalus ist ihre Ununterscheidbarkeit äußeres Zeichen ihrer inneren Verbundenheit, die das Füreinander-Einstehen und damit die Stabilität dieses Kollektivs im Kleinen bis zum Tod garantiert, und dient, im Kontext des Gesamtromans betrachtet, zugleich als Spiegelung der Männerfreundschaft des Protagonisten Eneas mit dem jungen Pallas, die nicht auf Merkmalsgleichheit beruht. Sie sind nicht ‚ein Leib' und müssen darum mit dem Tod des einen Partners nicht als physische Einheit sterben.[227]

Die Behauptung einer Leibeseinheit geht in der höfischen Literatur, dies zeigt das Beispiel von Nisus und Euryalus, über den Verwandtschaftsdiskurs hinaus. Vor dem Wissenshintergrund über verwandtschaftliche ‚Sippenkörper' (Kap. 2.3.2) und die Bedeutung des Bluts bei der Fortpflanzung (Kap. 2.3.1) scheinen sich die beiden Freunde mit ihrer Reklamation eines ‚gemeinsamen Fleischs und Blutes' (v. 6600) als Brüder oder als eine andere Art der Nahverwandten zu beschreiben. Zugleich muss dies nicht bedeuten, dass bei derartigen Formulierungen im Mittelalter zuvörderst an ‚Sippenverwandte' gedacht werden musste: Auch die Paradieserzählung begründet die Zusammengehörigkeit von Adam und Eva mit dem Verweis auf den gemeinsamen Ursprung im Fleisch des ersten Mannes (Kap. 2.4.1; Kap. 2.4.7). In den Aussagen der beiden Freunde im ‚Eneasroman' verschmelzen also theologischer Liebesdiskurs und Verwandtschaftsdiskurs – in beiden Fällen aber hängt die behauptete Einleiblichkeit mit einem gemeinsamen Ursprung (und mit Zuneigung) zusammen.

Andere Romane bemühen sich noch stärker um die Kodierung nichtverwandtschaftlicher Beziehungen als solche, die auf einen gemeinsamen Ursprung zurückzuführen sind. Ein ziemlich bildhaftes Beispiel dafür ist auch das beliebte Gleichnis eines Siegels, das sich mehrmals in Wachs drückt – also einer Form, die sich mehrmals manifestiert. Sowohl in Wolframs ‚Willehalm' (Kap. 3.3.1), wo Rennewart seiner Schwester Gyburc, wäre da nicht sein neuer Bart, zum Verwechseln ähnelt (v. 274, 18–26), als

---

daz kanst ouch dû unde weist. | wir sîn ein lîb und ein geist | mit willen und mit werken.' (v. 6567–6571); ‚*wir sîn ein fleisch und ein blût | (sprach her), liebe frunt mîn, | ichn weiz wie daz mohte sîn, | wie wir halbe hin ûz giengen | unde halbe beliben hie inne. | daz dûhte mich unminne. | nû uns got hât ein lîb gegeben, | wir soln beide ensament leben | und ouch ensament sterben.* (v. 6600–6608).

226 Vgl. ähnlich Friedrich, Menschentier (2009), S. 355. Zur Fraternalität im antiken und mittelalterlichen Freundschaftsdiskurs vgl. Kraß, Fraternalität (2011).
227 Vgl. ähnlich Kraß, Männerfreundschaft (2016), S. 195 f.

auch in Konrads ‚Engelhard' (Kap. 3.2) mit Blick auf die beiden Doppelgängerfreunde (v. 470–473) dient das Gleichnis von Siegel und Wachs dazu, der sichtbaren Ähnlichkeit der Figuren eine kausale Ursache – einen gemeinsamen Ursprung – zuzuschreiben. Dementsprechend halten andere Figuren die beiden Freunde bei Konrad von Würzburg (v. 680, v. 774 f.), aber auch etwa das Liebespaar in Konrad Flecks ‚Flore und Blanscheflur' (Kap. 3.1) aufgrund ihrer Ähnlichkeit für Geschwister (v. 4032–4035). Im Falle der biologischen Geschwister Rennewart und Gyburc mag dies für die Rezipierenden nicht weiter irritierend sein. Dietrich und Engelhard, aber auch Flore und Blanscheflur jedoch trennt bei aller Merkmalsgleichheit ja *gerade* die unterschiedliche Herkunft, die das Gleichnis impliziert. Der Erzähler unterstreicht auf diese Weise das ‚Wunderbare' dieser Ähnlichkeit. Die Ähnlichkeit zwischen Verwandten wird also immer wieder als erste Assoziation bei wahrnehmbarer Ähnlichkeit inszeniert, wird im Falle mancher Personenbeziehungen aber gerade dadurch gezielt als Erklärung abgewiesen. Sie vermag, blickt man wieder zurück auf das Beispiel des ‚Eneasromans', Kontinuität und Stabilität, zum Beispiel von Herrschaft, zu begründen, garantiert darüber hinaus aber auch unbedingte Solidarität, Schutz und Fürsorge (Kap. 1.8.2, Kap. 2.1) einer sich als physische Einheit reklamierenden Gruppe, wie in diesem Beispiel im Fall von Nisus und Euryalus.

Ich möchte im Folgenden einen knappen Überblick über die wichtigsten Fragestellungen zum Zusammenhang von Ähnlichkeit und Verwandtschaft geben: Wie leitet sich die mittelalterliche Medizin die Ähnlichkeit der Nachfahren zu ihren Vorfahren her (2.3.2)? Inwiefern wird die Ähnlichkeit zwischen Verwandten als Zeichen transpersonaler Einheit in sogenannten ‚Sippenkörpern' aufgefasst und was bedeutet es, wenn Figuren zugeschrieben wird, von gleicher *art* oder *natûre* zu sein (2.3.3)? Wie dachte man über jene Menschen nach, die sich als Zwillinge in besonderer Weise ähnelten (2.3.4)? Und zuletzt: Wie ging man mit dem Fall um, dass die im Liebes- und Freundschaftsdiskurs gepriesene Sympathie zwischen ähnlichen Menschen (Kap. 1.1, Kap. 2.4) auch zwischen Verwandten dazu führen kann, dass diese sich sexuell begehren (2.3.5)?

2.3.2 Zeugungstheorien

Die Beobachtung, dass Verwandte einander und insbesondere Kinder ihren Eltern ähnlen, wurde in der mittelalterlichen Gelehrtendiskussion mit dem Rückgriff auf antike Zeugungs- und Empfängnistheorien erklärt, wobei sich die Schriften aus dem hippokratischen Korpus (6.–1. Jahrhundert v. Chr.), des Aristoteles (4. Jahrhundert v. Chr.) und Galens (2./3. Jahrhundert n. Chr.) als besonders wirkmächtig erwiesen.[228] Es lassen sich dabei insbesondere zwei Phasen der mittelalterlichen Rezeption antiken Wissens über die Entstehung von verwandtschaftlicher Ähnlichkeit unterscheiden: Während man sich in der Zeit nach dem Zerfall des Römischen Reiches vor allem zwischen dem 6. und 8. Jahrhundert vornehmlich darum bemühte, das antike Wissen beispielsweise durch enzyklopädische Sammlungen, medizinische Handbücher und Dialogschriften zu kondensieren, allerdings ohne dabei eine besondere Rücksicht auf Kohärenz und Einheitlichkeit zu nehmen, lässt sich ab dem späten 11. bis ins 13. Jahrhundert hinein eine neue Phase der wissenschaftlichen Auseinandersetzung mit den antiken ‚Autoritäten' beobachten.[229] Kursierte darum am Ende des 11. Jahrhunderts noch eine Vielzahl an unsystematisierten und zum Teil auch widersprüchlich nebeneinander stehenden Theorien über die tierische und menschliche Fortpflanzung,[230] begann anschließend eine Phase, in der die entsprechenden Werke Galens und Aristoteles' vollständiger übersetzt und durch die arabische Medizin, insbesondere durch Avicenna und Averroes, ergänzt wurden, man sich intensiver mit Details beschäftigte und einen höheren Wert auf Auswahl, Kohärenz und Argumentation legte.[231] Diese in zunehmendem Maße elaborierte Auseinandersetzung mit altem Wissen, die zwar an den Universitäten des 13. bis 15. Jahrhunderts ihren Höhepunkt erlebte, in den Klöstern aber (etwa mit Konstantin von Afrika in Salerno)[232] ihren Anfang nahm,[233] führte gleichwohl nicht dazu, dass sich im Hochmittelalter eine der verschiedenen Zeugungstheorien als eindeutig führend durchsetzte.[234] Erst im Verlauf des 13. und 14. Jahrhundert lässt sich zumindest bei den Scholastikern tendenziell eine Dominanz des aristotelischen Modells feststellen.[235]

Es sind insbesondere folgende zwei mit der Zeugung zusammenhängende Vorstellungen, die im Mittelalter die Frage nach der Entstehung von Eltern-Kind- und Geschwister-Ähnlichkeiten dominierten, sich zuweilen

---

228 Vgl. zum Folgenden die zwar schon älteren, aber immer noch grundlegenden Studien von Cadden, Meanings (1993), und Lesky, Vererbungslehren (1950). Vgl. außerdem Laqueur, Leib (1996), insbes. s. 39–68, sowie Tuana, Samen (1995), und einführend Keil, Art. ‚Zeugung II. Medizinisch' im Lexikon des Mittelalters. Zur Rezeption des hippokratischen Korpus vgl. Keil, ‚Hippokrates II. Rezeption', zur Galen-Rezeption vgl. Schipperges/Durling, ‚Galen im MA' und zur Aristoteles-Rezeption vgl. Honemann, ‚Aristoteles C. Übersetzungen, Rezeption'.
229 Vgl. Cadden, Meanings (1993), S, 39 f.
230 Vgl. ebd., S. 52 f.
231 Vgl. ebd., S. 54 f.
232 Vgl. ebd., S. 57–70.
233 Vgl. ebd., S. 56.
234 Vgl. ebd., S. 57.
235 Vgl. ebd., S. 106.

überschnitten und die mit bestimmten antiken Autoritäten verknüpft wurden: (a) die so genannte Ein-Samen-Lehre (Aristoteles) und (b) die so genannte Zwei-Samen-Lehre (Hippokrates, Galen), bei denen es vor allem um den jeweiligen Anteil von Mann und Frau am Zeugungsprozess ging bzw. darum, weshalb ein Kind stärker der Mutter oder dem Vater ähnelte. Großen Einfluss auf die Vorstellungen von der Zeugung bei mittelalterlichen Autoren hatte darüber hinaus auch die so genannte Rechts-Links-Theorie, nach der die rechte Körperseite (zum Beispiel der rechte Hoden oder die rechte Seite der Gebärmutter) zur Entstehung männlicher, die linke hingegen zur Entstehung weiblicher Föten beitrug – für die vorliegende Arbeit ist diese Theorie allerdings nicht weiter aussagekräftig.[236]

Ich werde im Folgenden nur die Grundzüge der Ein- und Zwei-Samenlehre vorstellen und darauf verzichten, die mittelalterliche Rezeption ausführlicher darzustellen.[237] Wichtig ist allenfalls die Feststellung, dass im 12. und 13. Jahrhundert grundsätzlich all diese Zeugungstheorien, wenn auch zuweilen unsystematisch, kursierten, und es im Verlauf des 13. Jahrhunderts zu einer Systematisierung kam, in deren Zuge sich Galen und Aristoteles gewissermaßen als konkurrente Autoritäten in Zeugungsfragen entwickelten.[238]

2.3.2.1 Die Ein-Samen-Theorie (Aristoteles)

Wenn die hippokratischen Schriften zwar etwas älter sind als Aristoteles' ‚Über die Entstehung der Tiere',[239] möchte ich Letztere hier voranstellen, weil sich später Galen kritisch auf sie rückbezieht und dabei einen Standpunkt einnimmt, der eher wieder dem hippokratischen ähnelt.[240] Für die aristotelische Zeugungstheorie ist es von großer Bedeutung, dass er sie weniger, wie später Galen, auf anatomischen Beobachtungen beruhen lässt, als sie vielmehr in seine (natur-)philosophischen Grundüberzeugungen einzubetten versucht. Dies betrifft insbesondere die axiomatische Grundannahme,

---

236 Vgl. zur Rechts-Links-Theorie in Antike und Mittelalter Lesky, Vererbungslehren (1951), S. 1263–1293. Im Mittelalter finden sich zahlreiche Beispiele, etwa bei Avicenna, Albertus Magnus und Konrad von Megenburg, vgl. ebd., S. 1288–1291.
237 Dies tut vor allem Cadden, Meanings (1993).
238 Vgl. ebd., S. 117 ff.
239 Alle Angaben beziehen sich im Folgenden auf die griechisch-englischsprachige Ausgabe: Aristoteles, Generation of animals, übersetzt von Arthur L. Peck, Cambridge 1942.
240 Auf die grundsätzlicheren Übereinstimmungen all dieser Modelle, etwa die Vorstellung einer notwendigen Balance des Körpers zwischen Oppositionen wie heiß und kalt, trocken und feucht usw., kann ich hier nicht eingehen. Vgl. dazu die oben zitierte Grundlagenliteratur zu den Zeugungstheorien der Antike und des Mittelalters.

dass alle natürlichen Dinge von vier Ursachen abhingen, nämlich (in den lateinischen Begriffen der mittelalterlichen Rezeption beispielsweise Thomas' von Aquin) zum einen von den beiden das ‚Sein' bestimmenden Ursachen – der *causa materialis*, der stofflichen Grundlage, und der *causa formalis*, dem Prinzip, das die selbst qualitätslose Materie formt und zu einem ‚Ding' macht – und zum anderen von den das ‚Werden' bestimmenden Ursachen: der *causa efficiens*, der direkten Wirkursache, die das Werden eines Dings anstößt, und der *causa finalis*, der Zweckursache.[241]

Auch die Entstehung eines Menschen muss für Aristoteles darum auf diese vier Ursachen zurückführbar sein (715a1–12): Unter Wirkursachen versteht Aristoteles meist vermeintlich direkt beobachtbare und konkrete Ursachen, in diesem Fall beispielsweise die durch die Hitze des Herzen ausgelöste Samenproduktion im männlichen Körper.[242] Zweckursache der Zeugung hingegen ist die Stiftung von transpersonaler Kontinuität (Kap. 2.1) mit dem Ziel einer ‚Verewigung' einer bestimmten Art, Spezies oder ‚Sippe' (731b31–732a1).[243] Als formende Ursache macht Aristoteles das männliche Prinzip aus, das als männlicher Samen in den Zeugungsprozess eingebracht werde. Weil es der Frau an der notwendigen Hitze fehle, die im Mann aus Blut Samen koche,[244] sei sie zur Samenproduktion nicht in der Lage und erstelle darum nur noch mehr (Menstruations-)Blut – der Stoff, aus dem ein Fötus entstehe (z. B. 726b31–727a30). Die Frau könne darum nur in geringem Maße ‚gestaltend' tätig sein – nach Aristoteles gibt sie den Stoff, den der Mann dann formt.[245] Zur Erläuterung führt er Metaphern aus dem Bereich des (Kunst-)Handwerks an, etwa vom Baumeister, der ein Haus baut, oder vom Künstler, der aus Erz eine Statue erstellt (730b5f.; 734b16f.; 734b31f.; 740b24f.).[246] Dahinter steht bei Aristoteles ein ‚Ein-Geschlechter-Modell' (Kap. 2.4.7.a), also eine Konzeption der Geschlechter, nach der die Frau als unvollständiger Mann zu verstehen ist, deren Kühle dazu führe, dass ihre Geschlechtsorgane innen statt außen liegen und sie zur Samenproduktion

---

241 Vgl. den Art. ‚Ursache' im Metzler-Lexikon Philosophie. Begriffe und Definitionen (2008), S. 639, sowie Lesky, Vererbungslehren (1951), S. 1350, und Cadden, Meanings (1993), S. 22.
242 Vgl. Cadden, Meanings (1993), S. 22.
243 Vgl. ebd.
244 Aristoteles ist damit der wohl einflussreichste Vertreter der sogenannten ‚hämatogenen Samenlehre', die die Herkunft des Samens auf das Blut zurückführt und nicht wie die ‚Pangenesislehre' aus allen Teilen des Körpers oder wie die ‚enkephalo-myelogene Samenlehre' aus dem Gehirn bzw. dem Rückenmark, vgl. zur Unterscheidung ausführlich Lesky, Vererbungslehren (1951). Vereinzelt lassen sich auch für die beiden letztgenannten Samenlehren noch Rückstände in der mittelalterlichen Zeugungstheorie nachweisen, vgl. z. B. Lesky, Vererbungslehren (1951)., S. 1246.
245 Vgl. Cadden, Meanings (1993), S. 23 f.
246 Vgl. dazu Lesky, Vererbungslehren (1951), S. 1359 f.

nicht in der Lage ist (728a18–25).[247] Indirekt auf andere Zeugungstheorien, etwa aus dem hippokratischen Korpus, verweisend, stellt Aristoteles darum fest, dass menschlicher und tierischer Nachwuchs nicht durch das Zusammenspiel zweier Samen entstünde, sondern durch den männlichen Samen im Zusammenspiel mit der qualitativ geringeren Beigabe des Menstruationsblutes (727b7–10).[248]

Die Ähnlichkeit zwischen Eltern und ihren Kindern gestaltet sich für Aristoteles nun als graduelle Abstufung der Perfektion, wobei im ‚besten' Falle dieser misogynen Theorie mit einer weitestgehenden Ähnlichkeit zwischen Vater und Sohn zu rechnen und alles andere, graduell absteigend, ein Makel sei (767b1–768b16),[249] der im schlimmsten Fall dazu führe, dass ‚Monster' entstünden. Kind-Eltern-Ähnlichkeit ist hier schon ein Wert für sich – in den (übersetzten) Worten Aristoteles': „[A]nyone who does not take after his parents is really in a way a monstrosity" (767b6f.).[250] Dabei gibt der männliche Samen im ‚besten Falle' stets das Naheliegende an das Kind weiter, d.h. eher individuelle Eigenschaften des Vaters als des Großvaters, grundsätzlich aber immer sowohl Art-Eigenschaften (etwa Männlichkeit) als auch individuelle Eigenschaften (zum Beispiel des Sokrates als Person).[251] Bei einem Scheitern dieser Weitergabe aufgrund von Hemmnissen, etwa aufgrund von fehlender Hitze des Mannes,[252] verkehre sich jenes, das weitergegeben werden sollte, in sein Gegenteil – scheitert etwa die Weitergabe der Art, entsteht ein weiblicher Fötus.

Folgende Abstufung lässt sich nach Aristoteles ausmachen: Dem Ideal, der Ähnlichkeit des männlichen Kindes zum Vater, folgt die Ähnlichkeit des weiblichen Kindes mit der Mutter, dann die Ähnlichkeit des männlichen Kindes mit der Mutter bzw. die Ähnlichkeit des weiblichen Kindes mit dem Vater. Anschließend besteht die Möglichkeit eines ‚Rückfalls', nach dem das Kind zwar im Geschlecht Vater bzw. Mutter, in den individuellen Eigenschaften allerdings dem Großvater bzw. der Großmutter oder anderen Ahnen väterlicher- oder mütterlicherseits ähneln könne (wie im Falle des Silvius Eneas). Kurz: Bereits die Entstehung eines weiblichen Fötus ist nach

---

247 Vgl. Cadden, Meanings (1993), S. 24f.
248 Vgl. zur Diskussion der Zwei-Samen-Theorie bei Aristoteles Lesky, Vererbungslehren (1951), S. 1356ff., sowie Allen, Concept (1997), S. 83ff.
249 Vgl. dazu auch Pellegrin, Classification (1986), S. 109ff., sowie Lesky, Vererbungslehren (1951), S. 1373 und S. 1378.
250 Vgl. dazu auch Lesky, Vererbungslehren (1951), S. 1373f.
251 Zu solchen individuellen Eigenschaften zählen nach Aristoteles neben Merkmalen wie Stimme, Fingernägel, Haare oder die Art, sich zu bewegen (722a1–722a17), zuweilen auch Eigenschaften, die die Eltern in ihrem Leben erst erworben haben, z.B. Brandmale oder Narben (721b29–35).
252 Vgl. dazu Lesky, Vererbungslehren (1951), S. 1373f.

Aristoteles eine – wenn auch zur Arterhaltung gelegentlich notwendige – Abweichung vom Ideal der Ähnlichkeit des Kindes zum Vater in Geschlecht und individuellen Merkmalen.

2.3.2.2 Die Zwei-Samen-Theorie (Hippokrates, Galen)

Obwohl das hippokratische Korpus weder eine ganz kohärente und direkt ausformulierte Zeugungstheorie bot und die vielleicht entscheidende Schrift ‚Über den Samen' dem lateinischen Mittelalter gar nicht zur Verfügung stand,[253] verknüpfte man die Theorie, dass nicht nur der Mann, sondern auch die Frau sich mit ihrem Samen am Zeugungsprozess beteilige, meist auch mit dem Namen Hippokrates.[254] In den hippokratischen Schriften findet sich, anders als bei Aristoteles, weder eine explizite Bewertung der Entstehung eines bestimmten Geschlechts noch eine Unterscheidung des Anteils von Mann und Frau am Akt der Zeugung.[255] Die Ähnlichkeit zwischen Verwandten wird hier nicht wie später bei Aristoteles und Galen mit der hämatogenen Samenlehre (der Samen sei gekochtes Blut), sondern mit der Annahme einer ‚Pangenesis' des Zeugungsstoffes erklärt: Aus beiden Elternteilen könnten männliche und weibliche Eigenschaften erwachsen, weil der Samen aus allen Körperteilen der beteiligten Personen stamme, und so dominierten, abhängig vom jeweiligen Beitrag im Zeugungsakt, die individuellen Eigenschaften der einen oder des anderen.[256]

Der für das lateinische Mittelalter vielleicht einflussreichste Mediziner, Galen, bemühte sich im 2. Jahrhundert nach Christus in verschiedenen Schriften – insbesondere in ‚Über den Samen'[257] – darum, seine anatomischen Beobachtungen über den menschlichen Körper mit den Überlegungen seiner Vorgänger zu verbinden, aber diese auch deutlich zu korrigieren.[258] Er bezog sich dabei ausdrücklich auf den festgestellten Widerspruch zwischen ‚Hippokrates' und Aristoteles in ihrer Behandlung des Samens (IV 512). Entscheidend für seine Kritik und Erneuerung war die Feststellung, dass „die Eileiter nicht [...] in den Blasenhals, sondern beiderseits in die Ge-

---

253 Vgl. Cadden, Meanings (1993), S. 17 f.
254 Ebd., S. 18. Zurückzuführen ist dies wohl vor allem darauf, dass die Texte des hippokratischen Korpus wiederum mit dem Namen Galens verknüpft waren, denn das westliche Europa kannte diese nur gemeinsam mit einem Kommentar Galens, vgl. ebd., S. 16.
255 Vgl. ebd., S. 17 f.
256 Vgl. ebd. mit entsprechenden Angaben.
257 Im Folgenden zitiert nach: Galen, On Semen. Edition, Translation and Commentary by Phillip de Lacy, Berlin 1992.
258 Vgl. Cadden, Meanings, S. 31 f.

2.3 Gleiches aus Gleichem. Verwandtschaft

bärmutterhöhle einmünden".[259] Den Verlauf der weiblichen Samengefäße vom ‚weiblichen Hoden' (die Ovarien) aus bis in die Gebärmutter beschreibt Galen ausführlich zu Beginn des zweiten Buches seiner Schrift ‚Über den Samen', das sich schwerpunktmäßig dem weiblichen Samen widmet (IV 594f.). Ausdrücklich mit ‚Hippokrates' geht er also von der Produktion eines weiblichen Samens aus, der sich im Prozess der Zeugung mit dem männlichen vermische (IV 593–596), während er bei der Herkunft des Samen aus dem Blut (das wiederum ursprünglich Nahrung sei) die aristotelische Position einer hämatogenen Samenlehre vertritt (IV 626). Weil jenes neu entdeckte weibliche Samengefäß (die Ovarien) mit dem Uterus verbunden sei, müsse dieser Samen am Keimbildungsprozess beteiligt sein (ebd.). Ein wesentliches Argument, das er gegen Aristoteles' Annahme, das Menstruationsblut warte gewissermaßen im Uterus darauf, vom männlichen Sperma ‚bewegt' und geformt zu werden, lautet, dass dieses Blut zu diesem Zeitpunkt schon lange geronnen sein müsse (IV 522). Der antiken Tradition der Zwei-Samen-Lehre folgend, charakterisiert Galen den weiblichen Samen allerdings im Verhältnis zum männlichen als dünner, kälter, flüssiger, schwächer und geringer an Menge (IV 627), was bei ihm, anders als im hippokratischen Korpus, auch dazu führt, dass Galen ihm einen geringen Anteil an der Entstehung des Nachwuchses zuschreibt.[260]

Was die Konsequenzen seines Analogiebefundes zwischen männlichem und weiblichem Körper angeht, verlässt Galen, wenn es um Details des Zustandekommens von Ähnlichkeit zwischen Eltern und Kindern geht, zuweilen den Boden seiner eigenen Theorie. Er unterscheidet hierbei zwischen drei Formen der Ähnlichkeit, die auf verschiedene Ursachen zurückzuführen seien (IV 642): Die Ähnlichkeit der Art – dass ein Mensch einen Menschen erzeugt – sei auf den Stoff, die Ähnlichkeit in individuellen Merkmalen auf die durch den Samen erzeugte Bewegung und die Ähnlichkeit des Geschlechts auf das ‚Temperament' zurückzuführen,[261] wobei letzteres auch von der Gebärmutterseite abhänge, in der der Fötus wachse (Rechts-Links-Theorie).[262] Bei seinen Ausführungen jedoch bezieht er sich nicht durch-

---

259 Lesky, Vererbung (1950), S. 1402.
260 Vgl. ebd., S. 1404, mit entsprechenden Angaben.
261 Vgl. dazu ebd., S. 1414f.
262 Vgl. ebd., S. 1407f. Dieser Zusammenhang zwischen Temperamentenlehre und Rechts-Links-Theorie erklärt sich aus der unterschiedlichen Hitze der ‚Seiten': „Galen trägt zwar den neuen, von der Anatomie her ausgehenden Impulsen insofern Rechnung, als er nun die alten Vorstellungen anatomisch zu unterbauen versucht und feststellt, daß die zu Hoden und Uterus ziehenden spermatischen Gefäße rechts und links einen verschiedenen Ursprung haben; indem er aber in dieser Tatsache die Ursache für eine rechts und links verschiedene Bluttemperatur und einen durch sie bedingten seitenverschiedenen Wärmegrad der Uterushöhlen und der Hoden sieht, kehrt er in seiner Theorie der Geschlechtsentstehung ganz zu

gehend auf seine eigene Zwei-Samen-Theorie, sondern verweist an einigen Stellen auf die Bedeutung des Menstruationsbluts, bleibt dann also doch bei Aristoteles,[263] um an anderen Stellen wieder auf dem Einfluss des weiblichen Samens zu bestehen (IV 610).[264] Die Ähnlichkeit zwischen dem Kind und einem bestimmten Elternteil in individuellen Merkmalen hänge nun mit der Kraft und Bewegung des jeweiligen Samens zusammen (IV 626 f.): Abhängig vom jeweiligen Ejakulat trage mal der weibliche, mal der männliche Samen den Sieg davon, weil dieser immer mal dicker, mal dünner, mal kälter, mal heißer, mal stärker, mal schwächer sei und so zu einer ganz verschiedenen Mischung der Eigenschaften der Elternteile führe.[265]

Für die höfische Literatur lässt sich vorsichtig verallgemeinern, dass wir es zwar in den meisten Fällen mit patrilinearen Ähnlichkeitsverhältnissen unter Verwandten zu tun haben – also entweder die aristotelische Theorie vorausgesetzt wird oder aber nach dem Ansatz Galens der männliche Samen ‚siegt' –, die Ähnlichkeitsbeziehungen zwischen Vorfahren und Nachfahren und damit der meist nicht explizit thematisierte Wissenshintergrund zu den Zeugungstheorien aber erzählfunktional eingesetzt werden, etwa um Zusammenhänge zwischen Figuren zu markieren, die Themen präsent halten (wie das inzestuöse Begehren in Mai und Beaflor)[266] oder Handlungsalternativen aufzeigen (wie im ‚Meleranz' des Pleier),[267] um die Determination bestimmter Figuren offenzulegen (wie in ‚Flore und Blancheflur, Kap. 3.1) oder um inzestuöses Begehren und sein Verbot als Wertekonflikt zu reflektieren (wie in der Geschichte vom ‚Riuzenkönig', Kap. 2.3.5).

2.3.3 Einleiblichkeit

2.3.3.1 ‚Sippenkörper'

In der höfischen Adelskultur ist es insbesondere das Konzept eines transpersonalen, also die Einzelperson übersteigenden ‚Sippenkörpers', den Ver-

---

den mechanisch-physikalischen Vorstellungen zurück, die die voraristotelische Naturwissenschaft ausgebildet hatte" (ebd., S. 1408).
263 Vgl. dazu ebd., S. 1412.
264 Vgl. ebd., S. 1414. Er ‚beweist' den Zusammenhang zwischen weiblichem Sperma und Eltern-Kind-Ähnlichkeit mit der Beobachtung, dass Kinder beiden Eltern ähnelten und diese Ähnlichkeit darum auf dasselbe Prinzip zurückgehen müsse. Da Menstruationsblut aber nur den Frauen eigentümlich sei, könne dies nicht die Ursache für die Mutter-Kind-Ähnlichkeit darstellen (IV 609 f.).
265 Vgl. ebd., S. 1415.
266 Vgl. Schulz, Erkennen (2008), S. 270.
267 Vgl. ebd. S. 266.

2.3 Gleiches aus Gleichem. Verwandtschaft

wandte miteinander teilen, über den die Einheit einer Gruppe hergestellt und kommuniziert wird. Folgt man den Ausführungen Klaus E. Müllers (Kap. 2.1), hat die Selbstbeschreibung einer Gemeinschaft als (körperliche) Einheit aus kulturtheoretischer Perspektive das Ziel, die Solidarität der Gruppenmitglieder, ein kollektives Verantwortungsbewusstsein und die Konsistenz bzw. Kohärenz der Gemeinschaft herzustellen und zu sichern. Dabei ist es das ‚Sippenblut', das vom Körper der Eltern zu den Nachkommen fließt, diese miteinander verbindet und die diachrone Einheit zwischen vergangener und kommender Generation zu stiften vermag. Mittelalterliche Verwandtschaftsdefinitionen und -abbildungen greifen dementsprechend auf das Bild eines menschlichen Körpers zurück, dessen Glieder die Einzelkörper der jeweiligen Verwandten darstellen. Ein bekanntes Beispiel dafür ist Eikes von Repgow ‚Sachsenspiegel' (1220/35):[268] Nach Eike bildet das elterliche Ehepaar das Haupt, die gemeinsamen Kinder den Hals und die weiteren Generationen breiten sich über die Ellenbogen, das Handgelenk, die Fingerglieder und bis zu den Fingernägeln, der Grenze des Verwandtschaftsbundes, aus.[269] Die einzelnen Personen sind in diesem Bild körperlich an die anderen gebunden, existieren als deren Teil und ‚repräsentieren' dabei immer auch das Ganze des Körpers.[270]

Indem das Blut die Eigenschaften der Vorfahren an die Nachfahren weitergibt,[271] stiftet der so entstehende gemeinschaftliche Körper Kontinuität „gegen die Erfahrung von historischer Veränderlichkeit" und Kontingenz.[272] Das ‚Geblüt' des Einzelnen, seine körperlich gedachte Verbundenheit zu seiner ‚Sippe', sicherte und verstetigte Macht und Herrschaft,[273] brachte Getrenntes zusammen[274] und schrieb der Erfahrung linearen Fortschreitens

---

268 Vgl. einführend Lieberwirth, Art. ‚Sachsenspiegel'. In: Lexikon des Mittelalters.
269 Vgl. dazu Kellner, Ursprung (2004), S. 21–25, die sich auf den Sachsenspiegel, Landrecht I, 3, § 3, konzentriert. Auf die Schwierigkeit, in diesem Modell ‚Magschaft' und ‚Sippschaft' voneinander zu unterscheiden, kann ich hier nicht eingehen.
270 Auch hier bleibt zu bedenken, dass der Charakter der ‚Repräsentation' umstritten ist. Czerwinski, Gegenwärtigkeit (1993), S. 269–281, plädiert etwa dafür, die Repräsentation in Antike und Mittelalter als „*volle Präsenz einer Sache selbst*" zu verstehen (S. 271).
271 Ein interessantes Beispiel dafür, dass es sich bei diesen Eigenschaften keineswegs immer um solche handeln muss, die auch heutzutage als ‚erblich' eingestuft werden, führt Beate Kellner mit Blick auf die in den 1120er Jahren entstandene ‚Genealogia Welforum' an, in der es heißt, der Name der Welfen sei zurückzuführen auf die lateinische Entsprechung von Gwelf, nämlich *catulus*, und dieser „sei über das Blut (*sanguinis ratione*) vom römischen Catilina auf das deutsche Welfengeschlecht (*in hanc prosapiam*) gekommen. [...]", Kellner, Ursprung (2004), S. 309f.
272 Ebd., S. 105.
273 Vgl. dazu grundlegend Schmid, Geblüt (1998), v.a. S. 9–49.
274 Ein berühmtes Beispiel für diesen Aspekt stellt Ottos von Freising Begründung für die Eignung Friedrichs I. Barbarossa für die Königswahl dar: Dieser verbinde das Blut der verstrittenen ‚Sippen' der Waiblinger mit dem der Welfen, vgl. ebd., S. 17.

von Zeit ein zirkulierendes Element ein.²⁷⁵ Relevant für die mittelalterlichen Adelsgenealogien ist dabei weniger die biologische Verwandtschaft, sondern vielmehr, wie das Blut im genealogischen Narrativ einer bestimmten Gegenwart ‚kanalisiert' wird, indem verschiedene Verwandtschaftsbegriffe verwendet und Umakzentuierungen mit Blick auf spezifische (zum Beispiel machtsichernde) Ziele vorgenommen werden.²⁷⁶ Das heißt, die Behauptung, über dasselbe Blut zu verfügen wie eine andere Person, ist immer an den Wert dieser Gemeinsamkeit gebunden, etwa weil die Verbindung die eigene Person adelt und erhöht und, weil Adel und Tugend dabei stets zusammen gedacht werden, auf diese Weise bestimmte Qualitäten für sich beansprucht werden können.²⁷⁷

2.3.3.2 Anlage

Diesem Genealogiedenken und insbesondere der aristotelischen Annahme, es sei der Vater, der im besten Fall seine Qualitäten an den Sohn weitergebe, entsprechend, sind auch die Figuren der höfischen Romane durch ihr Herkommen determiniert, und zwar physisch, psychisch und sozial. Die vererbte *natûre* oder *art* einer Figur,²⁷⁸ die eine „überpersönliche Anlage" eines ‚Sippenkörpers' darstellt und das Wesen einer Figur bestimmt,²⁷⁹ drängt sich, wie Julius Schwietering insbesondere an Wolframs ‚Parzival' zeigt, immer wieder nach vorne und bestimmt das Handeln einer Figur unabhängig von seinen Lebensumständen und seiner Erziehung. Die Auseinandersetzung zwischen der Macht der inneren, genealogisch bestimmten, oftmals auch das ‚Wilde' im Menschen hervorbringende *natûre* (*natura*, Natur) und der kulturellen Formung der *zuht* (*nutritura*, Erziehung), etwa in Form höfischer Zurückhaltung, bestimmt die höfische Literatur in hohem Maße und wird immer wieder zugunsten der unveränderlichen Kraft der ‚Natur' entschieden.²⁸⁰ Immer wieder ist es die Genealogie, die Figurenhandeln determiniert,

---

275 Umstritten ist, wie weit dieses zirkulierende Element in der mittelalterlichen Vorstellung von Zeit tatsächlich trägt. Während etwa Czerwinskiy, Gegenwärtigkeit (1993), S. 260f., zu zeigen versucht, dass „genealogisches Denken [...] grundsätzlich auf einem ‚circuitus temporum', einer nicht-sukzessiven, nicht-linearen Logik beruht [...]", unterstreicht Kellner, Ursprung (2004), S. 79 u. a., dass dies der „Komplexität der genealogischen Entwürfe etwa in der mittelalterlichen Literatur und Historiographie weder historisch noch systematisch gerecht" werde.
276 Vgl. Kellner, Ursprung (2004), S. 123f. Von einer „Kanalisierung des Blutes" (S. 124) spricht Kellner mit Verweis auf Melville, Vorfahren (1987), S. 253.
277 Vgl. Schmid, Geblüt (1998), S. 18.
278 Vgl. dazu grundlegend Schwietering, *art* (1969).
279 Ebd., S. 460.
280 Vgl. dazu außerdem J.-D. Müller, Kompromisse (2007), S. 59–65, sowie Friedrich, Ordnung (2003), S. 75f. Was in der hochmittelalterlichen höfischen Literatur noch als Normenparadox

2.3 Gleiches aus Gleichem. Verwandtschaft

die Figuren darauf festlegt, ihren Vorfahren zu ähneln und deren Programm zu wiederholen, auch wenn sie vorübergehend vom Weg abweichen,[281] etwa wenn Rennewart, von dem der Erzähler behauptet, er sei (wie Parzival) nicht *nâch arde*, also nach seiner verwandtschaftlichen ‚Natur' (ein Wort, das Wolfram wie auch Hartmann stets meidet und durch *art* ersetzt)[282] erzogen worden (271, 25), sich der Taufe verweigert, weil diese seiner (familiären) Anlage nicht entspräche (*nû ist mir der touf niht geslaht*, 193, 19)[283] und damit die Ausrichtung seines Glaubens naturalisiert.

Andersherum ist die Unähnlichkeit eines Nachfahren in vielen Texten eindeutiges Zeichen einer Störung, die die Kontinuität der Genealogie in Frage stellt wie etwa im ‚Alexanderroman' Rudolfs von Ems: Dass Alexander König Philipp nicht ähnelt, ist einerseits Zeichen seiner – erzählerisch notwendigen – Exorbitanz, die ihn zu Höherem befähigt, andererseits aber Ursache einer (begründeten) Skepsis seines vermeintlichen Vaters, dass es sich bei diesem um seinen biologischen Sohn handeln soll.[284] Das Spätere hat dem Früheren zu ähneln – nur dann hat es einen Anspruch auf dieselben Rechte (wie die Herrschaftsnachfolge). Alexander wird sich von seinem vermeintlichen Vater – wie es die Unähnlichkeit die Rezipierenden schon vermuten lässt – im Rang unterscheiden: Er wird ihn bei Weitem überragen. Diese Unähnlichkeit zwischen Vater und Sohn, die eine Abweichung vom ‚Programm' der Vaterfigur ankündigt, bei der die unbedingte Determination durch die Verwandtschaft also ausgesetzt wird, begegnet uns in Texten, die von Ähnlichkeit erzählen, auffällig oft, etwa wenn Flore nicht seinem ‚heidnischen' Vater, sondern seiner christlichen Geliebten ähnelt (Kap. 3.1), wenn Engelhard nicht seinem Vater von niedrigem Adel, sondern seinem königlichen Freund und seiner königlichen Geliebten ähnelt (Kap. 3.2) oder wenn Josaphat im Aussehen und Glauben von seinem Vater abweicht und sich dem christlichen Eremiten Barlaam angleicht (Kap. 3.3). In all diesen Beispielen ist die Ähnlichkeit zu einer anderen Person die sich durchsetzende Alternative zum Programm der Verwandtschaft, dessen Weiterführung durch die kommende Generation eigentlich vorausgesetzt wird.

---

diskutiert wird, scheint in der spätmittelalterlichen Versepik etwa des Strickers zuweilen aufs Korn genommen zu werden: Im ‚Katzenauge' etwa ersetzt ein König ein fehlendes Auge mit dem einer Katze. Dieses aber kann seiner tierischen Natur nicht entkommen und hält darum stets nach Mäusen Ausschau, vgl. auch Huber, Alanus (1988), S. 373 ff.

281 Vgl. dazu ausführlicher J.-D. Müller, Kompromisse, S. 46–65.
282 Vgl. dazu Schwietering, *art* (1969): Wolfram wolle keine „Zwischeninstanz [...] zwischen Schöpfergott und dem [...] Menschen" (S. 457), wie es die Natur im theologischen Diskurs oft darstelle, und setze darum die *art* ein, die „Anlage einer Familie oder eines Geschlechts" sei (S. 460).
283 Vgl. ebd., S. 473 f.
284 Vgl. dazu J.-D. Müller, Kompromisse (2007), S. 84–88.

Aber gerade, dass etwa höfische Qualitäten oft an die Blutgleichheit mit den Vorfahren, an die Gemeinsamkeit des ‚Sippenkörpers', gebunden sind, ist in den höfischen Romanen des Hohen Mittelalters so selbstverständlich wie problematisch, weil sich die jeweiligen (männlichen) Protagonisten zugleich als Helden zu beweisen haben. Armin Schulz spricht in diesem Zusammenhang von einer

> latent paradoxen Leistungsepik der feudalen Gesellschaft, nach der Adel zwar einerseits eine angeborene und evidente Qualität ist, mit der ein Anspruch auf bevorzugte Behandlung verbunden ist, andererseits eine vom persönlichen Bemühen abhängige Leistung, die sich auch dort Geltung verschaffen kann, wo sie zunächst gar nicht vorausgesetzt wird.[285]

Ausformuliert wird dieses Paradoxon oft, indem die entsprechenden Figuren sich auf wahrnehmbare Weise ähneln und diese Ähnlichkeit von den anderen Figuren (oder vom Erzähler) auf einen gemeinsamen ‚Sippenkörper' zurückgeführt wird, diese Erklärung aber entweder erst spät verifiziert werden kann – wie etwa in Pleiers ‚Meleranz'[286] – oder sie aber explizit abgewiesen und damit vererbbarer Adel von vererbbarer Tugend entkoppelt wird – wie in Konrads ‚Engelhard' (Kap. 3.2).[287]

2.3.3.3 Sympathie und Solidarität

Das Wahrnehmen solcher Ähnlichkeiten und dementsprechend das Erkennen anderer Personen als Teil des eigenen oder eines anderen ‚Sippenkörpers' gestaltet sich, wie Armin Schulz ausführlich herausgearbeitet hat, in der höfischen Literatur als äußerst schwierig.[288] Die ‚sippenmäßige' Zusammengehörigkeit von Figuren wird zwar häufig durch die Behauptung einer Ähnlichkeit ihrer (allerdings nie individualisierten) Physiognomie markiert, dies gilt aber stets nur für ganz bestimmte Figuren – wahrgenom-

---

285 Schulz, Erkennen (2008), S. 306.
286 Indem Meleranz' Ähnlichkeit zu seinem Onkel Artus zwar zur Sprache kommt, Verwandtschaft aber nur vermutet werden kann, erhält dieser die Möglichkeit, sich durch Leistung zu beweisen. Die wahrnehmbare Ähnlichkeit der Figuren hat, wie gesagt (Kap. 1.4.2), in solchen Szenen die Funktion, eine Alternativerzählung anzudeuten (und abzuweisen), in der die entsprechende Figur aufgrund ihres vererbten Adels privilegiert würde, vgl. ebd., S. 266.
287 Engelhard entstammt, anders als Dietrich, dem niedrigen Adel, gleicht diesem allerdings äußerlich und in seinen Tugenden – höchste Tugendhaftigkeit, die ihn zu Höherem befähigen wird, ist zwar nicht von seiner vom Erzähler hochgelobten Abstammung entkoppelt, aber nicht mehr an ‚Blutadel' gebunden, vgl. dazu J.-D. Müller, Kompromisse (2007), S. 62–65.
288 Vgl. Schulz, Erkennen (2008), S. 265–289.

mene Ähnlichkeit ist daher immer an spezifische Erzählfunktionen gebunden.[289]

Das Erkennen merkmalsgleicher Verwandter, so Schulz weiter, wird in vielen Fällen weniger als direkte kognitive Zuordnung der jeweiligen Person zum eigenen ‚Sippenkörper', sondern vielmehr als eine Sympathie gegenüber den Verwandten beschrieben, deren Ursache den jeweiligen Figuren fremd bleibe und die in „psychophysische[n] Instanzen" wie im ‚Herz' oder der ‚Natur' einer Figur angesiedelt sei.[290] Dass ein solches ‚inneres' Erkennen durch Konzepte wie den ‚inneren Menschen', der, unabhängig von den ‚äußeren Sinnen' Gottes Spuren erkennt, zudem religiöse Implikationen hat (Kap. 2.2.1.1), erwähnt Schulz, anders als Ingrid und Alois Hahn,[291] nicht.

Die Beispiele für solche Sympathien, die auf eine gemeinsame ‚Natur' zurückgeführt werden, sind zahlreich und nicht nur auf Beziehungen zwischen Verwandten beschränkt:[292] So fühlt sich Tristan sofort von seiner *natûre* zu Marke hingezogen, *wan er von sînem bluote was* (v. 3241 ff.), ohne zu wissen, dass es sich um seinen Onkel handelt; in Konrads von Würzburg ‚Trojanerkrieg' spürt Priamus seine Liebe zu Paris, der sich später als sein Sohn herausstellt, aufgrund seiner *natûre* und dem ‚Recht' der *sippeschefte* (v. 3194–3229); im selben Roman holt der Erzähler anlässlich der Liebe zwischen Jason und Medea zu einem Exkurs über die Liebe aus, in dem er der *Nâture* eines Menschen zuschreibt, stets auf der Suche nach einer anderen Natur zu sein, die ihr gleich sei – dementsprechend bemerken Jason und Medea *von der natûre krefte*, dass sie ‚gleichen Sinnes' seien (v. 7798–7817); auf den ‚Reinfrid von Braunschweig' habe ich zu Beginn dieser Arbeit ja bereits hingewiesen (Kap. 1.1).

Diese ‚Liebe zum Gleichen' ist dabei keineswegs auf Figuren beschränkt, denen ein gemeinsamer *Sippen*körper zugeschrieben wird – die Themen von Verwandtschaft und Freundschaft bzw. Liebe verschwimmen hier also. Ich wäre allerdings, wie bereits erwähnt, vorsichtig, bei derartigen Beschreibungen von Zuneigung zum ‚Gleichen' oder bei Behauptungen von ‚Einleiblichkeit' zwischen Nicht-Verwandten *generell* von einer einseitigen Übertragung verwandtschaftlicher Codes auf nicht-verwandtschaftliche Beziehungen auszugehen.[293] Die Konzeption einer Gemeinschaft als ‚gemeinsamer Leib' postuliert zunächst einmal eine natürliche, körperlich gedachte Verbindung zwischen Menschen und muss nicht automatisch an

---

289 Vgl. ebd., S. 264–270. Zu den Funktionen vgl. Kap. 1.4.2 in dieser Arbeit.
290 Vgl. ebd., S. 264.
291 Vgl. Hahn, Personerkenntnis (1977), S. 443, und Hahn, Narbe (2004), S. 61.
292 Die Beispiele verdanke ich v.a. Schnell, Causa (1985), S. 304–307, Friedrich, Ordnung (2003), S. 76f. und Schulz, Erkennen (2008), S. 270–279, S. 305f. und S. 465f.
293 Dies tut z.B. Schulz, Erkennen (2008), S. 264.

verwandtschaftliche Konnotationen wie ‚Blutlinie', ‚Erbanlagen' oder ähnliche Dinge geknüpft sein. Vielmehr hat das Konzept der ‚Einleiblichkeit' verschiedene Ursprünge: Der Begriff des *corpus mysticum*, des ‚mystischen Leibes', etwa, der im 12. Jahrhundert zunehmend dazu verwendet wurde, den ‚gemeinsamen Körper' der Kirche und der christlichen Gemeinschaft zu bezeichnen, geht weniger auf verwandtschaftliche Vorstellungen zurück, sondern war bis dahin vielmehr der Hostie vorbehalten gewesen. Die ursprünglich liturgische Bedeutung vom Leib Christi erhielt nun, verstärkt seit 1150, die soziologische Konnotation der Kirche als Körper, dessen Haupt Christus war.[294] Von dort aus wanderte diese Konzeption dann in mittelalterliche Herrschaftsvorstellungen, in denen der König das Haupt, der Staat der Körper war (vgl. Kap. 2.1). Ähnliche Vorstellungen finden wir auch in augustinischen Konzeptionen von Mönchsgemeinschaften, die ein gemeinsames Herz und eine gemeinsame Seele hätten, womit sich der Kirchenvater zugleich auf antike Freundschaftstheorien zurückbezieht (Kap. 2.4.4.6), die auch, aber nicht nur ‚natürliche' Verwandtschaft zum Beziehungsideal erheben. Mit Blick auf die unterschiedlichen Konzeptionen von ‚Einleiblichkeit' scheint mir die Behauptung einer monokausalen Verknüpfung (der Code der Verwandtschaft wird auf den der Freundschaft übertragen) unterkomplex zu sein: Zu alt sind die Ideen einer ‚Wesenseinheit' zwischen Menschen, zu verflochten ihre kulturellen Ausdifferenzierungen. Die Liebe des Ichs zur mit seinem Spiegelbild assoziierbaren Dame in Heinrichs von Morungen ‚Narzisslied' etwa ließe sich mit der Rückbindung an die Sprache der Verwandtschaft nur schwer begründen (vgl. Kap. 2.2.4). Nicht-verwandtschaftliche Sympathie wird also in der deutschsprachigen Literatur möglicherweise erst im späten 13. Jahrhundert ausdrücklich mit der ‚Natur' begründet,[295] aber eine Sympathie, die auf Ähnlichkeit und Einheitsvorstellungen beruht, begegnet uns schon sehr viel früher in unterschiedlichen Diskurszusammenhängen. In der nicht-deutschsprachigen Literatur ist das Prinzip der Liebe zum Wesensgleichen, das auf eine ursprüngliche Einheit zurückzuführen ist, ohnehin schon lange Zeit vorher etabliert.[296]

---

294 Vgl. Kantorowicz, Körper (1994), S. 208.
295 So Schnell, Causa (1985), S. 304. Der erste deutschsprachige Autor, „der die ‚Natur' als *causa amoris* vorstellt", sei Konrad von Würzburg (ebd.).
296 In der ‚Aristophanes-Rede' in Platons ‚Symposion' etwa wird die ursprüngliche Einleiblichkeit der Ur-Menschen als Ursache für die Liebe zum Gleichen beschrieben (Kap. 2.4.1). Schnell, Causa (1985), S. 306, Anm. 449, verweist zudem auf die arabische Abhandlung über die Liebe ‚Das Halsband der Taube' von Ibn Hazm. Dort heißt es gleich zu Beginn, es gebe verschiedene Theorien über die Liebe: „Meine eigene Auffassung ist, dass die Liebe eine Vereinigung von den in dieser Schöpfung getrennten Seelenteilen in ihren höheren Ursprungselement ist, u.z. nicht so, dass die Seelen in Teile zerlegte Kugeln sind [...], sondern in der Weise, dass die beiderseitigen bewegenden Kräfte in der Heimstatt ihrer höheren Welt gleichartig und nach ihrer Bildungsart verwandt sind. [...] Jede Art verlangt heftig nach ihrer

2.3 Gleiches aus Gleichem. Verwandtschaft

Wo auch immer diese Vorstellung ihren Anfang nahm, so sind ihre Konsequenzen – und mit Klaus E. Müller (Kap. 2.1) ihre kulturellen ‚Funktionen' – immer wieder dieselben: Der Glaube an eine körperliche oder seelische, metaphorische oder konkrete Verbundenheit stärkt, weil das ‚Ich' zu behüten und am Leben zu erhalten ist, auch die Solidarität zum ‚anderen Ich', sorgt für Mit-Leid mit dem ähnlichen Anderen, schützt dessen Leben und erinnert es nach seinem Ableben (vgl. Kap. 1.8.2). Im ‚Narzisslied' (Kap. 2.2.4) etwa ist die mögliche Einheit der Ähnlichen durch verschiedenste Spiegelungen markiert, unter anderem dadurch, dass in der dritten Strophe die Sorge um den Tod der geliebten Dame (des ‚anderen Ich') mit dem Gedanken an den eigenen Tod verknüpft ist; in Wolframs ‚Parzival' (Kap. 1.3) wiederum führt, als der Protagonist gegen ein Mitglied seines verwandtschaftlichen ‚Sippenkörpers' kämpft, ohne dieses zu erkennen, gerade die plötzliche Erkenntnis, nicht gegen einen anderen, sondern eigentlich ‚gegen sich selbst' gekämpft zu haben, zur Bewahrung des Anderen.[297]

Wie ein solches Einheits- und Ähnlichkeitsdenken, übrigens den Überlegungen Butlers (Kap. 1.8.2) entsprechend, an Emotionen geknüpft ist, zeigt vor allen Dingen Elke Koch am Beispiel von Wolframs ‚Willehalm' (Kap. 3.3.1).[298] Als sich etwa herausstellt, dass Willehalm gegen seinen Bruder Ernalt gekämpft hat, klagt Willehalm (wie im obigen Beispiel Parzival), er habe gegen sich selbst gekämpft (119, 16 ff.), es handle sich hier nicht um zwei Körper, sondern nur um einen, nicht um zwei Herzen, sondern nur um eines (119, 24–30). Der Einheit von Leib und Herz entsprechend, ist Mitleid mit dem jeweils anderen die Konsequenz: Ernalt erkundigt sich nach dem Kummer des Anderen und weint um seine Toten (120, 26–29). Koch resümiert:

> Die verbale Beschwörung der Herzenseinigkeit und der Einleiblichkeit wird hier beglaubigt durch die Performanz der Trauer. Der Verlust eines Mit-Gliedes der Sippe löst eine unmittelbare und heftige Herzensreaktion der Blutsverwandten aus. [...] Von Herzen kommende Trauer um einen anderen ‚zitiert' die Verkörperung

---

Art, und Gleiches fühlt sich zu Gleichem hingezogen. Die Gleichartigkeit übt eine fühlbare Wirkung und einen sichtbaren Einfluss aus, und wir sehen in unserer Umwelt, wie sich die Gegensätze abstossen, wie Gleichartiges mit einander harmonisiert und Ähnliches nach einander verlangt", Ali Ibn-Ahmad Ibn-Hazm, Halsband der Taube. Über die Liebe und die Liebenden, übersetzt von Max Weisweiler, Leiden 1942, S. 19 f. Damit ist diese Liebeskonzeption nahe bei der Beschreibung aus ʿAṭṭars ‚Vogelgesprächen' (Kap. 1.3).

297 Als Parzival erfährt, gegen wen er da kämpft, wirft er sogleich sein Schwert zur Seite, denn er habe sich selbst bekämpft (689, 5), und Gawan ergänzt, hier seien zwei Herzen eines (689, 27) und Parzival habe darum sich selbst besiegt (690, 1). Ähnlich verläuft auch der Kampf Parzivals gegen seinen Halbbruder Feirefiz (vgl. Kap. 1.3), vgl. dazu Schulz, Erkennen (2008), S. 272 f.
298 Koch, Trauer (2006), S. 80–158.

von Verwandtschaft und beglaubigt so die Gültigkeit und Tragfähigkeit dieser Bindung. Dies gilt nicht nur für verwandtschaftliche Solidarität, sondern auch für die Ehebindung und für die Beziehung Willehalms zu Rennewart.[299]

Trauer, so kann Koch überzeugend nachweisen, dient unter anderem im ‚Willehalm' zur „Performanz von Zugehörigkeit",[300] und zwar, weil der oder die Andere nun zum schützenswerten ‚Ich' wird.

Dieses „feudale Ideologem" des gemeinsamen Körpers, „dessen einzelne Glieder ungetrennt sind",[301] führt in vielen Texten dazu – und dies ist für die vorliegende Arbeit entscheidend –, dass die ungetrennten Glieder einander (sozial, innerlich, äußerlich) ähneln und dass diese Ähnlichkeit narrative Konsequenzen hat. Wieder ist es Wolframs ‚Willehalm', der recht anschauliche Belegstellen liefert: Willehalms Schwester, französische Königin und Ehefrau von König Loys, Sohn Karls des Großen, sucht die Störung der verwandtschaftlichen Harmonie, die durch Willehalms irritierenden Auftritt am Königshof eingetreten ist, mit der Rede von der körperlichen Einheit zu beseitigen:

> ‚mine bruoder die hie sin,
> gedenket daz wir sin ein lip.
> ir heizet man, ich bin ein wip:
> da enist nicht underscheiden,
> nicht wan ein verh uns beiden.'
> (168, 12–16)[302]

Die von ihr betonte Ununterscheidbarkeit von ansonsten als Differenzen wahrgenommenen Eigenheiten (verschiedene Personen, verschiedene Geschlechter) wird später in Bezug auf Gyburc und ihren Bruder Rennewart als körperlich sichtbare Ähnlichkeit ausformuliert (272, 26f., 274, 15–26), die Zuneigung begründet (272, 28 ff.). Wie die Königin die ‚Einleiblichkeit' als Argument für Mit-Leid und Unterstützung für Willehalm nutzt (169, 11–20), weil der Tod der Verwandten auch ihr eigener Tod bedeute (180, 15) – Ähnlichkeit kanalisiert Emotionen und sorgt für den Schutz des ‚anderen Ichs' – steht auch die Ähnlichkeit zwischen den Geschwistern für den Wunsch einer endgültigen Entdifferenzierung. Gyburc wird dies mit in ihrer sogenannten ‚Toleranzrede' im Fürstenrat später auch mit genealogischen Argumenten einfordern – ich komme darauf zurück (Kap. 3.3.1).

---

299 Ebd., S. 116.
300 Ebd., S. 91.
301 Schulz, Erkennen (2008), S. 112.
302 Vgl. zur Szene ebd., S. 112f., und zuvor schon Koch, Trauer (2006), S. 114ff.

2.3.4 Zwillinge

Während die Ähnlichkeit zwischen den Geschwistern Gyburc und Rennewart vom Erzähler sogar gelobt wird, ist die Bewertung von Zwillingen in literarischen wie wissensvermittelnden Texten des Mittelalters nicht immer ganz unproblematisch.[303] Wenn Frauen sich beim Geschlechtsverkehr nicht ‚rechtmäßig' verhalten und sich ‚hin und her' bewegen, so erläutert etwa Konrad von Megenberg in seinem ‚Buch der Natur' (um 1350), so teilt sich der männliche Samen auf und es entstehen Zwillinge (VIII.2).[304] An dieser zunächst etwas eigenwillig erscheinenden Deutung einer Zwillingsgeburt sind mehrere Aspekte interessant: Zwillinge sind das Ergebnis von (weiblichem) Fehlverhalten, werden von Konrad also als eine Art Defekt beschrieben; dieser kommt aufgrund einer Teilung zustande – wieder also wird die Vervielfältigung einer einzelnen Sache, in diesem Fall des Samens, als Problem dargestellt; und: die Beschreibung von Zwillingsgeburten wird in Konrads letztem Kapitel abgehandelt, das ausdrücklich von *wunder menschen* handelt – Zwillinge sind erklärungsbedürftige Wesen, die in einem Atemzug mit den *monstruosi* beschrieben werden.

Mit der Erklärung von Zwillingsgeburten als Resultat eines Defekts steht Konrad von Megenberg in einer langen medizinischen Tradition. Dass eine Aufspaltung des männlichen Samens dafür notwendig sei, behauptete etwa schon Empedokles von Akragas im 5. Jahrhundert vor Christus.[305] Während die hippokratischen Schriften zwar auch ein Übermaß an (weiblichem und männlichem) Samen im Zusammenspiel mit der Theorie einer zweiseitigen Gebärmutter, die das Wachsen zweier Kinder ermögliche, verantwortlich machen,[306] ohne Zwillingsgeburten allerdings explizit als Defekt zu bewerten, behandelt Aristoteles diese als ‚Anomalie'.[307] Grundsätzlich sei es, so schreibt Aristoteles in seiner Schrift ‚Über die Entstehung der Tiere', als Normalfall anzusehen, dass ‚ein Samen' stets auch nur einen Körper erzeuge (772b1ff.). Wenn in einigen Fällen allerdings mehrere Körper aus einem Samen entstünden, sei dies darauf zurückzuführen, dass dieser sich, etwa aufgrund einer besonderen Hitze des männlichen Körpers (772b4ff.), die zu

---

303 Vgl. grundlegend Kooper, Births (1994), sowie von Bloh, Zwillinge (2007).
304 *Ain sach ist, daz di frawen in den werken der vnkeusch sich nicht recht habent vnd sich wegent hin vnd her. Da von chuomt, daz sich der som dez manns tailt in der frawen clausen, vnt tailt sich der gleich vnden vnd oben, so werdent zwilein dar auz* […], Konrad von Megenberg, Das ‚Buch der Natur', S. 523.
305 Vgl. zur medizinischen Erklärung von Zwillingsgeburten in der Antike Rathmayer, Zwillinge (2000), S. 53–67, hier: S. 53.
306 Vgl. ebd., S. 54–57.
307 Vgl. v.a. ebd., S. 57–60.

einem Überfluss an Samen führe (772b14–26),[308] im Körper der Frau aufteilt – derart entstandene Zwillinge sind grundsätzlich gleichen Geschlechts, weil der oben beschriebene Zeugungsprozess in diesem Fall eben statt auf einen Samen auf den geteilten übertragen wird (728b38–729a21). Wenn nun allerdings Zwillinge entstehen, die nicht gleichen Geschlechts sind, so sei dies insofern widernatürlich, als weibliche und männliche Föten unterschiedlich viel Zeit zur Entwicklung benötigten (775a23 ff.) und es so zu Früh- (Mädchen) bzw. Spätgeburten (Jungen) kommen müsse. Eine weitere Möglichkeit zur Erzeugung von Zwillingen ist, der aristotelischen ‚Tiergeschichte' (584A–585B) zufolge, die Nachempfängnis, etwa im Falle eines weiblichen Ehebruchs.[309] Die spätantiken und mittelalterlich-christlichen Theorien zur Entstehung von Zwillingen verabschieden sich aber größtenteils von dieser Annahme einer Nachempfängnis,[310] wenn auch die Mehrfachgeburt noch gelegentlich als warnendes Argument gegen den Ehebruch verwendet wird[311] und der Vorwurf in manchen Zwillingserzählungen noch eine Rolle spielt, wie etwa im ‚Valentin und Orsus'-Stoff oder im ‚Lai le Fresne' der Marie de France.[312] Dass Zwillinge sich äußerlich ähneln, schien für die antiken Autoren dabei selbstverständlich zu sein.[313] Wie diese Ähnlichkeit zustande kam, versuchte allerdings nur ‚Hippokrates' auch medizinisch zu klären:[314] Ursache für das ähnliche Aussehen seien demnach die Gleichheit der Organe, in denen sie aufwachsen, die Gleichzeitigkeit ihrer Entstehung, die Gleichheit der Nahrung und die gemeinsame Geburt.[315]

Die negative Sichtweise auf Zwillinge, wie sie etwa Konrad von Megenberg an den Tag legt, lässt sich für das christlich-europäische Mittelalter vorsichtig verallgemeinern, wie kürzlich Claudius Sieber-Lehmann gezeigt hat.[316] Seine Herangehensweise an das Thema ist vor allem insofern interessant, als er ‚Zwillingen' als Metapher und als Denkmodell der harmonierenden Zweiheit mit gemeinsamem Ursprung nachgeht, die etwa Herrschaftskonzeptionen hätte zulassen können, in denen zwei gleichberechtigte Herrscher in Eintracht nebeneinander hätten existieren können. Im Hinblick auf den sogenannten Investiturstreit scheinen mittelalterliche Intellektuelle entspre-

---

308 Auf diese Weise entstünden aber auch andere ‚Anomalien' wie zu große Körperteile, Zwitter oder siamesische Zwillinge (ebd.).
309 Vgl. ebd., S. 58.
310 Vgl. ebd., S. 66, sowie Kooper, Births (1994), S. 268.
311 Vgl. Cadden, Meanings (1993), S. 149.
312 Vgl. Kooper, Births (1994), S. 258 f. Zu mittelalterlichen Zwillingserzählungen vgl. außerdem von Bloh, Zwillinge (2007).
313 Vgl. Rathmayr, Zwillinge (2000), S. 69–74.
314 Vgl. ebd., S. 71 f.
315 Vgl. ebd.
316 Sieber-Lehmann, Zwillinge (2015).

chende Konzepte einer friedlichen Zwillingsexistenz von Papst und Kaiser entworfen zu haben, die dann aber verworfen wurden, möglicherweise auch deshalb, weil das Zwillingsmotiv insbesondere im Alten Testament eine negative Sichtweise eher nahelegte oder sie zumindest argumentativ rechtfertigen konnte. Einen Bruch kann man aber im späten 11. Jahrhundert verorten: Vor der Synode in Rom im Jahre 1076, bei der Papst Gregor VII. König Heinrich IV. absetzte (was zum berühmten Gang nach Canossa führen sollte), äußerte sich beispielsweise noch Gerhard I., Bischof von Cambrai, zum Verhältnis zwischen Königtum und Klerikern so, dass er sie als „Zwillingspersonen" (*geminae personae*) bezeichnete, deren eine für das Beten und deren andere für das Kämpfen zuständig sei und die gemeinsam für die Stabilität der Kirche sorgten.[317] Er konnte mit dieser Interpretation der Doppelherrschaft auf eine lange Tradition zurückgreifen, die im früheren Mittelalter insbesondere durch die sogenannte ‚Zweischwerterlehre' gestützt wurde: Die zwei Schwerter, die Petrus im Garten Gethsemane (Luk 22, 38) von Jesus erhält, wurden ursprünglich von Papst Gelasius I. (5. Jahrhundert) zur Rechtfertigung einer Doppelherrschaft aus Bischöfen und Königtum verwendet und in der Frühphase des sogenannten Investiturstreits durch Gottschalk von Aachen wieder aufgenommen.[318] Weil man nach 1076 an einer Harmonie zwischen Papsttum und Königtum nicht mehr interessiert zu sein schien, sondern sich darum bemühte, das Gegensätzliche, das ‚Duale', statt das Zwillingshafte, das ‚Geminale', zu betonen,[319] lag es nahe, dass der anonyme Verfasser der Augsburger Annalen im Jahre 1079 die Zwillingsmetapher nur noch negativ verwendete: Alles sei ‚verzwillingt' (*geminati*) und dieser Zustand beklagenswert.[320]

Doppelung wird nun nicht mehr als ein Resultat gemeinsamen Ursprungs mit gemeinsamem (Herrschafts-)Auftrag verstanden, sondern als Rivalität. Sieber-Lehmann führt das weitgehend fehlende positive Zwillingskonzept des christlichen Mittelalters auch auf die Heilige Schrift zurück, in der sich vor allem mit Jakob und Esau (Gen 25, 19–34) „keine positiven Vorbilder für Zwillinge" finden ließen.[321] Die alttestamentliche Geschichte erzählt durchweg von Konkurrenz, Unterordnung und Überordnung und die Kirchenväter lasen sie dementsprechend: Esau, der Erstgeborene, der sein Erstgeborenenrecht verkauft, wird mit Jüd*innen, Jakob mit den Christ*in-

---

317 Vgl. Sieber-Lehmann, Zwillinge (2015), S. 46.
318 Vgl. ebd., S. 83 f., einführend zur ‚Zweischwerterlehre' auch Goez, Art. ‚Zwei-Schwerter-Lehre'. In: Lexikon des Mittelalters.
319 Sieber-Lehmann, Zwillinge (2015), S. 105: „Geminale Vorstellungen orientieren sich an einer gemeinsamen Deszendenz, während duale Vorstellungen allein die Differenz, die Unterscheidung sowie die Diastase betonen und die damit verbundene Instabilität hervorheben."
320 Vgl. ebd., S. 51.
321 Vgl. S. 52.

nen gleichgesetzt, Esau verkörpert das Böse, Fleischliche, Jakob das geistige Prinzip usw.[322] Wenn es auch verschiedene Versuche gegeben hat, ein positives Zwillingsbild zu entwerfen,[323] und wenn es auch Zwillingsheilige gab, die verehrt wurden[324] – im Großen und Ganzen war das Zwillingshafte mit dem christlichen Weltbild nicht recht vereinbar[325] und steht so für die gefährliche oder ‚gewaltsame' Entdifferenzierung, weniger für die heilsame Spiegelung der göttlichen Einheit in der Ähnlichkeit.

Über diese medizinischen und spezifisch-christlichen Erklärungen und Bewertungen von Doppelgeburten in Antike und Mittelalter hinaus, zeigen insbesondere kulturanthropologische Studien zu afrikanischen und amerikanischen Bevölkerungsgruppen, dass Zwillinge dort zwar nicht immer negativ, doch in den meisten Fällen als eine erklärungsbedürftige und oft auch fragwürdige Ausnahmeerscheinung betrachtet worden sind.[326] Die entsprechenden Studien hier ausführlich vorzustellen, würde den Rahmen dieser Arbeit sprengen. Zusammenfassend lässt sich aber konstatieren, dass Zwillinge etwa in afrikanischen Gesellschaften häufig – im positiven wie im negativen Sinn – als etwas Besonderes, Bemerkenswertes betrachtet worden sind, beispielsweise als Wunderzeichen oder als Verweis auf die Fruchtbarkeit der jeweiligen Eltern und in besonderem Maße der Mutter.[327] In einigen Kulturen (zum Beispiel in der ethnischen Gruppe der Senufo) wird ihnen außerdem zugeschrieben, aufgrund ihrer gemeinsamen Zeit im Bauch der Mutter einander perfekt zu kennen und so zu einer Kommunikation ohne Worte in der Lage zu sein.[328] Zum ‚Dialog' benötigt es immer zwei Personen, Zwillinge aber werden hier offenbar als etwas verstanden, deren Zweiheit ein Stück weit aufgehoben ist. Ihnen wird damit eine Art transpersonale, geradezu magische Verbindung zugeschrieben (Kap. 2.1), die einen Austausch unnötig macht. In anderen Gruppen wiederum gelten Zwillinge als ein konkretisiertes Ideal eines einzigen Individuums, das nicht als Einzelexis-

---

322 Vgl. ebd., S. 52–59.
323 Vgl. ebd., S. 59–75.
324 Vgl. ebd., S. 112 ff.
325 Dies mag auch mit den oben beschriebenen Vorstellungen der pseudo-dionysischen Kosmogonie zu tun haben (Kap. 2.2), stand doch die Zwei in der mittelalterlichen Zahlensymbolik immer auch für die Zerstörung der Eins (hier: des ‚einen' Samens?), die sich in die Vielfalt ausdifferenziert, vgl. ebd., S. 75 f.
326 Einen konzisen Überblick zu den neueren Forschungen zum kulturanthropologischen Blick auf Zwillinge in Afrika und Amerika bietet ebenfalls Sieber-Lehmann, Zwillinge (2015), S. 115–136.
327 Vgl. zu afrikanischen Zwillingsvorstellungen zuletzt der Sammelband von Twins in African and Diaspora Cultures. Double Trouble, Twice Blessed, hg. von Philipp M. Peaks, Bloomington 2011. Der Herausgeber bietet zu Beginn eine sehr gute Einleitung ins Thema, vgl. Peek, Twins, S. 1–36, hier: S. 6
328 Vgl. ebd., S. 11.

tenz, sondern als Doppelwesen unterschiedlicher Provenienz und mit unterschiedlichen Funktionen verstanden wird. Wer keinen Zwilling hat, muss sich seinen (spirituellen) Zwilling suchen, um die eigene Identität zu komplettieren.[329] Während hier ein ‚geminales' Prinzip zu dominieren scheint, bei dem es mehr um die Gemeinsamkeit und um die gleiche Herkunft geht, zeigt Claude Lévi-Strauss mit (strukturalistischem) Blick auf die ursprünglich einheimischen Kulturen der amerikanischen Kontinente,[330] dass hier eher von einem ‚dualen' Prinzip der Weltordnung ausgegangen wird, nach dem die Welt eine „Reihe von Zweiteilungen" darstellt, wobei stets ein Teil dem anderen überlegen sei, denn Gleichheit brächte die Dynamik zu einem Ende und würde das System ins Wanken bringen.[331] Mit Girard gesprochen, gefährden auch hier fehlende Unterschiede das System als Ganzes (vgl. Kap. 1.8.1).[332] Der Umgang mit Zwillingen variiert in den verschiedenen amerikanischen Kulturen dabei allerdings stark und reicht von einer Ablehnung bis zur Verehrung von Zwillingsgeburten.[333]

2.3.5 Inzest

Wenn Wesensähnlichkeit (die häufig als in der Physis wahrnehmbar inszeniert wird) zu einer Sympathie unter Gleichen führt und diese Ähnlichkeit in vielen Fällen als Ergebnis einer gemeinsamen Abstammung, einer Blutlinie, gesehen wird, ist ‚Inzest' naheliegend und konsequent.[334] Es ist daher ein (erzählenswerter) Widerspruch im Normen- und Wertekodex der christlich-mittelalterlichen Kultur,[335] wenn einerseits die Liebe zu Verwand-

---

329 Vgl. ebd., S. 12 f. Peek beschreibt hier auch die Beobachtung, dass sich manche Freund*innen für Fotografien als ‚Zwillinge' verkleiden.
330 Vgl. Lévi-Strauss, Luchsgeschichte (1996). Einen (kritischen) Überblick dazu bietet wiederum Sieber-Lehmann, Zwillinge (2015), S. 123–127.
331 Vgl. Levi-Strauss, Luchsgeschichte (1996), S. 81 f.
332 Girard geht dementsprechend auch etwas ausführlicher auf Zwillingsgeburten ein: Dass viele Kulturen Zwillinge als Problem betrachten, ist ihm zufolge darauf zurückzuführen, dass ihre oft physisch sichtbare Ähnlichkeit als sichtbares Zeichen fehlender Unterschiede auf einer sozialen Ebene betrachtet werden. Es finde „eine Verwechslung statt zwischen biologischen und soziologischen Zwillingen […]. [I]hr Erscheinen weckt die Hauptgefahr jeder primitiven Gesellschaft, die undifferenzierte Gewalt", Girard, Gewalt (2006), S. 88 f.
333 Vgl. Lévi-Strauss, Luchsgeschichte (1996), S. 81 und S. 141.
334 Dementsprechend erzählen gerade höfische Romane immer wieder davon, dass Ehepaare in der höfischen Literatur aufwachsen wie Geschwister, vgl. dazu Schmid, Verwandtschaft (1980).
335 Allerdings handelt es sich um einen Widerspruch, der bis heute nicht auserzählt zu sein scheint, sah sich das Bundesverfassungsgericht im Jahre 2008 doch bemüßigt, für die Begründung einer strafrechtlichen Verfolgung des Beischlafs zwischen Geschwistern an erster Stelle nur auf die lange Tradition dieser Verbotsnorm verweisen zu können: Als ersten Punkt

ten mit dem Verweis auf eine Einleiblichkeit, die sich häufig in Ähnlichkeit zeigt, naturalisiert und andererseits ein erotisches Begehren ausgeschlossen wird.[336]

Ich möchte dieses Problem nur knapp an einem literarischen Beispiel aufzeigen, nämlich anhand der Geschichte des Königs *von der Riuzen lande* in der ‚Weltchronik' des Jans Enikel (v. 26677–27356), in der dieser König beschließt, seine schöne Tochter einfach selbst zu ehelichen.[337] Die Frau des Königs wird zu Beginn offenbar nur eingeführt, um anschließend funktional ersetzt werden zu können: Der Erzähler erwähnt noch, dass der russische König sie liebe wie sich selbst (v. 26684), um sie dann, zusammen mit ihrer notwendigen Position als Königin, die dem Reich einen Nachfolger gebären könnte, ohne Umschweife aus der Erzählwelt zu entfernen (*Dô er alsô ân wîp was*, v. 26695).[338] Die Position des ‚anderen Ichs' muss neu besetzt werden, auch um eine Kontinuität der Herrschaft zu garantieren (v. 26700–26708). Der König möchte die Position allerdings offenbar nur mit einer Frau besetzen, die ganz bestimmten Ähnlichkeitsnormen in Form eines bestimmten äußeren Erscheinungsbildes genügt: Zuerst erfüllte diese Bedingung die Königin, nach deren Tod (?) nur noch die eigene Tochter (v. 26710–26714). Daraus lässt sich ableiten, dass Mutter und Tochter sich, was die Schönheit und ‚Ausstrahlung' angeht (von individuellen Merkmalen ist bei adeliger Schönheit ohnehin nie die Rede), in besonderem Maße ähneln. Das heißt, dass wir es hier mit einer als unproblematisch erzählten Mutter-Tochter-Ähnlichkeit und damit implizit mit dem theoretischen Hintergrund des ‚Zwei-Samen-Modells' nach Galen und Hippokrates zu tun haben (Kap. 2.3.2).

---

      nennt es, dass die Strafvorschrift „auf einer kulturgeschichtlich überlieferten und international weit verbreiteten Verbotsnorm" beruhe. Darüber hinaus, so die weiteren Gründe für das Verbot, werden Rollenüberschneidungen innerhalb der Familie genannt, die nicht dem Bild der Familie im Grundgesetz entsprächen, sowie eugenische (!) Gesichtspunkte u.a. Vgl. https://www.bundesverfassungsgericht.de/SharedDocs/Entscheidungen/DE/2008/02/rs20080226_2bvr039207.html

336 Auch der Diskurs über Männerfreundschaft hat mit einem ähnlichen Paradoxon zu kämpfen. Dazu ausführlicher Kraß, Männerfreundschaft (2016), S. 61–79, dessen wesentliche These lautet, dass die „Gattung der Totenklage [...] eine diskursive Lizenz [bietet], um in passionierter Weise über den Freund und die Freundschaft zu sprechen. Die Angst vor dem Begehren wird in ein Begehren nach dem Tod übersetzt. Tod und Trauer schützen den, der sich einer Rhetorik des Affekts bedient, vor dem Verdacht der Homosexualität" (S. 79).

337 Zitiert nach: Jansen Enikels Werke, hg. von Philipp Strauch, Hannover 1980. Vgl. zur Episode v.a. Bennewitz, Mädchen (1996), und zuletzt Mierke, Ordnungen (2014), S. 80–86 und S. 155–158.

338 Das Verschwinden bzw. der Tod der Mutter ist gemeinsam mit der Attraktivität der Tochter als Spiegelung der Mutter in allen mittelalterlichen Bearbeitungen des Erzählmotivs vom Vater-Tochter-Inzest der Ausgangspunkt, vgl. Bennewitz, Mädchen (1996), S. 161.

Liebte der König zuvor seine Ehefrau wie seinen eigenen *lîp* (v. 26684), wird diese als Selbstliebe kommunizierte Liebe zu einer anderen Person nun auf die Tochter übertragen, die seiner einstigen Ehefrau ähnelt. Weil das Inzestverbot als Wissen vorausgesetzt wird, verlangt er, nach einer Doppelgängerin seiner Tochter (und deren Mutter) suchen zu lassen (*ein megedîn, | diu mîner tohter sî gelîch*, v. 26714), was sich, wie uns der Erzähler schon zuvor hat wissen lassen (*si was sô schœn, daz ist wâr, | daz man nindert offenbâr | vinden moht irn gelîch*, v. 26687 ff.), als unmögliche Aufgabe herausstellt (*dâ vant man nindert ein, | diu irm antlütz wær gelîch*, v. 26724 f.). Die exorbitante Schönheit der russischen Königin und ihrer Tochter kann es woanders nicht geben, weil sie auf der genealogischen Weitergabe dieser Schönheit beruht und der Vater offenbar nur diese adlige Schönheit – die er selbst gezeugt hat – ‚wie sich selbst' zu lieben bereit ist.

Um die inzestuöse Ehe noch zu verhindern (denn der Papst hat sie dem König inzwischen gegen höhere Geldsummen genehmigt), beschließt die Tochter diese genealogisch bedingte Idealität, die ihr Vater zur Voraussetzung seiner (auch sexuellen) Liebe macht, zu zerstören, indem sie alles entfernt, was der König an ihr begehrenswert finden mag und zugleich das Resultat verwandtschaftlicher Weitergabe ist: das Zeichen ihrer weiblichen Schönheit, ihr Haar (v. 26795–26801), das Zeichen ihres Adels, ihr Kleid (v. 26802–26805), und zuletzt das Zeichen ihrer Verwandtschaft, das schöne (Sippen-)Gesicht: *si zerkratzt ir antlütz gar, | daz ir daz bluot ze tal ran* (v. 26808 f.).

Indem der Erzähler noch explizit auf das Blut verweist, das aus ihrem Gesicht heraustritt und zu Boden fließt – und auch der Vater bemerkt später nochmals ihr verfremdetes, ‚blutfarbenes' Gesicht (v. 26821 f.) und benennt das ‚vergeudete Blut' durch das Kratzen als Grund für ihre spätere Verbannung (v. 26840 ff.) – verbindet er ihre neue ‚Hässlichkeit', den Verlust des ‚Sippengesichts', mit dem Verlust ihres ‚Sippenbluts', das die beziehungsstiftende Ähnlichkeit unter Verwandten garantiert. Die Königstochter entscheidet sich so gegen ihr ‚Sippenblut' und ihre verwandtschaftliche Ähnlichkeit. Das Resultat dieser Herauslösung aus dem gemeinsamen Körper der ‚Sippschaft' ist, so zynisch wie konsequent, die Vereinzelung: Der König lässt sie nackt (ohne adlige Identität) in einem Fass (beschränkt auf sich selbst) ins Meer werfen (in den formlosen, wilden Raum der Durchreise).

Die Geschichte erzählt davon, wie auch Verwandtschaft gerade aufgrund einer genealogischen Weitergabe bestimmter Eigenschaften eine Liebe zum ‚anderen Ich' auslösen kann, die auch ein erotisches Begehren impliziert, genau dies aber vermieden werden muss – indem das Zeichen der Verwandtschaft, die Ähnlichkeit, eliminiert wird. Indem allerdings nur von einer Ähnlichkeit zwischen Mutter und Tochter die Rede ist, wird die Gleichheit der Natur zwischen Vater und Tochter ein Stück weit verdeckt gehalten bis die Tochter selbst ihrem Vater das ‚Sippenblut', das sie verbindet, durch ihre Selbstverletzung vor Augen führt. Die Ideologie der (auch sexuellen) Liebe zu Personen gleichen Standes, die sich in gleicher Schönheit und Tugendhaftigkeit manifestiert, trifft hier auf das Problem, dass diese Eigenschaften innerhalb des feudalen Wissens vornehmlich durch die (genealogische) Herkunft bestimmt sind.

Dass Inzest, dem genealogischen Wissen über die Weitergabe von Adel und Schönheit sowie der Ähnlichkeitsideologie, dass das Gleiche das Gleiche zu begehren habe (Kap. 2.4), erst einmal eine naheliegende und dennoch narrativ auszuschließende Konsequenz ist, lässt sich auch mit Blick auf den historischen Kontext konstatieren – ich formuliere mit Jan-Dirk Müller:

> Das Konnubium innerhalb der einzelnen Strata der Ständegesellschaft ist relativ begrenzt, und die Furcht vor Zersplitterung von Herrschaft und Besitz fördert Heiratsbündnisse innerhalb eines [...] verwandtschaftlichen Rahmens. [...] Der Inzest ist die extreme Konsequenz eines [...] zu bewahrenden Bluterbes, der Grenzwert, der nicht angestrebt werden darf, an dem sich aber alles ausrichtet.[339]

Das Ideal der Weitergabe des eigenen Blutes und damit des eigenen Adels und des eigenen Herrschaft- und Besitzanspruchs, verbunden mit dem Ideal, dass vor allen Dingen Gleiche Gleiche heiraten (konkret: Adel und Adel), führt zu einer Wahrscheinlichkeit innerverwandtschaftlicher Ehen – zu Endogamie. Die mittelalterliche Gesellschaft und allen voran die Kirche war dennoch darum bemüht, genau dieses zu verhindern, etwa indem mit dem IV. Laterankonzil von 1215 verboten wurde, dass Menschen, die bis zum vierten agnatischen und kognatischen Verwandtschaftsgrad miteinander verbunden waren, einander ehelichten – und diese Regelung stellte noch eine deutliche Lockerung bisheriger Vorschriften dar, die bis zum 12. Jahrhundert teilweise exzessiv verschärft worden waren.[340]

Zu befragen ist aus dieser Perspektive nicht primär, weshalb es eine Neigung zum Inzest geben mag (wenn dies denn der Fall ist),[341] sondern wozu

---

339 J.-D. Müller, Kompromisse (2007), S. 103 f.
340 Bis dahin hatte sich das Inzestverbot „auf eine unüberschaubare Anzahl von Verwandten" erstreckt, und zwar bis zum siebten Verwandtschaftsgrad sowie drei Formen von Schwiegerverwandtschaft, vgl. Ubl, Inzestverbot (2008), S. 477.
341 Judith Butler, Unbehagen (2014), S. 103 f., weist in diesem Zusammenhang, mit Blick auf Foucaults Analyse des „als unterdrückt betrachtete[n] Begehren[s] [...] als Effekt des unterjochenden Gesetzes selbst" auf die Möglichkeit hin, auch das Inzesttabu weniger als Instrument gegen eine ‚natürliche' Neigung als vielmehr als Instrument zur Produktion der Überschreitung dieses Tabus, die damit eine Norm hervorbringe, zu verstehen: „Das repressive Gesetz bringt also in Wirklichkeit die Heterosexualität hervor, d.h., es wirkt nicht nur als negativer ausschließender Code, sondern als Sanktionierung und [...] Gesetz des Diskurses, das das Sagbare vom Unsagbaren [...] und das Zulässige vom Unzulässigen unterscheidet." Das ‚Inzestverbot' lässt sich so als „produktive Macht [begreifen], die ungewollt verschie-

es ein Tabu benötigt, um dies zu verhindern. Die wohl bekannteste Theorie, die sich dieser Fragestellung widmet, formulierte bereits 1949 Claude Lévi-Strauss in seiner strukturalistischen Analyse der ‚elementaren Strukturen der Verwandtschaft'.³⁴² Er interpretierte das Inzestverbot als Teil bestimmter Heiratsregeln, in diesem Fall als Gebot exogamer Ehen, d. h. in patriarchalischen Strukturen: ein Gebot des Austauschs von Frauen zwischen Männern, die aus unterschiedlichen ‚Verwandtschaftsgruppen' stammen – wobei sich diese Gruppen nicht nach biologischen, sondern nach kulturellen Regeln konstituieren.³⁴³ Als Tauschgebot ist das ‚Inzestverbot' damit „weniger eine Regel, die es untersagt, die Mutter, Schwester oder Tochter zu heiraten, als vielmehr eine Regel, die dazu zwingt, die Mutter, Schwester oder Tochter anderen zu geben".³⁴⁴ Dieses Gebot diene dazu, Familienbünde herzustellen, „möglichst viele Schwager zu gewinnen"³⁴⁵ und auf diese Weise das genealogische System durch Unterscheidungen zwischen nicht-verwandt und verwandt, zwischen ‚erlaubt' und ‚nicht-erlaubt' bzw. ‚sexuell' und ‚nicht-sexuell' überhaupt erst herzustellen.³⁴⁶ Aus dieser Perspektive ist das ‚Endogamieverbot' bzw. ‚Exogamiegebot' die Grundlage einer auf Verwandtschaft und verwandtschaftlichen Unterschieden beruhenden Kultur und stellt der Inzest darum (mit Girard) eine ‚Krise der Unterschiede' dar (Kap. 1.8.1). Indem das Endogamieverbot Unterscheidungen (wer mit wem schlafen darf) anstellt, klassifiziert es „die Gesamtheit aller möglichen Beziehungen" und „begründet [...] Ordnung überhaupt, die [nach Girard] nicht anders denn als strukturiertes Gefüge von Unterschieden zu denken ist".³⁴⁷ Zusammen-

---

dene Konfigurationen der Geschlechtsidentität erzeugt" (S. 113), gerade weil der Tausch ein Tausch zwischen Männern ist, der die patrilineare ‚Sippe' als homosozialen Bund stärkt.
342 Lévi-Strauss, Strukturen (1993).
343 Vgl. ebd., S. 15. Das heißt, wie Reinhardt, Lévi-Strauss (2008), S. 67 f., präzise ausführt, dass es weder darum gehe, Behinderungen oder genetischen ‚Defekten' vorzubeugen, „noch gibt es so etwas wie eine natürliche Abneigung gegen sexuelle Beziehungen mit engen Verwandten. Problematisch werden solche Beziehungen tatsächlich in der Regel erst, wenn den Beteiligten die verwandtschaftliche Nähe [...] bewusst wird (siehe Ödipus). Damit aber wird zugleich deutlich, dass es sich nicht um eine wie auch immer geartete Stimme des Blutes handelt, die uns vor Akten der Inzucht zu bewahren sucht, sondern um ein sozial kodiertes Phänomen. Die Ächtung des Inzests ist mithin kein natürlicher Akt, sondern folgt kulturspezifischen Normen und Setzungen [...]." Dazu ausführlicher: Lévi-Strauss, Strukturen (1993), S. 57–74.
344 Ebd., S. 643.
345 Reinhardt, Lévi-Strauss (2008), S. 69.
346 In den Worten von Lévi-Strauss, Strukturen (1993), S. 641: „Der Tausch – und infolgedessen die Exogamieregel, die ihn zum Ausdruck bringt – hat einen sozialen Wert in sich selbst: er liefert das Mittel, die Menschen miteinander zu verbinden und die natürlichen Bande der Verwandtschaft durch die nunmehr künstlichen [...] Bande der von der Regel beherrschten Allianz zu überlagern."
347 Strohschneider, Inzest-Heiligkeit (2000), S. 117.

gefasst lässt sich so mit Lévi-Strauss festhalten: Der Austausch einer Braut zwischen patriarchalen ‚Sippenverbänden' konstituiert den ‚Sippenverband' selbst als kollektive Identität, weil er die Grenzen der ‚Sippenkörper' festlegt. Inzest ist dann eine Form der ‚gewaltsamen Entdifferenzierung', weil ordnende Unterschiede negiert werden.

Es ist diese Perspektive, die Peter Strohschneider einnimmt, um die genealogische Verdichtung im Inzest, von der Hartmanns ‚Gregorius' (Kap. 3.4.3.1) gleich zwei Mal erzählt, zu beschreiben: Weil das Inzestverbot Blutsverwandtschaft erst als einen Beziehungstypus, der sich von anderen unterscheide, konstituiere, begründe es soziale Ordnung.[348] Der ‚Gregorius' erzähle darum von den „Kultur [...] grundsätzlich zerstörenden Folgen" von Inzest und „verwendet das Verbrechen als Problematisierungsfigur und damit kommunikativ als Mechanismus der Stabilisierung von genealogischer Ordnung".[349] Indem der doppelte Inzest eine zweifache weltliche Krise der Unterschiede auslöst, für die Gregorius dann zum ‚Sündenbock' werden muss, enthebt er den Protagonisten der genealogischen Ordnung – dem System der Unterschiede – und wird zur Voraussetzung seiner Heiligkeit – denn Heiligkeit bedeutet der gnadenhafte Sprung in die Unterschiedslosigkeit, wo Entdifferenzierung ‚heilsam' und nicht ‚gewaltsam' und gefährdend ist (Kap. 1.8.1). Anders also als bei der Geschichte vom *Riuzenkönig*, die ausschließlich von der Notwendigkeit der Unterscheidungen zwischen verwandt und nicht-verwandt, die das Inzestverbot ermöglicht, erzählt, wird im ‚Gregorius' die weltlich-problematische Unterschiedslosigkeit zur Bedingung der heiligen Unterschiedslosigkeit, die nur durch göttliche Gnade gegeben werden kann.

Für das Mittelalter konnte Karl Ubl zeigen, dass das Erklärungsmodell von Lévi-Strauss sich nicht für alle Entwicklungen als ausreichend erweist. Die seit dem christlichen Frühmittelalter schubweise sich vollziehende, ab dem 11. Jahrhundert geradezu exzessive Ausweitung des Inzestverbots bis hin zur Dysfunktionalität[350] lässt sich nur schwerlich damit erklären, dass, wie Lévi-Strauss vorschlug, das mit dem Inzestverbot einhergehende Gebot zum Frauentausch die gesellschaftliche Funktion erfülle, die Machtbasis von bestimmten Familienverbänden zu stärken. Für Ubl stößt dieses Erklärungsmodell für das Frühmittelalter darum an seine Grenzen, weil

---

348 Vgl. ebd.
349 Ebd., S. 118.
350 In den Worten Ubls, Inzestverbot (2008), S. 477: „Niemand war zu dieser Zeit in der Lage, alle 128 Vorfahren in der siebten Generation namentlich zu kennen, mit deren Nachkommen er nach dem kirchlichen Eherecht verwandt war. Genauso wenig konnte man alle Personen erfassen, die aufgrund der Regeln über die drei Arten der Schwiegerverwandtschaft von der Eheschließung ausgeschlossen waren. Eine Befolgung der kirchlichen Inzestverbote musste zwangsläufig am verfügbaren genealogischen Wissen scheitern."

2.3 Gleiches aus Gleichem. Verwandtschaft

das ausgedehnte Inzestverbot dazu führte, dass „es prinzipiell unmöglich wurde, nicht des Inzests verdächtige Ehen zu schließen".[351] Auch ältere Erklärungsversuche, die Kirche habe das Inzestverbot vorangetrieben, um die germanischen ‚Sippenverbände' zu zerschlagen oder sich weltlichen Besitz anzueignen, weist der Historiker zurück und plädiert stattdessen für folgende These: Es sei explizit das Königtum und der Adel gewesen, die ein Interesse an der Ausweitung bzw. der Durchsetzung dieser Ausweitung gehabt hätten. Es sei der herrschenden adligen Schicht darum gegangen, durch Exogamie zu verhindern, „dass sich lokale Eliten von der Zentrale abkoppelten und eigene Herrschaftsstrukturen aufbauten", und stattdessen für eine „Intensivierung überregionaler Kommunikation innerhalb des Adels" zu sorgen, und zwar vor allen Dingen in Zeiten des Zerfalls von (antiker) Staatlichkeit.[352] Das Inzestverbot als Exogamiegebot ist für Karl Ubl darum ein Herrschaftsinstrument von Staat und Kirche im Frühmittelalter, das dem Bedürfnis nach öffentlicher Ordnung mit einer vernetzten Führungsschicht entsprang.[353]

Blicken wir von hier aus abschließend noch einmal auf den Fall der Tochter des Riuzenkönigs in der ‚Weltchronik': Der König selbst interpretiert das Endogamieverbot trotz seines inzestuösen Begehrens konsequent als Exogamiegebot, indem er zunächst in allen Ländern (v. 26722f.), also in der Fremde, außerhalb seines Verwandtschaftsbereichs, nach einer Doppelgängerin seiner begehrenswerten Frau bzw. Tochter suchen lässt, und die Tochter selbst geht ebenfalls lange davon aus, dass die Hochzeitsvorbereitungen für sie und einen fremden Mann von *anderswâ* (v. 26790) gelten. In der Erzählung wird so vorausgesetzt, dass Heirat mit Außenstehenden zu vollziehen, dass das problematische Begehren nach den Blutgleichen zu umschiffen ist, indem der Königshof die Kommunikationskanäle zum nichtverwandten Adel hin, also zum ‚Fremden' statt zum ‚anderen Ich' öffnet, um exogam zu finden, was in der Geschichte nur endogam verfügbar ist: eine Frau, die man lieben kann wie sich selbst. Es sind dann, auf der Ebene der *histoire*, die Strafe des Vaters und, auf der Ebene des *discours*, der Wille Gottes, der die Königstochter nach ihrer Verbannung in einem Fässlein auf dem Meer in die ‚Fremde' und damit in eine exogame Ehe mit dem griechischen König führen (v. 26922 ff.)[354] und das Dilemma auflösen, zumindest für den Augenblick.

---

351 Ebd., S. 492.
352 Ebd., S. 495.
353 Vgl. ebd., S. 498.
354 *dar nâch sie der künic nam | ze einer konen êlich, | als ez wolt got von himelrich.*

2.3.6 Zusammenfassung

Ähnlichkeit zwischen Menschen begegnet uns im mittelalterlichen Nachdenken und im Erzählen von Verwandtschaft in unterschiedlichen Facetten, nämlich als äußerlich wahrnehmbare Ähnlichkeit zwischen Eltern und Kindern, Geschwistern oder in besonderem Maße zwischen Zwillingen, darüber hinaus aber auch als durch die ‚Natur' oder die ‚Art' der Vorgänger*innen determiniertes Programm der Nachkommen. Die kulturellen Funktionen von zugeschriebener Ähnlichkeit zwischen verwandten Menschen sind vielfältig: Weil die Genealogie, die Rückführung des Vielen auf einen gemeinsamen Ursprung, das kontingente Chaos der Welt zu ordnen vermag, kann Ähnlichkeit zwischen Verschiedenen Zeichen dieser inneren Ordnung der Dinge sein. Sie ist ein mehr oder weniger verlässliches Signum einer inneren Verbundenheit zwischen Verwandten, die nicht nur in der Literatur als gemeinsamer ‚Körper' imaginiert werden, und diese Verbundenheit stiftet in vielen literarischen Texten Kontinuität, Ordnung, aber auch Solidarität und Sympathie, und zwar auch dann, wenn die entsprechenden Personen von ihrer Verwandtschaft nichts wissen. Gleichzeitig darf diese Sympathie, die aus der gemeinsamen Natur entsteht, nicht zu einem erotischen Begehren führen: der Nähe der Ähnlichen sind normative Grenzen gesetzt.

Für die Analyse des Erzählens von ähnlichen Menschen lassen sich aus diesem Überblick über den vielfältigen Verwandtschaftsdiskurs insbesondere neun Aspekte festhalten und als Kontextwissen nutzen:

Erstens ist das genealogische Denken ein Ordnungsinstrument, das durch die Behauptung, das Verschiedene sei aus dem Gleichen hervorgegangen, bewirken kann, das als different Wahrgenommene nun als Zusammengehöriges zu verstehen. Kontingent wirkenden Ketten von Ereignissen kann durch die Behauptung eines gemeinsamen Ursprungs Kontinuität zugesprochen werden, aus der Verbundenheit können Machtansprüche hergeleitet werden, das Fremde kann zum Eigenen werden. Ähnlichkeit ist dabei Zeichen dieser Verbundenheit. Hier trifft sich genealogisches Denken mit dem Nachdenken über die Einheit des Vielen im durch den einen Gott geschaffenen Kosmos (Kap. 2.2). Was sich ähnelt, so kann wohl einer der am häufigsten vorgenommenen Kausalschlüsse des (nicht nur mittelalterlichen) Genealogiedenkens lauten, muss tatsächlich miteinander verbunden und auf eine gemeinsame Herkunft zurückführbar sein.

Zweitens existierten im europäischen Mittelalter im Wesentlichen zwei nebeneinander bestehende Theorien darüber, wie diese Ähnlichkeit zwischen jenen, die einen gemeinsamen Ursprung im Fortpflanzungsakt zweier Menschen haben, zustandekommt. Dem ‚Ein-Samen-Modell' des Aristoteles, nach dem der Mann mit seinem Samen die Form, die Frau hingegen nur den Stoff gibt, der, wenn alles nach Plan verläuft, nach dem Ebenbild des

Mannes geformt wird, steht das ‚Zwei-Samen-Modell' von Hippokrates und Galen entgegen: Hier sind Mann und Frau gleichermaßen mit ihrem Samen an der Formung des neuen Menschen beteiligt, wenn auch der Samen der Frau schwächer sei als der des Mannes. Ähnlichkeit durch Fortpflanzung kann dabei nach Galen in drei Kategorien eingeteilt werden, nämlich in die der ‚Art' (aus dem Menschen entsteht ein Mensch), die vom Stoff abhängig ist, in die der individuellen Merkmale durch den Samen der am Zeugungsakt beteiligten Personen und in die des Geschlechts, das abhängig vom jeweiligen Temperament und der Seite in der Gebärmutter ist, in der der Fötus heranwächst.

Drittens gilt es als eine in der europäischen Aristokratie des Mittelalters kaum hinterfragte Tatsache, dass die Weitergabe der Eigenschaften der Eltern durch das Blut geschieht (die sogenannte hämatogene Samenlehre), das sich im Zeugungsakt zum Samen wandle. Das Blut macht Verwandte einander ähnlich und stiftet den transpersonalen Zusammenhang zwischen den Mit-Gliedern des ‚Sippenkörpers'.

Diese Vorstellung, dass Verwandte gemeinsam Teile eines ‚Körpers' sind, finden wir, viertens, nicht nur in fiktionalen Texten. Die kulturellen Funktionen dieser Vorstellung einer transpersonalen Identität, die sich als körperliche Verbundenheit denken lässt und sich in der Ähnlichkeit der Mitglieder manifestieren kann, liegen in der Möglichkeit, auf diese Weise ein kollektives Verantwortungsbewusstsein und Solidarität innerhalb einer bestimmten Gruppe zu stiften. Unähnlichkeit hingegen kann dann auch als Zeichen der Nicht-Zugehörigkeit einer Person gelten, der keine oder eine geringere Solidarität entgegengebracht werden muss und deren Verschwinden zu verschmerzen ist, weil sie den Ähnlichkeit- und Ursprungsnormen der ‚Sippschaft' nicht genügt.

Fünftens führt diese körperliche Verbundenheit und die Weitergabe wesentlicher Eigenschaften durch das Blut der Vorfahren dazu, dass man den Vorfahren ähnelt, und zwar auch dann, wenn man diese nicht kennt oder die Ähnlichkeit unterdrückt werden soll: Man kann der Vergangenheit nicht entfliehen, die ‚Natur' holt den Menschen ein, determiniert gerade in der Literatur oft das Handeln der Einzelnen, legitimiert (und naturalisiert) Ansprüche und gibt der Zukunft ein Gesicht – das jenem der Vergangenheit ähnelt.

Sechstens ist das Erkennen der Ähnlichkeit zwischen Mitgliedern eines gemeinsamen ‚Sippenkörpers' in der Literatur häufig schwierig, was die Figuren aber nicht davon abhält, sich zueinander hingezogen zu fühlen – oft mit dem erzählerischen Verweis auf die Gleichheit der Natur. Dies gilt dabei keineswegs nur für Verwandte, sondern auch für Freunde und Geliebte – möglicherweise findet hier eine Übertragung vom einen auf den anderen Diskurs statt, auch wenn zu bedenken bleibt, dass die Vorstellung eines gemeinsamen Körpers sich nicht nur im verwandtschaftlichen Denken zeigt, sondern viele Quellen hat. In jedem Fall ist die Einheit der Natur oder der Körper ein Argument für gegenseitige Zuneigung und gegenseitigen Schutz und bringt die sich auf diese Weise ähnelnden Figuren näher zusammen, lässt in ihnen den Wunsch nach Entdifferenzierung entstehen.

Siebtens wurden Zwillinge medizinisch als Ergebnis einer Abweichung im Zeugungsakt betrachtet, etwa eines Samenüberflusses oder, wie bei Konrad von Megenberg, einer unruhigen Bewegung der Frau beim Geschlechtsverkehr. Der Vorwurf des Ehebruchs, den Aristoteles aufbrachte, tauchte im Mittelalter hingegen nur noch in der Literatur, nicht in wissensvermittelnden Texten auf. Eine gewisse Grundskepsis bzw. zumindest ein Erklärungsbedürfnis, so lässt sich resümieren, scheint es gegenüber den Doppelgeburten allerdings gegeben zu haben.

Betrachtet man, achtens, das ‚Zwillingshafte' als Metapher für Doppelungen, die auf einen gemeinsamen Ursprung zurückgehen (geminales Denken), das dem entgegensteht, das aufgrund seiner Doppelheit gegeneinander in Konkurrenz tritt (duales Denken), scheint das europäische Mittelalter tendenziell das duale Prinzip bevorzugt zu haben. Zurückführen lässt sich dies eventuell auf die Jakob-Esau-Geschichte des Alten Testaments, die die Zwillinge als Konkurrenten und Widerpart entwirft, aber auch auf den sogenannten ‚Investiturstreit' zwischen geistlicher und weltlicher Herrschaft. Die alttestamentlich Geschichte und die historische Situation ließen etwa ein ‚Zwei-Schwerter'-Denken, die von *einem* Herrn gegeben wurden und für die *gleiche* Sache eingesetzt werden sollten, kaum noch zu. Hier kann möglicherweise auch die Vorstellung eine Rolle gespielt haben, dass das Differente und Viele tendenziell als das dem (als göttlich verstandene) ‚Einen' Unterlegene betrachtet wurde (Kap. 2.2).

Und zuletzt lässt sich, neuntens, das Verbot, dass Verwandte miteinander schlafen, als Resultat eines Normenparadoxons beschreiben: Einerseits setzt das Konzept der Sympathie unter Gleichen eine Annäherung derselben voraus – und spielt auch im theologischen wie weltlichen (mitunter erotischen) Liebesdiskurs eine Rolle –, andererseits dürfen jene, die sich oft sichtbar ähneln, weil sie denselben Ursprung haben, nicht miteinander schlafen. Es scheint sich dabei um einen Aushandlungsprozess zwischen unterschiedlichen Interessen einer Gruppe, die sich als miteinander verwandt versteht, zu handeln: Zwar soll die Sympathie unter Gleichen die Solidarität zwischen diesen Mit-Gliedern des ‚Sippenkörpers' bewirken und stärken, zugleich bedarf es der Erweiterung dieses Körpers durch die ‚Ansippung' von Nicht-Mitgliedern. Das Verbot der endogamen Ehe ist so ein Gebot der exogamen. Für das Mittelalter, in dem bis ins 12. Jahrhundert das Inzestverbot mehrmals massiv und bis zur Dysfunktionalität ausgeweitet wurde, scheint das Inzestverbot bzw. Exogamiegebot insbesondere in Zeiten der Erosion institutioneller Ordnung eine Möglichkeit der Stabilisierung gewesen zu sein, indem die herrschenden Schichten *verschiedener* Herkunft und aus *verschiedenen* Herrschaftsbereichen miteinander kommunizierten, kooperierten und auf diese Weise Ordnung (von oben) aufrechterhielten. Das Gebot, das (noch) Fremde zum Eigenen zu machen, um Ordnung zu schaffen, ist die Ursache dafür, dass diejenigen, die schon zum ‚Ich' gehören und ihm ähneln, weil sie denselben Ursprung haben, sich nicht untereinander reproduzieren und innerfamiliäre Bündnisse schmieden dürfen.

Diese legitimen Verbindungen zwischen Ähnlichen, die ‚homosoziale' Freundschaft und die ‚heterosexuelle' Liebe, die allerdings gerade immer wieder mit dem Code der Verwandtschaft arbeiten, indem sie etwa Brüder als ideale Freunde inszenieren, sollen im Zentrum des folgenden Kapitels stehen.

2.4 Gleiches zu Gleichem. Freundschaft

> Weil ja doch immer ein Gott die Gleichen in Paaren vereinigt.
> (Homer, ‚Odyssee', 17.218)

Die Vorstellung, wie Homer sie schon in seiner ‚Odyssee' formuliert, dass ein Gott die Gleichen stets in Paaren zusammenführe (17.218),[355] dass Zuneigung und Partnerschaft sich also gottgewollt und idealerweise zwischen jenen ergebe, die sich ähneln, ist alt und sie prägt das jahrtausendlange Nachdenken über Ursprung, Sinn und Ziel der nichtverwandtschaftlichen Bindungen zwischen Menschen und entspringt ebenjenem grundsätzlichen Homophilie-Denken, das auch die antike und mittelalterliche Naturphilosophie prägte (Kap. 2.1, Kap. 2.2).[356] Dass die Zusammenführung jener Gleichen durch göttlichen Eingriff zustandekommt, glaubt nicht nur Homers Erzähler, sondern beispielsweise auch jener in der Geschichte der beiden Doppelgängerfreunde in dem Roman ‚Engelhard' Konrads von Würzburg (Kap. 3.2).[357] Als Engelhard seinem späteren Freund Dietrich zum ersten Mal begegnet, stellt der Erzähler in auktorialem Gestus klar: Ähnliche Menschen gebe es in dieser Welt zuhauf (v. 486 f.), aber dass diese sich nun inmit-

---

355 Homerus, Odyssee. Griechisch – deutsch, mit Urtext, Anhang und Registern, übertragen von Anton Weiher, Einführung von A. Heubeck, Berlin 2014.
356 Zur Denkfigur der Homophilie in der vorsokratischen Zeit vgl. C. W. Müller, Gleiches (1965). Die Anziehung zwischen Gleichen wird im mittelalterlichen Gelehrtendiskurs beispielsweise bei Thomas von Aquin als selbstverständlich angenommen, vgl. dazu Aertsen, Nature (1988), S. 343.
357 Konrad von Würzburg, Engelhard, hg. von Ingo Reiffenstein, 3., neubearbeitete Auflage der Ausgabe von Paul Gereke, Tübingen 1982.

ten einer Wiese zufällig (*von geschiht*) träfen, das habe Gott gefügt, genauer: darauf habe Gott, der auch nach diesem Ereignis noch weitere Wunder an ihnen vollbracht habe, nicht verzichten wollen (v. 486–491).[358]

Die Freundschaft zwischen Ähnlichen wird im Diskurs über derartige Beziehungen immer wieder auf Gott ausgerichtet, durch Gott begründet und sogar mit der Gottesebenbildlichkeit des Menschen in Verbindung gebracht (Kap. 2.2.1.1). Wie die Gemeinschaft der Vögel in Fariduddin 'Attars Geschichte einen Prozess der Verähnlichung erlebt, um am Ende im Gottvogel Simurgh Eins zu werden und wie das kaum erreichbare Ideal der Artusrunde in der absoluten Gleichheit der Anwesenden besteht (Kap. 1.3), so imaginieren auch manche Traktate über die Freundschaft diese als ein gemeinsames Streben zum Einen, das sich in der Liebe zum Gleichen äußert.

Bevor ich in diesem Kapitel die antiken und mittelalterlichen Theorien zur Bedeutung von Ähnlichkeit in der Freundschaft vorstellen werde, möchte ich zeigen, wie die Liebe zum Gleichen auch in ‚paganen' und jüdischen bzw. christlichen Schöpfungsmythen in die Urgeschichte des Menschen integriert und damit gewissermaßen Ursprungsmythen der ‚Homophilie' entworfen werden. Die drei Erzählungen, die ich dabei in den Mittelpunkt stellen möchte – die Aristophanesrede in Platons ‚Symposion' (189a1–193e2), die Paradieserzählung (Gen 2, 4–3, 24) und die Turmbauerzählung (Gen 11, 1–9) des Alten Testaments – formulieren dabei Ideen über die Einheit und den Anfang der Unterschiede zwischen Menschen, die sich auch in den Theorien und Erzählungen zur Ähnlichkeit zwischen sich liebenden Menschen wiederfinden und am Konzept der Emanation und Remanation anknüpfen (Kap. 2.2). Aus diesem Grund möchte ich sie den theoretischen Abhandlungen voranstellen.

2.4.1 Lektüre: Schöpfungsgeschichten

Die Aristophanesrede in Platons ‚Symposion'[359] und den Schöpfungsbericht des Alten Testaments verbinden einige „verblüffende Parallelen",[360] die auch den Renaissance-Philosophen Leone Ebreo zu einem Vergleich anhielten: In seiner erstmals 1535 publizierten Schrift ‚Dialoge über die Liebe' (*Dialoghi d'amore*)[361] stellt er Gemeinsamkeiten zwischen dem Androgyne-Mythos

---

[358] *Daz aber diese beide | ûf einer wilden heide | zesamene kâmen von geschiht, | des wollte got entberen niht, | der an in wunderte ouch dar nâch.*
[359] Ich zitiere im Folgenden nach: Plato, Symposion. Griechisch-deutsch, übersetzt von Franz Boll, neu bearbeitet von Wolfgang Buchwald, Berlin 2014.
[360] Kraß, Männerfreundschaft (2016), S. 44.
[361] Ich orientiere mich an der Analyse von Pescatori, Myth (2007).

Platons und der Entstehung Evas aus der Seite Adams heraus. Wie die platonisch-aristophanischen Kugelmenschen, so sei auch der erste Mensch im Alten Testament ursprünglich beiden Geschlechtern zugehörig gewesen, erst die Teilung habe die Differenz der Geschlechter geschaffen.[362] Ein Vergleich, der sich, wie in dieser Arbeit, aus dem Interesse am Erzählen von Ähnlichkeit ergibt, kann ergänzen: Aristophanes' Schöpfungsmythos weist nicht nur zahlreiche Gemeinsamkeiten mit der Paradieserzählung und ihren mittelalterlichen Ausdeutungen auf, sondern auch zur Turmbauerzählung, und in allen drei Textstellen spielen ursprüngliche absolute Ähnlichkeit (Einheit) und ihr Verlust aufgrund menschlichen Vergehens und göttlicher Bestrafung eine wichtige Rolle.[363] Alle drei Textstellen erzählen letztlich eine Geschichte der Emanation und gewünschten Remanation (Kap. 2.2), in der aus dem Einen das Viele entsteht, das sich aufgrund eines gemeinsamen Ursprungs ähnelt und nach der Wiederauflösung des Vielen im Einen strebt – ähnlich wie es sich schon in den ‚Vogelgesprächen' Fariduddin 'Attars beobachten ließ (Kap. 1.3).

Doch von vorn: Ausgehen möchte ich von der Erzählung über das Wesen des Eros, zu der Aristophanes beim Mahl endlich anhebt, nachdem er anderen Gästen aufgrund eines hartnäckigen Schluckaufs zunächst den Vortritt lassen musste.[364] Er berichtet dann weniger davon, wie der Mensch erschaffen wurde, sondern vielmehr von der Entstehung des heutigen Menschen aus einem ganz anders gearteten Urmenschen. Dargestellt wird dieser Prozess als eine Entwicklung der Beeinträchtigung.[365] Diese Urmenschen, so Aristophanes, seien kugelrund und mit vier Armen, vier Beinen, zwei voneinander abgekehrten Gesichtern, vier Ohren und zwei Geschlechtsteilen ausgestattet gewesen (189e5–190a8). Außerdem habe es statt zwei insgesamt drei Geschlechter gegeben, nämlich das männliche, das von der Sonne abstamme, das weibliche von der Erde und zuletzt ein vom Mond herkom-

---

362 Vgl. ebd., S. 121 f.
363 Vgl. auch Stolz, Art. Paradies. In: TRE 25 (1995), S. 709: „Erzählelemente, welche die Paradies-Geschichte bestimmen, erscheinen im ganzen Kontext der Urgeschichte: Immer wieder spielt das Moment der (gefährdeten) Trennung eine Rolle. Nach Gen 6, 1 ff. vereinen sich Götter und Menschen, was die Katastrophe der Sintflut auslöst; anschließend werden die Trennung von Himmel und Erde und die unterscheidbare Abfolge von Jahreszeiten garantiert; die Turmbaugeschichte schließlich berichtet vom Versuch, diese Trennung rückgängig zu machen, endet aber mit der Scheidung der Völker. Die Einrichtung von Unterscheidungen im Kosmos ist damit ein kompositorisches Leitmotiv, das allerdings ganz in den Dienst einer Darstellung des durch Schuld und Verhängnis bestimmten menschlichen Wesens gestellt ist."
364 Die Geschichte steht darum von vornherein unter dem Verdacht der Komik und unter Beobachtung des Eryximachos (189a7–b2), der am Ende jedoch ihre Ernsthaftigkeit anerkennt (193e3 f.).
365 Vgl. zu diesem Aspekt auch auf der Wortebene des Griechischen Carvalho, Aristophanesrede (2009), S. 29 ff.

mendes Geschlecht, das heutzutage nur noch als Schimpfwort existiere, nämlich das androgyne, das sowohl männlich als auch weiblich gewesen sei (189d6–e5).

Schon bei dieser äußeren Gestalt spielt Ähnlichkeit eine wichtige Rolle: Erstens hänge die Tatsache, dass die Urmenschen kugelrund gewesen seien, mit der Ähnlichkeit zu ihren göttlichen Eltern zusammen (190b1–5),[366] zweitens glichen sich auch die beiden Gesichter des Menschen selbst aufs Haar (190a1) und drittens kann die körperliche Einheit zweier Menschen, als die Aristophanes die Urmenschen präsentiert, selbst als Spitze aller möglichen Ähnlichkeit gewertet werden. Insgesamt scheinen diese Urmenschen von Aristophanes als menschliches Idealbild konstruiert: Sie sind im Besitz einer übermäßigen Kraft, sind durch Radschlagen in der Lage, sich enorm schnell fortzubewegen, haben ein Blickfeld von 360 Grad sowie Selbstvertrauen, Haltung und Zuversicht – kurz: sie entsprechen dem griechischen Idealbild eines tüchtigen Kriegers.[367] Sie sind – und auch dafür steht ihre Rundheit – vollständig, bedürfen keiner Ergänzung.[368] Die Ähnlichkeit zu den Göttern korrespondiert hier mit körperlicher Einheit und äußerer und innerer Idealität. Die Ähnlichkeit der Gesichter wiederum erwächst aus dem gleichen körperlichen Ursprung der runden Doppelmenschen und ermöglicht zugleich das nach ihrer Trennung, von der Aristophanes daraufhin erzählt, notwendige Wiedererkennen der je zugehörigen Hälfte. Diese Idealität der ursprünglichen Kugelmenschen wiederum hat zur Folge, dass sie sich überschätzen: Aus ihrer Ähnlichkeit zu den Göttern ziehen sie – wie Luzifer in den mittelalterlichen Bibelerzählungen (Kap. 2.2.1.2) – den Anspruch, sich mit ihnen zu messen, indem sie „versuchten, sich einen Aufgang zum Himmel zu schaffen, um die Götter anzugreifen" (190b5–c1).

Schon bis zu dieser Entscheidung darf man sich an die alttestamentliche Schöpfungsgeschichte erinnert fühlen: Den Urmenschen wohnt eine göttliche Ebenbildlichkeit inne, wie wir sie auch im Schöpfungsbericht formuliert finden (Gen 1, 26).[369] Weiter ist der Urmensch als körperliche Einheit zweier Menschen konstruiert, die der erwähnte Leone Ebreo auch Adam unterstellt, indem er auf den priesterlichen Schöpfungsbericht verweist, in dem behauptet wird, Gott habe die Menschen als Mann und Frau erschaffen (Gen 1, 28), während in der Paradieserzählung danach konstatiert

---

366 Wobei die Vorstellung, die Erde sei kugelrund, zu Platons Zeit nicht unbedingt allgemein verbreitet gewesen sein dürfte, und Sonne und Mond für die vorsokratischen Philosophen eher kreisförmig aber flach gewesen waren, vgl. Manuwald, Rede (2012), S. 94.
367 Vgl. zu diesem Aspekt ausführlich Carvalho, Aristophanesrede (2009), S. 51–80.
368 Vgl. ebd., S. 61, und Manuwald, Rede (2012), S. 61.
369 Diese Gemeinsamkeit hebt auch Leone Ebreo hervor, vgl. Pescatori, Myth (2007), S. 121.

2.4 Gleiches zu Gleichem. Freundschaft

wird, der erste Mensch sei zunächst allein (Gen 2, 7): Adam sei, so versucht Ebreo Kohärenz herzustellen, als zwei Personen in einer, das Männliche und das Weibliche in sich vereinigend, erschaffen worden und erst nach Adams Teilung habe es nun zwei verschiedene Geschlechter gegeben.[370] Die Turmbauerzählung wiederum berichtet zwar nicht (wie ja auch die Geschichte der Kugelmenschen) von der Erschaffung des ersten Menschen, aber auch hier wird uns ein Volk präsentiert, das sich durch ein großes Maß an Einheit auszeichnet: „Und die ganze Erde hatte ein und dieselbe Sprache und ein und dieselben Wörter" (Gen 11, 1 f.), sie seien, so hebt auch Gott explizit hervor, „*ein* Volk" und hätten „*eine* Sprache" (Gen 11, 6). Dabei geht es nicht nur um ein einziges Sprachsystem, sondern auch „um intentionale ‚Einstimmigkeit', etwa in dem Sinne, dass ‚einer zum anderen' dasselbe redet (vgl. Gen 11, 3)" und um widerspruchsfreie Verständigung, die sich im gemeinsamen Wohnen, Bauen und in Selbstaufforderungen zeigt.[371]

Die Idealität der platonisch-aristophanischen Urmenschen führt zur Überheblichkeit, den Göttern nicht mehr nur ähneln, sondern sie ersetzen zu wollen. Soweit gehen die Menschen, von denen der alttestamentliche Schöpfungsbericht erzählt, nicht, aber auch hier kann der jeweilige Fehltritt gegen die Götter als Versuch einer zu weiten Angleichung an dieselben gewertet werden: Nachdem der Mensch vom Baum der Erkenntnis gegessen hat, muss Gott feststellen: „Siehe, der Mensch ist geworden *wie einer von uns*, zu erkennen Gutes und Böses" (Gen 3, 22; Hervorhebung von mir). Und ebenso wie die platonisch-aristophanischen Urmenschen „sich einen Aufgang zum Himmel" zu schaffen suchen, beschließen die Menschen in der Turmbauerzählung „einen Turm [zu] bauen, und seine Spitze bis an den Himmel" (Gen 11, 4). Zwei Gründe führen die Menschen für den unerhörten Turmbau an: Sie möchten sich erstens „einen Namen machen" und zweitens verhindern, dass sie sich „über die ganze Fläche der Erde zerstreuen!" (ebd.). In dreifacher Weise also übersteigen sie die menschliche Bestimmung und suchen die offenbar zu große Ähnlichkeit zu Gott: Wer zum Himmel strebt, verlässt die dem Menschen zugewiesene Sphäre des Irdischen; wer sich einen Namen macht, sucht die Gott vorbehaltene Unsterblichkeit; wer sich nicht zerstreuen will, sucht die Gott vorbehaltene Einheit[372] – die Schöpfung nämlich ist geprägt von Differenz und Vielfalt: Aus dem Einen wird der Unterschied zwischen Himmel und Erde (Gen 1, 1), Licht und Finsternis (Gen 1, 4f.), Tag und Nacht (ebd.), Erde und Meer (Gen 1, 10), werden Bäume „nach ihrer Art" (Gen 1, 11), wird die Vielfalt des „Gewimmel[s]

---

370 Ebd.
371 Baumgart, Art. Turmbauerzählung (2006).
372 Vgl. dazu ebd.

lebender Wesen" (Gen 1, 20)³⁷³ und der Unterschied zwischen Mann und Frau (Gen 1, 26). Die Menschen aber, das vereint diese Erzählungen, suchen diese Differenz zu überwinden.

Der korrigierende Eingriff der Götter ist jeweils ein teilender. Allerdings sind hier zunächst strukturelle Unterschiede erkennbar: Die Teilung Adams in Mann und Frau ist keine Bestrafung. Aber: Die ersten Menschen werden sich erst als Folge des Sündenfalls ihrer Verschiedenheit bewusst. Erst jetzt erfahren sie ihre Nacktheit und damit ihre Geschlechtlichkeit und schämen sich dafür (Gen 3, 10), erst jetzt entwickelt sich ein Dissens zwischen den Menschen, und zwar in Form der Schuldzuweisung (Gen 12f.), erst jetzt entwickelt sich das Begehren nach der anderen Person (Gen 3, 16) und erst jetzt erhält die Frau einen eigenen Namen (Gen 3, 20). Der Zisterziensermönch Aelred von Rievaulx (Kap. 2.4.4.7) vermerkt in seinem Traktat ‚Über die geistliche Freundschaft' (*de amicitia spiritualis*) dementsprechend: Während die Menschen ursprünglich vollständig gleich geschaffen worden seien (I, 57), sei nun der Unterschied in Form von „Habgier und Neid", „Streit und Eifersucht, Haß und Mißtrauen" zwischen sie getreten (I, 58) und die „guten Menschen [hätten gelernt] Liebe und Freundschaft zu unterscheiden" (I, 59).

Trotz dieser eklatanten Verschiebung der Kausalität eint die Erzählung des Aristophanes und die Paradieserzählung die chirurgische Teilung des Urmenschen. Der alttestamentliche Gott „nahm eine von seinen Rippen und verschloss ihre Stelle mit Fleisch" (Gen 2, 21 f.). Das medizinische Vorgehen des Zeus wird von Aristophanes noch genauer geschildert: Dieser „schnitt die Menschen mitten entzwei, gerade so, wie man die Früchte des Sperberbaumes zum Einmachen durchschneidet" (190d6–c2). Auf dessen Befehl wiederum dreht Apollon ihnen das – nicht zu vergessen: identische – Gesicht herum und bindet die übrige Haut am Bauchnabel wieder zusammen (190e2–191a5). Das Begehren, das bei Eva nach dem Sündenfall, also dem Erkennen des Geschlechtlichen und damit des Unterschiedes³⁷⁴ einsetzt (Gen 3, 16), ist bei Platon die direkte Folge (191a5–b2):

> Da nun das Ursprüngliche entzweigeschnitten war, sehnte sich ein jedes nach seiner Hälfte und gesellte sich zu ihr; da umarmten und umschlangen sie einander voller Begierde, zusammenzuwachsen, und starben vor Hunger und überhaupt vor Untätigkeit, weil sie nichts getrennt voneinander tun wollten.

---

373 Pseudo-Dionysius Areopagita will, dass sich der Mensch genau aus diesem ‚Gewimmel' wieder befreit und zur göttlichen Einheit zurückkehrt (vgl. Kap. 2.2.2.1).

374 Entsprechend heißt es in Gen 4, 1: „Und der Mensch *erkannte* seine Frau Eva und sie wurde schwanger [...]" (Hervorhebung von mir).

Zeus zeigt Erbarmen und setzt nun auch ihre Geschlechtsteile nach vorn, so dass den Androgynen die kurzzeitige Einheit durch die sexuelle Vereinigung und die Fortpflanzung, den anderen Hälften immerhin der Genuss des Zusammenseins bleibe (191b5–c8). Der Eros, so resümiert Aristophanes, führe seit jeher die Menschen „zu ihrem ursprünglichen Wesen zurück und sucht aus zweien eins zu machen und die menschliche Natur zu heilen" (191c8–d3). Wie die geteilten Urmenschen nun nach ihrer anderen Hälfte, ihrem Fleisch suchen, stellt auch Adam nach der Entstehung Evas aus seiner Seite fest: „Diese endlich ist Gebein von meinem Gebein und Fleisch von meinem Fleisch; diese soll Männin heißen, denn vom Mann ist sie genommen" (Gen 2, 23).[375]

Die Teilung ursprünglicher Einheit der Geschlechter führt in beiden Texten also am Ende zum Begehren nach der Vereinigung mit dem, was einmal zum Selbst gehörte und diesem nun nur noch ähnelt. Eine solche Vereinigung des Gleichen bleibt allerdings insofern mangelhaft als sie irdisch ist. Auch Diotima, von deren Haltung Sokrates im Verlauf des Gastmahls berichtet, weist die Position des Aristophanes zurück und darauf hin, dass die Einheit der Hälften nicht auf ein transzendentes, also überweltliches Gutes abziele (205d10–206a1). Die Lehre des Aristophanes und jene der Diotema gehören jedoch zusammen: Die Angleichung an das Gute, das Göttlich-Ideale, verläuft, wie in den ‚Vogelgesprächen' und, wie wir sehen werden, den platonisch-inspirierten Freundschaftstraktaten, über den (Um-)Weg der Angleichung des Weltlichen.

Auch die Menschen der Turmbauerzählung werden mit der Teilung bestraft: Der Herr verwirrt die Sprachen, „dass sie einer des anderen Sprache nicht verstehen" (Gen 11, 7) und verstreut die Menschen über die ganze Erde (Gen 11, 8). Von nun an prägen Differenzen des Verstehens und des Geographischen die Kommunikation der Menschen.[376] Dass diese sich weiter nach der Wiedervereinigung sehnen, kann nur vermutet werden.

Zusammengefasst erzählen die drei Geschichten jeweils davon, wie eine ursprüngliche Einheit oder zumindest maximale Ähnlichkeit unter den Menschen zerstört wurde und fortan als ein Sehnen nach der ‚anderen Hälfte' fortexistiert. In allen drei Texten spielt des Weiteren die Ähnlichkeit zu Gott eine Rolle, die von den Menschen zu einer weiteren, offenbar

---

375 In den sogenannten ‚Bibles moralisées', aufwendig illustrierten Bibelhandschriften des 13. und 14. Jahrhunderts spielt diese ‚Mutterschaft' Adams und damit seine Androgynie häufig eine Rolle, und zwar insofern sie als Präfiguration der Geburt der Kirche aus dem ebenfalls weiblich-männlichen Christus gedacht wird, vgl. dazu Bynum, Fragmentierung (1996), S. 77 f. Zur mittelalterlichen Vorstellung der Androgynie Christi ebd., S. 61–108.
376 Vgl. Baumgart, Art. Turmbauerzählung (2006), 3.1.

zu weit führenden Angleichung, gebracht werden will. Die Erzählung vom Turmbau und die aristophanische Geschichte teilen den Aspekt der Bestrafung durch Teilung und Unterscheidung, während die alttestamentliche Schöpfungsgeschichte weniger die Teilung selbst als vielmehr die Erkenntnis dieser Differenz als Problem erzählt. Die alttestamentliche Schöpfungsgeschichte und die Geschichte der Kugelmenschen hingegen haben, anders als die Turmbauerzählung, einen chirurgischen Eingriff, der zur Differenz der Geschlechter führt, gemein. Das Diktum, dass das Gleiche sich gerne zum Gleichen gesellt, wird auf diese Weise also mehrfach in Schöpfungsmythen ausgearbeitet, auf eine ursprüngliche Einheit zurückgeführt und dabei die „Einrichtung von Unterscheidungen im Kosmos […] in den Dienst einer Darstellung des durch Schuld und Verhängnis bestimmten menschlichen Wesens gestellt".[377] Die Überlegungen zur idealen Freundschaft der Antike und des Spätmittelalters knüpfen teilweise implizit, gelegentlich aber auch explizit (Aelred von Rievaulx) an diesen Vorstellungen an.

2.4.2 Einleitendes

Dass Ähnlichkeit eine Grundbedingung von nicht auf Verwandtschaft beruhenden Beziehungen sei, liegt als These bereits zu Beginn des (überlieferten) Freundschaftsdiskurses auf dem Tisch, gehörte das Homophilie-Prinzip, dass Gleiches sich gerne zu Gleichem geselle,[378] doch schon zu den Grundannahmen frühgriechischer Philosophie, die nicht nur für die Naturphilosophie, sondern bald auch für Beziehungen zwischen Menschen vorausgesetzt wurde.[379] Dementsprechend beruft sich Sokrates in Platons ‚Lysis'[380] auf den schon zu Platons Zeiten sprichwörtlich gewordenen Satz[381] in Homers ‚Odyssee',[382] dass Gott die Gleichen immer zu den Gleichen führe (Lys. 214a), um diese Behauptung zuerst zu verwerfen (Lys. 215a) und dann wieder vorsichtig zu akzeptieren (Lys. 219b); seit spätestens der ‚Niko-

---

377 Stolz, Art. Paradies. In: TRE 25 (1995), S. 790.
378 Dabei handelt es sich um eine Sentenz, die sich schon in antiken Texten verschiedentlich auffinden lässt und ursprünglich am ehesten „die ‚Kumpanei' von ‚Spitzbuben'" kommentierte, so Fürst, Streit (1996), S. 237. Vgl. dort auch Belegstellen sowie außerdem bei C. W. Müller, Gleiches (1965), S. 160, Anm. 30.
379 Vgl. überblickend Fürst, Streit (1996), S. 236–242. Grundlegend C. W. Müller, Gleiches (1965).
380 Im Folgenden nach: Platon, Lysis. Übersetzung und Kommentar von Michael Bordt, Göttingen 1998.
381 Vgl. Bordt, Kommentar (1998), S. 178.
382 Od. 17.218 („Weil ja doch immer ein Gott die Gleichen in Paaren vereinigt") und Lys. 214a.

machischen Ethik' des Aristoteles[383] werden im Freundschaftsdiskurs keine Zweifel mehr daran geäußert: „Freundschaft ist Gleichheit" (1168b2).

Im Folgenden werde ich nach einer Klärung der begrifflichen Differenzierungen bei den für das Mittelalter besonders wichtigen Autoren in einem nächsten Schritt folgende Aspekte dieses Diskurses beleuchten: erstens die Bedeutung der Ähnlichkeit für Freundschaften in den philosophischen und theologischen Schriften sowie in der Ikonographie und zweitens die Folgen der in diesem Diskurs aufgestellten Ähnlichkeitsnormen. Dabei werde ich mich auf jene Freundschaftskonzeptionen konzentrieren, die entweder aus dem Mittelalter kommen bzw. für das Denken jener Zeit äußerst einflussreich waren (Aristoteles, Cicero, biblische Texte, Augustinus, Aelred von Rievaulx, Ikonographie) oder die implizit für die Entwicklung und das Verständnis dieser Konzeptionen von Relevanz sind (Platon, Plotin). Da nicht-verwandtschaftliche Beziehungen allerdings nicht nur zum Spektrum der *amicitia* gehören müssen, sondern auch die Institution der Ehe betreffen können, werde ich im Fazit zu diesem Kapitel noch kurz aufzeigen, wie die Regeln des Freundschaftsdiskurses im Mittelalter auch auf die Beziehung zwischen Mann und Frau übertragen werden.

2.4.3 Begriffe

Keiner der Autoren unterscheidet begrifflich streng zwischen einer stärker das Differente betonenden Ähnlichkeit, einer zur Identität neigenden Gleichheit und einer spezifischeren Rang- oder Rechtsgleichheit. Vielmehr gibt es bei gelegentlichen Abweichungen eine Tendenz, mit verschiedenen Wörtern auf nur ein (recht vages) Konzept zu verweisen. Wie weit die Ähnlichkeit zwischen den Freund*innen geht, bleibt durch diese fehlende Differenzierung meist offen.

Während Platon in seinem ‚Lysis' für das ‚Gleiche' ausschließlich den Begriff *homoios* (ὅμοιος) und seine Flexionsformen verwendet,[384] der als „ähnlich" oder als „gleich" übersetzt werden kann,[385] ist die ‚Nikomachische Ethik' an entsprechenden Stellen um zwei Begriffe reicher. Aristoteles zufolge ist Freundschaft *isotes* (ἰσότης) und *homoiotes* (ὁμοιότης) (1159b2). *isotes* bringt die spezifische Gleichheitsidee der ‚Gleichstellung' oder ‚Rechts-

---

[383] Im Folgenden nach: Aristoteles, Die nikomachische Ethik. Griechisch – deutsch. Übersetzt von Olof Gigon, neu herausgegeben von Rainer Nickel, Berlin 2014.
[384] Lys., 214a, 214b, 214c, 214d, 214e, 215a, 215c, 216b, 216e, 218b, 219b.
[385] Vgl. Bordt, Kommentar (1998), S. 169, der den Begriff durchweg als „gleich" übersetzt. Fürst, Streit (1996), S. 236, betont, dass dieser Begriff meist „echte Gleichheit bis hin zu Identität" bezeichnete.

gleichheit' ins Spiel.[386] Speziell in der ‚Nikomachischen Ethik' scheinen die beiden Begriffe und ihre Flexionsformen allerdings insgesamt synonym, an der hier zitierten Stelle also tautologisch verwendet zu werden.[387] Der dritte Begriff, der bei Aristoteles für ‚Gleichheit' steht, ist *tautotes* (ταὐτότης),[388] der ‚Selbigkeit'[389] meint. Er findet bei Aristoteles Verwendung zur Beschreibung der besonderen Verbundenheit von Brüdern (1161b33 ff.).

Cicero verwendet zur Beschreibung von Ähnlichkeit nicht nur *similitudo*,[390] sondern auch, aber seltener, *aequalitas*: Die Bedeutung dieses Begriffs schwankt bei Cicero zwischen Merkmalsgleichheit[391] und einer Gleichheitsvorstellung, die dem griechischen *isotes* im Sinne einer ‚Rechtsgleichheit' nahekommt (19, 3).[392] Eine Form der Gleichheit, die dezidiert auf Gleichheit der inneren Haltung zielt, besetzt Cicero mit dem Begriff des *consensio* (15, 11; 20, 10; 103, 12), der bei den mittelalterlichen Autoren, insofern er Teil von Ciceros berühmter Freundschaftsdefinition ist (20, 6 ff.), Schule macht. An mehreren Stellen wird auf die Merkmalsgleichheit zwischen Personen auch mit dem Pronomen *idem* hingewiesen (13, 13; 86, 14; 103, 10; 33, 10; 80, 11).

Ciceros *consensio* macht den Begriffen *aequalitas* und *similitudo* in den christlichen Jahrhunderten starke Konkurrenz: Von einem *consensio* auch in ‚göttlichen Dingen' (20, 25 f.) zu sprechen, ist eine Idee, die sich von

---

386 Fürst, Streit (1996), S. 236.
387 Freundschaft ist für Aristoteles das eine Mal *homoioteta* (1155a38), das andere Mal *isotes* (1162a38), die *homoion* (ὁμοιόν, 1155a39) gesellten sich zu den *homoion* (ὅμοιον, 1155a40) und befreundet seien die an Tugend *homoion* (ὁμοίων, 1156b7) und andererseits heißt es dann aber auch, die drei Arten der Freundschaft beruhten auf *isoteti* (ἰσότητι, 1158b1), in diesen Freundschaftstypen könne *isoteti* (ἰσότητι, 1162a38) vorhanden sein, man müsse die *isoys* (ἴσους, 1162b2) lieben, zwischen Ungleichen *isoteta* (ἰσότητα, 1162b3) herstellen, denn schließlich sei Freundschaft ja *isotes* (ἰσότης, 1168b8). Im ‚Register wichtiger Begriffe' zur NE, führt Olof Gigon unter „Gleiche, das / Gleichheit" sowohl ἰσότης als auch ὅμοιον an (NE, S. 554), tendiert in seiner Übersetzung dann aber zu einer (nicht ganz konsequent durchgehaltenen) Unterscheidung: Für *homoioi* verwendet er meistens ‚ähnlich' oder ‚Ähnlichkeit' (z. B. S. 323, 331, 333, 379 und 411), zwei Mal auch ‚Übereinstimmung' (S. 347) und einmal ‚Gleichheit' (S. 343), für *isotes* hingegen durchweg ‚Gleichheit' bzw. ‚gleich' (z. B. S. 339, 341, 343, 347, 361 und 395).
388 Gigon übersetzt diesen als „Gleichheit" (1161b34), das dazugehörige Adjektiv einerseits als „gleich" (ebd.) und andererseits als „dasselbe" (1161b35, 1158b6, 1162a34 u. a.).
389 *Tautotes* wird in der Philosophie üblicherweise als ‚Selbigkeit' übersetzt, vgl. Brandner, Aristoteles (1997), S. 51, sowie Schlick, Widerspruch (2011), S. 98, Anm. 197.
390 So wende sich der Mensch der *similis* Seele zu (48, 23), *similitudo* werde zur Freundschaft gleichermaßen hingezogen (50, 4) wie wir Menschen zu *similium* (50, 8), darum müsse man die *similem* suchen (82, 5). Max Faltner setzt m. E. etwas verwirrende Akzente, wenn er einmal *similis animus* (48, 23) als „verwandte Seele" (Cicero, Laelius, S. 61) und *similitudo* (50, 4) als „verwandte Gesinnung" (S. 63) übersetzt. Cicero unterscheidet schließlich strikt zwischen Freundschaft und Verwandtschaft (19, 16 ff.).
391 Z. B. der Gesinnung (37, 3 und 56, 7) oder des Alters (56, 7).
392 Der Übersetzer des ‚Laelius', Max Faltner, schreibt in diesem Fall tatsächlich von der Tugend des „Gerechtigkeitssinn[s]" (Cicero, Laelius, S. 27).

christlichen Autoren wie Augustinus und Aelred von Rievaulx problemlos in ihre auf Gott gerichteten Freundschaftstheorien integrieren ließ. Letzterer wiederholt Ciceros Freundschaftsdefinition immer wieder (I, 11; I, 29;I, 46; II, 66; III, 8), nutzt für seine Freundschaftskonzeption aber häufig auch den Begriff *similitudo*, der sich bei ihm einerseits in seiner Bedeutung mit *consenso* überschneidet,[393] dann aber andererseits auch eine abstrakte Ähnlichkeit meint (I, 57) und einmal vom gänzlich Gleichen unterschieden wird (I, 57). Letzteres wird durch das Pronomen *eadem/idem* bezeichnet, das an anderen Stellen allerdings wiederum als Beschreibung gleicher Gesinnung in die Nähe von *similitudo* und *consenso* rückt (I, 32; I, 48; I, 56; III, 11; III, 124; III, 107). Auch Aelred verwendet das Begriffsfeld der *aequalitas* teilweise synonym zu *similitudo*: Das Produkt des göttlichen Plans, die Frau dem Mann *simile* zu schaffen (I, 57), ist eine Gesellschaft der *aequales* (ebd.).[394]

2.4.4 Schriften

All jene Schriften des Freundschaftsdiskurses, die ich im Folgenden in chronologischer Reihenfolge beleuchten werde, machen Ähnlichkeit zu einem prominenten Thema ihrer Überlegungen. Die Annahme, dass bestimmte Merkmalsgleichheiten Voraussetzung für eine Freundschaft sind, stellt eine historische Kontinuität des Nachdenkens über Freundschaft dar. Variabel aber sind die Erklärungen, die für diese anscheinend unumstößliche Tatsache gefunden werden: Die einen halten sie für plausibel, weil man sich selbst und damit jene liebe, die ähnlich denken und handeln;[395] die anderen greifen eher auf die naturphilosophischen Grundlagen der Homophilie-These zurück und finden darum metaphysische Ursachen: Die Gleichheit bestimmter beseelter Wesen und ihr Zusammensein stehe für die ursprüngliche Einheit allen Seins in Gott. Welche Merkmale sich zu gleichen haben, scheint wiederum einerseits kontinuierlich dasselbe, zum Beispiel eine tugendhafte Gesinnung und Männlichkeit, andererseits variabel, indem mit der christlichen Reformulierung ‚paganer' Freundschaftskonzeptionen die Gleichheit im Glauben zur wichtigsten Bedingung wird. Mit dem Rückgriff der christlichen Theologie auf den Neuplatonismus wird zudem der stark exklusive Cha-

---

[393] Dies gilt z. B., wenn es um die gleiche Lebensart, (I, 38; I, 46), die gemeinsame Gesinnung (II, 59) oder das gleiche Streben geht (III, 119).

[394] Auf diese ursprüngliche *aequalitatem* (III, 90) kommt Aelred später wieder zu sprechen, verknüpft sie dann aber doch sehr deutlich mit der Idee der Gleichrangigkeit: Man solle den Freund sich selbst gleich stellen (*parem [...] facere*) und diese *aequalitas* solle gewahrt bleiben, der Freund solle als *aequali* gewürdigt werden (III, 96 f.).

[395] Erklärungen dieser Art sind nah an den modernen Erklärungsvarianten der Sozialpsychologie (Kap. 1.1).

rakter antiker Freundschaftskonzeptionen ergänzt durch ein Konzept einer allgemeinen Liebe zu allem, was ‚Mensch' ist.

2.4.4.1 Platons ‚Lysis' (um 415 v. Chr.)

In Platons[396] ‚Lysis', dem Ausgangspunkt des philosophischen Freundschaftsdiskurses,[397] entwickelt Sokrates mit dem jungen Titelhelden und dessen Freund Menexenos ein Gespräch über die Freundschaft, in dem die Frage, ob „das Gleiche dem Gleichen notwendig immer freund ist" (214b4f.) ausführlich diskutiert wird. Bevor Sokrates zu einer theoretischen Erörterung dieser Frage anhebt, befragt er die Freunde, ob einer der beiden würdiger (207c2), von besserer Herkunft (207c4) oder schöner (207c7) sei als der andere. Die beiden erklären, dass darüber immer wieder gestritten werde. Während diese Merkmale für Sokrates offenbar unterschiedlich sein können, ist die einzige Merkmalsgleichheit, die er voraussetzt jene des Besitzes: „Freunde [haben] ja alles gemeinsam, wie man sagt, so daß ihr euch wenigstens in dieser Beziehung nicht unterscheiden werdet […]" (207c12f.).

Die Homophilie-These hält Sokrates ausschließlich mit Blick auf die guten Menschen für überhaupt diskutabel,[398] denn die Schlechten disqualifizierten sich für die Kategorie der Gleichheit (und damit der Freundschaft) von vornherein, da sie unberechenbar, instabil, „mit sich selbst ungleich und gespalten" seien (214d2) – wie soll man einem Menschen ähneln, der keine feste Form besitzt? Doch selbst mit dieser Einschränkung auf die Guten sei die Annahme einer Liebe unter Gleichen nicht haltbar, denn etwas Gleiches könne von einem ihm Gleichenden keinen Nutzen mehr haben,[399] die vollständig Guten genügten sich selbst (214e4–10). Die Gegenmeinung, dass das „Entgegengesetzteste […] dem Entgegengesetztesten am meisten freund" sei (215e3f.) verwirft Sokrates mit Verweis auf die Tatsache, dass

---

396 Einleitend zu Platons Freundschaftskonzeption, vgl. Bordt, Kommentar (1998).
397 Vgl. Ebd., S. 42. Man müsste allerdings ergänzen, dass es sich um den Ausgangspunkt desjenigen philosophischen Freundschaftsdiskurses handelt, der für das europäische Mittelalter von einigermaßen direkter Bedeutung war, denn die Gleichheitsthese in Bezug auf den Freundschaftsdiskurs ist vorsokratisch, vgl. die entsprechende Arbeit von C. W. Müller, Gleiches (1965).
398 Damit widerspricht er Homer, auf den er sich bei dieser Behauptung beruft, denn dieser bezieht sich mit seiner Behauptung, dass Gott die Gleichen zu Paaren vereinige, in der ‚Odyssee' auf schlechte Menschen, vgl. Bordt, Kommentar (1998), S. 163.
399 Die Sonderstellung von Platons ‚Lysis' innerhalb des philosophischen Freundschaftsdiskurses liegt damit nicht nur darin begründet, dass es sich um den ersten Text handelt, der sich dezidiert dieser Thematik wendet, sondern dass er explizit auch den Nutzen als legitime Freundschaftsbegründung versteht.

dann das Gerechte dem Ungerechten und das Gute dem Schlechten Freund sein müssten (216b9f.).

Platons Dialog führt uns hinsichtlich der Homophilie-These in eine logische Aporie, die Sokrates am Ende verstummen lässt (222e1–8). Dennoch schimmern unter der Ebene der Widerlegung dieser These Aspekte durch, die vermuten lassen können, dass auch Platon eine Gleichheit in bestimmten Merkmalen als freundschaftsrelevant bewertete.[400] Erstens nämlich geht Platons Sokrates von der Gleichheit des Besitzes unter Freunden aus (207c12f.), zweitens setzt Platon in anderen Dialogen die Homophilie-These fraglos voraus,[401] drittens spricht er allen Menschen gleichermaßen die Eigenschaft zu, sowohl Gutes als auch Schlechtes in sich zu tragen (220d5f.), was nur bedeuten kann, dass, wo Platons Sokrates von ‚guten' Menschen spricht (z.B. 207a3; 210d2), Menschen gemeint sind, die nach dem Guten streben (und noch nicht ausschließlich gut sind).[402] Solche Menschen aber sind von dem Einwand befreit, sich selbst zu genügen (214e1–10). Als vorteilhaft für die Freundschaft ergibt sich damit also die Gleichheit im Ziel. Dieses Ziel, das Platon in seinem ‚Phaidros' formuliert, ist wiederum selbst auf eine Gleichheit gerichtet, und zwar auf eine mit Gott. Dieser wird als Urbild gedacht und die Liebenden sollen gemeinsam dessen Abbilder werden (Phdr. 252c3–253c6), so dass der Liebende im Geliebten „wie in einem Spiegel [...] nur sich selbst sieht" (ebd., 255d6–e2).

Damit lässt sich, viertens, die Kategorie des ‚Angehörigen' (οἰκεῖον),[403] die Sokrates aufstellt (221d–221e), erklären: Sokrates' Versuch, eine Ursache für die Freundschaft zu finden, bringt ihn zur Untersuchung des ‚Begehrens'. Dieses entstehe, wenn die Menschen Mangel an etwas litten; Mangel entstehe an dem, was uns entzogen wurde; und was uns entzogen wurde, müsse uns einmal gehört haben – das, was die Menschen begehren, sei ihnen

---

400 Zum Folgenden Bordt, Kommentar (1998), S. 167–172.
401 Die gleiche Tugendhaftigkeit setzt er in den ‚Nomoi' (837a6f.), das gleiche Alter und Gutsein im ‚Phaidros' voraus (240c1–4; 255b1f.). Vgl. folgende Ausgaben: Platon, Nomoi, hg. und übersetzt von Klaus Schöpsdau, Göttingen 1994, sowie, Platon, Phaidros. Übersetzung und Kommentar von Ernst Heitsch, Göttingen 1997.
402 Dazu Bordt, Kommentar (1998), S. 71–74: Weil Platon in seiner ‚Apologie' zwischen der Weisheit eines Gottes und der Weisheit des Menschen, das (nur) ein Streben nach der Weisheit darstelle, unterscheide, könne man hier davon ausgehen, dass jene gut sind, die nach dem absolut Guten streben (und nicht nach dem für sie persönlich Guten): „Menschen, die das richtige Objekt, das Gute selbst, anstreben, können miteinander befreundet sein." (S. 73).
403 Dazu ebd., S. 141: „Anders als in der deutschen Sprache, in der ‚lieb' und ‚angehörig' zwei Termini mit unterschiedlicher Bedeutung sind, hängen ‚philos' und ‚oikeios' [...] im Griechischen so eng miteinander zusammen, daß sie oft ohne erkennbaren Bedeutungsunterschied gebraucht werden können". Es geht bei dem Adjektiv oikeios um das, was jemandem eigen ist (ursprünglich: zum Haushalt gehört) oder zu einem Menschen oder einer Sache passt; das Substantiv reicht in seinem Bedeutungsspektrum vom Blutsverwandten bis zum Bündnispartner, vgl. ebd., S. 141f.

auf diese Weise ursprünglich angehörig.[404] Die Gemeinsamkeit dieses Ansatzes mit der aristophanischen Erzählung von den geteilten Kugelmenschen ist offensichtlich. Jemanden zu begehren, heißt nicht nur, das Gleiche (Gute) anzustreben, sondern diese*n Andere*n auch für etwas zu begehren, das der begehrenden Person selbst einmal angehörte, Teil des Selbst war. Darum seien die Freunde Lysis und Menexenos „einander von Natur aus irgendwie angehörig" (221e12f.). Diese Angehörigkeit scheint mir das gemeinsame, sich ähnelnde Anteilhaben am göttlichen Urbild zu sein: Diejenigen, die sich, wie Platon an anderer Stelle fordert, dem gemeinsamen Urbild, Gott, anzugleichen suchen, soweit dies möglich ist,[405] ähneln sich in ihrem Ziel und ihrem zurückgelegten Weg der Wiederangleichung an dieses Urbild.

Damit – und mit seiner Behauptung, dass die Vertreter*innen der Homophilie-These jene seien, „die über die Natur und das All diskutieren und schreiben" (214b5f.) – öffnet Platon die Ähnlichkeitsthematik im Freundschaftsdiskurs hin zu naturphilosophisch-kosmologischen Fragen, die in der mittelalterlich-christlichen Theologie zuweilen auch mit der Frage der Gottesebenbildlichkeit der Menschen verknüpft (Kap. 2.1, Kap. 2.2) und, wie sich zeigen wird, in entsprechende Freundschaftstheorien integriert wurden (Kap. 2.4.4.6/7).

2.4.4.2 Aristoteles',Nikomachische Ethik' (um 330 v. Chr.)

Anders als sein Lehrer schließt Aristoteles[406] diese Tür zu „naturphilosophischen Problemen" wieder (1155b9f.) und argumentiert auf einer rein (staats-)politischen Ebene der Freundschaft.[407] Er lässt dabei keinen Zweifel

---

404 Bordt schlägt vor, das Angehörige und das Gleiche als identisch zu verstehen. Zur ausführlicheren Herleitung vgl. ebd., S. 228–232.

405 Vgl. Platon, Theaitetos, 176b1. Zum Ideal der Gleichheit äußert sich Platon entsprechend im ‚Phaidon' (74e6–75a3): Das ‚Gleiche selbst' sei ein unerreichbares Ideal, an dem die Dinge teilhaben, das sie aber nicht sind. Gleich sind also Freunde darin, dass sie eine Idee der Gleichheit und eine Idee des Guten ‚an sich' in sich tragen (Ph, 74a–75d) und danach streben. Vgl. dazu auch C. W. Müller, Gleiches (1965), S. 181 ff.

406 Einleitend zum Freundschaftskonzept des Aristoteles vgl. Oschema, Freundschaft (2006), S. 118–121.

407 Und dies, obschon andere seiner Schriften zeigen, dass er die entsprechenden naturphilosophisch-kosmologischen Ideen als solche kannte und ihre Gewährsleute in seiner Freundschaftstheorie zitierte: Die Behauptung des Empedokles, dass Gleiches zum Gleichen gehe, versteht er dementsprechend in seiner ‚Eudemischen Ethik' als naturphilosophische Behauptung (7.1 1235a9): „Die Naturphilosophen aber lassen gar in der Gesamtnatur Ordnung entstehen, indem sie als Prinzip nehmen, daß Gleiches zum Gleichen gehe. So hat Empedokles behauptet, der Hund liege auf dem Ziegelstein, weil er die größere Ähnlichkeit damit habe." Die ‚Eudemische Ethik' zitiere ich nach der Ausgabe: Aristoteles, Eudemische Ethik, hg. und übersetzt von Franz Dirlmeier, Darmstadt 1984. C. W. Müller, Gleiches (1965), IX,

aufkommen: „Freundschaft ist Gleichheit" (1168b8f.), „das Ähnliche [ist] dem Ähnlichen lieb" (1165b19) und „jede Freundschaft [...] beruht auf einer gewissen Ähnlichkeit" (1156b21 ff.). Während Platon eine Gleichheit im vollständigen Gutsein ausschließt, weil sich die Guten selbst genügten, betont Aristoteles nun, dass eine „[v]ollkommene Freundschaft" nur bei den „an Tugend Ähnlichen" (oder Gleichen)[408] gefunden werden könne (1156b7f.), und betont in Abgrenzung zu Platon, dass sie nicht (nur) die Angleichung an das Gute suchen, sondern „gut an sich selbst" seien (1156b9).

Aristoteles führt in der ‚Nikomachischen Ethik', die im westlichen Europa seit der zweiten Hälfte des 13. Jahrhunderts breit rezipiert wurde,[409] ein Bewertungssystem in seine Freundschaftskonzeption ein, das einmal auf einer kategorialen und einmal auf einer graduellen Ebene operiert: So unterscheidet er einerseits zwischen den Kategorien der ‚zufälligen' Lust- und Nutzenfreundschaften (1156a6–1156b6) und der ‚eigentlichen' Tugendfreundschaften (1156b10f.) und andererseits bewertet er Freundschaften nach dem Grad der Ähnlichkeit ihrer Partner*innen. Die höchstbewertete Freundschaft ist jene derer, die gleich gut sind (1156b7ff.). Derart tugendhafte Menschen gleichen sich nun nicht nur in ihrem ‚inneren' guten ‚Wesen', sondern auch in ihrem äußerlichen Tun: „[D]ie Handlungen der Guten sind aber dieselben oder doch ähnliche" (1156b18f.). Begründet wird die Anziehung der Guten unter anderem damit, dass ein guter Mensch sich selbst und „die ihm eigentümlichen Handlungen" (1156b17f.) liebe und er darum auch den ähnlichen Handlungen anderer guter Menschen zugeneigt sein müsse. Das Ähnliche liebt also das Ähnliche, weil es das Eigene im Anderen liebt. Diese Vorstellung baut Aristoteles weiter aus, wenn er den Freund als ‚anderes Ich' (ἄλλος αὐτός, 1166a34f.) beschreibt. Weil der Gute sich selbst das Gute wünscht, begehrt er damit auch „sein eigenes Sein" (1170b8f.) und damit eine Ähnlichkeit des Freundes mit sich selbst (1180b9). Daher sei der (wahre) Freund „ein anderer er selbst" (1166a34f.).[410]

Die Eignung zu dieser vollkommenen Freundschaft spricht Aristoteles jenen am ehesten zu, denen spezifische weitere Merkmalsgleichheiten zu-

---

verweist außerdem auf Aristoteles' Schrift ‚Über den Himmel' (310b1): „So könnte man wohl eher auch die Thesen der Alten verstehen, daß nämlich das Gleiche sich zum Gleichen hinbewegt." In der ‚Nikomachischen Ethik' bezieht er sie dennoch auf die Freundschaft, die er von ebenjenen naturphilosophischen Fragestellungen freihalten will.

408 Das Altgriechische unterscheidet nicht streng zwischen Ähnlichkeit und Gleichheit (Kap. 2.4.3).
409 Vgl. Blazek, Rezeption (2007), S. 39–44.
410 Ähnlich noch einmal an späterer Stelle: „[U]nd so wie der Tugendhafte sich zu sich selbst verhält, verhält er sich auch zum Freunde (denn der Freund ist ein anderer er selbst)" (1170b6ff.). So wolle der Tugendhafte übrigens eigentlich und „mit sich selbst zusammenzuleben" (1166a26) – dies sei der Grund für den Wunsch nach Nähe zum ‚anderen Ich'.

gewiesen werden können: Brüdern und Kameraden (ἑταῖροι).[411] Jene seien nicht nur gleichen Geschlechts, sondern außerdem „gleich alt" (1161b37) und verfügten über „gleiche Sitten" (1161b38). Brüder seien nun ταὐτό (1161b34 und 1161b345), ‚dasselbe',[412] hätten dasselbe Blut und dieselbe Wurzel (1161b35). Wenn Aristoteles anschließend konstatiert, dass die „Freundschaft unter Brüdern auch derjenigen unter Kameraden" gleiche (1161b38f.), so können dann auch die Kameraden ‚selbig' sein. Wie die Brüder „gewissermaßen dasselbe, nur in getrennten Wesen" (1161b35f.) sind, kann dies nun auch für die (männlichen) Kameraden gelten. Aristoteles verbindet die (männlichen) Freunde auf diese Weise körperlich, gibt ihnen eine gemeinsame Wurzel, die zwei unsichtbare, aber ganz real verbundene Pflanzen aus dem Boden schießen lässt. Er reichert diese verwandtschaftliche Vorstellung einer ‚Selbigkeit' (ταὐτότης) weiter an, indem er ihnen auch eine gemeinsame Seele (μία ψυχή, 1168b8) zuschreibt. Diese Vorstellung einer transpersonalen Verbundenheit mag der platonischen Idee des ‚Angehörigen' nachempfunden sein, ohne jedoch die metaphysische Komponente Platons mitzudenken, sondern indem er den Code der Verwandtschaft auf die Freundschaft überträgt.[413]

Wo die Merkmalsgleichheiten fehlen, über die Brüder und Kameraden verfügen, ist auch nicht von einer körperlichen Selbigkeit, geschweige denn von einer Tugendfreundschaft die Rede. Schon nicht-gleichaltrige Brüder werden zum Problem (1161a4–7).[414] In einer Freundschaft zwischen Menschen, die sich in ihrer Würdigkeit unterschieden – darunter zählt Aristoteles die Beziehung zwischen Mann und Frau, Regierende und Regierte, Eltern und Kinder – schaffe „die Proportion einen Ausgleich" (1163b30ff.), indem „der Bessere mehr geliebt wird als er selbst liebt" (1158b27ff.).[415] Während die Ungleichen Ausgleich schaffen sollen, gleichen die Gleichen sich offenbar noch weiter an: „Denn jeder nimmt einen Abdruck auf von den Eigenschaften, die ihm am anderen gefallen [...]" (1172a14f.). Dies birgt aber auch eine Gefahr, denn anders als für Platons Sokrates sind auch die gleichermaßen Schlechten in der Lage, sich anzufreunden und sich ähnlich zu werden, das Schlechte also zu potenzieren (1165b17ff; 1172a9ff.).

---

411 Vgl. zur ‚Fraternalität' im Freundschaftsdiskurs Kraß, Fraternalität (2011).
412 Gigon differenziert hier nicht und schreibt hintereinander einmal, sie seien „auch untereinander gleich", und einmal sie seien „dasselbe" (NE, S. 359).
413 Der Begriff des ‚Angehörigen' (*oikeios*, οἰκεῖον) kann im Altgriechischen sowohl den Blutsverwandten als auch die nichtverwandten Freund*innen bezeichnen, vgl. Bordt, Kommentar (1998), S. 124, mit Beispielen in Anm. 333.
414 Implizit bricht Aristoteles also eine Lanze für männliche Zwillinge.
415 Für die Gemeinschaft zwischen Mann und Frau klingt das dann so: „[D]er Mann herrscht gemäß der Würdigkeit und in den Dingen, in denen er herrschen soll. Was aber zur Frau paßt, übergibt er ihr" (1160b36ff.).

Aristoteles' Freundschaftskonzeption ist, wie erwähnt, handlungsorientiert. Für die Freundschaft zwischen Gleichen gilt so das Prinzip der selbstverständlichen und ‚altruistischen'[416] (1164a38 ff.) Reziprozität: Wo „jeder [...] vom anderen dasselbe (ταὐτά) und Ähnliches (ὅμοια)" (1156b38 f.) erhalte, herrschten die richtigen Bedingungen für eine dauerhafte vollkommene Freundschaft (1156b37 ff.). Hinsichtlich der Homophilie-These setzt Aristoteles andere Schwerpunkte als sein Lehrer: Bestimmte Merkmalsgleichheiten, vor allem Geschlecht und Tugendhaftigkeit, werden als Grundlage von Freundschaft vorausgesetzt, als seelische und körperliche Verbundenheit und als Liebe des Eigenen im Anderen inszeniert, ohne dass dabei eine metaphysische Komponente eine Rolle spielte.

2.4.4.3 Ciceros ‚Laelius de amicitia' (um 44 v. Chr.)

Cicero[417] orientiert sich in seiner Dialogschrift ‚Laelius über die Freundschaft' (*Laelius de amicitia*), die im Mittelalter zur klassischen Schullektüre avancierte,[418] zwar an der Freundschaftskonzeption des Aristoteles, streicht aber die kategoriale Dimension vollständig.[419] Die einzige Freundschaft, die den Namen verdient, ist für Cicero jene zwischen Guten (5, 18; 6, 20; 18, 65),[420] genauer: zwischen guten Männern, *boni viri*. In den meisten Fällen ist die Zuschreibung des Gut-Seins und damit der Freundschaftsfähigkeit nicht geschlechterneutral,[421] sondern eindeutig auf die *boni viri* bezogen (5, 18; 6, 22; 16, 58; 18, 65; 22, 82 u.a.).[422] Gleich gut und damit freundschaftsfähig sind für ihn jene Männer, die treu, gerecht, gutgesinnt und charakterfest sind (5, 19). Als guter Mensch müsse man „nach einem anderen [...] suchen, der

---

416 Aristoteles spricht davon, dass in einer Tugendfreundschaft „der eine um des andern willen diesem hilft" (1164a39). Allerdings habe ich ja oben die Beobachtung vorgetragen, dass ‚der Andere' in Tugendfreundschaften als ‚anderes Ich' verstanden wird. Altruismus und Egoismus sind in dieser Freundschaftskonzeption also keine binären Positionen.
417 Zur Freundschaftskonzeption Ciceros einleitend Oschema, Freundschaft (2006), S. 123–126.
418 Vgl. Brinkmann, Minnesang (1961), S. 90–102, sowie Fürst, Streit (1996), S. 181 f. Jaeger, Love (1999), S. 29, bezeichnet den ‚Laelius' gar als „handbook of friendship for the European aristocracy".
419 Mit Nutzen habe die Freundschaft nichts zu tun (51, 1–5) und Lust sei vergänglich (6, 4–8).
420 Wie Aristoteles bezieht er dieses Gut-Sein auf ein konkretes Handeln, nicht wie Platon auf ein abstraktes, irdisch nicht erreichbares Ziel (18, 1–19, 7).
421 Zwei Gegenbeispiele, in denen nicht von *viri*, sondern von *homines* die Rede ist, finden sich in 17, 62 und 17, 64.
422 Giebel allerdings (Ciceros ‚Laelius' in der Reclam-Ausgabe) übersetzt einige dieser Stellen geschlechterneutral, so 5, 18 („ein guter Mensch", beim zweiten Mal in derselben Passage dann aber doch auch als „rechtschaffene Männer"), 16, 58 („gutgesinnte Menschen"), 18, 65 („ein guter Mensch") und 22, 82 („ein anständiger Mensch").

uns ähnlich (*similem*)" ist (22, 82). Entsprechend übernimmt Cicero von Aristoteles die Vorstellung, dass „der wahre Freund [...] gleichsam unser zweites Ich (*alter idem*)" zu sein habe (21, 80). Anders als sein griechischer Gewährsmann aber lässt Cicero es nicht explizit zu einer ‚Verbrüderung' der Freundschaft kommen: Gegenüber der Verwandtschaft wird der Freundschaft der Vorteil eingeräumt, dass sie ohne Zuneigung (*benevolentia*) gar nicht existieren könne und diese Zuneigung schaffe eine Stabilität, die der Verwandtschaft nicht inhärent sei (5, 19). Dennoch werde der Verwandtschaft schon von der Natur *amicitiam* gegeben (5, 19). Diese Äußerung lässt vermuten: Wird diese natürliche Freundschaft durch *benevolentia* ergänzt, entsteht ein Ideal einer ‚brüderlichen Freundschaft', das die Vorteile der Merkmalsgleichheiten beider Beziehungen in sich trägt.

Cicero baut die aristotelische Vorstellung vom ‚zweiten Ich' weiter aus: Im Freund sehe man „ein Abbild (*exemplar*) seiner selbst" (7, 23). Eine verwandtschaftlich-körperliche Verbundenheit wird zwar nicht imaginiert, jedoch eine seelische: Freundschaft entstehe, wenn eine tugendhafte Haltung durch eine gleiche Seele (*similis animus*) entdeckt wird (14, 48). Dies wiederum ziehe eine Seelen-, Herz- und Wesensverschmelzung nach sich, die die Vielheit des Daseins beendet: „Das Wesen der Freundschaft liegt ja gerade darin, dass mehrere gleichsam ein Herz und eine Seele werden" (25, 92) und der Mensch sich darum bemüht, das Wesen des Gleichen „so mit dem seinen zu verschmelzen (*misceat*), dass er geradezu aus beiden eines macht (*unum ex duobus*)" (21, 81).

Ciceros ‚Laelius' postuliert in diesem Dialog eine Freundschaftskonzeption, die fast ausschließlich auf die Gleichheit in der Gesinnung, der inneren Haltung und der Tugendhaftigkeit beschränkt ist. Diese Haltung kommt insbesondere in seiner berühmten Definition, dass Freundschaft „nichts anderes [sei] als Übereinstimmung (*consensio*) in allen göttlichen und menschlichen Dingen, verbunden mit Sympathie und Liebe" (20, 6), zum Vorschein. Andere Eigenschaften wie Reichtum, den Platon als gleich voraussetzte, Alter, Würdigkeit, Geschlecht und Abstammung, die Aristoteles hervorhob, spielen bei Cicero dagegen keine prominente Rolle, sondern werden ‚unter der Hand' vorausgesetzt. So ist Männlichkeit eine der unausgesprochenen Bedingungen der vollkommenen Freundschaft. Die Altersgleichheit hält Cicero immerhin noch für wünschenswert (27, 101). Fehlt eine Gleichheit im Rang, so sieht Cicero die Möglichkeit einer beidseitigen Angleichung: Die Höhergestellten müssten sich „auf die gleiche Stufe [...] stellen" (19, 69) wie die Niederen, die versuchen sollten, „sich [...] in die Höhe [zu] heben" (20, 72).

2.4.4.4 Plotins ‚Enneaden' (um 260 n. Chr.)

Ähnlichkeit zwischen Freund*innen war in den Schriften der Neuplatoniker*innen kein wesentliches Paradigma. Ich möchte sie am Beispiel Plotins trotzdem zur Sprache kommen lassen, weil dieser, anders als Aristoteles und Cicero, in der Nachfolge Platons eine metaphysisch-naturphilosophische Vorstellung von Ähnlichkeit, wie sie die Kirchenväter teilweise ins Christentum übertrugen (Kap. 2.2), mit einer Freundschaftskonzeption verband, die ich für jene Aelreds von Rievaulx und der mittelalterlichen Literatur für relevant halte.[423] Plotin verortet die Freundschaft auf allen Stufen der Seinshierarchie (Kap. 2.2.1) in den Bereich, in dem das Viele und noch nicht das Eine existiert, also im Bereich des Geistes und der Seele.[424] Dieses Eine hingegen genüge sich selbst – eine Idee, die sich später von christlichen Denker*innen ausgesprochen gut auf Gott übertragen ließ. Auch für Plotin bedeutet wahre Freundschaft, „in allen Dingen eins zu sein und niemals getrennt werden zu können" (VI 7, 14, 21 f.). In der sichtbaren Welt, im Kosmos, der sich als mangelhafte Nachahmung des Geistes konstituiert, gibt es neben der Einheit auch Trennung, neben der Freundschaft auch Feindschaft.[425] Und in dieser Welt des Vielen nun strebe das Gleiche zum Gleichen. Das Differente aber sei feindlich, getrennt und werde vernichtet. (IV 4, 32, 34–39).[426]

Der Geist und die Welt, die Materie, sind miteinander verbunden, weil aus ersterem *Logos* fließt und so besteht in der Welt der Materie trotz Vielheit durch die Allverbundenheit vom Ganzen und seinen Teilen auch Harmonie und Ordnung der Einzelwesen (III 2, 2, 28–31).[427] Die Seele der Einzelwesen ist Teil des Einen, der Weltseele, der Körper Teil des Kosmos. Die Seele ist damit eine Einheit im Einzelwesen und aus dieser Einheit heraus erklärt sich Plotin die ‚Sympatheia', das Aneinander-Anteil-Haben allen Seins, des Kosmos.[428] Dies kann sogar dazu führen, dass eine Einzelexistenz, die von einer anderen weit entfernt ist, eine Einwirkung verspürt, die auf das andere ausgeübt wurde, und zwar „aufgrund ihrer qualitativen Gleichheit" (*homoioteti*).[429] Ähnliche Existenzen also fühlen ähnliches, weil ihre Ähnlichkeit auf ihrer Verbundenheit beruht. Mitleiden und mitfreuen haben damit ihre Ursache in der Ähnlichkeit der Einzelwesen als Teil eines größeren Ganzen.

---

423 Vgl. Schramm, Freundschaft (2013), S. 444. Ich halte mich im Folgenden an seine Ausführungen und Zitate aus Plotins ‚Enneaden', vgl. ebd., S. 19–62.
424 Ebd., S. 20.
425 Vgl. ebd., S. 21.
426 Vgl. ebd.
427 Vgl. ebd., S. 22.
428 Vgl. ebd., S. 23.
429 Ebd., S. 24 (mit Belegstellen).

Diese Sympatheia kann zwischen allen beseelten Wesen herrschen und ist nicht auf bestimmte Individuen beschränkt.

Diese Sympatheia nun ist aber eine Sache des Körpers und der niederen Seele, die sich nicht frei entfalten kann. Sie ist eine nicht durch die Vernunft der höheren Seele gesteuerte Affektion. Außerdem ist sie verantwortlich für die Wahrnehmung, weil nur „Gleiches von Gleichem erkannt" werden könne, zum Beispiel weil das Auge beseeltes Licht enthalte und der Gegenstand des Sehens aus lichthafter Farbe bestehe.[430]

Trotz dieser Allverbundenheit und eines fast grenzenlosen Mitgefühls (Sympatheia) mit allem Beseelten aufgrund der Ähnlichkeit des beseelten Seins, wie sie das Mittelalter als implizite Annahme teilweise übernommen zu haben scheint (Kap. 2.1), entwirft auch Plotin darüber hinaus noch eine Form exklusiver Tugendfreundschaft, in der sich die Freunde insofern gleich seien, als sie vom gleichen Urbild abstammen und, nach Platon, nach einer weiteren Angleichung an Gott streben, also gleichermaßen einen gewissen Grad der Ähnlichkeit mit dem Einen erreicht haben.[431] Sie gehören nicht nur zusammen aufgrund des gleichen Ursprungs allen Seins und der Sympathie, sondern auch weil die rationale Seele dieser Sympathie zustimmt, weil sie die Ähnlichkeit des Anderen im Streben nach dem ganz und gar Guten und Gleichen, der Einheit, erkennt.

2.4.4.5 Biblische Texte

Mit der christlichen Religion nahmen neue Denkmöglichkeiten und Denkbegrenzungen Einzug in die europäische Welt, die das Nachdenken über die Freundschaft nicht unberührt ließen. Von einem Bruch mit den nichtchristlichen Theorieangeboten kann gleichwohl nicht die Rede sein. Vielmehr setzten die christlichen Denker hier an[432] und nutzten die weitgediehene Systematik, boten doch weder das Alte noch das Neue Testament eine mit den Schriften der ‚paganen' Autoren vergleichbare systematische Erörterung der Freundschaft,[433] geschweige denn eine theoretische Auseinandersetzung mit der Homophilie-These im Freundschaftsdiskurs.

Dennoch lohnt sich ein Blick in die biblischen Schriften. Denn gerade die alttestamentliche Erzählung von den Freunden David und Jonathan in

---

430 Ebd., S. 33.
431 Vgl. Schramm, Freundschaft (2003), S. 37 f.
432 Gerade die frühen christlichen Denker*innen des 3. und 4. Jahrhunderts konnten teilweise noch selbst am pädagogischen System der Spätantike partizipieren, das die antike Philosophie auf diese Weise in das christliche Denken tragen konnte.
433 Vgl. dazu Oschema, Freundschaft (2006), S. 129–134, und McGuire, Friendship (1988), xvii–xxix.

den Büchern Samuel[434] war im Mittelalter nicht nur von einiger Popularität, sondern arbeitet außerdem mit einem Narrativ der Entdifferenzierung. Der Beginn dieser Freundschaft wird bereits als eine Vereinigung der Seelen inszeniert: „Und es geschah, als er [David] aufgehört hatte, mit Saul zu reden, verband sich die Seele Jonathans mit der Seele Davids; und Jonathan gewann ihn lieb wie seine eigene Seele" (1. Sam 18, 1).[435] Ohne einander zu kennen, werden die beiden etwa gleichaltrigen[436] jungen Männer direkt nach Davids Kampf gegen Goliath zu einer Seeleneinheit, wie sie auch Aristoteles und Cicero bei Freunden für möglich hielten.[437] Darüber hinaus wird wie bei den ‚paganen' Autoren die Liebe zum anderen mit Eigenliebe verbunden. Die Formulierung, den anderen zu lieben, wie die eigene Seele, wird mehrmals wiederholt (1. Sam 18, 1; 18, 3; 19, 17) und fand im Mittelalter reichen Nachhall.[438]

Ausgerechnet die wichtige Frage nach einer weiteren Merkmalsgleichheit, der Gleichrangigkeit zwischen Jonathan und David, kann nun aufgrund zweier sich widersprechender Handlungseinheiten nicht endgültig geklärt werden: Jonathan ist der älteste Sohn des Königs Saul und damit Anwärter auf dessen Nachfolge. David ist Jonathan in Fragen des Rangs zunächst ungleich, er wird als Hirte eingeführt. Nun wird aber, durch die Eingabe Gottes an Samuel, diese Gleichheit im Rang in einer Salbung Davids zum König (1. Sam 16, 1–13) hergestellt, bevor David an den Hof Sauls kommt (1. Sam 16, 14–23).[439] Im Fortgang der Geschichte wird diese Angleichung nivelliert.

---

434 Vgl. zu den mittelalterlichen Erzählungen dieser Freundschaftsgeschichte Sherwood-Smith, Friends (2007); die Bekanntheit dieser Geschichte mag auch darauf zurückzuführen sein, dass David als besonders wichtiges Vorbild mittelalterlicher Herrscher galt, vgl. z. B. Jaeger, Love (1999), S. 38–41, zur Inszenierung Karls des Großen als ‚David'; zur Popularität der Davidsgeschichte insgesamt vgl. Wittekind, Kommentar (1994).

435 *et factum est cum conplesset loqui ad Saul anima Ionathan conligata est animae David et dilexit eum Ionathan quasi animam suam*. Die lateinischen Auszüge aus der Vulgata zitiere ich nach: https://www.bibelwissenschaft.de/online-bibeln/biblia-sacra-vulgata/lesen-im-bibeltext.

436 Indem David Jonathans Schwester Merab (Sam. 18, 17 ff.) bzw. dann Michal (Sam. 18, 20) gegeben werden soll und David als „junger Mann" (*puer*) (Sam. 17, 56) bezeichnet wird, werden die beiden als die jüngere Generation im Gegensatz zum älteren König Saul dargestellt.

437 Vgl. NE 1168b8 und Lael. 25, 92.

438 So beschrieb beispielsweise der Chronist Roger von Howden die Freundschaft zwischen dem damaligen Graf von Poitou Richard Löwenherz und dem französischen König Philippe Auguste mit dieser biblischen Wendung: *Et dilexit eum rex Franciæ quasi animam suam*, zitiert nach: Oschema, Freundschaft (2006), S. 22; dazu ebd., S. 15–24 und S. 131 f., van Eickels, Konsens (2002), S. 365 ff., sowie Jaeger, Love (1999), S. 11 ff.

439 Wie die Erzählung von David und Jonathan das Erzählschema der mittelalterlichen Marke-Tristan-Freundschaft beispielsweise bei Gottfried von Straßburg mitprägte, scheint mir noch nicht diskutiert: Bei aller Unterschiedlichkeit der Thematik und der Figurenkonstellationen kommen David wie Tristan als gefeierte Künstler an den Hof, die dann den Kampf gegen einen übermächtigen Gegner (in älteren Erzählstufen wurde Morold wie Goliath als Riese imaginiert) für diesen Hof übernehmen und siegen; in beiden Fällen ist die Freundschaft eine

Denn in 1. Sam 17 begegnet uns David auf einmal doch wieder als einfacher Hirtenjunge, der sich entschließt, gegen Goliath zu kämpfen, und den Saul offenbar noch nicht kennt. Eine der für das Mittelalter wichtigen exemplarischen Freundschaftsbünde entsteht also auf der Basis einer Gleichheit des Geschlechts, des Alters, der Seelen und einer ungeklärten, aber möglichen Ungleichheit im Rang.[440] Hinzu kommt erneut eine ‚Fraternalisierung' der Freundschaft. Nach dem Tod Jonathans klagt David: „Mir ist weh um dich, mein Bruder, Jonathan" (2. Sam 1, 26).[441] Wieder also findet eine Angleichung (der Abstammung) durch den Code der Verwandtschaft statt, die durch Davids Heirat mit Jonathans Schwester auch praktisch vollzogen worden ist. Vom Ende her gedacht, ist dieser Angleichungsprozess allerdings eine ebenso narrative Notwendigkeit wie Jonathans Tod: Damit David König werden kann, muss er vom Freund zum Bruder werden, und muss der Bruder sterben. Der ergreifenden Todesklage Davids auf sein ‚anderes Ich' folgt darum unverzüglich die Ersetzung: „Und die Männer von Juda kamen und salbten David dort zum König über das Haus Juda" (2. Sam 2, 4). Das Ich rückt hier so nah wie möglich an das, was ihm ähnlich ist, heran, ergänzt die Einheit der Seelen durch eine Verschmelzung der Abstammung und nimmt dann, nachdem das ihm Gleichende erloschen ist, seine Stelle ein.[442]

Die Erzählungen vom Heilsbringer des Christentums im Neuen Testament enthalten nun Freundschaftskonzeptionen, die teilweise stark von den alttestamentlichen abweichen und in denen Ähnlichkeit oder Verähnlichung keine bedeutende Rolle spielen. Der menschgewordene Gott Jesus Christus schart hier ‚Freunde' um sich (Joh 15, 14), die sich von den Sklaven nur dahingehend unterschieden, dass die Jünger ja wüssten, was ihr Herr eigentlich tue (Joh 15, 15). Die Freunde Jesu müssen gehorchen, sind diesem nur im Menschsein ähnlich und werden dazu genötigt, sich ihm bedin-

---

zwischen im Rang (scheinbar) Ungleichen und in beiden Geschichten stellt der junge Hirte/Künstler/Kämpfer bzw. Jäger/Künstler/Ritter auch eine Bedrohung für die Herrschaft des jeweiligen Königs dar.

440 Als im Rang ungleich versteht zumindest der Zisterzienserabt Aelred von Rievaulx diese Freundschaft (III, 92; II, 63). Ein interessantes Beispiel für eine entsprechende Rezeption der David-Jonathan-Geschichte stellt auch ein in den 1150er Jahren entstandenes Bodenmosaik in der Kirche St. Gereon in Köln dar, auf dem sich Jonathan in erhöhter Position zu David hinabbeugt und ihm seinen Mantel über die Schulter legt, vgl. dazu Kraß, Kleider (2006), S. 313 f.

441 *doleo super te frater mi Ionathan* […]. In Davids weiterer Totenklage beteuert David gar, seine Liebe sei ihm lieber gewesen als Frauenliebe (2 Sam 1, 26), was Hieronymus in seiner Vulgata wohl dazu veranlasste den erklärenden Vers hinzuzufügen, David habe Jonathan geliebt wie eine Mutter ihren eigenen Sohn, vgl. van Eickels, Konsens (2002), S. 364 f.

442 Mit McGuire, Friendship (1988), S. xvii, könnte man sagen: „Jonathan is the instrument of David's salvation."

gungslos und zuungunsten von „Vater oder Mutter", „Sohn oder Tochter" hinzugeben und ihn mehr zu lieben als die nächsten Verwandten (Mt 10, 34–39).

An Bedeutung gewann im Mittelalter insbesondere die neutestamentliche Beschreibung der christlichen Gemeinde in der Apostelgeschichte: Jene, die den Glauben an Christus gemeinsam hatten, „waren ein Herz und eine Seele" (Apg. 4, 32). Möglicherweise lässt sich ihre Popularität auch damit erklären, dass sowohl die alttestamentliche Geschichte von David und Jonathan als auch Aristoteles und Cicero sich der Seeleneinheit als Vorstellung bedienten (25, 92) und diese so zu einer Brücke zwischen paganen und biblischen Schriften werden konnte.

2.4.4.6 Die Schriften des Augustinus (4. Jahrhundert n. Chr.)

Augustinus von Hippo,[443] der für das Mittelalter wohl einflussreichste Kirchenvater und Wegbereiter der christlichen Lehre,[444] verfasste zwar keine systematische Freundschaftslehre, kannte aber die philosophische Auseinandersetzung offensichtlich, suchte ihre Thesen gezielt mit dem christlichen Glauben zu verbinden und ebnete, weil er dabei vor allen Dingen auf Cicero zurückgriff, diesem den Weg ins Mittelalter.[445] Ein idealtypisches Zeugnis seines Nachdenkens über die Gleichheit in Freundschaften ist ein Brief an seinen ‚Freund' Marcianus (Brief 258).[446] Er zitiert die Freundschaftsdefinition seines römischen Gewährsmanns wörtlich, stellt den Satz aber so um, dass die Übereinstimmung in den göttlichen Dingen zur Steigerung der Übereinstimmung in menschlichen Dingen wird: Freundschaft ist nun nicht mehr die *divinarum humanarumque rerum* [...] *consensio* (Lael., 20, 7 ff.), sondern die *rerum humanarum et divinarum* [...] *consensio*. Diese Gleichheit im Glauben versteht er entsprechend als den „bedeutenderen Teil jener Definition" (Ep 258, 1)[447] und so wird sie zur ultimativen Bedingung einer wahren Freundschaft, denn ohne diese sei auch eine Übereinstimmung in irdischen Dingen

---

443 Zur Freundschaftskonzeption des Augustinus generell vgl. Oschema, Freundschaft (2006), S. 136–139, McEvoy, Friendship (1986), Geerling, Freundschaftsideal (1981) sowie McNamara, Friendship (1958).
444 Vgl. Flasch, Denken (2000), S 51 f.
445 Vgl. Geerlings, Art. ‚Freundschaft'. In: Lexikon des Mittelalters, S. 911 f.
446 Nach: Augustinus, Aurelius, Select letters. With an English translation by James Houston Baxter, Cambridge 1930, S. 491–499. Auch McEvoy, Friendship (1986), S. 76, bewertet diesen Brief als „the central statement of his mature views on Christian friendship, its relation to the classical ideal, and its ambiance of charity."
447 *Porro in rebus diuinis, quarum mihi illo tempore nulla eluxerat ueritas, utique in maiore illius definitionis parte nostra amicitia claudicabat* [...].

nicht möglich (Ep. 258, 2).[448] Von einer Freundschaft vor der Taufe des Marcianus könne schlichtweg gar nicht die Rede sein (ebd.).[449] Ausgerichtet wird diese Freundschaft nun auf Gott: *in Christo* liebe Augustinus seinen Freund und wenn man sich in dieser Freundschaft an die Gebote Gottes halte, ihn und die Nächsten zu lieben, verbinde das nicht nur die Freunde, sondern auch die Freunde mit dem Herrn selbst (Ep. 258, 4).[450] Die Verbundenheit im Glauben macht sie zu Gleichen und lässt auch Augustinus den Code der Verwandtschaft nutzen und den Freund als *frater* ansprechen Ep. 258, 5).

Einerseits ist die Bedingung aller Freundschaften unter Menschen nun die Taufe. Andererseits gebietet es für Augustinus gerade dieser Glaube, die durch die Gleichheit (im Glauben) gesetzten Grenzen zu überschreiten. In seiner Schrift ‚Über 83 verschiedene Fragen' (*De diversis quaestionibus octoginta tribus*)[451] führt er diesen ‚Widerspruch' aus: In der Nachahmung Christi sei es notwendig, alle Menschen zu lieben, zu den Niederen hinabzusteigen und auch auf die Schwachen und Fehlerhaften zuzugehen (71, 6), ihre Lasten gemeinsam in übrigens wiederum „brüderlicher Gesinnung" zu tragen (71, 5). Möglich wird durch diese Konzeption eine Unterscheidung zwischen einer wahren, reziproken und exklusiven *amicitia* und einer nicht unbedingt reziproken, auf alle Menschen gerichteten *caritas*, ein Wohlwollen (*benevolentia*) auch gegenüber den im Glauben und in der Ausrichtung auf Gott Un-

---

448 Augustinus, letters (1930), S. 494f.: *Ita fit, ut inter quos amicos non est rerum consensio divinarum, nec humanarum esse plena possit ac vera. Necesse est enim, ut aliter quam oportet humana aestimet, qui divina contemnit, nec hominem recte diligere noverit, quisquis eum non diligit qui hominem fecit.* („It is on these grounds that those friends who are not in agreement about things divine cannot be in complete and genuine agreement about things human either; for of necessity one who has a contempt for things divine must hold a different opinion from what he should hold about things human, and anyone who does not love Him Who made man has not learned to love man aright.").

449 Ebd.: *Proinde non dico: 'Nunc mihi plenius amicus es, qui eras ex parte', sed, quantum ratio indicat, nec ex parte eras, quando nec in rebus humanis mecum amicitiam ueram tenebas. Rerum quippe divinarum, ex quibus recte humana pensantur, socius mihi nondum eras, sive quando nec ipse in eis eram sive posteaquam ego eas utcumque sapere coepi, a quibus tu longe abhorrebas.* („Hence I do not say that now you are more completely my friend, instead of being, as you were before, only partially so; but, as far as reason can show, you were not even partially so before, since friendship you cherished with me then was not even genuine in things human: for, assuredly, you were not yet my comrade in those things divine by which the human things are rightly weighed. Partly it was that at that time I had no interest in them myself, partly that after I began to have a taste (however slight) for them, you still entertained for them a strong aversion.").

450 Ebd., S. 496f.: *Nunc enim nobis est ‚rerum humanarum et divinarum cum benivolentia et caritate consensio in Christo Iesu domino nostro, verissima pace nostra.* („for now we have that ‚agreement, with kindliness and affection, about things human and divine' in Christ Jesus our Lord, Who is our real peace.").

451 Aurelius Augustinus, Dreiundachtzig verschiedene Fragen. De diversis queaestionibus octoginta tribus. Zum ersten Mal in dt. Sprache von Carl Johann Perl, Paderborn 1972.

gleichen,[452] eine der neuplatonischen Sympatheia nicht unähnliche Form der Menschenliebe.

Die für Augustinus bevorzugte Gemeinschaft blieb jedoch nach dem Vorbild der Apostelgeschichte[453] und der antiken Freundschaftsideale eine der Gleichen, genauer: der gleichermaßen auf Gott ausgerichteten, im Besitz vollständig gleichen,[454] Gleichgeschlechtlichen (Männer), die er, wie bereits erwähnt (Kap. 2.2.1.1), seinen Ordensregeln zufolge als transpersonale Einheit konzeptualisiert: Es gebe hier viele Körper, aber nur eine Seele und ein Herz.[455] Diese transpersonale Einheit der Mönchsbrüder wiederum spiegelt dabei für Augustinus die Einheit des dreifaltigen Gottes, der die Vielen verbinde und „Urbild der Liebeseinheit unter Christen" sei.[456] Die Gemeinschaft der Ähnlichen also spiegelt auf Erden die himmlische Einheit Gottes! Dieser Gedanke, der dann auch von Aelred von Rievaulx aufgenommen wird, scheint mir für die Ähnlichkeitskonzeptionen in der höfischen Literatur entscheidend zu sein.

Seine eigene Biographie erzählt er dabei als eine Geschichte des Übergangs von unwahren, mit den noch nicht christianisierten antiken Konzeptionen vergleichbaren, Freundschaften hin zu den wahren Freundschaften unter (männlichen) Christen. In seinen ‚Bekenntnissen' (*Confessiones*) nämlich bezieht er sich mit der Idee, er und sein Freund seien „nur eine Seele in zwei Leibern" und dieser sein „anderes Ich" gewesen (Conf. IV, 11),[457] deutlich auf die antike Tradition. Diese Freundschaft beruhte, so führt er weiter aus, auf dem gleichen Alter und „in der Gemeinschaft gleichen wissenschaftlichen Strebens" (IV, 7), sei aber eben noch „keine wahre Freundschaft" gewesen, weil diese ohne den Heiligen Geist nicht möglich sei (ebd.). Später erweitert sich die Anzahl seiner Freunde und auch hier imaginiert er, wie schon Cicero,[458] die Verschmelzung der Vielen zu einer Einheit (IV, 13 und VI, 24), die aber mit Blick auf das notwendige Einverständnis ihrer Frauen aufgegeben wird (VI, 24).

---

452 Vgl. McEvoy, Friendship (1986), S. 81 f.
453 Apg 4, 32: „All die vielen Menschen, die zum Glauben an Jesus gefunden hatten, waren ein Herz und eine Seele. Niemand von ihnen betrachtete etwas von seinem Besitz als persönliches Eigentum; alles, was sie besaßen, gehörte ihnen gemeinsam."
454 Possidius, der Biograph Augustinus schreibt in seiner ‚Vita Augustini V', dass die wichtigste Regel der Klostergemeinschaft die Gemeinsamkeit im Besitz gewesen sei, vgl. McEvans, Friendship (1986), S. 84.
455 *I.1. Haec sunt quae ut obseruetis praecipimus in monasterio constituti. / 2. Primum, propter quod in unum estis congregati, ut unianimes habitetis in domo et sit uobis anima una et cor unum in deum*, zitiert nach: McEvoy 1998, S. 84. Vgl. dazu auch Zumkeller, Mönchstum (1968), S. 174.
456 Zumkeller, Mönchstum (1968), S. 174.
457 Zitiert nach: Aurelius Augustinus, Confessiones. Lateinisch-deutsch, übersetzt von Wilhelm Thimme mit einer Einführung von Norbert Fischer, Berlin 2014.
458 Vgl. Ciceros ‚Laelius' 21, 28.

Diese mehrmalige Hervorhebung der Einheit der Seelen hat auch einen Grund in der neuplatonisch-augustinischen Konzeption der Seele als jenen Teil im Menschen, der Gott am ähnlichsten sei und der sich wieder mit Gott vereinigen könne (Kap. 2.2.1.1), wie es bei Plotin angelegt war (Kap. 2.4.4.4) und später bei Pseudo-Dionysius ausformuliert wurde (Kap. 2.2.2).[459] Dass der Mensch eine Seele hat, qualifiziert ihn in auf der Kette der Wesen (Kap. 2.2.1) zur höchsten Existenzform nach dem göttlichen Einen und den Engeln. Darum geht es, wenn Augustinus in seiner Schrift ‚Selbstgespräche‘ (*Soliloquia*)[460] seiner Gesprächspartnerin, der *ratio*, auf ihre Fragen antwortet, er würde, wenn er Gott erkennen könnte, alles lieben, was Gott ähnelte. Da dies nicht der Fall sei, liebe er nun eben nur Gott und die Seele (*Soliloquia*, I, S. 18), unter den irdischen Existenzen wiederum nur die Menschen, da ihre Seelen vernunftbegabt seien (ebd., S. 20), und unter jenen nur seine Freunde, die ihre Seele gut zu gebrauchen wüssten. Er ahne, indem er allein Gott und die Seele der Menschen liebe, ihre Ähnlichkeit, vermöge sie aber mit den blinden Sinnen des Menschen nicht vollständig zu erkennen (ebd., S. 22). Und jene Menschen, die ihm in diesem Streben nach der Erkenntnis Gottes im Anderen gleichen und deren höchstes Ziel eine tatsächliche Einheit der Seelen in Gott ist, können als Freunde bezeichnet werden.

Augustinus, so lässt sich zusammenfassen, sucht die Harmonisierung zwischen dem christlichen Glauben und dem antiken Freundschaftsideal, das Gleichheit vor allem in der Ausrichtung auf die Tugend, aber oftmals auch im Alter, Stand, Geschlecht und Handeln voraussetzt. Dabei beschränkt er die Gleichheit einerseits auf die Gleichheit im Glauben und in der Ausrichtung auf Gott (als höchste Tugend), erweitert sein Liebeskonzept aber auch mit dem Auftrag der Nächstenliebe auf die Ungleichen. Diesen Widerspruch vermag er zu harmonisieren, indem er die Liebe auf all jene beschränkt, die sich im Besitz einer gottähnlichen, vernunftbegabten Seele gleichen, und die Freundschaft noch enger fasst und auf jene beschränkt, die einen ihm selbst gleichenden vernünftigen, auf Gott gerichteten Umgang mit dieser Seele pflegen. Dabei verbindet er die Vorstellung einer Entdifferenzierung des Menschen in der Einheit Gottes, wie es auch Pseudo-Dionysius mit Rückgriff auf den Neuplatonismus getan hat, mit den Konzeptionen von einer Freundschaft unter Ähnlichen, deren Ähnlichkeit die ersehnte Einheit spiegle.

---

459 Einen guten Überblick zur Konzeption der Seele vom Platonismus über Augustinus in die Theologie des Mittelalters bietet Philipowski, Gestalt (2013), S. 35–67.
460 Zitiert nach: Aurelius Augustinus, Selbstgespräche. Lateinisch und deutsch, hg. von Harald Fuchs, Berlin 2014.

2.4.4.7 Aelreds von Rievaulx ‚De spirituali amicitia' (um 1160)

In eine sehr ähnliche Richtung wie Augustinus geht auch der Zisterzienserabt Aelred von Rievaulx, allerdings in systematisierter und klar an einem Vorbild orientierter Form.[461] In seinem in den 1160er Jahren verfassten Dialog ‚Über die geistliche Freundschaft' (*De spirituali amicitia*) zitiert er nicht nur die Dialogform und den Titel Ciceros. Dessen Freundschaftsdefinition nimmt er wie Augustinus auch zum Ausgangspunkt seiner Überlegungen (I, 11; I, 29; I, 46; III, 8) und sucht, wie der Titel verspricht, dem alten Freundschaftsideal einen christlichen Anstrich zu verleihen.[462] Dabei entwickelt er in drei Teilen[463] mit seinen Gesprächspartnern, den Mönchen Ivo im ersten bzw. Walter und Gratian im zweiten Buch, eine Freundschaftskonzeption, die die alte Homophilie-These nicht nur voraussetzt und bekräftigt, sondern sie auch heilsgeschichtlich begründet und in ein theologisch-teleologisch ausgerichtetes Ordnungssystem integriert.

Wie Cicero lässt Aelred nur eine einzige Freundschaft als wahre Freundschaft zu, in seinem Fall ist dies die geistige.[464] Diese komme „zustande unter guten Menschen, von gleicher Lebensart, von guten Sitten und geistigem Eifer" und wenn man sie so verstehe, könne man Ciceros Definition zustimmen, die Aelred in der augustinischen Reihenfolge zitiert (I, 46).[465] Diese guten Menschen aber können bei Aelred nicht wie bei Aristoteles und Cicero die ‚Guten an sich' sein, denn das Gute ist Gott vorbehalten: Er allein ist „das sich selbst genügende Gut" (I, 51 f.). Das also, was schon für Platon die Homophilie-These problematisch machte, findet bei Aelred Anwendung, aber bezogen auf den einzigen, der wirklich gut sein kann: Gott braucht

---

461 Einführend zu seiner Freundschaftskonzeption, vgl. Kraß, Kleider (2006), S. 309 ff., Rener, Aelred (2001), Jaeger, Love (1999), S. 109–114, und Langer, Formen (1994).
462 Diesen Anspruch formuliert er bereits im Prolog. Nachdem er die Heiligen Schriften kennen gelernt habe, sei ihm Ciceros Freundschaftsbüchlein nicht mehr gleichermaßen köstlich erschienen (*Prolog*, 5) und so habe er beschlossen, ein Buch über die geistige Freundschaft zu schreiben (*Prolog*, 6).
463 Das erste Buch behandelt Definition und Ursprung der Freundschaft, das zweite, wozu sie führt, und das dritte, welche Voraussetzungen die Menschen erfüllen müssen, um Freund sein zu können.
464 Dennoch führt er zunächst drei Arten von Freundschaft an, nämlich außerdem die fleischliche und die weltliche (I, 38–45), und erinnert dabei doch sehr an die drei Arten der Freundschaft, die Aristoteles entwirft. Wenn man einmal davon absieht, dass Aristoteles' NE die westliche Hemisphäre erst etwa 100 Jahre nach der Niederschrift von Aelreds Freundschaftsbüchlein erreichte, ließe sich eine Christianisierung auch des aristotelischen Konzepts zeigen: Aus einer Lustfreundschaft macht Aelred die fleischliche, die sich durch Genuss, Äußerlichkeiten und Leichtsinn auszeichnet (I, 39–41). Aus einer Nutzfreundschaft wird die weltliche, bei der es um die Aussicht auf Gewinn gehe (I, 42–44).
465 *Amicitia itaque spiritalis inter bonis, uitae, morum, studiorumque similitudine parturitur, quae est in rebus humanis atque diuinis ‚cum beneuolentia et caritate consensio'.*

keine Freunde. Der Mensch dagegen strebe nach dieser absoluten Tugend, also nach Gott, und benötige dazu die Freundschaft als eine „hohe Stufe, ganz nahe der Vollkommenheit" (II, 14). Dieses gleiche Streben (II, 10) ist neben der „gleiche[n] Gesinnung" das wichtigste Kriterium der Freundschaft (III, 130).

Wie bei Cicero also liegt die Konzentration auf der gemeinsamen Gesinnung, wie bei Plotin und Augustinus bedeutet dies die gemeinsame Ausrichtung auf das Göttlich-Eine. Aelred bekräftigt diese Gleichheitsbedingung immer wieder: Er zitiert Ciceros Definition der Freundschaft (I, 11; I, 29; I, 46; III, 8) und die Gleichheitsbedingung, die Sallust einmal aufstellte, man müsse „gleiches wollen und gleiches nicht wollen" (I, 40; I, 48; III, 11; III, 124);[466] er schmückt sie in autobiographischen Anekdoten aus (III, 119) und verweist auf ihre Erfüllung in der Welt der Engel (I, 56), die sich in der Konzeption der Welt als ‚Wesenskette' ja durch eine höhere Ähnlichkeit untereinander und zu Gott auszeichnen (Kap. 2.2.1.2). Mehrmals hebt er dabei hervor, dass es ihm insbesondere um eine Gleichheit im Glauben gehe (I, 11 ff.; I, 16; I, 27; I, 28; I, 32).

Wie die meisten seiner Vorgänger versteht auch Aelred den (männlichen) Freund als ein ‚anderes Ich' (III, 6; III, 69) und begründet die Liebe zu diesem mit der Liebe zu sich selbst[467] sowie mit dem Gebot der Nächstenliebe (III, 69). Dieses Ich und seine Doppelung gehören auch für Aelred eigentlich zusammen. Der „Freund [sei] die andere Hälfte deiner Seele", also etwas, das fehlt. Das Ziel müsse darum – der alten Tradition entsprechend – darin bestehen, „aus zwei Seelen eine [zu] machen" (III, 6). Diese Verschmelzungsabsicht ist für Aelred ein höchstes Ziel, das er der christlichen Urgemeinde als ein erreichtes zuschreibt (I, 29) und nur in wahren Freundschaften für möglich hält, und zwar als Einheit von Herz und Seele (I, 21; II, 11; II, 67; III, 124) oder des Geistes (*spiritus*, II, 23) beim Kuss. Dieser ‚geistige Kuss' sei dabei eigentlich ein Kuss Christi, den dieser durch fremde Münder gebe, um die beiden verschiedenen Körper im Geiste zu einen (II, 26; II, 62). Ist eine solche Verschmelzung durch Christus unter Freunden nun tatsächlich vollzogen, befinden sich die beiden in einem eigentlich unmöglichen Zustand: *quod unum est non potest diuidi* – sie sind untrennbar geworden. Als Un-

---

466 *Idem velle atque idem nolle, ea demum firma amicitia est*, heißt es bei Sallust, ‚De Catilinae coniuratione', 20, 4. Dieser sallustsche Ausspruch avancierte im Mittelalter zu einer gleichermaßen klassischen Freundschaftsdefinition wie jene Ciceros (vgl. Orsuto, Harmony (2006), S. 278) und fand auch in den politischen Freundschaften Anwendung, beispielsweise bei der sogenannten Trausnitzer Sühne, die 1325 vollzogene Übereinkunft nach dem 1314 vom Zaun gebrochenen Thronstreit zwischen Friedrich dem Schönen und Ludwig dem Bayern, vgl. van Eickels, Konsens (2002), S. 373.
467 Dementsprechend verknüpft auch Aelred die Unstetigkeit der eigenen Person mit einer Unfähigkeit zu wahrer Freundschaft, vgl. *Prolog*, 1 f.

2.4 Gleiches zu Gleichem. Freundschaft

teilbare sind sie damit, was im christlichen-neuplatonischen Denken allein auf Gott zutrifft: Die ähnlichen Freunde werden Eins in Gott – eine Vorstellung, die recht stark an die Hoheliedauslegungen etwa Bernhards von Clairvaux erinnern, in denen Braut und Bräutigam, Seele und Christus, sich ähneln und miteinander verschmelzen (Kap. 2.2.2.2).

Hinter der Möglichkeit der Verschmelzung steht, wie gesagt, das schon beschriebene neuplatonische Ordnungsmodell einer Wesenskette, deren Glieder in aufsteigender Weise Anteil am Leuchten Gottes haben (Kap. 2.2), sich aber von die Quelle des Lichts, dem Einen, durch ihre Vielheit und Verschiedenheit unterscheiden. Für Aelred wird nun – wie schon für Augustinus – die Teilhabe allen Seins an Gott in der Gemeinschaft (*societas*) sichtbar (I, 53):

> Von Ihm, dem vollkommenen und reinen Einen, sollten alle die Spur seiner Einheit erhalten und besitzen. Darum hat er kein Geschöpf einsam gelassen, vielmehr fügte er die vielen zu einer Gemeinschaft zusammen.[468]

Dass Menschen also Beziehungen eingehen, ist ein Zeichen ihres Daseins als Gottes Schöpfung, indem es für die Unteilbarkeit des Einen steht. Dies gelte aber auch für Steine, Wälder und Tiere (I, 54f.). Diese Anteilhabe am Göttlich-Einen bedeutet dabei mehr als nicht allein, nämlich auch nicht individuell zu sein. Aelred fragt (rhetorisch): „[W]o gibt es Erde oder wo gibt es Wasser, aus welchen ein Stein besonderer Art hervorgebracht würde? Oder kann ein Waldgebiet aus sich einen Baum bestimmter Art schaffen?" (I, 54) – das Herkommen aus Gottes Hand wird sichtbar im Zusammensein ähnlicher Geschöpfe.[469] Mit diesen Ausführungen lässt Aelred ein naturphilosophisches bzw. metaphysisches Verständnis der Freundschaft wiederaufleben, das es bei Aristoteles kaum, bei Platon schon eher, ganz deutlich aber bei Plotin gab.

Dieses Anteilhaben an Gott, das sich in Ähnlichkeit und Gemeinschaft zeige, ist allerdings hierarchisch gegliedert, was sich einerseits in der Reihenfolge ihrer Aufzählung bei Aelred, andererseits am Grad ihrer göttlichen Strahlkraft offenbart, wobei sich Aelred in seiner Beschreibung der pseudodionysischen Lichtmetaphysik bedient.[470] Bei den leblosen Wesen leuchte bzw. glänze (*elucet*) bereits eine Liebe zur Gemeinschaft, bei den mit Sinnen

---

[468] *Et ita omnia ab ipso qui summe et pure unus est quoddam unitatis uestigium sortirentur. Hic est quod nullum genus rerum solitarium reliquit, sed ex multis quadam societate connexuit.*

[469] *quae humus, uel quod flumen unum unius generis gignit lapidem; aut quae silua unam unius generis arborem producit?*

[470] Damit ist er eines von mehreren Beispielen der erstarkenden Rezeption Eriugenas im 12. Jahrhundert, vgl. dazu Haug, Transzendenz (1989).

ausgestatteten Wesen strahle sie schon (*fulgeat*) und den Menschen wird ein ursprünglich herrliches, reines Glänzen (*splendor*) an Freundschaft und Liebe zugeschrieben, das der Sündenfall aber zerstört habe (I, 58).

Diese Urkatastrophe menschlichen Daseins wird von Aelred als Verlust reiner Gemeinschaft, reinen göttlichen Glanzes und absoluter Gleichheit entworfen – Ähnlichkeit zwischen Menschen bekommt in dieser Freundschaftskonzeption eine Geschichte! Gottes Beschluss, dem Menschen eine „Gehilfin (*adiutorium*) [zu] schaffen, die ihm ähnlich (*simile*) ist" (I, 57), führt zu einer erneuten Schöpfungsanstrengung, deren genaues Vorgehen Aelred eine „tiefe Bedeutung" zuschreibt (ebd.): Gott habe weder ähnlichen (*simili*) noch denselben (*eadem*) Stoff verwendet, um den zweiten Menschen zu formen, sondern „er schuf [...] aus der Gestalt des Mannes die Frau, um ausdrücklich ihre Freundschaft und Liebe zu begründen" – man könnte hinzufügen: Ähnlichkeit und Sympathie basieren auf ihrer ursprünglichen Verbindung, weil die ‚Männin' aus der Seite Adams genommen wie die platonischen Kugelmenschen geteilt worden sind. Das erstaunliche Resultat: eine Gesellschaft der Gleichen (*aequales*), frei von Hierarchien (ebd.)! Die Merkmalsgleichheit, aus demselben Material geschaffen zu sein, führt hier zu weiteren Merkmalsgleichheiten, nämlich im Rang, wie es sich für die wahre Freundschaft gehöre (ebd.),[471] aber auch – insofern alle Menschen in diesem paradiesischen Urzustand eine wahre Freundschaft leben – der Gesinnung, des Ziels und des Glaubens. Bemerkenswerter Weise geschieht dies alles bei Aelred, der eine Freundschaftskonzeption unter männlichen Mönchen entwirft, unabhängig vom Geschlecht.

Erst beim Fall des ersten Menschen, so führt Aelred aus, zogen Habgier, Neid, Streit und Eifersucht, Hass und Misstrauen ein und die Menschen lernten, wie in der alttestamentlichen Schöpfungsgeschichte (Kap. 2.2.1.2), die Geschlechter voneinander, vor allem aber Freundschaft, *amicitia*, von Liebe, *caritas* zu unterscheiden, weil nun auch die Menschen sich erstmals unterschieden: Wo nicht mehr alle gleich sind, nicht das gleiche Ziel und Streben haben, kann keine wahre Freundschaft gelebt werden (I, 58). Den Schlechten muss man, wie bei Augustinus, *caritas* entgegenbringen, *amicitia* aber ist den Guten vorbehalten und wird nun auch innerhalb der menschlichen Gattung exklusiv.

---

[471] I, 57: *Postremo cum hominem condidisset, ut bonum societatis altius commendaret: „Non est bonum", inquit, „esse hominem solum; faciamus ei adiutorium simile sibi." Nec certe des imili uel saltem de eadem materia hoc adiutorium diuina uirtus formauit; sed ad expressius caritatis et amicitiae incentiuum de ipsius substantia masculi feminam procreauit. Pulchre autem de latere primi hominis secundus assumitur, ut natura doceret omnes aequales, quasi collaterals; nec esset in rebus humanis superior uel infeor, quod est amicitiae proprium.*

Bei Aelred also ist die Gleichheit der Menschen ein Urzustand, ein Mythos, der im göttlichen Schöpfungsakt seinen Anfang nimmt. Diese Gleichheit hat der Mensch verspielt. Das Wiedererlangen jener absoluten Gleichheit in Gott, die Verschmelzung der Seelen, gewissermaßen ein ‚Wiederhineingehen' eines Menschen in die Seite des anderen, vergleichbar mit der Vereinigung der Hälften zum Urmenschen in Platons ‚Symposion', und die (gemeinsame) Rückkehr in die göttliche Einheit werden mehrfach als Ziel formuliert (I, 8; II, 20; III, 90). Es gilt, wie bei Pseudo-Dionysius (Kap. 2.2.2.1), das Viele, Unähnliche, das die menschliche Existenz prägt, zu überwinden, zu den Ursprüngen (*originis*) der Freundschaft zurückzukehren, die in der Gleichheit (*aequalitas*) liegen (III, 90). Und die Kraft dieser Rückkehr liegt in der Freundschaft selbst (II, 14; II, 18; II, 20 f.).

Das Besondere an Aelreds Entwurf ist nicht nur die Erfindung einer theologisch-teleologischen Geschichte der Ähnlichkeit, sondern auch, dass der gemeinsame Weg zur absoluten Gleichheit in Gott in Freundschaften durch ein Hinzutreten verschiedener, nicht immer schon vorausgesetzter Merkmalsgleichheiten führen kann. Nicht nur sollen Rangunterschiede in Freundschaften aufgehoben werden (III, 90) – als Beispiel hierfür dienen ihm David und Jonathan (III, 92) –, das gleiche Streben, die gleiche Gesinnung, das gleiche Ziel und der gleiche Glauben die Basis der Freundschaft bilden; nicht nur sollen Herz und Seele verschmelzen, aus zwei Personen eins werden; es scheint darüber hinaus auch denkbar, dass sich auf dem Weg zurück zur Einheit der Freunde eine körperliche Ähnlichkeit einstellen kann: Wie von selbst trete mit der Zeit ein gemeinsamer Plan, Ausdauer im Streben, aber auch eine Angleichung des Gesichts oder des Gesichtsausdrucks (*uultus*) hinzu. Man passe sich so aneinander an, dass die Mienen einander stets glichen (III, 130 f.).[472] Damit öffnet Aelred die Tür zumindest einen Spaltweit in einen Raum, in dem Freunde sich auch durch die Merkmalsgleichheit in der äußeren Erscheinung auszeichnen, wie sie uns teilweise auch in der höfischen Literatur des Mittelalters begegnen.

2.4.5 Bilder

Diese Tür kann mit Blick auf die Ikonographie von Freundschaftspaaren ein Stück weiter aufgestoßen werden. Immer wieder werden Freundschaftspaare als Doppelgänger bildlich in Szene gesetzt, häufig durch Gleichheit der Physiognomie, des Alters, der Frisur, der Kleidung oder der Gestik. Solche

---

472 *Accedat paulatim consiliorum communio, assiduitas parilium studiorum, et quaedam conformatio uultuum. Sic enim conformari sibi debent amici, ut statim cum alterum uiderit, etiam similitude uultus unius in alterum transfundatur.*

Darstellungen sind beispielsweise für Orest und Pylades, Petrus und Paulus, Amicus und Amelius, Sergius und Bacchus, Nisus und Euryalus oder Jesus und Johannes überliefert.[473] Diese ‚Doppelgänger-Darstellungen' bilden einen von tendenziell zwei Bildtypen der geistlichen Ikonographie der Freundschaft, der parallel zu jenem der Standes- oder Altersdifferenz existierte.[474] Auf zwei geistliche und eine höfische Doppelgänger-Darstellungen möchte ich im Folgenden etwas genauer eingehen.[475]

Das erste Beispiel ist eine byzantinische Ikone aus dem 7. Jahrhundert, die das syrische Freundschaftspaar Sergius und Bacchus darstellt.[476] Erzählt wird von diesen Freunden schon in einem griechischen Hymnus der gleichen Zeit. Auch sie werden besungen als Brüder, als ein Herz und eine Seele, ein Wille und eine Tugend, gleich auch in ihrem Streben nach Gott.[477] Dargestellt werden sie auf der Ikone als Doppelgänger, gleich in ihrer Haltung (jeweils ein Kreuz vor der Brust), in ihrer Kleidung, mit ihrem Nimbus, ihrer kurzen gelockten Frisur und ihren zarten, bartlosen Gesichtszügen. Durch ihre Ununterscheidbarkeit werden sie nahe an die in Gott mögliche Einheit geführt. Dementsprechend ist, wie bei Aelred, als dritte Figur Christus anwesend. Er schwebt als kleines Gesicht eines bärtigen Mannes mit langem Haar – von den Freunden also unterschieden (durch Alter und äußere Merkmale) – über den Freunden, ist jedoch mit ihnen verbunden, insofern ihre Heiligenscheine im Heiligenschein des Herrn Eins werden. Verstehen wir die Seele als das, das Gott am ähnlichsten ist (Kap. 2.2.1.1), und als das, das sich am Ende wieder mit ihm vereinigt (Kap. 2.2.2.1), wird so auch in diesem Bild über die Verschmelzung der Heiligenscheine die Seeleneinheit der Freunde in Gott verkündet.

Das zweite Beispiel betrifft eine Federzeichnung, die um das Jahr 1160 in Salzburg entstanden sein dürfte und Jesus und Johannes als körperliche Doppelgänger präsentiert.[478] Der Jünger entscheidet sich, wie Jesus es in seiner biblischen Freundschaftskonzeption selbst fordert (Mt 10, 34–39), für seinen Freund (und Herrn), und zwar zuungunsten seiner Ehefrau. So ist auf der linken Bildhälfte der Zeichnung Johannes zu sehen, dessen Füße

---

473   Vgl. zu Jesus und Johannes sowie zu Sergius und Bacchus Kraß, Kleider (2006), S. 311–318, und zu den anderen Wipfler, Amicitia (2006), S. 163 f.
474   Vgl. Kraß, Kleider (2006), S. 318. Kraß weist allerdings darauf hin, dass selbst die die Differenz betonenden Darstellungen immer wieder um einen Ausgleich der Differenz (durch Gaben, durch Gesten usw.) bemüht sind.
475   Zu den ersten beiden vgl. ebd., S. 311–318.
476   Aufbewahrt wird die Ikone inzwischen im Museum für Westliche und Orientalische Kunst in Kiew; vgl. dazu auch Boswell, Unions (1995), S. 146–156, und die Abbildung auf S. 193.
477   Vgl. den vollständigen Text bei Boswell, Unions (1995), S. 285–288.
478   Die Handschrift wird heute in der Stiftsbibliothek Admont aufbewahrt (Ms. 289, Blatt 56), vgl. Kraß, Kleider (2006), S. 314, die Abbildung ist ebd., Abb. 9, abgedruckt.

ihn schon in die rechte Bildhälfte zu Jesus tragen, während Hände und Gesicht noch erklärend seiner Ehefrau zugewandt sind. In der rechten Bildhälfte schmiegt er sich dann eng an seinen Freund. Das Besondere: Ihre einfachen Gewänder, ihr langes, mittig-gescheiteltes und leicht gelocktes Haar, ihr barfüßiges Auftreten und ihr Nimbus machen sie zu körperlichen Doppelgängern. Auch ihre Gesichter gleichen sich in ihren Zügen und ihrer Bartlosigkeit, weisen aber – ähnlich wie in den höfischen Texten dieser Zeit[479] – auch keinen Unterschied zum Gesicht der abgebildeten Frau auf. Die Doppelgängerschaft scheint mir hier jedoch nur der ‚Vorbote' für etwas viel Wesentlicheres zu sein, das der Freundschaftsdiskurs immer wieder fordert – die Verschmelzung der Freunde: Johannes schmiegt sich eng an seinen Freund Christus und legt seinen Kopf auf dessen Brust. Kaum noch auseinanderzuhalten sind die verschlungenen Gewänder, kein Spalt trennt die gezeichneten Körper, Jesu Gewand schlingt sich um die Schulter des Freundes und seine Linien vermischen sich, wie die seiner rechten Hand, mit den Linien des Gewandes des Johannes. Dessen Kopf am Herzen Jesu ruft dabei die Einheit von Herz und Seele in Erinnerung.[480] Wo in der linken Bildhälfte dunkler Hintergrund Johannes von seiner Ehefrau trennt, ist dies auf der rechten Seite nicht der Fall, aus zwei Figuren ist hier, zumindest in der äußeren Linie, eine geworden und Jesus neigt den Kopf so zur Seite, dass er die Mitte des Doppelkörpers bildet und zum Kopf des Eins-Gewordenen werden kann. Inszeniert wird eine Vermischung der im Äußeren gleichen Freunde, soweit dies körperlich möglich und darstellbar ist. Beide geistlichen Darstellungen der ähnlichen Freunde zeigen also einerseits Doppelgänger, andererseits aber deuten sie vorsichtig die Möglichkeit einer (seelischen) Verschmelzung an, die eng an die Anwesenheit Christi gebunden ist.

Das dritte Beispiel führt uns weg von explizit christlicher Ikonographie und hin zu den höfisch-literarischen Entwürfen von merkmalsgleichen Freunden. Es handelt sich dabei um die Darstellungen von Nisus und Euryalus aus dem Bilderzyklus der Berliner Veldeke-Handschrift aus dem späten 12. oder frühen 13. Jahrhundert.[481] Die Federzeichnungen zeigen die beiden im Roman als ununterscheidbar beschriebenen Freunde (Kap. 2.3.1) in sechs Bildern[482] als in „Physiognomie, Alter, Haartracht und Kostüm" identisch.[483]

---

479 Vgl. dazu grundsätzlich Schultz, Love (2006).
480 Vgl. ähnlich Kraß, Kleider (2006), S. 315, und Hausherr, Christus-Johannes-Gruppen (1975), S. 91.
481 Zur Datierung der Berliner Handschrift Ms. germ. fol. 282 (B) vgl. Fromms Kommentar in der Ausgabe des ‚Eneasromans' des Deutschen-Klassiker-Verlags, S. 748, und zur Datierung des Bilderzyklus Diemer/Diemer, Bilder (1992), S. 911 und 927f., an deren Überlegungen (v.a. S. 911–932) ich mich im Folgenden orientiere.
482 Fol. 42ᵛ, fol. 44ʳ und fol. 44ᵛ.
483 Wipfler, Amicitia (2006), S. 163.

Bei ihrem nächtlichen Ausfall (fol. 42) tragen sie den gleichen Helm, das gleiche Gewand, Gürtel, Schwert und Hose, das gleiche mittig-gescheitelte, halb lange Haar, verlassen im Gleichschritt Montalbane und auch ihr bartloses Gesicht unterscheidet sich nicht. Gleichermaßen einander zugewandt mit geschlossenen Augen und zerzaustem Haar sind auch ihre abgeschlagenen Köpfe, die Graf Volzan und seine Ritter als Trophäe mitnehmen (fol. 44^v, oben) und für die Trojaner sichtbar, mit gleicher Mimik, Frisur und Ausrichtung des Gesichts, an einen Galgen hängen (fol. 44^v, unten).

Sollten die Zeichnungen also der Beschreibung im Roman gerecht werden, dass die Freunde alles gemeinsam haben, eben auch die äußerlich sichtbare Physiognomie? Es ergibt sich hier ein Problem, das für die literarischen Figuren der höfischen Romane gleichermaßen gilt: Verließe man sich auf die Beschreibungen körperlicher Merkmale, müsste man sich einen großen Teil der auftretenden Figuren als in der Physiognomie ziemlich identisch vorstellen. Studiert man nämlich auch die anderen Zeichnungen des Bilderzyklus, haben wir es mit einer ganzen Schar gleicher Gesichter, gleicher Frisuren, ähnlicher bis gleicher Kleidung und Physiognomie zu tun: Alle Kämpfer sind als ununterscheidbare Figuren gefasst.[484] Das mag sich einerseits sehr pragmatisch erklären lassen, weil diese Zeichnungen sich so leichter in einer Malerschule lernen und serienmäßig ausführen ließen.[485] Andererseits zeigt sich auch in der Literatur immer wieder, dass weniger das Gesicht oder der Körper als vielmehr seine Hülle, die „äußerlich ‚lesbaren' Zeichen", das Erkennen von Personen ausmachen und Individualität eher den von der Idealnorm Abweichenden zukommt.[486] Dementsprechend sind die Gesichter im Berliner Bilderzyklus (mit der Ausnahme Charons und Sybilles) alle gleich bis auf gelegentlichen Bartwuchs bei älteren Männern. Nisus und Euryalus sind in dieser Handschrift körperliche Doppelgänger, unterscheiden sich in dieser Eigenschaft aber nicht von allen anderen jungen Kämpfern. Die beiden anderen Freundschaftsdarstellungen, die ich vorgestellt habe, weisen zwar ebenfalls keine Individualisierung von Gesichtszügen oder Körper auf. Ihre Merkmalsgleichheit aber hat spezifische Funktionen innerhalb der Figurenkomposition der einzelnen Bilder: Der fehlende Bart und die kurzen Haare unterscheiden Sergius und Bacchus vom älteren Christus und machen

---

484 So gesehen nehmen vier Kopien der beiden Freunde diese gefangen (fol. 44^r) und sehen Eneas und sein Gefolge genauso aus wie die beiden (fol. 39^v). Unterschiede werden gelegentlich gemacht, um eine Altersdifferenz anzuzeigen, z. B. durch den Bart bei König Latinus (fol. 34^r), um die zauberhafte Andersheit von Sibylle und Charon durch fratzenhafte Gesichter und stürmisches Haar zu markieren (fol. 23^r) oder um durch Kleidung und Haarlänge eine Geschlechterdifferenz sichtbar zu machen wie bei Dido (fol. 17^v).
485 Vgl. Diemer/Diemer, Bilder (1992), S. 915.
486 Vgl. Schulz, Erkennen (2008), S. 9, dazu außerdem grundsätzlich Gerok-Reiter, Individualität (2006).

diesen als solchen erkennbar.[487] Die Gleichheit von Frisur und Kleidung zwischen Jesus und Johannes in der Salzburger Federzeichnung markiert dagegen eine Differenz zur Ehefrau des Letzteren, die aus dem Bund der Gleichen ausgeschlossen wird. Das heißt: Die physiognomische Gleichheit von bildlich dargestellten Figuren kann spezifisch durch gleiche Attribute eingesetzt werden, um Gemeinsamkeiten in Abgrenzung von anderen Figuren hervorzuheben. Diese Feststellung einer funktionalen Doppelgängerschaft kann aber nicht für alle Darstellungen gelten, in denen Figuren als physiognomisch ähnlich erscheinen.

2.4.6 Ähnlichkeitsnormen im Freundschaftsdiskurs

Die Salzburger Jesus-Johannes-Zeichnung verbindet Zuneigung mit körperlicher Ununterscheidbarkeit und zugleich Abneigung oder mindestens Abwendung mit äußerlicher Verschiedenheit. Johannes verlässt die Unähnliche und wird Eins mit dem, der ihm gleicht. Johannes' Ehefrau kann hier kein Freund Jesu sein, sie ist in diesem Bild ‚die Andere'.

Die vorgestellten Freundschaftstheorien reflektieren, wie diese Zeichnung, auch die ‚Schattenseite' der Homophilie, nämlich die Exklusion der ‚Unähnlichen', indem sie, im Sinne Butlers (Kap. 1.8.2), Ähnlichkeitsnormen entwerfen, die den Zugang zu Privilegien regulieren.[488] Häufig handelt es sich bei diesen Merkmalen um ein männliches Geschlecht und eine gemeinsame Herkunft.[489]

Gemeinsam ist allen betrachteten Texten des Freundschaftsdiskurses zunächst also eine deutliche Bevorzugung oder Ausschließlichkeit der Freundschaft zwischen Männern. Wenn die Frau überhaupt eine Rolle in den Überlegungen zu Freundschaften spielt, wie bei Aristoteles, dann nur als eine in ihrer Würde Ungleiche, die ihre Schlechtigkeit durch mehr Liebe ausgleichen muss; Cicero spricht nicht von ihr, sie ist nur als (Tausch-)Objekt in der substituierenden Präsenz der Schwiegersöhne des Laelius anwesend; Jesus verlangt eine Entscheidung für die Freundschaft zu ihm und zuungunsten auch der Ehefrau; und David beklagt den Tod seines ‚Bruders', der ihm Schutz geboten habe und dessen Liebe ihm lieber als Frauenliebe gewesen sei.

---

487 Dies installiert auch eine Hierarchie zwischen den jüngeren Freunden und Christus, nach dem sie streben und der beiden in Würde und sichtbarem Alter voraus ist.
488 Damit kann ein Blick in alte Konzeptionen von Freundschaft, da sie zahlreiche Ähnlichkeitsnormen voraussetzen und Privilegien differenziert verteilen, eine Historisierung auch aktueller Ähnlichkeitsnormen ermöglichen und ihre Kontingenz offenlegen.
489 Kraß, Fraternalität (2011), S. 21.

Doch nicht nur die Frau darf nicht Freund sein. Vor allem Aristoteles und Cicero entwerfen eine ganze Schar der von Freundschaft ausgeschlossenen Existenzen, die zahlreiche prekäre Grenzziehungen zur Unterscheidung benötigen. Neben den ‚Nicht-Guten' sortieren beide zunächst Sklaven und Diener aus, die Aristoteles neben Pferden und Rindern zu den, immerhin beseelten, Werkzeugen (1161b2–9), und Cicero neben Pferden und Kleidung zu den käuflichen Gegenständen zählt (15, 55). Ausgeschlossen werden weiter die Fremden (NE, 1169b24–27; Lael. 5, 19) wie bei Aristoteles tendenziell alte, missmutige (1157b2–9) und raue Menschen (1158a6). Tiere und alle, die wie Tiere die sinnlichen Genüsse bevorzugen (die Epikureer), scheiden bei Cicero explizit (6, 20; 9, 32), bei Aristoteles implizit mit den Sklaven aus.

Es entsteht eine Art ‚Festung' zum Schutz jener Existenzen mit ganz bestimmten Merkmalsgleichheiten, die über mehrere Verteidigungsringe verfügt, die Stück für Stück Hürden für die Fähigkeit zur Freundschaft aufbaut und damit den Zugang zu Privilegien verhindert. Der innere Ring steht für das Geschlecht (männlich) und die Tugendhaftigkeit (gut), der zweite (bei Aristoteles) für gute Laune und gleiches Alter (Jugend), der dritte für das ‚Mensch-Sein'. So fragwürdig jede dieser Bestimmungen ist, die Schwierigkeit zu bestimmen, welche Merkmalsgleichheit eigentlich Menschen vereint, scheint auch den Autoren selbst aufgefallen zu sein: Sie bemühen sich im Rahmen ihrer Freundschaftsabhandlung um eine Definition. Was den Sklaven dem Menschen ungleich macht, ist für Aristoteles seine Unfähigkeit „an Gesetz und Vertrag teilzunehmen" (1161b8) und damit ein Teufelskreis. Cicero schreibt dem Menschen gegenüber den Tieren den Vorteil zu, den Blick auch zu „Erhabenem, zu Großartigem und Göttlichem" (9, 32) erheben zu können. Ein vierter ‚Verteidigungsring' knüpft an diesen schwierigen Fragen an und schließt alles aus, dem die Eigenschaft des ‚Lebendigseins' abgesprochen wird. Unvernünftig ist für Cicero die Freundschaft mit „leblosen Dingen" wie Ehre, Ruhm, Häuser, Kleidung und Schmuck (14, 49). Dasselbe gilt für Aristoteles (1155b30–35): Lächerlich sei zum Beispiel eine Freundschaft zum Wein, denn das Leblose sei zur Gegenliebe unfähig. Im Gegensatz zu Cicero führt Aristoteles genau aus, was er unter dem Lebenden versteht: Das Leben werde durch „die Fähigkeit der Wahrnehmung bestimmt, bei den Menschen durch Wahrnehmung und Denken" (1170a18f.).[490]

Beide Autoren führen uns auch die Konsequenzen für jene vor Augen, die dieser graduellen Abstufung der Ähnlichkeitsnormen nicht genügen. Für Aristoteles (1160a2–8) ist es

---

490 Wer z.B. das eigene Wahrnehmen, Leben und Denken wahrnehme und denken könne, der sei lebendig (1170a37–1170b1).

schlimmer, einem Kameraden Geld zu stehlen als einem Mitbürger, einem Bruder die Hilfe zu verweigern als einem Fremden, und seinen Vater zu schlagen als irgendeinen anderen. Das Recht wächst also seiner Natur nach gleichzeitig mit der Freundschaft.

Cicero stellt gar die Lebenswürdigkeit aller Existenzen außerhalb dieser Normen infrage, wenn er fragt, wie denn eigentlich ein ‚lebenswertes Leben' möglich sei, das ohne einen Freund stattfinde (6, 22). Während diese Ausgeschlossenen offenbar verzichtbar erscheinen, demonstriert Cicero hingegen seitenlang, wie ‚betrauerbar' ein wahrer Freund sei, der zu Lebzeiten die vorausgesetzte Ähnlichkeitsnorm erfüllt hat. Um seinen Freund Scipio trauere Laelius nicht nur, er sei „erschüttert durch den Verlust eines solchen Freundes" (3, 10), sein Tod sei von allen Mitbürgern registriert und betrauert worden (3, 11), während man sich immerhin über sein einstiges Geborensein freuen könne (4, 14). Vor allem Aristoteles und Cicero, so lässt sich zunächst schlussfolgern, demonstrieren ein bewusstes Nachdenken über die Ähnlichkeitsnormen, die ein jeder auf Ähnlichkeit basierenden Freundschaft vorausgehen, sowie über die Affekte und Privilegien, die über solche Ähnlichkeitsnormen reguliert werden.

Im antiken Freundschaftsdiskurs hat es durchaus Gegenstimmen gegeben, die zumindest eine der ‚Membranen' durchlässiger machen wollten und die zeigen, wie sehr die Merkmale, die sich zu gleichen haben, auf hinterfragbaren Festlegungen beruhen. Seneca beispielsweise zählt Sklaven zu den Menschen und hält sie für freundschaftsfähig. Alle Menschen seien im Hinblick auf die *fortuna*, ihre Natur und ihre moralischen Selbstbestimmung gleich, also könne sich ein Sklave auch mit im Rang Ungleichen, Höhergestellten, befreunden.[491] Die neuplatonischen und christlichen Konzeptionen weichen die Ähnlichkeitsnormen des Aristoteles und Cicero nun zumindest teilweise auf, indem sie eine Legitimationsgrundlage für den Schutz auch der ‚schlechten' Menschen schaffen. Die Annahme, dass alles Sein an einem Göttlich-Einen, einem Urbild, teilhat, wie sie Plotin, Augustinus und Aelred aufstellen, ermöglicht theoretisch ein soziales Netz ‚helfender Hände', das sich zumindest auf alle ‚Menschen' erstreckt. Bei Plotin wird ein Mitfühlen durch die ‚Sympathie' ermöglicht: Weil nichts einzeln ist, sondern das ‚Ich' mit allem, das eine Seele hat, über die Weltseele verknüpft ist, kann das Mitgefühl allen zukommen, die ‚fühlen' können. In der Nachfolge des stoischen Kosmopolitismus ermöglicht das naturphilosophisch-metaphysische Konzept der Sympatheia ein Mitgefühl, das für alle vernunftbegabten Wesen dasselbe ist.[492] Ähnliches gilt für Aelred von Rievaulx: Die *natura* sei

---
491 Vgl. Brinkmann, Minnesang (1961), S. 135 f., sowie Oschema, Freundschaft (2006), S. 128.
492 Vgl. Schramm, Freundschaft (2003), S. 35.

es gewesen, so schreibt er, die dem Menschen die Freundschaft eingepflanzt habe (I, 51), Gott als *summa natura* habe allen Naturen (*omnes naturas*) ihren Ort, ihre Eigenschaften zugeteilt (I, 53). Die *natura* wird damit als eine Kraft verstanden, die sowohl Gott, den Schöpfer, als auch seine Schöpfung ausmacht und diese so miteinander verbindet: Das Göttlich-Eine trägt damit etwas von sich in seine Schöpfung hinein. Die Wesen kommen von ihm und sind ihm ähnlich, sie alle tragen seine Spuren und leuchten sein Leuchten – auch Steine und Bäume. Dies ermöglicht potentiell – Aelred führt dies nicht weiter aus – eine auf dem Homophilie-Prinzip basierende emotionale und für Schutz sorgende Zuneigung zur gesamten Schöpfung.

Doch auch Plotin, Augustinus und Aelred plädieren am Ende für eine Unterscheidung zwischen allgemeiner Liebe gegenüber den ‚Menschen', die im Christentum *caritas*, bei Plotin *Sympatheia* heißt, und *amicitia* bzw. *philia*, die auf diejenigen beschränkt ist, die sich Gott bzw. dem Einen gemeinsam ähnlich zu machen suchen und sich in diesem Stadium besonders ähneln. Bei Aelred sind die Dinge zwar ähnlich und zumindest die Menschen im Idealzustand des Paradieses gleich, und zwar unabhängig vom Geschlecht, aber dennoch etabliert sich bei ihm eine hierarchische Ordnung und beharrt er schließlich auf den klassischen Merkmalsgleichheiten, nur eben mit der bekannten neuen Ausrichtung auf die Gleichheit im Glauben an und dem Streben nach Gott.

Was nun in Aelreds *amicitia*-Konzeption schon angedeutet wird – dass sie ihren ‚historischen' Ursprung in der Schöpfung der ersten Menschen, von Mann und Frau, habe –, lässt sich für die mittelalterliche Adelskultur vorsichtig verallgemeinern: Die ‚heterosexuelle' Liebe zwischen Mann und Frau übernimmt Elemente des Diskurses über Männerfreundschaft. Auch hier gilt bald insbesondere Ciceros Diktum, dass diejenigen Frauen und Männer gut zueinander passen, die sich in irdischen und göttlichen Dingen einig sind.

2.4.7 Freundschaft und Liebe

Das Prinzip, dass Ähnliche einander zugeneigt sind, gilt, wie bereits beschrieben, in der mittelalterlichen Literatur geschlechterunabhängig, wenngleich freundschaftliche Beziehungen zwischen weiblichen Figuren kaum beschrieben werden und Ähnlichkeit dabei noch seltener thematisiert wird.[493] Im

---

493 Vgl. zu den wenigen Frauenfreundschaften in der höfischen Literatur Kraß, Männerfreundschaft (2016), S. 15, sowie Krüger, Freundschaft (2011), S. 229–266. Erzählungen, in denen die Ähnlichkeit zwischen zwei Frauen eine Rolle spielt, sind mir kaum bekannt. Beispiele wären allerdings der Roman ‚Le Fresne' Maries de France, in dem die Zwillinge Le Fresne

Wesentlichen arbeiten die Erzähltexte, die von ‚heterosexuellen' Paaren, die sich ähneln, handeln, mit Darstellungsweisen, die sich von Geschichten über Männerfreundschaften kaum unterscheiden. Gelegentlich, etwa bei Heinrich von Morungen (Kap. 2.2.4) oder bei Konrad Fleck (Kap. 3.1.5), weniger explizit auch bei Konrad von Würzburg (Kap. 3.2.5), werden sogar ‚heterosexuelle' Beziehungen zwischen ähnlichen Figuren inszeniert, in denen auch geschlechtliche Differenzen teilweise aufgehoben und damit Unterschiede zwischen Konzeptionen ‚heterosexueller' und ‚homosozialer' Beziehungen gänzlich unterminiert werden. Einige Besonderheiten des mittelalterlichen Nachdenkens über Ähnlichkeit zwischen ‚Mann' und ‚Frau' möchte ich im Folgenden anhand medizinischer, liebestheoretischer und theologischer Texte knapp skizzieren.

2.4.7.1 Medizin: Ähnlichkeit der biologischen Geschlechter

Im medizinischen Diskurs des christlichen Mittelalters gab es, wie bereits angesprochen, unterschiedliche Modelle von der Konstitution weiblicher und männlicher Körper und der entsprechenden Zeugungsakte (Kap. 2.3.2). Zugespitzt und etwas vereinfacht ließe sich aber mit Thomas Laqueur festhalten, dass hinsichtlich der biologischen Geschlechter erst im späten 18. Jahrhundert eine moderne „Anatomie und Physiologie der Unvergleichlichkeit an die Stelle einer Metaphysik der Hierarchie" getreten sei.[494] Bis dahin habe es

> als Allerweltsweisheit gegolten, daß Frauen über dieselben Genitalien wie Männer verfügten, mit dem einzigen Unterschied, dass, wie Bischof von Nemesius von Emesa es im 4. Jahrhundert formulierte, ‚ihre innerhalb und nicht außerhalb des Körpers sind'.[495]

Laqueurs Theorie eines so genannten ‚Ein-Geschlechter-Modells' ist inzwischen vielfach und überzeugend relativiert worden.[496] Dennoch existierte nachweislich, unter anderem, die Vorstellung, die Frau sei physiognomisch

---

und La Codre metonymisch ähnliche Namen tragen (vgl. dazu Kooper, Births (1994), S. 254–259), oder die Frauenfreundschaft in ‚Flore und Blanscheflur' zwischen den Eltern der Protagonist*innen (Kap. 3.1.1).
494   Laqueur, Leib (1996), S. 18.
495   Ebd., S. 17.
496   Zur Kritik vgl. insbesondere die quellenreiche Abhandlung von Cadden, Meaning (1993), der es vor allem um eine Revision der Generalisierung von Laqueurs These geht. Sie betont die Vielfalt der mittelalterlichen Geschlechterkonzeptionen, zu denen unter anderem jene des Eingeschlechtermodells gehöre (vgl. ebd., S. 3). Lesenswerte Kritik an Laqueurs Modell bietet auch Spreitzer, Störfälle (1999).

nichts grundsätzlich anderes als der Mann, sondern ‚nur' dessen schlechtere Version. In der mittelalterlichen Literatur zeigt sich diese Tendenz, die körperlichen Unterschiede (*sex*) zwischen den Geschlechtern (*gender*) als etwas durchlässiger zu verstehen, beispielsweise in dem literarischen Phänomen, das seit James Schultz' Studie zur ‚Courtly Love, the Love of Courtliness, and the History of Sexuality'[497] als ‚Aristophilie' bezeichnet wird.[498] Ihm geht es zwar weniger um die Ähnlichkeit der biologischen Körper als vielmehr um das Begehren, das gegenüber den ‚höfischen Körpern' in dieser Literatur artikuliert wird, aber seine Beobachtungen sind durchaus mit jenen Laqueurs vergleichbar.[499] Denn auch Schultz' These, dass wir es in der höfischen Literatur dieser Zeit vornehmlich mit einem Begehren des Höfischen zu tun haben, das Geschlechtliche hingegen nur eine sekundäre Rolle einnimmt, beruht unter anderem auf der Beobachtung, dass die Beschreibung dieser höfischen Körper häufig geschlechtlich indifferent ist.[500]

An den Liebenden Flore und Blanscheflur in Konrad Flecks gleichnamigen Roman (Kap. 3.1)[501] lässt sich gut beobachten, wie sowohl geschlechtliche Differenz als auch Eingeschlechtlichkeit bei ein und demselben Paar eine Rolle spielen. Inszeniert wird ihr lang ersehntes Zusammentreffen als asexuelle, aber körperliche Freundschaftsbeziehung zwischen Frauen. Alle Freuden, die zur Liebe gehören, außer der unhöfische – nämlich bäuerliche (v. 6096) – Beischlaf, werden von den beiden ausgelebt, als sie sich endlich heimlich im Turm des Amirals sehen können (v. 6094–6103). Nichts erinnert die außenstehenden Figuren zunächst an ein ‚heterosexuelles' Liebespaar – der Kämmerer des Amirals, der die beiden miteinander ertappt, ist überzeugt, es liege eine junge Dame bei Blanscheflur (v. 6337–6343). Der Erzähler begründet dies nun mit Flores Bartlosigkeit, also mit einem Merkmal, das auf ein Differenzdenken hinsichtlich der biologischen Geschlechter hin-

---

497 Schultz, Love (2006).
498 Vgl. dazu auch Kraß, Heteronormativitätsforschung (2009).
499 Schultz selbst zieht diese Verbindung, vgl. Schultz, Love (2006), S. xvii, und, Laqueurs These rezitierend, S. 45 f.
500 Vgl. ebd., S. 83. Bereits in seinem 1997 veröffentlichten Aufsatz ‚Bodies That Don't Matter' formulierte Schultz diese Beobachtungen am ‚Tristan' Gottfrieds von Straßburg. Insgesamt, so Schultz, unterschieden drei Aspekte das sexuelle Begehren, das in diesem Text artikuliert werde, von dem unserer Gegenwart: Erstens würden die Körper der Protagonist*innen nicht durch *sex* voneinander unterschieden, sie seien geschlechtlich indifferent (S. 91–96), zweitens konstituiere dagegen die Kleidung eine Unterscheidung der Figuren hinsichtlich des sozialen Geschlechts (S. 96–99) und drittens liege eine wesentliche Unterscheidung der Beschreibung des jeweiligen Körpers darin, ob das begehrte Objekt weiblich oder männlich sei (S. 99–104). Vgl. dazu auch Kraß, Kleider (2006), S. 179 und 192.
501 Hier zitiert nach: Konrad Fleck, Flore und Blanscheflur. Text und Untersuchungen von Christine Putzo, Berlin u. a. 2015.

zuweisen scheint, wie auch Joan Cadden gegen Laqueur anführt.[502] Gleichzeitig aber verwendet Cadden dabei, mit Rückgriff auf verschiedene Quellen, ein Argument, das die These Laqueurs vielmehr zu stützen vermag:

> Hair is the product of useful residues of the nutritive and generative processes. These residues, though not in themselves harmful, cause harm if retained within the body. Men and women differ in the degree to which they refine their superfluities, and also in the way they dispose of them. Thus, women lack the special pores through which men produce sweat and beards, because they give off their residues trough their menstruation.[503]

Cadden führt hier medizinisches Wissen des Mittelalters bzw. der Spätantike an, um zu zeigen, dass die vermehrte Haarproduktion ein Zeichen für die biologische Unvergleichbarkeit zwischen Mann und Frau ist. Der Unterschied zwischen dem Körper eines Mannes und dem einer Frau ist aber auch hier explizit eben nur ein gradueller: Der weibliche Körper ist wie der männliche, nur schlechter, denn er ist nicht wie dieser in der Lage, seinen inneren Überschuss an Säften durch Bartwuchs und Schweißproduktion auszugleichen.[504] In Flecks Roman jedenfalls ist der fehlende Bartwuchs Flores dann äußeres Zeichen für eine körperliche Ähnlichkeit seines Körpers mit dem einer Frau: Er ist *glîch einer jungen maget* (v. 6343). Dass es sich bei Blanscheflurs unbekanntem Gast doch um einen Mann handelt, stellt erst der Amiral fest, indem er *Floren sach ze brusten* (v. 6401). Brüste sind selbst im Eingeschlechtermodell ein Zeichen körperlicher Weiblichkeit, aber eben wiederum nur im Sinne eines graduellen Unterschieds, denn über eine Brust verfügt auch der Mann – mit Schultz gesprochen: „Men have breasts, but women have fuller breasts. All gender distinction of the aphrodisiac body, whether of elaboration or reception or anatomy, is a matter of degree."[505]

Solange das Paar für die anderen Figuren als Frauenfreundschaft markiert ist, besteht offenbar kein Problem. Erst als der Amiral diese Wahrnehmung als falsch im buchstäblichen Sinne ‚aufdeckt' – er *endahte [...] si selbe mit der hant* (v. 6396f.) – und bemerkt, dass Flores Brust nicht die einer Frau sein könne, kippt die Stimmung: Flore wird nun zum Konkurrenten des Amiral, seine Männlichkeit macht ihn zum ‚gefährlichen Doppelgänger' desselben (Kap. 1.8.1) und provoziert das gewalttätige Vorgehen des Turmherren: *dô begunde in gelusten | daz er si slâfende erslüege* (v. 6403f.). Man kann bis hierher festhalten: Um die Beziehung zwischen Mann und Frau zu idealisieren, inszeniert der Erzähler sie als Frauenfreundschaft, indem er den Körper des

---

502 Vgl. Cadden, Meaning (1993), S. 182.
503 Ebd., S. 182f.
504 Vgl. das Kapitel ‚Blut, Milch, Fett, Sperma' in Laqueur, Leib (1993), S 49–58.
505 Schultz, Love (2006), S. 44f.

Mannes verweiblicht und die graduellen Unterschiede der Geschlechter, die Brust der Figuren, ‚zudeckt'. Der Amiral, als männlicher Konkurrent, deckt den Schwindel auf und macht aus einer, im heteronormativen System der Textwelt, harmlosen Frauenfreundschaft eine aus seiner Sicht gefährliche ‚heterosexuelle' Liebesbeziehung.

Dass die innere und äußere Schönheit Flores und Blancheflurs primär eine Schönheit des Tugendadels ist, die biologische Geschlechtlichkeit hier gewissermaßen überdeckt, ließe sich noch an weiteren Beispielen zeigen (Kap. 3.1.5.3). An dieser Stelle zählt die Feststellung, dass die physiognomische Ähnlichkeit auch männlicher und weiblicher Körper in der Literatur einerseits darauf aufbauen kann, dass innerhalb des Homophilie-Prinzips die Gleichheit des am Körper sichtbaren (Tugend-)Adels wichtiger ist als spezifisch männliche oder weibliche Schönheit (Aristophilie), und andererseits auch eine Basis im medizinischen Wissen über die nur graduelle Unterscheidung der Geschlechter hat (Ein-Geschlechter-Modell).

2.4.7.2 Liebestheorie: ‚Freundschaft' zwischen den Geschlechtern

Zugespitzt könnte man den derzeitigen Konsens der Forschung zum Verhältnis des Minne- und Freundschaftsdiskurses folgendermaßen umreißen: Die beileibe nicht in allen, aber in vielen theologischen Schriften vollzogene Aufwertung der Frau im Hochmittelalter ermöglichte es, nun auch ‚heterosexuelle' Beziehungen in den seit Jahrhunderten erfolgreichen, maßgeblich durch Ciceros Freundschaftsbüchlein beeinflussten Code für Männerfreundschaften zu fassen.[506]

Aelred von Rievaulx beispielsweise, der, wie oben gezeigt, ausdrücklich an Ciceros Freundschaftskonzept anknüpft, bezieht sich bei der Beschreibung ursprünglicher Freundschaft zwischen Menschen ausdrücklich auf die ersten Menschen, auf Mann und Frau. Wie die Vorstellung der notwendigen inneren Gleichheit, die Übereinstimmung in weltlichen und göttlichen Dingen und des Partners oder der Partnerin als ‚anderes Ich' im 12. Jahrhundert auch die Schriften über das Verhältnis von Mann und Frau beeinflusste, ließe sich an vielen Beispielen belegen.[507] Insbesondere die Spuren von Ciceros Freundschaftskonzeption finden sich im 12. Jahrhundert, wie Hennig Brinkmann bereits 1961 sehr überzeugend für das Verständnis des Minnesangs darlegte, in

---

506 Vgl. ähnlich Kraß, amicitia (2015), S. 66f. sowie Jaeger, Love (1999), S. 157, und zuvor schon grundlegend Brinkmann, Minnesang (1961).
507 Vgl. ausführlich und mit vielen Belegen Brinkmann, Minnesang (1961), sowie Schnell 2002, S. 158–200.

2.4 Gleiches zu Gleichem. Freundschaft

allen Bereichen, in denen menschliches Verhalten zum anderen erörtert wird; [sowohl dort], wo das Verhältnis des Menschen zu Gott bestimmt werden soll, wie da, wo es um die Liebe zwischen Mann und Frau geht.[508]

Nur zwei, wie ich finde, recht exemplarische Beispiele möchte ich gerne anführen, nämlich erstens die dem frühen 12. Jahrhundert entstammende Schrift ‚Von der seligen Jungfrau Maria' (*De beatae Maria virginitate*) des Theologen Hugo von St. Victor und zweitens das Büchlein ‚Über die Liebe' (*De amore*) des Andreas Capellanus aus dem späten 12. Jahrhundert.

Hugo von St. Viktor fordert, dass „[b]eide Eheleute [...] dem anderen wie sich selbst sein" sollten. Diese Cicero-treue Idee des ‚anderen Ich' solle soweit geführt werden, dass es scheine, „als ob sie ein einziges Geschlecht [*unum sexum*] bildeten [...]".[509] Wie in den Traktaten über die Freundschaft dominiert also die Idee der Einswerdung zwischen Personen, die die jeweils andere als Teil des Selbst verstehen. Indem die Einswerdung der Liebenden sich hier auf die Geschlechter bezieht, wird geschlechtliche Differenz also wahrgenommen, aber offenbar als zu überwindendes Merkmal angesehen. Die Freundschaft zwischen Personen desselben Geschlechts ist Vorbild, „die Eheleute [sollen] quasi ihre Geschlechtlichkeit vergessen" und damit gewissermaßen zum Idealzustand des Paradieses zurückkehren.[510]

Andreas Capellanus wiederum verfasste explizit eine Schrift über die Liebe[511] zwischen Mann und Frau[512] und nimmt darin auf zunächst paradox anmutende Weise mehrfach Bezug auf die Freundschaftskonzeption Ciceros: Einerseits sei die außereheliche, heimliche Liebe im Gegensatz zur Ehe die wahre Liebe und somit, weil sie freiwillig und ohne expliziten Nutzen geschlossen werde, nach Cicero vergleichbar mit dem Unterschied zwischen der Männerfreundschaft und der Beziehung zwischen Vater und Sohn (I, vi, 369 f.). Er nimmt weiter indirekt auf Ciceros Freundschaftstheorie bzw. den gesamten Freundschaftsdiskurs Bezug, indem er die reine Nutzenliebe ausschließt (I, vi, 466), die Verbindung zwischen wahrer Liebe und Tugendhaftigkeit hervorhebt (I, iv, 1), die Gleichheit (*voluntatum identitate*) der Wünsche voraussetzt (II, iv, 4) und indem er vom Einswerden der Liebenden spricht

---

508 Brinkmann, Minnesang (1961), S. 96.
509 Zitiert nach Schnell, Sexualität (2002), S. 164, Anm. 42: *uterque sit alteri quod ipse sibi, ut quisque alterum quasi unum sexum factum attendat tam in bonis quam in malis omnibus [...]*.
510 Schnell, Sexualität (2002), S. 164.
511 Hier zitiert nach: Andreas aulae regiae capellanus / königlicher Hofkapellan, De amore / Von der Liebe. Libri tres/Drei Bücher, Text nach der Ausgabe von E. Trojel, übersetzt und mit Anmerkungen und einem Nachwort versehen von Fritz Peter Knapp, Berlin 2006.
512 Andreas' Definition der Liebe lautet in der deutschen Übersetzung dementsprechend: „Die Liebe ist ein im Inneren geborenes Erleiden, welches aus dem Anblick und der unmäßigen Beschäftigung mit der Wohlgestalt *des anderen Geschlechts* hervorgeht, [...]" (I, i, 1).

(I, vi, 470). Andererseits widerruft Andreas die mit dieser ‚konnotativen Ausbeutung' der Freundschaftsentwürfe einhergehende Angleichung der ‚heterosexuellen' Liebe an die Männerfreundschaft in seinem 3. Buch unter anderem mit dem Argument, dass, wer Ciceros Freundschaftsbuch lese, wisse, „was und wieviel von einem unter den Menschen zu halten ist, der die Freundschaft der schrankenlosen Fleischeslust hintansetzt" (III, i, 12).[513] Auch hier also scheint, wie bei Hugo, die Differenz der Geschlechter, die für Andreas offenbar die einzige Möglichkeit darstellt, ‚Fleischeslust' zu erwecken, ein Problem zu sein – eine ideale Liebe zwischen Mann und Frau wäre damit paradoxerweise eine ohne die geschlechtliche Differenz. Schon zuvor betont Andreas, dass die reine Liebe zwar körperliche Berührung des nackten Körpers der Geliebten zu-, die ‚letzte Wonne' aber auslasse (I, vi, 471).

Man könnte diese Auflistung von Beispielen dafür, dass Liebes- und Freundschaftsdiskurs eng miteinander verwoben, ersterer in seinen theoretischen Implikationen sogar von zweiterem abhängig ist und die Idealität ‚heterosexueller' Liebesbeziehungen durch die Entdifferenzierung geschlechtlicher Unterschiede verstärkt wird, noch um einige Texte erweitern. Anmerken möchte ich an dieser Stelle allerdings nur, dass die hier angesprochene Tendenz zur Entdifferenzierung in der ‚heterosexuellen' Liebe etwa bei Thomas von Aquin auch explizit, wie bei Plotin und Aelred, als Streben zur göttlichen *Unio* markiert wird: Begehren, so schreibt Thomas in verschiedenen Schriften, habe sein Ziel wie auch seinen Ursprung im Guten und damit in Gott – die Einheit der Natur der Dinge sei es, die diese zueinander streben lasse.[514] Liebe sei also stets ein Streben nach Einheit und dieses Streben sei ein Begehren nach jener Person, mit der eine innere Verwandtschaft bestehe.[515]

2.4.7.3 Theologie: Der Rippe-Topos

Aelred von Rievaulx kann auch als Brücke zum dritten Aspekt – der theologischen Diskussion des ‚Rippe-Topos' – dienen, hebt er doch ausdrücklich die Bedeutung der Erschaffung Evas aus Adam hervor, die die (Rang-)Gleichheit unter den ersten Menschen bedingt habe. Tatsächlich ist die Stelle des Schöpfungsberichts im Alten Testament, in der Eva aus der Rippe

---

513 *Quid ergo valeat vel prosit amicus, eloquens tibi Tullius in amicitiae libro demonstrat. Unde amicitiae utilitate atque opportunitate percepta manifeste cognoscere poteris, qualis vel quantus inter homines sit reputandus, qui amicitiam carnis voluptati luxuriando postponit.*
514 Vgl. dazu Aertsen, Nature (1988), S. 342f.
515 Ebd., S. 343.

2.4 Gleiches zu Gleichem. Freundschaft

Adams geschaffen wird, darüber hinaus „in Tausenden von theologischen Schriften kommentiert",[516] und zwar in Sentenzenkommentaren, theologischen Summen, Bibelkommentaren und Predigten, die zwar changieren zwischen dem Postulat der Unterordnung der Frau und ihrer Gleichrangigkeit in der Ehe, aber im Großen und Ganzen darin übereinstimmen, dass sich aus der Rippen-Szene geradezu zwingend eine gottgegebene Gleichheit ergibt.[517] Das im Mittelalter populäre theologische ‚Handbuch', die um die Mitte des 12. Jahrhunderts entstandenen ‚Sententiae' des Petrus Lombardus, deren Glossierung noch im selben Jahrhundert einsetzte und bis zu Beginn des 16. Jahrhunderts auf „mehr als 1400 erhaltene Kommentare oder Kommentarfragmente" anstieg,[518] fungierte als Mittler einer Idee, die nur wenige Jahrzehnte früher, wahrscheinlich erstmals, formuliert wurde: Hugo von St. Viktor suchte in seiner Schrift ‚Über die Heiltümer des christlichen Glaubens' (*De Sacramentis christianae fidei*) nach einer Antwort auf die Frage, warum Mann und Frau sich in Ehen zusammenfinden:

> Sie wurde aber aus der Seite des Mannes geschaffen, damit gezeigt werde, dass sie zur Gemeinsamkeit der Liebeshingabe erschaffen wurde, damit es nicht etwa schiene, wenn sie aus dem Haupt geschaffen worden wäre, sie solle dem Mann zur Herrschaft vorgezogen werden, oder wenn aus den Füßen, sie solle ihm zur Dienstbarkeit unterworfen werden. Weil sie also für den Mann weder als Herrin noch als Magd zugerüstet wurde, sondern als Gefährtin [*socia*], war sie weder aus dem Haupt noch aus den Füßen, sondern aus der Seite hervorzubringen, damit er erkenne, es sei neben ihn zu setzen, über die er gelernt hätte, sie sei von neben ihm her genommen.[519]

Hätte Hugo von St. Victor die Aristophanesrede aus Platons ‚Symposion' gekannt (Kap. 2.4.1), hätte er, wie Leone Ebreo, möglicherweise eine vorchristliche Autorität für seinen Ansatz bemühen können. Aelred, Zeitgenosse Victors und Petrus', kannte diese exegetischen Bemühungen offenbar noch nicht – auch in seine Konzeption der ursprünglichen Gleichheit hätten sie sich kohärent eingefügt. Es ist jedenfalls nicht auszuschließen, dass sich dieses Ideal der Frau als gleiche Gefährtin maßgeblich auf die Liebeskonzeptionen der volkssprachigen Dichtung dieser Zeit auswirkte.[520] Die spätmittelalterliche Rezeption im theologischen Diskurs jedenfalls war immens.

---

516 Schnell, Frau (1998), S. 123.
517 Vgl. dazu insgesamt die reiche Quellensammlung und -einordnung bei Schnell, Frau (1998).
518 Ebd., S. 124.
519 Hugo von St. Viktor, Über die Heiltümer des christlichen Glaubens, übersetzt von Peter Knauer, S. 189 (Buch I, Teil 6), zitiert nach: Kraß, Ebenbildlichkeit (2015), S. 67.
520 So vermutet auch Schnell, Frau (1998), S. 127, und weist auf mit Blick auf Formulierungen in Abelards ‚Hexaemeron' darauf hin, „daß schon vor bzw. neben Hugo die *socia*-Deutung des Rippe-Topos bekannt war" (ebd., Anm. 21).

Zur Sprache kommen lassen möchte ich nur noch eine, knapp hundert Jahre später entstandene und recht eigenwillige Umformulierung von Hugos bzw. Petrus' Rippe-Topos, nämlich jene Bonaventuras. Interessant ist sein Ansatz hier vor allen Dingen deshalb, weil sein Gleichheitskonzept erstens um den Aspekt der Gegenseitigkeit und damit zweitens um eine Idee der Angleichung der entworfenen Geschlechtercharaktere ergänzt wird.[521] Er erweitert nämlich die Auslegung erheblich, indem er die Details des Schöpfungsberichts berücksichtigt:

> Weil aber jene Verbindung dem Mann Beruhigung verleiht, ist die Frau aus dem schlafenden Mann erschaffen worden. Umgekehrt ist die Frau aus dem Gebein (Knochen) geschaffen worden, weil der Mann der Frau Stärke und Halt gibt. Und weil in all diesem eine gewisse Gleichheit der gegenseitigen ‚Kameradschaft' herrscht, ist die Frau nicht aus irgendeinem Gebein, sondern aus der Rippe und aus der Seite Adams geschaffen.[522]

Das als ruhig und sanft konzipierte ‚Wesen' der Frau soll das harte ‚Wesen' des Mannes erweichen, also ihr angleichen, und umgekehrt. Wie in vielen der antiken und mittelalterlichen Freundschaftskonzeptionen, je ein wenig verschieden in ihrer Begründung, wird auch in diesem Ehekonzept Bonaventuras die Möglichkeit der Entdifferenzierung zwischen den ohnehin schon Ähnlichen in Betracht gezogen.

Dieser jeweils nur kurze Einblick in verschiedene Spezialdiskurse, die sich mit den Beziehungen zwischen Mann und Frau beschäftigen, zeigt hinsichtlich des Schwerpunkts dieser Arbeit, dass die Differenz der Geschlechter hier tendenziell unterminiert wird, etwa indem die *adlige* Schönheit wichtiger ist als die *geschlechtliche* (Aristophilie) oder indem den medizinischen Kenntnissen der Zeit zufolge zwar eine biologische Unterscheidung zwischen den Geschlechtern vorgenommen, diese aber teilweise eher als graduell aufgefasst wird (Ein-Geschlechter-Modell). Darüber hinaus zeigten die Schriften, die sich explizit mit der ‚heterosexuellen' Liebe beschäftigen, dass diese sich stark an den Konzeptionen von Männerfreundschaft orientieren und zudem eine Auflösung der Geschlechterdifferenzen als Ideal imaginieren. Wie im Freundschaftsdiskurs lässt sich zudem feststellen, dass das Begehren nach der anderen Person oft als ein Streben nach Einheit gedacht wird,

---

521 Vgl. ähnlich ebd., S. 129f.
522 *Vir enim et mulier secundum suorum sexuum proprietatem et naturam sic facti sunt, ut invicem coniungerentur, et ex hoc unus in altero quietaretur et unus in altero sustentaretur. […] Quia vero illa coniunctio dat viro quietationem, ideo producta est de viro dormiente. Rursus, quia vir dat mulieri fortitudinem et sustentationem, hinc est, quod mulier dicitur esse facta de osse. Et quia in omnibus his est quaedam aequalitas mutuae societatis, ideo formata est mulier de osse non quocumque, sed de costa et eius latere.* In: Bonaventura, Commentaria in quator libros Sententiarum magistri Petri Lombardi, Bd. II: In secundum librum Sententiarum, zitiert nach: Schnell, Frau (1998), S. 129.

das, so zeigte etwa das Nachdenken über den so genannten Rippe-Topos, auch in einer ursprünglichen Einheit wurzelt.

2.4.8 Zusammenfassung

Das Nachdenken über Freundschaft und Liebe zum Gleichen verlief im christlich-europäischen Mittelalter keineswegs in einer von der Lebenswirklichkeit abgeschiedenen theoretischen Gedankenwelt. Nicht nur lässt sich der Einfluss vieler dieser Konzeptionen auch für die Literatur des Mittelalters nachweisen (auf einiges werde ich noch zu sprechen kommen).[523] Auch das, was sich in den historiographischen Texten des Mittelalters von *amicitia* lesen lässt, knüpft an diesen Diskursen an. Die Freundschafts- bzw. Friedensbündnisse zwischen Adligen demonstrierten die Gleichheit im Rang, die *aequalitas*, zwischen den nicht selten vormals verfeindeten Personen. Das Wissen über die Notwendigkeit der Gleichstellung von politischen Freunden scheint so weit gegangen zu sein, dass Alkuin, der von dem Karolinger Pippin gefragt worden war, was Freundschaft sei, antworten konnte: „Gleichheit der Freunde" (*aequalitas amicorum*).[524] Zwar ist in entsprechenden Quellen nie von einer körperlichen Ununterscheidbarkeit die Rede und selten von einer absoluten Gleichheit der Gefühle und Gedanken auszugehen, wie das in der Literatur, der Ikonographie oder bei Aelred von Rievaulx der Fall ist.[525] Aber das Zeigen von Eintracht und Ranggleichheit greift dabei häufig auch auf das Teilen von Bett und Tisch oder auf die Formel aus der David-und-Jonathan-Geschichte, man liebe den anderen wie seine eigene Seele, zurück.[526]

Zusammenfassend lässt sich festhalten, dass der Freundschaftsdiskurs seit Platon Freund*innen als Personen entwirft, die bestimmte Merkmale miteinander teilen, und zwar einerseits als Bedingung, um überhaupt ‚Freund*in' sein zu können und andererseits als Prozess der Entdifferenzierung innerhalb einer Freundschaft. Ähnlichkeit spielt im vormodernen Freundschaftsdiskurs dabei keine Nebenrolle, sondern wird ausführlich als zentrale Ursache der Zuneigung erörtert. Geliebt wird, folgt man den einschlägigen Texten, das Gleiche, also das Eigene im Anderen, aber warum

---

523 Vgl. z. B. Kraß, Männerfreundschaft (2016), Krüger, Freundschaft (2011) sowie der Sammelband ‚Friendship in the Middle Ages', hg. von Albrecht Classen, Berlin 2010.
524 Alkuin, *Operum pars septima – opera didascalia. Opera omnia*, hg. von J.-P. Migne, Paris 1863, PL 101, Sp. 847–1002, vgl. dazu Althoff, Verwandte (1990), S. 87.
525 Vgl. Althoff, Freundschaftszeichen (2015), S. 36 f.
526 Vgl. dazu grundsätzlich van Eickels, Konsens (2002), S. 341–393, zum Rückgriff auf die Formel aus der David-Geschichte in Rogers von Howdens Beschreibung der Freundschaft zwischen Richard Löwenherz und Philippe Auguste S. 363 ff.

das so ist und worin dieses ‚Eigene' und ‚Gleiche' besteht, bedurfte immer wieder der Erörterung. Als weitgehend gemeinsame Basis kann sowohl in den christlichen wie auch den vorchristlichen Überlegungen die Vorstellung einer ursprünglichen Einheit der Menschen gesehen werden, wie sie Platon in seinem ‚Symposion' Aristophanes erzählen lässt und wie die Paradies- und Turmbauerzählungen des Alten Testaments berichten: Homophilie, die Liebe zum Gleichen, wird, wie auch die Ausführungen zur Verwandtschaft schon zeigten (Kap. 2.3.3), in vormodernen Entwürfen tendenziell auf eine eigentliche ‚Einheit' der Gleichen zurückgeführt.

Man kann zugespitzt zwei Traditionsstränge im Umgang mit der Homophilie-These im Freundschaftsdiskurs unterscheiden: Der eine Strang entwirft mit Aristoteles' und Ciceros Konzeptionen eine Freundschaft, in der Gleichheit von größter Bedeutung ist und vor allem politische und rechtliche – weltliche – Ursachen und Konsequenzen für merkmalsgleiche Freunde (und die anderen) vorschlägt. Die Merkmalsgleichheit in der Tugendhaftigkeit ist hier explizit, die der Männlichkeit implizit die bedeutendste Voraussetzung, um Freund sein zu dürfen und an bestimmten Privilegien zu partizipieren. Kommen weitere Merkmalsgleichheiten hinzu, wie das Alter, die Zugehörigkeit zu einer Gemeinschaft, des Standes oder des verwandtschaftlichen Herkommens, nimmt der Grad der Idealität dieser Freundschaft in diesen Entwürfen tendenziell zu. Erklärt wird das Begehren nach dem Gleichen durch die Liebe zu sich selbst und die Natürlichkeit der Liebe zwischen Menschen, die das Gute (für Staat und Gesellschaft) wollen.

Der zweite Traditionsstrang verläuft über Platon, Plotin, Augustinus und Aelred und ordnet die Ähnlichkeit zwischen Freunden vornehmlich in ein metaphysisches Freundschaftskonzept ein, in dem Ähnlichkeit im Streben nach der (Wieder-)Vereinigung mit dem Göttlich-Einen gefasst wird. Die Ähnlichkeit zwischen bestimmten Menschen rührt hier einerseits aus der Allverbundenheit des Seins und andererseits aus dem gleichen Grad der wiedererlangten Ähnlichkeit mit Gott. Das Herkommen vom Göttlich-Einen wird, besonders deutlich bei Augustinus und Aelred, sichtbar im Zusammensein ähnlicher Geschöpfe. Aelred entwirft in diesem Sinne sogar eine Geschichte der (verlorenen und wiederzuerlangenden) Ähnlichkeit der Menschen, die im Sündenfall, dem Ursprung aller Differenz, beginnt. Diese metaphysische Grundierung ermöglicht auch den Ungleichen eine teilweise Partizipation an Privilegien wie Schutz, Fürsorge, Erinnerung und Betrauerung, da nun alle, die im Besitz einer vernünftigen Seele, also ‚Mensch' sind, Mitgefühl erzeugen können.

Ob Freundschaft nun in ein metaphysisches Ordnungssystem integriert wird, das in neuplatonischer Tradition die All-Einheit der Seelen und das Ziel der Verschmelzung im Göttlich-Einen propagiert, oder nicht: Die Verschmelzung der Seelen, Herzen und Wesen wird in allen Freundschaftskonzeptionen imaginiert. Hieran partizipieren auch die Bilder von Doppelgängerfreunden. Die häufige Fraternalisierung der Freundschaft[527] steht dabei auch für die Vorstellung einer physischen Einheit, wie sie Aristoteles im Bild der beiden Pflanzen mit einer Wurzel entwirft. Augustinus knüpft hier an, wenn er seinen Orden als einen Leib beschreibt, dessen Teile alle zueinander gehören.

Trotz des konsequenten Ausschlusses der Frau aus dem Freundschaftsdiskurs, der in solchen Inszenierungen der ‚Brüderlichkeit' klar hervortritt, arbeitet der Diskurs über die ‚heterosexuelle' Liebe zwischen Mann und Frau mit den Konzepten der Männerfreundschaft. Das neue Nachdenken über diese Form der Liebe und die Ehe im Hochmittelalter adelt diese Beziehungsform gewissermaßen durch die ‚konnotative Ausbeutung' des angesehenen Freundschaftscodes. Zu den übertragenen Aspekten gehört insbesondere die Idee, dass größtmögliche Ähnlichkeit der Liebenden, die Vorstellung des Partners oder der Partnerin als ‚anderes Ich', die elementare Voraussetzung für eine gute Beziehung sei. Auch das Ideal einer weiteren Entdifferenzierung wird der Konzeption der ‚heterosexuellen' Liebe aus dem Diskurs über die Männerfreundschaft zugetragen, hier aber insbesondere auf die Angleichung der Geschlechter bezogen, deren biologischen Unterschiede im medizinischen Wissen der Zeit tendenziell ohnehin ‚nur' als graduell angesehen werden.

Das Begehren nach dem, das am Selbst als begehrenswert erscheint, ist, so muss sowohl für die Freundschafts- als auch für die Liebeskonzeptionen festgestellt werden, zugleich ein Nicht-Begehren dessen, das diese Kriterien nicht erfüllt. Die Strukturen dieses Begehrens bergen dabei allerdings häufig einige Schwierigkeiten: Eine Gefahr, die Aelred beispielsweise der Ähnlichkeit ganz grundsätzlich zuschreibt, ist die Täuschung und Verwechslung (I, 36f.; I, 60). Weiter verlangt das eng gewobene Netz der Ähnlichkeitsnormen von den Liebenden schwierige Unter- und Entscheidungen: Was beispielsweise geschieht, nimmt man die aristotelische Freundschaftskonzeption zum Ausgangspunkt, wenn man sich zwischen Bruder und Kamerad entscheiden müsste? Wie ist zu verfahren, wenn, blickt man auf die entdifferenzierenden Tendenzen des Liebesdiskurses, der auf den Idealen der Männerfreundschaft beruht, eine Entscheidung zwischen einer Geliebten und einem Geliebten ansteht, die einem ähneln? Wann ist die Ähnlichkeit zur anderen Person ein Zeichen inniger und gottgewollter Verbundenheit im Streben nach Einheit und wann hat man es mit einem gefährlichen Doppel-

---

527 Zum Beispiel die Bezeichnung des Freundes als ‚Bruder' (Aristoteles, David, Augustinus, Aelred), die Gleichsetzung von Freundschaft und Bruderschaft (Aristoteles), die Vorstellung einer ‚natürlichen' Freundschaft zwischen Verwandten (Cicero) und das Anheiraten, um dem Freund als Bruder näherzukommen (David und Jonathan).

gänger, einem neidischen Konkurrenten zu tun? Derartige Leerstellen und offene Fragen sind es unter anderem, die, wie ich im folgenden Hauptkapitel zeigen möchte, von der Literatur, die sich mit ähnlichen Figuren befasst, unter anderem bearbeitet werden. Zuvor möchte ich aber den Versuch einer groben Zusammenfassung des bislang dargestellten Ähnlichkeitsdenkens unternehmen.

2.5 Zusammenfassung

Bei den vorgestellten mittelalterlichen Wissensbeständen und Denkmustern zum Gegenstand der Ähnlichkeit zwischen Menschen handelte es sich um Spezialdiskurse, die sich mit unterschiedlichen Formen der Beziehungen, zwischen Gott und seiner Schöpfung, zwischen Verwandten und zwischen Nicht-Verwandten, beschäftigten. Nicht immer wurden diese Einzeldiskurse dabei zusammengedacht. Dennoch lassen sich einige ‚Knotenpunkte' ausmachen, an denen die Einzeldiskurse zu etwas zusammenlaufen, das man einen ‚Ähnlichkeitsdiskurs' nennen könnte. Das heißt, es gibt durchaus wiederkehrende (Denk-)Muster, die das Feld des Nachdenkens über Ähnlichkeit zwischen Menschen im christlichen Mittelalter bestellten. Dieses möchte ich im Folgenden nur sehr knapp, ohne Anspruch auf Vollständigkeit (in den entsprechenden Analysen werde ich mich vor allem auf Spezialdiskurse zurückbeziehen) und ohne erneut auf die Details der jeweiligen Aspekte einzugehen, in einigen Punkten skizzieren.

Es ließ sich, dies als große Gemeinsamkeit, feststellen, dass die Annahme, dass **Gleiches zu Gleichem** gehöre, diskursübergreifend zu gelten scheint. Diese Vorstellung rührt kulturhistorisch aus einem Sympathiedenken, das den Dingen dieser Welt einen Zusammenhang unterstellt, der in der Ähnlichkeit wahrnehmbar werden kann. Dies zeigt sich nicht nur zwischen Menschen, sondern, etwa im medizinischen Wissen der Zeit, zuweilen auch zwischen ähnlichen Dingen, die zusammengehören und auf diese Weise, beispielsweise als Gift und Gegengift, für Harmonie und Einklang sorgen. Zwischen Menschen scheint es in dieser Hinsicht vor allen Dingen um eine sehr grundsätzliche Funktion der Gruppenstabilität zu gehen: um Solidarität zwischen jenen, die eine Einheit bilden, die aus diesem Grund ‚sympathetisch' zusammengehören, miteinander fühlen und leiden und den Angriff auf eine andere Person darum als Angriff auf sich selbst bewerten. Indem eine Gruppe sich als Einheit versteht, deren Existenz sich in Ähnlichkeit zueinander manifestiert – wahrnehmbar etwa in physischer Merkmalsgleichheit, aber auch in einer Übereinstimmung der Ziele, der Werte und Konzeptionen von Welt – grenzt sie sich von dem vielen Anderen ab und bietet jenen, die dazugehören Schutz und Fürsorge (wie ‚sich selbst').

Häufig anknüpfend an bereits in der Antike vorhandenen Konkretisierungen derartiger Vorstellungen, entwarfen mittelalterliche Gelehrte dementsprechend beispielsweise Vorstellungen vom ‚Staat', von der Mönchsgemeinschaft oder von einer verwandtschaftlichen ‚Sippe' als *ein* Leib, dessen Glieder abhängig von der Existenz der jeweils anderen sind. Dieses **Einheitsdenken**, das die Homophilie diesen Vorstellungen zufolge begründet, wurde im christlich-europäischen Mittelalter in der Tradition (neu-)platonischer Philosophie ziemlich grundsätzlich auch auf die gesamte Schöpfung und ihren Schöpfer, auf den Kosmos übertragen, der in einer absteigenden Kette der Anteilhabe am göttlichen Licht miteinander verbunden ist: Alles ist mit allem verknüpft und darum ähnelt alles allem – aber nicht in gleichem, sondern in hierarchischem Maße. Dieses Modell impliziert zudem eine gesonderte Ähnlichkeit jener Geschöpfe untereinander, die in derselben Intensität ‚leuchten', an Gott, der Quelle des Lichts, teilhaben. Der Mensch insgesamt steht dabei, seit seinem Abstieg durch den Sündenfall, zwischen dem ‚Land der Ähnlichkeit', den himmlischen Wesen, und dem ‚Land der Unähnlichkeit', den irdischen Wesen. Die Kirchenväter, insbesondere Augustinus von Hippo und Pseudo-Dionysius Areopagita, entwarfen davon ausgehend Konzeptionen des Menschen, der über die Seele an Gott teilhat und nach einer Angleichung streben muss, nach einem Weg aus dem irdischen ‚Gewimmel', wie Pseudo-Dionysius sich ausdrückte, um zur göttlichen Einheit zurückzufinden, die sich nur in defizitärer Form, in größtmöglicher Ähnlichkeit, auf Erden spiegelt. Ähnlichkeit erhält in dieser Hinsicht also eine religiöse Note, ist als Schritt zum Heil zu verstehen, der aber, um in der Einheit vollendet werden zu können, der göttlichen Gnade bedarf. Das Verschiedene ist diesem Denken zur Folge tendenziell (auch wenn das Göttliche auch als ‚Fülle' aller Dinge gedacht werden kann) als dem Ähnlichen unterlegen gedacht, die Auflösung von Differenz ist Heilsziel auf dem Weg zum Jenseits aller Unterschiede. Diese Konzeption des Kosmos prägte auch das Nachdenken über Ähnlichkeit in anderen Diskursen, insbesondere innerhalb des Nachdenkens über die Zuneigung zwischen Nicht-Verwandten.

Anknüpfend an den neuplatonischen Konzeptionen von ‚Sympatheia' und den Überlegungen von Pseudo-Dionysius über die Hierarchie des Kosmos waren insbesondere die Autor*innen mystischer Schriften, die sich mit dem alttestamentlichen ‚Hohelied der Liebe' (1 Kor 13, 1–13)auseinandersetzten, etwa Bernhard von Clairvaux, offenbar davon überzeugt, dass die Ähnlichkeit zwischen der menschlichen Seele und Christus als Einheit erkannt werden müsse, die aber auf Erden noch nicht erreichbar sei, und dass dieses Spiel zwischen Ähnlichkeit und Unähnlichkeit, zwischen Nähe und Trennung, die Aufgabe des beseelten christlichen Menschen sei und der Weg zur ‚Einung' der Seele mit Gott über die Liebe zu gehen habe. Sie fassten diese Überlegungen nun allerdings nicht in theoretische Schriften, sondern in das Bild der Liebe zwischen einer Braut und ihrem Bräutigam, die einander ähneln – und damit operierten auch jene Denker*innen dieser Zeit, die sich grundsätzlich über die Männerfreundschaft oder die ‚heterosexuelle' Liebe Gedanken machten. Besonders explizit tat dies etwa der Zisterziensermönch Aelred von Rievaulx: Er knüpfte an mystischen Vorstellungen an, verortete den Ursprung der *amicitia* zwischen allen Menschen im paradiesischen Zustand maximaler Ähnlichkeit, der allerdings mit dem Sündenfall und der Einkehr von Differenz beendet worden sei. Nach ihr müsse man erneut streben und der Weg dorthin sei die Freundschaft zu Ähnlichen, die einander in dieser Freundschaft immer ähnlicher würden und auf diese Weise die göttliche Einheit in vorbildlicher Weise spiegelten.

Doch nicht nur der Freundschafts- und in sehr ähnlicher Weise auch der Liebesdiskurs, sondern auch das Wissen über Genealogie und Verwandtschaft weist Schnittpunkte im Ähnlichkeitsdenken mit diesen kosmologischen und mystischen Vorstellungen auf, und zwar insbesondere im Bereich des Erkennens. In den Schriften des Augustinus etwa gilt für das Erkennen der göttlichen Spur auf Erden, dass das Gleiche das Gleiche erkennt, weil es Anteil am anderen, weil die menschliche Seele Anteil am Göttlichen hat: Wer sich selbst in seiner Ähnlichkeit und Unähnlichkeit zu Gott erkennt (und so übernahmen dies auch die Exeget*innen des Hohelieds und übertrugen es auf ihr Bild von Braut und Bräutigam), der erkenne auch Gott. Auch zwischen Verwandten, so zeigt insbesondere die höfische Literatur, wird ein solcher Wahrnehmungs- und Erkenntnisvorgang thematisiert, der aber, wie in den theologischen Überlegungen, nicht über das einfach Sichtbare, über die körperlichen Augen verläuft, sondern über die Seele bzw. das Herz.

Ein weiterer Knotenpunkt all jener Diskurse, in denen Ähnlichkeit zwischen Menschen eine Rolle spielt, ist die Feststellung, dass, bei aller Zuneigung und bei allem Streben zum Ähnlichen, **Grenzen der Ähnlichkeit und der Nähe** auszumachen sind – diese Grenzen werden allerdings sehr unterschiedlich begründet: Irdische Wesen, die sich ähneln, können, auch wenn sie danach streben, nicht Eins werden, weil sich das Irdische immer auch dadurch auszeichnet, dass die Dinge voneinander getrennt und unterschieden sind – es bleibt immer ein Rest Differenz. Auch die ersehnte Einheit der menschlichen Seele mit Gott, wie sie in mystischen Schriften und in der Tradition der Kirchenväter und des Neuplatonismus formuliert wird, kann immer nur vorübergehend und durch göttliche Gnade in Erfüllung gehen, eine endgültige Einheit ist auf Erden nicht möglich. Wo versucht wird, diese einzulösen oder die Entdifferenzierung zur höchsten Instanz gar mit dem Versuch einer Ersetzung derselben zu betreiben, wie bei Luzifer oder, durch Verführung, bei den ersten Menschen, droht die Strafe der Differenzierung und der Entfernung von der weitgehenden Ähnlichkeit zu Gott – wie es in abgewandelter Form auch etwa Heinrichs von Morungen ‚Narzisslied' inszeniert. Ganz anders begründet sind die Grenzen im Verwandtschaftsdiskurs: Hier gilt, wie in den Freundschafts- und Liebesdiskursen und wie in der Mystik und bei den Kirchenvätern zwar das Homophilie-Prinzip, doch darf dieses nie in einem Wunsch nach sexueller Vereinigung münden – das Inzestverbot förderte im europäisch-christlichen Mittelalter gerade das Heraustreten aus dem ‚Leib' der Verwandten, der Ähnlichen, die Einung mit dem ‚Fremden', das allerdings mithilfe des Liebesdiskurses gewissermaßen zum ‚anderen Ich', das dem Ich im besten Falle durch eine Gemeinsamkeit in ‚irdischen und göttlichen Dingen', wie man dies seit Cicero fasste, ähnelte. Solcherlei Grenzziehungen hinsichtlich der Nähe und Einung zwischen Ähnlichen zeigt aber auch der Liebes- und Freundschaftsdiskurs. Bei männlichen Freunden geschieht dies durch den (durch Nicht-Thematisierung) ausgeschlossenen sexuellen Verkehr zwischen Gleichgeschlechtlichen – Ziel war keine Vereinigung der Körper, sondern der Seelen. Im Liebesdiskurs hingegen wird, am Diskurs über die Männerfreundschaft anknüpfend, in verschiedenen Traktaten gerade eine Entdifferenzierung von Partner und Partnerin hinsichtlich ihres Geschlechts in Aussicht gestellt – und zwischen solchermaßen dann Gleichgeschlechtlichen ist das geschlechtliche Begehren, dem heteronormativen Dispositiv dieser Zeit entsprechend, tendenziell ausgeschlossen.

Diese Begrenzung von Ähnlichkeit – denn ‚Einheit' ist die *entgrenzte* Form der Entdifferenzierung –, also die Beibehaltung von Differenz bei gleichzeitigem Sehnen nach der Entdifferenzierung gehört grundsätzlich zum Ähnlichkeitsdenken des christlichen Hochmittelalters. Ich habe dies als den **Gegensatz von ‚gewaltsamer Entdifferenzierung' und ‚heilsamer Entdifferenzierung'** gefasst. Erstere meint jene Tendenz, wie Girard sie für vormoderne Gesellschaften beschreibt, dass das Begehren nach dem Gleichen die Individuen einander angleicht, aber miteinander in Konkurrenz und im Zweifel in eine Kette von Gewalt stürzen lässt. Die ‚heilsame' Entdifferenzierung wiederum bezeichnet gerade die Sehnsucht nach der Einheit Gottes, die sich in der Ähnlichkeit der irdischen Geschöpfe spiegelt.

Eine letzte zentrale Schnittstelle der Einzeldiskurse zur Ähnlichkeit, die ich herausstellen möchte, ist die Beschäftigung mit der **Unähnlichkeit zwischen Menschen**, denn wo Ähnlichkeit konstatiert wird, ist auch immer ihr Gegenteil denkbar, und wo das Prinzip der Homophilie und damit zusammenhängend der gegenseitigen Solidarität besteht, gilt dies für die Unähnlichen gerade nicht. In allen beschriebenen Diskursen bestimmen gesonderte Ähnlichkeitsnormen die Ein- und Ausgrenzung von Wesen und damit die ihnen zugeteilten Privilegien wie Schutz und Fürsorge: Im Nachdenken über die Ordnung des Kosmos geschieht dies etwa durch den Entwurf einer Hierarchie, in der entschieden wird, welche Wesen welche Nähe zu Gott aufweisen und darum gegenüber anderen zu bevorzugen sind. Aelred von Rievaulx arbeitet deutlich mit dieser hierarchischen Ordnung und überträgt sie zudem auf die Unterscheidung innerhalb irdischer Wesen einer Art, nämlich der Menschen: Seit dem Sündenfall seien auch hier Unterscheidungen zwischen die Menschen getreten: Es gebe nun solche, mit denen könne man befreundet sein, weil sie einander hinsichtlich ihres Glaubens und Strebens ähnelten, und andere, denen man nur ‚Nächstenliebe' (*caritas*), nicht aber echte *amicitia* entgegenbringen könne. Dies spielte im gesamten Freundschaftsdiskurs seit der griechischen Antike eine entscheidende Rolle: Überall musste auch darüber nachgedacht werden, wer eigentlich Freund*in sein kann und wer nicht. Als freundschaftsfähig galten in den Schriften des europäischen Mittelalters üblicherweise vor allen Dingen jene Existenzen, die menschlich, männlich und christlich waren, wobei eine Differenz etwa im Status beispielsweise bei Aelred für überwindbar gehalten wurde.

Diese ‚Schneisen', die sich nun zwischen diesen einzelnen Diskursen schlagen (und sich erweitern) ließen, sind auch darum von Relevanz, da jene Epik des 13. Jahrhunderts, die sich in besonderem Maße dem Gegenstand der Ähnlichkeit zwischen Figuren zuwendet, zwischen den einzelnen Diskursen häufig nicht explizit unterscheidet, sondern vielmehr einzelne Denkfiguren übernimmt und sie mit anderen kombiniert, Zusammenhänge sucht und integriert oder Gegensätze miteinander kollidieren lässt. So wird beispielsweise die Zwillingsskepsis, die es im verwandtschaftlichen Nachdenken über Ähnlichkeit durchaus gab, etwa im ‚Wilhalm von Wenden' dadurch nivelliert, dass die entsprechenden Zwillinge als ähnliche Freunde kodiert werden.

Beginnen möchte ich die literaturwissenschaftlichen Einzelanalysen mit einer Erzählung, in der die Vorstellung einer ursprünglichen, wahren ‚Liebe' unter Gleichen, wie sie Aelred zufolge im Paradies geherrscht habe, konfrontiert wird mit dem Zustand einer Welt der Differenz, einer Welt, in der Glaubens- und Werteunterschiede herrschen und die Ordnung dieser Gemeinschaften insbesondere durch die Merkmalsgleichheit im Glauben und im Status bestimmt wird: Konrad Flecks Liebesroman über die Suche nach dem Ende von irdischer Differenz und Dynamik, nach einem stillen Jenseits, in dem die Verschiedenen vereint sind.

3 Ähnlichkeit erzählen

3.1 Liebe: Diesseits der Stille. ‚Flore und Blanscheflur'

der megede hânt ir mich ermant,
wan ir gelîde was hêrlich
und in allen dingen iuch gelîch,
und tete rehte alsô.
(Konrad Fleck, ‚Flore und Blanscheflur', v. 3560–3563)[1]

In diesem ersten Roman, den ich einer Einzelanalyse unterziehen möchte, fungiert Ähnlichkeit als Zeichen der idealen Passung eines ‚heterosexuellen' Liebespaars (Kap. 2.4.7). Zugleich vermag sie jene verbliebenen Differenzen, die einer Legitimierung dieser Liebe im Wege stehen, zu überbrücken und prädestiniert eine weitere Angleichungsbewegung zwischen den Liebenden. Dieses Narrativ der Angleichung unter Ähnlichen, das ich als Erzählkern der Entdifferenzierung bezeichne (Kap. 1.3), präsentiert sich in Konrad Flecks ‚Flore und Blanscheflur' (FuB) zudem als religiös überformt und bestätigt damit meine Überlegungen zum Zusammenhang zwischen diesem Erzählkern und neuplatonisch-christlichen Vorstellungen von transzendenter Einheit und immanenter Verschiedenheit (Kap. 1.3, Kap. 2.2.2, Kap. 2.4.4.7): Indem Ähnlichkeit in FuB nämlich gemeinsam mit weiteren Eigenschaften, die Gottesnähe anzeigen, auftritt, operiert der Text, wie ich argumentieren möchte, in einer Analogie zur Heilsgeschichte, beginnend bei einem vermeintlich paradiesischen Zustand *zeit- und leidloser Liebe unter Gleichen*, der dem Paar wieder genommen wird und dessen Wieder-Holung die finale Motivation des Textes darstellt.[2]

---

1   Im Folgenden zitiere ich den Text nach der Edition von Putzo, Flore (2015).
2   Eine Lektüre des Romans in Analogie zur Heilsgeschichte hat bislang nur Wandhoff, Ekphrasis (2003), S. 315, vorgeschlagen und ansatzweise und bezogen auf das Verhältnis von Schrift und Bild in seiner Analyse des Scheingrabs durchgeführt.

Konrad Flecks Liebesroman,[3] der wohl zwischen 1200 und 1220 entstanden sein dürfte,[4] orientiert sich im Wesentlichen an einer altfranzösischen Fassung des europaweit verbreiteten Stoffs, dem um 1150 verfassten ‚Conte de Floire et Blancheflor'.[5] Wie dieser stellt er die Merkmalsgleichheit zwischen seinen Protagonist*innen von Anfang an ins Zentrum des Erzählens. Zugleich schreibt er ihnen ausgerechnet jene Unterschiede zu, die für die identifikatorische Abgrenzung der Gemeinschaften der Textwelt besonders relevant sind, nämlich Glaubens- und Statusdifferenzen. Diese Spannung wird zugleich als eine zwischen Gottesnähe und -ferne attribuiert: Mögen im weltlichen (,heidnischen') Reich die Gleichheit in Stand und Glauben die bestimmenden Zugangsvoraussetzungen darstellen, zählen in der paradiesähnlichen Gemeinschaft des Paars andere Merkmalsgleichheiten, insbesondere der christliche Tugendadel.

---

3 Röcke, Minne- und Abenteurerromane (1984), S. 419 f., führt den Text als Untergattung der ‚Minne- und Aventiureromane', nämlich als ‚empfindsamen Minneroman'; Ridder, Minne- und Aventiureromane (1998), S. 35, schreibt Fleck zu, die Gattung im deutschsprachigen Raum etabliert zu haben. Zur problematischen ‚Gattung' der sogenannten ‚Minne- und Aventiureromane' vgl. Putzo, Verlegenheitslösung (2013).

4 Vgl. zu den Datierungsfragen Putzo, Flore (2015), S. 59–89. Zusammenfassend stellt sie fest, dass es für die Entstehungszeit des Romans „keine sicheren Hinweise" gibt (S. 87), sondern dass sich nur ein ungefährer Rahmen zwischen Hartmanns ‚Erec' (um 1180) als *terminus post quem* (S. 65–72) und Rudolfs von Ems ‚Alexander' (bald nach 1230) als *terminus ante quem* (S. 84–87) spannen lässt. Sie vermutet eine Entstehung um das Jahr 1200 und begründet dies mit Kommentaren Thomasins von Zerklære (S. 78–82) sowie stilistischen (S. 62–65) und überlieferungsgeschichtlichen Argumenten (S. 82 ff.). Für die Datierung um 1220 dagegen, die sich in den meisten Literaturgeschichten durchgesetzt hat, „gibt es keine spezifischen Indizien" (S. 60).

5 Zu den unterschiedlichen Fassungen, die für die Version Konrad Flecks eine Rolle spielen vgl. Putzo, Flore (2015), S. 1–27. Einschränkend muss mit Putzo konstatiert werden, dass sich Flecks Roman zwar zum Teil bis in einzelne Formulierungen hinein (S. 9) eindeutig an der sogenannten *version aristocratique* (Floire I) orientiert, er aber bestimmte Partien weglässt, sie aber auch um etwa 5000 Verse erweitert und sich darüber hinaus zuweilen sogar Handlungsteile zu eigen macht, die sich in der *version populaire* (Floire II) finden lassen. Putzo hält es darum für möglich, dass „Konrad […] eine frühe französische Fassung vorgelegen haben [könnte], die den Rezeptionsstand vor Abspaltung der Versionen I und II repräsentiert […] und die – nur – er einem Autor namens Ruopreht von Orlent (v. 142) zuschreibt" (S. 10). Dafür spricht auch die *Crónica carolingia*, denn sie weist Handlungsmomente auf, die sich nicht in Floire II und wohl aber in Floire I bei Fleck finden lassen, wie Grieve, Floire (1997), S. 39–50, zeigt. Wie diese geht Putzo, Flore (2015), S. 19 f., davon aus, dass es eine Traditionslinie gegeben haben könnte, die von Spanien aus über Frankreich nach Norden reichte und der Version Flecks vorausging. Vgl. zu den Erweiterungen in Flecks Version gegenüber Floire I Putzo, Flore (2015), S. 20–27, v. a. Hupfeld, Aufbau (1967), und Winkelman, Florisromane (2010), hinsichtlich der Herausstellung von Glaubensunterschieden Waltenberger, Diversität (2003), und hinsichtlich der Darstellung von Emotionen Eming, Emotion (2006), S. 122–168. Erweitert hat Fleck seine Erzählung vor allen Dingen hinsichtlich des Prologprogramms, der Darstellung von Klage und Leid im Handlungsverlauf, der Beschreibung von Gegenständen und der Profilierung der Erzähler*innenfigur.

3.1 Liebe: Diesseits der Stille. ‚Flore und Blancheflur'

Ruhe und Dynamik, Stillstand und Bewegung sind dabei, wie im ‚Parzival' und den ‚Vogelgesprächen' (Kap. 1.3), die Darstellungsmodi, die die Bereiche immanenter Verschiedenheit und transzendenter Einheit erzählerisch voneinander abheben.[6] Flore und Blancheflur wähnen sich als Kinder dort, wo leidlose Einheit und Ruhe herrschen, müssen aber bald erfahren, dass sie *Diesseits der Stille*, in einer Welt der Unterschiede, des Leids und der Ruhelosigkeit leben und das Paradies auf Erden nur ansatzweise erreicht werden kann.

Bevor ich diese Überlegungen ausführlich am Text diskutiere, möchte ich knapp skizzieren, inwiefern und aus welchen Perspektiven sich die bisherige Forschung zum FuB-Roman mit der Ähnlichkeit seiner Protagonist*innen beschäftigt hat. Sie lässt sich diesbezüglich in zwei Untergruppen gliedern: Während einige Untersuchungen sich der Inszenierung von Glaubensdifferenzen im Roman zuwenden, gibt es inzwischen auch mehrere Beiträge, die aus unterschiedlichen theoretischen Perspektiven allgemeiner nach der Bedeutung von Ähnlichkeit und Differenz fragen.

Zur ersten Gruppe gehört zunächst Timothy Jackson, der bereits früh die Heterogenität der ‚heidnischen' Figuren herausstellte, die eine eindeutige binäre Unterscheidung von den christlichen Figuren unterläuft.[7] Diese grundsätzlich vorhandene Ähnlichkeit zwischen den Glaubensgruppen äußere sich insbesondere bei Flore darin, dass dieser von Anfang an als ‚potentieller' Christ dargestellt werde.[8] Jackson attestiert dem Roman mit dieser Darstellung auch eine grundsätzlich ‚tolerante' Perspektive auf ‚Andersgläubige'.[9] Michael Waltenberger differenziert dieses Ergebnis vor dem Hintergrund eines Vergleichs mit dem altfranzösischen ‚Conte de Floire et Blancheflor', den er als einen ‚Gründungstext' versteht, der vor der Folie der *chanson de geste*-Literatur Fragen von Eigenem und Fremden verhandelt, dabei aber „die implizite Identitätslogik [...] hybridisierend in der Schwebe hält [...]".[10] Flecks Text hingegen[11] sei von dem Versuch geprägt, diese Hybridität zugunsten einer binären Ordnung aufzuheben: Da es sich bei der Liebe des Protagonist*innenpaars, anders als in der Vorlage, „nicht um eine eigenwertige Liebesform" – darunter versteht Waltenberger eine vorkul-

---

6 Wenn Ähnlichkeit die auf Erden größtmögliche Nähe zur ersehnten göttlichen Einheit darstellt (Kap. 2.2.2, Kap. 2.4.4.7), sind Differenzen Handlungsimperative: Wo sich unerwünschte Unterschiede finden, wie bei der ersten Cundrie-Episode im ‚Parzival' (Kap. 1.3), führt dies zu einer Ausdifferenzierung der ‚scheinbaren' Einheit; erst wo Einheit erreicht wird, wie am Ende der ‚Vogelgespräche' (Kap. 1.3), wird es still.
7 Vgl. Jackson, Religion (1969), S. 16.
8 Vgl. ebd., S. 22.
9 Vgl. ebd., S. 14.
10 Vgl. Waltenberger, Diversität (2003), S. 37.
11 Vgl. ebd., S. 38–43.

turelle *amor naturalis* – handle, könne diese „Identitätsfigur der Quasi-Zwillingschaft" kein rechtes Gegengewicht zur religiösen Differenz mehr herstellen.[12] Dementsprechend werde der Glaubensunterschied zugunsten des Christentums stärker herausgestellt als in der Vorlage.[13] Diese Erkenntnisse wurden inzwischen auch mithilfe kulturtheoretischer Fragestellungen zur Beschäftigung westlicher Autoren mit dem ‚Orient' neu perspektiviert: Katja Altpeter-Jones untersucht die Darstellung von Christentum und ‚Heidentum' vor der Folie des Orientalismus-Konzepts Edward Saids.[14] Dabei kann sie herausstellen, dass der Text mit zwei Strategien arbeitet, um vom ‚Anderen' zu erzählen, nämlich „encompassment" – die ‚Einverleibung' einzelner ethnisch oder religiös Anderer ins Eigene, ohne die Grenze dabei gänzlich aufzulösen[15] – auf der einen, und „Orientalizing" – das Herausstellen des Anderen als (negatives) Spiegelbild des Eigenen – auf der anderen Seite.[16]

Für meine Arbeit ist insbesondere die Feststellung relevant, dass von einer strikt binären Unterscheidung zwischen Christentum und ‚Heidentum' nicht die Rede sein kann, sondern sich ein uneinheitliches Bild der Nicht-Christ*innen ergibt – wobei von dieser ‚Verkomplizierung', wie ich herausarbeiten werde, sogar erzählt wird (dazu Kap. 3.1.1). Skeptisch bin ich gegenüber Waltenbergers These, dass die Ähnlichkeit der Liebenden im deutschsprachigen Text keine Unterschiede mehr zu überbrücken vermöge, weil die ‚natürliche' Liebe des altfranzösischen Textes im deutschsprachigen früh kulturell überformt sei – auch bei Fleck lieben sich die Kinder schließlich von der Wiege an.

Näher noch an meinem Untersuchungsgegenstand bewegt sich die zweite Gruppe der Forschungsbeiträge zu Gleichheit und Differenz. Philipp McCaffrey analysiert den französischen ‚Conte de Floire et Blancheflor' hinsichtlich der Merkmalsdifferenzen des Glaubens und des Geschlechts. Er geht davon aus, dass die Glaubensdifferenz überhaupt erst aufgebaut werde, um sie mit Blick auf die Zeichen ihrer (körperlichen) Gleichheit (*identity markers*) zu relativieren. Die Ähnlichkeit der Liebenden nämlich zeige deren ‚Passung' zueinander an.[17] Davon geht auch Silke Winst aus, die in diesem Nebeneinander von Gleichheit und Differenz die narrative Herstellung eines idealen Liebesmodells der Ähnlichen verwirklicht sieht.[18] Mit Foucaults Begriffen zur Beschreibung vormoderner ‚Ähnlichkeitsepisteme' arbeitet Winst heraus, dass die physisch wahrnehmbare Ähnlichkeit zwischen den

---

12 Vgl. ebd., S. 40 und S. 41.
13 Vgl. ebd., S. 41.
14 Vgl. Altpeter-Jones, Alterity (2012).
15 Vgl. ebd., S. 282.
16 Vgl. ebd., S. 284.
17 Vgl. McCaffrey, Identity (1998), S. 129.
18 Vgl. Winst, Sameness (2013), S. 136–139.

Liebenden vorübergehend die ausgesetzte *convenientia*, die Nähe der Ähnlichen, überbrücke.[19] An dieser Wahrnehmbarkeit von Ähnlichkeit zwischen den Figuren setzt Armin Schulz in seiner großen Studie zur Personenidentifizierung an.[20] Er zeigt, dass in FuB nicht von konkreten Merkmalen des Körpers, die die Ähnlichkeit herstellen, die Rede ist, sondern von der Wahrnehmbarkeit derselben *Kategorie* – adeliger Idealität –, die sich im Verhalten, in der Sprache, in der Schönheit und der Jugend beider Figuren zeige und sie darum als ideales Paar prädestiniere.[21] Mit der Frage, wie die verbleibenden unterschiedlichen Differenzkategorien – Status, Glaube und Geschlecht – miteinander zusammenhängen, beschäftigen sich Amelie Bendheim und Dominik Schuh. Sie arbeiten heraus, dass insbesondere in der Elternvorgeschichte eine Welt der stabilen Unterscheidungen etabliert wird, die die Handlung zunehmend und schon in der Elternvorgeschichte beginnend relativiert.[22] Die Minne der Protagonist*innen erweist sich als entdifferenzierende Kraft,[23] deren Wirken sich bereits in der ambivalenten Figurenzeichnung am Textanfang ankündigt, die allerdings eindeutig christlich ausgerichtet ist.[24]

In meiner Analyse des Romans möchte ich diese Forschungsergebnisse nun im Wesentlichen stützen, die Darstellungsweisen und Narrative von Ähnlichkeit aber zum einen zum Hauptgegenstand der Analyse machen und sie zum anderen kulturhistorisch, insbesondere vor der Folie der Heilsgeschichte, begründen. So werde ich in einem ersten Schritt zeigen, wie der Roman in einer doppelten Handlungsexposition Differenz an Bewegung und Ähnlichkeit an (paradiesischen) Handlungsstillstand knüpft (Kap. 3.1.1). Nachdem ich dann zunächst jene Differenzen herausarbeite, die in diesem Text zum Problem werden (Kap. 3.1.2), geht es mir in zwei weiteren Kapiteln um spezifische Raumarrangements: Das Scheingrab (Kap. 3.1.3) sowie der Turm des Amirals und der dazugehörige Baumgarten (Kap. 3.1.4) nämlich verweisen immer wieder auf den paradiesähnlichen Garten zurück, in dem Flore und Blanscheflur in ihrer Kindheit ein Liebesideal leben, und stiften auf diese Weise paradigmatische Kohärenz, die meine Argumentation stützt. Diese Räume sind die Anfangs- und Endpunkte von Flores Reise zu Blanscheflur, die sich als Prozess einer ‚heilsamen' Entdifferenzierung darstellt (Kap. 3.1.5). Bevor ich abschließend meine Beobachtungen zusammenfasse (Kap. 3.1.7), möchte ich in einem kurzen Ausblick auf die Rahmenhandlung

---

19 Vgl. ebd., S. 138 f. Vgl. außerdem hierzu Foucault, Ordnung (1971), S. 46–77.
20 Vgl. Schulz, Erkennen (2008), S. 279–289.
21 Vgl. ebd., S. 288 f.
22 Vgl. ebd., S. 110.
23 Vgl. ebd., S. 113.
24 Vgl. ebd., S. 119.

des Romans zeigen, dass die Vorstellung, dass das Gleiche zum Gleichen gehört, schon in dieser kurzen Erzählung als Sujet des Romans angekündigt wird (Kap. 3.1.6).

3.1.1 Dynamik der Differenz und Stille der Einheit. Expositionen

In auffälliger Weise korrespondieren in dem Roman Ähnlichkeit mit Handlungsstillstand und Differenz mit Dynamik. Insbesondere die doppelte Handlungsexposition stellt dies heraus: Während die Elternvorgeschichte (v. 359–598) im Modus der *chanson de geste*-Tradition religiöser Differenz Handlung und Gewalt folgen lässt (dazu Kap. 3.3.1),[25] erzählt die Kindheitsgeschichte der Protagonist*innen (v. 589–859) von deren Merkmalsgleichheit im Modus einer handlungsarmen Idylle. Der Kontrast zwischen Elternvorgeschichte und Kinderminne ist immer wieder von der Forschung bemerkt und gelegentlich als Zeichen fehlender Kohärenz gewertet worden.[26] Ich möchte diese im Folgenden als zueinander komplementär funktionierende Handlungsexpositionen in eine Erzählwelt der Differenz und Dynamik (Elternvorgeschichte) und eine Idealwelt der Einheit und Ruhe (Kinderminne) analysieren und der Handlungsabfolge so eine Kohärenz, die sich nicht linear, sondern final ergibt, zuschreiben.[27]

3.1.1.1 Dynamik der Differenz. Die Elternvorgeschichte

Gleich zu Beginn der Elternvorgeschichte werden Unterschiede zwischen christlichen und nicht-christlichen Figuren betont und erzählerischen Bewertungen unterzogen. Ein *künic von heidenlanden* (v. 359) hat es, ohne ersichtlichen Grund, auf den Schaden der *kristænen* abgesehen (v. 363), wobei

---

25 Vgl. auch Egidi, Implikationen (2005), S. 376, die darauf verweist, dass diese *chanson de geste*-Referenz ansonsten kaum eine Rolle im Text spielt – mit Ausnahme des Ausblicks auf die Geburt des Kindes von Flore und Blanscheflur, Berta, die die Mutter Karls des Großen sein wird. Vgl. außerdem Waltenberger, Diversität (2003), S. 27, der darauf aufmerksam macht, dass auch der Schauplatz Spanien zum Repertoire dieser Texttradition gehört, und Bendheim/Schuh, Lebenswege (2017), S. 106.
26 So etwa Egidi, Immergleiche (2002), S. 135f., die den *chanson de geste*-Handlungsteil gar als „Fremdkörper" (S. 135) bezeichnet; vgl. außerdem dies., Implikationen (2005), S. 376f., sowie Jackson, Religion (1969), S. 15.
27 Zur ‚finalen' Motivation bzw. zur ‚Motivation von hinten' vgl. v.a. Lugowski, Form (1994), sowie Martinez, Welten (1996), und in der Mediävistik beispielsweise J.-D. Müller, Lugowski (2006), Toepfer, Tragik (2013), S. 61 ff., und Haferland, Motivation (2014).

dieses kriegerische Vorgehen von der Erzähler*in[28] als *unminne* abgewertet wird (v. 366–369). Als schuldige Aggressoren werden dabei ohne Zweifel die *heiden* (v. 372) eingeführt, die *mit gewalt daz lant begriffen* (v. 374) und die Länder ‚unschuldiger' Christ*innen brandschatzen (v. 384 ff.). Wenn Flecks Roman auch, insgesamt betrachtet, anders als etwa das ‚Rolandslied', ein heterogenes Bild der nicht-christlichen Figuren zeichnet,[29] so wird in diesem Anfangsteil des Romans doch recht eindeutig eine Binarität zwischen aggressiven, schlechten und expandierenden ‚Heid*innen' und unschuldigen, guten und friedfertigen Christ*innen aufgebaut.[30] Metonymisch für diese Rollenverteilung stehen die Einzelfiguren, die nun in den Fokus gerückt werden: Der ‚heidnische' König Fenix von Spanien trifft während seines Gewaltzugs auf die Vertreter*innen christlicher Unschuld per se – unbewaffnete Pilger*innen. Während die ‚heidnischen' Kämpfer, von kriegerischem Zorn (v. 413) getrieben, mit ihren Schwertern auf die Gruppe zureiten, bleibt jenen nur übrig, ihren Kopf darzubieten – *die muosen leider strecken | diu houbet gegen den swerten* (v. 416 f.). Dieses Erzählen von Differenz und Gewalt wird dabei als ein dynamisches, gerafftes Erzählen umgesetzt: In wenigen Versen Erzählzeit und in einem Monat und zehn Tagen erzählter Zeit (v. 394) werden Meere überquert (v. 359–365, v. 484–489), Meilen zurückgelegt (v. 387) und Länder eingenommen (v. 372–394), Figuren vom einen Feld ins andere gerückt, vom Diesseits ins Jenseits befördert und Tatsachen geschaffen.

Blanscheflurs zukünftige Mutter, die zu den Pilger*innen gehört, wird nun als Brücke der Ähnlichkeit zwischen den Verschiedenen eingeführt. Nur sie wird verschont und dann, als man sie dem ‚Heidenkönig' Fenix vorführt, dem Kalokagathie-Ideal entsprechend, am Ausdruck ihrer Trauer (*muotveste | an riuwende*, v. 446 f.) und an ihrer Schönheit (v. 443–449) als adlig erkannt (v. 467–473) – wobei dieser wahrgenommene Adel kein Geburts-, sondern Tugendadel ist, denn die Gefangene stammt nicht aus einem Königsgeschlecht (v. 422 f.).[31] Diese Annahme der inneren und sozialen Merkmals-

---

28 Mit dem Genderstern möchte ich die Unklarheit hinsichtlich der Stimme, die spricht, markieren: Ob es die Prinzessin von Karthago ist, die, folgen wir der Rahmenerzählung, die Geschichte erzählt, oder ob es jene vermutlich männliche Erzählinstanz ist, die sich im ersten Prolog über die Minne äußert und im Epilog spätestens wieder zu Wort kommt, aber doch immer wieder mindestens zwischen den Zeilen herauszuhören ist, löst der Text selbst nicht auf.
29 Vgl. Jackson, Religion (1969), S. 16.
30 Damit bestätigt sich für diese Anfangspassage die These Waltenbergers, dass Flecks Version die Glaubensdifferenzen stärker herausstellt, vgl. zur französischen Passage ders., Diversität (2003), S. 26 f. Vgl. auch Bendheim/Schuh, Lebenswege (2017), S. 106 f. Ähnlich schon Bendheim, Wechselrahmen (2015), S. 128.
31 Irritierenderweise ist dies die einzige Information, die wir zu Blanscheflurs ‚Sippe' erhalten. Vgl. zur ungeklärten Frage nach der Herkunft von Blanscheflurs Vater Störmer-Caysa, Enden (2013), S. 329–332.

gleichheit zwischen der *kristenvrouwe* (v. 489) und ihm selbst bringt Fenix auf die Idee, sie seiner Ehefrau als Geschenk mitzubringen, die ihre Sympathie der ‚ähnlichen Fremden' gegenüber sogleich bekundet (v. 506 ff.). Merkmalsgleichheiten im wahrnehmbaren Adel und (weiblichen) Geschlecht[32] erweisen sich so, Glaubensdifferenzen ungeachtet, als sympathiefördernd – das Gleiche liebt das Gleiche (Kap. 2.1, Kap. 2.4). Blancheflurs Mutter wird damit zur ‚Zwischenfigur' (dazu Kap. 3.3.1), indem sie sich zwar in einem relevanten Merkmal von der Ähnlichkeitsnorm des ‚heidnischen' Königreichs unterscheidet – sie ist Christin –, aber als Dame mit adeliger Ausstrahlung dem Herrscherpaar ähnelt.

Da die Annäherung zwischen diesen sich ähnelnden Figuren durch die Unterschiede des Glaubens, des Status, aber auch der Sprachen (v. 516–520) erheblich eingeschränkt ist, bemüht sich die ‚heidnische' Königin nun darum, Differenzen zu minimieren: Während sie die religiöse Differenz nicht aufhebt, aber ihre Bedeutung minimiert, indem sie der Christin erlaubt, ihren Glauben frei auszuüben (v. 521–525),[33] und die Statusdifferenzen der Verschleppten nivelliert, indem diese stets neben ihr sitzen darf (v. 530 f.),[34] führt sie zuletzt auch ihrerseits eine Angleichungsbewegung durch. Weil die französische Sprache ihr *süeze unde hübeschlich* erscheint (v. 533), beschließt sie, diese zu erlernen (v. 532–542). Ähnlich wie im ‚Willehalm' Wolframs von Eschenbach (Kap. 3.3.1) erweist sich die Angleichung der Sprachkompetenz als äußerliches Signum einer gemischten Identität:[35] Weil die ‚heidnische' Königin inneren Adel in sich trägt, fühlt sie sich zu den Zeichen des Adels hingezogen – und dazu gehört im ideologischen Universum dieser Romanwelt das Französische. Überwunden werden auf diese Weise nicht nur Verständnisschwierigkeiten, sondern, vor dem Hintergrund der ‚Turmbauerzählung' (Kap. 2.4.1), auch das Symbol irdischer Zerrissenheit und Differenz schlechthin: die die Einheit der Vielen zerstörende Vielfalt der Sprachen. Hier haben die Entdifferenzierungsbemühungen die positive Folge, dass die Christin beginnt, darüber nachzudenken, ob sie diese furchteinflößenden Fremden lieben könne (v. 543–547).

Die Geschichte der Begegnung und Angleichung zwischen der ‚heidnischen' Königin und Blancheflurs zukünftiger Mutter entspricht damit

---

32 Vor dem Hintergrund der antiken und mittelalterlichen Freundschaftstheorien ist die Inszenierung einer *amicitia* unter Frauen eine Besonderheit. Auch in der mittelalterlichen Literatur finden sich nur wenige Beispiele, vgl. dazu auch Kraß, Männerfreundschaft (2016), S. 15, sowie Krüger, Freundschaft (2011), S. 229–266.

33 Eine ähnliche Strategie zur Annäherung wählt übrigens Bene in ‚Wilhalm von Wenden', um den vermeintlich fremden Christen an ihrem ‚heidnischen' Hof zu halten, der sich schließlich als ihr verschollener Ehemann entpuppt, vgl. dazu Kap. 3.4.1.5.

34 Vgl. Bendheim/Schuh, Lebenswege (2017), S. 110.

35 Vgl. zur Fremdsprachenkompetenz im ‚Willehalm' Kleppel, underscheit (1996), S. 148–165.

3.1 Liebe: Diesseits der Stille. ‚Flore und Blanscheflur'

dem Erzählkern der Entdifferenzierung (Kap. 1.3) und präfiguriert, wie dies Elternvorgeschichten häufig tun, die Haupthandlung des Romans.[36] Als äußere Instanz führt, wie dies Aelred von Rievaulx für (Männer-)Freundschaften annimmt (Kap. 2.4.4.7), dabei offenbar der christliche Gott die Ähnlichen zusammen: Nicht nur nimmt er Einfluss auf die Angleichungsbemühungen durch die Königin (v. 521–525). Er sorgt auch für die gleichzeitige Schwangerschaft der Damen (v. 566–569),[37] die zudem am Palmsonntag, dem Tag der Ankunft Christi in Jerusalem, gleichzeitig an ihr Ende kommt (v. 570–577) – die Ähnlichkeit der Kinder wird damit von ihrer Geburt an mit der Heilsgeschichte verknüpft und die Entdifferenzierung der Mütter als göttlicher Wille erhöht.[38]

Darüber hinaus kodiert die gleichzeitige Geburt, das anschließende gemeinsame Aufwachsen und die gemeinsame Erziehung der Kinder ihre Beziehung als eine verwandtschaftliche, allerdings ohne dabei den ‚Verdacht' des Inzests aufkommen zu lassen (Kap. 2.3.5). Diese Möglichkeit wird in FuB sogar explizit abgewiesen, indem Blanscheflurs Mutter schon als schwangere Witwe eingeführt wird (v. 430 f.), so dass die Szene, in der Fenix sie als merkmalsgleich (adlig und schön) identifiziert und sie, da sie ihm *deste baz* gefällt (v. 473), *durch minne* mitzunehmen beschließt (v. 475), gerade nicht als Vorstufe einer (unerzählten) Minnebeziehung zwischen Gleichen gesehen werden kann. Die Frauenfreundschaft und die ‚Quasi-Zwillingschaft' ist die Alternative zum ‚heterosexuellen' Seitensprung, der Flore und Blanscheflur zu natürlichen Geschwistern machen könnte – nicht alle Versionen schließen dies aus.[39] Die aufgrund ihrer Merkmalsgleichheit

---

36 Vgl. ähnlich Bendheim/Schuh, Lebenswege (2017), S. 112, sowie Waltenberger, Diversität (2003), S. 27: „Wenn er [Fenix] dabei ihrem [Blanscheflurs Mutter] Gesicht die edle Abstammung ablicst [...], dann impliziert dies ein die Religionsdifferenz transzendierendes (An-)Erkennen adliger Körperlichkeit und präludiert auf diese Weise die Identitätsfigur, die sich kontrastiv von der in der Vorgeschichte exponierten Differenz abhebt und das semantische Gefüge der Hauptgeschichte prägt, das Motiv nämlich der Quasi-Zwillingschaft des Heldenpaares [...]."

37 *ir hâte ez got alsô beschart, | der uns dicke tuot wunders vil, | daz rehte an dem selben zil | was ouch sî worden kindes haft.*

38 Aller Entdifferenzierung zum Trotz ist der ideologische Rahmen des Erzählens durchweg ein christlicher, wie sich auch an der Geburtsbeschreibung beobachten lässt. Dazu erläutern Bendheim/Schuh, Lebenswege (2017), S. 108: „[D]er *kristæne* [wird] nicht nur morpho-syntaktisch über die Initialposition im Satz eine Vorrangstellung zugesprochen [...], sondern sie [gebiert] auch eine Tochter [...] *als ez got gebôt* (FB, V. 582), während der Erzähler über das [...] an zweiter Stelle genannte *ander kint* (FB, V. 584) keine Aussage trifft. [...] [U]nd auch die Freude über die Geburt des Heidenjungen beschränkt sich auf das intradiegetische Figurenpersonal."

39 Eine inspirierende Lektüre zur mittelenglischen Version (um 1250) legt zu diesem Thema Heffernan, Orient (2003), S. 83–107, vor. Weil alle vier Handschriften der englischen Version der Geschichte den Anfangsteil nicht überliefern und der Vater Blauncheflurs damit voll-

naheliegende Sympathie zwischen Verwandten (Kap. 2.3.3) wird hier also von dem paradoxen Problem befreit, dass diejenigen, die sich am meisten ähneln – Geschwister – aufgrund des Inzesttabus einander nicht lieben dürfen (Kap. 2.3.5). Flore und Blancheflur sind als positive Zwillingsfiguren wie füreinander geschaffen, weil ihr gemeinsamer Ursprung vorhanden, aber keiner des Blutes ist.[40] Ihre im Handlungsverlauf sich einstellende auch physiognomische Ähnlichkeit, von der außenstehende Figuren zuweilen darauf schließen, dass die beiden Geschwister seien, unterstreicht ihr Dasein als ‚Quasi-Zwillinge' zusätzlich, auch mit Blick auf den historischen Zwillingsdiskurs, in dem etwa die hippokratischen Schriften die Ähnlichkeit zwischen Zwillingen unter anderem auf das gleichzeitige Entstehen und die gemeinsame Geburt zurückführen (Kap. 2.3.4).

Im weiteren Verlauf dieser ersten Handlungsexposition werden die Ähnlichkeiten zwischen den Müttern und zwischen den Kindern weiter betont: Die Frauen erholen sich exakt zur selben Zeit wieder von der Geburt (v. 589 ff.) und, obschon nur Blancheflur christlich getauft wird, erhalten *beide* Kinder Blumennamen, die mit dem heilsgeschichtlich bedeutsamen Tag ihrer Geburt zusammenhängen: Man habe das Mädchen darum Blancheflur genannt, *wan der tac heizet blanscheflôrîe, | dô sî und des küniges amîe | nider kâmen beide sant* (v. 595 ff.).[41] Indem auch das nicht-christliche Kind einen Blumennamen erhält, wird einerseits eine weitere Merkmalsgleichheit erzeugt, andererseits aber auch sein Name, *Flôre* (v. 598), an den Tag *blanscheflôrîe* geknüpft und seine spätere Taufe so namenssymbolisch vorweggenommen.[42]

---

kommen unbekannt bleibt, bietet sich eine Lektüre, die die Merkmalsgleichheit zwischen den Liebenden auf einen gemeinsamen Vater zurückführt, mindestens als Experiment durchaus an. Die altfranzösische Version sorgt gegen derartige Lesarten vor: Blancheflors Mutter, die beide Kinder erzieht, wird nämlich verboten, dass sie Floire stillt – die Begründung bezieht sich offenbar auf das Tabu einer sogenannten ‚Milchverwandtschaft', vgl. mit weiterer Literatur Eming, Emotion (2006), S. 132.

40 Von einer „Quasi-Zwillingsschaft" spricht Waltenberger, Diversität (2003), S. 27 und S. 29. Zu Ehepaaren der höfischen Literatur, die wie Geschwister aufwachsen, vgl. Schmid, Blutsverwandtschaft (1980), insbesondere S. 45. In ihren Minnedialogen im Baumgarten wählt Blancheflur dementsprechend einen Vergleich, um ihre Liebe zu Flore zu beschreiben, der mit dem semantischen Feld der Verwandtschaftsliebe operiert: Ein Kuss Flores sei ihr noch mehr wert als einem Kind die Muttermilch (v. 796–801).

41 Vgl. zur Verknüpfung zwischen Namen und Palmsonntag Putzo, Flore (2015), S. 534, sowie McCaffrey, Identity (1998), S. 133.

42 Vgl. Velte, Erzählstrategien (2019), S. 154.

3.1.1.2 Stille der Einheit. Die Liebe zwischen Merkmalsgleichen

Die Dynamik der Differenz, die die *chanson de geste*-Handlung der Elternvorgeschichte zunächst mit sich bringt, wird mit der Frauenfreundschaft überwunden. Mit der Geburt der Kinder beginnt nun ein Handlungsteil, der von auffallender Handlungsarmut geprägt ist, die direkt mit der Betonung von Ähnlichkeit zusammenfällt. Zunächst werden auch bei den Kindern Merkmalsgleichheit und Sympathie in einen Zusammenhang gebracht: Bereits in ihrer Wiege verlieben sich die ‚Quasi-Zwillinge' ineinander (v. 599 ff, v. 606 f.) und sind *ungescheiden aller dinge* (v. 600) in ihrer geschlechtslosen Kinderminne,[43] die auch nicht den geringsten ‚Anflug' von Differenzierung zulässt: Beide stechen, durch den Einfluss des Liebesgottes (v. 610 f.), *gleichermaßen* unter den anderen Kindern als gebildet und weise hervor (v. 613–626),[44] doch seinem Vater zufolge soll nur Flore eine Schulbildung erhalten. Nachdem dieser Fenix unter Tränen darum gebeten hat, stimmt der König einem weiteren *gleichen* Werdegang der Kinder zu: „[...] *ich will dîne vriundîn | heizen lêren alse dich*" (v. 658 f.).

Ab diesem Zeitpunkt verläuft ihr Leben ereignislos und nur der gegenseitigen Liebe unter Gleichen gewidmet.[45] Die Erzähler*in unterstreicht diesen Konnex aus Gleichheit und Gleichförmigkeit formal in zweierlei Weise, und zwar einerseits indem sie die Kinder fast durchgängig gemeinsam, in der 2. Person Plural, benennt,[46] und andererseits, indem sie den iterativ erzählten, immergleichen Tagesablauf (besonders ab v. 743) mit entsprechenden temporalen Adverbien und Subjunktionen versieht: *Wann immer (swenn,*

---

43 Ihre Liebe ist ausdrücklich noch nicht vom Wissen über jene Minne beeinflusst, die sich, der heteronormativen Textwelt entsprechend, zwischen Personen *unterschiedlichen* Geschlechts ergeben kann: *Ir gebiurde des verjach | daz si ein ander minneten | und sich niht versinneten | waz minne wære und ir gebot* (v. 605–609). Auch wenn der Begriff der *natûre/nature*, anders als im französischen Prätext (vgl. dazu Waltenberger, Diversität (2003), S. 28), nicht explizit genannt wird, scheint die sich sofort einstellende Zuneigung auf Bedingungen zurückzugehen, die unabhängig vom sozialen Umfeld und so vermutlich in ihrer ‚inneren' Merkmalsgleichheit begründet sind. Waltenberger, Diversität (2003), S. 40, hat zwar dahingehend Recht, dass externe Faktoren bei Fleck ins Zentrum rücken (der Liebesgott, das Buch über die Minne), aber dass durch den Einfluss des *minnen got* (v. 610) die „Identitätsfigur der Quasi-Zwillingschaft in ihrer Funktion als Gegengewicht zum Religionsunterschied nachhaltig geschwächt" werde (ebd., S. 41), leuchtet mir nicht ein. Zur ‚Natur' als *causa amoris* vgl. v. a. Schnell, Causa (1986), S. 286–321.

44 Eming, Emotion (2006), S. 130 f., sowie Waltenberger, Diversität (2003), S. 27, sehen dies als Zeichen ihrer Passung auch im sozialen Status. Zwar kann gleiche Bildung, wie etwa in Gottfrieds ‚Tristan', durchaus die Passung zweier Figuren anzeigen, aber Gelehrtheit scheint mir nicht unbedingt ein notwendiges Merkmal adliger Identität darzustellen, vgl. etwa den Überblick bei Bumke, Kultur (2008), S. 381–430.

45 Vgl. dazu auch Egidi, Immergleiche (2002), S. 140–144.

46 Vgl. v. 663, v. 664, v. 671, v. 680, v. 684, v. 686, v. 688, v. 689, v. 690, v. 699, v. 702, v. 704 u.v.a.

v. 749) sie zur Schule gehen, sind sie glücklich und küssen sich *unendlich oft* (*tûsentstunt*, v. 753); wenn (*sô*, v. 756) sie dann die Schule wieder verlassen, gehen sie in einen Baumgarten, in dem jegliche zeitliche Begrenzung aufgehoben zu sein scheint, denn die Vögel auf den Bäumen singen dort *immer* (*ze aller zît*, v. 760) – ein Verweis auf einen ewig anhaltenden Frühling, der sich auch in den Blumennamen der Kinder manifestiert; auf einer Blumenwiese, über die sie sich, *wann immer* sie darauf sitzen (*swann*, v. 771), freuen, speisen sie dann *tagtäglich* (*aller tegelich*, v. 769). In ihren Minnedialogen[47] plaudern sie über die täglich erneuerte Liebe zueinander (v. 778 f.) und schließlich resümiert die Erzähler*in: *diz waz spâte unde vruo | ir beider gewonheit. | daz heiz ich liep âne leit.* (v. 804 ff.).[48]

Verknüpft werden auf diese Weise die gegenseitige Liebe unter Merkmalsgleichen, deren Differenzen in diesem Raum bedeutungslos sind,[49] mit endloser Wiederholung und reiner Freude – ein Liebesidyll, das so vollkommen erscheint, dass es den Ausführungen in den Minnebüchern der Protagonist*innen eigentlich nicht entspricht, denn zu dieser Minne gehören Glück *und* Leid.[50]

Das Fehlen von Leid, Zeit und Differenz aber ist im mittelalterlichen Christentum nur in der Einheit Gottes denkbar, da dort die vollkommene Ununterschiedenheit herrscht (Kap. 2.2.2.1). Mit Aelred von Rievaulx war dieser Zustand dem Menschen nur im Paradies vergönnt, als die Gleichheit der ersten Menschen noch eine leuchtende Spiegelung der göttlichen Einheit darstellte (Kap. 2.4.4.7). Diese paradiesische Ursprünglichkeit ihrer Liebe unterstreicht die Erzähler*in auch, indem sie die Liebenden bis zu ihrer Eheschließung als einfältige Kinder darstellt[51] – eine Zuschreibung, die etwa das ‚Granum Sinapis' (Kap. 2.2.4.4) als Gottesnähe preist. Dieses semantische ‚Framing' der Liebe unter Ähnlichen scheint mir bedeutsam: Der *locus amoenus* des Baumgartens wird damit zu einem Wunschort, der allem Weltlichen,

---

47 Vgl. zu deren Funktion als modellhaftes Durchspielen von Minnekommunikation zur „Habitualisierung des höfischen Minnecodes" Eming, Emotion (2006), S. 133–136, hier: S. 135.
48 Darüber hinaus verschmilzt hier, wie Egidi, Implikationen (2005), S. 177 f., hervorhebt, auch die Unterscheidung zwischen Liebeserfahrung und Literatur, was zugleich eine thematische „Fortsetzung der Aufführungssituation der Rahmenerzählung" (S. 178) darstellt. Vgl. auch dies., Immergleiche (2002), S. 143.
49 Vgl. auch Bendheim, Wechselrahmen (2017), S. 172.
50 In den Büchern über die Minne, die sie in der Schule lesen, erfahren sie von den beiden Seiten der Minne: *dâ bî vunden sie geschriben | wie manigem der nâch minnen ranc | missegie und ouch gelanc. | maniger was verdorben, | maniger hâte liep erworben […] | wie rehte hôch gemüete gît | diu minne etewenne, | doch sî aber denne | gebiutet daz man trûre. | daz ist ir natûre, | daz sî den minnære | machet mit grôzer swære | sêre wunt, dâr nâch heil, | dicke trûric, denne geil, | dicke riuwic, dar nâch vrô […].* (v. 718–737).
51 Vgl. zu diesem Aspekt Dahm-Kruse, Minne (2016), S. 363 ff. Ähnlich bereits Wandhoff, Ekphrasis (2003), S. 248 f.

das sich durch Unterschiede, Vergänglichkeit und den Wechsel zwischen Freude und Leid auszeichnet, enthoben ist.

Zusammenfassend lässt sich feststellen, dass die beiden Handlungsexpositionen (Elternvorgeschichte, Kinderminne) den Dualismus zwischen paradiesischer Ähnlichkeit und nach-paradiesischer Differenz auffächern, den es zu überwinden gilt, und zwar als umgekehrte Chronologie der Heilsgeschichte: Die *Vorgeschichte* präsentiert eine Menschheit, die von Differenz und Feindschaft, von Wechsel und Dynamik geprägt ist. Ähnlichkeit aber – in diesem Fall die Ähnlichkeit wahrnehmbaren Adels – ermöglicht eine Brücke zwischen den Verschiedenen. Das Kinderliebespaar präsentiert dagegen den Zustand irdisch weitest möglicher Einheit, nämlich die reziproke Liebe unter Merkmalsgleichen, deren verbleibende Differenzen (Status, Geschlecht, Glaube) ausgeblendet und die als ewige Wiederholung des Immergleichen dargestellt wird. Dabei wird die Kinderminne in die Nähe eines paradiesischen Idealzustands gerückt, der die weitere Handlung präfiguriert. Das Paradies bleibt auf Erden nämlich stets prekär und ist nur als vergangene und erhoffte Utopie greifbar, um deren Wiedererlangen man sich bemühen muss. Die Sehnsucht, der irdischen Differenz, dem ‚Gestaltengewimmel' (Kap. 2.2.2.1), zu entkommen und in der göttlichen Einheit aufzugehen, wird hier, wie in den Hohelied-Auslegungen des 12. Jahrhunderts und entsprechenden mystischen Texten (Kap. 2.2.2.2), aber auch in Morungens ‚Narzisslied' (Kap. 2.2.4), personalisiert bzw. auf weltliche Beziehungen übertragen, deren entdifferenzierende Kraft das Paar, wie bei ʿAttar die Vögel (Kap. 1.3), dem Einen näher bringt.

3.1.2 Ähnlichkeitsnormen in ‚Flore und Blancheflur'

3.1.2.1 Heilsame und gewaltsame Entdifferenzierung. Expositionen

Der Blick auf die Inszenierung von Ähnlichkeit im Anfangsteil des Romans zeigt, dass wir es hier nicht mit fehlender, sondern mit einer Motivation von hinten zu tun haben: Die doppelte Handlungsexposition führt in das Sujet des Romans ein, nach dem das paradiesische Ideal der leidlosen Liebe unter Ähnlichen mit der irdischen Welt der Differenzen in Konkurrenz tritt. Denn das vermeintliche Idyll zerbricht: Fenix' Reich und die Grundlage seiner Dynastie beruhen auf einer Ordnung der Unterschiede im Glauben und Status – was für die Kinder ein göttliches Paradies und eine ‚heilsame Entdifferenzierung' bedeutet, ist für seine Welt gefährlich (Kap. 1.8.1), bedroht die Tilgung dieser Differenzen doch das Fundament der Zugehörigkeit zum *‚heidnischen' Adel*. Als der König darum beginnt, die

Liebe zwischen den Kindern als Problem wahrzunehmen, erzeugen die nun wieder mit Bedeutung versehenen Differenzen Dynamik: Girards Diktum entsprechend, dass fehlende Unterscheidungen gewalttätige Handlungen zur Reorganisation der auf Unterscheidungen beruhenden Ordnung nach sich zögen, gedenkt Fenix das Problem durch eine Enthauptung Blancheflurs zu lösen (v. 913 ff.).

Diese Dynamisierung der Handlung lässt sich geradezu idealtypisch mit Butlers Ähnlichkeitsnormen (Kap. 1.8.2), Mitchells und Snyders Erzählprothesen bzw. Lotmans Konzept sujethaften Erzählens (Kap. 1.8.3) beschreiben: Im spanischen Reich herrscht eine Ähnlichkeitsnorm, die voraussetzt, dass der Adlige die Adlige und der ‚Heide' die ‚Heidin' ehelicht. Eine (‚asexuelle') *Freundschaft* zwischen Ungleichen wird solange toleriert, solange sie diese Ähnlichkeitsnorm nicht grundlegend bedroht. Erst als der König erkennt, dass sein Normengefüge zur Diskussion steht, weil eine Ehe zwischen ‚Ungleichen', anders als eine homosoziale Freundschaft, dynastische Folgen hätte (v. 902–904), wird den Differenzen zwischen Flore und Blancheflur eine negative Bedeutung zugeschrieben: Blancheflurs Christentum und ihr niedrigerer Status werden in der Ähnlichkeitsnorm des spanischen Königreichs unter Fenix zur negativen Abweichung, zur erzählenswerten und handlungsantreibenden Differenz.[52]

Die Handlung des Romans inszeniert sich dann als Weg zur Auflösung dieser aus Sicht des ‚heidnischen' Königs problematisch gewordenen Differenz (allerdings zuungunsten der Ähnlichkeitsnorm des ‚heidnischen' Königreichs). Es werden nun zunächst verschiedene Erzählalternativen durchgespielt, wie sie das Modell der ‚Erzählprothesen' beschreibt: Den Möglichkeiten, den Träger der unzulässigen Abweichung auszulöschen oder abzuschieben, entspricht Fenix' Idee, Blancheflur zu enthaupten, und der Gegenvorschlag seiner Ehefrau, sie zu verkaufen. Final wird sich narrativ ein dritter Lösungsweg behaupten, wie ihn auch Mitchell/Snyder und Lotman skizzieren, nämlich eine Verschiebung der Norm selbst: Der Repräsentant der alten Ordnung, Fenix, stirbt, Flore lässt sich mit allen Untertanen taufen und das Paar gründet als Großeltern Karls des Großen eine Dynastie, nach deren Ähnlichkeitsnorm Christentum und sichtbarer Tugendadel entscheidend sind.

---

52 Vgl. auch Altpeter-Jones, Alterity (2012), S. 277.

3.1.2.2 Flôre was ein heiden. Die Ähnlichkeitsnorm der Prologe

Diese Lösungsoption wird in den beiden Prologen (v. 1–146, v. 273–358) vorweggenommen, die eine Ähnlichkeitsnorm etablieren, nach der die Gleichheit der inneren Tugendhaftigkeit – die sich schließlich als statusentscheidend erweist – und die Gleichheit des christlichen Glaubens vorausgesetzt und diese beiden Merkmale direkt miteinander verknüpft werden.[53] Der erste Prolog schweigt noch von den Differenzen zwischen den Liebenden, deren Geschichte er ankündigt, und reflektiert über die *hohiu minne* (v. 92) als jene Kraft, die zum tugendhaften Handeln befähige (v. 1–25, v. 72–77), das die Voraussetzung himmlischen Lohns sei (v. 56–66).[54] Erst der zweite Prolog konkretisiert dies im Hinblick auf die Geschichte von Flore und Blanscheflur.[55] Wir erfahren zunächst, dass Minne, die ohne Leid nie zu haben sei (v. 279–290), *stæte* (v. 277, v. 284, v. 305) und *triuwe* (v. 305) fördere. Als Beispiel einer solchen Minne werden nun die Protagonist*innen des Romans gepriesen (v. 291–307), von deren Idealität allerdings nur als entdifferenzierende Geschichte gesprochen werden kann:

Flôre was ein heiden,
Blanscheflûr kristæne.
iedoch nieman wæne
daz ir leben wære misselich,
wanne Flôre hiez sich
toufen durch die minne
Blanscheflûren sîner vriundinne,
die er minnete sêre.
(v. 324–331)

Die Annahme der Binnenerzählerin, die Glaubensdifferenz könne von den Rezipient*innen als *misselich* verstanden werden, verweist auf eine dementsprechende Ähnlichkeitsnorm. Dass das Paar dennoch zum Vorbild taugt, erläutert sie nun mit einer dreifachen Kausalkette, deren Anfang sie in der Zwillingshaftigkeit des Paares sieht: Die Entdifferenzierung zur Ähnlichkeitsnorm des Prologs hin – Flores Taufe – ist die Voraussetzung der Idealität des Paars, die Taufe wiederum kommt dank der *minne* zustande (v. 328 ff.) und Grundlage dieser Minne scheinen die Merkmalsgleichheiten des Geburts-

---

53 Vgl. zu den Prologen v. a. Egidi, Implikationen (2005), S. 167–173, Putzo, Flore (2015), S. 20–24, und Bendheim, Wechselrahmen (2017), S. 109–125.
54 Vgl. Putzo, Flore (2015), S. 23.
55 Vgl. Bendheim, Wechselrahmen (2017), S. 123.

tages, Geburtsortes und des Aufwachsens zu sein, mit deren Beschreibung der Prolog darum schließt:

> *Diu zwei von den ich iuch sage*
> *wurden geborn an einem tage*
> *in einem hûse ze einer stunt:*
> *daz ist wizzenlîche kunt.*
> *eine amme zôch sie beide* […].
> (v. 347–351)

Damit führt der Prolog die Unterscheidung zwischen Christentum und ‚Heidentum' als relevante Differenzkategorie für den Text ein. Interessanterweise wird dieser Eindruck mit Blick auf die Figur, die hier spricht, unterminiert: Der eindeutig christliche Erzähler des ersten Prologs nämlich führt eine zweite Erzählerin ein, die als Prinzessin von Karthago eigentlich nur als ‚heidnisch' identifiziert werden kann,[56] die aber dennoch dieselben Werte predigt wie der christliche Rahmenerzähler:[57] Zwei unterschiedliche und doch ähnliche Stimmen erzählen die Geschichte eines unterschiedlichen und doch ähnlichen Paars.

3.1.2.3 Glaube, Status und Geschlecht. Differenzkategorien im Roman

Dieser unsichere Befund über die Zugehörigkeit der Erzählinstanz gilt auch für die erzählte Handlung. Drei wesentliche Differenzen zwischen den Figuren werden ausdrücklich und mehrmals benannt (Glaube, Status, Geschlecht), die für den Handlungsverlauf relevant sind und vorübergehend (Geschlecht) oder am Ende gänzlich aufgelöst werden (Status, Glaube).

---

56 Zumindest spricht m.E. nichts dafür, dass der Verweis auf Karthago (v. 258) von den mittelalterlichen Rezipierenden hätte anders bewertet werden können denn als Zeichen ihres nicht-christlichen Glaubens. Auch Dahm-Kruse, Minne (2016), S. 367f., geht von einer ‚heidnischen' Sprecherin aus. Kolmerschlag, Interpretation (1995), S. 44–53, und Winkelman, Florisromane (2010), S. 345, verweisen außerdem darauf, dass Karthago den Roman in die Nähe des ‚Eneasromans' rücke und damit an die tragische Liebesgeschichte Didos erinnere.

57 Zwar muss die Geschichte von Flore und Blanscheflur eigentlich als eine Binnenerzählung durch die karthagische Königstochter bewertet werden, die mit direkter Rede eingeleitet wird (v. 270–272). Doch die Binnenerzählung wird am Ende nicht im Rahmen aufgelöst und beim Epilog scheint spätestens wieder der männliche Erzähler erster Ordnung zu sprechen (v. 7971–7975). Zugleich zeugt etwa die *descriptio* Blanscheflurs tendenziell von einem ‚heterosexuell'-männlichen Blick (beredte Aussparung der Beschreibung der primären Geschlechtsmerkmale, Ausführlichkeit der Beschreibung), wie er uns auch in anderen Texten begegnet. Vgl. dazu auch Dahm-Kruse, Minne (2016), S. 367f. Auf den Rahmen der Erzählung komme ich in Kap. 3.1.6 noch einmal zurück.

Dabei hat sich die Forschung immer wieder schwer damit getan, eindeutig zu definieren, welche Differenz sich im Text als besonders handlungsauslösend erweist, weil sie die Trennung herbeiführt.[58] Erst in letzter Zeit haben Amelie Bendheim und Dominik Schuh herausarbeiten können, dass eine eindeutige Beantwortung dieser Frage nicht gelingen kann, weil verschiedene Kategorien in den ambivalenten Figuren zusammentreffen und das „Wechsel- und Zusammenwirken [...] die Eindeutigkeit dieser Kategorien [...] relativiert".[59] Ich möchte diesem Befund noch das Argument hinzufügen, dass eine Vielzahl von *Perspektiven* zur Ambivalenz der Gesamtbewertung beiträgt: Zwei nicht voneinander unterscheidbare, aber dennoch verschiedene Erzählinstanzen und unterschiedliche Figuren stellen unterschiedliche Differenzen als relevant heraus. Die entsprechenden Aussagen über die drei wesentlichen Differenzkategorien möchte ich im Folgenden kurz herausarbeiten.

Den **Glaubensunterschied** zwischen den Protagonist*innen führt die ‚heidnische' Erzählerin, wie erwähnt, schon im Prolog der Binnenerzählung als Problem ein (v. 324f.), um im nächsten Satz anzukündigen, dass die Minne diesbezüglich eine entdifferenzierende Wirkung habe (v. 328f.). In der Elternvorgeschichte führen Glaubensdifferenzen dementsprechend zu Gewalt, die allerdings durch die Sympathie aufgrund der Merkmalsgleichheit des Adels eingedämmt werden kann.[60] Die Verknüpfung der Geburt der Kinder mit dem Palmsonntag verweist dann zumindest darauf, dass die Christianisierung des ‚heidnischen' Flore von Relevanz ist. Im Handlungsverlauf hingegen zeitigt die Glaubensdifferenz keine gleichermaßen starke Wirkung, wie der Prolog und die Elternvorgeschichte anzukündigen scheinen: Sie wird von den entscheidenden Akteur*innen, Fenix bzw. seiner

---

58 Für den Glaubensunterschied als entscheidende unzulässige und darum handlungsantreibende Differenz sprechen sich tendenziell folgende Autor*innen aus: Altpeter-Jones, Alterity (2012), S. 277, Eming, Emotion (2006), S. 126, Grieve, Floire (1997), S. 5f, allerdings insbesondere mit Bezug auf Boccacios ‚Filocolo' und einer spanischen Prosaversion, Jackson, Religion (1969), S. 17, McCaffrey, Identity (1998), S. 133ff, Waltenberger, Diversität (2003), S. 41, der die religiöse Differenz gerade in Flecks Version im Vergleich zur französischen als bedeutsam hervorhebt, sowie Winst, Sameness (2013), S. 136. Für die im Status als entscheidende Differenz plädieren hingegen Calin, Flower (1964), S. 612, Classen, Suffering (2011), S. 612, und Egidi, Immergleiche (2002), S. 145. Die wenigsten Autor*innen aber sprechen einer der anderen Differenzen jegliche Bedeutung ab. Die geschlechtliche Differenz zwischen den Liebenden fand bislang als handlungsauslösende Differenz keine Beachtung, sondern wurde meist als Zeichen der Prädestination und Annäherung trotz der anderen Differenzen, verstanden, vgl. dazu McCaffrey, Identity (1998), und Schulz, Erkennen (2008), S. 179–189.
59 Bendheim/Schuh, Lebenswege (2017), S. 118.
60 Diese mündet allerdings nicht in der Taufe der ‚Heid*innen', denn die Geschichte der nachfolgenden Generation steht zur Elternvorgeschichte im Verhältnis einer *gesteigerten* Wiederholung. Vgl. dazu auch Bendheim/Schuh, Lebenswege (2017), S. 112.

Ehefrau, eher nebenbei und implizit als Trennungsgrund angeführt (v. 902–904, v. 1446–1449, v. 2530)[61] und von Blanscheflur sogar als gänzlich irrelevant abgetan (v. 1784f., v. 1808), weil die reziproke Minne höher zähle (v. 1781ff., v. 1809) und auch der ‚Heide' Flore ein Geschöpf Gottes sei (v. 1845).[62] Zwar verweisen Kommentare mehrerer anderer Figuren darauf, dass die Trennung des Liebespaars Glaubensdifferenzen zur Ursache habe (v. 3085ff., v. 3440, v. 3558) und Flores Taufe am Ende hebt diese Differenz noch einmal als relevant hervor.[63] Aber was der Prolog und der erste Teil der Elternvorgeschichte versprechen – einen Roman, der sich im *Wesentlichen* um ein Liebespaar und seine Differenz im Glauben dreht, vergleichbar mit Wolframs ‚Willehalm' (Kap. 3.3.1) oder Ulrichs ‚Wilhalm von Wenden' (Kap. 3.4) –, hält die Haupthandlung so nicht ein. Hier wird die Glaubensdifferenz vielmehr *verhältnismäßig* klein, durch die Kommentare von Nebenfiguren und Flores Taufe aber präsent gehalten.[64]

Andersherum verhält es sich mit der **Differenzkategorie des sozialen Status**: Diese wird im Prolog überhaupt nicht erwähnt, spielt aber für den Handlungsverlauf eine zentrale Rolle. Fenix bzw. seine Ehefrau begründen die Trennung mehrmals explizit mit einem Verweis auf die Statusdifferenz (v. 868–875, v. 902–904, v. 2530–2534, v. 2621–2627),[65] worüber Blanscheflur sich im Klaren zu sein scheint (v. 1794–1797, v. 7122–7129).[66] Letztere macht dabei aber (implizit) eine Relativierung dieser Differenz aus:

---

61 Zumindest verstehe ich so den Verweis Fenix' darauf, dass er sich für seinen Sohn lieber eine Frau *von unser ê* (v. 904) wünsche. Vgl. ähnlich Dahm-Kruse, Minne (2016), S. 381, Anm. 70, anders Classen, Suffering (2011), S. 607. Nicht wirklich explizit in diese Richtung weist auch Fenix' Vorwurf, die *kristæne* habe seinen Sohn verzaubert (v. 1446–1449), sowie der Bericht der Königin darüber, warum man Blanscheflur verkauft habe, in dem sie diese als *kristæne*[ ] bezeichnet (v. 2530) – um im nächsten Moment ein Statusargument anzuführen (v. 2530–2535).

62 Dieses Argument findet sich in literarischen Texten des 13. Jahrhunderts, die Glaubensdifferenzen zum Thema haben, gelegentlich, so etwa im ‚Willehalm' Wolframs von Eschenbach (Kap. 3.3.1) und im ‚Wilhalm von Wenden' Ulrichs von Etzenbach (Kap. 3.4).

63 Waltenberger, Diversität (2003), S. 35f., merkt zu Recht an, dass durch Flores Taufe am Ende „die Wahrnehmung der grundsätzlich harmonisch angelegten Erzählwelt der Hauptgeschichte durch eine [...] Aktualisierung der seit der Vorgeschichte suspendierten Differenz auf irritierende Weise gebrochen" wird. Im Verhältnis zum französischen Text, in dem Flore alle, die sich nicht taufen lassen, umbringen lässt, schwächt Fleck dieses Moment allerdings erheblich ab.

64 Vgl. McCaffrey, Identity (1998), S. 134, und Altpeter-Jones, Alterity (2012), S. 281.

65 Besonders deutlich wird dies in v. 2621–2627: *swie dicke er* [Fenix] *im* [Flore] *gebieze | daz er ez durch sînen willen lieze | und er næme die wal | in dem lande über al | und ein wîp nâch sîme willen næme | diu sîme adele baz gezæme | an schœne und an gebürte* [...].

66 Dementsprechend hält sie ihrem Geliebten, als er nach Muntore aufbricht, den Steigbügel (v. 1346–1350) – der Stratordienst ist ein klassisches statusbeschreibendes Herrschaftsritual im Hochmittelalter.

> *wir sín geboren ungelîche*
> *wan er ist eines küniges kint,*
> *sô enweiz ich wer mîn mâge sint,*
> *biderbe oder smæhe.*
> (v. 1794–1797)

Dass Blanscheflur die Statusdifferenz auf ihre Unwissenheit über ihre Herkunft zurückführt, deckt sich mit dem Wissen der Rezipierenden, denn über die Herkunft ihres Vaters lässt uns die Erzählinstanz im Dunkeln – anders etwa als in den Geschichten vom ‚Schwanenritter'[67] wird diese wichtige Leerstelle im Text kaum thematisiert und bleibt seltsam unbegründet.[68] Über Blanscheflurs sozialen Status wissen die Rezipierenden nur, dass sie erstens aus einem Grafengeschlecht stammt, das Paar, zweitens, als zukünftige Großeltern Karls des Großen ein kaiserliches Geschlecht begründen wird (v. 304–318) und drittens – und vor allem – Blanscheflur und ihre Mutter überhaupt nur darum noch am Leben sind, weil Flores Eltern den *Adel* ihrer Mutter wahrgenommen haben. Nicht nur ihr Überleben, auch der soziale Aufstieg von Mutter und Tochter hängen maßgeblich davon ab, dass ihr Tugendadel am Körper ablesbar ist: Blanscheflur zeichnet sich gegenüber Flore „nicht durch Ebenbürtigkeit, sondern durch Ebennatur" aus.[69] Ihre ansonsten weitgehende Merkmalsgleichheit zu Flore – auch ihres Körpers (s.u.) – ist Zeichen ihrer Herrschaftsfähigkeit, die sich nicht aus ihrer Herkunft erklärt.

Das Gesamtbild bleibt ambivalent: Während die Glaubensdifferenz im Prolog, in der Elternvorgeschichte, am Ende des Romans und von Nebenfiguren als eine unzulässige Differenz dargestellt, von den entscheidenden Figuren selbst aber kaum thematisiert wird, gilt für die Statusdifferenz genau das Gegenteil. Ob dieser Befund als erzählerischer Mangel oder als intentionale Multiperspektivität zu bewerten ist, vermag ich nicht abschließend zu entscheiden. Reizvoller wäre wohl die Annahme, dass das Spiel mit Perspektiven die Irrelevanz ‚weltlicher' Differenzen hervorhebt, wenn die inneren Tugenden dieselben sind, und den einen zum potentiellen Christen, die andere zur potentiellen Kaiserin ‚aufsteigen' lässt.

---

[67] Es ließe sich allerdings fragen, inwiefern nicht auch hier die unbekannte Herkunft Blanscheflurs damit zu begründen ist, dass die Dynastie, die sie als Großmutter Karls des Großen begründen soll, Spitzenahnen benötigt, deren „Herkunftslosigkeit", wie Strohschneider, Ur-Sprünge (1997), S. 135, zu Konrads ‚Schwanritter' schreibt, „allenfalls durch mythische und heroische Qualifikation aufgefangen werden kann."

[68] Vgl. zu den nicht auserzählten Geschichten in Flecks FuB insgesamt Störmer-Caysa, Enden (2013), zu Blanscheflurs Vater S. 329–332.

[69] Vgl. ebd., S. 332.

Die dritte Differenz zwischen Flore und Blanscheflur, sie ist *tohter*, er ist *sun* (v. 583 f.), ist in der heteronormativen Welt der mittelalterlichen Kultur und Literatur eine positive Voraussetzung für die Ehe und damit für keine der Ähnlichkeitsnormen (Prolog/Liebespaar vs. Fenix' Reich) ein grundsätzliches Problem. Trotzdem kommt ihr in der Romanhandlung eine zweifache Bedeutung zu: Einerseits sind die Differenzen im Glauben und Status für Fenix erst dann ein Problem, als er befürchtet, Flore könnte Blanscheflur zur Frau wollen, er ihre Liebe also als eine potentiell ‚heterosexuelle' wahrnimmt. Andererseits erhält die Geschlechterdifferenz insofern eine besondere Funktion, als sie immer wieder unterlaufen wird (Kap. 3.1.5.3).[70] In der zunehmend wahrgenommenen körperlichen Ähnlichkeit der Liebenden wird der ursprünglichen geschlechtslosen und paradiesischen Kinderminne erinnert und die Entdifferenzierung im Status und Glauben präfiguriert.[71]

3.1.2.4 Sujethaftes Erzählen in ‚Flore und Blanscheflur'

Trotz der heterogenen Bewertungen von Status- und Glaubensdifferenzen lassen sich für die Romanwelt zwei voneinander zu unterscheidende Ähnlichkeitsnormen ausmachen. Auf der einen Seite steht das ‚heidnische' Reich, in dem die Ähnlichkeitsnorm gilt, dass Differenzen im Glauben und im Geburtsadel im Falle homosozialer Beziehungen nicht zwingend relevant sind, solange Tugendadel sich am schönen adligen Leib manifestiert, Eheschließungen aber zwischen *‚heidnischen' Adligen* stattfinden müssen. Auf der anderen Seite steht die Ähnlichkeitsnorm der Prologe und der Kindheitsidylle: Hier zählt nur jene zwillingshafte Ähnlichkeit, die sich aus der göttlich gefügten gleichen Tugendhaftigkeit ergibt, die sich am schönen Adelskörper und am christlichen Verhalten ablesen lässt. Die Kollision beider Normen bilden (mit Lotman, Kap. 1.8.3) das ‚Ereignis' des Romans, das ihn sujethaft werden lässt und dessen Handlung herausstellt, dass zwischen den Liebenden *eigentlich* keine Statusdifferenz vorhanden ist, weil auch Blanscheflur von innerem Adel ist, und dass *eigentlich* auch keine Glaubensdifferenz besteht, da Flore von Anfang an als potentieller Christ handelt (Kap. 3.1.5.2).

Dass die Figuren sich nicht wesentlich verändern, ist dabei, anders als Margreth Egidi vermutet, kein Indiz für eine sujetlose Handlung ohne Grenzüberschreitungen.[72] Ihre Analyse basiert zu sehr auf der Annahme, dass die

---

70 Vgl. dazu vor allem Gilbert, Gender (2013).
71 Vgl. auch Schulz, Erkennen (2008), S. 288.
72 Vgl. Egidi, Immergleiche (2002). Eming, Emotion (2006), S. 133–168, zeigt, dass es auf der Ebene der Codierung von Emotionen durchaus zu Veränderungen kommt. Sie schließt zusammenfassend (S. 166): „Zu Beginn des Textes zeigen (junge) Angehörige der höfischen

Überschreitung von Grenzen *semantischer* Felder sich stets als Überschreitung *topographischer* Raumgrenzen darstellen, denn die „Räume können [...] auch rein ideeller Natur sein" und Überschreitungen auch durch (Sprach-)Handlungen vollzogen werden.[73] In FuB liegt die Grenzüberschreitung nicht in der Meerüberfahrt, wie Egidi annimmt,[74] sondern darin, dass die Differenzen zwischen den Liebenden auf einmal als Problem bewertet werden und so die eine Ähnlichkeitsnorm mit der anderen in Konkurrenz tritt. Zwei weitere Grenzüberschreitungen sind die Folge, eine ‚Beinahe'-Überschreitung und eine tatsächliche: In der Annahme, seine Geliebte sei tot, will Flore die Grenze zwischen einem Diesseits und einem Jenseits schlechthin überschreiten und sich mit seinem Tod seiner Geliebten wieder angleichen; als er erfährt, dass sie verkauft worden ist, folgt er ihr nach, bekennt sich damit zur ‚anderen Seite' und verschiebt zum Ende hin die ursprüngliche Grenze, so dass er die ‚heidnische' Ähnlichkeitsnorm absorbiert und ihre Liebe keine unzulässige Überschreitung mehr darstellt.

3.1.2.5 Handlungsübersicht

Auf der Basis dieser Sujetbestimmung als Konflikt zweier Ähnlichkeitsnormen lässt sich die nach zwei Prologen und einer Rahmenerzählung einsetzende Handlung des Romans[75] in fünf Abschnitte unterteilen:[76] In der bereits analysierten doppelten Handlungsexposition, dem ersten Abschnitt (v. 359–859), werden zunächst in der Elternvorgeschichte (v. 359–598) Glaubensdifferenzen scharf herausgestellt, aber durch die Ähnlichkeit im am Körper ablesbaren Tugendadel relativiert, was sich dann in der Erzählung von der Kindheitsidylle (v. 599–859) gesteigert wiederholt. Die Expositionen konfrontieren jene beiden Ähnlichkeitsnormen miteinander, deren Konkurrenz vorübergehend zur Trennung führt, da die eine die dynastische Zukunft der anderen bedroht.

    Gesellschaft ihre Emotionen am Körper, ihre Emotionen drängen zum Ausdruck [...]. Nur für erwachsene Adlige wird es in bestimmten Konstellationen möglich und nötig, Emotionen zu kontrollieren und nicht zum Ausdruck zu bringen. Diese Kodierung von Emotion und Expression wird an der Figur des männlichen Helden im Verlaufe des Textes vom ersten zum zweiten Modell normativ verschoben und als Prozess des Erwachsenwerdens ausgewiesen."

73 Schulz, Erzähltheorie (2015), S. 177.
74 Vgl. Egidi, Immergleiche (2002), S. 147f.
75 Es ist schon gelegentlich bemerkt worden, dass wir es mit einem „recht ausgedehnte[n] Beginnen" zu tun haben, so Egidi, Kunst (2005), S. 172, dazu ausführlich Bendheim, Wechselrahmen (2017), S. 109–192.
76 Ich orientiere mich an der Darstellung von Putzo, Flore (2015), S. 617–637.

Weil im zweiten Abschnitt (v. 860–2906) gerade die Geschlechter-, Status- und Glaubensdifferenzen einer negativen Neubewertung durch Fenix unterzogen werden, muss sich das Liebespaar trennen. Dies geschieht in dreifacher Staffelung: Erleben die Kinder zunächst schon die nur als vorübergehend angekündigte Trennung als Katastrophe (v. 860–1499), so bedeutet die Nachricht, dass Blancheflur tot sei, auch für Flore das Ende seines Lebens: Sein verhinderter Suizid (v. 2123–2906) beim Anblick des Scheingrabs, das das verloren gegangene Paradies als Kunstwerk spiegelt (v. 1500–2122), bringt seine Eltern dazu, Flore die Wahrheit zu sagen, woraufhin dieser beschließt, seiner Geliebten dorthin zu folgen, wohin sie verkauft worden ist – metaphorisch konsequent tut er dies in der Verkleidung eines Kaufmanns.[77]

Der dritte Abschnitt (v. 2907–4582) erzählt von seiner Reise auf Blancheflurs Spuren: Auf drei Stationen gelangt er traumwandlerisch genau dorthin, wo Blancheflur zuvor gewesen ist. Dass die Figuren, denen er dabei begegnet, die Ähnlichkeit zwischen den Liebenden wahrnehmen, hat zur Folge, dass sie ihm wichtige Informationen für seine Weiterreise vermitteln und ihn seinem Ziel näherbringen.

Im vierten Abschnitt (v. 4583–6496) gelangt Flore durch eine ausführlich erzählte List – ein Schachspiel mit einem Turmwächter und zugleich ein Spiel mit dessen Begehren nach Gold und Flores wertvollem Pokal, das am Ende dazu führt, dass der Wächter ihn, in einem Blumenkorb versteckt, in den Turm des Amirals befördert[78] – zu seiner Geliebten und wiederholt mit ihr das idyllische Leben der Merkmalsgleichen im Schulgarten. Doch die beiden werden ertappt und vor Gericht gestellt.

Vom endgültigen Beisammensein und einer abschließenden Auflösung jener Differenzen, die für die Ähnlichkeitsnorm der imaginierten Gemeinschaften im Text unzulässig sind (Glaube und Status), erzählt der fünfte und letzte Abschnitt (v. 6497–7840): Während der Gerichtsversammlung sorgt ihre gleiche Schönheit und ihre reziproke Liebe dafür, dass sowohl das Publikum als auch der Amiral sich ihrer erbarmen und ihre Liebe akzeptieren (v. 6497–7500). Nach einem feierlichen Beisammensein beim Amiral in Babylon (v. 7501–7632) kehrt das Paar zurück nach Spanien, wo der Repräsentant der heidnisch-adligen Ähnlichkeitsnorm, Flores Vater, inzwischen gestorben ist. Flore lässt nun sich und all seine Untertanen taufen, das Paar geht eine Herrschaftsehe ein und wird gekrönt (v. 7633–7840) – die Grenze wird nun neu gezogen, die Ähnlichkeitsnorm des ‚heidnischen' Reichs ist mit ihrem Repräsentanten Fenix untergegangen.

---

77 Vgl. dazu v. a. Altpeter-Jones, Trafficking (2004), sowie dies., Merchant (2011).
78 Vgl. zu der häufig analysierten Episode Schmid, Geld (1997), S. 49 ff., Eming, Emotion (2006), S. 156–161, Kragl, Listen (2015), insbesondere S. 116–124, Altpeter-Jones, Trafficking (2004), S. 161–177, dies., Merchant (2011), S. 15–21,

3.1.3 Das verlorene Paradies. Blanscheflurs Scheingrab

Den Zustand der verloren gegangenen Einheit im paradiesähnlichen Kindheitsidyll setzt der Text noch einmal wirkmächtig im Scheingrab Blanscheflurs in Szene.[79] Die figuralen Nachbildungen Flores und Blanscheflurs vollführen das Programm der *zeitweilig zeitlosen* Minnebeziehung, die den Kindern vorübergehend vergönnt gewesen ist, nun tatsächlich in Endlosschleife: Eine Verbindung aus Zauberei und Windmechanik sorgt dafür, dass die Automatenkinder ihre einstigen Liebeshandlungen – sie lachen (v. 1992), reichen einander Blumen (v. 2002–2007), führen Minnedialoge und küssen sich *mê danne tûsent stunt* (v. 2045) – unendlich oft wiederholen. Hier nun, im Kunstwerk, ist die Liebe zwischen Gleichen tatsächlich auf Dauer gestellt – ein Effekt, der durch die immergrünen Bäume, die um das Grab herum wachsen, unterstrichen wird.[80]

Zwar wird im Kunstwerk selbst die Merkmalsgleichheit zwischen den Nachbildungen Flores und Blanscheflurs nur hinsichtlich ihres reziproken Verhaltens und ihrer goldenen Kronen (v. 2008 f.) – Zeichen ihrer damals gelebten Statusgleichheit – explizit in Szene gesetzt. Doch das Ideal der Ähnlichkeit wird auch im architektonischen Aufbau des Grabmals und seiner Beschreibung deutlich, ruft es doch die Vorstellung einer kosmischen Schöpfungshierarchie (Kap. 2.2.1, Kap. 2.4.4.7) in Erinnerung,[81] an deren Spitze die Differenzlosigkeit – im Falle des Grabmonumentes: das merkmalsgleiche Liebespaar – steht: Der pseudo-dionysischen Vorstellung der Schöpfung als absteigender Abglanz des Lichtes entsprechend (Kap. 2.2.2.1), finden sich auf der unteren Hälfte des Grabes zunächst die unteren Wesen der Hie-

---

79 Vgl. Ridder, Erinnerung (1997), S. 72, sowie Egidi, Implikationen (2005), S. 182, und Dahm-Kruse, Minne (2016), S. 375. Zum Scheingrab, der am häufigsten untersuchten Stelle des Romans, v. a. Belkin, Menschenbild (1971), Ridder, Erinnerung (1997) und Wandhoff, Ekphrasis (2003), S. 302–323, ders., Bilder (2006), Egidi, Implikationen (2005), S. 179–184, Kragl, Bilder-Geschichten (2013), und Dahm-Kruse, Minne (2016), S. 373 ff., zu Intentionen und Wirkungen des Gebildes Eming, Emotion (2006), S. 144–152, und dies., Maschinen (2006), S. 39 ff. Zum Scheingrab im altfranzösischen ‚Floire' auch Waltenberger, Diversität (2003), S. 29 ff., sowie neuerdings zu den selbstreferentiellen Strategien in drei Bearbeitungen des Flore-Stoffs und in diesem Zusammenhang auch zum Scheingrab Velte, Erzählstrategien (2019).
80 Vgl. Egidi, Implikationen (2005), S. 182. Die speziellen Eigenheiten der verschiedenen Bäume verweisen je auf ihre Weise auf das Thema der Zeitlosigkeit: Einer ist in der Lage, Menschen vor dem Altern zu bewahren (v. 2067 ff.), einem anderen kann selbst Feuer nichts anhaben (v. 2072 ff.), während ein letzter Blumen Schutz bietet, die, vom Ablauf der Zeit unberührt, den ganzen Tag Tau tragen (v. 2077 ff.).
81 Auch Waltenberger, Diversität (2003), S. 30, spricht hinsichtlich des Grabmals „aufgrund seiner deskriptiven Ausstattung" von einem „paradieshafte[n] Idealraum kosmischer Gesamtheit, in dem die ‚Wertordnung der Liebe' mit der ‚Naturordnung des Menschen' konvergiert."

rarchie, nämlich die *unterschiedlichsten* Tierarten (v. 1958–1968), die den Glanz des höchsten Lichtes, der Sonne, strahlend spiegeln (v. 1978–1982).[82] Darüber aber, also näher am reinen Licht und näher am ‚Reich der Ähnlichkeit' (*regio similitudinis*, Kap. 2.2.1.2), treibt das mechanische Menschenpaar sein Liebesspiel. Dieses ähnelt sich nicht nur – auch sein Licht ist von einer höheren Qualität: Die Krone, die Flores Figur trägt, enthält einen Stein, der dazu imstande ist, die Nacht zu erleuchten (v. 2012–2016). Damit trägt der Mensch (allerdings ausschließlich der männliche) in der kosmologischen Inszenierung auf dem Grabkunstwerk das Leuchten in sich selbst und ist nicht nur ein Abglanz des höchsten Lichts, sondern ähnelt ihm aus sich heraus – wie die Seele des Menschen der göttlichen Einheit (Kap. 2.2.1.1). Flore und Blancheflur, so lässt sich das Schauspiel auf dem Grabmal verstehen, sind einen Teil des pseudo-dionysischen, durch die Liebe ermöglichten Stufenwegs zum Einen schon gegangen (Kap. 2.2.2.1). Die Symbole dieser Stufen tragen die Automaten dabei am Körper: Die ‚Lilie', die Blancheflurs Abbild hält, steht für die ‚Reinigung',[83] der Edelstein in der Krone für die ‚Erleuchtung'.

Auf diese Weise wird der paradiesische Idealzustand der zeitlosen Minne unter Merkmalsgleichen aufrecht erhalten, aber eben nicht durch Menschen aus Fleisch und Blut, sondern durch leblose Nachbildungen, deren Bühne zudem Stätte einer Toten sein soll – die Verstetigung des Liebesideals wird statisch, das Ideal „zum Stillstand gebracht und zugleich in weite Ferne, in memoriale Distanz gerückt".[84] Damit erfüllt das Grabmal eine doppelte Funktion: die Memorierung des vergangenen Ideals und die Bewusstmachung seines Verlustes.[85] Seine Beschreibung hebt diesen letzten

---

[82] Kragl, Bilder-Geschichten (2013), S. 129, kommentiert: „Was in der mittelalterlichen Literatur dermaßen strahlt und glänzt, gerät alleine dadurch in den Geruch des Allegorischen", den er auch an der – gemessen an der Funktionalität der Beschreibung des Grabmals – ‚Streichbarkeit' der Episode festmacht.

[83] Vgl. Pfister-Burkhalter, Art. Lilie (1971). Die Lilie gilt im christlichen Mittelalter dabei insbesondere als Symbol der Reinheit und Keuschheit Marias (Sp. 101). Sowohl die Rose als auch die Lilie sind darüber hinaus in der christlichen Ikonographie fester Bestandteil von Paradiesbeschreibungen, vgl. Schuhmacher-Wolfgarten, Art. Rose (1971), Sp. 564.

[84] Egidi, Implikationen (2005), S. 182. Ähnlich auch Ridder, Erinnerung (1997), S. 72.

[85] Vgl. Wandhoff, Ekphrasis (2003), S. 304 f., und Egidi, Implikationen (2005), S. 182, die außerdem darauf verweist, dass sich hier zwei Motivstränge des Antikenromans verdichten, nämlich jener der Bildnisse erzählter Figuren auf Grabmälern einerseits und jener der Automaten zur Darstellung idealer Hofkultur andererseits. Vgl. dazu erstmals und in Bezug auf den ‚Bildersaal' in Thomas' ‚Tristan' Mertens, Bildersaal (1995). Die Wirkungsabsicht dieses Arrangements – das Grab soll Flore seine Geliebte vergessen lassen, erinnert aber zugleich an die Idealität ihrer Liebe – wurde von der Forschung verschiedentlich als paradox beschrieben, vgl. etwa Ridder, Erinnerung (1997). Eming, Emotion (2006), S. 146 f., geht dagegen von einer Intention eines *sukzessiven* emotionalen Prozesses aus, „in dem der Held seine Emotionen aktualisiert, um sie bewältigen zu können."

3.1 Liebe: Diesseits der Stille. ‚Flore und Blanscheflur'   233

Aspekt deutlich hervor: Obschon die figürlichen Nachbildungen von Tier und Mensch natürlichen Lebewesen so sehr gleichen, dass man sie für lebendig halten könnte (v. 1955 f., v. 1968–1971, v. 1994–2001) und die Erzähler*in zuweilen Grabmal-*descriptio* und Liebeserzählung sprachlich miteinander verwebt,[86] bleibt am ‚Als-ob'-Status des Dargebotenen kein Zweifel. Es sind *wercmeister*[ ] (v.1944, v. 1991), die aus teurem, aber leblosem Material ein Werk formen,[87] für dessen Lebensnähe eine Verbindung aus Zauberei (v. 2020, v. 2025) und kluger Mechanik (v. 2021–2024) sorgt, die das *gesmîde* zum Sprechen bringt (v. 2026 f.). Wenn die realitätsgetreuen Abbilder auch in höchstem Maße affizierend wirken[88] – für tatsächlich *echt* hält die Figuren niemand.[89]

Nicht nur das Grab hält also nicht, was es verspricht – Blanscheflurs Leichnam –, sondern auch die leblose Liebesidylle. Dass die tatsächliche Idylle Vergangenheit ist, macht dabei erst die Inschrift des Grabmals explizit (v. 2110–2114),[90] die die Zeitlosigkeit des Liebesschauspiels unterläuft, indem sie von dieser Liebe im Präteritum erzählt und sie somit in die uneinholbare Vergangenheit verfrachtet.[91]

So erhält das Grabmal Eigenschaften, die in Prologen gelegentlich der angekündigten Geschichte zugeschrieben werden: Ein längst vergangener

---

86 So verwendet sie, wenn sie von den Skulpturen spricht, die aussehen wie Flore und Blanscheflur, auch deren Namen bzw. entsprechende Personalpronomen und macht nicht durchweg transparent, ob es sich um Mensch oder Automat handelt: *Flore hübeschlîche | sîner vriundîn ein rôse bôt* […] (v. 2002 f.), *dâ wider bôt im sîn vriundîn | ein gilje, diu was guldîn* (v. 2005 f.). Bei der Wiedergabe des Minnedialogs wiederum spricht sie explizit von *Floren bilde* (v. 2030) und *golt, | daz Blanscheflûren was gelîch* (v. 2036 f.).

87 Sie verwenden dazu Marmor und Elfenbein (v. 1949 f.), Stein (v. 1957, v. 1974, v. 1977), Gold (v. 1973, v. 1986, v. 1996, v. 2004, v. 2006, v. 2009), Metall (1980), Silber und Edelsteine (v. 1986, v. 2013).

88 Vgl. Ridder, Erinnerung (1997), S. 74, sowie Velte, Erzählstrategien (2019), S. 162 f.

89 Vgl. auch Belkin, Menschenbild (1971), S. 328, und Wandhoff, Ekphrasis (2003), S. 314 f., der hervorhebt, dass eine Verwechslung zwischen Kunst und Natur für ‚heidnische' Figuren eigentlich typisch sei. Dass Fenix' Untertanen insgesamt von der Scheinhaftigkeit des Grabes wissen, wird darüber hinaus schon daran ersichtlich, dass der König sie anweist, Flore die Wahrheit nicht zu verraten (v. 2118–2122).

90 Es heißt in der Inschrift: „*Hie lît Blanscheflûr diu guote, die Flore minnete* [!] *in sînem muote | und sî in ze gelîcher wîs. | sî was* [!] *sîn vriundin, er ir amîs.*"

91 Vgl. Velte, Erzählstrategien (2019), S. 163. Eming, Emotion (2006), S. 149 f., zeigt, dass erst die Inschrift Flores Emotionen von Faszination und Neugierde zu Verzweiflung und Schmerz kippen lässt. Er scheint den Tod Blanscheflurs in der faszinierten Rezeption des Kunstwerks tatsächlich für einen Moment zu vergessen, die Inschrift allerdings erinnert ihn wieder daran, wie auch Wandhoff, Ekphrasis (2003), S. 310 f., bemerkt, der darum von einer „Differenzierung der beiden Zeichensysteme" Schrift und Bild ausgeht (S. 310): Während die Schrift „das brutale Faktum des Todes in Erinnerung ruf[t] […], schafft das Bild Präsenz, macht die Toten gegenwärtig und enthält […] die Verheißung auf einen ‚lebendigen' Zustand, der in der Zukunft erst noch zu realisieren ist". Eine Differenz zwischen Schrift und Bild stellte bereits Ridder, Erinnerung (1997), S. 72 f., fest.

Idealzustand soll möglichst nah an der ‚Wahrheit' wiedergegeben werden, damit die Rezipierenden sich ihm wieder angleichen.⁹² Die poetologische Dimension, die das Grabmal für den Text darum zweifelsohne auch einnimmt, ist für das Interesse dieser Arbeit allerdings weniger relevant.⁹³ Wichtiger ist, dass Flore ein ‚Leser' ist, der die im Scheingrab implizierte Anweisung befolgt: Nachdem er über die Scheinhaftigkeit des Grabmals aufgeklärt worden ist, macht er sich auf den Weg, Fiktion Realität werden zu lassen, den im Grabmal als ‚Verheißung' dargestellten vergangenen Idealzustand der leid- und zeitlosen Liebe zwischen Ähnlichen wiederherzustellen, mehr noch: ihn vom Defizit der Illegitimität zu befreien.⁹⁴

3.1.4 Die Wieder-Holung des Paradieses

Von den Annahmen ausgehend, dass das Scheingrab an die Idylle im Schulgarten erinnert und die gesteigerte Wiederholung des einstigen paradiesischen Zustands der Liebe unter Gleichen die finale Motivation des Textes darstellt, kann wiederum zweierlei vermutet werden, nämlich erstens, dass weitere Raumarrangements das zentrale Paradigma des Textes wiederholen, und zweitens, dass der Weg zur gesteigerten Wiederholung des Paradieses von einer Angleichungsbewegung begleitet wird.⁹⁵

Beides ist der Fall – mit dem ersten Aspekt möchte ich beginnen. Vier Räume an unterschiedlichen Gelenkstellen des Romans zeichnen sich durch gemeinsame Eigenschaften aus und bilden auf diese Weise ein assoziatives Netz innerhalb der Romanwelt.⁹⁶ Diese Räume sind der Schulgarten (v. 743–

---

92 Ein gutes Beispiel für einen derartigen Prolog bietet innerhalb dieser Arbeit vor allem Konrads ‚Engelhard' (Kap. 3.3.2.1). Vgl. dazu meine eigenen Überlegungen: Urban, Ästhetik (2020). Auf den potentiellen unkalkulierbaren Überschuss dieses Kunstwerks, der sich an der Reaktion Flores/Floires zeigt, weist Waltenberger, Diversität (2003), S. 31, hin. Auch Egidi, Implikationen (2005), S. 182, und Kragl, Bilder-Geschichten (2013), S. 134, stellen fest, dass die opulente Beschreibung und potentielle Wirkung des Kunstwerks nicht in Einklang zu den Intentionen seiner Auftraggeber stehen und einen gewissen Überschuss verzeichnen. Kragl, ebd., S. 134, schreibt pointiert: „Die Beschreibung des Grabmals ufert völlig aus, [...], die *descriptio* entgleist, sodass das Grabmal plötzlich [...] für das steht, was es [...] hätte auslöschen sollen: die Liebe Flores und Blanscheflurs."
93 Vgl. zum selbstreferentiellen Aspekt des Grabmals Velte, Erzählstrategien (2019).
94 Vgl. Wandhoff, Ekphrasis (2003), S. 315.
95 Letzteres im Sinne eines paradigmatisch-metonymischen Erzählens, das Haferland/Schulz, Erzählen (2010), S. 41, zufolge Kohärenz herstellt, „indem Gegenstände, Eigenschaften, Sachverhalte, ja auch: Themen [...] rekurrent werden."
96 Die beschriebenen Räume bzw. Bauwerke sind darüber hinaus eine wesentliche *dilatatio*, die Fleck im Verhältnis zur altfranzösischen Version vorgenommen hat, vgl. mit weiteren Angaben Putzo, Flore (2015), S. 26. Dass die besagten Räume, insbesondere Scheingrab und Turm, Gemeinsamkeiten aufweisen, ist in der Forschung durchaus schon bemerkt worden,

834), das Scheingrab (v. 1942–2122), der Turm des Amirals (v. 4162–4402) und der dazugehörige Baumgarten (v. 4403–4510). Verknüpft werden diese Räume, indem (1) in diesen der Anspruch formuliert wird, ein *Ideal leidloser Minne* zu leben, (2) diese Orte der *Zeit enthoben* zu sein scheinen und (3) das *Blumenmotiv* mit der Begegnung der Liebenden verknüpft wird, die ebenfalls Blumennamen tragen.[97]

Im Falle der ersten beiden Räume werde ich diese Eigenschaften nur noch einmal knapp rekapitulieren, weil sie in den vorangegangenen Kapiteln schon eingehend behandelt worden sind.

3.1.4.1 Der Schulgarten

Die Liebe unter Gleichen, wie sie sich, wie bereits ausgeführt (Kap. 3.1.1.2), im Schulgarten darstellt, ist tatsächlich (1) eine Liebe *âne leit*. Der Garten (2) wird zudem von Vögeln bewohnt, die zu jeder Zeit singen und auch die Erzähler*in stellt die endlose Wiederholung des Zustands heraus. Hier lassen sich (3) die ‚Blumenkinder' auf einer Blumenwiese nieder (v. 763–766) und schreiben über Liebe und Blumen auf Täfelchen (v. 821 f.)

3.1.4.2 Das Scheingrab

Anders konnotiert sind die drei Eigenschaften im Falle des Scheingrabs (Kap. 3.1.3), denn dieses Idyll ist reines Schauspiel: (1) Das glückselige Liebesideal, das die Automatenkinder hier (2) in unendlicher Wiederholung vorführen, indem sie sich (3) als Nachbildung der Blumenkinder Rosen und Lilien reichen, erinnert an die selige Vergangenheit, die einzuholen sich Flore entschließt, sobald er den fiktionalen Charakter des Werks durchschaut hat.

3.1.4.3 Der Turm

(1) Minne ohne Leid: Der Turm, in dem Blancheflur gefangen gehalten wird, ist ein Ort der *einseitigen* Leidlosigkeit: Der Amiral ‚beherbergt' hier in 70 Zimmern insgesamt 210 der allerschönsten Damen (v. 4182–4186), die

---

vgl. Wandhoff, Ekphrasis (2003), S. 306, Egidi, Immergleiche (2002), S. 149, mit Bezug auf den französischen Roman auch Waltenberger, Diversität (2003), S. 31.

97 Vgl. zum Blumenmotiv im altfranzösischen ‚Floire' Calin, Flower (1964), die dem Roman „a persuasive, significant, willed pattern of flower imagery which sets the tone of the work as a whole" bescheinigt (S. 103).

im ze vröiden und ze spil (v. 4318) dienen, *daz er niemer wirt unvrô* (v. 4321). Aus dieser Schar nimmt er sich jedes Jahr eine Ehefrau zur *minne* (v. 4386), die er nach Ablauf eines Jahres verbrennen lässt (v. 4366–4383). Vor dem Hintergrund der reziproken Liebe Flores und Blancheflurs im Schulgarten kann diese Minne ohne Leid nur als scheinbare entlarvt werden. Sie ist einseitig und auf die Oberfläche des schönen Körpers beschränkt, um die es den Kindern gerade noch nicht ging.

(2) Zeitlosigkeit: Dementsprechend ist auch die Zeitlosigkeit keine echte: Die schiere Masse der schönen Damen verspricht allein dem Amiral eine (bis zu seinem Tode) unendliche Fortsetzung seiner *gewonheit* (v. 4366), während diese für die Damen selbst ein schnelles Ende nimmt.[98]

(3) Blumenkinder: In ebenjenen gut geschützten Raum der ‚falschen Minne'[99] dringt Flore ein, indem er seinem Namen alle Ehre macht und sich als *lebende*[ ] *bluome* (v. 5843) in einem Blumenkorb versteckt (v. 5520–5848), und verhält sich dort, als sei er endlich in den herrlichen Schulgarten zurückgekehrt: Statt nur die geringsten Anstalten zu unternehmen, den Turm mit seiner Geliebten wieder zu verlassen,[100] vergessen beide all ihr Leid (v. 6089–6093) und wiederholen ihr keusches Liebesglück des Anfangs (v. 6094f.).[101] Folgerichtig zerbricht auch dieses Schein-Idyll, weil eine ‚heidnische' Figur ihre Geschlechterdifferenz als Problem für eine andere potentielle Ehebeziehung ‚entdeckt' (zur Szene Kap. 2.4.7, Kap. 3.1.5.3). Wie im Schulgarten schaffen sich die Liebenden einen Eigen-Raum, in dem Ähnlichkeitsnormen

---

98 Möglicherweise wird der Aspekt der Unendlichkeit auch zahlensymbolisch unterstützt: So könnte man die eigenartige Erwähnung der Anzahl von Zimmern und Räumen vielleicht erklären: *in den gewelben über al | stânt sibenzig kemenâten. | der ist iegelîchiu berâten | mit drîen der schœnesten vrouwen* [...] (v. 4182–4185). Damit ergibt sich eine Errechnung der Anzahl der Damen aus *drei* (Damen pro Kemenate) mal *siebzig* (Kemenaten) und damit ein Spiel mit den in der mittelalterlichen Zahlensymbolik äußerst relevanten, zugleich aber vieldeutigen Zahlen Drei und Sieben. Am ehesten wäre vielleicht an die Zahl Sieben als eine der Universalität und des All-Umfassenden (sieben Todsünden, sieben Schöpfungstage usw.) und die Zahl Drei als eine der Vollkommenheit (Trinität) und der Unendlichkeit (Christus steht am dritten Tage von den Toten auf) zu denken, vgl. zur mittelalterlichen Zahlensymbolik Meyer/Suntrup, Zahlenbedeutungen (1987), hier: Sp. 214f. und Sp. 479f.

99 Vgl. auch Jackson, Religion (1969), S. 19, der die Liebe des Amirals als „clearly inferior" inszeniert sieht. Gerade das spätere Hin und Her der Ringe zwischen Flore und Blancheflur, nur kurz bevor sie vom Amiral hingerichtet werden sollen, verdeutlicht noch einmal deren reziproke Minnebeziehung gegenüber der einseitigen Liebe des Amirals, vgl. dazu Altpeter-Jones, Trafficking (2003), S. 212–217. Dass es sich bei der Liebe des Amirals um jene *valsche minne* handelt, von der wir im Epilog erfahren (v. 7814ff.), zeigt Dahm-Kruse, Minne (2016), S. 379–384. Verstärkt wird dieser Dualismus auch dadurch, dass der Amiral, anders als in der Vorlage, am Ende nicht auf seinen grausamen Brauch verzichtet, vgl. Winkelman, Florisromane (2010), S. 344.

100 Gilbert, Gender (1997), S. 42, zufolge steht dies im Zusammenhang damit, dass Flore im gesamten Roman dargestellt wird wie ein Kind.

101 Vgl. auch Egidi, Immergleiche (2002), S. 151.

dominieren, die für Welt, die sie umgibt, nicht verbindlich sind, und wieder kollidieren die beiden Normen.

3.1.4.4 Der Baumgarten

Erst der Baumgarten, in dem der Amiral alljährlich seine Brautwahl mithilfe eines Wunderbaums abhält und in dem das frisch ertappte Paar nun vor Gericht steht, wird zum Ort, an dem das Liebesideal auch legitimiert werden kann.

(1) Minne ohne Leid: Während der Gerichtsverhandlung werden performativ ‚Szenen' wiederholt, die an das Liebesideal des Schulgartens und das scheinbare Ideal des Scheingrabs erinnern und dazu führen, dass die Minne wieder vom Leid befreit wird. So wird das Ideal der Liebe unter Gleichen als Wiederholung der Endlosschleife von Gabe und Gegengabe (der Blumen) auf dem Grabmal zur Schau gestellt: Der Wächter berichtet den Anwesenden von dem Streit des Paars um den Zauberring (v. 7008–7042), der sich im Wesentlichen als Hin und Her, als Gabe und Gegengabe dieses Rings vollzogen hat (v. 6713–6781), und betont die Gleichheit ihres Gemüts (*von sô gelîchen sinnen*, v. 7020). Anders als Teile seines Publikums (v. 6973–6978), lässt sich der Amiral von der erzählten Gegenseitigkeit der Liebenden und der sichtbaren Gleichheit ihrer schönen Körper[102] nicht erbarmen. Erst als das Liebespaar die Gleichheit ihres Willens und die Unbedingtheit ihrer Liebe erneut in einem Hin und Her unter dem Schwert des Amirals demonstriert (v. 7060–7195),[103] zeigt sich auch dieser gerührt (v. 7204–7215),[104] sieht darum von einer Bestrafung ab und ermöglicht eine nun auch öffentliche Minne ohne Leid.

(2) Zeitlosigkeit: All dies vollzieht sich erneut in einem Raum, der eine zeitenthobene Natur beherbergt, nämlich umgeben von Bäumen, die immer Laub (v. 4403f.), Obst (v. 4430–4435) und Blüten (v. 4449–4453) tragen, außerdem Vögeln, die das ganze Jahr über singen (v. 4406–4409), und einer Nachtigall, die auch am Tag erklingt (v. 4454f.).

(3) Blumenkinder: Der Ort, an dem die ‚Blumenkinder' vom Leid erlöst werden, ist jener, an dem die *bluomen* (4500) des immer blühenden

---

102 Sie seien *wunderschœne* (v. 6801) und in ihrem *gebâren* (v. 6802) *edelen kinden gelîche* (v. 6805, ähnlich erneut v. 6967) – eine erneute Aufhebung der Statusdifferenz –, so dass alle im Publikum an ihnen ihre hohe Herkunft zu erkennen vermögen (v. 6809ff.). Auf die *descriptiones* komme ich in Kap. 3.1.5 noch einmal zurück.
103 Die Erzählerin hebt den Charakter der Auseinandersetzung als ein Hin und Her deutlich hervor: *sî zoch her und er hin | bêdiu gegen dem swerte* (v. 7190f.)
104 Die emotionale Affiziertheit des Amirals gibt es ausschließlich in Flecks Text, nicht in der altfranzösischen Vorlage, vgl. zur Szene Eming, Emotion (2006), S. 163f.

Baumes die jeweils auserwählte Dame für den Amiral bestimmen. Diese Verbindung zwischen den ‚Blumenkindern' und dem grausamen Blütenritual wird durch eine Symbolstruktur vorbereitet: Blanscheflur ist vom Amiral ohne das übliche Ritual, jene Dame zu ehelichen, auf die der Wunderbaum eine seiner *bluomen rôt* hinabfallen lässt (v. 4482–4503), auserwählt worden (v. 4516–4527). Die Aussetzung dieser Probe markiert eine Leerstelle, die durch Flore gefüllt werden kann: Die rote Blüte des Baumes wird dieses Mal durch Flore substituiert, der den Namen einer Blume trägt, rote Rosen verschenkt (v. 2002 f.) und sich in einem ‚blütenroten' Kleid (v. 5440–5443, v. 5486 ff.)[105] unter roten Rosen (v. 5524 ff.) versteckt, um seiner Geliebten als ‚edle Blume' (v. 5889) zu erscheinen.

Die hier beschriebene Wiederholungsstruktur der Raumarrangements stiftet paradigmatische Kohärenz: Zunächst lässt sich, wie bereits erwähnt, festhalten, dass der jeweils erste (Leidlosigkeit) und der zweite (Zeitlosigkeit) der in dieser Übersicht dargestellten Eigenschaften der vier Räume auf ein paradiesisches Ideal verweist. Diese Tendenz, die genannten Räume, an Paradiesdarstellungen erinnern zu lassen, wird zum Teil noch verstärkt,[106] etwa durch eine wiederholte Erwähnung der kosmologischen Vierzahl[107] oder der Architektur einer dreigeteilten irdischen Welt,[108] außerdem indem der Turm des Amirals explizit mit dem Paradies verglichen wird (v. 4194, ähnlich v. 4415) und indem durch den Baumgarten gar der Paradiesfluss Euphrat (v. 4442 ff.) fließt.[109] Die beiden Gärten, der Schulgarten im spanischen Reich und der Baumgarten in Babylon, sind jeweils *natürliche* Orte eines paradiesischen Liebesideals, das zu Beginn (Schulgarten) prekär und illegitim ist, sich am Ende (Baumgarten) aber durchsetzt, und rahmen zwei *künstliche* Orte,[110] die für ein scheinbares Ideal stehen und die dementsprechend durch weitere Textsignale zusätzlich aufeinander bezogen sind: Wie das Scheingrab, so ist auch der Turm ein durch Zauberei und Mechanik

---

105 Die rote Farbe hat hier, wie im Grabmal, eine doppelte Konnotation, denn der Wächter, der Flore hilft, spricht von einem Seidenstoff, *der rehte rôt sî als ein bluot* (v. 5443), was sowohl die ‚Blüte' als auch das ‚Blut' meinen kann.

106 Vgl. Belkin, Menschenbild (1971), S. 336, und Wandhoff, Ekphrasis (2003), S. 306.

107 Die Zahl Vier ist nach Meyer/Suntrup, Zahlenbeutungen (1987), Sp. 323, „die Zahl des als *orbis quadratus* geordneten Kosmos". Sie strukturiert für viele christliche Denker*innen die Schöpfung, etwa durch die Vierzahl der Elemente, der Himmelsrichtungen, der Jahreszeiten, Temperamente, Lebensalter usw., vgl. auch Wandhoff, Ekphrasis (2003), S. 122–129.

108 Gemeint ist die Dreiteilung in die Tiere der Luft, des Wassers und der Erde, die sich in vielen Ekphrasis auch der höfischen Literatur wiederfindet, vgl. dazu Wandhoff, Ekphrasis (2003), S. 130–140.

109 Vgl. Wandhoff, Ekphrasis (2003), S. 306 f.

110 Bei beiden handelt es sich darüber hinaus um ‚heidnische' Kunstwerke. Altpeter-Jones, Alterity (2011), S. 284, liest insbesondere die faszinierte Beschreibung des Turms als „part of the same Orientalizing gesture that characterizes the portrayal of the *amiral* himself."

betriebenes Wunderwerk (v. 4209–4269), verfügt über einen die Nacht erhellenden Edelstein (v. 4215–4220),[111] besteht aus teuersten Materialien (v. 4187–4208), fungiert als ‚Gehäuse' Blanscheflurs[112] und verweist, indem seine ‚Insassinnen' Anwärterinnen auf das grausame Ritual sind, auf den Tod. Damit ergibt sich für Flores Suche nach Blanscheflur ein paradigmatisch herausgestelltes Gesamtnarrativ, das an die Heilsgeschichte in ihrer neuplatonisch-christlichen Lesart (Kap. 2.2.2.1, Kap. 2.4.4.7) erinnert:[113] Der ursprünglichen Einheit in Gott sind die Menschen im Paradies am nächsten, wo sie sich in besonderem Maße ähneln und so die Einheit Gottes strahlend wiedergeben (Schulgarten). Weil das Paradies *auf Erden* prekär ist, geht es verloren und seine einstigen Bewohner*innen müssen sich auf einen Weg des Leides begeben, um das Paradies wiederherzustellen, das nun nur noch in der Kunst erinnerbar ist (Scheingrab). Während die Wiederholung dieses Ideals in einer Welt der ‚Unminne', des Leids und der Differenz nicht zum Heil führen kann (Turm), liegt die Lösung offenbar darin, das Schicksal des eigenen Todes für das ‚andere Ich' zu akzeptieren, um mit dieser an die Erlösungstat Christi erinnernden ‚Selbstopferung' für die andere Person auch die Herzen derjenigen zu berühren, die, weil sie ‚ungleich' sind – die ‚Heid*innen' –, das paradiesische Ideal der Ähnlichkeit nicht verstehen (Baumgarten).

---

111 Der die Nacht erhellende Edelstein verbindet darüber hinaus das Scheingrab und den Turm des Amirals mit dem wertvollen Pokal – gemeinsam ist diesen drei Objekten außerdem, dass sie erstens Blanscheflur gewissermaßen ‚umschließen' bzw. für eine bestimmte Zeit substituieren und sie zweitens ein Minneideal anzeigen. Vgl. dazu ausführlich Kasten, Pokal (1996). Zum Pokal außerdem Wandhoff, Ekphrasis (2003), S. 304–309, und ders., Bilder (2006), insbesondere S. 59f., S. 68ff., sowie Dahm-Kruse, Minne (2016), S. 371ff.
112 Vgl. Wandhoff, Ekphrasis (2003), S. 306.
113 Meine Argumentation wird, wie eingangs erwähnt, gestützt durch Wandhoffs Analyse des Scheingrabs und seiner Inschrift: Die Differenz zwischen (Grabin-)Schrift und Bild versteht ders., Ekphrasis (2003), S. 15, als „die für das Christentum zentrale Differenz von Gesetz und Gnade [...]. Dem in der unverrückbaren, steinernen Inschrift des Grabes formulierten Faktum des Todes als dem Gesetz des vor- bzw. nicht-christlichen Lebens würde dann die im Medium des Bildes dargestellte Hoffnung auf ein zukünftiges Leben unter der Gnade des Christengottes gegenübergestellt, die schließlich in einem dritten Schritt als eingelöst und realisiert beschrieben wird. Flores Weg läßt sich durchaus im Sinne einer solchen Analogie zur Heilsgeschichte lesen: Nach einem paradiesischen Urzustand der Kinder, die sich von seit ihrer Geburt völlig unschuldig lieben, bis sie von Flores ‚heidnischen' Eltern getrennt werden [...], muß Flore zunächst das Gesetz der Grabinschrift als falsches erkennen und überwinden."

3.1.5 Wo Gleiches ist, ist auch ein Weg. Flores Reise nach Babylon

Der Weg zur (gesteigerten) Wiederholung des Paradieses wird, der Logik des Erzählkerns der Entdifferenzierung entsprechend, als Prozess einer Einebnung der Unterschiede zwischen den ähnlichen Figuren realisiert, die sich in diesem Fall am Körper der Protagonist*innen vollzieht, und zwar zunächst als (a) Beinahe-Entdifferenzierung im Tode, dann als (b) innere und schließlich äußere Entdifferenzierung von Status und Glauben, die sich an der gleichen Schönheit ihrer Körper zeigt, und als (c) Entdifferenzierung im Geschlecht, die die geschlechtslose Kinderminne vom Anfang zu wiederholen sucht. Die körperlichen Zeichen aber, die Flore dazu verhelfen, seine Geliebte zu finden, sind vor allen Dingen jene der Trauer, die das Paar miteinander teilt (d).

3.1.5.1 Tote Körper

Die Reaktionen des Paars auf den Verlust der paradiesischen Liebeseinheit werden als symbolischer Durchgang durch den Tod, als gewaltsames Zerreißen einer Einheit, inszeniert und verweisen damit auf den nachparadiesischen Zustand der Sterblichkeit.[114] So reagiert Flore auf die Nachricht, dass er seine schulische Ausbildung ohne seine Freundin in Muntôre fortsetzen müsse (v. 1030–1035), indem er sein Bewusstsein verliert (v. 1057–1061) und kreidebleich wird (v. 1072 f.). Kurz darauf wird auch Blanscheflur ohnmächtig (v. 1223 ff.) und versucht dann, sich mit ihrem *griffelîn* zu erstechen (v. 1244–1251). Als Flore wiederum vom (scheinbaren) Tod Blanscheflurs erfährt, wird er erneut *esche bleich* und kraftlos (v. 2166–2171) und begeht mit genau demselben Schreibwerkzeug wie zuvor seine Freundin einen Suizidversuch (v. 2355–2395). Für Flore gilt offenbar eine andere Ähnlichkeitsnorm als für seinen Vater: Ungerührt würde jener Blanscheflur enthaupten lassen, denn ihr fehlen die Merkmale des ‚Heidentums' und ‚höchsten Adels', die ihren Verlust für ihn (mit Butler, Kap. 1.8.2) ‚betrauerbar', ihr Leben schützenswert machen würde. Für Flore hingegen, der eine Ähnlichkeitsnorm mit Blanscheflur teilt, die auf anderen Parametern basiert als die seines Vaters, ist der Verlust der ihm Ähnlichen nicht auszuhalten.

---

114 Unter anderem nach Beda Venerabilis (7./8. Jahrhundert) und Hugo von St. Viktor (12. Jahrhundert) verlor der Mensch durch den Sündenfall auch seine Unsterblichkeit, vgl. dazu Goetz, Gott (2012), S. 199, sowie Kap. 2.2.1.2.

Die Gleichheit ihrer emotionalen Reaktionen auf Trennung ist also einerseits Zeichen einer ‚Betrauerbarkeit' unter Figuren, die dieselbe Ähnlichkeitsnorm voraussetzen, und steht für die Gleichheit ihres *muotes*.[115] Wenn Blanscheflur, anders als in der Vorlage,[116] einer nur kurzzeitigen Trennung und Flore dem vermeintlichen Tod seiner Freundin mit Selbstmord begegnen wollen, verweist dies zum anderen implizit auf das Bild der Einleiblichkeit, demzufolge die Gefährdung *eines* ‚Körperteils' die Emotionalität und Solidarität der anderen Teile bestimmt und in diesem Fall auch deren Überlebensfähigkeit in Frage stellt (Kap. 2.3.3). Diese eindeutig negative Bewertung der Teilung einer Einheit erinnert dabei an bereits angesprochene Narrative, etwa in der ‚Aristophanesrede', der ‚Paradieserzählung', der ‚Turmbau-Erzählung' (Kap. 2.4.1) oder der ersten Cundrie-Passage im ‚Parzival' (Kap. 1.3), und zeitigt entsprechend als Folge eine Bemühung zur Wiederherstellung der ursprünglichen Einheit – in diesem Falle durch die Angleichung lebendiger an tote Körper. Die Einschaltung dieser hier abgewiesenen Alternativhandlung der Wiederherstellung der Einheit im Tode – eine Möglichkeit, die im Zusammenhang mit ähnlichen Figuren immer wieder aufscheint[117] – fungiert dabei als Präfiguration der Entdifferenzierung des Paars, die sich auch um den Preis des gemeinsamen Todes vollziehen wird.

3.1.5.2 Schöne Körper

Beide Differenzen, Glaube und Status, werden im Folgenden, bevor sie mit Flores Taufe und Blanscheflurs Aufstieg zur Königin am Ende ganz aufgelöst werden, zunehmend unterminiert. Dass Blanscheflurs am schönen Körper sichtbarer Tugendadel sie auch zu höchsten sozialen Ehren emp-

---

115 Vgl. zum Abschiedsschmerz Eming, Emotion (2006), S. 141–144, die in diesem Zusammenhang von einer „religiösen Überformung der ritualisierten Gefühlskultur" (Kapitelüberschrift, S. 141) spricht. Im französischen Prätext werden der Trennungsschmerz, Blanscheflurs Selbstmordversuch, ihre Klage, der Griffeltausch usw. teilweise gar nicht, teilweise sehr viel weniger ausführlich erzählt, vgl. ebd., S. 141.
116 Vgl. Winkelman, Florisromane (2010), S. 347 f.
117 Die beiden ununterscheidbaren Freunde Nisus und Euryalus in Heinrichs von Veldeke ‚Eneasroman' verstehen sich explizit als ein ‚Leib', dessen Spaltung den Tod beider Hälften bedeuten muss: Gott habe ihnen *ein lîp* gegeben (v. 182, 17), darum müsse man auch *ensament sterben* (v. 182, 19). Die kurze Erzählepisode über diese beiden Doppelgängerfreunde erzählt letztlich ausschließlich von dieser Angleichung auch im Tode. Ähnliches lässt sich im ‚Rolandslied' beobachten (Kap. 3.3.1), indem Roland, wie hier Flore, im Angesicht des Todes seines Freundes die Kräfte schwinden und er ohnmächtig wird (v. 6751 f.). Wie auch am Ende des FuB die ähnlichen Figuren gemeinsam sterben und in einem Doppelgrab begraben werden (v. 7890–7895), so widerfährt es darüber hinaus auch den am Ende sich ähnelnden Einsiedlern Barlaam und Josaphat (Kap. 3.3, v. 15886–15893).

fiehlt, wird sowohl durch die Wahrnehmung ihres adligen Körpers durch die verschiedenen Gastgeber (s. u.) als auch daran deutlich, dass der Amiral, mächtiger Herrscher über 70 Reiche, sie zur Frau nehmen will; Flores ‚Heidentum' hingegen wird insofern unterlaufen, als er sich von anderen ‚heidnischen' Figuren stark unterscheidet,[118] der Prolog den Tugendadel, der beiden Liebenden zugeschrieben wird, an den christlichen Glauben bindet und Flore durchgehend als ‚potentieller Christ' dargestellt wird, der sich im Verlauf der Handlung zahlreiche Male an nur *einen* Gott, statt, wie bei ‚heidnischen' Figuren üblich, an mehrere wendet.[119] Flore und Blanscheflur sind Figuren des ‚Dazwischen' und lassen sich keiner Ähnlichkeitsnorm des Textes vollständig zuschreiben (dazu Kap. 3.3.1).

Auch der erfolgreiche Verlauf seiner Reise lässt die Beziehung zwischen den Merkmalsgleichen als eine erscheinen, die auf Gott ausgerichtet und gottgewollt ist. Dem Dreiklang des Prologs entsprechend (Kap. 3.1.2.2), dass Minne unter Gleichen Tugenden fördere und diese zum Heil führe, bringt die Liebe Flore, wie von göttlicher Hand gesteuert,[120] stets genau zu denselben Gastgebern, bei denen auch Blanscheflur zuvor gewesen ist, und auf diese Weise seiner Geliebten und dem verlorenen Paradies näher. Dies gelingt insbesondere, weil die jeweiligen Gastgeber an den körpersprachlichen Zeichen der Trauer erkennen, dass die beiden zusammengehören, denn, wie die Erzähler*in kommentiert, *diu ûzer gebærde | zeiget den inneren willen* (v. 3035 f.). Der gleiche Sinn, das gleiche Streben führt, wie auch Aelred von Rievaulx betont, zu einer Übereinstimmung des Äußeren (Kap. 2.4.4.7), die hier zugleich als Zeichen des gleichen inneren Tugendadels und des gleichen inneren Christentums fungiert, das die fehlende Taufe Flores und den fehlenden Geburtsadel Blanscheflurs überbrückt.[121]

---

118 Dies zeigt sich einerseits in des Amirals Tendenz zu Zorn und Brutalität, aber auch in seiner ganz anderen Auffassung von Minne und seiner fehlenden *triuwe*, wie Jackson, Religion (1969), S. 18 ff., zeigt.

119 Vgl. Jackson, Religion (1969), S. 22 ff., McCaffrey, Identity (1998), S. 135, Altpeter-Jones, Alterity (2012), S. 281 f., und Dahm-Kruse, Minne (2016), S. 361. So sieht Flore die Liebe Blanscheflurs als gottgegeben (v. 2242–2245, v. 2254–2257), geht davon aus, dass Blanscheflur von Gottes Händen und mit größter Sorgfalt geschaffen habe (v. 2259–2271), sieht sich selbst als von Gottes Wille abhängig (v. 3980) und dankt Gott für die Zusammenführung mit Blanscheflur (v. 5992–5597).

120 In diesem Zusammenhang wird immer wieder auch darauf verwiesen, dass Flores Ausfahrt vor dem Hintergrund der höfischen Literatur der Zeit die Erwartung einer *aventiure*-Fahrt weckt, diese Erwartung aber nicht eingehalten wird, denn Flore ist keiner noch so kleinen Gefahr ausgesetzt. Vgl. etwa Schmid, Geld (1997), S. 42, Ebenbauer, Unterwelt (2001), S. 103, Egidi, Immergleiche (2002), S. 148, Dahm-Kruse, Minne (2016), S. 362 f.

121 Ähnlich Eming, Emotion (2006), S. 155, sowie Schulz, Erkennen (2008), S. 287. Dazu grundsätzlich Wenzel, Lesbarkeit (1994), außerdem Hahn, Personerkenntnis (1997), S. 415–418, Schulz, Erkennen (2008), S. 212–216.

3.1 Liebe: Diesseits der Stille. ‚Flore und Blanscheflur'

Dabei nimmt die Ähnlichkeit der schönen Körper zu, je näher Flore seiner Geliebten kommt.[122] Der erste Gastgeber erkennt an Flores Verhalten seinen Adel und fühlt sich durch Flores sichtbare Trauer offenbar an Blanscheflur erinnert, die ebenfalls *trûrete und senete* (v. 3082) und deren Alter er korrekterweise auf dasselbe schätzt wie Flores (v. 3090). Bei seiner zweiten Station, *Baldac* (v. 3323), fühlt Flore bereits freudig die größer gewordene Nähe zu seiner Geliebten – ein Motiv, das insbesondere bei Figuren, die eine gemeinsame *natûre* teilen, immer wieder aufgerufen wird (Kap. 3.4.3). Dort macht Flores Gastgeber ihn ebenfalls darauf aufmerksam, dass kürzlich eine Dame hier genächtigt habe, die, wie Flore, von Leid geplagt gewesen sei – beide hätten offensichtlich *mit trûrende gelîchen sin* (v. 3443). Aus der gleichen Trauer sowie aus Flores Reaktion auf die Bemerkung des Gastgebers über Blanscheflur schließt dieser, dass es sich bei den beiden entweder um gemeinsame Angehörige einer ‚Sippe' oder um Geliebte bzw. ‚Freunde' handeln müsse (v. 3453–3461).

Ein Fährmann, dessen Dienste Flore nutzt, fühlt sich nicht nur im traurigen Gebaren, sondern darüber hinaus auch in der Beschaffenheit von Flores Körper an dessen Geliebte erinnert (v. 3560–3563):

Der megede hânt ir mich ermant,
wan ir gelîde was hêrlîch
und in allen dingen iuch gelîch,
und tete rehte alsô.

Nicht mehr allein der Ausdruck gleicher Emotionen und des gleichen Alters machen nun die wahrgenommene Ähnlichkeit aus, sondern der Gesamteindruck des *adligen* Leibs, der sich nicht in konkreten gleichen äußeren Merkmalen, sondern als ‚kategoriale Ähnlichkeit' des gleichen äußeren Eindrucks hoher Geburt äußert und auf diese Weise die sozialen Differenzen, die mitunter für die Trennung verantwortlich sind, aufhebt.[123]

Die letzten Gastgeber Flores sind ein Zöllner und seine Frau in Babylon und sie bestätigen diese Tendenz einer mit geographischer Nähe gesteigerten Merkmalsgleichheit, indem sie sowohl die Gleichheit der Trauer (v. 4028 f.) als auch das gemeinsame Alter (v. 4034) und insbesondere ihre gesamte vornehme Gestalt hervorheben (v. 4034 f.). Die Frau des Zöllners

---

122 Vgl. auch Schulz, Erkennen (2008), S. 284: „Je näher Flore Blanscheflur kommt, umso größer wird die sichtbare Ähnlichkeit."
123 So nimmt der Fährmann zunächst irritiert *adel und hôch geburt* am ‚Kaufmann' Flore wahr (v. 3535). Von einer kategorialen Ähnlichkeit des Äußeren zwischen Flore und Blanscheflur spricht auch Schulz, Erkennen (2008), S. 282. Dazu führt er weiter aus, die Ähnlichkeit in diesem Roman sei „eine kategoriale Größe, anders gesagt: Die beiden Protagonisten [...] gehören der gleichen Kategorie an, obwohl es sich bei ihrer Liebe um eine ständische und religiöse Mesalliance handelt" (S. 288 f.).

Daries schließt nun daraus, dass Blanscheflur Flores (Zwillings-)Schwester sein müsse (v. 4032), vermutet also eine Gleichheit der Abstammung und verweist damit erneut auf Blanscheflurs wahrnehmbaren Tugendadel, der die soziale Differenz zwischen den Liebenden unterläuft. Darin liegt allerdings nicht zugleich der ‚Verdacht' eines Inzestfalls, denn von einer ‚heterosexuellen' Liebesbeziehung scheint die Frau nicht auszugehen.[124] Die beiden machen, im Gegenteil, offenbar den wahrnehmbaren Eindruck, in einer ähnlich keuschen Beziehung zueinander zu stehen, wie es im Schulgarten der Fall war.[125] Sie tragen noch einen Teil der paradiesischen Idealität erkennbar an sich – dieser Eindruck verfestigt sich, als auch der Amiral und sein Kämmerer die beiden nicht als Liebende zu identifizieren vermögen.[126]

3.1.5.3 Weibliche Körper

Die körperliche Ähnlichkeit der Liebenden nämlich wird im Frauenturm des Amirals auf die Spitze getrieben, indem die ‚heterosexuelle' Liebe, im Übrigen den Liebestheorien etwa des Andreas Capellanus und Hugos von St. Victor entsprechend (Kap. 2.4.7),[127] als eine homosoziale Freundschaft zwischen Damen und auf diese Weise auch – im heteronormativen Gefüge der Romanwelt – als eine asexuelle und keusche Liebe inszeniert wird, die wieder an die Kindheitsidylle erinnert.[128] Flores Effeminierung begleitet dabei die Handlung von Anfang an: An ihm zeigen sich keine Merkmale eines zukünftigen höfischen Kriegers und auch sein Blumenname verstärkt diese Tendenz: Während für weibliche Figuren in der höfischen Literatur immer wieder Namen verwendet werden, die auf den Bereich von Blüten und Blumen verweisen, ist Flore unter seinen männlichen Kollegen eine Ausnahme.[129] Dementsprechend erwägt er auch nicht nur für einen Moment, seine ‚Braut' durch den Kampf mit seinem Widersacher zu befreien, sondern lässt sich als ‚lebendige Blume' in die Kemenate seiner Freundin schmuggeln.

Als nun der Kämmerer die beiden Liebenden, die, wie zu einer Einheit verschmolzen – *wange ze wangen, | munt gegen munt* (v. 6331 f.) –, in Blans-

---

124 Vgl. auch Gilbert, Gender (1997), S. 46.
125 Vgl. ebd. Vorausgesetzt ist dabei stets eine heteronormative Ordnung der Erzählwelt, nach der erotische Anziehung nur unter erwachsenen, nichtverwandten Figuren unterschiedlichen Geschlechts als ‚natürlich' angesehen wird.
126 Vgl. Gilbert, Gender (1997), S. 46, sowie Schulz, Erkennen (2008), S. 284.
127 So fordert Hugo beispielsweise, die Eheleute sollten zu einem einzigen Geschlecht verschmelzen.
128 Vgl. Gilbert, Gender (1997), S. 45.
129 Vgl. mit Beispielen Calin, Flower (1964), S. 106 f.

3.1 Liebe: Diesseits der Stille. ‚Flore und Blanscheflur'

cheflurs Kemenate schlafen, entdeckt, ist Flores Geschlecht nicht zu bestimmen (v. 6337–6343):

> *dô er Flôren ane blihte,*
> *dô kunde er sich mit nihte*
> *des erkennen noch entstân*
> *ob er Flôren möhte hân*
> *vür wîp oder vür man:*
> *wan er enhâte bart noch gran,*
> *glîch einer jungen maget.*

Die fehlende geschlechtliche Differenz wird hier an dem Merkmal des Bartwuchses festgemacht. Weil sich der Kämmerer von dieser Kinderliebesidylle ‚erbarmen' lässt (v. 6344–6349), wagt er keinen genaueren Blick auf die fremde Person. Was er darum ausmacht, ist primär ein für einen Mann fehlendes Merkmal, das allerdings weniger darauf verweist, dass er Flore als eine Frau, sondern vielmehr, dass er zwei Kinder wahrnimmt, deren Zugewandtheit, wie im Schulgarten, keusch und vorsexuell ist, in der Geschlechterdifferenz noch keine Rolle spielt (Kap. 2.4.7).[130] Erst der Amiral durchbricht die Ruhe der Ähnlichkeit, entdeckt die Differenz, die auch hier zu Dynamik und Gewalt führt: Er wirft die Decke, die über den Liebenden liegt, zur Seite, blickt auf Flores Brust, die ihm zeigt, dass es sich nicht um eine Frau handeln kann (v. 6395–6401), und weckt das Paar *mit stœzen und mit slegen* (v. 6409).

Flores physiognomische Effemination und ihre Dekonstruktion durch ‚heidnische' männliche Figuren entrückt die paradiesische Einheit, die die geschlechtlich entdifferenzierten Körper anzeigen, zum einen der irdischen Welt,[131] für die die ‚heidnischen' Figuren stehen, die auf diese Angleichung mit Abwehr reagieren. Zum anderen – und damit zusammenhängend – aber bedeutet die Tatsache, dass Flore nicht seinem Vater ähnelt, was eine unproblematische Fortsetzung der Dynastie, wie im ‚Eneasroman' (Kap. 2.3.1), anzeigen würde, und der Dominanz des Ein-Samen-Modells im medizinischen Diskurs entspräche (Kap. 2.3.2), sondern seiner christlichen Geliebten, be-

---

130 Dies stellt die Erzähler*in auch explizit heraus: Die Liebenden vergessen im Turm alles Leid, leben die pure Freude (v. 6089–6095), allerdings ohne das ‚Spiel der Bauern', bei dem es nur um das *bîligen* gehe (v. 6097–6103). Vgl. dazu auch Gilbert, Gender (1997), S. 43: „Effeminacy is a common characteristic of boyhood in medieval literature: as a boy child, Floire seems more like a woman than like an adult man." Die Darstellung der beiden Liebenden als Kinder sei, so Gilbert weiter, Teil einer Strategie, deren Liebe als asexuell zu kennzeichnen (ebd.).

131 In FuB scheint mir der Fall zu sein, was sich später auch im ‚Wilhalm von Wenden' (Kap. 3.4) wiederholt, nämlich dass die Darstellung von ‚Heid*innen' nicht allein dazu dient, deren Unterschiede vom christlichen Glauben darzustellen, sondern sie als Personifikation von reiner ‚Weltzugewandtheit' zu verwenden.

reits eine Präfiguration der verschobenen Ähnlichkeitsverhältnisse und eine Neuordnung des Reiches.[132] (Verwandtschaftliche) Ähnlichkeit zwischen Figuren (dem Vater und dem Sohn) wird also auch gegen das gelehrte Wissen ‚konterdiskursiv' funktional ein- und ausgesetzt.[133]

Erst als bei der Gerichtsverhandlung im Baumgarten die Legitimierung der Beziehung eingeleitet wird, die am Ende in einer ‚heterosexuellen' Herrscherehe münden soll, werden in der *descriptio* der beiden Figuren wieder die dazu notwendigen Geschlechterdifferenzen eingeführt, die die sonstige Gleichheit ihres adligen Erscheinungsbildes allerdings kaum stören: Man sieht ihnen an, dass sie adlig, wohl gewachsen und gleich alt sind (v. 6966–6971). Beide zeichnen sich darüber hinaus durch helles Haar (v. 6816f., v. 6883ff.), ein symmetrisch perfektes Gesicht (v. 6820–6835, v. 6888–6896), einen roten Mund (v. 6838ff., v. 6897) und rote und weiße Farbe an den Wangen (v. 6836f., v. 6897ff.) aus. Flore wird allerdings das männliche Merkmal ‚ritterlicher Beine' zugesprochen (v. 6854)[134] – er wird nun, da er (erzähllogisch) kurz vor dem Herrschaftsantritt steht, gewissermaßen auch in Fragen körperlicher Ähnlichkeit wieder seinem Vater angeglichen, den die Rezipierenden gleich in der ersten Handlungsszene des Romans als ‚Ritter' kennen gelernt haben.[135] Blanscheflur hingegen zeichnet sich durch Brüste aus, die allerdings eher die eines Mannes seien, nämlich *sleht als ein man* (v. 6904). Die wieder eintretende Geschlechterdifferenz zeigt sich hier weniger in dem beschriebenen Aussehen als vielmehr durch die Art der Beschreibung, die einen männlich-‚heterosexuellen' Blick auf die Figuren verrät: Von Blanscheflurs primärem Geschlechtsmerkmal ist, obschon es ausdrücklich *nicht* beschrieben wird, am längsten die Rede (v. 6914–6923).

Die Beschreibungen stehen schon im Zeichen ihrer Heimkehr, ihrer zukünftigen Ehe und Herrschaft: Werden sie zuvor, etwa vom Kämmerer, noch als ‚asexuelle' Kinder wahrgenommen und dementsprechend auch immer als *kint* bezeichnet (z.B. v. 7021, v. 7249, v. 7341, v. 7389), ändert sich dies mit ihrem Auftritt im Baumgarten: Bei ihrer Abreise nach Spanien ist Flore *nû vollecliche ein man* (v. 7774). Die Geschlechterdifferenz wird narrativ für die Ehe und Herrschaft wieder eingezogen, da keine äußeren Zeichen der Prädestination mehr notwendig sind, und die Liebe unter Gleichen in eine dynastisch ausgerichtete Ehe überführt werden muss.

---

132 Vgl. ähnlich bereits Gilbert, Gender (1997), S. 47.
133 Vgl. zum Begriff Warning, Konterdiskursivität (1999).
134 Vgl. dazu Winst, Sameness (2013), S. 138, und zum Männlichkeitsmarker des ritterlichen Beins vgl. Kraß, Mode (2006), S. 33–39, und Schultz, Bodies (1997), S. 97.
135 Vgl. auch Gilbert, Gender (2013), S. 47.

3.1.5.4 Trauernde Körper

An der Oberfläche des Körpers also spiegelt sich in diesem Text alles, was die Liebenden im Inneren bestimmt und was auf sie zukommt: Ihre bleichen, kraftlosen, beinahe der Selbstzerstörung ausgesetzten Körper zeigen ihre Einleiblichkeit an, deren Sprengung den Tod beider ‚Hälften' bedeuten würde; ihre schönen, strahlenden Körper verweisen auf ihren gleichen inneren Tugendadel und ihr gleiches inneres Christentum; und ihre gleichermaßen ‚androgynen' Körper rufen stets das paradiesische Ideal der Kindheit in Erinnerung und kündigen die Entdifferenzierung an, die zu dessen Wiederholung notwendig ist.

Zentral ist zuletzt auch ihre physisch zum Ausdruck gebrachte Trauer, die bei den Gastgebern Flores stets ausschlaggebend dafür ist, dass sie sich an das Mädchen erinnern, das kürzlich bei ihnen gewesen ist. Hierbei geht es nun allerdings nicht allein darum, dass die gleichermaßen traurigen Gebärden die Gleichheit ihres inneren *muotes* anzeigen. Die große Bedeutung des ‚traurigen Körpers' nämlich fügt sich darüber hinaus in ein recht umfassendes ideologisches Konstrukt, das durch die im Verhältnis zur französischen Version massive „Ausgestaltung intensiven Leids" durch erweiterte Klagemonologe und -dialoge unterstützt wird und das die Erzählinstanz schon im Prolog festlegt:[136] Eine solch ideale Minne unter Gleichen, wie Flore und Blanscheflur sie leben, ist ohne Leid nicht vorstellbar (Kap. 3.1.2.2). Dies widerspricht zunächst dem paradiesischen Ideal der Kinderminne, die ja explizit eine Liebe *âne leit* ist. Weil aber dieses Liebesideal ein *paradiesisches* ist, kann es auf Erden nur vorübergehend und in Ansätzen gelebt werden: Flore und Blanscheflur müssen, um es in weltlicher Form, integriert in eine Herrschaftsehe, wiederzuerlangen, all das erfahren, was Teil eines irdischen Lebens sein muss, nämlich Differenz, Sterblichkeit, Zeit – und Leid. Die Betonung der Trauer ist damit eine Betonung des Leidenswegs, mit dem sie sich vom Zustand der paradiesischen Gottesnähe entfernen, um sich diesem am Ende wieder zu nähern und mit ihrem weltlichen Dasein zu versöhnen. Vor dem Hintergrund ihrer bereitwilligen Selbstopferung für die geliebte andere Person, die die ‚heidnischen' Figuren von der Richtigkeit dieser Minnebeziehung überzeugt, erinnert dieser Leidensweg zugleich strukturell an den des christlichen Erlösers. Flore und Blanscheflur durchlaufen damit gewissermaßen die gesamte Heilsgeschichte in Stationen: Sie leben im Paradies und werden daraus verstoßen, sie gehen den Weg der Sterblichkeit und des Leids und finden am Ende durch die Möglichkeit des Opfers aus Liebe nicht nur zum weltlichen Heil einer neuen Herrschaftsfamilie, son-

---

136 Vgl. Putzo, Flore (2015), S. 25.

dern sind auch maßgeblich verantwortlich für die Christianisierung des spanischen Reichs.

Diese Handlungsbewegung lässt sich auch vor dem Hintergrund des zeitgenössischen mystischen Schrifttums verstehen: Weil die gänzliche Einheit den irdischen Wesen unmöglich bleibt und von göttlicher Gnade abhängig ist, bleibt jenen nur die Erkenntnis dieser absoluten Differenz[137] und das dennoch stete Bemühen um die Angleichung an Gott durch Leid, Marter und Verzicht – der Gang in die menschenleere Wüste, wie es das ‚Granum Sinapis' (Kap. 2.2.4.4) oder auch Rudolfs von Ems ‚Barlaam und Josaphat' (Kap. 3.5.7) beschreibt, sind beliebte Möglichkeiten, diese ‚negative Theologie' höfisch zu narrativieren.[138] Indem diese Liebenden sich Leid, Differenz und Zeit aussetzen und Flore diesen Weg der ‚Passion' auch dadurch unterstreicht, dass er weitgehend auf Nahrungsaufnahme verzichtet (v. 3009–3013, v. 3406–3416), werden die Liebenden zu Pilger*innen auf der Suche nach göttlicher Einheit, deren Abbild nur die göttlich bestimmte, aber weltliche Minne unter Tugendgleichen sein kann.

3.1.6 Gleiches zu Gleichem. Der Erzählrahmen

Dass die Rahmenerzählung[139] bereits das für die Binnenhandlung wichtige Thema der Liebeskommunikation aufgreift, wurde schon von Margreth Egidi erläutert.[140] Darüber hinaus gibt es eine weitere thematische Beziehung zwischen den beiden Erzählebenen: Die Rahmengeschichte nämlich entwirft eine kosmologische Ordnung, nach der sich das *Gleiche zum Gleichen* gesellt und überträgt dies zugleich auf die Ordnung der höfischen Gesellschaft im Baumgarten, die sie damit naturalisiert bzw. transzendiert.[141] Auf diese Weise implementiert die Rahmenerzählung ein normatives Ideal der Gemeinschaftsbildung, an deren Grundlagen – etwa der Frage, welche Merkmale sich denn zu gleichen haben – die Binnenerzählung sich abarbei-

---

[137] Dass der Mensch sich gegenüber Gott immer durch eine größere Unähnlichkeit als Ähnlichkeit auszeichne, wurde auch im IV. Laterankonzil 1215 festgelegt (Kap. 2.2.2.1): *Inter Creatorem et creaturam non tanta similitudo notari, quin inter eos maior dissimilitudo notanda*, zitiert nach: Haug, Wendepunkte (1999), S. 358.
[138] Vgl. dazu grundsätzlich Biesterfeldt, Moniage (2004).
[139] Die Rahmenerzählung ist von Fleck erheblich ausgebaut und verändert worden. Dazu genauer Bendheim, Wechselrahmen (2017), S. 109–112, sowie Winkelman, Florisromane (2010), S. 344f.
[140] Vgl. Egidi, Implikationen (2005), S. 178. Zur Rahmenerzählung insgesamt ebd., S. 173–176, Lieb/J.-D. Müller, Situationen (2002), Schnell, Konversation (2008), S. 186–188, Emmelius, Ordnung (2010), S. 58–64, und Bendheim, Wechselrahmen (2017), S. 116–122.
[141] Vgl. auch Emmelius, Ordnung (2010), S. 58–62, an deren Beschreibung ich mich im Folgenden orientiere.

3.1 Liebe: Diesseits der Stille. ‚Flore und Blanscheflur'

tet, und zieht diese Verbindung zwischen den Erzählebenen auch räumlich, indem dieses Paarbildungsprinzip des ‚Gleichen zum Gleichen' in einem Baumgarten vollzogen wird.

Gleich zu Beginn der Rahmenerzählung, im Frühlingseingang, wird die natürliche Paarbildung irdischer Wesen nach dem Gleichheitsprinzip erläutert: Wenn der Mai beginne, die Blumen wüchsen und die Vögel sängen, *sô hât sîn gesellen | swaz lebendes ie wart | iegelîches in sîner art* (v. 158 ff.). Diese Art der Gemeinschafts- bzw. ‚Freundschaftsbildung' (*gesellen*) entspricht nicht nur der Homophilie-These der Freundschaftstheorien seit der Antike (Kap. 2.4.4), sondern auch den darüberhinausgehenden naturphilosophischen Ausführungen Aelreds von Rievaulx (Kap. 2.4.4.7): Stets kämen die Geschöpfe *derselben Art* in Gemeinschaften zusammen und spiegelten auf diese Weise die Einheit Gottes.

Flecks Rahmenerzählung exemplifiziert dieses Prinzip anschließend an Menschen, genauer: an einer adligen Gruppe von *ritter[n] unde vrouwen* (v. 162). Wie es bei Aelred die Liebe und der Kuss Christi ist, der die Gleichen zusammenführe und ihre Seele verschmelzen lässt, so tritt hier die Minne als Lehrmeisterin dieses Gleichheitsprinzips auf (v. 221–241):

Als diu riterlîche schar
in vröiden gar
daz gestüele besaz
(ir was wol tûsent unde baz
die dar komen wâren),
unlange sie verbâren
sie enretten von der minne,
diu ir aller sinne
zuo der zît verkêrte
und sie dar an lêrte
[daz] zwei und zwei gelîche
vil bescheidenlîche
retten da besunder.[142]
was ieman dar under
sînes muotes sô stæte,
daz er der minnen ræte
sô harte übergie
daz er dâ niht enpfie
vröide noch bezzern muot dâ van,
sô erkande ich nie man
sînes muotes vester.

---

[142] In meiner Textwiedergabe weiche ich von Putzos Edition insofern ab, als sie nach v. 230 einen Punkt setzt und in v. 231, anders als Sommer, kein daz einfügt. Vgl. auch Emmelius, Ordnung (2010), S. 60.

Die Interpretation der Textstelle hängt davon ab, ob man eine Konjektur Emil Sommers als überzeugend erachtet oder nicht:[143] Nach v. 230 (*und sie dar ân lêrte*) findet sich in keiner der überlieferten Handschriften ein Satzzeichen – Putzo setzt einen Punkt – und das Adverb *dar an* (v. 230) scheint einen Konsekutivsatz anzukündigen, so dass ich Sommers Konjektur, ein *daz* in v. 231 einzufügen und aus den Versen 231 ff. (*zwei und zwei gelîche* [...]) einen Relativsatz zu formen, für überzeugend halte. Aus der *Behauptung*, dass *zwei und zwei gelîche* zusammenkommen, wird dann die *Lehre der Minne* (v. 236), deren emotionaler Auswirkungen sich nur die gefestigsten Gemüter entziehen könnten, und die sonst keiner Aussage zugeordnet werden könnte.[144] Auf diese Weise würde das kosmologische Prinzip des Natureingangs auf die ‚ritterliche Schar' übertragen: Die Menge sortiert sich nach der Lehre der Minne (und der Ordnung der Natur) in kleinere Gruppen, die aus zwei je gleich zusammengesetzten Paaren bestehen.[145] Das Adjektiv *gelîche* (v. 231) bezöge sich dann sowohl auf das Zusammenkommen zweier gemischtgeschlechtlicher Paare als auch auf das Zusammenkommen zweier gleichgeschlechtlicher.[146] Caroline Emmelius erläutert:

> Der ordnungsstiftende Akt der Minne organisiert eine Art und Weise der Paarbildung, die ihr selbst als dem Objekt der Rede gemäß ist. Sie entwirft damit ein Modell höfischer Minne-Geselligkeit, das ein künstliches und kunstvolles Analogon zur Paarbildung in der Natur schafft.[147]

Folgt man dem Handlungsverlauf der Rahmenerzählung weiter, scheint es, als fänden hier solche Paare zusammen, die sich auch in weiterer Hinsicht ähneln: Denn die beiden Damen, die der Erzähler dann fokussiert (v. 242–258), teilen nicht nur die Merkmale des Geschlechts miteinander. Sie gleichen sich darüber hinaus als *geswester* (v. 242) in der Abstammung, als Töchter des Königs von Karthago (v. 259) im hohen Status und vermutlich im ‚heidnischen' Glauben sowie, der Beschreibung des Erzählers zufolge, in ihrem liebreizenden Äußeren (v. 250–255).

Dieses naturalisierte Gleichheitsprinzip höfischer Paarbildung nach der Lehre der Minne wird in der Binnenerzählung nicht nur wiederholt, sondern

---

143 Flore und Blanscheflur. Eine Erzählung von Konrad Fleck, hg. von Emil Sommer, Quedlinburg und Leipzig 1846.
144 Vgl. v. 234–241: *was ieman dar under | sînes muotes sô stæte, | daz er der minnen ræte | sô harte übergie | daz er dâ niht enpfie | vröide noch bezzern muot dâ van, | sô erkande ich nie man | sînes muotes vester.*
145 Vgl. Emmelius, Ordnung (2010), S. 60 f. Lieb/J.-D. Müller, Situationen (2002), S. 46, gehen von *einem* Zweierpaar aus, Egidi, Implikationen (2005), S. 173 f. von gemischtgeschlechtlichen Zweierpaaren.
146 Vgl. ebd., S. 61.
147 Ebd.

auch noch einmal allegorisch reflektiert, nämlich in Blanscheflurs ‚Taubentraum', der in der französischen Vorlage fehlt:[148] In diesem Traum, so berichtet sie, kurz bevor sie von den Trennungsplänen des ‚heidnischen' Königs erfährt, habe sie zwei Tauben gesehen, die durch die Gefahr eines nahenden Habichts getrennt worden seien (v. 1085–1105); Floris erkennt in *der tûben gesellschaft* (v. 1110) *unser beider minne* (v. 1111) und im Habicht seinen Vater (v. 1112–1115). Einerseits spiegelt die Traum*handlung* natürlich jene des Romans. Andererseits aber reflektiert der Traum auf der Ebene der Handlungs*darstellung* wiederum ein Verhältnis von Gleichheit und Differenz: Alle beteiligten Figuren sind zwar, insofern sie Vögel sind, gleich, aber, indem es sich einmal um eine friedfertige Taubengemeinschaft und einmal um einen gewalttätigen Habicht handelt, verschieden. Dass es sich bei den Figuren um Tiere handelt, naturalisiert das Gleichheitsprinzip erneut und setzt es, wie die Rahmenerzählung, als für die gesamte Naturordnung geltend voraus. Indem diese Vögel derselben Art von einem Vogel, der keine Taube ist, getrennt werden, erinnert das Narrativ zugleich wieder an die Paradieshandlung, wie sie Aelred von Rievaulx erzählt: Allein die Existenz eines *anderen* Vogels – der gleich ist (Vogel) und doch verschieden (Habicht) – zeigt, dass die Gemeinschaft der Vögel, die ja an sich schon eine Gemeinschaft der Ähnlichen bilden könnten, die damit die Einheit Gottes spiegeln würde, sich *ausdifferenziert* hat, es innerhalb dieser Art Unterschiede und damit, wie Aelred mit Blick auf den Sündenfall erläutert, Hass und Gewalt gibt, die das natürliche und himmlische Prinzip der Gemeinschaft der Ähnlichen zerstört. Der Hass unter Verschiedenen führt zur Trennung einer Einheit der Gleichen.

3.1.7 Zusammenfassung

Mit Blick auf die Darstellung von Ähnlichkeit in Konrad Flecks ‚Flore und Blanscheflur' lässt sich zunächst festhalten, dass das Verhältnis von Merkmalsgleichheiten und -differenzen das Triebwerk der Romanhandlung darstellt, weil diese sich an der Frage abarbeitet, welche Merkmale von einem idealen ‚heterosexuellen' Liebes- bzw. Herrscherehepaar geteilt werden müssen und welche Differenzen sich als unzulässig erweisen. Indem die Romanwelt zwei unterschiedliche Ähnlichkeitsnormen in Konkurrenz treten lässt, nach deren einer der ‚heidnische' Glaube und der Geburtsadel die Voraussetzung einer Herrschaftsehe sind, nach deren anderer der ans Christentum geknüpfte Tugendadel entscheidend ist, entsteht aus dieser Agonalität zweier

---

148 Vgl. Winkelman, Florisromane (2010), S. 348.

unterschiedlicher Normen ein Sujet. Beide Ähnlichkeitsnormen treffen sich jedoch in der Eigentümlichkeit höfischer Epistemik, dass Adel an der Oberfläche des Körpers ablesbar ist. Dies führt dazu, dass auch jene Figuren, die nicht von hohem Geburtsadel sind, aber offen*sichtlich* inneren Adel haben, als adlig erkannt werden. Dieser gleiche äußere Eindruck hat nicht nur zur Folge, dass Blanscheflurs Mutter das Massaker am Romananfang übersteht und so Blanscheflur überhaupt geboren werden und mit Flore gemeinsam aufwachsen kann, sondern auch, dass Flore den Weg zurück zu seiner Geliebten findet. Am Ende setzt sich die Ähnlichkeitsnorm der Erzählinstanzen und des Liebespaars durch, indem die inneren, miteinander verknüpften Eigenschaften von Tugendhaftigkeit und Christentum durch Flores Taufe und Blanscheflurs sozialem Aufstieg auch äußere werden.

Interessanter noch als dieser Befund über die Handlungsebene sind die Erkenntnisse über die Darstellungsweise von Ähnlichkeit in diesem Roman. Vier Aspekte möchte ich hier besonders hervorheben – auch weil sie ganz ähnlich noch in weiteren Erzähltexten eine Rolle spielen werden. Erstens wird Ähnlichkeit als ein religiös überhöhtes, paradiesisches Ideal dargestellt (Kap. 3.1.1.2). Dieses Ideal ist in der irdischen Welt aber nie gänzlich einzulösen: Selbst am Idealort der Kinderminne, in der Differenzen weitgehend ausgeblendet werden, handelt es sich bei den Liebenden, wie spätestens Fenix aufdeckt, um eine Beziehung zwischen Figuren, die auch verschieden sind. Und am Ende des Romans werden die Geschlechtsdifferenzen wieder deutlich hervorgehoben, weil offenbar nur auf diese Weise auf Erden eine ideale Herrschaft geführt werden kann. Selbst bei einer größtmöglichen Ähnlichkeit zur göttlichen Einheit, die sich aus der Gemeinschaft ähnlicher Menschen ergibt, bleibt die Differenz zwischen Immanenz und Transzendenz zu Lebzeiten irdischer Wesen unüberbrückbar. Ziel kann nur eine Annäherung sein.

Diese Annäherung wird, zweitens, nach dem Programm des Erzählkerns der Entdifferenzierung realisiert, und zwar in zweifacher Ausfertigung: Schon in der Elternvorgeschichte weisen die beteiligten Figuren Differenzen im Glauben zueinander auf, doch die Gleichheit im äußeren Eindruck des Adels vermag diese Differenzen zu überbrücken und führt zu einer weiteren, göttlich bestimmten Angleichungsbewegung (Kap. 3.1.1.1). In gesteigerter Weise wiederholt sich dieses Narrativ in der Geschichte um die beiden Kinder, die als Quasi-Zwillinge noch mehr Merkmale miteinander teilen. Der Weg zur gesteigerten Wiederholung ihrer vermeintlich paradiesischen Gemeinschaft des Anfangs ist dann ebenfalls einer der Angleichung, die sich am Ende in der Taufe und Krönung vollzieht, zuvor aber schon an den sich zunehmend ähnlichen Körpern ankündigt, da innerlich bereits Gleichheit im ans Christentum geknüpften Tugendadel besteht (Kap. 3.1.5). Die Unbedingtheit dieser Angleichung und zukünftigen Gemeinschaftsbildung wird darüber hinaus bereits in der Beinahe-Angleichung im Tode angekündigt (Kap. 3.1.5.1). Zugleich ruft die zunehmende Angleichung der Geschlechter im Handlungsverlauf das paradiesische Ideal der Kinderminne wieder in Erinnerung (Kap. 3.1.5.3). Dass diese Geschlechterdifferenz je zwei Mal von ‚heidnischen' Herrschern (Fenix, der Amiral) ‚aufgedeckt' wird und zu einer Trennung bzw. Beinahe-Trennung führt, unterstreicht erneut, dass es sich bei diesem Ideal um ein christliches bzw. transzendentes handelt, das in der irdischen Welt der Unterschiede nicht vollkommen eingelöst werden kann.

Drittens wird diese *syntagmatische* Lesart einer Angleichungsbewegung, die die Liebenden einem verloren gegangenen paradiesischen Zustand der Liebe unter Gleichen zuführen soll, durch ein *paradigmatisches* Auftauchen entsprechender Raumarrangements gestützt, das den paradiesischen Idealzustand immer wieder aufruft und den Status der Protagonist*innen gewissermaßen kommentiert (Kap. 3.1.3, Kap. 3.1.4). Während der Schulgarten eine Art transzendierte Utopie der Ähnlichkeit inmitten der ‚heidnischen' Welt der Unterschiede darstellt, zeigt das Scheingrab Blancheflurs einerseits, dass das Ideal vergangen und nur noch in der Kunst erinnert werden kann. Andererseits aber fordert es gewissermaßen dazu auf, das Ideal mit Leben zu füllen, sich um seine Einlösung zu bemühen. Der Turm des Amirals wiederum ist zwar der Ort, an dem die Liebenden wieder zusammenkommen, steht aber, wie das Scheingrab, nur für eine Scheinidealität, denn auch hier ist ihre Liebe noch nicht legitimiert. Erst im Baumgarten des Amirals, werden die Normen der irdischen Welt mit dem paradiesischen Ideal weitgehend versöhnt: Die Gleichen ähneln sich nicht vollständig – die geschlechtlichen Differenzen werden wieder hervorgehoben –, aber dies bietet auch die Voraussetzung dafür, ihre gleiche, christliche Tugendhaftigkeit als Herrscherpaar zu leben. Dieser Weg stellt sich dabei in einer strukturellen Analogie zur Heilsgeschichte dar, und zwar mit den Stationen der paradiesischen Liebe unter Gleichen, deren Ende, eines Leidenswegs und schließlich einer möglichen Selbstopferung aus Liebe.

Zuletzt, viertens, haben wir es mit einer Erzählinstanz zu tun, die mit verschiedenen erzähltechnischen Mitteln dafür sorgt, Differenzen zu ‚glätten' und schon in der Art der Darstellung zu verdeutlichen, wohin die Reise der Protagonist*innen gehen muss. Indem wir erfahren, dass die Kinder *ungescheiden aller dinge* miteinander leben, stellt die Erzählinstanz jene Unterschiede, die Fenix dazu treiben, die Liebenden zu trennen, mutmaßlich systematisch zurück, bis der ‚Heide' als Zerstörer dieser Liebeseinheit auftaucht (Kap. 3.1.1.1). Zugleich allerdings bleibt bis zum Ende unklar, welche der beiden Differenzen, Glaube oder Status, eigentlich für die Trennung entscheidend ist, weil unterschiedliche Figuren hier Unterschiedliches behaupten und die Erzählinstanz die Bewertung dieser Sachlage einer Vielzahl an Stimmen überlässt (Kap. 3.1.2.3). Diese Stimmenvielzahl ist dabei außerdem schon in der Erzählinstanz selbst angelegt, weil wir es mit einer doppelten Stimme zu tun haben, ohne dass auflösbar zu sein scheint, ob nun der christliche Erzähler oder die ‚heidnische' Erzählerin spricht (Kap. 3.1.2.2). Darüber hinaus kündigt die Erzählweise auch an, dass die Erzählung nur durch eine Auflösung der Unterschiede überhaupt beendet werden kann: Handlungsdynamik nämlich kommt in diesem Roman vornehmlich durch bemerkenswerte Differenzen zustande, während Ähnlichkeit Handlungsstillstand bedeutet (Kap. 3.1.1). Wenn das Erzählen enden soll, so lässt sich daraus schließen, muss Ähnlichkeit wiederhergestellt werden. Dies allerdings ist in der diesseitigen Welt der Unterschiede nur bedingt möglich. Stille kehrt erst im Jenseits ein, wenn die Liebenden im Alter von 100 Jahren sterben und in einem Doppelgrab beerdigt werden (v. 7890–7895) – mehr Ähnlichkeit kann im Diesseits nicht erreicht werden –, um dann gemeinsam in *daz êwige rîche* (v. 7897) einzugehen.

Vor allem der ‚Engelhard' Konrads von Würzburg, in dem nun das Konzept einer ‚heterosexuellen' Liebe unter Gleichen, wie in FuB, mit einer ‚homosozialen' Männerfreundschaft unter Gleichen kombiniert wird und in Konkurrenz tritt, arbeitet, etwa hinsichtlich der heilsgeschichtlichen Analogien, mit Narrativen, die jenen in Flecks Roman in auffälliger Weise ähneln, weshalb ich ihn gegen die Chronologie – er ist vermutlich ca. 40–50 Jahre nach Rudolfs ‚Barlaam und Josaphat' entstanden – gleich im nächsten Kapitel einer entsprechenden Analyse unterziehen möchte.

3.2 Freundschaft: Zwei Hälften eines Apfels. ‚Engelhard'

sô anelîche gebildet
wâren diu vil werden kint
als dâ zwei wahs gedrücket sint
in ein vil schœnez ingesigel.
(Konrad von Würzburg, ‚Engelhard', v. 470–473)[149]

Wie in Konrad Flecks ‚Flore und Blanscheflur' zeigt Ähnlichkeit auch im ‚Engelhard' Konrads von Würzburg die Idealität einer Gemeinschaft an, die in diesem Fall aus zwei männlichen Figuren besteht. Auch dieser Text diskutiert Ähnlichkeitsnormen, nutzt alttestamentliche Narrative zur Sa-

---

149 Im Folgenden zitiert nach der Ausgabe der Altdeutschen Textbibliothek: Konrad von Würzburg, Engelhard, hg. von Ingo Reiffenstein, 3., neubearbeitete Auflage der Ausgabe von Paul Gereke, Tübingen 1983. Die Sprüche und den geistlichen Leich Konrads zitiere ich nach: Konrad von Würzburg, Kleinere Dichtungen (Bd. 3). Die Klage der Kunst, Leiche, Lieder und Sprüche, hg. von Edward Schröder mit einem Nachwort von Ludwig Wolff, Berlin 1959.

3.2 Freundschaft: Zwei Hälften eines Apfels. ‚Engelhard'

kralisierung bestimmter Ähnlichkeitskonstellationen und glättet vorhandene Differenzen, um sie dann nach und nach aufzulösen. Die strukturellen Übereinstimmungen mit Flecks Liebesroman sind hinsichtlich der Inszenierung von Ähnlichkeit bemerkenswert, doch wird das Erzählen von Ähnlichkeit hier durch verschiedene weitere ähnliche Figuren erheblich verkompliziert und es ist wohl kaum zu weit gegriffen, zu behaupten, dass Ähnlichkeit in diesem Roman jenes Thema ist, das nicht nur die Handlung bestimmt, sondern zum zentralen Gegenstand der Reflexion erhoben wird.

Konrads von Würzburg kleiner Roman[150] ‚Engelhard' entstand in der zweiten Hälfte des 13. Jahrhunderts, entweder in den frühen 1250er im Auftrag der niederrheinischen Grafen von Kleve oder in den frühen 1270er Jahren in Konrads Baseler Zeit.[151] Überliefert ist uns allerdings nur eine frühneuhochdeutsche, immerhin nicht prosaisierte Druckfassung aus dem Jahre 1573 – ein Umstand, der mindestens auf der Wortebene des von Moritz Haupt rückübersetzten Textes zur Vorsicht mahnt.[152] Mit Blick auf die literaturgeschichtliche Situation und Konrads Gesamtwerk scheint

---

150 So Brunner, Phantasien (1981), S. 285. Auf diese Bezeichnung bezieht sich Rohr, Roman (1999), S. 309 f., um die über die ‚Doppelwegstruktur' sich ermöglichende Anschlussfähigkeit des ‚Engelhard' an die Struktur des höfischen Romans zu demonstrieren.
151 Zur Werkchronologie zusammenfassend vgl. Brunner, Konrad (1985), Sp. 274; zur Datierung ausführlich argumentierend ders., Phantasien (1981), insbes. S. 286–299; ein knapper Forschungsüberblick zur Datierung findet sich bei Oettli, Konrad (1993), S. 373 f.
152 Veröffentlicht wurde der Druck in Frankfurt von Kilian Han unter dem Titel: *Ein schöne Historia von Engelhart auß Burgunt / Hertzog Dietherichen von Brabant / seinem Gesellen / und Engeltrud / des Koenigs Tochter auß Dennmarck / wie es jhnen ergangen / und was jammers und not sie erlitten / Gantz lustig und kurtzweilig zu laesen. Vormals nie im Druck außgegangen. Gedruckt zu Franckfurt am Mayn / M.D.LXXXIII.* Eine Ausgabe des Drucks hat Hans-Hugo Steinhoff 1987 herausgegeben. Unklar bleibt, wie sehr der mittelhochdeutsche Roman in der Drucklegung Veränderungen erfahren hat. Vermutlich lag dem Drucker eine recht gut erhaltene Handschrift des 13. oder 14. Jahrhunderts vor, während allerdings, wie Reiffenstein, Einleitung (1982), S. VI, bemerkt, die Druckfassung „durch sehr mangelhaftes Verständnis des mittelhochdeutschen Textes und eine entsprechende mechanische, an zahllosen Stellen aber bis zur völligen Sinnlosigkeit entstellte Wiedergabe ihrer Vorlage" charakterisiert sei (wobei auch Reiffenstein die Vorlage nicht kennt). Die meisten Forschungsbeiträge arbeiten mit der durch Moritz Haupt (1844) vorgelegten Rekonstruktion des Textes. Auf die Probleme, die sich daraus ergeben, dass die meisten dieser Forschungsbeiträge den Text „umstandslos auf das 13. Jahrhundert" beziehen, „ohne in Rechnung zu stellen, dass der Text im 16. Jahrhundert einer Bearbeitung unterzogen worden sein könnte", weist Ute von Bloh, Engelhart (1998), S. 317, Anm. 7, hin. Sie selbst arbeitet dementsprechend mit der Druckfassung und bezieht den Freundschaftsentwurf des Textes auf Romane derselben Zeit (S. 321 f.), aber auch auf das Freundschaftstraktat Aelreds von Rievaulx aus dem 12. Jahrhundert (S. 322). Auch Oetjens, Amicus (2016), S. 303, gibt zu bedenken, dass „jede Textinterpretation […] diese Umstände der Überlieferung mitbedenken" müsse, analysiert den Roman dann aber ziemlich konsequent als einen des 13. Jahrhunderts, indem sie seine Tendenz zur ‚Höfisierung' (S. 309–314) im Verhältnis zu anderen mittelalterlichen Versionen der Geschichte und seinen Bezug zum ‚Tristan' Gottfrieds von Straßburg (S. 314–337) hervorhebt.

es mir dennoch ein legitimes Vorgehen zu sein, eine Lektüre des Romans vorzunehmen, die davon ausgeht, dass eine der Rückübersetzung mindestens sehr ähnliche Version im 13. Jahrhundert existierte, und die diesen an entsprechende literarische und kulturelle Diskurse rückbindet.[153] Für Konrad (und andere Autoren höfischer Romane seiner Zeit) ist der Rückgriff auf „historische (einschließlich legendarische) Exempla und Sujets" bei gleichzeitiger Auslassung der bretonischen Stofftradition typisch,[154] und so reiht er sich auch mit seiner Freundschaftserzählung in eine Erzähltradition mit historischem Anspruch ein, die für gewöhnlich unter dem Stichwort ‚Amicus und Amelius' (so oder so ähnlich lautet der Name der beiden Freunde in den meisten Versionen der Geschichte) subsumiert wird und die im Wesentlichen folgendem Erzählprogramm verpflichtet ist:

---

[153] Die grundsätzliche Problematik der späten Überlieferung möchte ich, wenn ich den Roman im Folgenden als einen des 13. Jahrhunderts lese, so wenig in Abrede stellen wie die Möglichkeit einer gewinnbringenden Lektüre unter Berücksichtigung der Diskurse des 16. Jahrhunderts. Verschiedene Argumente sind allerdings auch dafür anzuführen, den Text als einen zu verstehen, der so oder sehr ähnlich im späteren 13. Jahrhundert von Konrad verfasst wurde: Nicht nur spricht die Tatsache, dass der Text für den Druck nicht prosaisiert wurde, tendenziell gegen eine zu starke Veränderung im Druck. Der Roman weist außerdem mehrere Eigenschaften auf, die typisch für Konrads Oeuvre sind: Wir finden mit Blick auf den Prologaufbau, das Gottesurteil und die Minnedarstellung zahlreiche Bezüge zu Gottfried von Straßburg (vgl. z. B. Behr, Liebe (1988/89)), wie in anderen Texten greift Konrad auch hier tendenziell auf legendarische (‚Alexius', ‚Pantaleon') bzw. (pseudo-)historische Stoffe (‚Partonopier und Meliur', ‚Trojaroman') zurück und artikuliert dabei eine „Faszination an der sichtbaren Oberfläche, am Glänzen und Strahlen seiner Figuren" sowie an Möglichkeiten und Schwierigkeiten des „visuellen Erkennens", wie sie Armin Schulz, Erkennen (2008), S. 355, für sein ganzes Werk als prägend begreift. Gerade von Blohs Hauptargument für eine eventuell starke Bearbeitung des Romans im 16. Jahrhundert, nämlich dass im ‚Engelhard' (wie bei Wickram) „soziale Ordnung weniger auf Vorrechten der Geburt, sondern vielmehr auf Tugenden beruht" und die Isolation von der höfischen Gemeinschaft den Ausgangspunkt einer alternativen *Triuwe*-Bindung darstellt (von Bloh, Engelhart (1998), S. 333), ließe sich auch für Konrads ‚Partonopier'-Roman zeigen und ist darüber hinaus ein fester Bestandteil der Amicus-Amelius-Stofftradition. Grundsätzlich gilt dieser „Konflikt zwischen der Notwendigkeit zur Sicherung dynastischer Herrschaft und dem Streben nach ‚privatem' Glück der Protagonisten" als typische Thematik der so genannten Minne- und Aventiureromane des 13. Jahrhunderts (Ridder, Minne- und Aventiureromane (1998), S. 23). Und dies ist nur eines der Argumente, die den Roman in dieser Form literaturgeschichtlich gut ins 13. Jahrhundert verorten lassen. Dafür spricht weiter die Tendenz zur geographischen Konkretisierung, die sich in sehr ähnlicher Form auch im ‚Reinfrid' findet, der im Übrigen im ersten Teil offenbar auch Handlungselemente (heimliche Minne, Gerichtskampf, Herausstellung von Ähnlichkeit als Minnevoraussetzung) der durch Konrad in den Stoff eingefügten Minnehandlung aufweist (vgl. Herweg, Verbindlichkeit (2010), S. 122).
[154] Herweg, Verbindlichkeit (2010), S. 121.

3.2 Freundschaft: Zwei Hälften eines Apfels. ‚Engelhard'

Die auf Gleichheit basierende und zielende Freundschaft wird durch zwei aufeinander bezogene Treuebeweise befestigt bzw. durch diese erst als solche konstituiert: Ein Freund springt für den anderen beim Gottesurteilskampf ein, um ihn vor der sicheren Niederlage zu retten. Der andere Freund tötet seine eigenen Kinder, um den aussätzig gewordenen Freund mit ihrem Blut zu heilen.[155]

Der Stoff scheint sich im gesamten europäischen Mittelalter einer enormen Popularität erfreut zu haben.[156] Beginnend bei einer mittellateinischen Version aus dem späten 11. Jahrhundert, finden sich später weitere lateinische, altfranzösische, mittelenglische, anglonormannische, kymrische und eben deutschsprachige Versionen des Stoffes in Versen und in Prosa bis ins 17. Jahrhundert hinein.[157] In der Forschung wird die Vielzahl dieser Geschichten für gewöhnlich in zwei Gruppen geteilt: eine, die stärker einem geistlich-religiösen, eine andere, die eher einem weltlich-höfischen Deutungshorizont verpflichtet zu sein scheint,[158] wobei eine allzu strenge, gar ‚gattungsmäßige' Zweiteilung den wenigsten Texten gerecht wird.[159] Konrads ‚Engelhard' wird gemeinhin tendenziell der zweiten, höfischen Gruppe zugeordnet,[160] wenngleich dem Roman zumindest ‚legendenhafte Züge' zugebilligt werden müssen.[161] Dass sich der ‚Engelhard' allerdings stark auf

---

155 Winst, Amicus (2009), S. 5. Ähnlich bereits Oettli, Traditions (1986), S. 47. Die Arbeit von Silke Winst bietet einen umfassenden interpretierenden Vergleich der verschiedensten Amicus-Amelius-Versionen, insbesondere im Hinblick auf die Aspekte Identität, Freundschaft und Gewalt – eine Bandbreite, die in dieser Analyse nicht abgedeckt werden kann.
156 Oettli, Traditions (1986), S. 47, behauptet gar: „The story of *Amicus and Amelius* was undoubtedly the most popular tale of friendship in medieval Europe."
157 Vgl. eine Übersicht jener Texte, die auf dem oben skizzierten Erzählprogramm beruhen, bei Winst, Amicus (2009), S. 5–31, insbesondere ab S. 14. Eine weitere, im Vergleich zu Winsts Arbeit leicht variierende Zusammenstellung der der Tradition zugehörigen Texte findet sich bereits bei Oettli, Traditions (1986), S. 47–75. Zu den Herkunftshypothesen des Stoffes vgl. die Übersicht bei Oetjens, Amicus (2016), S. 21–24.
158 Vgl. dazu Winst, Amicus (2009), S. 8–14. In der Textgruppe, die sich stärker einem höfischen Deutungssystem verschreibt, fehlen zuweilen christliche Elemente wie eine gemeinsame Taufe der Kinder durch den Papst oder die Begegnungen mit einem Pilger, vgl. ebd., S. 12.
159 Vgl. ebd., S. 13.
160 Vgl. ebd., S. 16.
161 Vor allem Göttert, Tugendbegriff (1971), spricht sich ausführlich für eine Beschreibung des ‚Engelhard' als legendarisch aus. Dementsprechende Lektüren des Romans finden sich u.a. bei Jackson, Abraham (1993), tendenziell auch bei Rohr, Roman (1999). Dagegen argumentieren beispielsweise Reiffenstein, Einleitung, S. XX, und neuerdings insbesondere Toepfer, Tragik (2013), S. 293–299. Eine knappe Diskussion der wesentlichen Argumente findet sich bei Brandt, Konrad (2009), S. 134 f., und, verbunden mit einem ausführlichen Forschungsüberblick und eigener Kritik, wiederum bei Toepfer, Tragik (2013).

weltlich-herrschaftliche Themen ausrichtet und sich an höfischen Romanen, insbesondere – wie dies für viele Texte Konrads gilt – am ‚Tristan' Gottfrieds von Straßburg orientiert, kann schwerlich bestritten werden.[162] Wir haben es also mit einem hybriden Text zu tun.[163]

Konrads Roman ist die zweitälteste deutschsprachige Fassung des Stoffes und weist einige Besonderheiten auf, die sich in anderen Versionen der Geschichte nicht finden lassen.[164] Dies betrifft die (Differenz der) Namen der Freunde[165] sowie die Namen der Figuren insgesamt,[166] die spezifische ‚Nordseegeographie',[167] die Turnierbeschreibung, das für Konrad typische Interesse an Prozessen der sinnlichen Wahrnehmung und dem problematischen Zusammenhang zwischen sichtbarer Oberfläche und unsichtbarem Kern,[168] sowie insbesondere die Einschaltung einer neben der Freundschaftsgeschichte ablaufenden ‚Minnehandlung' zwischen Engelhard und

---

S. 293–299. Die wesentlichen Argumente für die Zuschreibung des ‚Legendarischen' sind die Darstellung der geopferten Kinder als Märtyrer, Gottes wunderbares Wirken in der gesamten Handlung und durch Engelhard sowie die Engelsbotschaft, vgl. Brandt, Konrad (2009), S. 135.

162 Vgl. zum Vergleich zwischen dem ‚Tristan' und dem ‚Engelhard' hinsichtlich der Minnekonzeption Behr, Liebe (1988/89), der Inszenierung von Liebe und Freundschaft auch Kraß, Kleider (2006), S. 322–328, allgemeiner Brandt, Konrad (2009), S. 133 f., hinsichtlich der Treue-Konzeption Oetjens, Amicus (2016), S. 314–337, zu den sekundären Quellen Konrads generell Oettli, Traditions (1986), S. 77–102.

163 So auch Klinger/Winst, stricke (2003), S. 266. Insofern gilt auch für den ‚Engelhard', was sich für die höfischen Romane des 13. Jahrhunderts insgesamt vorsichtig pauschalisieren lässt, nämlich dass die in ihnen erzählten Lebensentwürfe darauf abzielen, „Gott *und* dem Hof [zu] gefallen", Bertau, Literaturgeschichte (1983), S. 107. Diese ‚legendarischen' Romane versuchen sich, so Schulz, Epistemik, S. 660 f., „an […] Kompromissen, wie das standes- und selbstbewusste Leben in der Welt […] und eine gottgefällige, demütige, tendenziell gesellschaftsabgewandte […] Existenz am besten miteinander vereinbart werden können." Generell zu den hybriden Romanen um 1300 vgl. Schulz, Poetik (2000), und Herweg, Verbindlichkeit (2010).

164 Eine weitere Versbearbeitung in deutscher Sprache entstammt dem frühen 13. Jahrhundert, vgl. Brandt, Konrad (2009), S. 131.

165 Eine Namensdifferenz findet sich nur noch einmal bei den Freunden Alexander und Ludovicus in der wahrscheinlich auf das 9. Jahrhundert zurückgehenden ‚Historia septem sapientum', von der die älteste überlieferte Version ein lateinischer Text aus dem Jahre 1342 darstellt, die aber auch als deutschsprachige Fassung existiert, vgl. dazu Winst, Sameness (2013).

166 Vgl. dazu auch Brunner, Phantasien (1981), S. 287 ff.

167 Die meisten anderen Versionen spielen im Frankenreich zur Zeit Pippins oder Karls des Großen und in Italien bzw. im Fall der mittelenglischen Version in der Lombardei, vgl. dazu Brunner, Phantasien (1981), S. 286 f., der auch aus diesem Grund für eine Datierung in Konrads Frühzeit plädiert, weise die Geographie doch Übereinstimmung mit jener in den sicher als Frühwerke zu bezeichnenden Erzählungen, dem ‚Schwanritter' und dem ‚Turnier von Nantes', auf.

168 Diesem Aspekt widmet sich mit Blick auf Konrads Gesamtwerk umfassend Schulz, Erkennen (2008), S. 355–497.

Fruotes Tochter Engeltrud,[169] die auch weitreichende Konsequenzen für die Struktur des Romans nach sich zieht.[170]

Dass Ähnlichkeit nun in diesem Roman ein wesentliches Sujet darstellt, ist mit Blick auf diese beiden Beziehungen, die jeweils maßgeblich von bestimmten Merkmalsgleichheiten abhängen, selbstverständlich keine Neuentdeckung und so wurde dem auch in der Forschung entsprechende Aufmerksamkeit geschenkt, wenn auch nur in wenigen Studien schwerpunktmäßig: Ute von Bloh zeigt insbesondere am ‚Engelhard' auf, inwiefern sich die Konzeption ähnlicher Figuren in der mittelalterlichen Literatur von den Doppelgängerfiguren der Romantik unterscheidet und verweist auf das Homophilie-Prinzip der mittelalterlichen Freundschaftskonzeptionen Aelreds von Rievaulx, an dem diese partizipierten.[171] Sie identifiziert die Ähnlichkeit zwischen Engelhard und Dietrich einerseits als identitätsstiftendes Moment und zugleich als eine Nähe, „die in ein Spannungsverhältnis zu gesellschaftlichen Ansprüchen" gerate und es darum zur Trennung der Doppelgänger kommen müsse.[172] Armin Schulz analysiert hingegen den Zusammenhang von extremer Ähnlichkeit und den im Text inszenierten Wahrnehmungsvorgängen zur Personenidentifizierung.[173] Er kann zeigen, dass es gerade die weitgehende Merkmalsgleichheit der Freunde ist, die immer wieder zu ‚epistemischen Krisen' führt, gegen die die Freunde und Liebenden mit gesonderten Wahrnehmungsstrategien „sensorischer Unmittelbarkeit" vorgehen.[174] Silke Winsts Verdienst hinsichtlich des Themas dieser Arbeit ist es einerseits, eine Systematik zur vergleichenden Analyse der Texte aus dem Amicus-Amelius-Stoffkreis entworfen zu haben. Diese orientiert sich an den Freundschaftsphasen Aelreds von Rievaulx (*electio, probatio, admissio* und *consensio*), wodurch sich argumentieren lässt, dass der ‚Kampf gegen die

---

169 Der Einfachheit halber spreche ich auch im Folgenden in Bezug auf die gegengeschlechtliche Liebe zwischen Engelhard und Engeltrud von ‚Minnehandlung', wenn auch konstatiert werden muss, dass dies begrifflich wahrscheinlich nicht der Sprache von Konrads Roman entspricht, wird der Begriff *minne* doch auch für die Freundschaftsbeziehung, der Begriff *friuntschaft* auch für die Liebesbeziehung verwendet, vgl. dazu v.a. Behr, Liebe (1988/89), Klinger/Winst, stricke (2003), sowie Kraß, Kleider (2006), S. 318–337.
170 Diese beschäftigte insbesondere die frühe Forschung. Könnecker, Erzähltypus (1968), etwa hält die Struktur aufgrund der eingefügten Minnehandlung für ‚unorganisch', was in den nachfolgenden Studien allerdings bald Widerspruch gefunden hat. Weitere Strukturvorschläge und -übersichten finden sich bei Rupp, Bau (1963), bei Kesting, wârheit (1970), bei Göttert, Tugendbegriff (1971), bei Oettli, Verschränkung (1986) und bei Rohr, Roman (1999).
171 Vgl. von Bloh, Doppelgänger (2005), S. 348f.
172 Ebd., S. 358. Auf Einzelaspekte, die von Bloh berücksichtigt, werde ich im Laufe meiner Analyse noch zurückkommen.
173 Vgl. Schulz, Erkennen (2008), S. 389–409. Ähnlich schon ders., Unterscheidungen (2002). Zu diesem Thema zuvor bereits Küsters, Blick (1994), S. 302–309.
174 Schulz, Erkennen (2008), S. 409.

Differenz'[175] der Weg und eine weitestgehende und sakral überhöhte Ähnlichkeit das Ziel der Freundschaft in den Amicus-Amelius-Erzählungen ist.[176] Andererseits analysiert sie bereits Teile des Romans mit Bezug auf die kulturtheoretischen Überlegungen René Girards (vgl. Kap. 1.8.1) und vertritt überzeugend die These, dass die Amicus-Amelius-Texte mit der Freundschaft ein Vergesellschaftungs- bzw. Identitätsmodell entwerfen, das dem ‚System der Unterschiede' diametral gegenüber steht und vielmehr eine „Krise der Gleichheit" inszeniert wird, deren Gewalteskalation durch das Kindsopfer gestoppt werden kann.[177] Andreas Kraß kontextualisierte zuletzt die ‚Ebenbildlichkeit' der Freunde vor dem Hintergrund der antiken und mittelalterlichen Freundschaftsphilosophie (Kap. 2.4.4) und den mittelalterlichen Antikenromanen, vor allem dem ‚Eneasroman' (Kap. 2.3.1). Darüber hinaus zeigt er, dass einige der Ebenen, auf denen Identität bzw. Differenz zwischen Engelhard und Dietrich bzw. Engelhard und Engeltrud hergestellt werden – der Körper, die Kleidung, die Namen – sowie das Dingsymbol, das die Ebenbildlichkeit bildhaft unterstreicht – ein Apfel und ein Ei – kontrastiv aufeinander bezogen sind und die auf Ähnlichkeit basierende homosoziale Beziehung gegenüber der ‚heterosexuellen' am Ende den Sieg davon tragen kann.[178]

Ansonsten konzentrierte sich die neuere ‚Engelhard'-Forschung, die in den vergangen beiden Jahrzehnten durchaus zugenommen hat, vor allem auf die spezielle Freundschaftskonzeption des Romans mit ihren Anknüpfungspunkten an den antiken und mittelalterlichen Freundschaftsentwürfen (insbesondere Ciceros und Aelreds von Rievaulx),[179] mit ihrem Verhältnis zur im Roman dargestellten Minnebeziehung zwischen Dietrich und Engelhard bzw., damit zusammenhängend, auch mit den Geschlechterkonzeptionen und -verhältnissen im Text[180] sowie mit den *triuwe*-Begriffen

---

175 So der Titel ihres ersten thematischen Kapitels, in dem sie das Verhältnis von Identität und Differenz untersucht, vgl. Winst, Amicus (2009), S. 46–273.
176 Vgl. ebd., S. 49: „Gleichheit und Christusbezug erscheinen dann implizit als die Konstituenten der *consensio*-Phase." Bei der ‚Anwendung' von Aelreds vier Schritten zur Freundschaft bleibt allerdings zu beachten, dass es sich dabei um Schritte handelt, die *vor* einer existierenden Freundschaft stattzufinden haben, vgl. dazu die Rezension von Kraß, Amicus (2011), S. 145f.
177 Vgl. Winst, Amicus (2009), S. 287–291, hier: S. 291. Ähnlich, am Beispiel zweier weiterer Amicus-Amelius-Versionen und darüber hinaus auf die Theorie der Ähnlichkeitsepisteme Michel Foucaults Bezug nehmend, dies., Identity (2013).
178 Vgl. Kraß, Ebenbildlichkeit (2015).
179 Vgl. von Bloh, Engelhart (1998), dies., Doppelgänger (2005), Classen, Friendship (2006), Kraß, Ebenbildlichkeit (2015), Winst, Amicus (2009), insbes. s. 47–51.
180 Vgl. Behr, Liebe (1988/89), Klinger/Winst, stricke (2003), sowie Kraß, Kleider (2006), S. 318–337.

des Romans und ihren Implikationen[181] und auf diesem Wege speziell mit dem Gottesurteil, das Dietrich für Engelhard besteht.[182] Ergänzt wurden diese Studien zu den ‚klassischen' Themen, die der Roman gewissermaßen vorgibt, durch nicht minder wichtige Arbeiten zu spezielleren Aspekten wie der Stellvertretung[183] und der Textmotivierung im Zusammenhang mit den ‚tragischen' Dilemmasituationen, in denen die Protagonisten sich befinden.[184]

Um Wiederholungen zu vermeiden, werde ich im Folgenden darauf verzichten, noch einmal ausführlich auf die Anknüpfung an entsprechenden Freundschaftstheorien einzugehen. Mir wird es vor allem darum gehen, auf die enorme Sakralisierung bestimmter Merkmalsgleichheiten vor dem Hintergrund von Heilsgeschichte, Erzähler- und Figurenkommentaren hinzuweisen, die von der Inszenierung spezifischer Wahrnehmungs- und Erkenntnisvorgänge gestützt wird und auf diese Weise Beziehungsmodelle hierarchisiert und Exklusionsbedingungen verschiedener Gesellschaftsmodelle vorführt. Beziehungen, die auf der Ähnlichkeit äußerlich wahrnehmbarer Tugendhaftigkeit basieren, die an Männlichkeit und sensorische Unmittelbarkeit gebunden ist, stehen in diesem Roman für in der *regio similitudinis* angesiedelte Gottes- bzw. Engelsähnlichkeit. Der Roman diskutiert diese idealen auf Ähnlichkeit basierenden Beziehungsformen vor dem Hintergrund irdischer Notwendigkeiten zur Unterscheidung (Girard) und entwirft Extremsituationen, die den Figuren radikale Entscheidungen zugunsten oder zuungunsten bestimmter Beziehungen, die auf unterschiedlichen Merkmalsgleichheiten basieren, abverlangt.

Das alles bestimmende, handlungsantreibende Moment dieses Romans ist so die vorhandene oder fehlende Ähnlichkeit als Voraussetzung, Problem und Entscheidungsgrundlage von Beziehungen. Die *triuwe* mag das „Hauptthema" des ‚Engelhard' sein,[185] es sind jedoch spezifische Merkmalsgleichheiten – Ähnlichkeitsnormen –, die die Entscheidungen der Figuren, wem gegenüber sie *getriuwe* sind und wem gegenüber nicht, bestimmen. Der Roman diskutiert also durchaus, wie in der Forschung immer wieder konstatiert, das Verhältnis zwischen bestimmten Beziehungen oder Vergesellschaftungsformen, wobei stets der Männerfreundschaft die Priorität ein-

---

181 Vgl. v.a. Oettli, Konrad (1993), Koch, Formen (1999), Lasch/Theßeling, Freundschaft (2013), Toepfer, Tragik (2013), S. 274–309, insbesondere ab S. 283, und Oetjens, Amicus (2016), S. 302–337.
182 Vgl. v.a. Schnell, Wahrheit (1984), und Karner, Täuschung (2010), S. 115–146.
183 Vgl. Witthöft, Stellvertretung (2005).
184 Vgl. Toepfer, Tragik (2013), S. 274–309.
185 So Brandt, Konrad (2009), S. 133; ähnlich Oettli, Verschränkung (1986), S. 63, sowie Kesting, wârheit (1970), S. 255, und Lienert, Romane (1987), S. 59.

geräumt wird,[186] aber er tut dies auf einer tiefer liegenden Ebene, nämlich, wie bereits in Konrad Flecks FuB, mit Blick auf jene Merkmalsgleichheiten, die die Grundlage dieser Priorisierungen bilden.

Weil die beziehungs- und *triuwe*-stiftende Ähnlichkeit bestimmendes Thema des Gesamtromans darstellt, werde ich mich um eine entsprechende Gesamtinterpretation bemühen und zu diesem Zweck zunächst einen (Kap. 3.2.1) syntagmatischen Durchgang durch den Text vornehmen, bei dem ich mich auf den von Merkmalsgleichheiten und -differenzen maßgeblich bestimmten Handlungsgang konzentriere. Auf der Basis dieser Analyse der Textoberfläche erfolgt dann die paradigmatische Interpretation ausgewählter Aspekte (Kap. 3.2.2–3.2.5), die ich am Ende des ersten Durchgangs vorstellen werde, um dann ein Fazit zu ziehen (Kap. 3.2.6).

3.2.1 Kristall unter Kieseln. Ähnlichkeitsnormen im ‚Engelhard'

3.2.1.1 Handlungsübersicht

Die Handlung des Romans kann in vier größere Erzählabschnitte eingeteilt werden, in denen bestimmte Merkmalsgleichheiten zwischen einzelnen Figuren perspektivenabhängig als wünschens- und erstrebenswert oder als problematisch inszeniert werden.[187] Im Fokus des Romans und in jedem der Abschnitte stehen Beziehungskonzeptionen, die auf Ähnlichkeit und Reziprozität basieren.

Im Zentrum der ersten Einheit (v. 217–1628) steht die Ähnlichkeitsbeziehung zwischen Dietrich und Engelhard. Darüber hinaus wird auch Engeltrud eingeführt, die aus ihrer Namensähnlichkeit zu Engelhard den Wunsch ableitet, mit ihm und nicht mit Dietrich eine Beziehung einzugehen. Der Abschnitt endet, nachdem die Freunde geradezu symbiotisch und un-

---

186 Vgl. z. B. Schulz, Erkennen (2008), S. 390, der von einer „Sondermoral für Liebe und Freundschaft" spricht, und Kraß, Kleider (2006), S. 323, der, wie Behr, Liebe (1988/89), S. 325 f., von einer Spannung zwischen Freundschaft und Gesellschaft und einer zwischen Freundschaft und Liebe ausgeht, oder Oettli, Engelhard (1993), S. 376, der für einen Kontrast zwischen einer individualisierten und einer gesellschaftsbezogenen *triuwe* beschreibt.

187 Ich orientiere mich im Wesentlichen an dem gut nachvollziehbaren Strukturierungsvorschlag von Oettli, Verschränkung (1986), S. 66–77. Ohne dabei seine These anzunehmen, „daß Konrad den *Engelhard* nicht als ganzes, sondern als zusammenhängende Reihe von kürzeren Einheiten konzipiert hat" (S. 63), halte ich seine Gliederung in vier Abschnitte, die sich am gemeinsamen Paradigma des Erzählens von *triuwe* orientiert, zumindest für einen ersten Überblick für recht sinnvoll. Einen nur in Einzelheiten abweichenden, aber anders begründeten Vorschlag zur Erfassung der Struktur ist jener von Rohr, Roman (1999), S. 310, der Oettlis vier Teile (mit, wie gesagt, kleineren Abwandlungen) in die zwei Wege des Doppelten Cursus einteilt.

unterscheidbar miteinander am dänischen Hof gelebt haben, mit einer Krise und Trennung, und zwar aufgrund einer entscheidenden Differenz: des an Herkunft gekoppelten sozialen Status.

Die zweite Erzähleinheit (v. 1629–3670) stellt die Liebesbeziehung zwischen Engelhard und Engeltrud in den Mittelpunkt und erzählt von Engelhards erfolgreichen Bemühungen um eine ihr gegenüber notwendige Statusangleichung. Auch dieser Abschnitt endet nach einer als Verschmelzung inszenierten Zusammenkunft der beiden mit einer Krise und Trennung: Engelhard und Engeltrud werden beim geheimen Stelldichein im Baumgarten ertappt und Engelhard eingesperrt.

Die letzten beiden Erzähleinheiten bemühen sich um eine umfassende Lösung der durch Differenz ausgelösten Krise. Im Gottesurteilskampf (v. 3671–5134), der beweisen soll, dass Engelhard und Engeltrud nicht miteinander geschlafen haben, springt Engelhards Doppelgängerfreund Dietrich für ihn ein und sorgt damit auch dafür, dass Engelhard zum König Dänemarks und Dietrich damit im Status gleich werden kann. Die Aussatzerkrankung Dietrichs – der letzte Erzählabschnitt (v. 5135–6504) – hat den Verlust seines Königsamtes sowie der körperlichen Ähnlichkeit zu seinem Freund zur Folge und kann nur dadurch gelöst werden, dass Engelhard ihn im Blut seiner Kinder badet. Die Rettungstat Engelhards, der die Ähnlichkeit zu seinem Freund über seine Blutgleichheit zu seinen Kindern und damit über die auf Namensähnlichkeit basierende Beziehung zu Engeltrud stellt, steht damit in einer Reziprozität zur vorangegangenen Tat Dietrichs und gleicht die Freunde auch in dieser Hinsicht aneinander an.

3.2.1.2 Prolog und Exposition

Bereits im Prolog (v. 1–216) definiert der Erzähler, welche Ähnlichkeitsnorm in diesem Roman zur Diskussion stehen wird. Nachdem er im strophischen Teil die Bedeutung der Leittugend des Romans, der *triuwe*, deutlich gemacht und im Zuge des prologtypischen Topos der Zeitklage (*laudatio temporis acti*) bemängelt hat,[188] dass diese Tugend heute bei weitem keine so leuchtenden Kleider mehr trage (v. 3–8) und ihre Wangen nicht mehr so rosig seien wie einst (v. 9–16),[189] schließt der Erzähler im stichischen Prologteil eine kurze Reflexion über die notwendige Verbindung von *triuwe* und sozialem Status bzw. Besitz an. Der mächtige Adel (v. 94, v. 99) müsse durch diese höchste Tugend erleuchtet und zu Ehren gebracht werden, aller Besitz sei ohne sie

---

188 Vgl. einführend zum Topos der Zeitklage Bumke, Kultur (2008), S. 26–29
189 Zum *triuwe*-Prolog neuerdings Laufer, Kleid (2015), insbes. S. 163–170, und (vor allem zu seinem Verhältnis zum ‚Tristan'-Prolog Gottfrieds) Oetjens, Amicus (2016), S. 315–320.

nichts wert, darum müssten die ‚Hohen' sich besonders um sie bemühen (v. 94–115).[190] Der Erzähler präsentiert uns somit eine Ähnlichkeitsnorm, die das Zusammenspiel aus einem recht undeutlichen, aber idealisierten Tugendbegriff,[191] Besitz und hohem sozialen Status verlangt, an die sich in der zeitgenössischen Gegenwart offenbar zu wenige Menschen hielten.[192]

Zu der Zeit, in der die Handlung um Engelhard situiert wird, habe man sich noch an der *triuwe* orientiert (v. 217–220) – die Einführung des Protagonisten allerdings inszeniert ein problematisches Auseinanderfallen der zuvor skizzierten Ähnlichkeitsnorm: Die Handlung beginnt mit der Inszenierung eines Makels, der, in den Begriffen Mitchells/Snyders (Kap.1.8.3), als *disability* eines prothetischen Eingriffs bedarf, damit also Erzählung vorantreibt: Engelhard lebt unter seinen Verhältnissen – sein sozialer Status entspricht nicht seiner inneren und äußeren Idealität. Obwohl seine neun Brüder selbst schon ein göttliches Wunder der *sælde* seien (v. 234 f.), leuchte Engelhard wie ein Kristall unter Kieselsteinen (v. 236 ff.). Der Erzähler beteuert, Engelhards Tugenden – insbesondere die im Prolog gepriesene *triuwe* (v. 258) – strahlten so sehr, dass alle, die ihn erblickten davon überzeugt sein müssten, sie sähen einen jungen Mann aus reichem Hause (v. 242–247).[193] Dieser Eindruck aber täuscht: Seine Familie ist zwar adlig (v. 223) und nicht verarmt (v. 284), aber für ein ehrvolles Leben als Ritter geschweige denn Herrscher genügt es eben nicht.[194] Die Relevanz dieser Differenz für die Handlung des Romans wird durch einen Erzählerkommentar deutlich hervorgehoben:

---

190 *den rîchen und den werden | solte si wol lieben | und niht wan argen dieben | von schulden widerzæme sîn. | ir liehter wünneclicher schîn | die hôhen solte erliuhten | und mit ir süeze erviuhten | ir herze an êren dürre, | wan ez in vaste würre, | ob man niht triuwe hæte noch. | die rîchen die bedürfen doch | triuwen baz dan iemen. | ob triuwe pflæge niemen, | sô würde kranc der rîchen habe. | man züge in und bræche abe | ir guot und al ir ére. | des solte ir herze sére | in lûterlichen triuwen sweben, | durch daz si bilde künden geben | ûf alsô triuwebæren sin | daz niemen triuwe bræchen an in | und inneclîche wârheit.*

191 Was genau die Triuwe nun eigentlich ist, bleibt im Prolog einigermaßen heterogen: Sie verhilft Menschen zur Ehre (v. 28 f.), macht Frauen beständig (v. 33, 37 f.) und führt Männer zur Wahrheit (v. 34 f., v. 39 f.), sie gibt Sicherheit (v. 41–48), sie unterstützt die Liebe und macht glücklich (v. 49–56), sie schlichtet Streit zwischen Freunden (v. 57–64), sie stärkt die Verwandtschaft (v. 65–68), gibt Einblick in geheime Dinge (v. 73–80) und fördert die Nächstenliebe gegenüber *ebenchristen* (v. 81–88).

192 Zu dieser Verbindung, ihrer (Literatur-)Geschichte mit zahlreichen Textbeispielen und der dazugehörigen Forschung (insbesondere am Beispiel des ‚Erec' Hartmanns von Aue) ausführlicher Jackson, Typus (2003), S. 105–115. Vgl. außerdem Bumke, Kultur (2008), S. 419–425, und Schulz, Erkennen (2008), S. 242–254, der zur ‚Ideologie des adeligen Körpers' vor allem *varwe*, *glanz* und *gebærde* rechnet.

193 Vgl. zur Kalokagathie insgesamt Fritsch-Rößler, Kalokagathie (1995). Czerwinski, Abstraktion (1989), S. 223, nennt dieses Durchleuchtetsein auf die inneren Eigenschaften ‚Diaphanie'.

194 Damit wird schon an dieser Stelle der Handlung das Thema der problematischen Wahrnehmung des visuell ‚Sichtbaren' aufgenommen, das im Prolog eingeführt worden ist und den gesamten Roman durchzieht (vgl. Kap. 3.2.4).

3.2 Freundschaft: Zwei Hälften eines Apfels. ‚Engelhard'

er was gar aller sælde vol,
wan daz im brast an guote,
daz edeles herzen muote
bieten muoz geleite
ze hôher werdekeite.
Wan zwâre, als ich erkennen kan
sô mac vil kûme ein edel man
wert gesîn in kranker habe.
an hôher wirde gât im abe,
swenn er geldes niht enhât.
als ez nû in der werlde stât,
sô darf ein man wol guotes
der edeles herzen muotes
will pflegen unde spulgen.
daz silber in den bulgen
dringet für die hôhen tugent.
(v. 264–279)

Der Erzähler gibt selbst Anlass, diesen Konnex geringzuschätzen, wenn er sich von ihm beobachtend distanziert (v. 269, v. 274) und ihn lakonisch verkürzt (v. 278 f.), aber es scheint sich um ein unumstößliches Gesetz zu handeln: Die höfische Ähnlichkeitsnorm verlangt vom Adel neben höchster Tugendhaftigkeit auch Status und Besitz. Dieses Makels ist sich Engelhard bewusst und beschließt in einem ausführlicheren Monolog (v. 288–319), sich in *fremden landen* (v. 306), beim dänischen König Fruote (v. 310 f.), um eine möglichst weitgehende Auflösung dieser Differenz zu bemühen, dem höfischen Kanon der Ähnlichkeitsnorm zu entsprechen.[195] Der Makel bedarf der ihn auflösenden Erzählung – eine Aufsteigergeschichte steht an.[196]

Diese aber steht vor dem Problem der Ähnlichkeit in Folge der Genealogie: Als Kristall unter Kieselsteinen ähnelt Engelhard seiner Familie nur bedingt, was, anders als teilweise im zeitgenössischen Gelehrtenwissen,

---

195 Diese ‚unsägliche' und damit aufzulösende Differenz ist insofern eine ‚Erzählprothese', als sie als wesentliches Charakterisierungsmerkmal dient und den Protagonisten aus der anonymen Norm, etwa aus seiner Geschwisterschar, hervorhebt, und indem sie zugleich metonymisch für ein letztlich die höfische Ordnung gefährdendes Potential steht: Wenn Engelhard nun nicht für Höheres bestimmt ist, stimmt die irdisch-höfische Ähnlichkeitsnorm nicht mehr, weil dann ein Tugendhafter besitzlos bleibt. Der Erzählung liegt damit gewissermaßen das Motto zugrunde, das Konrad in einem seiner Sprüche formuliert (32, 196 f.): *Ein Ritter der niht wæte habe von golde noch von sîden, | der sol ûz triuwen unde ûz manheit cleider an sich snîden.*
196 Von einer Aufsteigergeschichte als „wichtiges Nebenthema" des Romans geht Brunner, Phantasien (1981), S. 291, aus, während Kokott, Konrad (1989), S. 46, die „Geschichte eines Aufsteigers innerhalb des feudalen Herrschaftssystems" als grundlegendes Thema betrachtet. Auch Kraß, Kleider (2006), S. 323 und v. a. S. 329, bezeichnet die Aufstiegsthematik neben der Konfrontation von Freundschaft und Gesellschaft bzw. Freundschaft und Liebe Hauptaspekt des Romans.

nicht als monströse Abweichung kodiert wird (Kap. 2.3.2). Engelhards Abweichung von der *art* seiner Familie kündigt vielmehr an, dass er für Höheres bestimmt ist. Zwar kommt Engelhard, indem er sich um Treue bemüht, in seiner *art* durchaus auch nach seinem Vater (v. 258f.) und entspricht damit der höfischen Ideologie der sich immer durchsetzenden Anlage eines Menschen (Kap. 2.3.3.2). Aber er bliebe damit eben auch ein Teil des niedrigen Adels, der ihn zum Ritter- und Königtum disqualifiziert. In anderen Worten: Die genealogisch bedingte Gleichheit der Herkunft und des Blutes führen in diesem Roman ins Dilemma, weil sie einen zum ‚Kristall' Geborenen zum Dasein als ‚Kieselstein' verdammen (v. 238f.).[197] Die Lösung, die die Erzählung zu proklamieren versucht, liegt in den höfischen Liebes- und Freundschaftskonzeptionen, die die Gleichheit der (christlichen) Tugenden über den sozialen Status und die Herkunft stellen bzw. sogar die Möglichkeit einer Auflösung dieser Differenzen propagieren (Kap. 2.4.4).[198] Engelhard geht Beziehungen zu zwei Menschen ein, die ihm einerseits in bemerkenswerter Weise ähneln, aber hinsichtlich des in höfischen Erzählungen oftmals entscheidenden Merkmals, dem sozialen Status bzw. der Herkunft, verschieden sind: Dietrich ist der Sohn des Königs von Brabant und wird dessen Erbe antreten; Engeltrud ist die Tochter des dänischen Königs Fruote.

3.2.1.3 Engelhards Beziehungen: Dietrich und Engeltrud

Mit Ersterem schließt Engelhard eine Freundschaft, in der die sozialen Differenzen zunächst nicht die geringste Rolle zu spielen scheinen – Engelhard erfährt von der königlichen Herkunft seines Freundes selbst erst, als es durch den Tod von Dietrichs Vater notwendig wird. Als Engelhard und Dietrich sich zum ersten Mal begegnen – beide befinden sich auf dem Weg zum dänischen Hof (v. 624f.) – zeigt sich, dass sie sich in zahlreichen Eigen-

---

197 Vgl. dazu auch J.-D. Müller, Kompromisse (2007), S. 62–65.
198 So bewertet Aristoteles (Kap. 2.4.4.2) die Freundschaft unter jenen, die gleich gut sind, am höchsten und plädiert im Falle von Unterschieden im Bereich der Würdigkeit bzw. des sozialen Status dafür, dass der oder die Schlechtere den Besseren mehr zu lieben habe. Cicero (Kap. 2.4.4.3) hält die Tugendfreundschaft für die einzig mögliche Freundschaftsform und sieht die Möglichkeit, Rangungleichheit in einer solchen Freundschaft zu nivellieren. Im Alten Testament (Kap. 2.4.4.5) freundet sich der Königssohn Jonathan mit dem Hirtenjungen David an, wobei Letzterer am Ende selbst zum König aufsteigen kann. Und auch die christlichen Freundschaftsschriften des Augustinus (Kap. 2.4.4.6) und insbesondere Aelreds von Rievaulx (Kap. 2.4.4.7) heben die gemeinsame Ausrichtung guter Menschen auf Gott als Freundschaftsbedingung hervor. Letzterer knüpft an Cicero und der Geschichte von David und Jonathan an und geht noch weiter als seine Vorgänger, wenn er konstatiert, dass nicht nur jegliche Rangungleichheit zwischen Freunden nivelliert, sondern auch die körperliche Erscheinung sich angleichen könne.

schaften, insbesondere im äußeren Schein (v. 448f.) und ihrer Tugendhaftigkeit (v. 474f.), gleichen, dass sie *wâren ungesundert | an allen dingen* (v. 456f.) mit Ausnahme ihres Pferdes und ihrer Kleidung (v. 460f.). Die Unmöglichkeit, die beiden Freunde äußerlich zu unterscheiden, bringt Engeltrud, die Königstochter am dänischen Hof, die den beiden ebenfalls in ihrer Schönheit, ihrer Tugendhaftigkeit und ihrer (im Falle Engelhards vermeintlichen) hohen Abstammung ähnelt (v. 821, v. 863), in eine Sinnkrise: Weil ihre Augen ihrem Herzen keinen Unterschied übermitteln können, verliebt sie sich in beide zugleich. Nur ein synästhetischer, religiös überhöhter Wahrnehmungsprozess hilft ihr, eine entscheidende Differenz zwischen den Freunden und eine Ähnlichkeit zwischen ihr und Engelhard wahrzunehmen: ihre Namen.

Nach Abschluss der ersten beiden Erzählabschnitte steht Engelhard hinsichtlich beider Beziehungen vor dem Dilemma, zwei sich widersprechenden Ähnlichkeitsnormen angehören zu wollen: Während die Ähnlichkeitsnorm, auf denen er seine Nahbeziehungen basieren lässt, insbesondere auf Tugendidealität, die sich in ähnlichen Körpern (Dietrich) sichtbar bzw. Namen (Engeltrud) hörbar zeigt, beruht, verlangt die höfische Ähnlichkeitsnorm, deren Teil er sein will, zusätzlich einen hohen sozialen Status bzw. Besitz.

Dass er sich von Dietrich trennen muss, ist dann vor allem die Folge seiner Rücksicht auf die höfische Ähnlichkeitsnorm, deren Einhaltung ‚Ansehen' (*êre*) bringt. Diese *êre* ist auf die höfische Gesellschaft bezogen, die auf der Einhaltung von insbesondere sozialen Unterschieden basiert, und damit den Modellen der beiden Nahbeziehungen Engelhards, die insbesondere auf *triuwe* ausgerichtet sind, entgegenstehen.[199] So bietet Dietrich seinem Freund an, die Herrschaft seines verstorbenen Vaters zu teilen, also alle Statusdifferenz aufzulösen, (v. 1422–1427),[200] unterschiedslos (v. 1424) zu herrschen und plädiert damit für eine ‚Kultur der Gleichheit' statt einer Girardschen ‚Kultur der Unterschiede', in der eine Entdifferenzierung sozialer Hierarchien eine mimetische Gewaltspirale nach sich ziehen würde. Auf

---

[199] Vgl. zu den Handlungsmotiven *triuwe, êre* und Gott Toepfer, Tragik (2013), S. 283–293. Bezüglich des Wettstreits zwischen *triuwe* und *êre* fasst sie zusammen: „Die Dominanz der *triuwe*, die sowohl die Freundschafts- als auch die Minnegeschichte bestimmt, lässt alle anderen Motive [...] in den Hintergrund treten. Dies wirkt sich auch auf das höfische Ideal der *êre* aus, die in den Überlegungen der Figuren zwar eine Rolle spielt, jedoch kaum als ein zweites, gleichgewichtiges Leitmotiv der Erzählung gelten kann" (S. 283).

[200] Diesem Angebot folgt später ein Gegenangebot Engelhards (v. 5791–5793). Diese Bereitschaft der Freunde zur gemeinsamen Herrschaft zeigt, dass Girards Ansatz des mimetischen Begehrens, das Gewaltspiralen unter Doppelgängern erzeugt, zwischen diesen beiden Figuren gerade explizit ausgeschlossen wird. Dagegen behauptet Oswald, Aussatz (2008), S. 40f., dies spiele nur darum keine Rolle, da es „zweierlei Herrschaftsbereiche, keinerlei Ansprüche auf ein und dasselbe Erbe, keinerlei mimetisches Begehren, welches aus verwandtschaftlicher Nähe resultieren würde", gebe.

diese Kultur der Unterschiede (v. 1455–1471), in denen er Dietrichs *kneht* (v. 1471) sein müsste, und ihr handlungsleitendes Konzept, die *êre*, bezieht sich Engelhard aber, als er dieses Angebot ablehnt (v. 1550–1555). Ähnliches gilt auch für seine ‚heterosexuelle' Beziehung: Dass Engeltrud sich in beide Freunde verliebt, ist in einer Kultur der Unterschiede unmöglich, führte ein mimetisches Begehren nach demselben Objekt doch wieder in die Gewalt. Insofern wird auch diese Option ausgeschlossen und Engeltrud schämt sich ob der *Ehr*losigkeit ihrer Empfindungen (v. 1149–1152). Als ihr eine Unterscheidung gelungen ist, bleibt die Beziehung zunächst dennoch ausgeschlossen und wird dann zu einem Problem, weil die Möglichkeit, dass ein Mann von niedrigem Status Engeltrud lieben darf, jene Unterschiede einebnen würde, auf denen die höfische Ordnung mit ihren Ähnlichkeitsnormen beruht. Zwar wertet Engeltrud die Statusdifferenz an sich gering (v. 2075–2079),[201] doch lehnt sie eine Beziehung zunächst ab, und zwar wiederum mit dem Verweis auf die Gefahr des *Ehr*verlusts (v. 2336, v. 3447).[202]

Als Engelhard jedoch aufgrund seiner Liebe zu ihr sterbenskrank wird und er (mit Butler, Kap. 1.8.2) auf ihre ‚helfenden Hände' angewiesen ist, entscheidet sie sich für eine Art Kompromiss: Sie stellt ihm ihre Liebe in Aussicht, wenn er sich darum bemüht, die Statusdifferenz so klein wie möglich zu machen, indem er zum Ritter wird und für sie auf einem Turnier kämpft (v. 2341–2363). Der Kompromiss kann dennoch nicht darüber hinwegtäuschen, dass sie sich damit primär für Engelhards Ähnlichkeitsnormen und gegen die des Hofes (und ihr dortiges Ansehen) entscheidet, denn ein Königssohn ist Engelhard nun einmal nicht – anders als Ritschier *von Engellande*. Mit der Abreise Dietrichs kommt nämlich auch ein dem Protagonisten ähnelnder Antagonist ins Spiel: Ritschier ist der Neffe des Königs (v. 1669, v. 2436), englischer Herrscher und sein Figurenprogramm scheint sich ausschließlich darauf zu belaufen, Engelhard zu hassen und seinen Erfolg zu beneiden (v. 1665 ff., v. 3485–3493).[203] Er ähnelt Engelhard und Engeltrud durch das Lexem ‚Engel', das bei ihm allerdings nicht Namensbestandteil, sondern Herkunftsbezeichnung ist,[204] gleicht Engeltrud hinsichtlich seines

---

201 *Dâ wider sprach diu schœne dô* | ‚*swer mit êren hât alsô* | *geblüemet sîne reine tugent,* | *dem ist gemæze ein keiserin.*
202 Auch Engelhard selbst weiß, dass diese Beziehung in einer Kultur der Unterschiede unmöglich ist (v. 2055–2059): ‚*Frouwe, ir sît ein künegîn:* | *sô muoz ich iuwer dienest sîn* | *alsam ein eigenlîcher kneht.* | *dâ von sô dûhte mich daz reht* | *daz ich niht iuwer sollte gern.*'
203 V. 1665 ff.: *der neit in hôher êre* | *sô vaste und alsô sêre* | *daz er in arges niht erliez*, v. 3485–3493: *sô truoc er dem getriuwen haz,* | *durch anders niht wan umbe daz* | *daz er ze hove was sô wert.* | *dâ von sô hæte er ie gegert,* | *daz er im al sîn êre* | *verdrücken möhte sêre* | *mit ernestlîchen sachen.*
204 Das Wortspiel mit den Lexemen *engel* und *engelisch* wird im Roman von Engeltrud selbst aufgerufen (v. 1202). Auf die Vielzahl an Engeln und Engelsvergleichen werde ich in Kap. 3.1.3.2. zurückkommen, vgl. dazu auch Klinger/Winst, stricke (2003), S. 286 f.

königlichen Status und im Blut, und Engelhard in seinem Streben nach
Ehre am Hof. Sein daraus resultierender Neid macht Ritschier zu einer Verkörperung der Gefahr einer ‚gewaltsamen Entdifferenzierung', zu einem
‚Doppelgänger' im Sinne Girards (Kap. 1.8.1).[205] Sein Begehren nach Ansehen schürt seine Verachtung und seine Gewaltbereitschaft gegenüber dem
erfolgreichen Engelhard und nur die bestehende Tugenddifferenz zwischen
den beiden verhindert eine (mimetische) Gewaltspirale, denn Engelhard
ignoriert den Hass (v. 1680–1688)[206] und neidet Ritschiers höheren sozialen Status im Gegenzug nicht, sondern erkennt diese Differenz ausdrücklich an (v. 3876–3890).[207] Nachdem Ritschier nun aber das *der süeʒen minne
spil* (v. 3527) zwischen Engelhard und Engeltrud bei König Fruote anzeigt
und Engelhard der Tod droht, zeigt sich dieser bereit zur gewalttätigen Auseinandersetzung mit seinem Widersacher in einem Kampf um die Wahrheit,
den Gott entscheiden soll.

3.2.1.4 Das Gottesurteil

Nachdem der Kampf um die Wahrheit vereinbart worden ist, reist Engelhard unter einem Vorwand zu Dietrich, von dem er weiß – so weit reicht
das auf ihren Ähnlichkeitsnormen beruhende ‚Netz helfender Hände' –,
dass dieser, um Engelhards Tod zu vermeiden, selbst für ihn sterben würde
(v. 4142 f.), was dieser ihm kurz darauf bestätigt (v. 4392–4399). Engelhard
ist sich seiner Schuld, die Statusdifferenz zu Engeltrud missachtet zu haben,
bewusst (v. 4415–4427),[208] doch Dietrich weiß Rat: Da er selbst ja unschuldig
sei, sich die beiden aber ansonsten vollständig glichen (v. 4479 f.), könne er
Engelhard getrost im Kampf vertreten. Damit macht Dietrich einen Vorschlag, der die Beziehung zum dänischen Hof ignoriert und der, wie zuvor
Engeltruds Einwilligung in die Liebesbeziehung, allein auf jene Beziehung
setzt, die auf innerer (und äußerlich sichtbarer) Merkmalsgleichheit beruht.

---

205 Vgl. ähnlich Winst, Amicus (2009), S. 321–331.
206 *Engelhart, der knabe guot, | erkante wol daz er in neit. | doch sweic er allez unde leit | gedulteclichen sînen
zorn. | sîn herze rein und ûz erkorn | dar umbe was niht ungemuot. | er tete alsam der wîse tuot | der
smæhen haz vil gerne treit | durch vollekomene werdekeit.*
207 *hæt iemen anders diz geseit | der mîn gelîche wære, | ich hieze in lügenære | und rette mit im verre wirs. |
herre, nû geloubet mirs, | wæret ir ein künic niht | von Engellant, des man iu giht, | dâ würde iht anders
ûz benamen | daz ir den künic hât ze schamen | sô vaste brâht bî dirre zît. | sus muoz ich swîgen: wande
ir sît | albie ze hove baz dan ich | und sô gesippet über mich | daz ich leider niht getar | entsliezen mînen
willen gar.'*
208 *Engelhart sprach aber zim | ,trûtgeselle, nu vernim | waz ich dir næte welle klagen. | sich hât mîn dinc alsô
getragen, | daz Engeltrût, diu reine fruht, | gnâd unde wîpliche zuht | nâch dem wunsche an mir begie |
und mich ir minne erwerben lie, | der ich nie leider wirdic wart. | und dô diu maget von hôher art |
zem êrsten mînen willen tete, | dô wart ich an der selben stete | bî der schœnen funden.'*

Die beiden beseitigen die einzigen sichtbaren und hörbaren Differenzen, die der Erzähler bereits am Anfang hervorgehoben hat (v. 460 f.) bzw. die sich im Lauf der Handlung als wesentliche Unterscheidungen herausgestellt haben: Sie tauschen ihre Kleider (v. 4480 ff., v. 4499, v. 4552 ff.) und Pferde (v. 4499), ihre Namen (v. 4484–4486) und ihre Frauen (v. 4500–4505, v. 4554 f.). Als *Engelhartes bilde* (v. 4593, v. 4629) begibt sich Dietrich zurück nach Dänemark und besiegt in einem ausführlich geschilderten Kampf seinen Widersacher Ritschier, indem er ihm die linke Hand abschlägt und der ‚monströse' Doppelgänger so zum (heimlichen) Opfer wird, das die Krise der Gleichheit vorläufig beendet.[209]

Ritschier nämlich wird hier erneut als Figur gezeichnet, die Dietrich bzw. Engelhard in ihrer Außenwirkung (und im Falle Engelhards ja auch im Namen) ähnelt (v. 4704–4707, v. 4733–4737), sich darüber hinaus als im Kampf nahezu ebenbürtig erweist und, wie Dietrich, im Besitz einer Wahrheit ist (v. 4738–4744).[210] Allerdings ist er den beiden in jener Eigenschaft ungleich, die sich im Roman zunehmend als priorisiertes Merkmal des Erfolgs und als Ähnlichkeitsnorm für die Zugehörigkeit zur siegenden Gemeinschaft herausschält: der inneren Tugendhaftigkeit. Ritschiers *art* ist ausdrücklich *ungetriuwe* (4724) und die *triuwe* Dietrichs verhilft diesem zum Sieg (v. 4750–4755).[211] An Engelhards Stelle heiratet Dietrich darüber hinaus auch Engeltrud und schleicht sich danach – ohne den Vollzug der Hochzeitsnacht begangen zu haben – zurück nach Brabant und die Freunde machen den Identitätentausch rückgängig. Die ‚Schuld' Engelhards, die für Beziehungen innerhalb der Ähnlichkeitsnorm des Hofes relevante Eigenschaft, die Statusgleichheit, ignoriert zu haben, erweist sich mit diesem Ausgang des Kampfes als vor Gott und innerhalb der damit göttlich legitimierten Ähnlichkeitsnorm der Freundschaft irrelevant. Sie lässt sich, wie die Freunde mit dem Mittel der Stellvertretung beweisen, abstreifen wie Kleidung, Name und Pferd. Der erzählte Gott in Konrads Roman achtet wie Dietrich und Engelhard allein auf die Gleichheit der Tugenden.[212]

---

[209] Vgl. Winst, Amicus (2009), S. 329 f.

[210] *Ritschier von Engellanden | verstuont sich wol der wârheit. | dâ von er snelleclichen reit | des tages dâ ze strîte. | ouch weste bî der zîte | wol Dieterich daz mære | daz er unschuldic wære.*

[211] *solt aber triuwe helfen iht | wider valschem muote, | sô mohte sich der guote | Dieterich wol fröuwen | und ûf Ritschieres dröuwen | ahten harte kleine.* Vor dem sicheren Tod rettet Ritschier dann nur seine erneut hervorgehobene Blutgleichheit zu König Fruote (v. 4956 f.)

[212] In der Forschung wird darum zu Recht immer wieder von unterschiedlichen Wahrheitsbegriffen im ‚Engelhard' gesprochen, vgl. dazu mit ganz unterschiedlichen Ansätzen, aber vergleichbaren Ergebnissen: Kesting, wârheit (1970) und Schnell, Wahrheit (1984), zusammenfassend und kommentierend auch Brandt, Konrad (2009), S. 137 ff.

3.2.1.5 Das Kindsopfer

An dieser Stelle könnte der Roman enden – handelte es sich tatsächlich allein um eine Geschichte von Engelhards Aufstieg und Angleichung an die höfische Ähnlichkeitsnorm. Engelhard erfüllt nun alle Voraussetzungen und wird damit belohnt, dass er dem ‚Sippenkörper‘ des Königshauses durch seine Ehe mit Engeltrud einverleibt wird und so eine künstlich geschaffene Blutgleichheit die anderen relevanten Merkmalsgleichheiten der adligen Gesellschaft ergänzt. Der zu Beginn umschriebene Makel Engelhards ist durch die ‚Erzählprothese‘ behoben, durch Fruotes Tod wird Engelhard nun auch zum König und Engeltruds Frau gebiert zwei Kinder.

Doch das Verstummen des Erzählers bleibt aus, ist also offenbar weniger von einer Angleichung Engelhards an die Ähnlichkeitsnorm des Hofes abhängig, sondern von etwas anderem: der Entdifferenzierung zwischen den Freunden. Die Rettungstat Dietrichs erzeugt ein Ungleichgewicht in der Gleichheit und Reziprozität der Beziehung und damit einen neuen Makel. Um diesen verschwinden zu lassen, muss Engelhard seinen Freund retten – und muss dieser in Not geraten. Dies geschieht: Eine Aussatzerkrankung macht Dietrich hässlich (v. 5150–5201) und führt so eine Unterscheidung zu Engelhard ein, die sogleich durch weitere ergänzt wird. Dietrichs Differenz zur höfischen Ähnlichkeitsnorm wird zur *disability*, weil Schönheit im Denken der brabantischen Hofgesellschaft ‚natürlicherweise‘ an Adel, Status und Tugend gebunden sein muss – wer nicht schön ist, kann nicht gut sein. Er verliert in der Folge jegliches Ansehen (v. 5192–5199)[213] sowie seine Königswürde (v. 5216f.), seine Frau, seine Ehre, seine Freunde, seine Verwandten und sein Volk (v. 5260f., v. 5572–5587).[214] Eine handlungslogische Kausalität der Aussatzerkrankung, etwa dass Dietrich sich des Betrugs oder aufgrund des Eheschlusses der Bigamie schuldig gemacht habe, wird in Konrads Roman, anders als in anderen Versionen des Stoffes,[215] nicht hergestellt.[216] Sowohl Dietrich (v. 5378–5385) und Engelhard (v. 5726f.) als auch der Erzähler (v. 5432) betonen ausdrücklich, dass Gott Dietrich ohne dessen Schuld habe erkranken lassen. Der Aussatz erklärt sich ‚von hinten‘: Die angestrebte

---

213 *und aber dô man in gesach | sô wandelbæren an der hût, | dô wart er sînem wîbe trût | und allen sînen kunden | gar widerzæme funden. | Swer in gerne sach dâ vor, | der suochte nû der flühte spor | und îlte von im alzehant.*

214 Vgl. zur Aussatzthematik in der höfischen Literatur generell und im ‚Engelhard‘ im Besonderen Oswald, Aussatz (2008).

215 So wird die Lepraerkrankung im anglonormannischen ‚Amys e Amylioun‘ mit dem Problem der Bigamie, im mittelenglischen ‚Amis and Amiloun‘ hingegen mit dem Identitätentausch verknüpft, vgl. dazu Oetjens, Amicus (2016), S. 265f.

216 Anders Kokott, Konrad (1989), S. 59f.; zu dieser Frage auch Toepfer, Tragik (2013), S. 297.

Entdifferenzierung zwischen den Freunden verlangt eine Rettungstat von Engelhard.[217]

Den Rat des göttlichen Boten, Dietrich könne genesen, wenn er im Blut von Engelhards Kindern bade, mag dieser nicht annehmen, macht sich aber eines Tages dennoch auf den Weg zu seinem Freund, um dem schändlichen Leben, das er in Brabant führen muss, zu entkommen. Dieser beklagt mit Dietrich den Verlust ihrer physiognomischen Gleichheit, den Verlust der Schönheit von Dietrichs Körper (v. 5728–5735), und zeigt sich, wie einst Dietrich, bereit, nicht nur sein Brot, wie Dietrich wünscht (v. 5780), sondern darüber hinaus in vollständiger Gleichheit *lîp unde guot und swaz ich hân* (v. 5791) mit ihm zu teilen sowie für ihn zu sterben (v. 5910f.). Die Parallelität von Engelhards zuvor erlittener und Dietrichs aktueller Notlage wird darüber hinaus durch zwei weitere Aspekte hervorgehoben: zum einen verweist der Erzähler wiederholt auf Engelhards neuen sozialen Status (v. 5740, 6110, v. 6116, v. 6340, v. 6440), der ja nun erneut eine Differenz zwischen den Freunden bedeutet. Zum anderen ist es auch hier, wie vor dem Gottesurteilskampf, derjenige der Freunde, der nicht in Not geraten ist, der die Entscheidung fällt, dem Freund zuungunsten einer anderen Beziehungskonzeption mit anderen Merkmalsgleichheiten zu helfen. Entscheidet sich Dietrich dafür, König Fruote, der ihm im Status gleich und in seiner ebenfalls mehrfach hervorgehobenen Tugendhaftigkeit (v. 311 f., v. 646 f., v. 670, v. 682, v. 694–714, v. 3658 v. 4095 f. u.v.m.) zumindest ähnelt, zu täuschen, so ist nun Engelhard dazu bereit, diejenigen für den Freund zu töten, die nicht nur Frucht der Beziehung zur namensgleichen Engeltrud, die im Übrigen bei der Entscheidung und Tat gänzlich übergangen wird,[218] sondern darüber hinaus auch, dem Modell des ‚Sippenkörpers' entsprechend (Kap. 2.3.3.1), als Teil seines eigenen Leibes verstanden werden (v. 5509, v. 6009, v. 6136): seine eigenen Kinder.

Diese Kinder nun sind, den wenigen Aussagen, die der Text über sie tätigt, zufolge, Zwillinge, die, entgegen der Tendenz der entsprechenden Diskurse, nicht als problematische (duale) Doubles, sondern als ebenfalls positive (geminale) Spiegelung der Doppelgängerfreunde inszeniert werden

---

217 Ähnlich auch Brandt, Konrad (2009), S. 135 f. und 142. Anders hingegen Oswald, Aussatz (2008), S. 42, die die Aussatzerkrankung Dietrichs als funktional für die Auflösung der Stellvertreterschaft Dietrichs liest, die so die Illegitimität des Brauterwerbs zu Tage treten lasse. Zur ‚Motivation von hinten' bzw. zur kompositorischen oder finalen Motivation vgl. v. a. Lugowski, Form (1994), sowie Martinez, Welten (1996), und in der Mediävistik beispielsweise J.-D. Müller, Lugowski (2006), Toepfer, Tragik (2013), S. 61 ff., und Haferland, Motivation (2014).

218 Die Kindstötung wird nicht nur *vor den liuten* verheimlicht (v. 6238), sondern auch vor Engeltrud: Engelhard wartet gezielt darauf, dass die Königin bei der Messe und er im Palast alleine mit den Kindern ist (v. 6242–6249).

(Kap. 2.3.4, Kap. 3.4.3): Sie werden gleichzeitig zum ersten Mal als *zwei kindelîn*, die Engeltrud geboren habe, eingeführt (v. 5089) und ab diesem Zeitpunkt nur gemeinsam, oft mit der Betonung, dass es sich um *zwei* handle, erwähnt (v. 5460, v. 5465, v. 5468, v. 5507, v. 5512, v. 5527, v. 6206, v. 6285 u.v.m.). Die einzigen Eigenschaften, die diesen Nebenfiguren zugeschrieben werden, ist ihre Zweiheit, ihr Dasein als ‚Leibesfrucht' Engelhards (v. 5509, v. 6009, v. 6136) sowie die Bemerkung, dass sie, als Engelhard an ihr Bett tritt, um ihnen den Kopf abzuschneiden, *ân underscheide* schliefen (v. 6248), was entweder bedeuten mag, dass sie gemeinsam, ungetrennt, in ihrem Bettchen liegen, oder dass sie nicht zu unterscheiden seien. Wie dies auch sei: Engelhard ist Vater zweier Kinder, zwischen denen der Erzähler, anders als beispielsweise in der altfranzösischen Version,[219] nicht differenziert. Der Erzähler installiert also zwei weitere ‚Doppelgänger', die damit auch eine Art Verdoppelung Dietrichs und Engelhards, zu sein scheinen – allerdings versehen um die zusätzliche Merkmalsgleichheit der Herkunft bzw. des Blutes. Auch diese müssen, wie zuvor der ‚monströse' Doppelgänger Ritschier nun zugunsten der Doppelgängerfreunde (heimlich) geopfert werden.

Als Engelhard nun von dieser einzigen ‚Arznei' (v. 5542, v. 5552. v. 5849 u.a.) erfährt, die Dietrich zu helfen in der Lage ist, gerät er in eine Dilemmasituation, die einer, in anderen Versionen fehlenden,[220] ausführlichen Reflexion bedarf (v. 6114–6202), aber am Ausgang seiner Überlegungen kann kein Zweifel bestehen: Kinder könne er noch viele haben, einen solchen Freund jedoch nicht (v. 6184–6189). Ausdrücklich verbindet er am Ende des Monologs seine Entscheidung auch mit der gebotenen Reziprozität, der Gleichheit der Taten für den Anderen, indem er an Dietrichs Stellvertretung im Kampf und ihre Konsequenzen erinnert (v. 6196–6202).[221]

Dieser Entschluss – so schiebt der Erzähler ein – verkürzt diese *wunderliche geschiht* (v. 6225): Die Entdifferenzierung der Freunde hätte ohne diese Entscheidung anders – länger – erzählt werden müssen. So aber kann die Heilung Dietrichs von der Andersartigkeit nach dem ‚Blutbad' schnell vonstattengehen: Sofort wird sein Körper wieder *rein unde frisch* (v. 6345) wie ein Fisch ohne Schuppen (v. 6346) und bald erhält er in Brabant *liute, guot, wîp unde lant* wieder zurück (v. 6444). Die größtmögliche Ähnlichkeit auf Erden

---

219 Im altfranzösischen ‚Amis und Amiles' ist Amiles ebenfalls Vater zweier Söhne, allerdings sind diese im Alter verschieden. Der ältere Sohn erwacht, als Amiles sich mit dem Schwert anschleicht, stimmt der Bluttat für den Freund ausdrücklich zu und bietet ihm den Nacken freiwillig dar, vgl. Amis und Amiles. Geschichte einer Freundschaft am Hofe Karls des Großen. Altfranzösisches Epos, übertragen und eingeleitet von Ingel Vielhauer, Amsterdam 1979, S. 97 f.
220 Vgl. Könnecker, Erzähltypus (1968), S. 267.
221 ‚*daz ich ze Tenemarke trage | den zepter und die krône, | daz hât mir der vil schône | mit der helfe sîn gegeben. | er bôt für mich ê runde leben, | dô mir ez an der næte stuont | und tet als die getriuwen tuont.*'

ist nun offenbar (wieder-)hergestellt – trennen müssen sich die Freunde dennoch wieder, denn Dietrich ist wieder König von Brabant. Doch eine neue Generation der Doppelgänger wächst, weil Gott Engelhards Kindern ein zweites Mal das Leben schenkt (v. 6375–6379), heran – ununterschiedener denn je.

3.2.1.6 Zwischenfazit

Nach diesem einführenden syntagmatischen Durchgang durch den Roman ergibt sich folgendes Bild: Im Roman existiert eine ‚höfische' Ähnlichkeitsnorm, die jenen Figuren Schutz und Achtung zuspricht, die erstens von hohem sozialen Status sind und über Besitz verfügen, die zweitens tugendhaft (*getriuwe*) sind und deren innere Idealität sich drittens in äußerer Schönheit manifestiert. Die Handlung kommt durch eine Differenz der Hauptfigur, Engelhards, zu dieser Norm in Gang: er ist außerordentlich schön und tugendhaft, allerdings verfügt er über zu wenig Besitz und ist von zu geringem sozialen Stand. Sowohl seine Freundschaft zu Dietrich als auch seine Liebe zu Engeltrud gehen allerdings über diesen Makel hinweg, indem andere Merkmale die Ähnlichkeitsnorm dieser neuen Beziehungen bestimmen. In der Männerfreundschaft zählt unausgesprochen das männliche Geschlecht, explizit aber die innere Tugendhaftigkeit, die sich in äußerer Idealität zeigt; in der Liebesbeziehung zählt innere und äußere Idealität im Verbund mit Namensgleichheit.

Doch Engelhard begehrt dennoch, Teil der höfischen Ähnlichkeitsnorm zu sein, auch weil seine Beziehung zu Engeltrud nur dann möglich ist und nicht von den Vertreter*innen der höfischen Ähnlichkeitsnorm sanktioniert wird. Seine Tugendfreundschaft zu Dietrich ermöglicht ihm durch dessen Rettungsaktion im Gottesurteilskampf den gewünschten sozialen Status und damit die Angleichung an die höfische Ähnlichkeitsnorm sowie zwischen den Freunden. Weil die Rettungshandlung Dietrichs ein Ungleichgewicht in die Beziehung bringt, muss nun auch Engelhard den Freund retten, dessen äußere Idealität durch einen Aussatz gefährdet ist. Diese zweite Rettungstat des Romans zeigt, dass der Roman nicht allein eine Aufsteigergeschichte als Angleichung an die höfische Norm erzählt, sondern vielmehr davon, wie zwei ähnliche Figuren sich um eine Maximierung ihrer Ähnlichkeit bemühen, ohne dabei offensichtlich mit den Normen des Hofes zu brechen.

Beide Rettungsaktionen sind abhängig von Entscheidungen für diese auf den genannten Merkmalsgleichheiten beruhende Freundschaft zuungunsten von Beziehungskonzeptionen, die auf anderen Merkmalsgleichheiten beruhen. Die jeweiligen Gegenkonzepte werden durch zusätzlich eingeführte Figuren repräsentiert, die den Freunden in bestimmten Eigenschaften gleichen, in den entscheidenden allerdings nicht: Ritschier von Engellande ist von hohem Status, begehrt die Ehre des Hofes und gleicht Engelhard (und Engeltrud) durch das Lexem ‚Engel‘, ist aber nicht tugendhaft. Die Kinder Engelhards stellen demgegenüber noch eine Steigerung der dilemmatischen Entscheidungssituation dar: Sie sind nicht nur beiden Freunden in ihrem Doppelgängertum in potenziertem Maße gleich, – sie stehen auch für die auf bestimmten Merkmalsgleichheiten beruhende Beziehung Engelhards zu Engeltrud. Aber ihr ‚Erscheinen‘ ist kein *wunder* wie das Zusammentreffen Engelhards mit Dietrich (v. 487–491), sondern jederzeit wiederholbar – ein Wunder ist erst die Auferstehung der neuen Doppelgängergeneration.

3.2.1.7 Basisvoraussetzungen der weiteren Analyse

Von diesen Zwischenergebnissen ausgehend, möchte ich drei Basisannahmen der weiteren Analyse formulieren, die die Beziehungsstrukturen des Romans betreffen.

Erstens: Zwei verschiedene Ähnlichkeitsnormen prägen zwei radikal verschiedene Idealtypen der Vergemeinschaftung. Diese beiden Gemeinschaftsformen sind an eine dichotome Raumstruktur geknüpft: Die ‚höfische Gemeinschaft‘ ist eine weltliche (irdisch, unten) und setzt insbesondere auf Status und Besitz als primäre Merkmalsgleichheit, die ‚natürlicherweise‘ an Tugendhaftigkeit und Schönheit gebunden und durch (künstliche) Verwandtschaft (Blutgleichheit) zu ergänzen sei. Dabei vertraut sie, wie ich zeigen werde, insbesondere auf das oberflächlich Sichtbare. Daneben etabliert sich eine alternative, sakralisierte Gemeinschaftsform (himmlisch, oben), in der die äußerlich wahrnehmbare Tugendhaftigkeit die primäre Merkmalsgleichheit darstellt. Diese Form der Gemeinschaft, so meine These, wird im Roman auf vielfältige Weise als geradezu ‚engelhaft‘ und damit ‚übermenschlich‘ inszeniert. Ihre Wahrheit ist dementsprechend nicht allein auf das ‚Sichtbare‘ angewiesen, sondern beruht auf unmittelbarer, göttlicher Schau (homosoziale Freundschaft) oder auf aufwendigen, religiös überhöhten Wahrnehmungsprozessen (‚heterosexuelle‘ Liebe).[222]

Zweitens: Beiden Gemeinschaftsformen entspricht eine unterschiedliche Bewertung von Ähnlichkeit. Die weltliche beruht auf einer Kultur der notwendigen (sichtbaren) Unterschiede, die himmlische auf der Einheit allen Seins in Gott, also auf einer Kultur jenseits der (irdischen) Differenz.[223]

---

[222] Vgl. zum doppelten Wahrheitsbegriff im ‚Engelhard‘ ausführlich Kesting, wârheit (1970).
[223] Vgl. ähnlich, aber in Bezug auf den ‚Gregorius‘ Hartmanns von Aue Strohschneider, Inzest-Heiligkeit (2000), S. 130. Vgl. außerdem schon Winst, Amicus (2009), S. 436 f.

Die Unterschiedslosigkeit der Freunde ist an das Heilige geknüpft und damit zugleich „absolutes Differenzmerkmal zum Profanen".[224] Aber als ‚engelsähnliche' Wesen auf Erden müssen sie auch den Ansprüchen weltlicher Gemeinschaft genügen. Dementsprechend inszeniert der Roman ein immer wieder dilemmatisches Austarieren zwischen den Räumen und ihren Gemeinschaften und Werten.[225]

Drittens: Gelingt es den Freunden, sich weitgehend der ‚himmlischen Gemeinschaft' jenseits aller Differenzen anzunähern, ohne die ‚irdische Gemeinschaft' der Unterschiede aufzugeben, so stellt die durch Konrad eingefügte Minnebeziehung eine Verkomplizierung der Dichotomie der Beziehungssysteme des Romans dar. Sie wird teilweise sakral überhöht wie die Freundschaft und weist mit dieser strukturelle Ähnlichkeiten auf, die sie auf dieselbe Position heben. Zugleich scheint es gerade die zusätzliche Differenz zwischen den Partner*innen, das Geschlecht, zu sein, das die gleichgeschlechtliche Beziehung aufgrund ihrer so überlegenen Ähnlichkeit höher wertet.[226]

Bei der folgenden paradigmatischen Analyse möchte ich jeweils von dem wohl symbolisch dichtesten Moment des Romans ausgehen – der Apfelprobe zu Beginn des Romans – und folgende Themen einer genaueren Analyse unterziehen: die Sakralisierung der auf *Triuwe* und Ähnlichkeit basierenden Freundschaft, die ich vor der Folie der alttestamentlichen Schöpfungs- und Paradieserzählung als neue Gemeinschaft engelsähnlicher, auf der ‚Wesenskette' höher angesiedelter Menschen verstehe (der Apfel als Paradiesobst, Kap. 3.2.2), die Inszenierung der Freundschaft als ursprüngliche Einheit, nach der die Ähnlichen streben und die unter anderem vor der Folie der mittelalterlichen Mystik zu lesen ist (die zwei Hälften des Apfels, die nur gemeinsam ein Ganzes ergeben, Kap. 3.2.3), die Verknüpfung zwischen Ähnlichkeit und Wahrnehmung bzw. höherer Erkenntnis (der Apfel als Obst vom Baum der Erkenntnis, Kap. 3.2.4), und, eng damit zusammenhängend, die Konkurrenz zwischen verschiedenen Ähnlichkeitsbeziehungen, die die ‚heilige' Männerfreundschaft durch die Übernahme der anderen in sich aufnimmt (die Apfelgabe durch Engelhard statt durch Eva, Kap. 3.2.5).

---

224 Winst, Amicus (2009), S. 437.
225 Dass gerade dieses Austarieren zwischen verschiedenen Räumen und ihren Ansprüchen sich wiederum stark am ‚Tristan' Gottfrieds von Straßburg orientiert, zeigt Behr, Liebe (1988/89).
226 Vgl. zum Verhältnis von Minne- und Freundschaftsbeziehung, die beide in einen Konflikt mit der Gesellschaft geraten, v.a. Behr, Liebe (1988/89).

3.2.2 Der gebotene Apfel. Eine Freundschaft wie im Paradies

Die beiden Nahbeziehungen Engelhards werden im Verlauf der Handlung immer wieder als Konkretisierung einer ursprünglichen paradiesischen Gemeinschaft inszeniert, die auf einer Kultur der göttlichen Ununterschiedenheit, der *regio similitudinis*, basiert. Dies geschieht, indem der *Triuwe* im Prolog göttliche Eigenschaften zugeschrieben, die Einführung der Freundschaftsbeziehung als erneuerte Paradiesgeschichte erzählt und an jenen Stellen der Handlung, die eine Entdifferenzierung der Freunde bzw. der Liebenden ermöglichen, auf die Paradieserzählung zurückverwiesen wird.

3.2.2.1 Die himmlische Triuwe

Schon die zeitliche und räumliche Positionierung der im Prolog gepriesenen *Triuwe* hinterlegt der Romanhandlung eine heilsgeschichtliche Folie: Wenn der Erzähler mehrmals betont, die *Triuwe* sei in der Gegenwart des Erzählens nicht *ûf erden* (v. 12, v. 43, v. 93, v. 120, v. 194), sondern wolle dort *gast* werden (v. 12), verweist dies vor einem christlichen Deutungshorizont auf die Menschwerdung Christi.[227] Zugleich werden ihr göttliche Attribute zugeschrieben, die an die pseudo-dionysisch-inspirierten kosmischen Ordnungsentwürfen erinnern (Kap. 2.2.2.1), indem sie als in höchstem Maße leuchtend, ihr Verschwinden von der Erde als Abnahme dieses (himmlischen) Glanzes beschrieben wird (v. 3, v. 9f., v. 11, v. 30, v. 65, v. 98f., v. 144f.).[228] Den Menschen *ûf erden* obliegt es offenbar, nach ihr zu streben (v. 25–32 u. a.), auch wenn sie – wie Gott – nie gänzlich erreichbar zu sein scheint.[229]

Die *Triuwe* wird darüber hinaus mit Formen der Wahrheitserkenntnis in Beziehung gesetzt, die über die irdischen Möglichkeiten hinausgehen: Nicht nur ist wohl der Mensch nicht in der Lage, sie richtig wahrzunehmen, denn der schwache Glanz entspricht offenbar nicht ihrer tatsächlichen Kraft (v. 36). Sie hält auch noch immer die reine Wahrheit (v. 65) zur Verbesserung der Menschen bereit (v. 33f.), um diese zu *wâren dingen* zu bringen (v. 35) und ist imstande, verborgene Dinge zu sehen und zu verstehen bzw. die

---

227 Ähnlich erzählt Konrad in seinem geistlichen Leich von Gottes Menschwerdung (I, 69): *Du wolltest sîn ûf erden gast* […]. Gott selbst wird im ‚Engelhard' an mehreren Stellen zugesprochen, *getriuwe* zu sein (v. 5426–5433, v. 5460–5466, v. 6239).
228 Z. B. v. 144: *kund ich ir lobes trüeben schîn | ze liehte wider bringen* […].
229 So haben die Menschen auf Erden nur ihren Abglanz in Form eines (menschlichen) Lobes (v. 11, v. 30), man kann sie offenbar nicht gänzlich innehaben, sondern höchstens wahrhaftig nach ihr streben, sie *reinen meinen* (v. 20), *ir pflegen* (v. 25), sich an ihr ein ‚Bild' nehmen, also ihr so ähnlich wie möglich sein (v. 112, v. 157).

Menschen an dieser Einsicht teilhaben zu lassen (v. 73–80).[230] Um an ihrer Kraft partizipieren zu können, scheint es nötig zu sein, sich auf mehr zu verlassen als die irdisch bevorzugten Mittel der Wahrnehmung, der Augen, und stattdessen auch die des Herzen (v. 152, v. 197) sowie den Geschmackssinn (v. 152), die Ohren (v. 197) und den Tastsinn (v. 40, v. 55f., v. 86ff.) einzusetzen.[231] Um sich an dieser idealen, himmlischen Tugend der *Triuwe* ein Bild nehmen zu können, sich ihr anzugleichen (v. 112, v. 157), ist also ein synästhetischer Wahrnehmungsvorgang vonnöten, der auch in den mittelalterlichen Wahrnehmungstheorien zur Erkenntnis höherer Dinge verhilft (vgl. Kap. 2.2.1.1). So inszeniert der Prolog diese Tugend, wie die Theologie dieser Zeit das Göttlich-Eine, als Paradoxon – als unerkennbaren Ort allen Erkennens und als unerreichbares Ziel allen Strebens.[232]

Als himmlische Tugend wird die Prolog-*Triuwe* weiter nicht nur durch ihr pseudo-dionysisches Leuchten, ihre Erkenntniskraft und die ihr zugeschriebenen Attribute gekennzeichnet,[233] sondern auch durch ihre Geschichte: Die Verfluchung desjenigen, der sie zum ersten Mal verworfen habe (v. 118f.), erinnert an die Sünde der ersten Menschen im Paradies.[234] Erst seitdem wird sie *ûf erden* gehasst, weil sie fernab von allem Besitzstreben, von allem Materiellen sei (v. 120–123).[235] Als Ort und Zeitpunkt, zu dem der Mensch ihr

---

[230] *ir ougen tougen nâhe sehent | heinlîchiu rîchiu dinc si spehent. | man darf ir wunder sunder wân | swer muoz an stæte ræte gân. | swie kleine man si triute, | man lât iedoch ze diute | heinlîchiu dinc noch hiute | verstân getriuwe liute.* Einige Aspekte dieses Abschnitts sind kaum adäquat zu übersetzen: „Ihre Augen sehen ein Geheimnis deutlich (oder: Ihre Augen sehen heimlich deutlich) | verborgene Dinge betrachten sie. | Wer immer einen Rat benötigt, um beständig sein zu können, | der bedarf ganz ohne Zweifel ihres Wunders. | Wie gering man sie auch schätzt: | Bei der Deutung verborgener Dinge | vertraut man noch heute | darauf, dass Leute, die die Treue verinnerlicht haben, sie verstehen." Schulz, Erkennen (2009), S. 392, sieht in diesem Widerspruch zwischen kaum vorhandener Wahrnehmbarkeit der *triuwe* und ihrer noch vorhandenen Kraft zu Recht ein Argument dafür, dass hier bereits (wie später immer wieder im Roman) eine „Diskrepanz zwischen visuell wahrnehmbarem und tatsächlichem Sein" hergestellt werde.

[231] Vgl. Schulz, Erkennen (2009), S. 393.

[232] So wird sie außerdem als Schlüssel einer Schatzkiste beschrieben (v. 43–48), als Festung (v. 29), deren Inhalt wohl die Tugenden (v. 29), mitunter sie selbst ist (v. 45), und aus der sie den *armen warmen rât* (v. 84) zieht (v. 86), der als wärmende Kleidung umschrieben wird (v. 83) und damit wiederum an ihre eigene Beschreibung, einer Person in ehemals leuchtenden Kleidern (v. 3, v. 5), erinnert.

[233] Zugeschrieben wird ihr u.a. *güete* (v. 57), *fuoge* (v. 58) sowie göttliche Unterstützung (v. 69f.) zu haben, ein Wunder und außerdem *sælic* zu sein (v. 75, v. 157), Christ*innen zu unterstützen (v. 88).

[234] *Der si zem êrsten ie verwarf, | der müeze unsælic werden.*

[235] Die Formulierung, *man hât ir ûf der erden | haz umb anders niht getragen | wan daz si guotes nie bejagen | mohte alsam untriuwe tuot* („Man hasste sie auf Erden | nie aus einem anderen Grund | als aus dem, dass sie nie Besitz erringen | konnte wie es die Untriuwe zu tun pflegt"), entkoppelt nicht nur Tugendstreben von Besitzstreben, sondern verortet die *triuwe* zum einen als *ûf der erden* Fremde und lässt zum anderen die Frage zu, wie es vor der Zeit *ûf der erden* um ihre Wertschätzung stand.

noch zugewandt gewesen ist, kommt wohl nur der prälapsale Zwischenort des Paradieses in Frage. Dazu passt, dass alle Beschreibungen ihres gegenwärtig wahrgenommenen (irdischen) Zustands kaum etwas vom intelligiblen Leuchten göttlicher Provenienz, sondern vielmehr von materieller Vergänglichkeit haben, wie sie der Mensch seit dem Sündenfall erleben muss: Ihr Glanz ist trüb (v. 12), ihre rosenfarbigen Wangen (toten-)bleich geworden (v. 13 f.),[236] sie ist wie eine Blume, um die man sich lange nicht gekümmert hat (v. 24 f.) und, vor allem, um deren ‚Ebenbild‘ zu sein sich die Menschen bemühen sollen (v. 112, v. 157, v. 206). Waren sich im Paradies, wie etwa Aelred von Rievaulx hervorhebt, einmal alle Menschen ähnlich und sind erst mit dem Sündenfall die Meinungsverschiedenheiten, Neid, Missgunst und Feindschaft, die Differenz der Gesinnungen und damit das Ende der allumfassenden Freundschaft unter Gleichen gekommen (Kap. 2.4.4.7), so ist es nach Konrads Prolog die *Triuwe*, die Mitleid und Sympathie zu schaffen und alle Feindschaft durch Freundschaft zu ersetzen vermag (v. 57–64)[237] – sie ist eine mit der ursprünglichen umfassenden Ähnlichkeit der Menschen (zu sich und zu Gott) verknüpfte Tugend des Paradieses, die dem Menschen mit diesem verloren gegangen ist.

3.2.2.2 Die Freunde im Paradies

Diese heilige Tugend nun wird von den ähnlichen Freunden Dietrich und Engelhard in vorbildlicher Weise gelebt (v. 258 f., v. 474 u.a.). Der *Triuwe*-Darstellung im Prolog entsprechend, verläuft auch die Einführung Engelhards sowie das erste Treffen mit Dietrich nach dem Muster der mittelalterlichen Schöpfungs- und Paradieserzählungen (Kap. 2.2.1.2, Kap. 2.4.1): Wie Gott seit Pseudo-Dionysius Areopagita neun bzw. zehn Engelschöre unterstehen, so hat Engelhards Vater zehn Söhne (v. 229), deren Vollkommenheit (*sælde*) ein göttliches Wunder sei, unter denen allerdings einer – wie das ‚Lichtfass‘ Luzifer und nach seinem Fall der Mensch – alle überstrahle, wie ein Kristall aus Kieselsteinen hervorleuchte (v. 234–239).[238] Indem *Enge*hard so als Engelsfigur eingeführt wird, repräsentiert er den Menschen

---

236 Vergleichbares wird auch der ehemals idealen Dame im ‚Narzisslied‘ Heinrichs von Morungen zugeschrieben, die durch den Übermut des kindlichen Ichs (der ‚Sündenfall‘ des Liedes, der die spiegelbildliche Ähnlichkeit zum Ideal zerstört) zu erbleichen droht (Str. 3), vgl. Kap. 2.2.4.

237 *ir güete blüete sam ein dorn. | ir kluoge fuoge friunde zorn | kan gescheiden: leiden sîn | tuot si besunder under in. | swâ vîntschaft mit gedrange | tuot zwein gelieben ange, | ist dâ der Triuwen zange, | ir zorn der wert unlange.*

238 *got hæte ûf si gezwîet | hôher sælde ein wunder. | doch kunde ir einer drunder | liuhten für si alle, | rehte als ein kristalle | ûz kiselingen schînet.*

als ein solches Zwischenwesen auf der Wesenskette zwischen Materiellem und Intelligiblen, das dem himmlischen Reich der absoluten Ähnlichkeit ganz nahe ist – als ‚Kristall' ist er durchsichtig und glänzend wie das Intelligible, dessen Namen er trägt, und zugleich aus festem Material (Engel*hard*): als durchsichtig-leuchtendes Material gehört er der irdischen Welt in himmlischer Weise an.[239]

Damit der Mensch nicht allein sei (Gen 2, 18), formt Gott aus dem ersten Menschen – Aelred von Rievaulx betont: aus demselben Stoff (vgl. Kap. 2.4.4.7) – einen zweiten, der dem ersten ähnelt.[240] Engelhards Vater nun wünscht sich für seinen Sohn ebenfalls eine Begleitung und gibt ihm einen Hinweis, wie er seinen ‚zweiten Menschen' finden kann: Er solle den Jünglingen, denen er begegnet, einen Apfel anbieten und nur jenen zum Freund nehmen, der ihm eine Hälfte davon zurückgibt (v. 338–375).[241] Wie für Luzifer und die ersten Menschen besteht bei Engelhards strahlender Ähnlichkeit zum Göttlich-Einen zwar die Gefahr des Übermuts und Falls.[242] Doch der Apfel, der zwischen den ähnlichen Menschen dieser Geschichte geteilt wird wie zwischen den einst ähnlichen ersten Menschen im Paradies, ist eben kein vom Vater *ver*botener, sondern ein explizit *ge*botener. Die Entstehungsgeschichte der Freundschaft ist damit eine positive Neuerzählung der Paradiesgeschichte. Dass die beiden ähnlichen Menschen, die nun den ‚gebotenen Apfel' als „Verführung zur Tugend"

---

[239] Das Glänzen und Strahlen von Figuren ist für Konrads Texte insgesamt prägend, vgl. Schulz, Erkennen (2008), S. 355. Dass dieses Strahlen an die himmlische Sphäre geknüpft ist und Konrad die pseudo-dionysische Lichtmetaphorik kennt, nach der die Schöpfung in absteigendem Maße Abglanz der Schöpfung ist (vgl. Kap. 2.2), zeigt sich beispielsweise in seinem geistlichen Leich. Gott, der hier als Du angesprochen wird, habe sich selbst nach dem Leib Marias geformt, und zwar wie ein Glas, das sich, wenn es ohne Sprünge ist, ganz der Farbe der Sonne angleiche (I, 41–52): *Dîn gewalt vil manecvalt | der machte nâch ir kiuschem lîbe dich gestalt, | alsam ein glase diu sunne verwet sich. | swa si ganz ân allen schranz | dur ez geschînet, dâ gelîchet sich ir glanz; | sich alsô mâlte nâch ir diu juncfrouwe dich. | wande ir muot rein unde guot | nâch hôhem flîze streich dir an fleisch unde bluot. | edel herze, alsam diu sunne lûterlich, | wart ein schrîn, dâ slôz sich în | sun vater unde geist, doch wart echt ûz in drîn | der sun gezeichent nâch ir bilde wünneclich.*

[240] Ich erinnere an die Reflexionen Aelreds (Kap. 2.4.4.7) über die Gesellschaft der ‚Gleichen' (*aequales*), die sich aus diesem Schöpfungsakt ergeben habe, wie auch an den in zahlreichen theologischen Schriften, etwa bei Hugo von St. Viktor und bei Petrus Lombardus, ausgebreiteten ‚Rippe-Topos', der aus der ‚Seitgeburt' der Frau aus dem Mann eine Gemeinschaft der Gleichrangigen ableitet (Kap. 2.4.7).

[241] Die Dreizahl, die dabei eine Rolle spielt – Engelhard erhält drei Äpfel vom Vater (v. 337) und begegnet vor Dietrich noch zwei anderen Jünglingen (v. 391–444) – gilt in der exegetischen Tradition seit Augustinus als „Symbol der Auferstehung, der geistlichen Erweckung und Wiedergeburt, der Errettung von den Mächten des Bösen", vgl. etwa zur Zahlensymbolik im ‚Gregorius' Hartmanns von Aue Ernst, Gregorius (2002), S. 106–126, hier: S. 116.

[242] Wer seine Ähnlichkeit zum Ideal erkennt – man denke an das Spiegelbild im ‚Narzisslied' –, greift danach, weil das Begehren nach dem Ähnlichen zum Begehren nach der Einheit mit dem Ähnlichen führt.

teilen,²⁴³ zwei Männer sind – und nicht, wie in der Paradieserzählung, die Frau den Mann mit dem ‚verbotenen Apfel' zur Sünde verführt – ist so misogyn wie für die Erzählung programmatisch: Zwar geht Engelhard später auch eine Beziehung zu einer Frau ein, die gleichsam als engelsnah beschrieben wird (s. u.), doch im Zweifel vermag diese ‚Liebesbeziehung' mit der Männerfreundschaft nicht zu konkurrieren.²⁴⁴

3.2.2.3 Das Paradies als wiederkehrender Handlungsort

Die vermännlichte und von der Sünde zur Tugend gewandte Paradiesszene des Kennenlernens ist dabei, in frappierender Ähnlichkeit zu Konrad Flecks FuB (Kap. 3.1.4), die erste von insgesamt fünf Stationen der Handlung, in der explizit oder implizit auf das Paradies oder durch analoge, metaphorische Raum- und Accessoiregestaltung auf diese Szene zurückverwiesen wird. Neben der bereits genannten Szene (1), in der Engelhard und Dietrich sich kennen lernen, geht es dabei um folgende:

(2): Im Turnier, das Engelhard bestreitet, um Engeltrud lieben zu können, werden die kämpfenden Ritter und Engelhard sowohl mit dem Intelligiblen, den Engeln *ûz dem heiligen paradîs* (v. 2647), als auch mit dem Materiell-Irdischen, den Tieren, assoziiert.²⁴⁵ Wie die Menschen im Paradies – wie Engelhard und Dietrich – sind sie den Engeln nahe und leben zugleich auf Erden, haben eine hohe Position auf der ‚Wesenskette' inne.²⁴⁶

(3): In der Baumgartenszene, in der Engelhard und Engeltrud zusammenfinden, tun sie dies nicht nur auf der Basis ihrer im Lexem *engel* liegenden Namensähnlichkeit, mit der Engeltrud ihre Liebe zu ihm begründet (v. 1196–1224). Darüber hinaus wird ihre Situation explizit mit dem *sælden paradîs* verglichen (v. 3148), erinnern gleich drei Mal ‚Kräuter' an die Szene des Kennenlernens zwischen Engelhard und Dietrich, in der Dietrich seinem

---

243 Kraß, Männerfreundschaft (2016), S. 46.
244 Zugleich schlüpft Engelhard, indem er es ist, der den Apfel anbietet, in die im Alten Testament der Frau zugewiesene Rolle und nimmt damit eine an späterer Stelle noch verstärkt zutage tretenden Effeminierung vorweg (vgl. Kap. 3.1.3.5).
245 Sie sind fliegende Engel (v. 2646 u. v. 2768), aber auch Vögel und Tiere (v. 2662), Adler (v. 2742), nach Vieh gierende Löwen (v. 2747 f.), nach Schafen gierende Bären (v. 2853) und tragen Wappen mit Löwenmotiv (v. 2756).
246 Der Engelsmetaphorik entsprechend wird auch die exakte Gleichheit der kämpfenden Gruppengrößen hervorgehoben (v. 2678 u. v. 2699). In der Turnier- und Ritterbeschreibung kreuzen sich so die Prinzipien der Fülle und der Einheit (vgl. Kap. 2.2.1.3): Neben der Ordnung der Ritterscharen in gleiche Gruppen fänden sich in diesem ‚Paradies' (v. 2647) nämlich ausdrücklich Schilde in allen Farben: *gewervet in vil manege wîs | ir liehten schilte wâren dâ. | der eine rôt, der ander blâ | vil wünneclîche erlûhte. | der dritte wîzer dûhte | danne ein blankez harmvel. | dâ wider schein der vierde gel. | nû was der fünfte grüene.* (v. 2648–2655).

neuen Freund Gewürze aus seinem Kräutersäcklein schenkt (v. 516–521),[247] trägt Engeltrud wie die Ritter im Turnier ein Tier – einen Adler, mit dem zuvor Engelhard selbst verglichen worden war (v. 2742) – auf ihrem Hemdlein (v. 3050), vergleicht der Erzähler ihre Brüste mit Äpfeln (v. 3044–3047), jener Liebesgabe, die auch die Freunde miteinander ausgetauscht hatten, und werden Engelhard und Engeltrud mit einem Ei (v. 3228) und später ihre Herzen mit einem gespaltenen Ei verglichen (v. 3460) – wie zuvor der gespaltene Apfel der Freunde (v. 557).[248]

(4): Im Gottesurteilskampf, den Dietrich an der Stelle seines Freundes gegen Ritschier besteht, kämpfen zwei ‚Engel' bzw. scheinbare ‚Engel', nämlich Dietrich als *Engel*hard und Ritschier von *Engel*lande, wobei es Letzterem allerdings an der göttlichen Tugend der *Triuwe* fehlt, gegeneinander; auch hier taucht das ‚Kraut' wieder auf (v. 4772), auch dieser Kampf wird mit einem Kampf unter ‚Engeln' (v. 4854) sowie zwischen Tieren (v. 4838f.) verglichen. Allerdings wird ausdrücklich hervorgehoben, dass auf Ritschiers Gewand gerade *keine* Tiere gestickt sind. Ritschier, den der Erzähler, wie erwähnt, als ‚monströsen' Doppelgänger der Freunde inszeniert, unterscheidet sich von ihnen hinsichtlich seiner *ungetriuven art* (v. 4724). Seine ‚Wahrheit' ist eine andere als die der Freunde und er steht, indem sein Programm nur aus Hass und Neid, aus der nachparadiesischen Differenz, besteht, für den übermütigen Menschen, der sich über das Irdische erheben will – das Zeichen des Irdischen, die Tiere auf dem Kleid, lehnt er offenbar ab. Insofern ist diese paradiesische Szene zugleich eine Auseinandersetzung zwischen der neuen Gemeinschaft der Ähnlichkeit mit dem Vertreter der Differenz, zwischen dem guten und dem gefährlichen, Girardschen Doppelgänger.

(5): Die Insel, auf die Dietrich, vom Aussatz erkrankt und von allen gemieden, sich zurückzieht, ist ebenfalls ausdrücklich ein *irdesch paradîs* (v. 5234), entsprechend bewachsen mit Ölbäumen (v. 5240), und außerdem der Ort einer Begegnung Dietrichs mit einem Engel im Traum.[249]

Diese analog gestalteten Räume und Szenerien (1–5) sind jeweils in ein vergleichbares Erzählmuster eingebettet, nach dem sich zwei Figuren in einem paradiesischen Raum begegnen und es zu einer ‚Angleichung' dieser Figuren kommt, die allerdings nur für einen Moment stabil ist, so dass es sogleich wieder zu einer Trennung und Auflösung der an Einheit grenzenden Gleichheit kommt. Der zweite und dritte Paradiesraum (Turnier und Baum-

---

[247] So wird Engeltruds weiße Haut mit blühenden Kräutern verglichen (v. 3039f.), sie schleicht *über gras und über krût* Engelhard entgegen (v. 3104) und bei ihrem Stelldichein lächeln Rosen und Blumen sich durch grünes Kraut hindurch an (v. 3131).

[248] Vgl. zur Szene auch J.-D. Müller, Kompromisse (2007), S. 300f., zu Engeltruds diaphaner Schönheit v.a. Kraß, Kleider (2006), S. 177–179.

[249] Anders als im ‚Narzisslied' handelt es sich bei diesem Traum weniger um eine *Visio*, sondern um ein *Oraculum*, vgl. zu Traumtheorie des Macrobius Kap. 2.2.4.3.

garten) scheinen mir in denselben Durchgang zu gehören, in dem es nicht, wie in den drei anderen Durchgängen, um die Freundschaft Engelhards und Dietrichs, sondern um die Liebe zwischen Engelhard und Engeltrud geht.

(1): Die Begegnung zwischen Engelhard und Dietrich findet in einem paradiesartigen Raum statt, in dem dem sozialen Status, an dem es Engelhard mangelt, keine Bedeutung zugeschrieben wird. Diese neue Gemeinschaft lebt dann so sehr als Einheit zusammen, dass auch der Erzähler keine Unterschiede zwischen ihnen erzeugt,[250] sie sind zu jedem Zeitpunkt miteinander verbunden, mit dem Strick der hohen Minne (v. 805 ff.). Anschließend führt die soziale Differenz (und die Differenz des Blutes), die zuvor keine Rolle gespielt hat, dann, nach dem Tod von Dietrichs Vater, zur Trennung.

(2) und (3): Die Position an Engelhards Seite ist nach Dietrichs Herrschaftsantritt wieder frei und es entspinnt sich eine Liebesgeschichte zwischen ihm und Engeltrud, in der der soziale Status zwar nicht für die Entstehung der Liebe unbedeutend, für das öffentliche Leben dieser Liebe am Hof aber durchaus relevant ist. Am paradiesischen Ort des Turniers bemüht sich Engelhard darum um eine teilweise Angleichung an Engeltruds sozialen Status, um dann am paradiesischen Ort des Baumgartens mit ihr zusammenzukommen. Diese Zusammenkunft wird als eine Verschmelzung, eine Vermischung der ähnlichen Figuren inszeniert (v. 3268–3272),[251] deren Trennung darum nötig wird, weil Ritschier als Vertreter der höfischen Ähnlichkeitsnorm diese durch die Zusammenkunft der beiden verletzt sieht, und zwar explizit, weil Engelhards Herkunft eine *andere*, sein sozialer Status ein geringerer ist: Engelhard, so argumentiert Ritschier vor Fruote, sei wie ein ‚fremder Hund', der beiße, wenn man ihn streichle (v. 3534–3544).

(4): Der Gottesurteilskampf, in dem Dietrich Engelhard ersetzt, ist der paradiesische Ort, an dem die Wahrheit Ritschiers durch Dietrichs Sieg als die ‚falsche' herausgestellt wird, was zur Heirat Dietrichs/Engelhards mit Engeltrud führen kann und Engelhard nach Fruotes Tod die Königswürde gibt und damit auf der Ebene des sozialen Status zu einer endgültigen Entdifferenzierung zwischen Engelhard und seinen beiden Partner*innen führt. Ein Problem ergibt sich dann allerdings wieder aus der Aussatzerkrankung Dietrichs, dessen äußere Differenz ihn um seinen sozialen Status bringt.

(5): Eine Lösung bietet die paradiesische Insel und der Gottesbote, der ihn zu Engelhard schickt und mit der Kindstötung und Wiederauferstehung

---

250 Das gilt bis auf Ausnahmen für die gesamte Zeit am dänischen Hof, besonders deutlich wird dies allerdings, als der Erzähler bemerkt, ‚einer von beiden' antworte auf die Fragen des Königs (v. 681), und als ihre Tätigkeiten am Hof beschrieben werden, die sich in nichts zu unterscheiden scheinen (v. 747–851).

251 *si kunden sich zesamne | sô rehte nâhe mischen | daz kûme ein hâr dâ enzwischen | mit fuoge möhte sîn gelegen.*

der Kinder ein noch dichteres, familiäres Band zwischen den Freunden strickt, deren Doppelgängertum mit den Zwillingssöhnen Engelhards gewissermaßen in verdichteter, potenzierter Form in die nächste Generation getragen wird.

Die Engelsmetaphorik und die paradiesischen Räume sind also Leitmotive der Erzählung, die die Freundschafts- und Liebesgeschichte begleiten und immer dann erscheinen, wenn sich im Kampf gegen die Differenz ein Weg zur erneuten oder verstärkten Angleichung eröffnet. Beide Nahbeziehungen Engelhards beruhen auf einer stets labilen Ähnlichkeit, deren Erreichen allerdings als ein geradezu heiliges Moment inszeniert wird, das dem himmlischen Reich der Ähnlichkeit nahesteht.

Darüber hinaus ergibt sich aus diesen Paradiesräumen, in denen die Ähnlichkeit der jeweiligen Figuren gewissermaßen sakralisiert wird, ein an die Heilsgeschichte erinnerndes Narrativ, wie es bereits Konrad Flecks FuB aufwies: Ein paradiesischer Idealzustand steht am Anfang der Beziehung zwischen ähnlichen, der aber mit Verweis auf die Differenzen (und ohne Zutun und ‚Schuld' der ähnlichen Figuren) aufgelöst wird und am Ende ergibt sich eine wiedergewonnene Nähe der Ähnlichen durch die Möglichkeit eines Opfers (FuB) bzw. durch ein tatsächliches Opfer aus Liebe.

3.2.3 Zwei Hälften eines Apfels. Einheit und Ähnlichkeit der Freunde

Ich komme zurück zur Apfelgabe in der Szene der ersten Begegnung zwischen den Freunden. Der Apfel, den Dietrich sogleich nach den Regeln höfischer Erziehung (v. 560) schält, ihn so ‚gleichmäßig wie ein Ei' in zwei Hälften teilt und Engelhard die eine davon zurückgibt (v. 552–561),[252] verweist dabei nicht nur allgemein auf die Paradieserzählung, sondern charakterisiert die neue, heilige Gemeinschaft recht umfassend, wie schon Andreas Kraß herausgearbeitet hat:

> Der Apfel ist ein geeignetes Bild für die Freundschaft, weil er die personale Einheit der Freunde zu bezeichnen vermag. Der geteilte Apfel verweist darauf, dass die Freunde nur gemeinsam ein Ganzes bilden. Diesen Aspekt kann man als *Komplementarität* der Freunde bezeichnen. Das gleiche Aussehen und die gleiche Form der Apfelhälften verweist auf die *Identität* der Freunde. Dabei ist das Verhältnis von innen und außen zu berücksichtigen. In beiden Hinsichten sind die Freunde einander gleich, doch ist die innere Gestalt differenzierter als die äußere. Es handelt

---

[252] Gerade das Nicht-Schälen und -Teilen eines Apfels bzw. einer Birne wird in dem Konrad zugeschriebenen Märe ‚Die halbe Birne' zum Skandal, vgl. dazu v.a. J.-D. Müller, *hovezuht* (1984/85).

sich um das Verhältnis von Schale und Kern. Die Freunde sind einander nicht nur äußerlich ähnlich, sondern verfügen auch über denselben Wesenskern. Sie sind seelische Doppelgänger.[253]

Die Liebe zum Gleichen wird hier, wie in der aristophanischen Geschichte von den Kugelmenschen und wie in der alttestamentlichen Schöpfungsgeschichte (Kap. 2.4.1), mit einer ursprünglichen Einheit der Liebenden begründet.[254] Diese ursprüngliche, göttliche Einheit ist zugleich das Ziel dieser Freunde und bestimmt den weiteren auf Entdifferenzierung gerichteten Verlauf ihrer Geschichte. Die Ähnlichkeit ihrer gottebenbildlichen Seelen und ihrer irdischen Körper ist die Spur, das Zeichen göttlicher Einheit.[255]

Allerdings ist eine *Unio* zwischen Engelhard und seinen ähnlichen Partner*innen nur in der All-Einheit Gottes, auf Erden hingegen nie ganz und nur momenthaft möglich, also stets labil. Wie im Hohelied und in den Hohelied-Predigten Bernhard von Clairvaux' das „Hin und Her [...] zwischen Begegnung und Trennung" von gottähnlicher Seele und Christus, der Wechsel „zwischen dem Eintreten in die *Unio* und ihrem Verlust" beschrieben wird (Kap. 2.2.2.2),[256] so geschieht Vergleichbares in Konrads ‚Engelhard'.[257] Die Erzählung inszeniert einen mystisch anmutenden Wechsel im Kampf um die größtmögliche Nähe zur göttlichen Einheit. Die Inszenierung von Paradiesräumen in Momenten irdischer *Unio* verweist dabei auf den Ursprungs- und Zielraum, auf die erkennende Gottesschau, die Kontemplation.[258] Dass die Ähnlichkeit dieser Figuren nie ganz mit Gottes Einheit gleichzusetzen ist, betont der Erzähler an den Stellen der Handlung ausdrücklich, wo dieser Unterschied verloren zu gehen scheint: Als Engeltrud sich in beide Freunde verliebt, kanzelt der Erzähler es als ‚menschliche Blindheit' ab (v. 1069), zu glauben, dass *ir zweier muot, ir zweier sin* (v. 1065) Engeltrud wie der eines einzigen Mannes erscheint (v. 1071); und als Dietrich später als Engelhards Stellvertreter nach Dänemark aufbricht, betont der Erzähler, dass diesem

---

253 Kraß, Männerfreundschaft (2016), S. 46. Ähnlich schon ders., Ebenbildlichkeit (2015), S. 266.
254 Vgl. auch Kraß, Ebenbildlichkeit (2015), S. 266.
255 Damit stehen diese ähnlichen Freunde in der Tradition Aelreds von Rievaulx, der ebenfalls betont, dass sich die ursprüngliche Einheit Gottes in der gegenseitigen Zuneigung sich ähnelnder Geschöpfe spiegle (vgl. Kap. 2.4.4.7).
256 Haug, Wendepunkte (1999), S. 367.
257 Ein weiteres Beispiel für diese Bewegung in der Mystik wäre etwa Mechthild von Magdeburg, Fließendes Licht 1, 2, 15–19 (u. a.): *Mer: wenne der endelose got die grundelsen selen bringet in die hoehin, so verlúret sú das ertrich von dem wunder [...]. Wenne das spil aller best ist, so muos man es lassen. So sprichet der bluejende got: ‚Juncfrou, ir muessent úch neigen.'*
258 Das Paradies wurde im gesamten Mittelalter häufig, besonders prägend bei Thomas von Aquin, als Metapher der Gottesschau verwendet, vgl. Louth, Paradies. Theologiegeschichtlich (1995), S. 717.

der Identität*swechsel* durchaus als solcher auffällt, sind ihm sein neuer Name und seine neue Heimat doch fremd (v. 4594 f.).

Wie nah die Art und der Ursprung der Ähnlichkeit zwischen Engelhard und Dietrich der göttlichen Einheit dennoch sind, betont der Erzähler bei ihrer Begegnung mittels einer ausführlichen und äußerst dichten Beschreibung:

> *gein im ein junckherre*
> *kam geriten aldort her.*
> *der was gestalt reht alsam er*
> *an libe und an gebâre.*
> *si wâren beide zwâre*
> *vil gar gelich ein ander,*
> *wan eine forme vander*
> *an in beiden, swer si sach.*
> *got aller sælden überdach,*
> *der hæte an in gewundert.*
> *si wâren ungesundert*
> *an allen dingen beide.*
> *kein underscheide wart erkant,*
> *wan daz ir pfert und ir gewant*
> *ein ander wâren ungelîch.*
> *ouch was ir leben tugentrîch*
> *an der geschepfede ein und ein.*
> *ouch flôz ein spräche von in zwein*
> *und was ouch ein gebærde an in.*
> *gelîche stuont ir beider sin*
> *ûf tugent und ûf êre.*
> *in was diu schande sêre*
> *entfremdet und entwildet.*
> *sô ânelîche gebildet*
> *wâren diu vil werden kint*
> *als dâ zwei wahs gedrücket sint*
> *in ein vil schænes ingesigel.*
> *sî wâren triuwen gar ein rigel,*
> *ein vestez sloz der stæte.*
> *ir jungez leben hæte*
> *mit nihte sich verbæset.*
> *geblüemet und geræset*
> *wâren si mit sælden gar.*
> *daz si gelîch und eingevar*
> *an allen liden wâren,*
> *dâ mohten bî den klâren*
> *diu liute wunder kiesen an.*
> *doch siht man dicke zwêne man*
> *noch ein ander vil gelîch*
> *und einer hande forme rîch.*

> *Daz aber diese beide*
> *ûf einer wilden heide*
> *zesamene kâmen von geschiht,*
> *des wollte got entberen niht,*
> *der an in wunderte ouch dar nâch.*
> (v. 446–491)

Die Forschung hat zu Recht schon mehrfach darauf hingewiesen, dass wir in dieser Beschreibung der Ähnlichkeit dieser Figuren keine Details erfahren: Diese Ähnlichkeit zwischen Dietrich und Engelhard beruht „nicht auf physiognomischen Merkmalen [...], sondern auf einer Summe konventionalisierter Indizien",[259] genauer: auf derselben ethischen Überzeugung, ihrer (paradiesischen) Tugendhaftigkeit (v. 462, v. 466–469, v. 476–479), die sich im gleichen, nicht näher bestimmten Verhalten (v. 449, v. 463, v. 465), im gleichen, nicht näher bestimmten Äußeren (v. 449, v. 452, v. 459, v. 470, v. 480 f.) und in einer gemeinsamen Sprache (v. 464) äußert.[260] Letztere ruft dabei, wie schon bei Konrad Fleck (Kap. 3.1.1.1), zudem den ebenfalls mit dem Erzählmuster der Paradiesgeschichte verwandten vorbabylonischen Zustand der Einheit der Sprachen in Erinnerung (Kap. 2.4.1). Die beiden ähneln sich weniger in klar bestimmbaren Details als vielmehr in der wahrnehmbaren Außenwirkung ihrer wunderbaren und gottgegebenen Idealität.[261]

Das Bild eines Siegels, dessen Abbild sich in zwei Mal in Wachs gedrückt habe, mit dem der Erzähler die Ähnlichkeit der beiden umschreibt (v. 470–473), geht literaturgeschichtlich auf die Beschreibung der Ähnlichkeit Gyburcs und Rennewarts zurück, bei denen es explizit auf ihren gemeinsamen, ihnen noch unbekannten genealogischen Ursprung, im-

---

259 von Bloh, Doppelgänger (2005), S. 357.
260 Dass Konrads Texte sich insgesamt als „narrative ‚Versuchsanordnungen' [verstehen lassen], in denen die Möglichkeiten des visuellen Erkennens durchgespielt werden, aber auch die Schwierigkeiten, die v. a. aus der Vorstellung einer ‚Lesbarkeit der Körper' [...] entstehen", gerade weil diese sich, wie hier, nicht immer durch eindeutig identifizierbare Merkmale auszeichnen, zeigt eindrucksvoll Schulz, Erkennen (2008), S. 355–497, hier: S. 355. Ein weiteres Beispiel dafür, wie eine Figurenähnlichkeit, die explizit mit physiognomisch bestimmbaren Merkmalen zusammenhängt, zu Erkenntnisschwierigkeiten führt, findet sich etwa in ‚Partonopier und Meliur': Als Meliur Partonopier bei der Schwertleite beobachtet, ohne zu wissen, dass es sich um diesen handelt, heißt es: *dô was er an dem lîbe | sô rehte wunnebære | daz si des dûhte, er wære | Partonopiere gar gelîch. | si wart an sîner zühte rîch | ermant dô sînes bildes* [...] (v. 12590–12595). Obgleich unter der Rüstung nicht sichtbar, fühlt sich Meliur in der Schönheit seines Leibes und seinem höfischen Verhalten (nochmals in v. 12614 f.) an Partonopier erinnert. Vgl. dazu wiederum ebd., S. 438.
261 Mit Armin Schulz handelt es sich also nicht um eine konkrete Merkmalsähnlichkeit, sondern um eine *kategoriale* Ähnlichkeit, vgl. zu dieser Unterscheidung Schulz, Erkennen (2008), v. a. S. 254–264, sowie Kap. 1.4.2 in diesem Buch.

plizit auf die Schöpfung aller Menschen (auch der ‚Heid*innen') durch Gottes Hand verweist (Kap. 3.3.1). Das Siegel-Gleichnis lässt sich auch in diesem Fall zunächst als Metapher eines Urbild-Abbild-Verhältnisses verstehen: Die beiden Freunde ähneln sich in ihrer abbildhaften Ähnlichkeit zum ‚Siegel', dem sie formenden Urbild. Dies implizierte zeugungstheoretisch, auf der Grundlage des aristotelischen Ein-Samen-Modells (Kap. 2.3.2.1), die Vorstellung eines formenden Samens eines (gemeinsamen) Vaters, der sich, wie im Falle von Zwillingsgeburten (Kap. 2.3.4), auf verschiedene Kammern der weiblichen Gebärmutter (das ‚Wachs') verteilt und dieses Material formt. Engelhard und Dietrich würden so zu ‚Quasi-Zwillingen' wie Flore und Blancheflur. Diese Lesart ist sicherlich in dem Bild impliziert.

Philosophiegeschichtlich entstammt das Bild aber zudem der antiken Wahrnehmungslehre.[262] So machen etwa Platon in seinem ‚Theaitetos' und Aristoteles in seiner Schrift, ‚Von der Seele' (*De anima*) von dem Bild Gebrauch,[263] um den Wahrnehmungsapparat zu beschreiben, der funktioniere wie das Wachs, das die Form des Siegels ohne dessen Material aufnimmt (*De anima,* 424 a). Dieser Wahrnehmungsvorgang wird in der Seele der Menschen verortet.[264] In der mittelalterlichen Literatur finden wir entsprechende Vorstellungen eines Siegels, das sich in Wachs drücke, immer wieder, wenn etwa vom Bild des oder der Geliebten im Herz des oder der Liebenden die Rede ist.[265] Für die vorliegende Textstelle sind daran zwei Aspekte besonders relevant: Erstens verweist das Bild schon bei Platon auf die Gefahr der Verwechslung zweier unterschiedlicher Wachsabdrücke.[266] Wenn nun aber, wie es bei den Freunden der Fall zu sein scheint, *derselbe* Siegelring sich zwei Mal in Wachs gedrückt hat, scheint ein Erkennen der Freunde von außen geradezu unmöglich. Der Erzähler hebt entsprechend hervor, dass man an ihnen mit den Augen keinen Unterschied erkennen könne (v. 453, v. 459). Zweitens leitet Aristoteles, wie bei der Beschreibung

---

[262] Dass Konrad diese Theorien kennt, wird in seinem geistlichen Leich deutlich, wo in Marias Herz die Figur Christi wie die Form eines Siegels gestoßen sei (I, 49–54), vgl. Schulz, Erkennen (2008), S. 394, Anm. 91, sowie zur Wahrnehmungstheorie schon ders., Erzähltheorie (2015), S. 40, vor allem aber einführend zur Siegel-Wachs-Metapher in den antiken Wahrnehmungstheorien Kurbjuhn, Kontur (2014), S. 44–54.
[263] Vgl. zu Platon Kurbjuhn, Kontur (2014), S. 44–47, zu Aristoteles ebd., S. 47 ff.
[264] So spricht Sokrates in Platons ‚Theaitetos' (194c–195a) auch vom „Wachs in der Seele", vgl. ebd., S. 46.
[265] So etwa in Heinrichs von Morungen Lied, *West ich, ob ez verswîget möhte sîn* (MF 127, 1), vgl. Schulz, Erzähltheorie (2015), S. 39 f. Das Bild begegnet uns aber auch noch einmal im ‚Engelhard' bei der Beschreibung der Liebe zwischen Engelhard und Engeltrud (v. 3458–3465). Interessanterweise wird hier von der Figur des jeweils anderen im Herzen durchaus als eine materielle gesprochen, die aus Gold und mit einer Inschrift verziert sei.
[266] Vgl. Kurbjuhn, Kontur (2014), S. 45.

3.2 Freundschaft: Zwei Hälften eines Apfels. ‚Engelhard'

der entsprechenden Zeugungstheorie bereits angemerkt (Kap. 2.3.2.1), die Idee, der Samen sei die Form, die die Substanz, das Material der Frau ‚informiere', aus naturphilosophischen Grundüberzeugungen ab, dass alle Dinge unter anderem von stofflichen als auch von formenden Ursachen (*causae materialis* und *causae formalis*) abhingen – eine Idee, die mittelalterliche Theologen in ihrem Sinne abwandelten (Kap. 2.2.1.1): Die Differenzierung zwischen einzelnen Menschen ergebe sich daraus, dass die Form die Individuen aus unterschiedlichen Einzelmerkmalen zusammensetze. Wo aber genau derselbe Abdruck entsteht, besteht streng genommen keine Differenzierung zwischen den jeweiligen Menschen mehr. Dementsprechend betont der Erzähler nochmals, dass es sich um dieselbe *forme* handelt, die man ihnen ansehen könne (v. 452) und dass es die *forme* einer einzigen Hand – wie ein einziges Siegel – gewesen sei, die den beiden ihre Gestalt gegeben habe (v. 486).[267] Inszeniert werden die Freunde auf diese Weise als solche, die in genau identischem Maße Quasi-Zwillingssöhne eines formenden Urbildes sind.

Interessanterweise findet sich nicht viel später ein ähnliches Bild, das den beiden ebenfalls einen gemeinsamen Ursprung zuweist, dieses Mal aber, anders als das Siegel-Wachs-Gleichnis eindeutig auf den ‚genealogischen' Bereich verweist. Den Menschen, die an dieser Gemeinschaft nicht teilhaben können, der Hofgesellschaft, fehlt die Möglichkeit, dieses *wunder* der Ähnlichkeit (v. 666–677), deren Träger sie an ‚Engel' erinnern (v. 783 f.), zu verstehen und suchen eine Erklärung – und dies aus dem Feld der Naturkunde und Verwandtschaft. Der König hält die beiden für Brüder (v. 680) und die Menschen am Hof loben beim Anblick dieser Doppelgänger, den *vil reinen sâmen | von deme wuochs sô reiniu fruht* (v. 774 f.) – eine deutliche Bezugnahme auf das Ein-Samen-Modell. Dies bringt die Differenz der beiden Gemeinschaftskonzeptionen des Romans repräsentativ zum Ausdruck: Die Leute am Hof finden eine zum vom Erzähler bemühten Siegel-Wachs-Gleichnis analoge Metapher (Samen/Siegel formt Frucht/Wachs), bleiben aber damit im Irdisch-Materiellen verhaftet: Wo der Erzähler die Freunde durch das abstrakte Urbild-Abbild-Gleichnis von Siegel, Wachs und formender Hand gewissermaßen als ‚erste Menschen' des Paradieses in Szene setzt, denkt die Hofgesellschaft einerseits in irdischen Mustern der Vergänglichkeit – der Samen wird zur Frucht, die Frucht vergeht – und knüpfen andererseits an genealogischem Wissen, der wesentlichen Ordnungskategorie weltlicher Herrschaft, an. Sie berufen sich auf die genealogische, fortpflanzungstheoretische Form-Substanz-Theorie, der Erzähler nimmt hingegen Bezug auf

---

267 Ich gehe hier also von einer semantischen Mehrdeutigkeit aus: *forme* meint nicht nur generell die ‚Gestalt', sondern auch den theologisch-philosophischen Begriff der Form, die im Gegensatz zur Substanz steht.

den ursprünglichen, auf dem Verhältnis von Abbild und Urbild beruhenden Schöpfungsakt.[268]

Zurück zur zitierten Szene des Kennenlernens: Stellt der Erzähler an vielen anderen Stellen der Handlung (v. 455, v. 1062 ff. u. a.) das ‚Wunderbare' der Ähnlichkeit heraus und betont Konrad von Würzburg in einem seiner geistlichen Sprüche das ‚Wunderbare' an der inneren und äußeren Ähnlichkeit zweier Menschen (25, 81–92),[269] so behauptet der Erzähler zu Beginn dieser Szene ausdrücklich, nicht die sichtbare Ähnlichkeit der Freunde sei das *wunder*, sondern das Zusammenkommen und die Geschichte dieser ähnlichen Menschen (v. 480–491). Dieses wunderbare Zusammentreffen der Ähnlichen findet nun auf einer *wilde[n] heide* (v. 488), wie später die paradiesische Begegnung Engelhards und Engeltruds im Baumgarten, abseits des Hofes und seiner Regeln, statt. In diesem nicht-höfischen Raum spielen die höfisch-relevanten Merkmalsgleichheiten und so die Differenzen zwischen den Freunden explizit keine Rolle. Sie werden vom Erzähler geradezu offensichtlich ausgeblendet und ‚prothetisiert' (Kap. 1.8.3). Die für den weiteren Handlungsverlauf, in dem es darum geht, Engelsnähe und weltliche Herrschaft zu einem Kompromiss zu bringen,[270] relevanten Differenzen, die eben dieses Ziel verhindern, sind zum einen der soziale Status, der sich, zum anderen, in den unterschiedlichen Namen der Freunde offenbart: Dietrich ist zum Herrscher (von Brabant) geboren und sein Name gibt davon Zeugnis – *Diet-rîch* bedeutet so viel wie ‚Herrscher über das Volk'.[271]

---

268 Die Siegelmetaphorik findet sich allerdings auch zur Beschreibung genealogischer Zusammenhänge, etwa in Konrads ‚Trojaroman', v. 6385–6391), vgl. dazu J.-D. Müller, Kompromisse (2007), S. 60. Indem im ‚Engelhard' allerdings „[d]ie genealogische Determination" (ebd., S. 62) gerade ausgeschaltet wird und die Freunde sich dennoch gleichen wie Brüder, scheint mir die Siegelmetaphorik an dieser Stelle eine gezielte Mehrdeutigkeit zu sein, die einerseits auf die ausgeschaltete Genealogie und andererseits auf die Gottebenbildlichkeit verweist. Gerade die Wachsabdrücke ‚wachsen' ja nicht wie die Pflanze aus dem Ursprung, dem sie ähneln, heraus, sondern sind ein einmaliger, prozessfreier Akt. So konstatiert auch J.-D. Müller, ebd., S. 64: „Hier meint *ingesigel* [...] die bildnerische Tätigkeit Gottes [...], der als Schöpfer ihnen *eine forme* (452) gegeben hat."

269 *An liuten hât diu gotes craft | für elliu dinc gewundert: | beschouwe ich menschen tûsent hundert | âne valschen list | bî den allen, wizze Crîst, | sint zwên gelîch einander niht; | ir lîbes bilde ist an geschaft | in mange wîs gesundert: | ouch wirt ir herzen sin gemundert | dar ûf alle frist, | daz er underscheiden ist.* Im Folgenden geht es dann insbesondere um den Unterschied im *herzen sin*, der dazu führe, dass es eigentlich nie geschehe, dass alle bzgl. der Wertschätzung eines Mannes derselben Meinung seien (v. 92–100).

270 Anders als in Rudolfs von Ems ‚Barlaam und Josaphat' (Kap. 3.3) geschieht dies im ‚Engelhard' nicht, indem sich der Protagonist, trotzdem er ein vorbildlicher Herrscher ist, am Ende doch von der Welt lossagt und sich von ihr radikal, auch im Aussehen, entfremdet, sondern umgekehrt: Die Herrschaft der ‚Engelmenschen' ist in diesem Roman gerade das Ziel, hässliche Körper und Weltflucht bedürfen, wie Dietrichs Inselaufenthalt, gerade der Verhinderung und Heilung.

271 Vgl. auch Schulz, Erkennen (2008), S. 397.

Engelhards Name hingegen verortet ihn in den himmlischen Bereich und hat mit einer weltlichen Herrschaft wenig gemein, begründet dafür aber Engeltruds Liebe.

Beide Differenzen werden vom Erzähler in der Szene des Kennenlernens zunächst verschwiegen – wie in ‚FuB' glättet die Erzählinstanz vorhandene Unterschiede zwischen den ähnlichen Figuren: Hier beteuert der Erzähler, man könne ihnen keinen Unterschied ansehen als Pferd und Gewand (v. 458–461), und das entspricht durchaus der Wahrnehmung anderer Figuren, strahlt Engelhards Leib doch tatsächlich wie der eines ein *rîche[n] jungelinc* (v. 245 ff.). Von der auf die soziale Differenz hinweisenden Namensdifferenz, auf die Engeltrud später all ihr Trachten setzt, wird vom Erzähler schmucklos nebenbei berichtet (v. 617 f.).

Allerdings fügt Konrad in die Apfelszene eine Gegengabe ein, die sich in anderen Versionen der Amicus-Amelius-Tradition so nicht findet und die gewissermaßen ‚unter der Hand' auf die sozialen Unterschiede, die der Erzähler nicht explizit macht, verweisen: Noch bevor Engelhard seinem neuen Freund den Apfel anbietet, zieht jener *ein kriutel* (v. 518) aus einem, wie der Erzähler zu berichten weiß, mit Gewürzen und Salben gefüllten Beutelchen (v. 516 f.) – und die meisten Gewürze waren im Mittelalter teure Handelsgüter, die in höfischen Romanen nicht selten herrschaftsrepräsentative Funktionen einnehmen.[272] Dietrichs *kriutel* ist also nicht nur die erste Erwähnung eines neben dem Apfel und gelegentlich dem Ei immer wieder in paradiesischen Räumen wiederkehrenden Motivs, sondern auch sichtbares Zeichen seiner reichen Abstammung – das der Erzähler unkommentiert einbringt und Engelhard fehlinterpretiert, wie er später selbst einsieht (v. 1466–1469).[273]

Die Unterschiede zwischen den Freunden werden also in der Erzählung zunächst systematisch von ihrer Ähnlichkeit überstrahlt, aber dennoch nicht ausgelassen – ihre Erwähnung am Rande und ihr ‚hörbares Verschweigen' spielen einerseits auf das wichtige Thema der rechten Wahrnehmung an, betonen andererseits aber vor allem, dass es sich bei dieser neuen Gemeinschaft explizit um eine handelt, innerhalb der diese Differenzen irrelevant sind. An Wichtigkeit gewinnt dieser Unterschied erst als die Tatsache, dass sie nicht blutgleich sind, dass es in dieser Welt nicht ausreicht, sich wie Brü-

---

272 Gewürze waren von einem gewissen Prestigewert für die weltlichen Höfe, insbesondere auch die teuer importierten Gewürze des Orients, vgl. Bumke, Kultur (2005), S. 244. Vor allem der teure und äußerst begehrte Pfeffer wurde darum nicht selten künstlich schwerer gemacht, um ihn noch teurer verkaufen zu können, vgl. dazu Schulz, Essen (2011), zu Gewürzen und anderen Speisen bei literarischen Hoffesten S. 82–112, hier: S. 94, und zur Lebensmittelfälschung S. 706–719, hier: S. 716.

273 *ez wart an mir vil volle schîn | daz ich vil tumber sinne wielt | sit ich dich verre baz niht hielt | dan alle mîne gesellen ie.*

der zu behandeln (v. 683 ff.),[274] Dietrichs Herrschaftsanspruch und mit ihm die soziale Differenz zwischen den Freunden ans Licht bringt. Diese als Engelhards ‚Makel' zu bekämpfen, ist ab diesem Zeitpunkt erneuter Fixpunkt der Erzählung, dieses Mal allerdings nicht mehr (allein), um der höfischen Ähnlichkeitsnorm zu genügen, sondern um die Gleichheit der Freunde auch in diesem Punkt herzustellen und ihre engelsgleiche Ähnlichkeit mit weltlicher Herrschaft zu versöhnen.

3.2.4 Eine Frage des Geschmacks. Wahrnehmen und Erkennen

Der Apfel ist in der Paradieserzählung des Alten Testaments, auf den die Begegnungsszene zwischen den Freunden anspielt, auch Symbol der Erkenntnis, dessen Verzehr die Menschen auf unerlaubte Weise Gott ein Stück zu ähnlich werden lässt, indem sie nun Gut und Böse zu unterscheiden vermögen (Gen 3, 22). Damit unterstreicht die Apfelgabe die Bedeutung der primären Merkmalsgleichheit des Romans: die ethische Integrität Dietrichs und Engelhards – die Fähigkeit zur Erkenntnis des Guten –, die ihre Nähe zum Göttlich-Einen begründet. Die Ambivalenz dieser menschlichen Erkenntnisfähigkeit, die die Paradieserzählung des Alten Testaments impliziert – Hybris und Sterblichkeit – spielt für die beiden Freunde explizit keine Rolle.[275] Ihre Tugendhaftigkeit erfährt auf der Wahrheitsebene ihrer gottbegründeten Gesellschaft gerade keinen Riss, sind jene Taten, die auf der Wahrheitsebene der irdischen Gesellschaft als hochproblematisch anzusehen sind, doch stets durch eine göttliche Instanz abgesichert. Die sexuelle Komponente der neuen Erkenntnisfähigkeit der ersten Menschen – die „Fortpflanzung als Alternative zur Unsterblichkeit" – wird in dieser Gemeinschaft ebenfalls explizit ausgespart,[276] indem der ‚heterosexuelle' Minnediskurs zwar in der Begegnungsszene zitiert wird – Dietrich überträgt dessen Jagdmetaphorik auf den Freundschaftscode (v. 590 f.)[277] –, aber geschlechtliches, ‚sündhaftes' Begehren zwischen den beiden Männern eben ausbleibt.[278]

---

274 *wir sîn alsus gesellen | daz wir einander wellen | behalten brüderlîche* [...]. Vgl. zur Fraternalisierung von Freundschaft Kap. 2.4 und vor allem Kraß, Fraternalität (2011).
275 Vgl. zur Ambivalenz der Erkenntnisfähigkeit der ersten Menschen und zum Baum der Erkenntnis insgesamt Michel, Baum (2006).
276 Ebd., ähnlich Willmes, Art. Sündenfall, 3.1. In: Das wissenschaftliche Bibellexikon im Internet (www.wibilex.de), 2006.
277 *Ich wæne ich hân gevangen | nach dem ich lange hân gejaget.* Vgl. etwa im ‚Eneasroman' Heinrichs von Veldeke (v. 1864–1867). Weitere Beispiele für diese Absorbierung des Minnecodes in dieser Freundschaftsbeziehung folgen im nächsten Unterkapitel.
278 Dies wird auch dadurch markiert, dass es zwar mehrere ‚Nacktszenen' sowie Umarmungen und Küsse zwischen den Freunden gibt (v. 4276–4285, v. 5706–5709, v. 6340 f.), diese aber,

3.2 Freundschaft: Zwei Hälften eines Apfels. ‚Engelhard'

Die mit dem Apfel verbundene Thematik der ethischen Unterscheidungs- und Entscheidungsfähigkeit der Freunde prägt hingegen die Handlung des gesamten Romans: Immer wieder sind die Freunde geradezu dilemmatischen Entscheidungssituationen ausgesetzt, in denen diese Fähigkeit auf die Probe gestellt wird. Insofern erzählt der Roman auch eine Geschichte komplexer Entscheidungen und ihrer Abwägungen, zu denen der Mensch durch die neue Autonomie und durch die Möglichkeit zur freien Willensentscheidung gezwungen ist.[279]

Der Verzehr des Apfels wird zwar nicht auserzählt, aber die Assoziation des gemeinsamen Essens, verbunden mit der Folie des paradiesischen Obstes (der Erkenntnis) sowie mit Dietrichs aromatischer Gegengabe (v. 520f.),[280] rückt mit dem Thema der (ethischen) Erkenntnis auch die sinnliche Wahrnehmung, in diesem Fall: den Geschmack, ins Zentrum des Romans.[281] Das ursprünglich wahrnehmungstheoretische Gleichnis von Wachs und Siegel lässt sich als gezielte Verknüpfung der Themen ‚Wahrnehmen' und ‚Ähnlichkeit' verstehen, verhindert doch gerade die ‚Einheit' der Siegelform oftmals die Möglichkeit wahrnehmender Unterscheidung der Freunde. So installiert der Roman mit der Hierarchie der Merkmalsgleichheiten (und Beziehungen) auch eine Hierarchie der Wahrnehmungs- und Erkenntnisfähigkeit, die gleichzeitig noch die klassische mittelalterliche Sinneshierarchie verkehrt: Während Dietrich und Engelhard nicht die geringste Schwierigkeit gegenseitigen Erkennens als füreinander bestimmte Freunde haben und dieses zwar mit dem Geschmackssinn assoziiert (Apfel, Kräuter), aber nicht als sinnlicher Wahrnehmungsprozess, sondern vielmehr als eine Art direkte Schau inszeniert wird, scheitern alle anderen Figuren regelmäßig mit ihren vor allem visuellen Wahrnehmungsprozessen an der ‚heiligen' Ununterscheidbarkeit der Freunde.[282] Nur Engeltrud gelingt eine Differenzierung der beiden,

---

anders als zwischen Engelhard und Engeltrud, nicht erotisiert dargestellt werden. Vgl. zur ‚sozialen Entkleidung', die die sozialen Differenz überbrückt Kraß, Kleider (2006), S. 328f.
279 Vgl. zu den anthropologischen Implikationen des Sündenfalls Willmes, Art. Sündenfall, 2.3. In: Das wissenschaftliche Bibellexikon im Internet (www.wibilex.de), 2006, und außerdem: Stolz, Art. Paradies. In: TRE 25 (1995), S. 708.
280 Dietrich fordert Engelhard zu einer Geschmacksprobe seines Geschenks auf: ‚trûtgeselle, warte' | sprach er, ‚wie diu würze sî.
281 Vgl. dazu v.a. Schulz, Erkennen (2008), S. 389–409, und ders., Unterscheidungen (2002).
282 Vgl. zur antiken und mittelalterlichen Wahrnehmungslehre, die auf Aristoteles zurückgeht, etwa Schulz, Unterscheidungen (2002), S. 132: „Die Fünfzahl der Sinne und ihre Hierarchie gehen letztlich auf Aristoteles zurück. Das siebte bis elfte Kapitel des 2. Buchs von ‚De anima' behandeln in absteigender Rangfolge Gesichtssinn, Gehör, Geruchs-, Geschmacks- und Tastsinn. Diese Ordnung bildet auch im Mittelalter die Norm der zeitgenössischen Wahrnehmungspsychologie", vgl. außerdem: Jütte, Sinne (2000), S. 29–115, sowie v.a. Schulz, Erkennen (2008), S. 391 f. Anzumerken ist allerdings, dass das Mittelalter durchaus verschiedene Bewertungen und Hierarchien der Sinne kennt. So verortet etwa Heinrich der Teichner

indem sie sich mithilfe eines religiös überhöhten Zusammenspiels aller Sinne aus der irdisch notwendig erscheinenden Differenzierung der Freunde auch eine auf Ähnlichkeit beruhende Liebesbeziehung ableitet. Auf diese Weise erhält die Minnebeziehung auf der ‚Wesenskette' der Beziehungen eine Position zwischen der gottähnlichen Freundschaft und der rein irdisch-weltlichen Hofgesellschaft.

3.2.4.1 Schau der Ähnlichkeit. Die Wahrnehmung der Freunde

Um einander zu erkennen, bedürfen weder Engelhard noch Dietrich eines Wahrnehmungs*prozesses* – im Gegensatz zu allen anderen Figuren ist kaum einer ihrer Wahrnehmungsvorgänge problematisch und berichtenswert. Während sich, wie Urban Küsters herausgearbeitet hat, in vielen ‚heterosexuellen' Liebesgeschichten dieser Zeit beobachten lässt, dass einander Liebende immer wieder auf einen zweiten analytischen Blick angewiesen sind, der geheime und verschlüsselte Zeichen und ihre Bedeutungen prüft, zugleich aber – wie insbesondere bei Gottfried von Straßburg – häufig Irritationen und Entfremdung zwischen den Liebenden schafft,[283] ist dies bei Dietrich und Engelhard nicht der Fall. Ihnen genügt jener ‚charismatische erste Blick', nach dem sich viele andere literarische Liebespaare dieser Zeit nur sehnen können[284] und den gerade Konrad von Würzburg ansonsten „wie kein anderer mittelhochdeutscher Autor" immer wieder scheitern lässt.[285] Bei diesem nur den Freunden gelingenden ersten Blick handelt es sich um eine Tätigkeit der „Vernunft des Herzens, die den Anderen in der *facie ad faciem*-Situation intuitiv als wahlverwandte Person erkennt",[286] mit der die erkennende Person ‚natürlicherweise' durch Herzens- und Seeleneinheit verbunden ist (Kap. 2.3.3.3).

So entsteht die Freundschaft zwischen Dietrich und Engelhard offenbar völlig unabhängig von prüfenden Blicken, sondern ‚unversehens' (*gâch*, v. 492): Dietrich und Engelhard erkennen den jeweils anderen sofort – noch vor der Apfelprobe, die die Freundschaftsfähigkeit des Anderen prüfen soll – als ‚Auserwählten' (v. 499) und ‚Reinen' (v. 501). Sie führen sogleich auf ‚süße', also wieder mit dem Geschmackssinn assoziierbare Weise Gespräche (v. 504– 507), in denen sie feststellen, dasselbe Ziel zu haben (v. 508–515),

---

gerade den Geschmack über allen anderen Sinnen, vgl. Wenzel, Hören (1995), S. 169–180, hier: S. 177f.
283 Vgl. Küsters, Blick (1994).
284 Vgl. ebd., S. 319f.
285 Ebd. S. 302–317, hier: S. 309.
286 Ebd., S. 318. Küsters geht in seinem Aufsatz allerdings nur auf ‚heterosexuelle' Minnebeziehungen und ihre Blick-Choreographien ein.

und sprechen den anderen daraufhin als *trûtgeselle* (v. 520) an. Weil sie sogleich wissen, dass sie mit dem jeweils anderen nicht nur den Willen, sondern auch das Herz teilen (v. 522 f.), geloben sie, sich zueinander, so lange man lebe, wie Brüder zu verhalten (v. 538–544). Nach der Bestätigung dieses ersten Eindrucks durch die Apfelprobe denken die Freunde nahezu dasselbe, sie teilen ihre Gedanken (v. 586).[287] Beide erkennen am jeweils anderen die innere Tugendhaftigkeit: Dietrich sei, so Engelhard, *nâch sæleclîchen dingen* gestaltet (v. 574 f.) und Engelhard, so Dietrich, trage die ‚Farbe der Treue' am Leib (*triuwevar*, v. 612).

Das augenblickliche gegenseitige Erkennen der Freunde, das schon hier von einem synästhetischen Zusammenspiel aus erstem Blick, knappem Austausch von Worten und ‚Geschmacksverstärkern' (Apfel und Kräuter) begleitet wird, setzt sich im Verlauf der Handlung fort: Als Engelhard Dietrich in Brabant besucht, um ihn um Hilfe zu bitten, schließt zwar die Nacht (v. 4228) die Spitze der Sinneshierarchie, die Augen, für den Erkenntnisvorgang aus, doch Dietrich benötigt nur wenige Worte Engelhards, um ihn in kürzester Zeit (*vil schiere*) zu erkennen (v. 4299 f.).[288] Vergleichbares wiederholt sich, als Dietrich Engelhard wegen seiner Aussatzerkrankung um Hilfe bittet: Wenn Engelhard auch konstatieren muss, dass Dietrich gänzlich anders aussehe als zuvor (v. 5728–5735), so zweifelt er offenbar keine Sekunde daran, dass es sich bei dem kranken Mann auf dem Schifflein um seinen Freund handelt – sogleich reißt er sich vor Trauer um seinen Freund die Kleider vom Leib (v. 5704–5709) und spricht ihn als *geselle* an (v. 5710).

Die einzige Ausnahme des intuitiven Erkennen des anderen stellt Engelhards Verkennen der sozialen Differenz zwischen den Freunden dar, die dieser ausdrücklich als Wahrnehmungsscheitern herausstellt: Dass er Dietrich nicht als Herrschersohn *erkant*[ ] habe (v. 1475), sei auf die ‚Blindheit' seiner ‚Sinne' zurückzuführen (v. 1478). Doch stellt sich dies im Verlauf der Handlung nicht nur als bedeutungslos heraus, ist Engelhard doch selbst zum Herrscher prädestiniert, sondern ist es in dieser Beziehung ja gerade der soziale Status, der keine notwendige Merkmalsgleichheit darstellt.

Dietrich und Engelhard, so lässt sich zusammenfassen, erkennen den jeweils anderen augenblicklich durch dessen bloße Präsenz als Freund und ‚Wahlverwandten', als ‚anderes Ich'. Diese Unmittelbarkeit der gegenseiti-

---

287 Anders als Schulz, Erkennen (2008), S. 404, scheint mir die Apfel- und Kräutergabe keine notwendige Überprüfung des ersten Eindrucks, sondern primär eine Charakterisierung der Freundschaftsbeziehung darzustellen und der Geschmack bzw. Geruch, den diese Gaben mit sich bringen, ein religiös überhöhtes Spiel der Wahrnehmung anzukündigen, das beide Liebesbeziehungen Engelhards prägen wird.
288 Wie ungewöhnlich es für die Heldenepik und den höfischen Roman ist, eine Person an der Stimme zu erkennen, zeigt Schulz, ebd., S. 223–227.

gen Erkenntnis erinnert stark an die von den niedrigen Sinnen abhängigen spirituellen Wahrnehmungsvorgänge, die wiederum auf der Ähnlichkeit zwischen Seele und Gott, zwischen Mikrokosmos und Makrokosmos beruhen (vgl. Kap. 2.2.1.1),[289] bzw. an die daran anknüpfenden metaphysischen Freundschaftstheorien beispielsweise Plotins (vgl. Kap. 2.4.4.e) und ist auf die Einheit ihrer Herzen, in der höfischen Literatur der Ort der gottähnlichen Seele, zurückzuführen.

3.2.4.2 Das Primat der Augen. Die Wahrnehmung des Hofs

Alle anderen Figuren des Romans verlassen sich primär auf das Auge, das der antiken und mittelalterlichen Wahrnehmungslehre zufolge an der Spitze der fünf Sinne steht, und scheitern an der ununterscheidbaren *forme* der Freunde.[290] Die Vertreter*innen der weltlichen Hofgesellschaft bemühen sich, um die Einzelpersonen Dietrich oder Engelhard ‚erkennen' zu können, um die abstreifbare Oberfläche unterschiedlicher Kleidung: So installiert der König gleich zu Beginn ihres Dienstes dieses Unterscheidungsmerkmal (v. 828–833) und jener Ritter, der den Boten von Brabant später zu Dietrich führen soll, beruft sich ausdrücklich auf diese Unterscheidungsinitiation[291] – die entsprechenden Merkmalsunterschiede hat er offenbar en Detail auswendig gelernt (v. 1300–1309).[292] Diese herkömmliche Sinneshierarchisierung und Unfähigkeit zur unmittelbar schauenden Erkenntnis der Freunde führt schließlich dazu, dass eine Manipulation im Gottesurteilskampf erst möglich wird.[293]

---

289 Vgl. auch Schulz, Unterscheidungen (2002), S. 141. Auch Hahn, Narbe (2004), S. 61, betont, dass nur in der Sphäre des Göttlichen „Identität und Identifikation […] identisch" werden, es keiner physiognomischer Merkmale bedarf.
290 Damit bewegt sich die Hofgesellschaft wahrnehmungspraktisch im höfischen ‚Mainstream', der konstatiert, dass es grundsätzlich möglich ist, „[v]on der sichtbaren Oberfläche, der Hülle […] auf das ‚Innere' bzw. den personalen Kern" zu schließen, vgl. zur ‚Lesbarkeit' höfischer Körper Schulz, Erkennen (2008), S. 212–216, hier: S. 212.
291 Vgl. dazu Kraß, Kleider (2006), S. 325 f., der darauf hinweist, dass die zunehmende Betonung der Kleiderdifferenz zeige, dass der König mit der distinktiven Einkleidung einen Versuch anstelle, zwischen sozialer und personaler Identität zu differenzieren.
292 v. 828–833: *der ûz erwelte künic rîch | muoste mit den kleiden | si swên underscheiden. | er gap in ungelîch gewant, | dâ durch der eine würde erkant | von dem andern deste baz*; v. 1300–1309: *‚ir ein dem andern ist gelîch, | wan daz si mit den kleiden | besunder sind gescheiden | vom künege zallem mâle. | ez treit von fritschâle | Engelhart ein rîchez kleit. | sô hat Dieterich geleit | an sich bî dirre zîte | ein kleit von brûnîte.*
293 Eine ähnliche Figurenhierarchisierung auf der Grundlage von spiritueller Wahrnehmung, die visuelle schlägt, begegnet uns im ebenfalls als Gottesurteil inszenierten Religionsdisput im ‚Barlaam und Josaphat', in dem Barlaams Doppelgänger Nachor diesen vertreten soll (vgl. Kap. 3.3).

Dementsprechend wird auch dieser Kampf selbst zu einer Auseinandersetzung über das Erkennen der *wârheit*. Ritschiers Wahrheit (v. 4748f.) beruht auf dem, was seine Augen gesehen haben: das unerhörte Liebesspiel Engelhards und Engeltruds (v. 3254f.).[294] Dietrichs Wahrheit hingegen ist die seiner Unschuld (v. 4742ff.) und inneren Tugendhaftigkeit (v. 4750–4755), die ihn von Anfang an im ‚Wesenskern‘ mit Engelhard verbindet. Der Roman operiert also, wie schon Peter Kesting gezeigt hat, mit zwei verschiedenen Wahrheitsbegriffen, einem, der sich auf das äußerlich Sichtbare, das irdisch Erfahrbare beruft, und einem, der auf dieser Ebene nicht begreifbar, sondern an die himmlische Sphäre geknüpft ist, der die Freundschaftsbeziehung Dietrichs und Engelhards angehört.[295] Dass dennoch nicht Engelhard selbst kämpfen kann, mag damit zusammenhängen, dass sich in diesem Roman mit einer „Lüge im Herzen [...] nicht die rechte Kampfeskraft aufbringen" lässt,[296] ist aber meiner Ansicht nach insbesondere damit zu begründen, dass Engelhard und Dietrich von Anfang an um einen Kompromiss zwischen zwei ‚Gemeinschaften‘, ihrer himmlischen Freundschaft und der irdischen Hofgesellschaft, mit ihren verschiedenen Wahrheiten und Ähnlichkeitsnormen suchen müssen, um ihrem Status als höhere Zwischenwesen gerecht zu werden. Indem Dietrich Engelhard vertritt, wird er auch dem höfischen Primat der sichtbaren Wahrheit gerecht, denn Ritschier hat Dietrich tatsächlich nicht beim Beischlaf mit der Königstochter gesehen.

Der ‚Kampf der Wahrheiten‘ zwischen Dietrich und Ritschier endet mit einer Niederlage dessen, der nicht die Wahrheit der *Triuwe* trägt, sondern Repräsentant der auf sichtbaren Differenzen beruhenden Hofgesellschaft ist. Untermalt wird dieser Verlust mit einer symbolischen Absage an den Gesichtssinn:

Ritschiere ûz Engellanden
underlief er sînen slac,
dar ûfe er sich mit flîze wac,
und sluoc in ûf daz houbet sô
daz von dem herten stahele dô
flouc des wilden fiures melm
und im verrücket wart der helm
sô vaste daz er niht ensach.
(v. 4928–4935).

---

294 *geleinet er si ligen sach | zein ander schône und ebene.*
295 Vgl. Kesting, wârheit (1970).
296 Ebd. mit Textbelegen, S. 252.

Weil Ritschier nichts mehr sehen kann – weil das Sehen in diesem Roman zur Erkenntnis der Wahrheit nicht ausreicht –, gelingt es Dietrich, ihn zu besiegen.

3.2.4.3 Synästhesie. Die Wahrnehmung Engeltruds

Die Beziehung zwischen Engelhard und Engeltrud nimmt in vielerlei Hinsicht eine Position zwischen Engelhards sakralisierter Freundschaft zu Dietrich und der irdischen Hofgesellschaft ein, so auch in den Fragen der Wahrnehmung.[297] Anders als der Hofgesellschaft gelingt es ihr, einen Unterschied zwischen den Freunden auszumachen, der zugleich eine Merkmalsgleichheit zwischen ihr und Engelhard darstellt und so ihre Beziehung begründet. Wo den Freunden aber umstandslos die Erkenntnis des anderen als ‚anderes Ich' gelingt, ist in der Liebesbeziehung zwischen Engelhard und Engeltrud durchweg ein beiderseitig recht aufwendiges Wahrnehmungsprozedere vonnöten, das auf dem Zusammenspiel verschiedenster Sinne, auf Synästhesie, beruht, die der Erzähler schon mit der Ankündigung von Engeltruds Erwachen der *minne* einführt:

> *Swer zucker dicke mizzet,*
> *vil lîhte der sîn izzet*
> *eteswenne ein kleine.*
> *alsô tuot ein reine*
> *und ein schœne sælic wîp.*
> *sô diu eins werden mannes lîp*
> *gemizzet in ir muote,*
> *sô will diu reine guote*
> *dar nâch vil lîhte sîn bekorn.*
> (v. 907–915)

Das ‚Abwiegen' und ‚Abmessen' des Mannes ist, wie der Erzähler anschließend ausführlich berichtet, zunächst eine Sache der Augen, die ihre Informationen an das Herz, den Sitz der erkennenden Seele, weitergeben (v. 932–968, v. 1015–1064).[298] Dieses Abmessen jedoch erzeugt Appetit, das Gesehene auch zu schmecken. Diese Reihenfolge – wer sieht, will schmecken – ver-

---

297 Vgl. zum Folgenden Küsters, Blick (1994), S. 302–309, ders., Gewissheit (2012), S. 783–790, Schulz, Unterscheidungen (2002) sowie ders., Erkennen (2008), S. 395–403, und J.-D. Müller, Kompromisse (2007), S. 223 f.

298 Begriffe aus dem Wortfeld des ‚Sehens' dominieren diesen Prozess: *beluogen* (v. 932), *ougen* (v. 933), *besach* (v. 937), *gesiht* (v. 940), *ougen blicke* (v. 946), *ougen* (v. 948), *besach* (ebd.), *gesihte* (v. 950), *ougen* (v. 953), *spehen* (v. 954), *geluogete* (v. 957), *angesiht* (v. 960), *ougen* (v. 962), *ougen* (v. 1039), *ougen* (v. 1044), *ougen* (v. 1045), *ougen* (v. 1047), *ouge* (v. 1050), *ougen lêre* (v. 1055).

3.2 Freundschaft: Zwei Hälften eines Apfels. ‚Engelhard'

weist auf die synästhetischen Wahrnehmungsverfahren der Minnebeziehung voraus, in denen die aristotelische Sinneshierarchie verkehrt wird: Was ‚Zucker' ist, kann die Zunge besser beurteilen als das Auge.

Dieser synästhetische Einstieg in Engeltruds Liebe erfährt nun im Folgenden eine Fortsetzung. Mit dem Herzen wirft sie immer wieder heimliche Blicke nach den beiden Freunden, um ihnen Tugendhaftigkeit in ihren Augen zu entdecken (v. 952–957), doch die Augen, ansonsten verlässlicher Ratgeber des erkennenden Herzens (v. 1042–1053), versagen ob der äußeren Ununterscheidbarkeit der Freunde. Die Augen und das Herz (v. 1048) bzw. das innere Empfinden, der *muot* (v. 962), arbeiten, so führt der Erzähler aus, für gewöhnlich so zusammen, dass sie übereinstimmen, und zwar im Sinne eines harmonischen, akustischen Klangs: *herzen und ougen hânt den site | daz si gehellent under in* (v. 1048 f.). Die Tugendhaftigkeit der Freunde wiederum ist diesen ‚hörbar' harmonisierenden Instanzen ein geschmackliches Festmahl: Ihre *spilendiu ougen unde ir muot* (v. 962) finden an den Freunden eine herrliche Weide (v. 964) – sie ‚grasen' auf der inneren und äußeren Schönheit der beiden voller Wonne. Doch weil das Zusammenspiel von Sehen, Hören und Schmecken zunächst immer noch von den Augen dominiert wird, verliebt sich Engeltrud in beide Freunde zugleich (v. 983–990).

Ausdrücklich bewertet der Erzähler diese Unfähigkeit, die beiden auf die richtige Weise zu erkennen, sie bei aller himmlischen Ähnlichkeit in ihrer irdischen Verschiedenheit auseinanderzuhalten, als menschliche Blindheit, also als eine *disability* irdischen Daseins (v. 1068–1071).[299] Es ist, wie der Erzähler weiter ausführt, die *natûre*, die Menschen das Unterscheiden lehrt, aber auch Verwechslungen herbeiführt (v. 1074–1090).[300] In diesem Fall scheint die Instanz der *natûre*, die antreibende und zwingende Kraft aller Geschöpfe und in der mittelalterlichen Literatur oftmals Zwischeninstanz zwischen Schöpfer und Geschöpfen,[301] für die eingeschränkte menschliche Erkenntnisfähigkeit verantwortlich zu sein.[302]

---

299 *des wart diu maget alsô blint | an ir menneschlicher art | daz Dieterich und Engelhart | ir wâren als ein einic man.*

300 *ir wart gemachet wilde | des diu natûre sich begât | und von wâren schulden lât | an alten unde an kinden | underscheide vinden. | Dâ man sich des vereinet | daz man ein mensche meinet | für daz ander etewâ, | daz füeget diu natûre dâ | verborgen unde tougen. | si lêret herze und ougen | ein für daz ander triuten. | doch kunde si bediuten | der süezen Engeltrûte niht, | swie vil man ir gewaltes gibt, | wi si ir fünde ein underscheit | an den gesellen vil gemeit.*

301 Vgl. allgemein Goetz, Gott (2011), S. 15–38, und Grubmüller, Natûre (1999). Auch hier scheinen im Übrigen *art* und *natûre*, wie im ‚Tristan' (v. 17971–17974), synonym verwendet zu werden, wenn der Erzähler konstatiert, Engeltrud scheitere an ihrer *menneschlichen art* (v. 1069) und weil die *natûre* ihr keine Unterschiede zeigen könne (v. 1086–1089), vgl. Grubmüller, Natûre (1999), S. 15.

302 Küsters, Gewissheit (2012), S. 785, merkt an, dass „die similitudo der Formalobjekte" in der Wahrnehmungstheorie des Witelo, die er in seiner Schrift ‚De perspectiva' (1269–1278)

Dass Engeltrud anschließend doch noch dazu in der Lage ist, eine Differenz zwischen den Freunden und eine Merkmalsgleichheit zwischen nur einem der Freunde und sich wahrzunehmen, kann folglich nicht auf die *natûre*, sondern muss auf andere, höhere Prinzipien zurückgeführt werden.[303] Um ihre Liebe auf nur einen der beiden zu konzentrieren, bedarf es, anders als zwischen Engelhard und Dietrich, einer ganzen Stunde intensiver Betrachtung (v. 1163), bis sie sich entschließen kann, sich ganz auf ein Zusammenspiel der niederen Sinne zu verlassen. Nachdem der ‚charismatische' erste und dann auch der analytische zweite Blick versagt haben,[304] entschließt sich Engeltrud dazu, auf ein Zusammenspiel aus Geschmack, Tast- und Hörsinn zu vertrauen.[305] Im Ergebnis zieht sie aus ihrer eigenen Namensähnlichkeit zu Engelhard,[306] die sie zugleich in die himmlische Sphäre der Engel verortet, den Schluss, Engelhard fortan zu lieben. In der am Beginn dieser Arbeit bereits zitierten Textstelle beschreibt Engeltrud das Prozedere ihrer Entscheidung:

> *nâch der engelischen diet*
> *gehillet sîn vil reiner lût.*
> *dar zuo sô bin ich Engeltrût*
> *genennet selbe ân allen spot.*
> *die zwêne namen, sam mir got,*
> *Engeltrût und Engelhart,*
> *gehellent nâch gelîcher art*
> *und zement bî einander wol.*
> *dâ von ich Engelharten sol*
> *für Dieterîchen minnen.*
> (v. 1202–1211)

Aus der Namensähnlichkeit schließt sie die Gleichheit der *art* zwischen ihr und Engelhard (v. 1208), die sie zugleich geschickt ambig mit der Sphäre der Engel und zugleich mit dem englischen Volk verbindet.[307] Indem sie aus

---

formuliert, „einer von acht möglichen Störfaktoren [sei], die visuelle Wahrnehmung und Urteilsbildung behindern."

303 Insofern arbeitet der Text mit einem ähnlichen Verständnis von *natûre* wie Isidor von Sevilla, der die Natur einer Sache als deren vom Schöpfer zugewiesenen Nutzen beschreibt – es sei denn Gott wolle ein Wunder vollbringen, vgl. Goetz, Gott (2011), S. 23.
304 Vgl. Küsters, Blick (1994), S. 303, sowie Schulz, Erkennen (2008), S. 397.
305 Zu den Implikationen dieses Wahrnehmungsvorganges vor allem Schulz, Erkennen (2008), S. 397–403.
306 Küsters, Blick (1994), S. 304, bemerkt zu Recht, dass es sich hier um eine Art Umkehrung der Isolde-Weißhand-Episode handelt, „in der der Klang im Ohr den liebeskranken Tristan in die Erkenntnisverwirrung stößt und das Sehvermögen einschränkt: *min ouge, daz Isote siht, / daz selbe siht Isote niht* (19008 f.)".
307 Anders Küsters, ebd., sowie J.-D. Müller, Kompromisse (2007), S. 223 f.

der Ähnlichkeit der Namen eine Ähnlichkeit des inneren Wesens schließt, postuliert Engeltrud einen Zusammenhang zwischen Bezeichnung und Bezeichnetem (Kap. 2.1), der in diesem Fall zudem „auf einen verborgenen Zusammenhang der Dinge [verweist], der von einem göttlichen Schöpfungs- und Ordnungswillen gefügt wird".[308] Dieser Ähnlichkeitsnorm scheint, und diese Verbindung impliziert schon Engeltruds doppelsinnige Formulierung, auf den ersten Blick allerdings auch Ritschier von *Engel*lande zu entsprechen – allerdings trägt er den ‚Engel' nicht im Namen, sondern in der Herkunftsbezeichnung. Diese verweist auf einen allgemein bekannten geographsichen Ort und auf Ritschiers sozialen Status, der sich in diesem Roman gerade nicht als relevanteste Merkmalsgleichheit für Personenbeziehungen durchsetzen wird. Diese Übereinstimmung zwischen engelhaftem Namen und Herkunftsland ist in diesem Fall vielmehr Zeichen einer wesentlichen Differenz: Klingen die Namen dieser Liebenden nach der gleichen *art* der ‚Engel', zeichnet Ritschier sich durch *sîn ungetriuwen art* aus (v. 4724).[309] Engeltrud aber gleicht, wie der Erzähler schon bei ihrer Einführung deutlich macht, den Freunden ausdrücklich in *ir schœne, ir adel unde ir tugent* (v. 821, v. 863). Mit dieser Angleichung Engeltruds an die Freunde, die die Minnebeziehung ebenfalls „in eine Matrix der Verähnlichung" einbettet,[310] wird auch Engelhards Beziehung zu Engeltrud in die himmlische Sphäre der Engel gehoben.[311]

Gestärkt wird diese Vermutung eben durch den Prozess der Wahrnehmung, mit dem sie ihre Liebe zum Gleichen begründet. Indem der Tast- und Geschmackssinn dem zeitgenössischen gelehrten Wissen zufolge direkten Zugang zum Herzen, dem Sitz der Seele, haben, erreichen sie unmittelbar den Wahrnehmungsapparat des ‚inneren Menschen' (*homo interior*), der für die spirituelle Erkenntnis, die Erkenntnis des Göttlichen und der Gottähnlichkeit der eigenen Seele, zuständig ist (Kap. 2.2.1.1).[312] Das Einverleiben und geschmackliche Prüfen des Wortes, wie es sich etwa im ‚Wilhalm von Wenden' Ulrichs von Etzenbach (Kap. 3.4) im Zusammenhang mit dem Namen Christi findet,[313] erinnert dabei an die in zahlreichen theologischen

---

308 Küsters, Gewissheit (2012), S. 786.
309 Vgl. ähnlich Peschel, Pubertät (2001), S. 18 u. S. 26, Anm. 15.
310 Vgl. Klinger/Winst, stricke (2003), S. 270.
311 Anders Schulz (ebd.), S. 397. Damit widerspreche ich auch der Annahme von Klinger/Winst, stricke (2003), S. 286, dass die Engelssymbolik einen „durchgängigen symbolischen Gleichheitstext, in dem Engel als Bilder von Ritterlichkeit und Männlichkeit fungieren", schaffe.
312 Gerade in seinem geistlichen Leich etwa, auf den ich unten nochmals zurückkommen werde, beschreibt Konrad ausführlich den herrlich duftenden Atem des Heiligen Geistes (I, 77– 100), mit dessen süßer Feuchtigkeit (*mit dem süezen trôre*) er den Teufel geschlagen habe.
313 Dort heißt es, nachdem Wilhalm den Namen Christi zum ersten Mal gehört hat (v. 503 ff., v. 515 f., v. 537–543): *Dô Willehalm daz süeze wort | Krist von den getouften hôrt, | alsô wol in des gezam; […] ouch was ez zaller stunde | vor den ôren, in sînem munde. | […] |jâ gap der name im wunne*

Schriften dieser Zeit präsente Speisemetaphorik im Zusammenhang mit der Aneignung von Wort und Schrift: Das Rezipieren geistlicher Texte wird dort häufig als ein ‚Wiederkäuen' (*ruminatio*) der Worte beschrieben, das als Teil einer „ganzheitlichen sensorischen Wahrnehmung [...] das ganzheitliche Erfassen eines Schriftwerkes" ermöglichen soll.[314]

Indem Konrads Erzähler so auf die ‚geistige' Wahrnehmung, wie sie die gelehrte Literatur entwirft[315] und wie er sie im Prolog bereits hinsichtlich der Wahrnehmung der göttlichen *Triuwe* beschrieben hat,[316] Bezug nimmt, wird Engeltruds Entscheidung nicht nur ‚geadelt', um „ein Hauptskandalon des Textes" aufzufangen,[317] nämlich, dass „[g]*elîche art* [...] nicht über die Genealogie, sondern über die Etymologie hergestellt" wird.[318] Vor dem Hintergrund der sakralen Überhöhung der Freundschaftsbeziehung, der Tugendgleichheit zwischen Engeltrud und den Freunden und dem hier beschriebenen Wahrnehmungsprozess lässt sich durchaus auch von einer Sakralisierung dieser Minnebeziehung durch Merkmalsähnlichkeit der Namen sprechen, die darüber hinaus noch in das Reich der ununterscheidbaren Engel (*regio similitudinis*) verweist. Zugleich aber bleibt Engeltrud ihrer (irdischen) *natûre* verhaftet: Als Dietrich den Hof verlässt, steigert sich ihre Zuneigung zu Engelhard, wie die ihres Vaters und des gesamten Hofes (v. 1636–1661),[319] noch einmal deutlich, nun da sie von *Dieteriches aneblic* nicht mehr verwirrt werden kann (v. 1704–1707).

Mit Blick auf die weitere Entwicklung der Minnebeziehung wird deren Sakralisierung durch die Inszenierung synästhetischer Wahrnehmungsprozesse noch deutlicher: Wie Dietrich seinen Freund Engelhard des Nachts an seinen ‚Worten' erkennt (v. 4299) und wie ihm der Engel im Traum die Worte Gottes sendet (v. 5434–5480), die eine Aussicht auf die erneute Entdifferenzierung zwischen den Freunden bietet, so wird auch die Entstehung von

---

 vil: | *alsam ein süezez seitenspil* | *und der kleinen vogelîne gesanc* | *im stæte er vor den ôren klanc;* | *er tete im alle wîle kurz.* | *er rouch im als ein edel wurz* | *stæte in sînem munde.*

314 Vgl. dazu Wenzel, Hören (1995), S. 228–240, hier: S. 237.
315 Vergleichbares begegnet uns übrigens auch in mystischen Texten, etwa bei Mechthild von Magdeburg, Fließendes Licht 1, 2, 24 f. (S. 22): *So sprichet er* [Gott]: *„Eya du liebú tube, din stimme ist ein seitenspil minen oren, dinú wort sint wurtzen minem munde* [...]."
316 Vgl. dazu Schulz, Erkennen (2008), S. 392 f.
317 Vgl. ebd., S. 403.
318 Ebd., S. 398. Schulz argumentiert ausführlich mit entsprechenden Quellen für eine mögliche religiöse Lesart (S. 400–403), geht aber nicht so weit, der Beziehung eine religiöse Implikation zuzuschreiben, sondern schwächt diesen Ansatz mit Verweis auf Warnings Begriff der ‚konnotativen Ausbeutung' wieder ab (S. 403).
319 Engelhard scheint nun, da Dietrich fort ist, die Freunde als eine Art Einheit zu repräsentieren: Er dient dem König noch besser als zuvor (v. 1639) und dieser liebt ihn umso mehr, denn, wie der Erzähler kommentiert, wer zwei Dinge liebt und wem eines davon abhandenkomme, der übertrage seine doppelte Liebe auf das verbliebene Ding (v. 1648–1652).

3.2 Freundschaft: Zwei Hälften eines Apfels. ‚Engelhard'

Engelhards zweiter ‚Liebe zum Gleichen', zu Engeltrud, möglich durch das Wahrnehmen und Deuten von Wörtern im Zusammenspiel mit verschiedenen Sinnen: Engelhard ‚erblickt' (*begunde spehen*, v. 1883) an ihr ein *wörtelîn* (v. 1885) – sie äußert Interesse an seiner Gesinnung (v. 1890–1894)[320] – und deutet es nach der Lehre seines Herzens (v. 1895–1899). Im Zentrum der Entstehung der Liebe zwischen den Namensgleichen steht das Wort:

> *dar umbe sô begunde er hin*
> *an die schœnen blicken.*
> *ir rede begunde schicken,*
> [...]
> *daz sich der jungelinc ersach*
> *in ir spilnden ougen.*
> *nû daz dar inne tougen*
> *diu Minne ir wunder machete*
> *und in her wider lachete*
> *sô rehte lieplichen an*
> [...]
> *hie mite was ouch im geschehen*
> *daz ime geschehen sollte.*
> [...]
> *in warf das kleine wörtelîn*
> *in der süezen Minnen stric.*
> *ouch schuof der liepliche ougen blic*
> *der nâch der guoten rede gie der*
> *daz ime wart gegeben hie*
> *sô tief ein minnen wunde*
> *daz si verheilen kunde*
> *kein salbe noch kein weizel.*
> *der vogel ûf dem reizel*
> *mit süezer stimme wirt betrogen.*
> *sus het in Minne dô gezogen*
> *mit süezen worten in ir kloben.*
> (v. 1900–1929)

Reziprok (und damit angleichend) zur Entstehung von Engeltruds Liebe zu Engelhard ist auch die Entstehung von Engelhards Liebe zu Engeltrud nicht auf den ‚ersten Blick' möglich, sondern abhängig von einem langen und aufwendigen Analyseverfahren, das auf alle Sinne angewiesen ist: Das Gehörte führt zum Sehen (v. 1901) und beides zusammen (v. 1920f.) zur Liebe (v. 1918f.), die als körperliche Wunde gefühlt wird (v. 1923ff.). Die-

---

320 Auch dabei schlägt der Erzähler im Übrigen eine Brücke zur Szene des Kennenlernens der Freunde (v. 557) und zur Baumgartenszene (v. 3228, v. 3460), indem er auch Engeltrud, etwas gekünstelt, von einem *ei* sprechen lässt (v. 1890).

ser Vorgang wird dabei als süßes, aber gefährliches Geschmackserlebnis inszeniert: Wie der Vogel sich von der ‚Lockspeise' (*reizel,* v. 1926) anlocken lässt, so verfängt bei Engelhard der süße Geschmack des Gehörten (v. 1927, v. 1929). Der Vorstellung des ‚Einprägens' des Wahrgenommenen und Erinnerten entsprechend, erblickt Engelhard in den Augen Engeltruds, die ihm einen Blick in ihr Herz ermöglichen, die Minne – und sich selbst (v. 1904 f.).[321] Der synästhetische Erkenntnisprozess führt dazu, dass Engelhard ihre Liebe zu ihm als Spiegelungseffekt wahrnehmen kann, indem er jene *figûre* seiner selbst in ihrem Herzen sieht, von der der Erzähler während der Zusammenkunft im Baumgarten berichtet (v. 3459–3465).

Die Metaphorik hörbarer Süßspeise, die für Engelhard Gefahren birgt, wiederholt sich, als Engelhard vor Liebe krank wird: Er fühle sich wie ein Huhn, das Brotkrumen picke und dann aufgespießt (v. 2210–2213), wie ein Schiff, das vom herrlichen Gesang der Sirenen angezogen und versenkt werde: Ihre Sprache sei voll des süßen Geschmacks und ihre Worte griffen mit Händen nach dem Schiff seines Herzens (v. 2216–2227).[322] Sicht-, Hör-, Schmeck- und Greifbares ermächtigen sich Engelhards und begründen seine Liebe zu jener, die sein Abbild im Herzen trägt. Die Ganzheitlichkeit sensorischer Wahrnehmung dieser Liebe kann zwar ebenfalls als sakrale Überhöhung dieser Beziehung verstanden werden, aber mit jener auf Symmetrie und umfassender Gleichheit beruhenden spirituellen Schau, mit der die Freunde sich von Anfang an als solche wahrnehmen und die einen derart komplexen Wahrnehmungsprozess gar nicht nötig haben, vermag die Minnebeziehung nicht Schritt zu halten,[323] bleibt doch stets „ein Rest Erkenntnisunsicherheit":[324] Die visuelle Ununterscheidbarkeit der Freunde bleibt für Engeltrud bestehen.

---

[321] Lexer übersetzt *ersehen* mit „sehend wahrnehmen, betrachten, erblicken, erschauen", aber auch mit „sich erblicken, widerspiegeln".

[322] *si tuot als diu Sirêne | der stimme ist alsô schœne | daz si mit ir gedœne | an sich die kiele ziuhet | und si dan under diuhet | mit liute und mit getreide. | der wilden meremeide | mîn frouwe sich gelîchet wol. | ir rede süezekeite vol | und ir schœner worte grif | hât under mînes herzen schif | gezogen und gesenket. | in leides wâge ertrenket | hât si gar die sinne mîn.*

[323] Ähnlich Schulz, Erkennen (2008), S. 396.

[324] Küsters, Blick (1994), S. 306. Ders., Gewissheit (2012), S. 788, zeigt außerdem, dass die primäre Liebeskommunikation über die Ohren, die zudem mit der bei Konrad insgesamt negativen Sirenenmetaphorik problematisiert wird, wie im ‚Tristan' Gottfrieds von Straßburg „in sich den Keim des Unfesten, Flüssigen, Verräterischen" trage.

3.2.5 Evas Apfel. Liebe, Freundschaft und Familie

Die *Ent*scheidungen, die der Roman den beiden männlichen Protagonisten abverlangt, beruhen jeweils auf bestimmten *Unter*scheidungen. Für Dietrich ist es nicht im Geringsten ein Problem, den Hof von Brabant und von Dänemark zu betrügen, wenn er mit Engelhard die Identitäten tauscht. Für ihn sind Frauen und Namen ebenso austauschbar wie Pferde und Kleider (v. 4480–4505), es zählt allein die ‚neue Gemeinschaft' mit Engelhard. Für diesen allerdings ist die Situation etwas komplizierter, denn die Minnebeziehung hat eine Differenz in die Freundschaft gebracht: Seine auf der Namensgleichheit basierende Beziehung zu einer Frau lässt ihn für einen Moment am Plan seines Freundes zweifeln (v. 4506–4512). In ein echtes Dilemma geraten beide allerdings erst, als es um die Doppelgängersöhne Engelhards geht. Diese nämlich vertreten, insofern sie sich wie die Freunde ähneln und dazu noch verwandt sind, in potenzierter Weise das im Roman geltende Freundschaftsideal möglichst weitgehender Entdifferenzierung.³²⁵

Die Entscheidungssituationen des Romans spitzen sich also insofern zu, als immer weniger Unterschiede sie begründen können. Auf die beiden komplexeren Beziehungskonstellationen des Romans, die zu der Verkomplizierung der Entscheidungen führen, – die Minnebeziehung zu Engeltrud und die Beziehung zu den Zwillingssöhnen – möchte ich hier noch einmal zurückkommen.³²⁶

3.2.5.1 Freundschaft vs. Liebe

Liest man die Szene der Apfelgabe vor der Folie der Paradieserzählung, übernimmt Engelhard nicht nur die Position Adams (der eine Begleitung sucht), sondern auch Evas (die ihrer Begleitung einen Apfel gibt). Dies trifft sich

---

325 Es ließe sich argumentieren, dass das Austarieren zwischen Beziehungen, die dem feudalen Modell der auf Fortpflanzung ausgerichteten Familie zuzuordnen ist (Ehe und Nachkommen), und solchen, bei denen es nicht um Fortpflanzung geht, der hybriden Poetik des ‚Engelhards' zwischen höfischem Roman und Legende zuzuordnen sind. Der Text stellte sich dann in eine Reihe mit anderen Romanen des späten 13. Jahrhunderts, in denen dem „feudale[n] Horizont" mit seiner „Konzeption von Ehe und Familie" eine gegenläufige, legendarische „Tendenz zur Bildung von nichtprokreativen Ersatzgemeinschaften" entgegengestellt wird, wie Schulz, Epistemik (2009), S. 679, für die ‚Gute Frau', ‚Mai und Beaflor' und den ‚Wilhalm von Wenden' herausstellt.
326 Ähnliche Analysekategorien macht bereits Kraß, Kleider (2006), S. 323 u. S. 330, auf, indem er von insgesamt vier Hauptaspekten ausgeht, die den Roman prägen: Neben der Geschichte des sozialen Aufstiegs Engelhards, handle es sich dabei nämlich um die Spannung zwischen Freundschaft und Gesellschaft, die Spannung zwischen Freundschaft und Liebe sowie um die Effeminierung Engelhards.

mit weiteren Beobachtungen der bisherigen Forschung: Engelhard erfährt im Roman spätestens ab dem Beginn der Minnehandlung eine Effeminierung, die drei Funktionen erfüllt.[327] Erstens überträgt sie die „Idealität der Gleichheit auch auf Engelhard und Engeltrud", indem sie die Liebenden, vergleichbar mit Flore und Blancheflur (Kap. 3.1.5.3) und den gelehrten Liebestheorien entsprechend (Kap. 2.4.7), auch in ihren geschlechtlichen Körpern aneinander angleicht. Damit verschwinden zudem die Unterschiede zwischen der Minne- und der Freundschaftsbeziehung.[328] Zugleich führt sie, zweitens, eine Differenz zwischen den Freunden ein.[329] Und drittens hat sie zur Folge, dass die homosoziale Ähnlichkeitsbeziehung die ‚heterosexuelle' Ähnlichkeitsbeziehung in sich absorbieren kann und das Konkurrenzmodell somit beseitigt.[330]

Das sich etablierende Konkurrenzmodell zur und der Differenzierungsfaktor der Freundschaft ist nur vorübergehend von Bedeutung: Die Frauen erweisen sich für die Freunde, nach kurzem Zögern Engelhards, als austauschbar wie Namen, Kleider und Pferde. Doch dieses kurze Zögern ist immerhin die Folge einer mit erheblichem Aufwand erzählten Minnehandlung, die eine Verkomplizierung der Entscheidungen in die Geschichte einführt, beruht doch auch sie auf Merkmalsgleichheiten, die sich von den Ähnlichkeitsnormen des Hofes absetzen – nur nicht im selben Maße wie die Freundschaft: Engeltrud verlangt eine teilweise Angleichung Engelhards an ihren sozialen Status, um ihre Liebe praktisch auszuleben, aber ihre Zuneigung macht sie explizit vom sozialen Status unabhängig. Zwar entscheidet sie sich für Engelhard auf der Grundlage von für die Freunde abstreifbaren Merkmalen (den Namen), doch dies unterstreicht für die Rezipierenden nur ihre Unabhängigkeit vom höfisch primär bevorzugten Merkmal, dem sozialen Status, denn dem entspräche Dietrich (auch namentlich). Indem

---

[327] Hervorzuheben sind insbesondere die indifferenten Körperbeschreibungen Engelhards und Engeltruds: ihre weißen Hände (v. 3679 u. v. 3004), ihre rotweiße Hautfarbe (v. 3684 ff. u. v. 2967) sowie ihr roter Mund (v. 4350 u. v. 2988) und der Vergleich Engelhards mit einer Jungfrau (v. 3677 u. v. 626 f.), vgl. dazu auch Winst/Klinger, stricke (2003), S. 283, sowie Kraß, Kleider (2006), S. 330, und Toepfer, Tragik (2013), S. 285–289. Eine Geschlechterdifferenz besteht also, den Beobachtungen von James Schultz entsprechend (Kap. 2.4.7), nicht in der Wahrnehmung ihrer Körper, sondern, bezieht man die ausführliche Beschreibung von Engeltruds Körper in der Baumgartenszene mit ein, nur im ‚verweilenden', männlichen Blick des Erzählers, vgl. dazu Kraß, Kleider (2006), S. 179 u. 192.

[328] Vgl. Winst/Klinger, stricke (2003), S. 283. Behr, Liebe (1988/89), S. 320, betont ebenfalls, dass beide Beziehungen „als Exemplifikation der im Prolog gepriesenen *triuwé*" inszeniert würden.

[329] Vgl. Kraß, Kleider (2006), S. 330. Ich würde diese Funktion nicht so stark hervorheben, wird doch von einer sich auch körperlich ergebenden Differenz zwischen den Freunden, die ja auch während bzw. nach der Minnehandlung ununterscheidbar bleiben, nicht berichtet.

[330] Vgl. auch Kraß, Ebenbildlichkeit (2015), S. 263.

sie sich mit den Mitteln eines religiös überhöhten Wahrnehmungsprozesses ausgerechnet für eine Merkmalsgleichheit entscheidet, die mit dem sozialen Status nichts zu tun hat und die darüber hinaus eine Verbindung in das ‚Reich der Ähnlichkeit', der Engel, zieht, statt in das Reich der Differenz, für das Ritschier steht, verleiht sie der Minnebeziehung einen Status auf der ‚Wesenskette', der der himmlischen Einheit näher ist als alle anderen Figuren des Romans – mit Ausnahme der Freunde.

Bestimmt ist sie, wie die Minne ihr weist, die auch für die Freundschaftsbeziehung verantwortlich ist,[331] für beide Freunde, denen sie ja auch auf der Ebene der äußerlich sichtbaren Tugendhaftigkeit gleicht (v. 821, v. 863). Doch weil sie dennoch der Kultur der Unterschiede angehört, kommt Bigamie für sie nicht in Frage, und so muss auch sie eine Entscheidung herbeiführen, die auf kleinste Differenzen achtet. Die Entscheidung für die Namensgleichheit ist zwar insofern kontingent, als die Freunde sich im ‚Wesen' nicht unterscheiden und die Namen austauschbar bleiben,[332] aber weil eine Nicht-Unterscheidung in einer Kultur der Unterschiede nicht möglich ist, ist die Art ihrer Entscheidung die korrekteste Kompromisslösung, die sich aus den beiden nicht gänzlich zu harmonisierenden Welten und Wahrheiten des Romans finden lässt.

Dass diese Minnebeziehung auf der Skala zwischen himmlischer Einheit und irdischer Differenz zwar oberhalb des Hofes, aber unterhalb der Freundschaft angesiedelt ist, signalisiert der Roman also an zahlreichen Stellen: Die Inszenierung von Wahrnehmung in der Minnebeziehung wird sakralisiert, kann aber mit der direkten, unmittelbaren ‚Schau' der Freunde nicht mithalten; Engeltrud ähnelt den Freunden in wesentlichen Eigenschaften, weist aber mit ihrem Geschlecht eine körperliche Differenz zu ihnen auf, die zwar einerseits durch Engelhards Effeminierung reduziert, durch die differenzierende *descriptio* des Erzählers[333] aber aufrechterhalten wird; sie begründet ihre Liebe auf äußerlich wahrnehmbarer Tugendhaftigkeit statt auf sozialem Status, fordert aber dennoch die teilweise Angleichung ihres Geliebten und ihre ‚menschliche Natur' verlangt von ihr eine Unterscheidung; die Liebesbeziehung wird von Gott legitimiert (v. 3260– 3263), wenn es aber um eine Entscheidung zwischen Freundschaft und Liebe geht, mit göttlicher Legitimation zugunsten der Freundschaft zurückgewiesen.[334] Und zuletzt: Indem Engelhard ab dem Beginn dieser Minne-

---

331 Vgl. Klinger/Winst, stricke (2003), S. 259.
332 So Kraß, Kleider (2006), S. 326, J.-D. Müller, Kompromisse (2007), S. 223 f., ähnlich auch Küsters, Blick (1994), S. 304.
333 Vgl. dazu ausführlich Kraß, Kleider (2006), S. 177–185.
334 Vgl. zur Forschungsdiskussion darüber, welchen Anteil Gott an den Entscheidungen der Protagonist*innen hat, Toepfer, Tragik (2013), S. 290 ff.

handlung zunehmend auch als ‚Minnedame' inszeniert wird, gelingt der Freundschaft eine Absorbierung der Minnebeziehung, ist die Freundschaft am Ende doch konkurrenzlos.

3.2.5.2 Freundschaft vs. Zwillingssöhne

Während es nicht im Geringsten zur Debatte zu stehen scheint, dass man die Hofgesellschaft täuscht und es nur für Engelhard einen kurzen Moment lang ein Problem ist, die ebenfalls zum Teil sakralisierte Minnebeziehung der Freundschaftsbeziehung unterzuordnen, erweist sich die Opferung der eigenen Kinder als eine Dilemmasituation höchsten Ausmaßes.[335] Die Entscheidung Engelhards beruht deutlich auf einer Hierarchisierung der Beziehungen und einer Abwägung der Merkmalsgleichheiten, die sie bedingen: Die Kinder seien ihm gleich in Fleisch und Blut, sie seien die Frucht seines Leibes (v. 6134–6137), Dietrich hingegen jener, der, wie Engelhard, *getriuwe* ist (v. 6144). Diese Unterscheidung bedingt Engelhards Entscheidung: Der tugendgleiche Freund soll leben und seine alte Schönheit wiedererlangen, und zwar um jeden Preis: *so müezen míniu kint den tôt | ê beidiu von mir kiesen* (v. 6146 f.).

Mindestens zwei Aspekte an der Kindsopferung sind in diesem Zusammenhang bemerkenswert: Erstens bettet Konrad sie in ein Schema, das wiederum an die Heilsgeschichte erinnert, und zweitens müssen nach dem ‚monströsen' Doppelgänger Ritschier nun erneut solche Menschen der neuen Gemeinschaft zum Opfer fallen, die dieser in auffälliger Weise ähneln.

Zum ersten Aspekt: Der Moment, in dem die Kindsopferung als Option ins Spiel kommt, erinnert, indem ein Engel sie als Gottes Botschaft überbringt, stark an die im Mittelalter häufig ikonographisch dargestellte Szene der Verkündigung von Jesu Geburt durch den Erzengel Gabriel (Luk 1, 26–38),[336] die Konrad von Würzburg auch in seinem Leich beschreibt:

> *dir wab ein cleit der fróne geist*
> *mit götelichen kammen*
> *in der megde líbe guot,*
> *warf unde wevel was ir muot:*
> *avê das wort alsam ein gluot*
> *begonde ir herze enphlammen.*
> *daz gab ir sô heizen ruch*
> *daz si dich durch den selben spruch*
> *ze kinde enphienc ân allen bruch*

---

335 Vgl. zu diesem Dilemma v. a. Toepfer, Tragik (2013), S. 302–306.
336 Vgl. dazu Wenzel, Hören (1995), S. 270–291.

3.2 Freundschaft: Zwei Hälften eines Apfels. ‚Engelhard'

in ir vil kiuschen wammen.
dîn gruoʒ durch ir ôre dranc,
der von des engels munde clanc.
(I, 27–38)

Wie Maria durch den Klang des göttlichen Wortes (I, 37 f.) ein Kind empfängt, das sowohl dem Heiligen Geist als auch Maria ähnle (I, 41–52)[337] und eine Erneuerung der Erlösungsmöglichkeit der Menschen herbeiführen wird,[338] so ist sowohl die Entstehung als auch die Vernichtung der Kinder Engelhards abhängig von der Wahrnehmung ‚engelhafter' Worte: Das Elternpaar mit den *engelischen* Namen findet, wie oben dargelegt, durch Worte, die synästhetisch wahrgenommen werden,[339] zusammen und Dietrich erhält durch die Worte eines Engels die Botschaft, dass die verloren gegangene Ähnlichkeit zu seinem Freund durch die Tötung von dessen Kindern wiederhergestellt werden könne. Eine weitere Gemeinsamkeit dieser Erzählungen liegt im Verhältnis von Vater und Kind: Der Vater des Kindes, das Maria hörend empfängt, ist das Kind selbst; ähnliches wird bei den Zwillingen Engelhards zumindest metaphorisch nahegelegt, indem diese in ihrer Ununterscheidbarkeit den Freunden zu ähneln scheinen. Indem die Zwillinge Zeichen einer potenzierten, genealogischen Fortsetzung der sakralisierten Ähnlichkeit der Freunde sind, verweisen diese eher auf die beiden Doppelgängerfreunde als auf Engelhards Minnebeziehung, was durch die Verbindung der Freunde mit dem verwandtschaftskonstituierenden Blut der Kinder noch verstärkt wird.[340] Von Freunden, die sich wie Brüder verhalten (v. 680), werden Engelhard und Dietrich zu ‚Blutsbrüdern' und gemeinsamen Vätern der Doppelgängerkinder.[341] Die verloren gegangene Ähnlichkeit wird durch diesen Akt nicht nur wiederhergestellt, sondern auch verstärkt und auf die Zukunft hin verdichtet.[342] Mit einer potenzierten Erneuerung der Ähnlichkeit zwischen

---

337 *Dîn gewalt vil manecvalt | der machte nâch ir kiuschem lîbe dich gestalt, | alsam ein glase diu sunne verwet sich. | swa si ganz ân allen schranz | dur ez geschînet, dâ gelîchet sich ir glanz: | sich alsô mâlte nâch ir diu juncfrouwe dich. | wande ir muot rein unde guot | nâch hôhem flîze streich dir an fleisch unde bluot. | ir edel herze, alsam diu sunne lûterlich, | wart ein schrîn, dâ slôz sich în | sun vater unde geist, doch wart echt ûz in drîn | der sun gezeichent nâch ir bilde wünneclich.*
338 Vgl. Goetz, Gott (2012), S. 175.
339 Darüber hinaus hebt gerade der Leich an verschiedensten Stellen die sakrale Bedeutung von Geschmack, Geruch und taktilem Gefühl hervor. In diesem kurzen Auszug sei nur verwiesen auf die Doppeldeutigkeit von *ruch* (I, 33), das neben ‚Dampf' oder ‚Dunst' auch als ‚Geruch' übersetzt werden kann, und der hier zugleich als ‚heiß' bezeichnet wird (ebd.).
340 Vgl. auch Winst, Amicus (2009), S. 212, sowie McCracken, Curse (2003), S. 50.
341 Vgl. McCracken, Curse (2003), S. 50.
342 Ob es sich dabei um „eine rein männliche Linie" handelt, wie Winst, Amicus (2009), S. 213, und dies., Freundespaar (2009), S. 436f, vermutet, erscheint mir dabei fraglich, ist doch von einer geschlechtlichen Zuweisung der Zwillinge an keiner Stelle im Roman die Rede.

den Freunden kann die Geschichte enden, ist die ‚heilsame Entdifferenzierung', die für die weltliche Gemeinschaft des Hofes eine gewaltsame ist, doch so weit vorangeschritten als irgendwie möglich.

Indem die Wunde der Kinder zudem mit einem ‚Seidenfaden' verglichen wird, verwendet der Erzähler nicht nur eine ähnliche Metaphorik wie Konrad im oben zitierten Leich, als er von der Entstehung Christi durch das ‚Weben' des Heiligen Geistes erzählt. Er wiederholt damit am Ende der Erzählung auch die Metaphorik des Prologs, in der mehrmals vom ‚Kleid' der göttlichen *Triuwe* die Rede war, das wie das *cleit* Christi im Leich (I, 27) für eine ‚Materialisierung' einer göttlichen Instanz steht. Die Zwillinge sind damit eine genealogisch verdichtete, also entdifferenzierte und zudem sakralisierte Wiedergeburt der *getriuwen* Doppelgängerfreunde. Als ununterscheidbare Zwillinge stellen sie auch die Frage danach, was den Freunden aufgrund ihrer unterschiedlichen Herkunft noch nicht möglich war: die gemeinsame Herrschaft.

Zum zweiten Aspekt: Diese Zwillinge stellen im Roman nach Ritschier von Engellande das zweite Opfer dar, das den Freunden in bemerkenswerter Weise ähnelt und sich zugleich so von ihnen unterscheidet, dass eine Verwechslung ausgeschlossen ist. Damit sind sie prädestiniert für das Opfer, wie es nach Girard (Kap. 1.8.1) für die Restituierung einer Gemeinschaft notwendig ist, die in diesem Falle nicht von einer ‚Krise der Unterschiede', sondern, wie Silke Winst argumentiert hat, vielmehr von einer ‚Krise der Gleichheit' bedroht ist.[343] Es besteht darüber hinaus keine Gefahr einer Racheaktion durch die Angehörigen des Opfers, da Henker und Angehöriger in der Person ‚Engelhards' verschmelzen.[344]

Engelhards Entscheidung, die Kinder zu opfern, wird erneut – wie bei Engeltruds Entscheidung, Dietrich zu lieben und Engelhard den Tod zu wünschen – als eine Auseinandersetzung zwischen zwei Wertesystemen ausgetragen, deren Gegenspieler Gott und die menschliche *natûre* sind. Letztere sucht im Falle Engeltruds nach den irdisch notwendigen Unterscheidungen und kann sie nicht finden, und ist es im Falle Engelhards, die ein Kindsopfer zugunsten der Unverwechselbarkeit der Freunde, nicht ermöglichen könne, wie der Erzähler betont (v. 6022 ff. u. v. 6226 f.). Wie es bei Engeltrud die ‚geistige' Wahrnehmung ist, die ihr Handlungsoptionen bietet, ist es hier nun Gott selbst, der Engelhard die Opferung der Kinder anempfiehlt (v. 6216–6225). Die Natur, so lässt sich festhalten, sucht nach Unterscheidungen, Gott hingegen steht für das Ununterschiedene und Unteilbare, der hier jene Gemeinschaft stützt, die ihm am nächsten steht. Damit die Freunde weiterhin beiden Welten angehören können, muss die Opferung, wie schon

---

343 Vgl. Winst, Amicus (2009), S. 287–291, hier: S. 291.
344 Vgl. auch ebd., S. 289.

die Entstehung der Freundschafts- und der Minnebeziehung, heimlich, unter Ausschluss der ‚Öffentlichkeit' stattfinden.[345]

3.2.6 Zusammenfassung

Der Roman konfrontiert bestimmte Merkmalsgleichheiten zwischen Menschen als fundamentale Grundlage „schwierigste[r] ethische[r] Entscheidungen" auch in Fragen von Leben und Tod miteinander und stellt den Protagonisten immer wieder neu die Frage, welche Form der Ähnlichkeit es ist, die ihre Gemeinschaft gegenüber anderen privilegiert.[346] Dabei besteht die Hauptschwierigkeit für die Freunde darin, dass sie zwei fundamental unterschiedlichen Formen der Gemeinschaft angehören wollen, die auf unvereinbaren Ähnlichkeitsnormen und Werten basieren: Die weltlich-höfische Gemeinschaft, für die der dänische Hof steht, setzt als Zugehörigkeitskriterium insbesondere den sozialen Status und das Streben nach sozialem Ansehen, *êre*, heraus. Dementsprechend wichtig sind in dieser Gemeinschaft vor allem soziale Unterscheidungen, die auf dem ‚Sichtbaren' beruhen und durch Rivalität ausgehandelt werden. Ununterscheidbarkeit zwischen Menschen ist in dieser Gemeinschaft ein Problem, weil ihre Ordnung auf äußerlich sichtbarer Differenz, insbesondere Statusdifferenz, beruht. Das Gegenkonzept dazu ist die himmlische Gemeinschaft der ‚Engel', deren höchstes Gut die Einheit, die völlige Ununterschiedenheit darstellt, in der Entdifferenzierung das Ziel und das Streben nach göttlicher *triuwe* das Fundament darstellen.

Auf Erden, wo sich Engelhard und Dietrich, die in diesem Roman als Gemeinschaft inszeniert werden, die dem himmlischen ‚Reich der Ähnlichkeit' so nah steht wie nur irgendwie möglich, nun dennoch befinden, müssen das Streben nach Einheit und die irdischen Notwendigkeiten der Unterscheidung harmonisiert werden. Daran arbeitet sich der Roman ab, indem die Verschmelzung der seelischen Doppelgänger, also die ‚heilsame Entdifferenzierung', stets nur momenthaft möglich ist und sich so ein Erzählmuster aus *Unio* und Trennung, vergleichbar mit der Bewegung der Hoheliedexegese seit dem 12. Jahrhundert, ergibt.

Dabei gilt dieser Drang zur Entdifferenzierung und Verschmelzung sich ähnelnder Figuren im ‚Engelhard' nicht nur für die Freundschaftsbeziehung.

---

345 Genauer: Die Hofgesellschaft darf die Tat nicht sehen. Vor *dem getriuwen gote* wird sie allerdings nicht verheimlicht (v. 6239). Die Verheimlichung ist das gesellschaftsgefährdende Potential, das von Bloh, Doppelgänger (2005), S. 358, den mittelalterlichen Doppelgängern zuschreibt. Zu ergänzen wäre aus der Perspektive dieser Analysen, dass nicht die Tatsache der Ähnlichkeit grundsätzlich gesellschaftsgefährdend ist, sondern vielmehr das Beharren auf ganz bestimmten Merkmalsgleichheiten zuungunsten anderer.
346 Butler, Raster (2010), S. 29 (vgl. Kap. 1.8.2).

Die Minnebeziehung zwischen Engelhard und Engeltrud verkompliziert das Beziehungsgeflecht, beruht doch auch diese Beziehung einerseits auf Ähnlichkeitsnormen, die explizit nicht der weltlich-höfischen Gemeinschaft entsprechen, erweist sich diese Beziehung anderseits aber als eine, die mit der weitreichenden Ähnlichkeit der Freunde nicht zu konkurrieren vermag. Ihre Zwischenstellung zwischen der Freundschaftsbeziehung der höfischen Gemeinschaft wird auch durch die Inszenierung von Wahrnehmungsvorgängen verdeutlicht: Anders als die höfische Gemeinschaft vermag auch Engeltrud die Welt des ‚Sichtbaren' teilweise zu überschreiten, indem sie auf der Grundlage von religiös überhöhten synästhetischen Erkenntnisprozessen eine irdisch notwendige, von der ‚menschlichen Natur' geforderte Entscheidung herbeiführt. Anderseits ist sie nicht fähig zur auf direkter, geradezu wahrnehmungsfreier Schau basierenden Erkenntnis wie die beiden Freunde. Beide Nahbeziehungen Engelhards streben nach weitgehender Entdifferenzierung, nach dem erneuten Verschmelzen der beiden Apfelhälften, aber vor die Not einer Entscheidung zwischen beiden Beziehungen gestellt, siegt stets die Männerfreundschaft. Diese stellt jene Form der Doppelgängerbeziehung unter Männern dar, die zu einer ‚heilsamen Entdifferenzierung', statt zu einer ‚gewaltsamen' führt – dieser Unterschied wird im Roman auch hervorgehoben, indem Ritschier von Engellande als ein solcher ‚monströser' Doppelgänger, als gefährlicher (ähnlicher) Konkurrent, eingeführt wird.

Weil Konrads ‚Engelhard' mit unterschiedlichen Wahrheitsbegriffen arbeitet und gerade die Schwierigkeit der Entscheidungssituationen, des abwägenden Priorisierens zwischen bestimmten Merkmalsgleichheiten und -unterschieden, als solche herausstellt und die Lösungen immer nur in einer der Welten mit ihren Normen und Wahrheiten vertretbar sind, erweist sich eine einsinnige Gesamtinterpretation des Romans als schwierig.[347] Die Ambivalenz, die Unmöglichkeit der irdischen Vereinigung beider Welten, in denen die Protagonisten agieren, ist vielmehr konstitutiv für den Roman und muss es darum auch für die Interpretation sein. Am Ende der Handlung bleiben Entscheidungsergebnisse der Protagonisten stehen, deren Konsequenzen es an jener Lehrhaftigkeit, die der Erzähler im Prolog und im Epilog propagiert, gerade fehlen lassen: Dieser unaufgelöste Widerspruch von kommuniziertem Anspruch und erzählter Handlung kann wohl als sarkastisch oder zynisch bezeichnet werden und die Erzählung hinterlässt, indem sie Wertekonflikte herausstellt, statt zu lösen, zumindest mehr Fragen als dass sie konkrete Antworten gäbe.[348]

---

347 Vgl. auch Schulz, Erkennen (2008), S. 408.
348 Vgl. zugespitzt Kraß, Kleider (2006), S. 329: „Freundschaft, dies ist die sarkastische Kehrseite der doppelten Treueprobe, anerkennt keine Grenze, die außerhalb ihrer selbst liegt. Freunde sind bereit, Gott zu betrügen, Bigamie zu begehen, einander Ehebruch anzuempfehlen, ihre

3.2 Freundschaft: Zwei Hälften eines Apfels. ‚Engelhard'

Dementsprechend steht am Ende der erzählten Handlung auch keine Lösung absoluter Einheit im gemeinsamen Tod und Aufgehen im Schoß Gottes wie etwa im ‚Barlaam und Josaphat' Rudolfs von Ems (Kap. 3.3.8), sondern zugleich eine Differenz, die der Erzähler, wie schon in der Begegnungsszene zu Beginn des Romans, verdeckt: Die Freunde haben sich, indem auch Dietrich wieder Herrscher von Brabant ist (v. 6444f.), wieder im Status aneinander angeglichen. Doch die Folge muss eine *getrennte* Ausübung der Herrschaft sein, die als solche aber unerzählt bleibt, indem wir von Dietrich nach seiner Heilung nur noch erfahren: *ouch wonte sîn geselle* [Engelhard] *dort | in küneclicher werdekeit* (v. 6450f.). Wie auch Silke Winst bemerkt, scheint

> [d]er Hinweis auf die königliche Ehre […] auf Dänemark als Engelhards Aufenthalt zu verweisen, das *ouch* und *dort* verundeutlichen indes die Angabe, die sich insofern auch auf Brabant beziehen und damit eine Lebensgemeinschaft signalisieren könnte.[349]

Indem der Erzähler nämlich am Ende hervorhebt, dass die Freunde bis zu ihrem Tod *frælichen unde schône* (v. 6455) zusammen lebten, wird diese Uneindeutigkeit allerdings nicht, wie Winst vorschlägt, „unwesentlich", weil so die „Zusammengehörigkeit […] erzählstrategisch herausgestellt [werde], so dass es gleich ist, ob die beiden zusammen oder getrennt sind".[350] Vielmehr wird die Einheit der Ähnlichen auf die Zeit nach dem Tod verschoben und die notwendige Differenz auf Erden verschleiert, aus dem Sichtfeld genommen.[351] Diese Differenz ist in diesem Fall die notwendige Trennung, d.h. die Unmöglichkeit, den Wunsch der Freunde zu erfüllen, den Dietrich schon frühzeitig formuliert hat, nämlich gemeinsam zu herrschen. Die Differenzen, die die Erzählung angetrieben haben, werden zwar minimalisiert und verdrängt, können aber erst im Göttlich-Einen ganz verschwinden. Der Wunsch noch weitergehender Entdifferenzierung durch eine gemeinsame Herrschaft wird am Ende in der Utopie der Doppelgängerzwillinge Engelhards, die beide einen – möglicherweise auch problematischen Anspruch auf die Primogenitur haben, auf die Zukunft hin geöffnet. Damit ist die Harmonie, die der Erzähler am Handlungsende und dann im Epilog propagiert, Strategie: Die verbleibende Differenz verlangt, etwa wie jene zwischen Ich und Dame im ‚Narzisslied' (Kap. 2.2.4), nach Fortsetzung und Wiederholung der Bemühung um Angleichung, die zwei gleichen Hälften des Apfels bleiben vorerst getrennt, können erst im Jenseits vereint werden.

---

eigenen Kinder zu opfern, mit anderen Worten: die genealogischen Grundfesten der Adelsgesellschaft zu verletzen, wenn es um das Wohl des Partners geht."
349 Winst, Amicus (2009), S. 225.
350 Ebd.
351 Damit handelt es sich auch hier wieder um eine Form der textuellen Prothese (vgl. Kap. 1.8.3)

Wie Engelhards innere und äußerliche Ähnlichkeit, Kern und Schale, zum Königssohn Dietrich auf sein Potential zur Entdifferenzierung hinsichtlich seines Status und auf die Idealität einer engelsgleichen Gemeinschaft verweist, so wird sich auch in dem einige Jahrzehnte zuvor entstandenen ‚Barlaam und Josaphat' Rudolfs von Ems, der hinsichtlich der Thematik der Glaubensunterschiede wieder etwas stärker an Flecks ‚Flore und Blanscheflur' anknüpft, diese Funktion der Ähnlichkeit als entscheidend herausstellen: Wo Ähnlichkeit besteht, sind weitere Merkmalsgleichheiten und Sympathie nicht weit – auch in diesem, von der Forschung bislang kaum berücksichtigten Roman, den ich im folgenden Kapitel einer eingehenden Analyse unterziehen möchte, setzt sich schließlich eine ‚heilige' Gemeinschaft der Ähnlichen gegen die höfische (und in diesem Fall zunächst noch ‚heidnische') Ordnung durch.

3.3 Glaube: Erleuchtete Herzen. ‚Barlaam und Josaphat'

Er ist dû, dû bist der man;
nieman iuch rehte erkennen kann
(Rudolf von Ems, ‚Barlaam und Josaphat', v. 7993 f.)[352]

In Rudolfs von Ems ‚Barlaam und Josaphat'-Roman (BuJ) ist Ähnlichkeit zwischen einzelnen Figuren ein Handlungsprinzip, das weit weniger zentral als im ‚Engelhard' und auch weniger handlungskonstituierend und reflektierend als in ‚Flore und Blanscheflur' in Szene gesetzt wird, aber dennoch an wichtigen Gelenkstellen des Romans in unterschiedlichen Facetten und in mit den bereits behandelten Texten vergleichbarer Umsetzung eine wichtige Funktion erfüllt: Wie bisher zeigt Ähnlichkeit in der Physiognomie und in anderen Merkmalen das Potential einer weiteren Entdifferenzierung an und ist eng an die Vorstellung einer besonderen Nähe zu Gott geknüpft. Auch hier treten Ähnlichkeitsnormen unterschiedlicher (Werte-)Gemeinschaften in Konkurrenz zueinander, die sich auch durch wahrnehmbare Ähnlichkeit der jeweiligen Mitglieder voneinander abgrenzen. Viel stärker aber als in den bisher behandelten Romanen wird Ähnlichkeit in Rudolfs Roman eingesetzt, um die für das christlich-europäische Mittelalter vielleicht entscheidende Differenz zwischen Menschen (und ihre Überwindung) zu thematisieren: jene zwischen Glaubensgruppen, zwischen Christen- und ‚Heidentum'.

---

352 Im Folgenden zitiere ich den Roman nach der Ausgabe von Franz Pfeiffer: Barlaam und Josaphat von Rudolf von Ems, hg. von Franz Pfeiffer, Leipzig 1843.

3.3 Glaube: Erleuchtete Herzen. ‚Barlaam und Josaphat'

Nun war Rudolfs um 1225 entstandene Bearbeitung des sogenannten ‚Barlaam-und-Josaphat'-Stoffes nicht die einzige und auch nicht die erste in deutscher Sprache.[353] Doch im Vergleich mit dem zwischen 1184 und 1220 entstandenen ‚Laubacher Barlaam' Ottos II. von Freising und dem ‚Zürcher Barlaam', der ebenfalls aus den 1220er Jahren stammen dürfte,[354] scheint sich Rudolfs sehr viel freiere Wiedererzählung der lateinischen Vorlage[355] bis zum 14. Jahrhundert einer ungleich größeren Beliebtheit erfreut zu haben.[356]

Die Forschung zu diesem Roman ist nach wie vor „relativ übersichtlich" geblieben,[357] auch wenn durch die Dissertationsschrift von Constanze Cordoni, deren kaum zu überschätzende Leistung ein geordneter Überblick der komplizierten Überlieferungstraditionen des Stoffes darstellt,[358] und den von derselben mitherausgegebenen Sammelband zum europäischen Phänomen der ‚Barlaam-und-Josaphat'-Erzählung nun wieder Schwung in die Erforschung dieses Romans kommen dürfte.[359] In den Jahrzehnten vor diesen beiden neueren Veröffentlichungen und einigen Arbeiten zu Einzelaspekten[360] war Rudolfs Roman ein Randgebiet der Forschung,[361] vielleicht tatsächlich weil das kontingenzfreie, erbauliche und repetitive Erzählen dieser ‚Legende' dem modernen Literaturgeschmack kaum noch entspricht.[362]

---

353 Vgl. zur Datierung Cordoni, Barlaam (2014), S. 201.
354 Der ‚Laubacher Barlaam' stellt nach einhelliger Forschungsmeinung eine ziemlich „getreue [...] Nachdichtung der lateinischen ‚Vulgata' dar", die keine eigenen Bearbeitungstendenzen aufweist. Dazu Cordoni, Barlaam (2014), S. 196–199, hier: S. 198, zum schlecht erhaltenen ‚Zürcher Barlaam' vgl. ebd., S. 199f. Den ‚Laubacher Barlaam' zitiere ich im Folgenden nach der Ausgabe von Adolf Perdisch: Der Laubacher Barlaam. Eine Dichtung des Bischofs Otto II. von Freising (1184–1220), hg. von Adolf Perdisch, Tübingen 1913.
355 Ich zitiere diese Fassung im Folgenden nach der Ausgabe von Oscar de la Cruz: Barlaam et Iosaphat. Versión vulgata latina. Con la traducción castellana de Juan de Arce Solocerno (1608), hg. von Oscar de la Cruz, Madrid 2001.
356 Überliefert ist uns der Roman in 40 Handschriften, in 14 davon fast vollständig. Vgl. dazu Bumke, Geschichte (2004), S. 394f., Rosenfeld, Art. Barlaam (1980), Sp. 1467–1468, Cordoni, Barlaam (2014), S. 200.
357 So konstatiert Constanze Geisthardt, Vermittlung (2015), S. 103, Anm. 10. Einen Forschungsüberblick bietet wiederum Cordoni, Barlaam (2014), S. 207–219.
358 Cordoni, Barlaam (2014).
359 Cordoni/Meyer, Perspektiven (2015).
360 Zum Prolog beispielsweise Haug, Paradigma (1992), zur Weltflucht im Erzählschluss Biesterfeld, Moniage (2004), S. 84–108, zum Kunstdiskurs Manuwald, Kunstdiskurs (2009) oder zum poetologischen Potential der Redebeiträge Geisthardt, Vermittlung (2015).
361 Entstanden ist allein (aber immerhin) Grundlagenforschung, nämlich Vergleiche mit lateinischen bzw. französischen Fassungen des Stoffes (Czizek, Barlaam (1931) und Nägler, Barlaam (1971)), die Einordnung in Rudolfs Gesamtwerks (von Ertzdorff, Rudolf (1967), Brackert, Rudolf (1968) und Schnell, Rudolf (1969)) und Versuche, den Roman unter gattungstheoretischen Gesichtspunkten zu beleuchten (z.B. Wyss, Legendenepik (1973)).
362 Vgl. Mertens, Langeweile (2015), S. 247. Ähnlich Kern, Widerstreit (2015), S. 196f.

Rudolfs Text stellt sich in verschiedene Gattungstraditionen und verweigert sich einer eindeutigen Zuordnung.[363] Er geriert sich einerseits als Gegenkonzept zu den höfischen Ritter-, Liebes- und Abenteuerromanen (v. 16105–16114),[364] sein Erzähler behauptet, seinen Roman nur zur Ehre der Christenheit verfasst zu haben (v. 16114), erzählt die Geschichte eines Heiligen, der sich am Ende zu Askese und Weltabsage entschließt und knüpft an Mustern der zeitgenössischen Predigt an, um seinen Rezipierenden Erbauung und Glaubensbestätigung zu bieten.[365] Andererseits ist Rudolfs Roman, auch wenn er sowohl in der Konzeption des Prologs[366] als auch mit der Substitution des blutigen Kampfes durch die Kraft des Wortes geradezu explizit Abstand von der Tradition der *chanson de geste* nimmt, ganz offensichtlich nicht ganz unabhängig von den Geschichten über die fränkischen Kämpfer für den christlichen Glauben und außerdem deutlich auf ein höfisches Publikum ausgerichtet: Der Roman kann als Fürstenspiegel dienen und der Erzähler verzichtet trotz seines Anti-Minne-Diktums nicht auf einen ausführlichen Frauen-Exkurs (v. 11735–11870) und lüsterne Kommentare (v. 12267–12288). Weiter wird die Macht der Worte, angelehnt an heroische Vorbilder, durch eine notorische Verwendung einer Kampfesmetaphorik demonstriert und narrativ in sich steigernden Wiederholungen nach dem „heroisch-dramaturgischen Verfahren der Eskalation" arrangiert,[367] mit dem

---

363 Die Forschung diskutierte in den 1960ern und 1970er Jahren insbesondere, inwiefern der Roman eher die Weltabsage zelebriere oder sich von ihr distanziere: Helmut de Boor, Literatur (1953), sieht in diesem Roman das Produkt einer religiösen Krise des Autors (S. 177) – eine Interpretationsrichtung, gegen die sich Heinz Rupp, Barlaam (1959), wendet und Rudolf eine Distanznahme zu seinem Protagonisten zuschreibt (S. 29). Rüdiger Schnell, Rudolf (1969), schließt sich diesem Argument mit Blick auf Rudolfs Gesamtwerk an. Xenia von Ertzdorff, Rudolf (1967), geht in dieselbe Richtung und sieht den ‚Barlaam' Rudolfs als gezielte höfische Überformung nach dem Vorbild der höfischen Romane, während Josaphats Weg zur Heiligkeit am Ende dagegen zurücktrete. Helmut Brackert, Rudolf (1968), sieht in Rudolfs Text eine neue Hinwendung zur Geschichte, die für die Rezipierenden eine *lêre* bereithalte, die zur Weltabkehr mahne (S. 216). Wyss, Legendenepik (1973) betont wiederum die Distanz des Erzählers zur Weltabkehr des Protagonisten, die er als Teil einer ambivalenten und brüchigen Anknüpfung an Legendenschemata interpretiert. Einen Forschungsüberblick zu dieser Diskussion bietet Biesterfeldt, Moniage (2004), S. 84–88. Ähnlich wie beim ‚Engelhard' (Kap. 3.2) lässt sich auch dieser Roman als ‚hybrid' bezeichnen, insofern er, wie viele Romane des 13. Jahrhunderts Protagonist*innen darstellt, die sowohl christliche als auch weltliche Exempelfiguren sein sollen.
364 Wie in Hartmanns ‚Gregorius' (v. 1–5) beschließt auch der Erzähler in diesem Roman, sich von Geschichten wie *dem guoten Gêrharte* (v. 16132) abzuwenden: *diz mære ist niht von ritterschaft, | noch von minnen, diu mit kraft | an zwein gelieben geschiht; | ez ist von aventiure niht, | noch von der liehten sumerzît: | ez ist der welte widerstrît | mit ganzer wârheit, âne lüge; | sunder spot und âne trüge | ist es an tiuscher lêre | der kristenheit ein êre.* (v. 16105–16114).
365 Vgl. dazu Mertens, Langeweile (2015).
366 Vgl. dazu Haug, Paradigma (1992).
367 Kern, Widerstreit (2015), S. 199.

Unterschied, dass diese Eskalation nicht als Spirale der Gewalt mit immer mehr toten Kriegern wie zum Beispiel im ‚Rolandslied', sondern vielmehr als Spirale der Gleichnisse und gesprochener ‚Wahrheiten' mit immer mehr Bekehrten funktioniert. Rudolfs Roman ist eine „durchverbalisierte[ ] und durchdialogisierte[ ] *chanson*".[368]

Wie der wenige Jahrzehnte später wirkende Konrad von Würzburg, so bemüht sich auch Rudolf in seinem weit gefassten Oeuvre offenkundig im Frühwerk (zu dem der BuJ gehört) um ein historisierendes, dann zunehmend (mit dem Höhepunkt der ‚Weltchronik') um ein historisches Erzählen, wobei die Exemplarität und das Lehrhafte seiner Texte zentraler als bei anderen Autoren seiner Zeit zu sein scheint.[369] Mit der schon beschriebenen Gleichzeitigkeit von hagiographischen Erzählelementen und Herrschaftsdiskurs fügt sich der BuJ so in eine allgemeine Tendenz des Gesamtwerks ein, mittels syntagmatisch entfalteter, als historische *wârheit* (v. 198) verstandener Geschichte tugendhafte Herrschaft und ihre Bedingungen zu reflektieren und auf diese Weise *guote*[ ] *lêre* (v. 140) zu vermitteln.[370] Im Mittelpunkt steht dabei die Frage der „Weltbewältigung" im Sinne Gottes:[371] Es geht darum, „Gott in der Welt [zu] gefallen",[372] Herrschaftspflichten mit individueller Heilssorge zu verbinden. Mit diesem Unterfangen der narrativen Reflexion einer in sich widersprüchlichen Zielvorstellung (und überhaupt mit der Idee einer volkssprachigen Version der BuJ-Geschichte) weist der Roman deutlich über den Rezipient*innenkreis des Zisterzienserklosters hinaus, aus dem Rudolfs Auftrag durch Abt Wido von Kappel zu kommen scheint (v. 144–147).[373] Ähnlichkeit als erzählerisches Mittel einzusetzen, um von *diesem* dezidiert höfischen Wertekonflikt zwischen Herrschaftspflichten und Weltflucht zu erzählen, ist gewissermaßen Rudolfs ‚Erfindung', die im ‚Wilhalm von Wenden' Ulrichs von Etzenbach wieder aufgenommen und auf die Spitze getrieben wird (Kap. 3.4). Indem diese Problematik dabei (in beiden Romanen) durch die Differenz zwischen Christen- und ‚Heidentum' noch verschärft wird, greifen Rudolf und Ulrich aber zugleich auf eine ältere Tradition des Erzählens von Gleichheit und Differenz, allgemein auf die *matière de France*, speziell wohl auf Wolfram von Eschenbach zurück.

---

368 Ebd.
369 Vgl. mit weiterer Literatur Herweg, Verbindlichkeit (2010), S. 125.
370 Vgl. ebd., S. 127f.
371 Schnell, Rudolf (1969), S. 92.
372 Herweg, Verbindlichkeit (2010), S. 128.
373 Für ein höfisches Publikum sprechen außerdem die Verweise auf Wolframs ‚Willehalm' im Prolog. Den Forschungsstand zum Thema der Adressat*innen fassen Biesterfeldt, Moniage (2004), S. 101, Anm. 50, und Weber, Integrationsfiguren (2011), S. 32–35, zusammen.

3.3.1 Ähnliche Figuren in der Gattungstradition der *chansons de geste*

Diese Nähe zur *chanson de geste*-Tradition, die sich im Übrigen auch in der Überlieferungssituation widerspiegelt,[374] wird am deutlichsten an der starken thematischen Fokussierung auf ‚heidnische' Figuren ersichtlich. Das Bild, das der Roman von den Nicht-Christ*innen zeichnet, ist nun allerdings ambivalent: Einerseits fährt der Roman ein mit dem ‚Rolandslied' vergleichbares Schwarz-Weiß-Arrangement auf, in dem es entweder Figuren gibt, die dem christlichen Gott huldigen, oder solche, die sich auf andere Gottheiten beziehen, auch wenn diese unterschiedlichsten Kulturkreisen zuzuordnen sind.[375] Dies ist zunächst einmal ein geradezu gattungskonstituierendes Merkmal der sogenannten *chanson de geste*-Tradition.[376] Andererseits sind die ‚heidnischen' Figuren keineswegs nur die schlechten ‚Anderen': So wird der ‚Heide' Avenier durchaus als passabler Herrscher gewürdigt, der *der welte ein spiegelglas* gewesen sei (v. 228), so trägt Barlaams ‚heidnischer' Doppelgänger Nachor, wie sich zeigen wird, das Potential eines vorbildlichen Christen in sich und so zeigt beispielsweise auch der im Verhältnis zur Vorlage deutlich erweiterte Kunstdiskurs in Rudolfs Roman, dass von einer schlichten „durchgehende[n] Abqualifizierung nicht-christlicher Meisterschaft" nicht die Rede sein kann.[377] Damit scheint sich die Darstellung von Glaubensunterschieden und die Funktionalisierung von Merkmalsgleichheit und -differenz insgesamt stärker an einem anderen Vertreter der Gattungstradition der *chanson de geste* zu orientieren, nämlich am ‚Willehalm' Wolframs von Eschenbach (1209/1226).[378] Eine entsprechende Einordnung möchte ich der eigentlichen Analyse von Rudolfs Roman gerne voranstellen, um zu zeigen, auf welchen historischen bzw. literarischen Diskursen die Ähnlichkeitsinszenierung im BuJ aufbauen kann.

---

374 Die Überlieferungsgeschichte fasst Kössinger, Pragmatik (2015), S. 220, wie folgt zusammen: „Einzeltextüberlieferung im 13. Jahrhundert, dann zunächst Teilüberlieferung in Sammlungen des frühen 14. Jahrhunderts, dann Ganztextüberlieferung in Kleintextsammlungen und schließlich Ganztextüberlieferung im Kontext herausragender Einzeltexte, wie dem ‚Karl' [des Strickers, Anm. F.U.] und dem ‚Willehalm' [Wolframs von Eschenbach, Anm. F.U.]", d.h. im Kontext von Romanen aus der Tradition der *chanson de geste*.
375 Kern, Widerstreit (2015), S. 207.
376 Vgl. Mölk, chanson (1979), Sp. 1229. Ähnlich Heinzle, Themen (2014), S. 653.
377 Vgl. dazu Manuwald, Kunstdiskurs (2009), hier: S. 64.
378 Dass Rudolfs Roman sich grundsätzlich auch am ‚Willehalm' orientiert, ist vielfach nachgewiesen worden. Mertens, Langeweile (2015), S. 259, bezeichnet den ‚Willehalm' als „Rudolfs wichtigste[n] Referenztext". Vgl. dazu auch Haug, Literaturtheorie (2009), S. 316–328, Cordoni, Barlaam (2014), S. 217f., Kern, Märchen (2015), S. 199ff. Den ‚Willehalm' zitiere ich nach folgender Ausgabe: Wolfram von Eschenbach, Willehalm, hg. von Joachim Heinzle, Frankfurt a. M. 2015.

Ein wesentliches Erzählelement, das im Zusammenhang mit der vorliegenden Arbeit von Interesse ist, wird im BuJ, aber auch im ‚Wilhalm von Wenden' (Kap. 3.4) aus Wolframs ‚Willehalm' übernommen: Ähnlichkeit zwischen Figuren fungiert hier zur Überbrückung von Glaubensdifferenzen. Dies vollzieht sich seit Wolframs Roman im Wesentlichen über solche Figuren, die *zwischen* verschiedenen Ähnlichkeitsnormen stehen, also Merkmale sowohl der christlichen als auch der ‚heidnischen' Seite der Textwelt aufweisen. Bei Rudolf ist, wie ich zeigen werde, der ‚heidnische' Einsiedler Nachor eine solche Figur des ‚Dazwischen'. Seine weitgehende Merkmalsgleichheit mit Barlaam präfiguriert dabei seine weitere Angleichung (er wird Christ), mehr noch, sie macht ihn zur entscheidenden *Mittlerfigur*, die schlussendlich zur Auflösung der für das Sujet des Romans wesentlichen Differenz führt (Christianisierung des ‚heidnischen' Reichs). Im ‚Wilhalm von Wenden' existieren, wie ich in Kap. 3.4 argumentieren werde, gleich zwei solcher ‚Zwischenfiguren', nämlich Bene und Wilhalm, die sich in diesem Fall auch untereinander ähneln und die ebenfalls dafür stehen, dass widersprüchliche Normen (‚heidnische' Weltzugewandtheit und christliche Askese) einander angenähert werden müssen.

Meine Vermutung lautet, dass eine wesentliche ‚gattungsgeschichtliche' Bewegung innerhalb der deutschsprachigen *chanson de geste*-Literatur auch darin zu sehen ist, dass Zwischenfiguren zwischen der christlichen und ‚heidnischen' Ähnlichkeitsnorm nicht mehr, wie noch im ‚Rolandslied', als negative Verräterfiguren (Genelun) fungieren. Vielmehr stehen sie nun für das Potential zur Vermittlung des Dichotomen (‚Willehalm'), als Präfiguration der Entdifferenzierung (möglicherweise im allerdings fragmentarischen ‚Willehalm', sicher in ‚Flore und Blanscheflur' und ‚Barlaam und Josaphat') und der Harmonisierung (‚Wilhalm von Wenden'). Für den Vorreiter-Roman ‚Willehalm' Wolframs von Eschenbach und in Abgrenzung vom ‚Rolandslied' möchte ich dies hier nur knapp mit Rückgriff auf die Forschung, die dies mit etwas anderen Worten (und kaum systematisch) bereits festgestellt hat, skizzieren.[379]

Die Tradition der *chanson-de-geste* setzt sich, indem die Begegnung der fränkischen Könige bzw. ihrer Verwandten mit den ‚Andersgläubigen' ein wesentliches Erzählelement der Gattung darstellt, stets auch mit der Inszenierung von Differenz und Gleichheit auseinander. Bezüglich der Darstellungsweise von Ähnlichkeit in den entsprechenden Texten ergeben sich nun allerdings, wie angedeutet, erhebliche Unterschiede: Das ‚Rolandslied' (um 1170) verschärft die „[k]ategoriale Unversöhnbarkeit der religiösen

---

[379] Wesentlich sind hier die Arbeiten von Kleppel, underscheit (1996), und das entsprechende Kapitel bei Schulz, Erkennen (2008), S. 108–151.

Differenzen"[380] zwischen der ‚heidnischen' und christlichen Figurengruppe durch physische und ‚psychische' bzw. ethisch-moralische Differenzen.[381] Die Protagonisten, vor allem Olivier und Roland, zeichnen sich dabei durch eine *Eindeutigkeit* der Positionierung aus: Sie gehören ganz und gar zur Welt der christlichen Ähnlichkeitsnorm und sind dabei bis in den Tod hinein kompromisslose *milites christiani*, außerdem auf den ersten Blick als solche erkennbar[382] – und sie ähneln sich.

Roland und Olivier nämlich sind Freunde, wie es insbesondere die christlich-mittelalterlichen Freundschaftstheorien (Kap. 2.4.4) verlangen:[383] Sie sind männlich, christlich, von adliger Abstammung und zeigen ihre Tugendhaftigkeit im Kampf für Christus. Der Erzähler inszeniert die Freunde zwar nicht als physische Doppelgänger, aber dennoch als personale Einheit, indem er sie häufig in einem Atemzug nennt und sie immer wieder gemeinsame bzw. gleiche Handlungen vollziehen lässt.[384] Die Einheit des Freundespaars wird dabei durch das Horn Rolands, Olifant, symbolisiert, indem der Name des Horns aus den Anfangssilben *Oli*viers und der Endsilbe Ruo*lants* besteht. Der Ruf dieses dinglichen Symbols der Freundeseinheit lässt dementsprechend diejenigen erschüttern, die, der Ideologie des Textes entsprechend, für die Differenz stehen: die Kämpfer des ‚heidnischen' Glaubens (v. 6053–6068). Weil die ähnlichen Freunde Eins sind, führt die

---

380 Seidl, Ungleichheiten (2009), S. 46.
381 Die Beispiele im ‚Rolandslied' des Pfaffen Konrad sind Legion – hier seien nur einige genannt: Während der Vertreter der christlichen Ähnlichkeitsnorm, Karl der Große, vor Schönheit, die auf seinen Status als ‚Herr der Tugenden' zurückgeht (v. 674), derart glänzt, dass die ‚heidnischen' Boten davon geblendet werden (v. 683–708), als *gotes dienenstman* (v. 55) stets im Sinne der christlichen Ähnlichkeitsnorm handelt und dabei jene Figuren vertritt, die ‚Kinder Gottes' seien (v. 5625), werden die ‚heidnischen' Figuren radikal als dessen Widerpart in Stellung gebracht: Sie werden als *tiuvels kint* (v. 60) inszeniert und dementsprechend als hässlich (v. 3765–3771) und als monströse Tiermenschen beschrieben (v. 2683–2692, v. 2656, v. 8046), deren unansehnliches Äußeres auf ihre innere Verdorbenheit zurückgeführt wird. Dass auch ‚Heid*innen' von Gott geschaffen sein müssen, verschweigt der Erzähler dabei keineswegs (v. 3483), allerdings um damit vor allem auf ihr gottloses Leben zu verweisen. Vgl. dazu generell Bauschke, Umgang (2012), v.a. S. 191f., außerdem Seidl, Ungleichheiten (2009), sowie zu Fragen von Sein und Schein in diesem Zusammenhang Schulz, Erkennen (2008), S. 52–63.
382 Vgl. dazu vor allem Schulz, Erkennen (2008), S. 52–63, hier: S. 55: „Der christliche Heros [Roland und Olivier] ist in jedem Augenblick des Geschehens ganz eins mit sich selbst und ganz eins für die anderen, pure Präsenz; bei ihm gibt es, anders als bei den Heiden in ihren glänzenden Rüstungen und bei dem Verräter Genelun, kein der Wahrnehmbarkeit unzugängliches Anderes hinter der Oberfläche seines Körpers."
383 Vgl. dazu am Beispiel des französischen Rolandslieds Kraß, Männerfreundschaft (2016), S. 168–180, dessen Thesen in großen Teilen auch auf das deutschsprachige übertragen werden können.
384 Vgl. ebd., S. 171. Auch im deutschsprachigen Rolandslied werden die Freunde fast immer in einem Atemzug genannt (v. 109, v. 867–872, v. 883ff., v. 1188, v. 1298–1311, v. 1860, v. 1949f., v. 1983–1989, v. 3586, v. 3845 u.v.a.).

3.3 Glaube: Erleuchtete Herzen. ‚Barlaam und Josaphat'

Erkenntnis Rolands, dass sein Freund gestorben ist, dazu, dass (wie bei Flore und Blanscheflur, Kap. 3.1.5.1) ihm die Kräfte schwinden, er ohnmächtig wird (v. 6751 f.) und sich damit vorübergehend dem toten Freund physisch angleicht.[385] Auch der vorübergehende Dissens, der Olivier als klugen Ratgeber des tapferen, aber leichtsinnigen Kämpfers Roland inszeniert und die Freunde so voneinander unterscheidet, entfaltet sich am Horn, ist für diese Freundschaft aber erzähllogisch notwendig: Nur die Tatsache, dass Roland das Horn trotz Oliviers Anraten nicht bläst, führt dazu, dass die irdische Freundschaft, in der Differenzen offenbar noch auftreten können, einer himmlischen zugeführt werden kann, die vollständige Einheit bedeutet. Dass Rolands Horn kurz vor seinem Tod zerbricht (v. 6804) und so die nur ‚symbolische' Einheit der Freunde auseinanderfällt, ist bereits das Zeichen dafür, dass die irdische Freundschaft zu Ende geht, um dann, ähnlich wie dies für Barlaam und Josaphat der Fall sein wird, im Himmel vereint zu sein.

Zwischenfiguren werden im ‚Rolandslied' hingegen negativ bewertet: Geneluns fehlende Übereinstimmung zwischen Innerem, dessen Verdorbenheit den ‚heidnischen' Figuren gleicht, und Äußerem, dessen Schönheit jener der christlichen Heroen ähnelt, wird zum Problem[386] und die Abweichung von der christlichen Ähnlichkeitsnorm muss am Ende des Romans dann durch drakonische Strafen wieder ‚in Ordnung' gebracht, die Grenzverschiebung mit Gewalt rückgängig gemacht werden.[387]

In Wolframs ‚Willehalm' werden beide Motive des ‚Rolandsliedes', einerseits die Zuneigung unter Merkmalsgleichen und andererseits Figuren, die zwischen beiden Ähnlichkeitsnormen stehen, miteinander vermengt: Im Roman begegnen uns drei solcher ‚Zwischenfiguren',[388] die sich in

---

385 Vgl. ebd., S. 176.
386 Der Erzähler des Rolandslieds fasst die fehlende Übereinstimmung von Innerem und Äußerem dabei in das Bild eines von innen verfaulten Baumes: *Genelûn was michel unde lussam, | er muose sîne natûre begân. | michels boumes schæne | machet dicke hœne. | er dunket ûzen grüene, | sô ist er innen dürre. | sô man in nider meizet, | sô ist er wurmbeizec. | er ist innen vûl und üble getân. | daz bezeichenet den man, | der ûzen wole redet | unde valsches in deme herzen phleget* (v. 1960–1971). Vgl. auch Schulz, Erkennen (2008), S. 56 f.
387 Vgl. zur Figur des Genelun Janz, Genelun (2001).
388 Kleppel, underscheit (1996), S. 141–235, hier S. 141, spricht, statt von ‚Zwischenfiguren', von ‚Grenzgängern', weil alle drei Figuren, Gyburc, Willehalm und Rennewart die einzigen seien, die „über unmittelbare, primäre Erfahrungen beider Seiten verfügen und deshalb auch gegenüber den Ankömmlingen aus dem Orient eine andere Disposition haben als ihr Umfeld. Die Koordinaten von Eigenem und Fremdem sind in ihnen verschoben: Sie tragen Vermischungen aus Elementen des einen wie des anderen in sich [...]." In der Forschung existieren daneben verschiedene Begriffe für dieses Phänomen im ‚Willehalm', die auch ein wenig abhängig von der jeweiligen Forschungsperspektive sind: Kiening, Reflexion (1991), S. 190, spricht von „Mittler- und Übergangsfiguren" und ich spreche mit Schulz, Erkennen (2008), S. 119, von „Figuren des ‚Dazwischen'" bzw. von ‚Zwischenfiguren', weil es mir, anders als Kleppel, underscheit (1996), S. 141, weniger darum geht, dass sie „die Grenzen

verschiedener Hinsicht ähneln, und sich darum zueinander hingezogen fühlen,[389] woraufhin sie sich – dem Erzählkern der Entdifferenzierung entsprechend – weiter aneinander angleichen. Darüber hinaus sind sie Mittlerfiguren, die – und dabei handelt es sich um eines von mehreren Merkmalen, die sie miteinander teilen – als „äußerliches Signum ihrer vermischten Identität" verschiedene Sprachen sprechen, die ihnen die Möglichkeit geben, mit ‚Fremden' in Kontakt zu treten und zu vermitteln.[390] Die Vielfältigkeit der Sprachen dieser Textwelt ist mit der Turmbauerzählung als defizitäre Differenzierung ursprünglicher Einheit gekennzeichnet (Kap. 2.4.1), die gerade bei ähnlichen Figuren (etwa in ‚Flore und Blanscheflur', Kap. 3.1.1.1, im ‚Engelhard', Kap. 3.2.3, aber auch bei Danus und Boizlabe im ‚Wilhelm von Wenden', Kap. 3.4.3) immer wieder durch den Verweis, sie sprächen (oder erlernten) dieselbe Sprache, zurückgenommen wird. Der Erzähler im ‚Willehalm' inszeniert die Sprache sehr gezielt als wesentliches ‚Differenzkriterium', das zum Zeichen der Fremdheit zwischen Figuren wird.[391] So stehen diese Zwischenfiguren also nicht nur selbst für eine Überwindung der (religiösen und kulturellen) Differenz, indem sie sich ähneln und auf der Grundlage dieser Ähnlichkeit die stabilsten Beziehungen im Roman führen,[392] sondern sind außerdem als Mittler zwischen den verschiedenen Gruppen tätig.

Inwiefern nun handelt es sich bei Gyburc, Willehalm und Rennewart um sich ähnelnde ‚Zwischenfiguren'? Alle drei Figuren stehen zwischen zwei mit unterschiedlichen Religionen verbundenen ‚Sippenverbänden': Gyburc ist eine ursprünglich ‚heidnische' Wahlchristin, Tochter des ‚Heidenkönigs' Terramer und zugleich eingeheirateter Teil der französischen ‚Königssippe' – ihre zwei Namen sind Ausdruck ihrer Zwischenposition (30, 21 f.);[393] Wille-

---

zwischen den politischen und religiösen Blöcken [...] schon einmal überschritten haben", sondern darum, dass sie *zwischen* bestimmten Ähnlichkeitsnormen stehen.
389 Vgl. Schulz, Erkennen (2008), S. 119.
390 Vgl. dazu Kleppel, underscheit (1996), S. 143–165, hier S. 144.
391 Vgl. ebd., S. 146. Kleppel führt eine Vielzahl an Beispielen für die Hervorhebung der Sprache als Differenzkritierium an und zeigt vor allem, dass im ‚heidnischen' Heer aufgrund der Sprachenvielfalt gegenseitiges Unverständnis herrscht, während dies für das christliche Heer nicht in gleichem Maße hervorgehoben wird, vgl. ebd., S. 147–152.
392 So auch Schulz, Erkennen (2008), S. 119: „Eine *durchgängig* ungetrübte emotionale Verbindung [...] gibt es vorrangig unter Figuren des ‚Dazwischen' [...]."
393 Zur Komplexität der Gyburc-Figur, die im Übrigen in ihrer Widersprüchlichkeit so nicht in der Vorlage vorzufinden ist, vgl. Gerok-Reiter, Individualität (2006), S. 197–235. Dass Gyburc durchgehend ‚Zwischenfigur' bleibt, zeigt sich am deutlichsten an ihrer doppelten ‚Sippenbindung': Sie verwendet entsprechende Verwandtschaftsbezeichnungen sowohl für die ‚heidnische' als auch für die christliche ‚Sippe', vgl. ebd., S. 227–235, mit Beispielen v. a. S. 229, Anm. 99 und 102. Dies führt, den Ausführungen Butlers (Kap. 1.8.2) zur Verteilung der ‚Betrauerbarkeit' entsprechend, dazu, dass „Giburg die Toten sowohl auf der einen als auch auf der anderen Seite beklagen" muss, ebd., S. 230.

halm wiederum ist Christ, der eine (ehemalige) ‚Heidin' zur Frau wählt, die ‚heidnische' Kultur und Sprache kennt und in seinem christlichen ‚Sippenverband' vorübergehend zum ‚Fremden' und sogar zum Störfaktor wird;[394] und Rennewart ist ‚Heide', der mit seinen Göttern hadert, sich aber nicht taufen lassen will, zugleich ebenfalls ein Sohn Terramers und im Begriff, sich durch seine Minne zu Alyze zum Teil des ‚Sippenverbandes' des französischen Königshauses zu machen.[395] Gyburcs Bruder und Willehalms Freund Rennewart fungiert, wie die Forschung schon häufig herausgestellt hat, dabei auch als eine Vermittlung und Spiegelung beider Hauptfiguren.[396]

Darüber hinaus ähneln sich alle drei Figuren hinsichtlich ihrer Sprachkompetenz sowie durch eine vorübergehende, aber offenbar bemerkenswerte Verschmutzung ihres Äußeren: Willehalm wird in Munleun zum unhöfischen Fremden, unter anderem aufgrund seiner ‚rostfarbenen' ungepflegten Haut (127, 29 f., 128, 20 ff.), Rennewarts Körper ist zunächst über längere Zeit von der Arbeit in der Küche (188, 16 f., 201, 24) und dann von Straßenstaub beschmutzt (270, 12–24) und Gyburc muss sich nach ihrer Tätigkeit als ‚Ritterin' erst wieder vom Rost auf der Haut befreien (246, 26 f.). Das Äußere und insbesondere die Haut ist dabei Verbindungsorgan zwischen ‚innerem Wesen' und äußerlich Sichtbarem und steht auch für ihre prekäre bzw. sich verändernde soziale Identität.[397]

Vor allem die Beschreibung Rennewarts markiert – geradezu explizit – die Abkehr vom Prinzip der negativen Darstellung der Zwischenfiguren, wie sie das ‚Rolandslied' noch aufweist: Wird Geneluns innere Schlechtheit als Gegensatz zu seiner äußeren Schönheit inszeniert (Rl, v. 1658 ff., v. 1960–1971) und mit dem Sprichwort, es sei nicht alles Gold, was glänzt, umschrieben (Rl, v. 1956–1959),[398] ist bei Rennewart das Gegenteil der Fall: Der äußere Schmutz entspreche nicht seiner inneren *art* (Wh, 188, 16–19). Auch hier dient Gold zur Umschreibung des Falls, aber die Zielrichtung ist ins Gegenteil verkehrt: Rennewart zeichnet sich nicht wie Genelun durch eine fälschlicherweise wie Gold erscheinende Oberfläche aus, sondern sei ein Stück Gold, das vom Fall in eine Pfütze verschmutzt sei und seinen wahren Glanz nicht zeigen könne (Wh, 188, 20–189, 1).

---

394 Vgl. Kleppel, underscheit (1996), S. 168. Ausführlich zu Willehalm als Grenzgänger ebd., S. 166–194.
395 Vgl. Kiening, Reflexion (1991), S. 190.
396 Vgl. Gerok-Reiter, Individualität (2006), S. 225, außerdem Haug, zorn (1989), S. 536–539, und Ortmann, Gehalt (1993), S. 108–112.
397 Vgl. zu den entsprechenden Textstellen: Zu Rennewart Kleppel, underscheit (1996), S. 194 ff. und S. 208 ff., sowie Schulz, Erkennen (2008), S. 139 f., zu Willehalm in Munleun Kleppel, ebd., S. 181 ff., und Schulz, ebd., S. 134 ff.
398 Vgl. dazu auch Schulz, Erkennen (2008), S. 56 f.

Spezifische Merkmalsgleichheiten zwischen den einzelnen Zwischenfiguren gesellen sich zu den Gemeinsamkeiten aller drei Figuren: **1. Gyburc und Willehalm:** Gyburc ist nicht nur Minnedame, sondern tritt mehrmals auch als Kämpferin auf, die auf diese Weise soziale Geschlechterrollen in Frage stellt, und sich damit ihrem Ehemann Willehalm angleicht, um ihn während seiner Abwesenheit zu ersetzen.[399] Dass Willehalm und Gyburc allerdings als Merkmalsgleiche zum Ehepaar werden, wird, zumindest implizit, darauf zurückgeführt, dass Gyburc sich zum Christentum und damit zu einem Mann hingezogen fühlte, der neben seiner Tapferkeit das Merkmal des Glaubens und der Taufe mit ihr teilt (310, 1–20).[400] **2. Gyburc und Rennewart:** Zu Rennewart wiederum fühlt sie sich hingezogen (und er sich zu ihr), weil sie zum selben ‚Sippenkörper' gehören und das Herz diese Verbindung, die ihre Augen nicht erkennen können, bereits wahrnimmt (272, 20 ff., 272, 28 ff., 291, 1 f.). Die enge Verwandtschaft zwischen Gyburc und Rennewart drückt sich darüber hinaus durch physiognomische Ähnlichkeit aus: Gyburc bemerkt schon früh, dass der junge Kämpfer einigen ihrer Verwandten ähnlich sehe (272, 26 f.) und der Erzähler selbst lässt daran keinen Zweifel:

> *sîn und ir bêder schîn*
> *sich kunde alsus vermæren,*
> *als ob si bêde wæren*
> *ûf ein insigel gedrucket*
> *und gâhes abe gezucket:*
> *daz underschiet niht wan sîn gran.*
> *mir wære noch liep, wæren die her dan*
> *man ersæhe den man wol vür daz wîp:*
> *sô gelîche was ir bêder lîp.*
> (274, 18–26)

Die Merkmalsgleichheit zwischen den Geschwistern, die sich als solche nicht erkennen, ist hier keineswegs nur „Hyperbel, Ausdruck eines hohen Grades von Ähnlichkeit zwischen Geschwistern",[401] sondern verweist (auch) hier auf das wesentliche Sujet des Textes: Es geht um soziale Identität, die sich aus der Zugehörigkeit zu einer Gruppe mit einer bestimmten Ähnlichkeitsnorm ergibt – Figuren, die keiner Gruppe *eindeutig* angehören, auch wenn sie bestimmte Merkmale mit einer Gruppe teilen, also anderen Figuren bei-

---

[399] Der Erzähler charakterisiert sie dabei auch mehrmals direkt als ‚männlich': *manlîch sprach daz wîp,* | *als ob si manlîchen lîp* | *und mannes herze trüege* (95, 3 ff.); *manlîch, ninder als ein wîp,* | *diu künegîn gebârte* (226, 30–227, 1).

[400] Ähnlich Schulz, Erkennen (2008), S. 119. Ausführlich zum Zusammenhang zwischen Gyburcs Wechsel des Glaubens und Wechsel des Ehemanns Gerok-Reiter, Individualität (2006), S. 213 ff.

[401] Kartschoke, Erkennen (1992), S. 11.

spielsweise körperlich *ähneln*, erkennen einander nicht, weil Erkennbarkeit in mittelalterlichen Texten an soziale Inklusion gebunden ist: Die Regel, dass das Gleiche das Gleiche erkennt, gilt für die Augen des Herzens (des inneren Menschen, Kap. 2.2.1.1) in den meisten Fällen, für jene des Leibs häufig nur, wenn die soziale Zuordnung zweifelsfrei geklärt ist.[402] Der Erzähler aber hebt diese Merkmalsgleichheiten für die Rezipierenden hervor, um zu zeigen: Die Verbindung besteht, *obwohl* Rennewart ein ‚Heide', Gyburc eine Christin ist.

Bemerkenswerterweise wird auch diese Ähnlichkeit – wie in Flecks FuB (Kap. 3.1.5.3) – als eine des *geschlechtlichen* Körpers beschrieben. Dies fügt sich in eine ganze Reihe anderer Bemerkungen des Erzählers, in denen Rennewart mit einer Frau verglichen wird, und stellt damit eine weitere Merkmalsgleichheit zur immer wieder mit einem Mann verglichenen Gyburc dar.[403] Dass sich der Erzähler dabei wünscht, auch die letzten sichtbaren Unterschiede, die Barthaare, wären weg, verweist dabei auf zweierlei: Erstens macht er damit deutlich, dass Rennewarts ‚unzulässige Differenz', die fehlende Taufe, eine ‚übersehbare' Differenz wäre – wohl auch, weil Rennewart sich zu diesem Zeitpunkt längst zum treuen Kämpfer für den christlichen Glauben gemacht hat. Zweitens wird auf diese Weise, wie so oft, Ähnlichkeit zwischen Figuren als etwas Positives hervorgehoben, weil es auf ihre tatsächliche (ihre Verwandtschaft) oder zukünftige Einheit (im Glauben) verweist. Die Metapher des Siegels, das sich zwei Mal in Wachs gedrückt habe und das ein halbes Jahrhundert später im ‚Engelhard' wieder zur Beschreibung von ähnlichen Figuren dient (Kap. 3.2.3), impliziert dabei nicht nur die Vorstellung von Zwillingen, die, der aristotelischen Ein-Samen-Lehre zufolge (Kap. 2.3.2.1), durch die formgebende Kraft des männlichen Samens zwei Mal Verbindung mit dem ‚Material' eingehen und gibt den Rezipierenden damit einen Hinweis auf ihre gemeinsame genealogische Herkunft. Darüber hinaus steht das ursprünglich platonische bzw. neuplatonische Bild für eine Ähnlichkeit der Figuren,[404] die auf die gemeinsame Abbildhaftigkeit zu einem gemeinsamen Urbild (das Siegel) zurückgeht, und verweist damit auf die Gleichheit der Menschen in ihrer Gottesebenbildlichkeit (Kap. 2.2.1.1). Damit implementiert der Erzähler bereits hier am Beispiel der ‚Zwischen-

---

402 In den Worten von Schulz, Erkennen (2008), S. 112: „[D]as Problem der ‚Personenerkenntnis' [wird] unmittelbar mit der zentralen Problematik des Textes verknüpft, indem die Bezugssysteme wichtiger werden als das Individuum. Denn es geht vorrangig um die soziale Identität."
403 Dies geschieht schon bei seinem ersten Auftritt im Text: Rennewart erträgt die Demütigungen der Knappen zunächst *als ein kiuschiu maget* (190, 1) und Gyburc erläutert gegenüber Heimrich später, dass man ihn aufgrund seiner *kiuschliche[n] zuht* lenken könne *als ein maget* (272, 18f.).
404 Vgl. dazu Kurbjuhn, Kontur (2014), S. 44–54.

figuren' das Argument, das später Gyburc in ihrem Schonungsgebot und der Erzähler tadelnd in seine Schlachtbeschreibung einbauen wird: ‚Heid*innen' und Christ*innen sind *gotes hantgetât*, und zwar aller Unterschiede zum Trotz (306, 28; 450, 19).[405]

3. Willehalm und Rennewart: Und zuletzt ähneln sich auch Rennewart und Willehalm in einem spezifischen ‚Dazwischensein' und ihrer daraus resultierenden Vereinzelung: Kurz nachdem Willehalm durch seinen verstörenden Auftritt am französischen Königshof in Munleun demonstriert hat, dass die von seiner Schwester beschworene Einheit des ‚Sippenkörpers' (Kap. 2.3.3.3) in höchstem Maße prekär ist, indem er dem ‚Sippenverband' als fremdartiger Aggressor entgegengetreten ist, wird Rennewart eingeführt. Auch er ist, wie Willehalm,[406] eine Figur, die höchst widersprüchlichen Handlungsmustern folgt. Gleich in seinem ersten Auftritt zeigt sich, dass er sowohl Gyburc ähnelt, und zwar in seiner geschlechtlichen Indifferenz – er sei *kiusche als ein maget* (190, 1) –, als auch Merkmale mit dem Markgrafen teilt, denn Rennewart und Gyburc sind „Heroen vom gleichen Schlag":[407] Beide zeichnen sich durch eine heroische Exorbitanz aus, die sie zuweilen die Vorgaben höfischer *zuht* deutlich überschreiten lässt (Willehalm als verschmutzter Ritter beim Hoffest, Rennewart, indem er einen Knappen brutal ermordet), beide fallen durch ihre schmutzige Haut auf, beide sprechen mehrere Sprachen, beide tragen einmal bei einem höfischen Mahl unerhörterweise eine Rüstung. Diese Ähnlichkeit begründet eine Freundschaft (200, 26), die wiederum, dem Erzählkern der Entdifferenzierung entsprechend, zu einer weiteren Angleichung führt: Ob Rennewart sich am Ende zum Christentum bekennt, lässt sich zwar nur mit Blick auf die französische Vorlage vermuten, aber in jedem Fall legt er im Verlauf der Handlung sukzessive sein unhöfisches Erscheinen ab, trägt später auch eine Rüstung und kämpft am Ende nicht mehr nur mit seiner unhöfischen Stange, sondern mit einem ritterlichen Schwert.

Die drei ‚Zwischenfiguren' Gyburc, Willehalm und Rennewart stellen gewissermaßen eine neue Gemeinschaft mit einer eigenen, hybriden Ähnlichkeitsnorm auf dem Grenzbereich dar. Sie gleichen sich nicht nur innerhalb dieser Gruppe aneinander an, etwa indem auch Gyburc männliche Eigenschaften und eine schmutzige Haut der Kämpferin zugewiesen wird und indem Rennewart sich zunehmend die Identität eines höfisch-christlichen Ritters aneignet, sondern ist diese Gemeinschaft auch metonymisches

---

405 Vgl. zum Schonungsgebot Gyburcs v.a. Kleppel, underscheit (1996), S. 153–159. Die Forschungsdebatte zu dieser „philologisch umstrittenste[n] Stelle im ganzen Text" fasst Knapp, Perspektiven (2014), S. 691 ff., zusammen, hier: S. 691.
406 Vgl. Kleppel, underscheit (1996), S. 166–194, und Schulz, Erkennen (2008), S. 113–138.
407 Schulz, Erkennen (2008), S. 119.

Zeichen der Gesamtgemeinschaft der Menschen, die unabhängig von Glaubensdifferenzen *einen* gemeinsamen Ursprung hat – dies verpflichtet, anders als im ‚Rolandslied‘, weil ‚Heid*innen‘ nun nichts mehr Tierisches an sich haben, sondern Menschen gleichen, zur Schonung, wie Gyburc und der Erzähler betonen (450, 15–20), und wozu offenbar nur Willehalm, „aufgrund der in ihm vorhandenen Vermischung" in der Lage ist.[408] Diese Sympathie, die sich aus der Ähnlichkeit ergibt (Homophilie), steuert auch die Solidarität, mit Butler (Kap. 1.8.2): den Einsatz ‚helfender Hände‘, etwa indem Willehalm, anders als König Loys (191, 1–18), Rennewarts fehlendes Christentum nicht zum Makel erklärt, der ihn daran hindert, ihm eine Behandlung zukommen zu lassen, die Rennewarts Adel entspricht (194, 1–4).

Vor dem Hintergrund dieser knappen Skizze, die ich an dieser Stelle abbreche, lassen sich zum Erzählen von Ähnlichkeit in der deutschsprachigen *chanson de geste*-Tradition, an der Rudolfs Roman anknüpft, folgende Schlussfolgerungen ziehen: Das ‚Rolandslied‘ stellt die Dichotomie der Ähnlichkeitsnormen (‚Heidentum‘ vs. Christentum), die auch in Rudolfs Roman besteht, am konsequentesten heraus, so dass ‚Zwischenfiguren‘, wie Genelun, keineswegs zu Mittler-, sondern vielmehr zu Verräterfiguren werden, während der BuJ in der Tradition des ‚Willehalm‘ auch positive ‚heidnische‘ Figuren in Szene setzt, die zwischen beiden Welten stehen – insbesondere Barlaams Double Nachor. Wie im ‚Willehalm‘ zeichnet sich die ‚Zwischenfigur‘ dadurch aus, dass sie anderen Figuren in bemerkenswerter Weise ähnelt, sich diesen weiter angleicht, Ähnlichkeit zumindest ansatzweise zu Zuneigung (nicht zwischen Nachor und Barlaam, sondern zwischen Nachor und Josaphat) führt und dieser Prozess dabei metonymisch für eine Angleichungsbewegung innerhalb des gesamten Figurenarsenals des Textes steht. Ähnlichkeit also stabilisiert hier nicht, wie im ‚Rolandslied‘ Gemeinschaften innerhalb einer Ähnlichkeitsnorm, sondern dient zur, wenn auch nur ambivalent gelingenden,[409] aber zur Frage aufgeworfenen Integration des Verschiedenen.

3.3.2 Ähnliche Figuren in der Stofftradition des ‚Barlaam und Josaphat‘

Ausgangspunkt meiner Analyse des Erzählens von ähnlichen Figuren in Rudolfs von Ems BuJ ist also, wie angedeutet, Nachor, eine Figur, die dem Eremiten Barlaam zum Verwechseln ähnlich sieht. Interessanterweise ist diese Eigenschaft Resultat der Christianisierung des ursprünglich buddhis-

---

[408] Kleppel, underscheit (1996), S. 168, ausführlich zu Willehalms Schonungstat S. 158–165.
[409] Vgl. Gerok-Reiter, Individualität (2006), S. 235.

tischen Stoffes. Im arabischen ‚Kitab Bilawhar wa Budasaf' aus dem achten Jahrhundert beispielsweise gibt es diese Figur zwar ebenfalls (dort heißt sie nicht Nachor, sondern Rakis), sie ist allerdings kein ‚Doppelgänger', sondern ein Verwandlungskünstler und kann dementsprechend jede beliebige Gestalt annehmen.[410] Dennoch nutzt auch das ‚Kitab' Ähnlichkeit zwischen Figuren, um ein bestimmtes Verständnis des Textes und der Figuren zu erzielen: Der Königssohn Budasaf, der sich, gegen den Willen seines Vaters, vom Eremiten Bilawhar zu einer neuen Lehre bekehren lässt, erzählt dem königlichen Berater Bahwan kurz vor dem Ende des Romans ein Gleichnis, dessen Hauptfigur, der Religionsbringer Budd, vom Zuhörer Bahwan mit dem Erzähler Budasaf identifiziert wird – Protagonist und Erzähler verschmelzen.[411] Für die zeitgenössischen Rezipient*innen des ‚Kitab' lag außerdem die Assoziation nahe, aus der Namensähnlichkeit zwischen Budd und Budasaf den Schluss zu ziehen, dass es sich um ein und dieselbe Person handelt, denn beide Namen dienten im Arabischen ausdrücklich zur Bezeichnung Buddhas.[412]

Die christlichen Fassungen seit dem 9. Jahrhundert,[413] unter denen die im 12. Jahrhundert entstandene lateinische ‚Vulgata' zu einer breiten Rezeption des Stoffes im europäischen Raum führte,[414] streichen dieses Gleichnis und die Verbindung zwischen dem Protagonisten Budasaf (dann: Josaphat) und einer Figur namens Budd (die es in den christlichen Fassungen gar nicht mehr gibt). Dafür machen sie aus dem Verwandlungskünstler Rakis den Doppelgänger Barlaams namens Nachor.[415] Wie auch immer die Intentionen der frühen christlichen Bearbeiter*innen gewesen sein mögen, aus dem Verwandlungskünstler ein Double zu machen: Das intertextuelle Potential sich ähnelnder Figuren in der zeitgenössischen höfischen Literatur und das Ähnlichkeitswissen der Zeit boten sich für Rudolf einerseits dazu an, Figurenbeziehungen zu determinieren, und andererseits, dieses Vorwissen für die im Stoff schon angelegte metonymische Variation des zentralen Themas, der Möglichkeit der Christianisierung guter, aber unkundiger ‚heidnischer' Figuren, zu nutzen.

---

410 Vgl. zur Entstehungsgeschichte und Tradierung dieses Stoffes Cordoni, Barlaam (2014), hier S. 5–12.
411 Vgl. Le Livre de Bilawhar et Budasf. Selon la version arabe ismaélienne par Daniel Gimaret, Paris 1971, S. 206.
412 Vgl. dazu Gimaret, Bouddha (1969), S. 274, Lawrence, Shahrastani (1976), S. 105f. sowie Cordoni, Barlaam (2014), S. 13.
413 Vgl. Cordoni, Barlaam (2014), S. 25ff.; zu den Kontakten zwischen christlichem Europa und buddhistischem Indien im Mittelalter außerdem Classen, Kontakte (2000).
414 Vgl. Cordoni, Barlaam (2014)., S. 7 und S. 61ff.
415 Vgl. Ebd., S. 13, Anm. 43.

Im Folgenden möchte ich, nach einer Skizzierung der Ähnlichkeitsnormen im Gesamtroman (Kap. 3.3.3) anhand der Einführung (Kap. 3.3.4) und Beschreibung des Doppelgängers Nachor (Kap. 3.3.5), anhand der Wahrnehmungsprozesse (Kap. 3.3.6), der Thematik der Gottesähnlichkeit (Kap. 3.3.7) und der Figurenkonstellation des Romans (Kap. 3.3.8) zeigen, wie Ähnlichkeit und Differenz in diesem Roman genutzt werden, um Verweisnetze im und über den Text hinaus zu aktivieren und wie deren Analyse wesentliche Antriebe und Funktionsweisen der Erzählung aufzudecken vermag.

3.3.3 Ähnlichkeitsnormen im ‚Barlaam und Josaphat'

Zunächst lässt sich beobachten, dass auch dieser Roman eine Geschichte der heilsamen Entdifferenzierung erzählt (Kap. 1.3), indem die binäre Figurenkonstellation zu Beginn sich am Ende auflöst und sich der (christliche) Protagonist Barlaam gemeinsam mit seinem (‚heidnischen') Antagonisten Avenier und dem beiden Seiten verbundene Josaphat im Himmelreich wiederfindet. Anders als beispielsweise im ‚Parzival' Wolframs von Eschenbach geht es bei der Entdifferenzierungsbewegung dieses Romans also nicht um die Verwirklichung einer Tafelrunde unter Gleichen und um ein dichter werdendes Netz der Verwandtschaft, sondern um die zunehmende Christianisierung des indischen Reichs König Aveniers, eines ‚Heiden', dessen wesentliche Eigenschaft, wie sie uns in der Vorgeschichte dargelegt wird, die Opposition zum Christentum darstellt: Unter seiner Herrschaft dürfen zwar griechische, chaldäische und ägyptische Untertanen ihren Göttern huldigen,[416] Christ*innen aber werden unterdrückt, verfolgt und ermordet (v. 227–249).

Damit zeichnet sich Avenier zu Beginn des Romans durch eine deutlich markierte, ‚unzulässige' Differenz im Verhältnis zu jenem Normensystem aus (Kap. 1.8.3), das der Erzähler im Prolog skizziert: Der Roman wird eingeleitet durch einen Lobpreis des christlichen Gottes (v. 1–32), der alles geschaffen habe (32–88) und den der christliche Erzähler um die Weisheit bittet, seine Erzählung gelingen zu lassen (v. 89–124). Die wesentliche Dif-

---

[416] Die Zusammenfassung aller nicht-christlichen Glaubensgemeinschaften mit ganz unterschiedlichen Kulten und Göttern zu einer Gruppe, die unter der Kategorie ‚Heid*innen' geführt wird, obwohl offensichtlich ein recht differenziertes Wissen über die Spezifika der einzelnen Gemeinschaften vorhanden ist, ist in vielen mittelalterlich-christlichen Texten vorzufinden, z.B. im ‚Rolandslied', in dem den ‚Heid*innen' mehrmals zugeschrieben wird, sowohl Mohammed als auch Apollo anzubeten, vgl. im ‚Rolandslied' die Textstellen v. 308, v. 806, v. 1039, v. 1998, v. 2365 u.v.m.

ferenz auf Erden, die es zu überwinden gilt, ist, so macht der Erzähler im Prolog deutlich, der ‚heidnische' Glaube: Er wolle die Geschichte von jenem erzählen, der sich *von ungelouben schiet* (v. 114), dessen unzulässige Abweichung vom Prologprogramm also aufgehoben worden sei, und der darüber hinaus auch das gesamte ‚heidnische' Volk (v. 113) dem christlichen Glauben zugeführt habe (v. 115 ff.).

Beim Einsatz der Erzählung selbst charakterisiert der Erzähler Avenier sehr deutlich als einen König, der höfischen Idealen wohl genügen mag, aber eine Differenz aufweist, die der narrativen Bewältigung, der ‚Prothetisierung' (Kap. 1.8.3) bedarf: Während der Erzähler Aveniers lobenswerten Qualitäten als Herrscher 36 Verse widmet (v. 197–233), erfahren wir auf über 500 weiteren davon, wie ausgeprägt sein Makel, seine Zuwendung zum ‚heidnischen' Glauben, ist und sich radikalisiert (v. 234–736). Bevor also von einem der Protagonisten (Josaphat und Barlaam) die Rede ist, wird auf hunderten Versen eine sich von der relevanten Ähnlichkeitsnorm geradezu kontrastiv unterscheidende Figur eingeführt. Mit seinen Herrscherqualitäten steht Avenier damit metonymisch für den grundsätzlich zur guten Herrschaft fähigen Menschen mit dem falschen Glauben – und um die Überwindung dieser einzigen, aber wesentlichen Differenz wird es im Roman in immer wieder neuen Episoden gehen. Mit diesem Erzähleingang etabliert der Erzähler zugleich zwei Alternativen – eine, die als christlich und eine, die als ‚heidnisch' vorgestellt wird – des Umgangs mit Ähnlichkeitsnormen im Sinne Butlers (Kap. 1.8.2): Wer jenen der ‚heidnischen' Welt nicht genügt, dessen Tod ist kein Verlust und nicht ‚betrauerbar' – Avenier lässt Menschen christlichen Glaubens gewalttätig niedermetzeln oder vertreibt sie. Wer hingegen den christlichen Normen des Erzählers nicht genügt, der kann dennoch durch Gottes Gnade bekehrt werden, wie sich in diesem Roman mehrmals zeigen wird.

In Aveniers so als Gegenprogramm zum Prolog etablierten Ordnung mit einer neuen Ähnlichkeitsnorm, dem ‚heidnischen' Glauben und der gewalttätigen Absage an den christlichen Gott, wird mit Josaphat erneut eine Abweichung hineingeboren (als Abweichung in der Abweichung), die innerhalb der christlichen Ordnung allerdings ausdrücklich keine ist: Der christliche Gott selbst sei es, versichert der Erzähler, der auf dem Höhepunkt von Aveniers Christenhass (v. 737–742), Gnade walten lasse und ihm das Kind schicke (v. 743–768). Dessen wesentliche Eigenschaft, von der wir erfahren, ist die radikale Differenz zu Aveniers Welt und zugleich eine vollständige Übereinstimmung mit der des Erzählers: Es ist, wie Avenier von einem Weissager erfährt, dazu auserkoren, *der kristen bluome | mit kristenlîchem ruome* (v. 851 f.) zu werden. Wäre die dem Roman zugrundeliegende Ordnung eine ‚heidnische', wäre es nach Mitchell/Snyder (Kap. 1.8.3) das ‚Erschrecken' (v. 859) des Königs über diese Differenz seines Sohnes zur Ähnlichkeitsnorm seiner Welt, die die Erzählung vorantreiben könnte. Im Rahmen der Ordnung, die der Erzähler allerdings etabliert hat, ist es das radikale ‚Heidentum' Aveniers, das die erzählerisch zu überwindende Differenz darstellt – diese Überwindung wird mit der Geburt Josaphats eingeleitet.

Dieses binäre ‚Koordinatensystem' der erzählten Welt – das Christentum, repräsentiert durch den Eremiten Barlaam, auf der einen, das ‚Heidentum', vertreten durch König Avenier auf der anderen Seite – wird im Verlauf der Geschichte zugunsten einer rein christlichen Welt aufgelöst. Die genannten Vertreter der beiden Pole rivalisieren dabei in einer Dreieckskonstellation (Kap. 3.3.8) um den Prinzen Josaphat, der im Herkommen der ‚heidnischen' Welt seines Vaters Avenier, im Glauben aber bald der christlichen Welt seines Freundes und Lehrers Barlaam verpflichtet ist.

Nachdem durch die Bekehrung von Aveniers Sohn, Josaphat, durch den gottgesandten Eremiten Barlaam das Christentum allmählich von der Peripherie unterdrückbarer Untertanen über die liebsten Berater Aveniers nun auch in die verwandtschaftlichen Zirkel des Königshauses vorgedrungen ist (v. 196–7056), unternimmt Avenier mit seinen Beratern drei (vergebliche) Rettungsversuche gegen die christliche Vereinheitlichung des Reiches. Jede dieser Unternehmungen endet mit weiteren Bekehrungen zum christlichen Glauben: Ein Religionsdisput (v. 7057–11286), den Barlaams Doppelgänger Nachor vor aller Augen und Ohren verlieren soll, hat die Taufe desselben zur Folge; der Versuch, Josaphat mit einer Schar schöner Damen von seinem Keuschheitsgelübde und so von seinem Glauben abzubringen (v. 11287–13310), macht den Zauberer Theodas, der hinter dieser List steht, ebenfalls zum reuigen Christen; und die Zweiteilung des Reiches (v. 13311–14464), ermöglicht nicht nur eine vollständige Christianisierung der einen Reichshälfte, sie hat am Ende auch zur Folge, dass selbst Avenier seinen Irrtum einsehen und sich und sein Reich dem christlichen Gott unterwerfen muss. Wo am Anfang Gewalt, Neid, Missgunst und Glaubensunterschiede herrschten, wo sich Avenier lange vergeblich gegen die christliche Homogenisierung gewehrt hat, ist am Ende Frieden, Reue und Gleichheit im Glauben eingetreten – zugunsten des Christentums. Die Gegenspieler Barlaam und Avenier sind am Ende, noch zu Lebzeiten Josaphats, im Himmelreich vereint.

Doch erzeugt diese Entdifferenzierungsbewegung, ähnlich wie später im ‚Wilhalm von Wenden', auch Reibungen. Die ‚Reste', die sich nicht in die schlussendliche Harmonie fügen wollen, ergeben sich aus der grundsätzlich widersprüchlichen Konstellation, von „idealer Herrschaft im Inszenierungstyp der Legende",[417] von Herrschaftsverantwortung im Weltlichen und persönlichem Heilsstreben gleichzeitig zu erzählen. Für diesen ‚Rest' steht ins-

---

417 Herweg, Verbindlichkeit (2010), S. 130.

besondere die Figur Barachias, von der zwar nicht mittels Ähnlichkeit und entsprechenden Narrativen erzählt wird, die aber dennoch eine Art ‚Gegenentwurf' zu Josaphat darstellt, indem sie sich früh für das Christentum, aber, anders als der Protagonist, gegen jede Form der Weltflucht entscheidet – und dies Josaphat (vergleichbar mit Bene im ‚Wilhalm von Wenden', Kap. 3.4) auch vorhält.[418]

3.3.4 (Un-)Gleiche Zauberer. Nachor und Barlaam

Die Peripetie der Handlung, kurz bevor der gewaltige Riss in der Ordnung des indischen Reiches, den der Bote Gottes, Barlaam, verursacht hat, sich verästelt, um die alte Ordnung schließlich zu sprengen und zu ersetzen, stellt ein von Avenier inszenierter Religionsdisput dar. Und hier taucht der besagte Doppelgänger auf: Aveniers Berater Arachis kennt einen weisen Einsiedler namens Nachor, der dasselbe Gesicht und denselben Körper habe wie Barlaam (v. 7684–7698). Dieser soll, so der Plan des Beraters, so tun als sei er Barlaam und in einem Kampf der Worte gegen verschiedene Meister anderer Glaubensrichtungen antreten – und vor den Augen Josaphats verlieren. Als Arachis Nachor nachts im Wald aufsucht, wo dieser gerade in *zouberlîchen buochen* blättert (v. 7956), erklärt er diesem den wichtigsten Bestandteil seines Plans:

> *der selbe zouberære unwîs*
> *dîn antlütze rehte hât:*
> *daz dîne nâch dem sînen stât.*
> *er ist dû, dû bist der man;*
> *nieman iuch rehte erkennen kan*
> *dich vür in noch in vür dich.*
> (v. 7990–7995)

Zentral für den Plan des Arachis ist selbstverständlich die Möglichkeit der Verwechslung durch Ähnlichkeit. Die Ansprache des königlichen Beraters illustriert diese Verwirrungslist auch sprachlich, indem dieser im gleichen Atemzug zuerst Barlaams, dann Nachors Gesicht zuschreibt, das Abbild des jeweils anderen zu sein (v. 7990ff.).

Wie Ähnlichkeit in der höfischen Literatur grundsätzlich und in besonderem Maße in den bislang besprochenen Romanen, der Homophilie-These der Freundschafts- und Liebestheorien (Kap. 2.4) entsprechend, eine ideale ‚Passung' bestimmter Figuren anzeigt, so kann dieses Wissen auch

---

418 Vgl. ebd., S. 129.

hier vorausgesetzt werden. Im vorliegenden Fall unterstreicht der Erzähler diese mögliche Lesart noch, indem er der Figur Arachis Worte in den Mund legt, die über den Verweis auf die praktische Eigenschaft der Verwechselbarkeit von Nachor und Barlaam hinausgehen: Anders als in der lateinischen Vorlage zitiert der königliche Berater hier den höfischen Freundschaftscode und erzählt Nachor von einem Menschen, der in den Parametern höfischer Freundschaftserzählungen für ihn bestimmt wäre.[419] Rudimentäre Kenntnisse der Vorstellung des Freundes als *alter ego* würden zeitgenössischen Rezipient*innen wohl genügt haben, um zumindest die Formulierung, *er ist dû, du bist der man*, als Textsignal zu erkennen und dem Freundschafts- bzw. dem Verwandtschaftsdiskurs zuzuordnen.[420]

Doch der Freundschaftscode wird hier nur anzitiert, um auf ein Hindernis einer solchen Freundschaft hinzuweisen: Anders als Barlaam, den uns der Erzähler als christliche Idealfigur vorstellt (v. 1392–1412), wird Nachor als widersprüchliche Gestalt eingeführt, die Barlaam in auffällig vielen Eigenschaften explizit ähnelt und zugleich als dessen Widerpart – als Zwischenfigur – in Erscheinung tritt: Einerseits haben sie das gleiche Äußere, leben beide für ihren Glauben, als Mönch (v. 1397) bzw. Priester (v. 7962), gelten beide, jeweils innerhalb ihrer Glaubensgruppe und beim Erzähler, als klug bzw. weise,[421] werden beide von den ‚heidnischen' Figuren als Zauberer bezeichnet (v. 7561, v. 7724, v. 7990) und leben beide als Büßer (v. 1394) bzw. Einsiedler (v. 7685) weit abseits der höfischen Welt, Barlaam auf einer wüstenartigen Insel (v. 1411 bzw. v. 15939), Nachor im Wald (v. 7954),[422] der

---

419 Im ‚Laubacher Barlaam' heißt es nur knapp: *er saget im al diu mære, | warumbe er komen wære* (v. 9355 f.). Damit hält sich Otto auch hier an die lateinische ‚Vulgata', in der wir ebenfalls nur erfahren: *Tunc omnibus | ei consiliorum adinuentionibus referatis* […]. (cap. XXIV, 203 (S. 360)).

420 Es existieren zahlreiche Beispiele aus dem Freundschafts- bzw. Verwandtschaftsdiskurs, etwa die Vorstellung der Herzenseinheit zwischen Iwein und Gawein (Hartmann von Aue, ‚Iwein', v. 7044–7060) oder der getauschten Herzen zwischen den Brüdern Parzival und Feirefiz (738, 9). Letzterer betont, nachdem sich die beiden erkannt haben, dass sie beide in diesem Bruderkampf jeweils gegen das eigene Ich gekämpft hätten (Wolfram von Eschenbach, ‚Parzival', 752, 15–19). Ähnliches begegnet uns auch in der Erkennungsszene zwischen den Brüdern Willehalm und Ernald: Man habe gegen sich selbst gekämpft, sich selbst verfolgt, man bestehe nicht aus zwei Leibern und Herzen, sondern nur aus einem (Wolfram von Eschenbach, ‚Willehalm', 119, 15–29). Vgl. zur ‚Einleiblichkeit' auch Kap. 2.3.2.

421 Sogar der Erzähler bezeichnet Nachor als *meister bluome* in der Kunst des Verstandes (v. 7959 f.). Die häufige und in verschiedene Richtungen weisende Zuschreibung von Weisheit und Klugheit in diesem Roman wäre eine eigene Untersuchung wert und müsste insbesondere berücksichtigen, welche Adressat*innengruppen wem diese Eigenschaft zuschreiben. Ausgangspunkt könnte die vom Erzähler eingeführte Unterscheidung im Prolog sein, dass Gott zwar *allen herzen* Verstand und Vernunft, aber nicht jedem *wîsheit* gegeben habe (v. 69–77).

422 In der ‚Vulgata' und im ‚Laubacher Barlaam' halten die Erzähler sich mit lobenden Bewertungen von Nachors Weisheit zurück. Dass er wie Barlaam ein Priester sei, wird ebenso wenig erwähnt wie er auch von keiner Figur als Einsiedler bezeichnet wird. Im Wald lebt er

historisch den in den gemäßigteren Breitengraden Europas lebenden Eremiten des Hochmittelalters als eine Art Wüstenersatz diente.[423]

Andererseits gibt es zwei wesentliche Differenzen, die durch die zahlreichen Merkmalsgleichheiten umso mehr hervorstechen: Erstens tragen die beiden Einsiedler verschiedene Namen. Barlaam ist in den christlichen Versionen des Stoffes ein Namensdouble des alttestamentlichen Propheten Balaam (Num 22–24), während sein Doppelgänger den Namen des Großvaters (Gen 11, 22–25) und Bruders Abrahams (Gen 11, 26; Gen 22, 20–24) trägt. Damit umgibt den Lehrer Josaphats den in Rudolfs Roman grundsätzlich positiv besetzten Schein des Propheten (v. 2447 und v. 2619), der den Messias vorhersagt.[424] Indem Nachor den Namen von Abrahams Bruder (Nahor) erhält, lässt sich eine schwache Verbindung zu Balaam herstellen, denn Abraham und Balaam werden im Alten Testament in mehrerer Hinsicht parallel gesetzt: Beide sind Propheten, beide werden durch göttlichen Einspruch von ihrem ursprünglichen Vorhaben abgebracht (Gen 22 und Num 22–24),[425] beide Männer reisen auf einem Esel und ihr Aufbruch wird mit sehr ähnlichen Formulierungen beschrieben (Gen 22, 3 und Num 22, 21).[426] Ohne diesen Parallelen zu viel Bedeutung beimessen zu wollen, so könnte man doch vorsichtig resümieren, dass die biblischen Namen des Romans zumindest zu der Assoziation einladen, dass Nachor hier als ‚Bruder' Barlaams auftritt, indem sein alttestamentlicher Namensvetter Nahor der Bruder Abrahams ist, der auffällige Ähnlichkeiten zu Balaam aufweist.

Zweitens gibt es eine – sehr viel wichtigere – Differenz, die es Avenier und Arachis überhaupt erst erlaubt, Nachor ins Spiel zu bringen: Nachor ist nicht nur kein *guoter man in gote* (v. 1401) wie Barlaam, der sich ausschließlich mit der christlichen Lehre beschäftigt (v. 1405f.), sondern vielmehr ein *ewart der abgote* (v. 7962), ein Priester der ‚falschen' Götter, und zwar zum Hohn und Spott des Teufels (v. 7961), wie der Erzähler kommentiert. Diese beiden mögen sich noch so sehr ähneln, ohne den *omnium divinarum rerum consensio*, die Übereinstimmung in allen göttlichen Dingen, ist eine Freundschaft nicht zu machen (Kap. 2.4.4.3, Kap. 2.4.4.6 und Kap. 2.4.4.7). Nachor ist also zunächst eine ‚Zwischenfigur', die, ähnlich wie Rennewart (s.o.), Merkmale

---

allerdings auch bei Otto (v. 9346), während die ‚Vulgata' auch Nachor in der Wüste ansiedelt (cap. XXIV, 203 f. (S. 360)).

423 Zu diesem Aspekt, auf den ich in Kap. 3.2.5 zurückkommen werde, vgl. Le Goff, Waldwüste (1990), Lindemann, Wüste (2000), S. 79–83, und Keller, Wüste (2010).

424 Diese positive Bezugnahme auf Balaam ist keineswegs selbstverständlich: Die ‚Vulgata' und der ‚Laubacher Barlaam' problematisieren diese Figur (s. u.). Vgl. zur Etymologie des Namens: Gaß, Bileam (2007), 1.

425 Abraham plant seinen Sohn Isaak zu opfern und Balaam das Volk Israel zu verfluchen.

426 Zu den Kontrastfiguren mit ähnlichen Eigenschaften genauer Novick, Abraham (2007).

aufweist, die sie, trotz ihres ‚Heidentums', der christlichen Figurengruppe zuweist.

Anders als auf der Darstellungsebene (*discours*), die das (Freundschafts-)Wissen der Rezipierenden adressiert, ist Arachis auf der Ebene der Handlung (*histoire*) nicht in Nachors Wald gekommen, um ihm Barlaam als neuen Freund anzupreisen, sondern um diesen in einem Duell der Worte mit Anhängern anderer Götter zu ersetzen und verlieren zu lassen. Auf der Ebene der *histoire* ist Nachor damit ein rein funktionaler Doppelgänger, seine literarische Existenzberechtigung zieht er ausschließlich aus der Aufgabe, eine andere Figur zu vertreten. Doch um diese Funktion zu erfüllen, wären eine derart detailreiche Parallelisierung der Figureneinführung und die Zitation des Freundschaftsdiskurses nicht vonnöten gewesen – die Erwähnung des ähnlichen Aussehens hätte genügt. Indem Arachis das *alter-ego*-Prinzip des Freundschaftsdiskurses zitiert und der Erzähler die rein äußerliche Ähnlichkeit um viele Merkmale erweitert, werden Nachor und Barlaam zu potentiellen Freunden, die sich ähneln, und deren Differenzen sich mutmaßlich – geht man von einer Kenntnis der wesentlichen Freundschaftstheorien im Mittelalter aus – auflösen werden. Auf der *discours*-Ebene fungieren diese ‚Überschüsse' darum als eine Umzingelung einer Leerstelle, als Fingerzeig auf die verbliebene Differenz. Die Kenntnis der hochmittelalterlichen Freundschaftsnarrative und das Bemerken der über das Aussehen hinausgehenden Ähnlichkeit der beiden Figuren werden in der Weise, *wie* der Erzähler den Doppelgänger einführt, vorausgesetzt, um ein Verweisnetz zu aktivieren, das die Erwartung der Möglichkeit einer Auflösung des wesentlichen Unterschieds, der Taufe, voraussetzt und der Nachor-Figur eine bemerkenswerte Ambivalenz verleiht, die ihre Existenz als reine ‚Funktion' eines Doppelgängers übersteigt.[427]

3.3.5 Erweiterung statt Alternative. Der zweite Barlaam

Die Erwartungen werden erfüllt. Nachor wird, dem Plan Arachis' folgend (v. 7996–8032), gefangen genommen, Avenier vorgeführt und an Barlaams Stelle in das Duell gegen die Meister der anderen Glaubensgruppen im Reich geschickt, denen Avenier bei einer Niederlage den Tod in Aussicht stellt (v. 8986 ff.). Als nun auch Josaphat seinerseits das Wort an den ‚zweiten Barlaam' (v. 8959) richtet, ihn an die christliche Lehre erinnert und ihm,

---

427 Mit der Zitation des Freundschaftsdiskurses scheint in Rudolfs Text ein weiteres Motiv auf, das sich in die Reihe der von Manfred Kern aufgezählten Motive einfügen könnte, um den Text „auf der Folie der *chanson*-Dichtung" zu lesen, vgl. Kern, Widerstreit (2015), S. 198 ff., hier: S. 199.

den er als *meister* (v. 3184) noch mit zahlreichen Ehrbekundigungen huldigte (v. 3812–3815), droht, ihm bei einer Niederlage Zunge und Herz herauszuschneiden, bekommt es Nachor mit der Angst zu tun, er erbleicht und *wær vil gerne anderswâ* (v. 9113 ff.). Diese Furcht, so erklärt uns der Erzähler, sei ihm von Gott eingegeben worden, damit er an seinem Plan zweifle und *den sin bekêrte* (v. 9125 f.), sich also umentscheide oder, mehr noch, sich nun von seinen Abgöttern abwende. Genau dies geschieht: Kurz bevor der Kampf zwischen *gotes und tiuvels kemphen* (v. 9142) beginnt,[428] geht mit Nachor eine innere Verwandlung vor sich:

> *der geist der wîslîchen vernunft,*
> *der lêrer redelîcher kunst*
> *in Nachores herze dranc,*
> *sîne zungen er betwanc,*
> *daz si vil anders rette dar.*
> *sînen sin, an witzen kranc,*
> *der selbe geist ze wîsheit twanc,*
> *der Balââmes esele dort*
> *gap sin und menschlîchiu wort,*
> *der hiez in dem herzen sîn*
> *wahsen sîner sunnen schîn,*
> *daz er dar zuo gesæhe,*
> *wie er aldâ verjæhe*
> *der rehten wârheit, die sîn munt*
> *von gote solte machen kunt.*
> (v. 9143–9158)

Das Herz ist in volkssprachigen Texten (anders als in der Gelehrtenliteratur) dieser Zeit unter anderem Sitz des *intellectus*, des Verstandes bzw. des Vermögens, das Göttliche zu erkennen, sowie Sitz der Seele (Kap. 2.2.1.1).[429] In das Herz Nachors dringt erst jetzt der Geist der Weisheit (v. 9143 und 9149) ein,[430] der ihn zur Erkenntnis des Göttlichen befähigt.[431] Diese neue Er-

---

[428] Wenn der christliche Erzähler von Gottes Kämpfern spricht, kann in diesem Fall schon nur der ‚Heide' Nachor gemeint sein.

[429] Vgl. zur Wahrnehmungslehre in gelehrten Texten und volkssprachiger Literatur einführend und am Beispiel von Konrads ‚Engelhard' Schulz, Erkennen (2008), S. 391–403, hier S. 391 f. und S. 400. Die weltliche mittelhochdeutsche Literatur übernimmt, so führt Katharina Philipowski, Gestalt (2013), aus, die biblische Konnotation des ‚Herzens' als das innerste Ich des Menschen gerade nicht (S. 95), sondern macht es vielmehr zum Gesprächspartner und zum „Ort der Reflexion des Willens und der Entscheidung, sondern auch der Affekte" (S. 100). Zum Herzen allgemein ebd., S. 95–149.

[430] Die Vernunft, die ihm schon zuvor vom Erzähler zugesprochen wurde (v. 7959), war wohl eine geringere, falsch ausgerichtete.

[431] Auch die Bekehrung der anderen Figuren in diesem Text entfaltet sich in deren Herzen, z. B. jene Josaphats (v. 1071–1080 und v. 3125–3131) oder des Theodas (v. 13179–13187).

kenntnisfähigkeit ‚erhellt sein Herz wie die Sonne' (v. 9154) und ermöglicht ihm, die göttliche Wahrheit zu verkünden.

Die Erkenntnis des Göttlichen wird hier nicht zum ersten Mal mit der pseudo-dionysischen Lichtmetaphorik (Kap. 2.2.2.1) und dem Herzen verknüpft.[432] Josaphat ergeht es in den Gesprächen mit Barlaam ähnlich: *des himelischen liehtes schîn | erlûchte gar das herze sîn* (v. 3129 f.). Er selbst stellt anschließend, die Anhäufung der Wörter aus dem semantischen Feld des ‚Leuchtens' noch steigernd, fest, es sei *ein lieht* in sein Herz gekommen (v. 3144), das so hell strahle, dass ihm aller Zweifel abhandengekommen sei (v. 3145 ff.). Was Figuren in diesem Roman zu christlichen Figuren macht, ist die Fähigkeit ihrer Seele bzw. ihres Herzens, das Licht des Göttlichen und dessen Widerschein im eigenen Herzen, also sich selbst zu erkennen.[433] Nachor, der Barlaam in so vielem gleicht, nimmt im Religionsdisput auch den Namen seines Doppelgängers an, doch statt diese listige Schein-Angleichung dazu nutzen zu können, dem Glauben des echten Barlaams zu schaden, verhilft ihm der christliche Gott zur vollkommenen Angleichung auch in dieser entscheidenden Eigenschaft. Nach seinem Sieg im Religionsdisput, der sich nach endlosen Redeschwallen Nachors jeweils durch das beredte Schweigen seiner Gegner offenbart (v. 9647–9660, v. 10373–10394), lässt er sich nicht nur taufen, sondern wird *ein heiliger man* und beginnt, wie sein Doppelgänger Barlaam, das Christentum zu lehren (v. 11261–11264).[434]

Die Angleichung Nachors an Barlaam, die durch die umfassende Parallelführung und die Zitierung des Freundschaftsdiskurses schon erwartet werden konnte, ist vollzogen. Seine äußere Ähnlichkeit zu Barlaam bei gleichzeitiger Differenz der Glaubensrichtung macht ihn für Avenier und Arachis zwar zum optimalen ‚heidnischen' Schein-Christen, steht aber zugleich dafür, dass Nachor wie gemacht ist für die vollständige Angleichung an Barlaam. Nachor sieht einem Christen nicht nur ähnlich: Auch die Wahrheit des christlichen Glaubens habe er stets gespürt (v. 11145 ff.), gesteht er Josaphat vor seiner Taufe, aber die *gewonheit* habe ihm die Augen des Herzens geblendet (v. 11148 ff.). Mit Nachor geht eine Verwandlung vom Priester falscher Götter, der sich im Auftrag des Königs zum Kampf gegen das Chris-

---

432 Rudolf knüpft damit an die von Pseudo-Dionysius Areopagita geprägte Lichtmetaphorik an (Kap. 2.2.2.1), Gott als Leuchten und Glanz zu verstehen, an dem die Menschen teilhaben, ähnlich wie sich dies schon bei Aelred von Rievaulx beobachten ließ (Kap. 2.2.4.7), vgl. zur Lichtmetaphysik des Pseudo-Dionysius Areopagita z. B. Haug, Lichtmetaphorik (2008).
433 Die Seele in augustinischer Prägung, die bis ins 13. Jahrhundert hinein dominierend war, ist in der dualistischen Leib-Seele-Anthropologie dieser Zeit die vermittelnde Instanz zwischen Schöpfer und Geschöpf, weil sie Teil der intelligiblen Welt und damit gottähnlich ist. Vgl. dazu Kap. 2.2.1 in diesem Buch sowie einführend Philipowski, Gestalt (2013), S. 35–67.
434 Den ‚heidnischen' Zauberer Theodas beispielsweise schickt Josaphat im darauffolgenden Erzählblock zur Belehrung und Taufe direkt zum *priester* Nachor (v. 13287–13300).

tentum bereit erklärt, zum göttlich inspirierten Kämpfer für die Sache des Christentums vor sich, der wie sein Doppelgänger Barlaam von Gott dafür auserwählt wurde. Er wird, so könnte man schließen, vom unvollständigen zum ‚zweiten' (v. 8959), wahren Barlaam.

Der Erzähler unterstreicht diese Entwicklungsmöglichkeit und Ambivalenz dieser Figur, indem er die Geschichte Nachors mit jener Balaams (oder Bileams) und seiner Eselin (Num 22–24) parallel setzt: Derselbe Geist habe Nachor Verstand und Wort eingeflößt, der schon das störrische Tier des alttestamentlichen Propheten *Balââm* gelenkt habe (v. 9150ff.). In der lateinischen Vorlage spielt die Eselin hingegen keine Rolle. Dort wird Nachor vielmehr mit dem Propheten selbst verglichen, der durch Gott von seinem Ziel, das Volk Israel zu verfluchen, abgebracht worden sei.[435]

Wenn der Doppelgänger Nachor nun mit der Geschichte Balaams und seines Esels parallel gesetzt wird, fordert dies in einem Roman, in dem die richtige Auslegung der Worte von Anfang an als zentrales Thema herausgestellt wird,[436] von den Rezipierenden eine Exegese. Mit dem Verweis bewirkt der Erzähler, dass Nachor sowohl mit dem biblischen Propheten selbst als auch mit dessen Eselin assoziiert werden kann, indem er ein doppeltes Signal sendet: Einerseits vergleicht er Nachor, wie gesagt, explizit mit Balaams Eselin. Andererseits führt er den Rezipierenden noch einmal vor Augen, dass Nachors Doppelgänger Barlaam eine Namensähnlichkeit mit dem biblischen Propheten Balaam vorzuweisen hat.[437] Der Erzähler schafft also mit einem einzigen Vers ein seltsames Bild: Nachor wird, bildlich gesprochen, zu Balaams Eselin, die Balaam/Barlaam auf dem Rücken trägt und diesem zugleich ähnelt.

Es gibt verschiedene Möglichkeiten mit derart, zugegebenermaßen etwas irritierenden, Arrangements umzugehen. Man kann erstens, gerade bei sehr alten Texten und komplizierten Überlieferungszusammenhängen, Fehler und Ungenauigkeiten beim Verfassen, Übersetzen oder Übertragen unterstellen. Für diese Möglichkeit entschied sich Johann H. C. Schubart

---

435 Vgl. Vulgata, cap. XXXVI, 238, S. 394, und den Laubacher Barlaam, v. 10766–10780.
436 Die Notwendigkeit der rechten Auslegung der Worte ist ein zentrales Thema des Romans und die erste Lehre Barlaams: Der wundersame Stein, den Barlaam, als Kaufmann verkleidet, Josaphat zu Beginn der Geschichte zeigen möchte, erfüllt mitunter auch die Funktion, die höhere Bedeutung der irdischen Dinge als Thema in den Text einzuführen. Josaphats Erzieher habe, so stellt der Erzähler klar, den Stein nur *weltlich* verstanden (v. 1545), ohne die eigentliche, geistliche Bedeutung, *der bezeichenunge hort* (1547), zu erkennen. Josaphat erkennt die eigentliche Bedeutung des Steins, das Christentum, nachdem Barlaam ihm eine erste Einführung in die Heilige Schrift gegeben und Josaphat die Wirkung des ‚Steins' in seinem eigenen Herzen verspürt hat (v. 3134–3154).
437 Dass Josaphats Lehrer Barlaam heißt, ist kein Zufall, sondern Folge einer gezielten Christianisierung des Stoffs aus der indischen Buddha-Legende im frühen Mittelalter, vgl. Cordoni, Barlaam (2014), S. 40.

3.3 Glaube: Erleuchtete Herzen. ‚Barlaam und Josaphat'   339

in seiner Rezension zu einer 1832 erschienenen Edition des byzantinischen Barlaam-und-Josaphat-Romans und behauptet, der Eselvergleich, den er in mehreren Handschriften der byzantinischen Fassung gefunden hatte, sei, „entschieden falsch und lächerlich":

> Denn zieht man diesen Ausdruck zum Vorhergehenden, so gestehe ich, daß in einer ernsthaften Erzählung ein Gleichniß wie dieses, ohne allen Vergleichungspunkt, nothwendig Lachen erregen muß [...]. Den Abschreibern mag [ ] wohl das Sprechen der Eselin geläufiger gewesen seyn, als die Geschichte Balaams selbst, und da hier von *Sprechen* und *Barlaam* die Rede war, meinten sie es müsse nothwendig dessen Esel gewesen seyn; als ob der Herr desselben nicht auch hätte sprechen können.[438]

Diese Erklärung leuchtet für Rudolfs Roman nicht wirklich ein, betont der Erzähler hier doch explizit noch einmal das Animalische des Esels, indem er sein ‚Sprechen' mit der ‚menschlichen' Sprache kontrastiert (v. 9151).[439]

Man kann zweitens den ‚Fehler', der zur Irritation führt, bei sich selbst vermuten und versuchen, die Irritation durch eine glatte Interpretation aufzulösen. Constanze Geisthardt geht dementsprechend über die Namensähnlichkeit zwischen Balaam und Barlaam und über Nachors Doppelgängerfunktion mehr oder weniger hinweg und schlägt folgende Erklärung vor:

> Ist Nachor zu Beginn des Religionsdisputs am Inhalt seiner Reden so unbeteiligt wie der alttestamentliche Esel, wächst seine Funktion im weiteren Verlauf weit über die eines einfachen Sprachrohrs hinaus.[440]

Ich möchte hier dafür plädieren, das seltsame ‚Gleichnis' in seiner Ambivalenz ernst zu nehmen. Zu diesem Zweck möchte ich zunächst an die alttestamentliche Geschichte von Balaam und seiner Eselin erinnern (Num 22–24): Balak, der König von Moab, lässt Balaam rufen, um das Volk Israel zu verfluchen. Dieser hört die Boten des Königs zwar an, verweigert ihnen dann

---

438 Schubart, Historia (1836), S. 177.
439 Indem der ‚Heide' Nachor an dieser Stelle mit einem Esel verglichen wird, fügt sich die Textstelle einerseits in die Tradition etwa des ‚Rolandsliedes' oder des ‚Herzog Ernst' ein, nichtchristliche Figuren zu animalisieren, ihnen das ‚Menschliche' abzusprechen, das schließlich, so die verbreitete Vorstellung, in der erkennenden Seele liege (Kap. 2.2.1). Andererseits ist es in der alttestamentlichen Geschichte, auf die der Eselvergleich verweist, ja gerade die Eselin, die zur Erkenntnis des göttlichen Boten, anders als der Mensch, der auf ihr reitet, in der Lage ist (s. u.).
440 Geisthardt, Vermittlung (2015), S. 120. In einer Fußnote erwähnt sie zumindest, dass Balaams „phonetische Ähnlichkeit mit dem Namen des Protagonisten [...] in diesem Kontext relevant sein" könnte, ebd., Anm. 60.

aber die Gefolgschaft, weil JHWH sie ihm verbietet. Nachdem Balak Balaam ein zweites Mal bedrängt, erlaubt JHWH Balaam zwar mitzugehen, aber nur zu tun, was er gebiete. Auf dem Weg zu Balak stellt sich Balaam, der auf einer Eselin reitet, immer wieder ein Engel Gottes mit gezücktem Schwert in den Weg. Anders als Balaam erkennt die Eselin den Engel, weicht zwei Mal aus und legt sich beim dritten Mal hin, wofür sie Balaam jedes Mal mit Schlägen bestraft. Der ‚Herr' öffnet der Eselin bei der dritten Bestrafung den Mund, konfrontiert Balaam über das Tier mit seinem Vergehen und öffnet dann diesem selbst die Augen, damit auch er den Engel sehen kann. Balaam hört von nun an auf Gottes Befehl: Vier Mal verlangt Balak die Verfluchung des Volks Israel und vier Mal legt Gott seinem Propheten stattdessen einen Segen in den Mund, deren vierter nicht nur König David, sondern auch den Messias, den „Stern aus Jakob", verkündet (Num 24, 17).

Die Rezeptionsgeschichte dieser Erzählung entwirft verschiedene, häufig auch negative Balaam-Bilder,[441] die in der ‚Vulgata' und im ‚Laubacher Barlaam' übernommen werden.[442] In Rudolfs Roman wird der Prophet hingegen ausschließlich als positive Figur inszeniert, möglicherweise um kein schlechtes Licht auf den Namensvetter des biblischen Propheten fallen zu lassen. Hier bietet es sich einerseits mit Schubart an, Nachor tatsächlich mit Balaam zu vergleichen, zumal die ‚Vulgata' und die deutsche Übersetzung Ottos II. dies explizit tun. Wie der Prophet kommt Nachor, um Gott (bzw. Gottes Volk) zu verfluchen und segnet bzw. verteidigt es dann. Wie Gott Balaam Worte in den Mund legt, so lehrt er auch Nachor ‚die Wahrheit' sprechen. Und wie Balaam den Engel zunächst nicht erkannte, so behauptet auch Nachor, er habe stets an das Christentum geglaubt, doch die *gewonheit* habe die Augen seines Herzens geblendet (v. 11145–11153). Andererseits sind auch die Ähnlichkeiten zwischen Nachor und der Eselin, mit der er explizit parallel gesetzt wird, kaum von der Hand zu weisen: Wie diese aus Furcht vor dem Engel ausweicht, ändert Nachor seine Pläne, weil Gott ihm Furcht eingibt (v. 9126), und wie das Tier lernt er durch Gott das Sprechen (v. 9151). Nachor ähnelt Esel und Prophet zugleich.

---

441 Im Neuen Testament ist er teilweise ein käuflicher Prophet (2. Petr 2, 15; Jud 11), der die Israeliten zu Götzenopfern verführt (Apk 2, 14). Die Kirchenväter gingen mit der Ambivalenz dieser Figur um, indem sie, wie Ambrosius und Augustinus, göttliches Wort und menschlichen Mittler streng trennten, oder, wie Origenes, die Erlösungsfähigkeit Balaams betonten, vgl. dazu Gaß, Bileam (2007), 2.6., Greene, Balaam (1992), sowie neuerdings ein Sammelband: The prestige of the pagan prophet Balaam in Judaism, early Christianity and Islam, hg. von Geurt Hendrik van Kooten, Boston 2008.

442 So erwähnt die ‚Vulgata' an der entsprechenden Stelle, dass Balaam durchaus angetreten sei, um das Volk Israel zu verfluchen (cap. XXVI, 238, S. 394), und der ‚Laubacher Barlaam' belässt es nicht bei dieser Erwähnung, sondern erzählt die Geschichte Balaams noch einmal nach (v. 10766–10780).

3.3 Glaube: Erleuchtete Herzen. ‚Barlaam und Josaphat'

Den Grund für diese doppelte Vergleichsmöglichkeit Nachors sehe ich in den Ähnlichkeitsverhältnissen der biblischen Geschichte. Sowohl die Eselin als auch der Prophet ändern ihre Richtung bzw. ihre Pläne und beide bekommen Gottes Worte in den Mund gelegt. Die Eselin tut im Kleinen, was Balaam an späterer Stelle im Großen tun wird. In ihr steckt bereits das Potential des Propheten, dessen Handeln sie präfiguriert. Auf Rudolfs Roman übertragen ist Nachor eine ‚Postfiguration' Barlaams: Er zeigt im Religionsdisput, dass er über das Potential verfügt, Barlaam zu sein und ihm nicht nur zu ähneln, in den Worten Geisthardts die Eselin, also die unvollkommene Ähnlichkeit zu Balaam/Barlaam, hinter sich zu lassen. Der Barlaam-Doppelgänger Nachor muss zu Barlaam werden und dessen Potential, das er, bildlich gesprochen, als sein Esel auf dem Rücken trägt, ausschöpfen. Und dies geschieht: Nachor lässt vier Glaubensgruppen verstummen und bewirkt, dass Avenier selbst erstmals an seinem ‚heidnischen' Glauben zweifelt – im Anschluss an die Disputation verweigert dieser seinen Göttern die Opfergaben (v. 11311–11344). Dass Nachor im Rahmen dieses Disputs tatsächlich vom falschen Double zu einer an Identität grenzenden Ähnlichkeit zu Barlaam gerückt ist, wird im Übrigen auch dadurch deutlich, dass Josaphat vor dem Kampf ausdrücklich betont, dass ein Sieg im Disput, den Nachor dann ja tatsächlich davonträgt, beweisen würde, dass er tatsächlich der Priester des wahren Glaubens sei, für den er sich hier ausgebe (v. 9067–9070).

Indem Barlaams Double diesem durch göttliche Gnade weiter angeglichen wird, erlangt er nach der Leistung im Disput die Fähigkeit zur Freundschaft mit christlichen Figuren, die Arachis durch sein Zitat des *alter-ego*-Prinzips ja gewissermaßen schon in Aussicht gestellt hatte. Dementsprechend verhält sich Josaphat anschließend nach den Regeln höfischer Freundschaft: Er geht mit Nachor Hand in Hand (v. 11045), umarmt ihn *vriuntlîch* (v. 11050) und *minneclîche* (v. 11052) und weist ihm den Weg zum Heil. Als Figur ist Nachor nicht, wie von der ‚heidnischen' Seite geplant, zur auf Verwechslung beruhenden Alternative zu Barlaam, sondern zu dessen Erweiterung, zu dessen Stellvertreter geworden. Was Barlaam als verfolgter Bekehrer des Prinzen nicht zu tun in der Lage ist, übernimmt sein Double, das seine eigentliche, durch Ähnlichkeit markierte Aufgabe, der Seite Barlaams anzugehören, erst erkennen kann, als der christliche Gott ihm das Herz erleuchtet.

3.3.6 Sichtbare Heiligkeit. Ähnlichkeit und Erkenntnis

Es ist eben dieses Wahrnehmen von Ähnlichkeit und Differenz, das in diesem Roman mehrfach herausgestellt und mit der Erkenntnis des Göttlichen verknüpft wird. Der ‚Heide' Arachis betont zwei Mal, es sei unmöglich einen Unterschied zwischen Nachor und Barlaam wahrzunehmen (v. 7690–7698, v. 7990–7995). In der ‚heidnischen' Welt des Romans erhebt niemand diese Ähnlichkeit zu einem Problem oder zu einem Wunder – sie ist offenbar nicht weiter bemerkenswert. Die Figuren, die davon wissen, auch Nachor selbst, nehmen sie schlicht zur Kenntnis und nutzen sie für ihre Zwecke. Jene, die in die List des Königshauses nicht eingeweiht sind, zweifeln keine Sekunde daran, dass nun Barlaam persönlich vor ihnen steht. Es findet unter den ‚heidnischen' Figuren keine Reflexion über das sinnlich Wahrgenommene statt. Der einzige unter den Nicht-Eingeweihten, der hier statt Identität Ähnlichkeit und Differenz erkennt, ist der beinahe einzige Christ, der dem Disput beiwohnt: Josaphat. Seinen Zweifel an der Identität zwischen Barlaam und Nachor drückt er bereits zu Kampfbeginn aus, indem er sich explizit an Nachor wendet und ihn *drôlîche* fragt, ob er tatsächlich sein Meister Barlaam sei (v. 9016–9020), ihn an seine Lehre erinnert (v. 9022–9064) und ihm schwere Strafen in Aussicht stellt, falls sich durch eine Niederlage herausstelle, dass er nicht der wahre Prediger Barlaam sei (v. 9065–9098). Dass Josaphat von Anfang an weiß, dass er es mit einem Double zu tun hat, erklärt er Nachor nach dem Kampf:

> *Barlââmes heilekeit*
> *dir ungelîchez leben treit:*
> *daz schînet an iu beiden.*
> *dû bist noch ein heiden*
> *mit zouberlîchen listen*
> *und er ein reiner kristen.*
> *Ez wære an mir ein tumber sin,*
> *daz ich ersæhe dich vür in.*
> (v. 11067–11074)

Josaphats Aussage ist das Gegenstück zur Arachis' Ansprache an Nachor im Wald (v. 7990–7995). Der ‚Heide' stellt, inhaltlich und sprachlich, die Verwechselbarkeit Barlaams und Nachors heraus, der Christ betont deren sichtbare Unverwechselbarkeit. Beide Male ist Nachor keine eigenständig handelnde Figur. Was er ist, gleich oder verschieden, wird ihm von anderen Figuren zugewiesen. Beide Sprechakte sind auf ihre Weise nicht nur beschreibend, also repräsentativ, sondern auch bewirkend, deklarativ: Nachor erfüllt die Rolle, die ihm zugeschrieben wird. Auf Arachis Feststellung und Festlegung hin, er sei Barlaam gleich, lässt er sich auf die List ein und nach Josaphats Betonung des Unterschieds lässt Nachor sich taufen. Eine Differenz in der Wiederholung wird allerdings ersichtlich: In der ersten Szene erfahren wir von Nachors Gedanken nichts, er handelt unüberlegt, vergleichbar etwa mit Iweins raschem Handeln nach Gaweins Rat (v. 2913).[443] In der zweiten Szene wiederum reagiert Nachor mit einer Klage über sein altes Leben und erklärt sich zur Taufe und zu einem gottgefälligen Leben bereit.

Während Arachis nun von Nachors Körper und Gesicht auf die Verwechselbarkeit mit Barlaam schließt, lässt sich Josaphat vom äußeren Eindruck offenbar nicht täuschen. Trotzdem Nachor und Barlaam genau gleich aussehen, *schînet*, also ‚zeigt sich' oder ‚glänzt' an ihnen der fundamentale Unterschied im Glauben. Ihre innere Haltung ist äußerlich sichtbar, allerdings nur für jene, deren Augen dafür geöffnet sind. Diese Bedingung erfüllen im Roman nur christliche Figuren, denen göttliche Gnade das Herz erleuchtet hat. Dieses Geschenk Gottes kommt zu Beginn des Romans auch Josaphat zu, was diesen veranlasst, erstmals seine Gefangenschaft zu problematisieren und aus dem ‚Kerker des Heidentums' auszubrechen (v. 1071–1080). Nachor selbst gesteht Josaphat nach dem Disput, die Gewohnheit habe die Augen seines Herzens geblendet, sodass er stets verleugnet habe, was er eigentlich schon längst erkannt habe (v. 11149–11153). Christliche Figuren erkennen, so lässt sich folgern, andere christliche Figuren – etwas abstrakter gesprochen: Ähnlichkeit ist die Voraussetzung zur Erkenntnis des Ähnlichen (Kap. 2.2.1.1) und wichtiger als die physische Ähnlichkeit ist dabei die innere.[444] Die ‚heidnischen' Figuren in diesem Roman verlassen sich offenbar ganz auf das, was ihre äußeren Sinne wahrnehmen, während Josaphat etwas erkennen kann, was nicht allen gleichermaßen zugänglich ist.[445]

Ein Blick auf die mittelalterlichen Wahrnehmungstheorien zeigt, was den ‚heidnischen' Figuren fehlt: Thomas von Cantimpré zufolge verläuft Wahrnehmung als ein linearer Prozess in drei hintereinanderliegenden Hirnkammern. Die erste birgt die Kraft der Vorstellung (*virtus fantastica vel ymaginaria*) und nimmt die äußeren Eindrücke auf. Die zweite, in der sich die Kraft der Vernunft befindet (*virtus intellectualis*), trifft erstens Unterscheidungen, stellt also Kategorien her, ordnet Ähnliches zu Ähnlichem und trennt das Differente, und, zweitens, prüft, erforscht und beurteilt das

---

[443] Hartmann von Aue, Iwein. Übersetzung und Nachwort von Thomas Cramer, Berlin u.a. 2001.

[444] Auch dies begegnet uns in anderen Romanen wieder, beispielsweise im ‚Engelhard' Konrads von Würzburg (Kap. 3.2).

[445] Diese hermeneutische Kompetenz christlicher Figuren lässt sich auch in anderen Romanen des 13. Jahrhundert als entscheidende Differenz zwischen Christ*innen und ‚Heid*innen' beobachten, etwa in Konrads von Würzburg ‚Pantaleon', vgl. Schulz, Erkennen (2008), S. 360, sowie Wyss, Legendenepik (1973), S. 239.

Wahrgenommene. Die dritte Kammer ist die *memoria*, die das Beurteilte speichert.[446] Die Kraft der Vernunft ist, so Hugo von St. Viktor, ‚göttlicher Natur' (*huic divinae naturae*) und auch in der Lage, unbekannte Dinge zu erforschen, die über das äußerlich Wahrnehmbare hinausgehen.[447] Nach Thomasin von Zerklære hat sie die Aufgabe, der Bote zu den Engeln und zu Gott zu sein.[448] Damit „schlägt [die Vernunft] die Brücke in die Transzendenz, weil [sie] das Göttliche erkennen kann".[449] ‚Heidnischen' Figuren fehlt in diesem Roman die göttliche Weisheit erleuchteter Herzen, um zu erkennen, was Josaphat erkennt: Nachor und Barlaam sind äußerlich gleich, aber nicht identisch. Wo also alle ‚heidnischen' Figuren fälschlicherweise davon ausgehen, es gehe hier um das Erkennen von Ähnlichkeit und sie dementsprechend das wahrgenommene Bild Nachors mit dem erinnerten Bild Barlaams identifizieren, weiß Josaphat, dass der äußere Schein trügt und hier das Erkennen des wesentlichen Unterschieds gefragt ist. Josaphat ist weiter dazu in der Lage, das Wahrgenommene zu differenzieren: Einerseits sieht er, dass Nachor Barlaams *heilekeit* fehlt. Andererseits hört er, dass jener, der ihm nun wie ein Feind erscheint (v. 10994), die Wahrheit lehrt (10995 f.). Auf der Ebene dessen, was Barlaam und Nachor lehren, was sie also ‚im Herzen tragen', in das bei Nachor ja der *geist der wîslichen vernunft* (v. 9143) getreten ist, sind sie auch für Josaphat gleich. Und auf diese Merkmalsgleichheit kommt es für die christlichen Figuren in diesem Text offenbar an, während alle anderen – wie das Aussehen und die Lebensweise – peripher sind.

3.3.7 Welt und Wüste. Gottesähnlichkeit durch Entsagung

Für die Rezipierenden dieses Textes muss die Wahrnehmung von Ähnlichkeit etwas anders verlaufen. Ich möchte darum noch einmal von der inneren auf die äußerlich sichtbare Ähnlichkeit zurückkommen. Während das individuelle Aussehen von Figuren in mittelalterlichen Romanen kaum von Interesse zu sein scheint, ist es häufig die auf den sozialen Status der Person verweisende Kleidung, die Personenidentifizierung ermöglicht: „Haut und Körper spielen zumeist nur dort eine Rolle, wo sie sichtbar und dauerhaft

---

[446] Thomas Cantimpratensis, Liber de natura rerum. Editio princeps secundum codices manuscriptos, Teil I, Berlin 1973, 1, 2 (S. 13). Vgl. dazu auch Schulz, Erzähltheorie (2015), S. 39.
[447] Hugo von St. Viktor, Didascalicon de studio legendi, übersetzt und eingeleitet von Thilo Offergeld, Freiburg u. a. 1997, 1, 3 (S. 123), vgl. dazu auch Schulz, Erzähltheorie (2015), S. 39.
[448] Vgl. Thomasin von Zerklære, der welsche Gast, v. 8831 f. Nach: Eva Willms, Thomasin von Zerklaere, Der welsche Gast. Text(auswahl), Übersetzung, Stellenkommentar, Berlin 2004.
[449] Schulz, Erzähltheorie (2015), S. 39. Vgl. dazu generell Kemp, Psychology (1996).

markiert sind, versehrt oder verunstaltet".[450] Figuren, die sich äußerlich ähneln wie Dietrich und Engelhard (Kap. 3.2), Nisus und Euryalus (Kap. 2.3.1) oder Flore und Blancheflur (Kap. 3.1) machen für Außenstehende einen gleichen oder ähnlichen Eindruck, zeichne sich durch eine ‚kategoriale Ähnlichkeit' (Kap. 1.4.2) aus.

Die Situation in Rudolfs Roman ist eine andere: Barlaams Körper, dem jener Nachors gleicht, ist ausdrücklich versehrt und damit bemerkenswert individualisiert. Als Josaphat ihn bittet, ihm seine Eremitenkleidung unter dem Kaufmannskostüm zu zeigen, erblickt er auch den zerschundenen Körper seines Lehrers:

diu hût was im überal
erswarzet gar und worden sal
er wart veizte an im betrogen,
er schein im, als ez wær gezogen
ein vel, dünn unde kleine,
swarz über ein gebeine.
(v. 6485–6490)

Barlaam sieht anders aus als alle anderen Figuren des Romans,[451] denen keine sichtbare Individualität zugeschrieben wird. Zwei physiognomische Merkmale stechen dabei besonders hervor: Seine Haut ist schwarz und von seinem Körper ist nicht mehr viel übriggeblieben. Damit werden in seinem Äußeren zwei wichtige Vorstellungen zum christlichen Körper miteinander kombiniert. Die dunkle Haut verweist in der hochmittelalterlichen Theologie beispielsweise des Bernhard von Clairvaux (Kap. 2.2.2.2) auf die nur für Gott sichtbare, innere Schönheit der schwarzen Braut des Hoheliedes, die von sich sagt, sie sei schwarz, aber schön (*nigra sum sed formosa*).[452] Diese Neuinterpretation schwarzer Hautfarbe äußerte sich im Hochmittelalter beispielsweise auch in der zunehmenden Verbreitung der ‚schwarzen Madonnen'.[453] Dass Barlaam seinen Körper zugleich auf das Mindeste reduziert hat, ist dabei Zeichen seiner Askese und der Konzentration auf das rein Geistige, Nichtmaterielle, das weniger den Menschen als vielmehr den un-

---

450 Vgl. hierzu Schulz, Erkennen (2008), S. 1–15, hier: S. 11. Vgl. insgesamt zum Thema Identität und Kleidung Kraß, Kleider (2006).
451 Mit der Ausnahme eines alten Mannes (v. 1227–1240) und später Josaphats (s. u.).
452 Diese Formulierung findet sich in der Vulgata, Hohelied 1, 4.
453 Vgl. Ernst, Haut-Diskurse (2007), S. 168, und Schreiner, Maria (1994), S. 214 ff. Bernhard von Clairvaux äußert sich zu diesem Thema in der 25. Predigt zum Hohelied: Bernhard von Clairvaux, Sermones super cantica canticorum. In: Ders., Sämtliche Werke (4). Lateinischdeutsch, hg. von Gerhard B. Winkler, Innsbruck 1994, S. 380.

sichtbaren Engeln ähnelt.[454] Was beide Merkmale vereint, ist, dass es die Figur (im Denken dieser Zeit) für die äußeren Sinne hässlicher macht und auf die innere Schönheit der göttlichen Seele verweist.[455]

Für sein den Leib unterdrückendes Leben wählt Barlaam sich als Lebensraum die Wüste.[456] Diese ist ein mittelalterlicher Topos der Askese und Gottesannäherung, dessen Wurzeln in der alttestamentlichen vierzigjährigen Wanderung der Israeliten nach Kanaan liegen, die auch Barlaam erwähnt (v. 2226–2231). Schon in der Spätantike wird die Wüste dementsprechend zum Ort des Übergangs stilisiert, an dem Entzug und Erfüllung Hand in Hand gehen.[457] Ab dem späten 3. Jahrhundert wird die Wüste mit dem christlichen Ideal der Askese verknüpft, deren Mangelcharakter sie für Menschen prädestiniert, die über ihren Leib erhaben sein und sich allein auf das Göttliche konzentrieren wollen.[458] Die frühen Eremiten, die ‚Wüstenväter‘, zogen in die Wüste, explizit auch wie Barlaam nach Sinai,[459] um, wie Jesus Christus (Mt 4, 1–11 und Lk 4, 1–13), den Versuchungen Satans zu widerstehen.[460] Folgt man der Analyse Uwe Lindemanns, so entwickeln sich spätestens im 12. Jahrhundert zwei Traditionen des Wüstenbegriffs im europäischen Raum: Einerseits wird die Wüste im Rahmen der negativen Theologie der mystischen Literatur zu einem Symbol des Unsinnlichen schlechthin, wo die irdischen Kategorien ihre Gültigkeit verlieren und eine Auflösung der Vielheit zugunsten der Einheit in Gott möglich wird, wie sich am Beispiel des ‚Granum sinapis‘ eindrücklich beobachten lässt (Kap. 2.2.4.4). Andererseits wird die Wüste im europäischen Raum, in dem es „ausgedehnte Dürrezonen nicht gibt [...] durch eine ganz andere Natur repräsentiert, die vom Standpunkt der physischen Geographie fast das Gegenteil der Wüste ist: dem *Wald*".[461]

---

454 Vgl. zum Mensch als Wesen zwischen Tier und Engel Kap. 2.2.1. in diesem Buch. Auf den Punkt bringt das asketische Körperverständnis des Hochmittelalters Bynum, Fragmentierung (1996): „Das Fleisch zu beherrschen, zu züchtigen, zu martern, bedeutete für die mittelalterliche Frömmigkeit nicht, das Leibliche zu unterdrücken, sondern es zu erhöhen – eine schreckliche, aber köstliche Erhöhung, um sich dem Göttlichen zu nähern."

455 In diesem Fall gilt also gerade nicht der Primat der Konvergenz von Innen und Außen und ist Individualität gerade kein Zeichen innerer Verworfenheit und Defizienz, vgl. dazu Schulz, Unterscheidungen (2002), S. 130, und v. a. Kartschoke, Erkennen (1992).

456 Vgl. dazu auch Cordoni, Barlaam (2014), S. 304–306.

457 Vgl. Keller, Wüste (2010), S. 192.

458 Vgl. Lindemann, Wüste (2000), S. 70 f.

459 Vgl. Keller, Wüste (2010), S. 194, sowie Jung, Wüste (2011), S. 157.

460 Vgl. ebd., S. 72.

461 Le Goff, Waldwüste (1990), S. 86. Vgl. dazu auch Lindemann, Wüste (2000), S. 79. Jung, Wüste (2011), S. 158, ergänzt: „Die mittelalterlichen Mönche des Abendlandes bemühten sich unter ihren geographischen Bedingungen um eine Entsprechung, indem sie einsame und unwirtliche Gegenden – Berge, Sümpfe, Wälder – aufsuchten. Die Einsiedlerkolonie

3.3 Glaube: Erleuchtete Herzen. ‚Barlaam und Josaphat'

Blickt man von hier aus zurück auf Rudolfs Roman, so finden sich mehrere Konzepte des asketischen Eremitenlebens in der Wüste vertreten: Barlaam und später auch Josaphat nutzen wie die frühen Eremiten die tatsächliche Wüste, um allen Versuchungen zu widerstehen (v. 15117–15286) und alles Sinnliche und Fleischliche von sich zu weisen, indem sie mit *getwange* (v. 15397), in Zwang und Bedrängnis, leben, um am Ende Gott näher zu kommen. Nachor hingegen lebt bei Rudolf und Otto, anders als in der lateinischen ‚Vulgata', als *einsidel* (v. 7685) in der ‚europäischen Wüste' – im Wald (v. 7954). Nachors versehrter Körper wird zwar nicht thematisiert, aber als Einsiedler, der den topischen Ort der Waldwüste bewohnt, und der Barlaam aufs Haar gleichen soll, darf man sich wohl beide Körper als zerschunden, hager und schmutzig vorstellen. Die ‚Vulgata' erklärt nun an dieser Stelle die Schwärze von Barlaams Haut durch die brennende Einwirkung der Sonne in der Wüste.[462] Weil auch Nachor im lateinischen Text ein Wüsteneremit ist, tut dies den Ähnlichkeitsverhältnissen keinen Abbruch. Da der Wohnort Nachors bei Rudolf und bei Otto allerdings europäisiert wird, kann die starke Sonneneinwirkung kaum noch als Ursache seine Hautfarbe herhalten – anders als im ‚Laubacher Barlaam' wird die Wüstensonne in Rudolfs Text folglich nicht erwähnt, möglicherweise um die äußerliche Ähnlichkeit zwischen Nachor und Barlaam nachvollziehbar zu halten.

Die Gleichheit in derart explizit benannten Merkmalen der versehrten Körper – die ich aus keinem anderen Text dieser Zeit kenne – ist insofern besonders bemerkenswert als auch Josaphat am Ende der Geschichte dieses Aussehen annimmt.[463] Weder der Erzähler noch die Figuren thematisieren zwar diese sich erweiternde Ähnlichkeit der Figuren explizit, aber in Anbetracht der Seltenheit markanter Körperbeschreibungen im Text, fällt die Beschreibung des wüstengeplagten Josaphats ins Auge und erinnert an jene Barlaams:

im hâte manic übel tac
geselwet sîne varwe gar:
er was swarz, niht wîz gevar.
sîn varwe gar verwandelt schein
als ein varlôser lein.
er was mager und harte bleich.

---

des Robert von Arbrissel (ca. 1055–1117) im Wald von Craon wurde deshalb als ‚zweites Ägypten' bezeichnet."
462 Vgl. Vulgata, cap. XVIII, 156 (S. 302).
463 Blickt man von Rudolfs Text auf den etwa fünfzig Jahre später entstandenen ‚Engelhard' Konrads von Würzburg (wenngleich der Stoff selbst sehr viel älter ist), ist das Arrangement dort genau umgekehrt: Versehrte Körper markieren Unähnlichkeit und bedürfen darum der Heilung (Kap. 3.2).

> *sín hertiu kraft was worden weich.*
> *daz minneclíche antlütze sín*
> *hât allen sínen liehten schín*
> *verwandelt von der arbeit,*
> *der er alsô manige leit:*
> *nahtes vrost, tages hitzeglast*
> *tet in síner schœne gast.*
> *sín liehtez hâr, daz ê was blanc,*
> *was nû vervilzet unde lanc.*
> (v. 15322–15336)

Wie Barlaam (und Nachor), so verfügt auch Josaphat nun über ‚individualisierte' Merkmale des versehrten Körpers statt (wie zuvor) über die entindividualisierte Perfektion des höfischen Körpers, die er mit dem Ende seiner Herrschaft aufgegeben hat. Die ‚Vulgata' und der ‚Laubacher Barlaam' individualisieren Josaphats Aussehen in der Wüstenepisode ebenfalls. Allerdings wird auch hier die Wüstensonne als Ursache der dunkelgefärbten Haut angeführt, die in den deutschsprachigen Texten die Ähnlichkeitsbeziehung zum im Wald lebenden Nachor in Frage stellen könnte, und werden spezifische Eigenheiten hervorgehoben, über die auch Barlaam nicht verfügt, wie sein von Sorgen geprägtes Gesicht und seine vom Weinen ausgefallenen Wimpern.[464] Damit ist in diesen beiden Texten, anders als bei Rudolf, Josaphats Aussehen auf seine individuelle Situation zurückzuführen, die nicht mit jener Barlaams bzw. Nachors vergleichbar ist. Die Individualisierung der christlichen Körper in Rudolfs Text wird allerdings, indem sie an mehreren Figuren vollzogen wird, wiederum zum Gruppenmerkmal und ist damit nicht mehr ‚individuell'. Sie vereint vielmehr jene, die, dem (neu-)platonisch-augustinischen Leib-Seele-Dualismus entsprechend, allem Körperlichen, Gott unähnlichen, entsagen und sich allein der Welt des Geistes, ihrer gottähnlichen Seele, zuwenden.

Figuren, die Barlaam in Rudolfs Roman körperlich ähneln, tragen, wie das Beispiel Nachor zeigt, das Potential dieses vorbildlichen Christen in sich. Josaphat musste seine Aufgabe als Herrscher erfüllen, das indische Reich zu christianisieren, statt, wie es Barlaam in seinem Rehkitz-Gleichnis beschreibt (v. 6522–6575), der ‚natürlichen' Macht der inneren Ähnlichkeit – der *angeborniu art* zu denen zu gehen, die sind wie er (v. 6555 f.) – zu folgen und Barlaam sofort in die Wüste zu begleiten. Auf diese Weise wird die Möglichkeit einer verwandtschaftlich begründeten Ähnlichkeit, die die *art* Josaphats ebenso bestimmen könnte (Kap. 2.3.3.2), explizit aus dem Text verbannt – Josaphat ähnelt nicht seinem biologischen, sondern seinem ‚geistigen' Vater

---

464 Vgl. Laubacher Barlaam, v. 15680–15691, sowie die Vulgata, cap. XXXVIII, 345 (S. 522).

und so zieht ihn das Prinzip des ‚Gleichen zum Gleichen' nicht zur ‚heidnischen' Herrschaft, sondern zur christlichen Askese.

Nun, da das indische Reich nach Josaphats vorübergehendem Herrschaftsantritt ganz dem christlichen Gott unterworfen ist, kann die gemeinsame Angleichung an das rein Geistige, die auch die Gefährten auf diesem Weg – wie in 'Attars ‚Vogelgesprächen' (Kap. 1.3) – einander ähnlicher werden lässt, beginnen. Das Ziel dieses Beisammenseins in der Wüste, so stellt es Barlaam seinem Schüler in Aussicht, ist die ewige *geselleschaft* im Himmelreich (v. 6584f.). Auch hier verweist der Roman also auf den mittelalterlichen Freundschaftsdiskurs, genauer: auf den metaphysischen Strang dieses Diskurses (Kap. 2.4.4). Ziel dieser *geselleschaft* ist das Einswerden mit Gott und der Weg dahin läuft über die zunehmende Ähnlichkeit der Mitglieder dieses Bundes. Dies wird in der abschließenden Wüstenepisode nicht nur über denselben Lebensstil und das daraus resultierende ähnliche Äußere, sondern auch dadurch markiert, dass der Erzähler explizit und wiederholend die Einmütigkeit ihres Strebens und ihrer Demut erwähnt (v. 15417f.).

Josaphats Leben in der Wüste, wird, *ie herter und ie strenger* er leidet (v. 15806), dem Leben der Engel immer ähnlicher (v. 15811). Die zunehmende Ähnlichkeit zum reinen Geist und das Abschiednehmen vom irdischen ‚Land der Unähnlichkeit', der *regio dissimilitudinis* (Kap. 2.2.1.2), wird damit nicht nur, wie im Freundschaftsdiskurs, mit der Ähnlichkeit der Freunde, sondern auch mit der Ähnlichkeit zu den geistigen Wesen, den Engeln, verknüpft. Während Nachor also seine tierische Natur zugunsten des von Christus erleuchteten Herzens aufgeben musste, gelingt Josaphat die nächste Stufe: Die Abkehr vom leiblichen Menschen und die Angleichung an die geistigen Engel, deren Schönheit den äußeren Sinnen verschlossen bleibt.

Dass auch Barlaam den so veränderten, ihm in seinen äußerlich sichtbaren Gnorismata ähnlich gewordenen Josaphat nur auf den zweiten Blick erkennt, ist das Resultat von Josaphats nunmehr veränderten Identität, die sich auch in der erzählten sozialen Epistemik artikuliert: Wurde Josaphat nach seinem ersten Fluchtversuch aus seinem weltlichen Leben noch von den Hofleuten sofort erkannt und gefunden (v. 14715f.), geht seinem zweiten Fortgang ein Prozess voraus, der den Protagonisten eines ‚höfischen Romans' in einen Legendenheiligen verwandelt: Seine prächtigen Königskleider, Zeichen einer höfischen Identität, hinterlässt er einem armen Mann, der ihn aufgenommen hat (v. 14950–14968), trägt dann nur noch sein Büßerkleid und beginnt zu hungern (v. 14969–14981) – damit verschwindet Josaphat aus den ‚feudalen Sichtbarkeitszusammenhängen' und verliert seine adelige Identität.[465] Barlaam erkennt den verwandelten Leib nicht sofort, weil aus

---

465 Damit steht der BuJ in einer Reihe mit anderen späten höfischen Romanen (z.B. ‚Wilhalm von Wenden'), die von jenem Legendentypus geprägt sind, in dem der Heilige die ‚Welt'

dem ‚Anderen' der ‚Ähnliche' geworden ist – wichtiger aber in den Sphären, in denen sich Josaphat nun befindet, ist ohnehin nicht mehr die sichtbare Oberfläche, sondern sind andere Sinnesreize: *Dô sîn meister in gesach, | sîn wort erkanter als er sprach: | sîn lîp was im niht erkant* (v. 15337 ff.).

Nach Josaphats Tod wird er dann von einem anderen Einsiedler in das Grab seines Lehrers Barlaam gelegt. Den Gleichen gebührt auch hier, wie Flore und Blanscheflur (Kap. 3.1) und wie Nisus und Euryalus, ein ehe- und freundschaftstypisches Doppelgrab:

> *des meisters grap er schône ûf tet*
> *und leit in zuozim dar in.*
> *diz was an im ein rehter sin,*
> *daz er ze samene vuogte die,*
> *die sich geschieden selten hie*
> *und ouch dort, dâ sie gotes kint*
> *mit einander lebende sint*
> *und iemer ungescheiden.*
> (v. 15886–15893)

Wie es bei Heiligen (v. 15894, v. 15932) üblich ist, verwesen ihre toten Körper nicht und sondern einen süßen Geruch ab (v. 15947–15954), dessen Wahrnehmung zu den geistlichen Sinnen gehört, die das Göttliche wahrzunehmen imstande sind, und schon bei Barlaams Begräbnis, das übrigens dem Auge unsichtbare Engel begleiten, eine Rolle spielt (v. 15656–15672). Die Freundschaft, die Josaphat zuvor mit Barlaams Erweiterungsfigur, seinem Double Nachor, geschlossen hat, wird in der Wüsten-Episode auf Barlaam selbst verschoben. Die Freunde martern den Körper und besinnen sich auf den Geist, um sich den Engeln anzugleichen und die Vereinigung in Gott zu ermöglichen. Diese Lebensweise führt zu einer geistigen und körperlichen Angleichung der Freunde.

---

verlässt, um sich ausschließlich Gott hinzugeben, und diese Weltfeindlichkeit die Unkenntlichkeit des Heiligen für seine nächsten Angehörigen zur Folge hat (auch Barlaam erkennt Josaphat zunächst kaum), vgl. zu diesem Aspekt am Beispiel des ‚Alexius' Konrads von Würzburg v.a. Strohschneider, Textheiligung (2002), S. 139. Zu derart hybriden Romanen und ihren Wahrnehmungsinszenierungen Schulz, Epistemik (2009), S. 662: Wo das legendarische Modell das höfische überlagere, „[w]o nicht allein die Pracht des höfischen Lebens, sondern dieses selbst zugunsten einer hoffernen Existenz in Armut aufgegeben wird, geht dies mit einem Verlust der sozialen Kenntlichkeit einher; die Heiligen verschwinden, nachdem sie sich ärmliche Gewänder übergezogen haben, aus den feudalen ‚Sichtbarkeitszusammenhängen'; die feudale Welt nimmt sie nicht wahr, weil man in ihr nur auf seinesgleichen achtet". Etwas anders gelagert ist dies im ‚Engelhard' Konrads von Würzburg: Dietrich wird nach seinem Aussatz nur noch von Engelhard ohne Umstände erkannt, seine ‚Hässlichkeit', mit der er sich aus den höfischen ‚Sichtbarkeitszusammenhängen' manövriert, muss jedoch getilgt werden, um die Freunde wieder aneinander anzugleichen.

3.3.8 Einheit der Dreiheit. Zur Figurenkonstellation

Indem auch Josaphat sich am Ende Barlaam angleicht, kann Nachor als eine Art Spiegelungsfigur des Prinzen verstanden werden: Nachor führt von Beginn an ein Leben als Eremit und sieht aus wie Barlaam, trägt dann seinen Teil zur Christianisierung des Reiches (im Religionsdisput) bei und vollzieht zum Ende die vollständige Angleichung an Barlaam, indem er sich taufen lässt und ein christlicher Lehrer wird. Er steht für die ursprüngliche, aber von den ‚heidnischen' Figuren verleugnete Gleichheit aller menschlichen Geschöpfe Gottes, die durch die Taufe und ein gottgefälliges Leben wiederherstellbar ist.[466] Josaphats Leben verläuft ähnlich, nur in einer anderen Reihenfolge: Er tritt zuerst zum christlichen Glauben über, erzielt dann die vollkommene Christianisierung des Reiches und ähnelt am Ende ebenfalls in seinem Aussehen Barlaam, mit dem er dann als Eremit in der Wüste lebt. Anders als Nachor, der bald aus dem Text verschwindet und dessen Freundschaftsfähigkeit darum nicht zu einer christlichen *amicitia* mit seinem Doppelgänger führt, werden Barlaam und Josaphat am Ende wirklich eine Einheit der Freunde in Gott und erhalten dementsprechend ein Doppelgrab.

Die Figurenkonstellation lässt sich dabei, wie erwähnt, als Dreieck beschreiben. Josaphat ist das begehrte Objekt eines Konkurrenzkampfes zwischen Avenier und Barlaam, die jeweils eine Ähnlichkeitsnorm, das ‚Heidentum' bzw. das Christentum, vertreten. Diese Rivalität um den bekehrten ‚heidnischen' Prinz erlebt im Religionsdisput seinen Höhepunkt, als Josaphat explizit damit droht, bei einer Niederlage des Barlaam-Doubles den christlichen Glauben wieder aufzugeben. Beide Verbindungslinien zwischen Josaphat und den beiden Eckpunkten Arachis und Barlaam werden durch unterschiedliche Beziehungscodes gezogen und durch Mittlerfiguren verstärkt: Avenier steht für Verwandtschaft, Genealogie und Reproduktion. Dementsprechend setzt er, als Überzeugungskraft keine Lösung mehr zu sein scheint, auf die ‚heterosexuelle' Minne zwischen Mann und Frau, indem er seinen Sohn durch die syrische Prinzessin zu verführen sucht. Letztere ist eine rein funktionale Mittlerfigur: Die eigentliche Verführung findet hier zwischen Vater und Sohn statt.[467] Barlaam hingegen steht für die auf Gott gerichtete Männerfreundschaft, aus der Sexualität und Reproduktion explizit durch ein asketisches Leben ausgeschlossen werden. Seine Mittlerfigur ist

---

466 Die Frage, ob die Taufe notwendige Bedingung zum christlichen Heil ist, wird im Mittelalter kontrovers diskutiert und beispielsweise im ‚Rolandslied' zum Thema der literarischen Verhandlung gemacht, vgl. zur theologischen Diskussion Sabel, Toleranzdenken (2003), S. 33–43.
467 Im arabischen ‚Kitab' funktioniert dieser Trick und beschert Josaphat ein Kind, vgl. Cordoni, Barlaam (2014), S. 13.

sein Double und seine transpersonale Erweiterung Nachor, mit der Josaphat stellvertretend eine Freundschaft eingeht, dann das Werk des Doubles beendet, um am Ende, symbolisiert im Doppelgrab, in Gott Eins mit Barlaam zu werden.

Die Ähnlichkeiten auf der Linie Barlaam–Nachor–Josaphat heben diese Seite des Dreiecks als die ‚richtige' hervor und deuten bereits das Ziel der vollständigen Angleichung, der Auflösung der Linie, an, die ja am Ende geographisch, physisch und geistig von Josaphat vollzogen wird. Die ‚falsche' Seite der ‚heidnischen' Figuren hingegen verfügt nicht über das Band dieser herausgestellten Merkmalsgleichheit: Immer wieder lassen sich Aveniers Berater auf die andere Seite ziehen und die syrische Prinzessin steht als einzige prominent auftretende weibliche Figur des gesamten Romans für die Differenz schlechthin, die durch den ausführlichen Frauenexkurs des Erzählers (v. 11735–11870) noch hervorgehoben wird.

Die kritische und problematisierende Reflexion der harmonisierenden Tendenz der Entdifferenzierungsbewegung wird durch Josaphats Komplementär- und Gegenfigur Barachias vollzogen. Sie wird noch vor der Prophezeiung durch eine funktional mit Barlaam vergleichbare Figur, dem ‚Wortarzt', zum Christentum bekehrt, macht aber keinerlei Anstalten, der weltlichen Herrschaft den Rücken zu kehren und redet, als Josaphat die Prophezeiung durch Weltflucht erfüllen will, diesem ins Gewissen. Sie steht Josaphat in der Dreieckskonstellation gegenüber und gewissermaßen zwischen der Symbolfigur weltlicher, aber gottesferner Herrschaft (Avenier) und ihrem Gegenteil (Barlaam).[468]

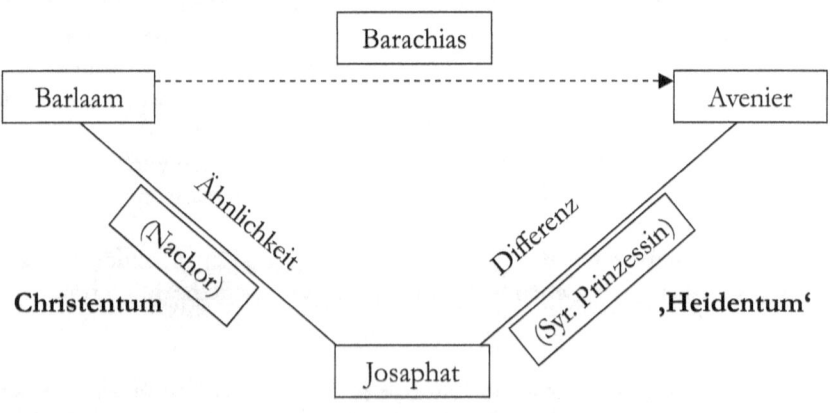

---

468 Vgl. zu dieser Funktion Barachias' Herweg, Verbindlichkeit (2010), S. 129.

Diese durch Rivalität erschaffene und aufrechterhaltene Figurenkonstellation scheint, in leichter Abwandlung, nach dem Konzept des ‚erotischen Dreiecks' zu funktionieren, wie es Eve Kosofski Sedgwick entworfen hat, um aufzudecken, wie in Situationen der Rivalität zwischen meist männlichen Figuren um eine weibliche, die Beziehung der Rivalen zueinander funktioniert. Es lässt sich mithilfe dieses Konzepts immer wieder beobachten, dass der Bund zwischen den literarischen Rivalen oft mindestens so intensiv und wirkmächtig ist wie jener zwischen einem der Rivalen und der Geliebten.[469] Im ‚Barlaam und Josaphat' sind zwar alle Beteiligten Männer und das erotische Begehren spielt eine untergeordnete Rolle. Doch auch hier ist die Bindung zwischen den Rivalen Barlaam und Avenier, die sich nie begegnen, von einer eigenartigen Intensität. Wenn Barlaams Ziel nämlich ausschließlich die Bekehrung Josaphats und ein auf Christus gerichtetes Leben als Freunde in der Wüste wäre, wie es am Ende stattfindet und das er zu Beginn in Aussicht stellt (v. 6584f.), ist nicht zu erklären, warum der Roman nicht nach etwa 7000 Versen endet. Denn Josaphat ist dazu bereit, mehr noch: Er bittet seinen Meister eindringlich, ihn mitzunehmen und ihn bei sich leben zu lassen (v. 6511–6515), und zwar direkt nachdem und explizit weil er mit einem Blick auf den zerschundenen Körper Barlaams die Differenz zu seinem eigenen Körper und Leben festgestellt hat.[470] Aber Barlaam winkt ab (v. 6517) und begründet dies mit dem schon erwähnten Rehkitz-Gleichnis, das vom Hof zu jenen fliehen will, die von seiner ‚Art' sind, jedoch wieder eingefangen wird (v. 6521–6566). Der Auftrag Barlaams lautet stattdessen: Josaphat solle ein Prediger Gottes werden bis der rechte Zeitpunkt gekommen sei (v. 6571–6575). Ohne Zweifel tritt dieser Zeitpunkt erst ein, wenn Avenier, dessen gesamtes Streben darauf gerichtet ist, Josaphat zurückzuhalten, auf der ‚richtigen' Seite des Dreiecks steht (das dann ja keines mehr ist).

Als Josaphat am Ende allein in der Wüste lebt, sein Freund Barlaam und sein inzwischen bekehrter und reuiger Vater Avenier längst gestorben sind, wird er von einem Traum heimgesucht, der, wie ich glaube, dieses doppelte ‚Begehren' Barlaams nach dem Sohn wie nach dem Vater illustriert: Im Reich Gottes erblickt Josaphat auf einer Ebene Engel mit einer leuchtenden Krone, die sie, wie der Träumende auf Nachfrage erfährt, für seinen Vater Avenier tragen. Josaphat wird vom Neid geplagt. Er gönnt seinem Vater nicht, dass er eine Krone trägt, wie sie eigentlich ihm selbst gebühre. Da erblickt er seinen Meister Barlaam. Der weist ihn für seinen Neid zurecht und,

---

469 Vgl. Sedgwick, Men (1985), S. 21. Zum erotischen Dreieck in der mittelalterlichen Literatur vgl. z.B. Kraß, Dreieck (2003).
470 Josaphat erschrickt von dem Anblick des Körpers (v. 6491–6494) und klagt, dass, wenn Barlaam seinem Körper ein so unbequemes Leben beschert habe, er nicht einsehe, weshalb er es so angenehm haben solle (v. 6506ff.).

als Josaphat ihn bittet, ihn endlich bei sich aufzunehmen, zurück: Josaphat müsse noch bleiben und nach seiner Lehre leben, erst dann könne man auch im Himmelreich zusammen sein (v. 15779–16892). Die Traumszene ist eine Wiederholung: Wie Barlaam Josaphats Verlangen nach einem freundschaftlichen Zusammenleben schon einmal zurückgewiesen hat, damit Josaphat auch Avenier und sein Reich bekehre, weist er ihn nun zurück und lebt im Himmelreich unter Engeln in einem herrlichen Palast – zusammen mit Avenier.

Ich möchte diese Interpretation keineswegs überstrapazieren: Barlaams Begehren ist weder sexuell noch richtet es sich primär auf die Person Avenier, sondern vielmehr auf die Weitergabe der christlichen Lehre. Aber das Konzept des erotischen Dreiecks scheint mir auch für diesen Text ein nützliches Analyseinstrument darzustellen: Vordergründig steht die Einzelfigur Josaphat im Zentrum des Interesses und im Fokus der Rivalität zwischen den religiösen Gruppen und ihren beiden wesentlichen Vertretern. Über die Dreieckskonstellation aber lässt sich herausarbeiten, dass es hier um mehr geht als um die Bekehrung des indischen Prinzen, der dann zum Heiligen wird, sondern dass das Interesse des göttlichen Boten Barlaams, kommuniziert über seine Erweiterung in Nachor, auf das gesamte Figurenensemble des Romans, das unter Aveniers Führung steht, gerichtet ist. Die Entdifferenzierung der erzählten Welt ist dann vollzogen, als die wesentliche Binarität dieser Welt, die Rivalität zwischen Barlaam und Avenier, aufgelöst ist und sie gemeinsam im Himmelreich leben.

Das Hinzukommen Josaphats am Ende des Romans (v. 15849–15868) vereint die drei Figuren des Dreiecks in einem Punkt und nimmt gewissermaßen die im Prolog beschworene Dreifaltigkeit Gottes wieder auf: Als Schöpfer von Anfang und Ende (v. 7 ff.), der die dreifaltige Einheit sei (v. 17–24), habe Gott das Viele und Verschiedene geschaffen.[471] Die Äquivalenzen sind kaum zu übersehen: Der Roman erzählt von drei Hauptfiguren, die relativ bald nach dem Prolog eingeführt werden (bis v. 1423), und endet in der Einheit dieser Dreiheit. Aus dem Dreieck der Rivalen und des begehrten Objekts im irdischen Land der Unähnlichkeit wird, wie im ‚Granum Sinapis‘ (Kap. 2.2.4.4), ein Punkt der göttlichen Einheit.[472]

---

[471] Genannt werden *Erde, viur, wazzer, luft, | kelte, regen, hitze, tuft* (v. 33 f.), die Vielzahl der Sterne (v. 39) und vieles mehr.
[472] Die unbegreifliche Einheit der göttlichen Dreiheit wird dort sowohl als *strik* (v. 21), als *reif* (v. 23), als *rink* (v. 28) aber auch als *punt* (v. 30) umschrieben, dessen Berg (*[d]es puntez berk*, v. 31) das Du, an das das Gedicht gerichtet ist, erklimmen solle.

3.3.9 Zusammenfassung

Von Ähnlichkeit zwischen Figuren, so lässt sich mit Blick auf diese Analysen resümieren, wird in Rudolfs Roman auf den ersten Blick als Möglichkeit zur Verwechslung und Täuschung erzählt. Eine Figur, die einer anderen äußerlich ähnelt, wird in einer List eingesetzt, um als Stellvertreter eine Alternative zur vertretenen Figur und ihrem Programm durchzusetzen. Dabei werden auch Fragen von Wahrnehmung und Erkennen mitverhandelt: Von der körperlichen Ähnlichkeit lassen sich nur jene Figuren überlisten, denen die ‚Augen des Herzens' verschlossen sind. Äußere Ähnlichkeit wird in den Wahrnehmungsprozessen des Romans peripher, weil nur die Gleichheit im christlichen Glauben, die innere Gleichheit zählt, die wiederum nur von christlichen Figuren erkannt werden kann. Ähnliches wird also ausschließlich von Ähnlichem erkannt, was in diesem Roman dazu führt, dass der Einsatz eines Doubles als Alternative scheitert. Stattdessen ermöglicht eine göttliche Instanz, dass der Stellvertreter zu einer wahren Verdoppelung, zu einer körperlichen Erweiterung der zu vertretenden Figur werden kann. In der Verwandlung vom unvollständigen zum wahren Double (Entdifferenzierung) unterstreicht der Erzähler metonymisch, wovon der Roman erzählt: Vom Potential auch ‚heidnischer' Figuren, in Einklang mit dem christlichen Glauben zu leben.[473] Auf diese Weise wird Nachor zudem zu einer ‚Zwischenfigur' in der Tradition der *chanson de geste*-Romane, eine Figur zwischen Welten, deren Normen unvereinbar erscheinen.

Zugleich ist es diese äußere Ähnlichkeit, die auf der Ebene des *discours* (gemeinsam mit verschiedenen Zitationen des Freundschaftsdiskurses) als intertextueller Verweis auf die Freundschaftsnarrative des Hochmittelalters fungiert und Figurenbeziehungen auf diese Weise determiniert. Weil Freundschaft ohne die Auflösung der verbleibenden Differenz, der fehlenden Taufe, nicht möglich ist, zeigen die anderen Merkmalsgleichheiten die Zielrichtung der Entdifferenzierung an, die auch in diesem Roman, vor allem anhand der vom Dreieck zum Punkt sich wandelnden Figurenkonstellation als Erzählkern herausgearbeitet werden konnte. Ähnlichkeit markiert hier die Gemeinschaft der christlichen Figuren, und zwar über sichtbare Merkmale der zerschundenen Körper, die sich aus der Abkehr vom höfischen Leben mit seinen entindividualisierten, schönen Leibern ergibt. Die ähnlichen Figuren tragen versehrte Körper, deren seelische Unversehrtheit nur für jene sichtbar ist, deren Augen dafür geöffnet, deren Herzen erleuchtet sind.

---

[473] Damit unterstütze ich eher eine Lesart des Romans, die die Ambivalenzen des Romans nicht als Distanzierung des Erzählers oder gar des Autors vom Handeln des Protagonisten versteht, vgl. zur entsprechenden Forschungsdiskussion Biesterfeldt, Moniage (2004), S. 84–108.

Die Entdifferenzierungsbewegung der Figuren geht in Rudolfs Text einher mit der Thematisierung eines Konflikts zweier Ähnlichkeitsnormen, nämlich der weltlichen Herrschaft auf der einen und der christlichen Askese auf der anderen Seite: In Rudolfs Roman wird die anfangs weltliche Herrschaft zwar christianisiert, aber Josaphat entscheidet sich schließlich, unter erheblichen Konflikten mit den anderen Mitgliedern des Adels (insbesondere Josaphats christlich-herrschaftliches ‚Gegenmodell' Barachias), am Ende zu einer Beendigung der weltlichen Herrschaft zugunsten der Ähnlichkeitsnorm Barlaams, dem er, indem er mit der Schönheit des ‚adligen Leibes' auch seine adlige Identität ablegt (und damit gewissermaßen in die Textwelten des hagiographischen Diskurses eintritt), zunehmend auch in seiner Physiognomie ähnelt. Diese Kollision zweier kaum miteinander zu vereinbarenden Ähnlichkeitsnormen wird in Ulrichs von Etzenbach ‚Wilhalm von Wenden', dem letzten Roman, der Gegenstand dieser Arbeit sein soll, ebenfalls über die Inszenierung von Ähnlichkeit und Differenz ausgehandelt und dabei ins Zentrum der Adelswelt geholt: in den ‚Sippenkörper' der Herrschaftsfamilie, dessen Einheit durch die Agonalität zweier Ähnlichkeitsnormen erheblich unter Druck gesetzt und gefährdet wird. Gerade die Ähnlichkeit der Glieder dieses verwandtschaftlichen Leibes aber ist es, die die Differenz zu überbrücken und schließlich zu beenden vermag.

3.4 Verwandtschaft: Prekäre Einheit. ‚Wilhalm von Wenden'

noch mê an in vander
daz nie kint sô glîche einander
wâren ûf der erde.
(Ulrich von Etzenbach, ‚Wilhalm von Wenden', v. 5345 ff.)[474]

Die schwierige Kompromisssuche zwischen weltlicher Herrschaft und seelischem Heil, die auch in Rudolfs BuJ zu hofinternen Konflikten führt, wird im ‚Wilhalm von Wenden' (WvW), den Ulrich von Etzenbach zwischen 1288 und 1297 am literaturaffinen Prager Hof[475] verfasste, zum zentralen Thema.[476] Wie in seinem ersten, erheblich umfassenderen Roman,

---

474 Im Folgenden zitiert nach: Ulrich von Etzenbach, Wilhalm von Wenden. Text, Übersetzung, Kommentar, hg. und übersetzt von Mathias Herweg, Berlin 2017.
475 Vgl. zur Literatur am böhmischen Hof um 1300 grundlegend Behr, Machtlegitimation (1989).
476 Überliefert ist der Roman nur in zwei Handschriften des 15. Jahrhunderts, dabei allerdings nur einmal vollständig. Vgl. grundlegende Informationen zum Autor und zur Werk-Chronologie Behr, Ulrich von Etzenbach (1995), sowie neuerdings Herweg, Nachwort (2017),

3.4 Verwandtschaft: Prekäre Einheit. ,Wilhalm von Wenden'

dem ,Alexander', fungiert also auch der WvW zur narrativen Reflexion über Begründung und Sicherung von Herrschaft, und zwar nicht nur innerfiktional, sondern auch hinsichtlich seiner Rezeption, unter anderem, indem zwischen den Protagonist*innen Alexander bzw. Wilhalm und Bene und den jeweiligen böhmischen Herrscher*innen, Ottokar II. bzw. Wenzel II. und Guta von Habsburg, teilweise direkte und namentliche Bezüge hergestellt werden.[477]

Die diesem Sujet einer Suche nach weltlichem und himmlischem Heil inhärente Widersprüchlichkeit zieht dabei in der narrativen Realisierung zahlreiche Reibungen nach sich, und zwar in Form von ambig handelnden Figuren,[478] die ein nur bedingt zuverlässiger Erzähler[479] durch eine von Gattungsinterferenzen geprägte Textwelt führt.[480] In der Forschung begegnet man diesem Themenkomplex insbesondere durch eine Fokussierung auf die Frage nach der Gattungszugehörigkeit des Textes.[481] Sieht man einmal von der inzwischen als überholt geltenden ,Schlüsselroman-These' ab,[482] stehen sich dabei im Wesentlichen zwei Positionen gegenüber: Auf der einen Seite

---

S. 215–220, und ders., Verbindlichkeit (2010), S. 212 ff. Als *terminus ante quem* gilt der Tod von Königin Guta, Wenzels II. Frau, im Jahre 1297, der im Roman vom Erzähler gehuldigt wird (v. 4661–4718). Die Geburt der Zwillinge Gutas als *terminus post quem* zu wählen, wie Rosenfeld, Einleitung (1957), S. XXX, und nach ihm Behr, Machtlegitimation (1989), S. 205 f., dies tun, scheint mir dagegen immer noch zu spekulativ. Behrs Argument, eine Rühmung Ottokars, wie sie der Erzähler im WvW vornimmt (v. 4688–4695), sei frühestens möglich geworden, nachdem Wenzel sich gegen die Feinde seines Vaters am Hof durchgesetzt habe – nach 1288 – leuchtet deutlich mehr ein. Vgl. zur Datierung außerdem Kohlmayer, Studien (1974), S. 101–107.

477 Vgl. zu dieser Rezeptionsfunktion bzgl. des ,Alexander' im Überblick Knapp, Alexander (2014), S. 69–72, zum WvW ausführlich bei Herweg, Verbindlichkeit (2010), S. 179–183 (zum WvW als wendisch-böhmischer Gründungsmythos), S. 347–352 (u. a. zum WvW uns seiner etymologisch-genealogischen Verbindung von Romanhandlung und zeitgenössischem Herrschaftspaar) und v. a. S. 360–403 (zur narrativen Darstellung von *„Modellen der Begründung, Gefährdung und Konsolidierung von Landesherrschaft und Hausintegrität"*, ebd., S. 362).
478 Einen guten Überblick bietet Herweg, Nachwort (2017), S. 221 ff. Von *vier* Erzählsträngen lässt sich sprechen, weil nicht nur Wilhalm, Bene und die Zwillinge, sondern auch die Handlungen der Landherren in Wenden erzählt werden.
479 Vgl. Seeber, Rezipientenlenkung (2012).
480 Auch hier bietet Herweg, Nachwort (2017), S. 224–230, einen ersten Überblick.
481 Dies lässt sich wohl für die meisten jener hybriden Romane des späten 13. Jahrhunderts so festhalten, die man wohl eher nicht mehr ,Minne- und Aventiureromane' nennen sollte, vgl. v. a. Putzo, Verlegenheitslösung (2013). Eine ausführlichere Diskussion mit Blick auf den WvW findet sich bei Herweg, Verbindlichkeit (2010), S. 360–377.
482 Diese besagt, bei dem Roman handle es sich um eine historische Beschreibung der Herrscherzeit Wenzels II. und Gutas, vgl. Rosenfeld, Einleitung (1957), S. XXIX f., der allerdings durchaus konstatiert, dies sei nicht in dem Sinne zu verstehen, „daß alles Geschehen des Romans auf bestimmte Persönlichkeiten übertragen werden dürfe." Ähnlich zuvor schon Leonhardt, Untersuchungen (1931), S. 13 f., die die Zwillingsgeburt Gutas zur „Ursache" der Stoffwahl benennt. Auch Metzner, Faktizität (2004), argumentiert in diese Richtung.

sprechen etwa der Prolog, die *conversio* Wilhalms[483] und die stoffliche Verwandtschaft mit der Eustachius-Legende dafür,[484] den WvW primär vor dem Hintergrund eines religiösen Weltdeutungshorizonts zu verstehen (Hagiographie-These).[485] Auf der anderen Seite ist das zentrale Thema des Romans, der „Stellenwert von Herrschaft und deren innere Begründung", eines, das mit der Legendenthese kaum in Einklang zu bringen ist.[486] Das paradigmatische Durchspielen der Gefährdung „dynastischer Kontinuität anhand unterschiedlich begründeter Bedrohungen", spricht eher dafür,[487] im WvW einen ‚Fürsten- und Herrschaftsroman' zu sehen.[488] Diese inhaltliche Ambiguität des Textes, der den Widerspruch zwischen weltlicher Herrschaftsverantwortung und persönlicher Heilssorge narrativ durchspielt und mit zwei unterschiedlichen Weltdeutungskonzepten gleichzeitig operiert, spiegelt sich teilweise auch in der Mitüberlieferung der Dessauer Handschrift (d)[489] und

---

[483] Sie ist ein Grundbestandteil der sogenannten ‚Bekennerlegenden'. Grundlegend zur Systematik deutschsprachiger hagiographischer Erzählungen ist immer noch Feistner, Heiligenlegende (1995), speziell zur ‚Bekennerlegende' vgl. S. 149–215.

[484] Neben der im 13. Jahrhundert weit verbreiteten Eustachius-Legende weist der WvW zahlreiche Ähnlichkeiten einerseits zu einer Reihe von ‚Wilhelm'-Erzählungen aus dem romanischen Sprachraum auf, etwa (und insbesondere) zu Chrétiens ‚Guillaume d'Angleterre' (um 1172), andererseits zu einer Reihe anderer epischer Texte, wie die ‚Gute Frau' (spätes 13. Jahrhundert). Zu möglichen Vorlagen des WvW vgl. v. a. die Leonhardt, Untersuchungen (1931), zum Verhältnis der Eustachius-Legende und dem WvW ebd., S. 60–69, Honemann, Eustachius-Thema (1993), Röcke, Entwürfe (2010), und Hagby, Heiligenlegende (2013). Nicht abzustreiten ist auch eine Orientierung an Wolframs ‚Willehalm' (insbesondere im Prolog), vgl. dazu Kleinschmidt, Wirkungsgeschichte (1974), S. 618–621, Schröder, Patron (1989), Behr, Machtlegitimation (1989), S. 176f., und S. 179, Haug, Literaturtheorie (2009), S. 341 ff., Herweg, Verbindlichkeit (2010), S. 365f., Herweg, Nachwort (2017), S. 218.

[485] Dies taten insbesondere Schulmeister, Aedificatio (1971), Kleinschmidt, Rezeption (1974), S. 621, und Masser, Wilhelm von Wenden (1974) sowie, mit Blick auf den Prolog, Haug, Literaturtheorie (2009), S. 339–343. Neuerdings betont diese Perspektive auch wieder stärker Hagby, Heiligenlegende (2013).

[486] Behr, Machtlegitimation (1989), S. 191.

[487] Herweg, Verbindlichkeit (2010), S. 362. Ähnlich schon Behr, Machtlegitimation (1989), S. 192.

[488] So Herweg, Verbindlichkeit (2010), S. 373. Neben Behr und Herweg steht für diese Schwerpunktsetzung auch J.-D. Müller, Landesherrin (1986).

[489] Der Roman wird hier zusammen mit Strickers ‚Karl', dem ‚Alexius-K', dem ‚Rosengarten', ‚Laurin' und einigen didaktischen Texten überliefert, d.h. zusammen mit historischen, hagiographischen und heldenepisch-historischen Texten, vgl. dazu Herweg, Verbindlichkeit (2010), S. 212, der den „Inhalt des Kodex für einen jugendlichen Dynasten" wie Fürst Bernhard von Anhalt, einem Besitzer der Handschrift, „wie geschaffen" hält (ebd., S. 213). Interessant ist insbesondere die Überlieferung des Textes mit der (päpstlichen) K-Fassung der ‚Alexius'-Legende, die, anders etwa als bei Konrad von Würzburg, Alexius' sozialen Status erhöht (sein Vater sei heilig und mächtiger als ‚jetzt der Römische König') und auch seine Braut zur Kaisertochter macht, vgl. Rosenfeld, Alexius (1978). Damit wird Alexius' Weltflucht radikalisiert und ihre Problematik verschärft – eine Zuspitzung, die der WvW zum Hauptthema macht.

ist in der Forschung weitgehend unumstritten.[490] Erstmals waren es Werner Röcke, am grundsätzlichsten Mathias Herweg sowie, mit Blick auf Spezialthemen diese Erkenntnisse flankierend, Armin Schulz und Stefan Seeber, die in ihren Analysen zu dem Schluss kamen, dass wir es mit einem grundsätzlich hybriden Roman zu tun haben, dessen Widersprüchlichkeit als solche zum Gegenstand der Analyse erhoben werden müsse.

Der Text, so Röcke, bestehe aus zwei Redeweisen: einem politischen Diskurs, über den herrschaftliche Ordnungen und ihre Grundlagen diskutiert würden, und einem Diskurs der Weltabkehr, der auf das christliche Ideal des radikalen Verzichts ausgerichtet sei – die unmögliche Aufgabe, das Profane und das Heilige zusammenzubringen, sei es, das der Roman zu bewältigen suche, um Herrschaft durch den Verzicht auf dieselbe ethisch neu zu legitimieren.[491] Auch Herweg plädiert für eine intentionale Hybridität: Das Schema der Legende werde anzitiert, um „*gerade dadurch* die Gültigkeit des [...] ethisch-religiösen Normhorizonts unter den Bedingungen politisch-herrschaftlicher Realität kritisch austesten zu können".[492] Es sei das erhebliche Irritationspotential vor allem von Wilhalms Handlungen, das den Rezipierenden anbiete, „die eröffneten Widersprüche und Leerstellen klärend auf die eigene Situation" zu beziehen.[493] Indem das Erzählprogramm der Legende also potenziell die Erwartung eines imitationswürdigen Heiligen bewirkt, sorgt die „Sprengung des Legendenschemas" für ein kritisches Nachdenken über die Vereinbarkeit der Weltdeutungskonzepte.[494]

Dabei äußere sich die Kompromisssuche zwischen weltlichem Leben (höfischer Roman) und radikaler Askese (Hagiographie), so Schulz, auch in einem Nebeneinander entsprechender Muster des Erkennens: Während der Weltentwurf des höfischen Romans den Zusammenhang zwischen innerem Wesen und äußerlich Wahrnehmbarem propagiere, seien Legendentexte skeptisch gegenüber dieser Ideologie der Sichtbarkeit. Wenn sich in hybriden Texten nun eine Figur aus der Sphäre des feudalen Systems herausmanövriere, so verliere diese mit seiner alten Identität auch seine soziale Kenntlichkeit. Daraus resultiere das Spiel mit Erkennungs- und Verkennungs-

---

490 Biesterfeldt, Schlußkonzept (2004), S. 225, konstatiert mit Blick auf den *moniage*, „die geistliche Existenz bleibt offen zur Welt." Auch Behr, Machtlegitimation (1989), S. 175, sieht, dass der Text sich am „Erzählschema der Legende" orientiere, und Classen, Frauenroman (1989), S. 29, spricht von einem „legendenhaft historische[n] Roman", während bereits Kohlmayer, Studien (1974), im Titel von einer ‚politischen Legende' spricht, die, so ders., Formkunst (1980), S. 355 f., eine Legende mit politisch-propagandistischer Funktion darstelle.
491 Vgl. Röcke, Repräsentation (1990), S. 225 f.
492 Herweg, Verbindlichkeit (2010), S. 371.
493 Ebd., S. 58.
494 Die Überschrift eines Unterkapitels zum ‚WvW' bei Mathias Herweg, Verbindlichkeit (2010), S. 368, lautet: „Heiliger Zweck – unheilige Mittel. Sprengung des Legendenschemas durch den narrativen Gehalt."

szenen im WvW.[495] Seeber wiederum argumentiert, dass die Hybridität des Textes eine nach Harmonisierung strebende Erzählstrategie der ‚Glättung' zur Konsequenz habe:[496] Der Erzähler bemühe sich durch verschiedene Fokalisierungen darum, Irritationsmomente des Romans oberflächlich zu erklären oder durch eine extreme Fülle an Details zu verschleiern.[497]

Meiner eigenen Analyse des Romans mit der Perspektive auf die narrativen Inszenierungen von Ähnlichkeit zwischen Figuren habe ich die Beschreibung dieses Forschungsdiskurses vorangestellt, weil die Gattungsdualität auch die Ähnlichkeitsnormen (Kap. 1.8.2) und damit teilweise die Merkmalsgleichheiten und -differenzen zwischen den Figuren prägt. Das semantische Koordinatensystem, das der Text anfangs entwirft, besteht dabei nämlich aus zwei Extrempolen: Während auf der einen Seite rein weltliche Herrschaft handlungsleitendes Thema zu sein scheint, geht es auf der anderen um die reine Zuwendung zum christlichen Gott und um Weltverzicht. Im Erzählprozess aber ergibt sich eine Angleichung der gegensätzlichen Ähnlichkeitsnormen, die dadurch präfiguriert und vollzogen wird, dass die Repräsentant*innen der entgegengesetzten Normen bestimmte Merkmale miteinander teilen.[498] Ähnlichkeit fungiert also, wie im ‚Willehalm' (Kap. 3.2.1) und im ‚Barlaam und Josaphat' (Kap. 3.2), zur Überbrückung von Glaubensdifferenzen, insbesondere aber zur Harmonisierung zweier Ähnlichkeitsnormen: gesellschaftsabgewandte, in Armut sich vollziehende Christusnachfolge, die auf die heilsame Entdifferenzierung im Göttlich-Einen zielt (Kap. 2.2) auf der einen, und weltliches Leben, Reichtum, Ansehen und ordnungskonstitutive Differenzen (Kap. 1.8.1) auf der anderen Seite.

Die Figuren unterlaufen so das duale Verhältnis der Ähnlichkeitsnormen: Zwar führt eine durch die rivalisierenden Ähnlichkeitsnormen der Textwelt ausgelöste Differenz zwischen dem Ehepaar Wilhalm und Bene zu einer räumlichen Trennung, doch den beiden Figuren wird auch weiterhin eine Merkmalsgleichheit zugeschrieben, die diese Trennung überbrückt. Gespiegelt wird diese ‚Einheit des Verschiedenen' in der ‚Einheit der Gleichen' ihrer Zwillingssöhne, Danus und Boizlabe. Die scheinbare *Dualität* der

---

495 Vgl. dazu Schulz, Epistemik (2009).
496 Dass es dem Erzähler dabei nicht immer gelinge, die ‚Leerstellen' zu füllen, würde ich, anders als Seeber und eher auf der Linie von Herweg, nicht als Mangel, sondern als gezielt eingesetztes erzählerisches Mittel werten, mit dem gerade durch seltsam unlogisch erscheinende Kausalerklärungen oder durch enzyklopädische Ausführlichkeit der ‚narrative Finger' auf die zu reflektierende Leerstelle gerichtet wird.
497 Vgl. Seeber, Rezipientenlenkung (2012), zusammenfassend S. 117 ff. Ähnlich argumentierte in Ansätzen schon Behr, Machtlegitimation (1989), S. 186 f.
498 Auch Herweg, Verbindlichkeit (2010), S. 373–377, spricht von einem ‚ungleichen Paar' (s. u.).

Eltern, so die Hauptthese dieser Analyse, wird gespiegelt und proleptisch unterlaufen in der *Geminalität* (Kap. 2.3.2) der Zwillinge.[499]

Im Folgenden werde ich (Kap. 3.4.1) zunächst die Ähnlichkeitsnormen sowie die Bewegungen der Figuren innerhalb und über die Grenzen der semantischen Felder, die mit diesen Normen verknüpft werden, beschreiben. Anschließend möchte ich (Kap. 3.4.2) vor dem Hintergrund entsprechender Diskurse auf die Inszenierung von Einheit und Sympathie unter Merkmalsgleichen das Ehepaar bzw. die ‚Kernfamilie' untersuchen, um zum Schluss (Kap. 3.4.3) das Zwillingspaar vor dem Hintergrund dieser Figurenkonstellation, des Ähnlichkeitsdiskurses und intertextueller Anspielungen zu analysieren. Eine Zusammenfassung der Ergebnisse (Kap. 3.4.4) schließt dieses Kapitel ab.

3.4.1 Gott und die Welt. Ähnlichkeitsnormen im ‚Wilhalm von Wenden'

3.4.1.1 Handlungsübersicht

Ulrichs WvW variiert den Erzählkern der Entdifferenzierung (Kap. 1.3) hinsichtlich zweier Figurenkonstellationen. Erstens wird die ‚heidnische' Welt christianisiert, deren Vertreter*innen Merkmalsgleichheiten mit den christlichen Ähnlichkeitsnormen aufweisen.[500] Zweitens wird Wilhalms Familie als Einheit inszeniert, deren Mitglieder sich vorübergehend voneinander differenzieren und dann wieder angleichen.[501] Dementsprechend lässt

---

499 Die Studien zum WvW, die sich bislang eingehender mit den Zwillingssöhnen beschäftigt haben, bemühten sich nicht um eine Integration der Zwillingsepisode in die Gesamtausrichtung des Textes, wie sie hier erfolgen soll, vgl. J.-D. Müller, Kompromisse (2007), S. 54 ff., und von Bloh, Zwillinge (2007).

500 An insgesamt 12 Stellen im Text ist dabei nicht von *heiden*, sondern von *Sarrazîn* die Rede. Naheliegend wäre zunächst die Vermutung einer Differenzierung zwischen den wendischen ‚Heid*innen', die am Ende bekehrt werden, und jenen, gegen die Wilhalm von Jerusalem aus kämpft – dies ist aber nicht der Fall, die Begriffe werden vielmehr synonym verwendet: Als ‚Sarazen*innen' werden sowohl die Bewohner*innen bzw. die Gäste Wendens und der namenlosen Küstenstadt und Wilhalm bis zu seiner Taufe (v. 587, v. 1623, v. 2005, v. 2135, v. 3466, v. 5743, v. 6512) als auch die Feinde Jerusalems, gegen die Wilhalm nach seiner Taufe kämpft, bezeichnet (v. 3906, v. 3927, v. 3996, v. 4016, v. 5045).

501 Es sei zumindest angemerkt, dass diese Makrostruktur des Zusammenfindens eines Liebespaars, seiner Trennung und der Wiedervereinigung möglicherweise auf den griechischen Liebesroman zurückgeht, so z. B. Behr, Machtlegitimation (1989), S. 177. Diese Struktur ist auch eines der (unzureichenden) Hauptargumente der gelegentlich vorgenommenen Zuordnung des WvW zur problematischen Gattungskonstruktion des ‚Minne- und Aventiureromans', z. B. bei Brunner, Geschichte (1997), S. 267, und Heinzle, Geschichte (1984), S. 116. Eine kontinuierliche Rezeption des griechischen Liebesromans ist für das westliche Mittelalter

sich der Roman in vier Erzählabschnitte einteilen:[502] Im ersten Abschnitt (v. 1–438), werden zwei kontrastive Ähnlichkeitsnormen – christliche Weltabgewandtheit (Hagiographie) im Prolog und weltzugewandte Herrschaft (Herrschaftsroman) in der Handlungsexposition – gegenübergestellt. Der zweite Abschnitt (v. 439–2870) markiert den Moment, in dem die Gegenpole kollidieren: Wilhalm erfährt sein ‚Heidentum' als unzulässige Differenz zur hagiographisch geprägten Ähnlichkeitsnorm. Dies führt zur Herrschaftsaufgabe des Ehepaars und schließlich zur Trennung der Familie. Der dritte Abschnitt (v. 2871–5882) erzählt vom Leben im Exil der getrennten Familienmitglieder, die im vierten Abschnitt (v. 5883–8353) wieder zusammengeführt werden und das ‚heidnische' Wenden christianisieren.

Bei der folgenden syntagmatischen Analyse der Handlung hinsichtlich der Ähnlichkeitsnormen wird sich insbesondere zeigen, dass die binäre semantische Struktur der Textwelt durch den Erzähler einerseits immer wieder bekräftigt, andererseits regelmäßig durch Textsignale unterlaufen wird: Die Vertreter*innen der Ähnlichkeitsnormen sind überdeterminiert.[503]

3.4.1.2 Prolog und Exposition

Bereits am Romananfang wird, folgt man der Romanversion, die die Dessauer Handschrift (d) bietet,[504] die hybride Grundstruktur des Romans ersichtlich, indem sich Prolog (v. 1–103) und Handlungsexposition (v. 104–348) einer-

---

aber kaum auszumachen (eine Ausnahme bildet Heinrichs von Neustadt ‚Apollonius'). Eine vergleichbare Makrostruktur könnte auch über die frühchristliche Literatur an das Mittelalter übermittelt worden sein, vgl. Putzo, Verlegenheitslösung (2013), S. 62. Differenzierend auch Herweg, Nachwort (2017), S. 228.

502 Meine Strukturierung orientiert sich dabei an den Vorschlägen von Herweg und Behr, die als Scharnierstellen vier bzw. fünf Herrschaftskrisen ausmachen, vgl. Herweg, Verbindlichkeit (2010), S. 362 ff., sowie Behr, Machtlegitimation (1989), S. 185 f. und S. 192. Einen anderen, ‚zahlenkompositorischen' Strukturierungsvorschlag macht Kohlmayer, Studien (1974), S. 36–45, während Hagby, Überlegungen (2013), S. 77 ff., dafür plädiert, den WvW vor dem Hintergrund der Struktur der Eustachius-Legende zu lesen, die den Schritten der *qualificatio*, der *probatio* und der *elevatio* folge.

503 Vgl. Nach Keck/Schulz, Überdetermination (2003), bezeichne diese die „Mehrfachkodierung eines Zeichens oder Zeichenkomplexes durch konkurrierende semantische Ordnungen" (S. 715), z. B. bei „einer Interferenz unterschiedlicher, intertextuell präfigurierter Handlungsmuster" (S. 716).

504 Als problematisch für diese Lesart eines doppelten Romananfangs, der seine hybride Grundstruktur unterstreicht, erweist sich, dass sich diese Lesart nur auf der Basis von Handschrift (d) durchhalten lässt, denn in Handschrift (h) fehlt der legendarische Prolog und der Text startet mit der dynastischen Zäsur im Königreich Wenden. Auf diese Weise wird in (h) das Programm eines Herrschaftsromans deutlich verstärkt, vgl. Herweg, Nachwort (2017), S. 225. Hingewiesen sei allerdings darauf, dass offenbar mindestens eine zweite Handschrift geplant worden war, die den Prolog enthalten hätte: Die Schwanritter-Hs. (f) enthält fehler-

3.4 Verwandtschaft: Prekäre Einheit. ‚Wilhalm von Wenden'

seits als kontrastiv aufeinander bezogene Einleitungen in zwei ideologisch gänzlich verschiedene ‚Gattungen' und ihre Normen verstehen lassen – der Prolog als Einleitung in die ‚Legende', die Handlungsexposition als Einleitung in den ‚Herrschaftsroman' –, diese strenge Zweiteilung aber andererseits zugleich unterlaufen wird. Den Figuren verweigert der auktoriale Erzähler auf diese Weise eine *eindeutige* Zuordnung zu einer der jeweiligen Ähnlichkeitsnormen. Zu unterscheiden ist hier deutlich zwischen Erzähler- und Figurenwissen: Durch den Prolog und durch Textsignale des nullfokalisierenden Erzählers werden die Figuren für die Rezipierenden hybrid, während sich die Figuren selbst in der Handlungsexposition recht eindeutig in der Ähnlichkeitsnorm weltzugewandter Herrschaft verorten, über die sie noch nicht hinausblicken.[505]

Zunächst setzt der Erzähler einige Markierungen für eine strikte Trennung zweier Ähnlichkeitsnormen im selben Text: Der Prolog verortet sich einseitig in einem christlichen Deutungshorizont, in dem das Gebet zu Gott und das Dasein als Streiter für das Christentum als wesentliches Lebenskonzept gepriesen (v. 1–4) und von den Belangen der irdischen Welt deutlich getrennt werden. Menschliche Schwäche sei es (v. 56), die die Menschen an die Irrungen der Welt bänden (v. 43 f.) und von denen das Erzähler-Ich sich selbst (v. 58–64), seine Auftraggeber (v. 91–102) und seine Rezipierenden (v. 1–4) mit Gottes Hilfe befreien will.[506] Die Handlungsexposition hingegen entfaltet bereits in ihrem ersten Vers –[*i*]*n Wenden lande ein fürste starp* (v. 103) – ein „genuin politisches Krisentableau":[507] Ein Herrscher hinterlässt bei seinem Tod einen für die Herrschaft eigentlich zu jungen Sohn. Das sind nun *irdische* Probleme, mit denen sich der Erzähler im Prolog explizit nicht aufhält.

Die Exposition führt den Kontrast noch weiter: Die Herrschaft ist nicht nur in Gefahr, sondern darüber hinaus auch noch ‚heidnisch' (v. 105) – und damit von den normativen Vorgaben der Prolog-Welt radi-

---

hafte und durchgestrichene Teile dieses Prologs, vgl. Weimann, Handschriften (1980), S. 11, Rosenfeld, Einleitung (1957), S. XXIIf., sowie die vollständige Handschrift inklusive der 24 durchgestrichenen Prologverse in: Der Schwanritter Konrads von Würzburg. Aus der Frankfurter Handschrift neu ediert und mit einem Kommentar versehen von Jan Habermehl, Frankfurt (2015): http://publikationen.ub.uni-frankfurt.de/files/38627/Schwanritter.pdf (online aufgerufen am 11. 01. 2019). Darüber hinaus ist Hs. (h) insgesamt lücken- und fehlerhaft, vgl. Rosendfeld, Einleitung (1957), S. XXI–XXIX.

505 Damit zeigt sich schon an dieser Stelle, was Seeber, Rezipientenlenkung (2012), S. 110 f., für den gesamten Roman, schwerpunktmäßig aber für den Jerusalem-Teil feststellt: Auf der Ebene des religiösen Diskurses stünden Erzähler und Rezipierende stets über dem Wissen der Figuren. Ähnlich schon Kohlmayer, Studien (1974), S. 65.
506 Zur Legendenhaftigkeit des Prologs vgl. Herweg, Verbindlichkeit (2010), S. 366, sowie Schulmeister, Aedificatio (1971), S. 174 ff.
507 Herweg, Verbindlichkeit (2010), S. 366.

kal unterschieden und ‚defizitär'. Der *Prolog*-Erzähler verspricht hier allerdings ‚prothetisierende' Abhilfe (Kap. 1.8.3): Die zu erzählende Geschichte handle davon, wie der ‚süße Klang' des göttlichen Namens (v. 72 f.)[508] das ‚heidnische' Volk vom *irretuom der heidenschaft* (v. 71) abgebracht habe. Mit Blick auf die Handlung selbst wird dies zwar eingelöst, scheint aber mitnichten das einzige Erzählziel darzustellen: Anders als in der literarischen Tradition des Eustachius-Stoffs und der romanischen Wilhelms-Erzählungen[509] liegt das zentrale Sujet insbesondere in einer Vermittlung eines weltlich-herrschaftlichen und eines geistlich-asketischen Lebenskonzepts. *‚Heidnische'* Herrschaft gibt sich hier nur als die Extremvariante herrschaftlicher Weltzugewandtheit und radikalisiert die anfänglichen Oppositionen des Romans. Dementsprechend folgt dem legendarischen Prolog, anders als im ‚Willehalm' oder im ‚Barlaam', *keine* Problematisierung des Glaubenskonfliktes. Thematisiert (und als zweites Handlungssujet eingeführt) wird stattdessen die Lösung einer Herrschaftskrise – in diesem Fall durch die Solidarität der Untergebenen (v. 123–139), die Vermählung Wilhalms mit einer Königstochter (v. 157–336) und die organisatorische Ordnung der Herrschaft (v. 336–400).

Nach den ersten 438 Versen sind damit bereits die Pole der entgegengesetzten Weltentwürfe vorgestellt, um deren Vermittlung die Protagonist*innen des Romans ringen: Geht es im Prolog um das Ansehen des Einzelnen vor Gott,[510] hebt der Erzähler in der Handlungsexposition das weltliche Ansehen von Wilhalms Vater hervor;[511] gilt in der Welt des Prologs alles Weltliche als süßes, aber falsches Versprechen (v. 43–46) und damit das Ideal einer welt- und geldabgewandten Armutsethik sowie das asketische Virginitätsideal Marias (v. 28 f.), so ist die geschlechtliche Reproduktion in der Welt des ‚heidnischen' Wendenlands die Grundlage für die Fortsetzung der Dynastie und dementsprechend die Heirat und Familiengründung so-

---

[508] Auch diese synästhetische Umschreibung des göttlichen Wortes lässt sich als Merkmal eines hagiographischen Diskurses lesen (Kap. 2.2.1.1), wie es sich ansonsten auch im ‚Engelhard' finden lässt (Kap. 3.3.4.3).

[509] In der Eustachius-Legende ist die Christianisierung der Familie das wesentliche Sujet des Textes, vgl. Leonhardt, Untersuchungen (1931), S. 66. Allerdings spielt dieser Aspekt in den anderen romanischen Wilhelmsepen sowie in den Nicht-Wilhelms-Epen, die mit dem WvW vergleichbar sind, eine noch geringere Rolle, denn dort ist der Protagonist stets bereits zu Beginn ein frommer Christ, der den göttlichen Befehl erhält, ins Exil zu ziehen, vgl. ebd., S. 24, S. 33 und S. 53.

[510] Besonders deutlich wird dies in der direkten Ansprache des Erzählers an den Herrn: *Jêsu, heiler, nu hilf mir | von sünden last und wîse mich | daz ich vürbaz gewarte an dich | und mich von sünden riuwe kraft | neme von süntlîcher haft | und ich erkenne in reinem leben | waz dû mir sælden hâst gegeben* (v. 58–64).

[511] *In Wenden lande ein fürste starp, | der daz mit vürsten rehte erwarp | bî heidenischen zîten | daz man in lobete wîten | und in sîn volc nâch tôde klagete.* (v. 103–107).

wohl letzte Sorge des sterbenden Vaters (v. 114) als auch die erste Sorge des elfjährigen Wilhalms nach dem Tod des Ersteren (v. 147–152). Außerdem erfahren wir in der Handlungsexposition von der kostbaren Ausstattung Benes (v. 195), von der vom Erzähler (!) gepriesenen weiblichen Schönheit (v. 202–218), von ‚fürstlicher Lebensart' (v. 279), von Pracht, Glanz, Konsum und materieller Freigebigkeit am Hof des Protagonisten (v. 223 f., v. 230, v. 231 ff., v. 240, v. 249, v. 259, v. 261 ff., v. 277 u.v.m.), der ausdrücklich auf nichts zu verzichten brauche (v. 230), sowie vom Verlust der Jungfernschaft des Brautpaars (v. 323–335).

Darüber hinaus wird die Opposition der Ähnlichkeitsnormen durch eine kontrastive Bewertung von Gleichheit und Differenz herausgestellt: So betont der Prolog-Erzähler die nur in Gott mögliche Einheit des Verschiedenen, die Trinität – *dîner drîer namen underscheit | ein gotheit beslozzen hat* (v. 6 f.).[512] Damit gilt in der hagiographischen Ähnlichkeitsnorm das Ideal einer heilsamen Entdifferenzierung im ‚Land der Ähnlichkeit' (*regio similitudines*), die mystische *Unio* mit dem Undifferenzierten (Kap. 2.2.1.2). Vom Herrschaftsroman-Erzähler erfährt man hingegen, dass die Wahrung von Differenzen zur Einhaltung der weltlichen Ordnung unbedingt notwendig ist: Obschon Wilhalm eigentlich zu jung für die Herrschaft ist, stellt niemand die sozialen Differenzen infrage und wird so zum gefährlichen Doppelgänger (Kap. 1.8.1): Alle ordnen sich dem Fürsten unter *als sie solden* (v. 135). Weiter sind die Ritter beim Hochzeitsfest ihrem *Status* entsprechend ‚geschmückt' (v. 233 ff.), wird streng darauf geachtet, dass alle Anwesenden *nâch iegelîches wirdekeit* geordnet sind (v. 247) und verteilt Wilhalm am Folgetag Geschenke, deren Wert von der unterschiedlichen *wirde* der Beschenkten abhängig gemacht wird (v. 336–342). In der irdischen Welt der Unähnlichkeit (*regio dissimilitudines*), hat damit alles *seinen* Platz, ist die soziale Differenz die Grundlage der Ordnung, deren Auflösung Gewalt zur Folge hätte, wie es die dritte Krise des Romans vorführen wird. Der Ordnung der Unterschiede (Welt) steht in diesem Roman das radikal Andere, die Sphäre des Nichtunterschiedenen, gegenüber (Gott).

Diese bis hierhin deutlich vollzogene ideologische Zweiteilung der Textwelt wird nun allerdings durch drei Strategien unterlaufen. Erstens glättet der Erzähler die ideologischen Widersprüche, indem er sich selbst beiden Normen zuordnet: Bittet er im Prolog als stark präsentes ‚Ich' (v. 9, v. 41, v. 42, v. 44, v. 45, v. 47, v. 56, v. 58, v. 59, v. 60, v. 61, v. 63, v. 65, v. 66, v. 77, v. 86, v. 91, v. 92, v. 94) und Teil eines menschlichen ‚Wirs' (v. 28, v. 36, v. 37) um göttlichen Beistand auf dem Weg aus dem falschen Schein der Welt, tritt er in der Handlungsexposition zum weltlichen Herrschaftsroman gerade

---

512 Der Erzähler wiederholt dies noch einmal in v. 19 und v. 21 f.

dort aus dem Schatten erzählerischer ‚Anonymität' heraus, wo es um äußere Schönheit geht, die er im Prolog noch abgewiesen hat:

> *ein solich munt mir abe bæte*
> *swaz ich swære hæte,*
> *würde sîn grüezen mir erkant,*
> *der man vil ûf der ouwen vant.*
> *mir was ouch wîlen fröude kunt:*
> *die gap mir ein rôter munt.*
> (v. 213–218)

Zweitens sorgt der Erzähler durch Wortgleichheiten bei der Beschreibung der beiden Pole für deren Angleichung: Im Prolog wird die Welt zwar als Problem und Gott als die Lösung präsentiert, zugleich aber werden beide in einem Satz mit demselben, vieldeutigen Adjektiv *süeze* belegt:[513] Die *süeze* der Welt habe den Erzähler verführt und ihm vom Gebot des *süeze*[*n*] Gottes abgebracht (v. 43–46) – eine syntaktisch eingeführte Differenz wird so lexematisch wieder eingefangen: die Welt ähnelt Gott (Kap. 2.2).[514] Und drittens wird die radikale Unterscheidung zwischen Christ*innen und ‚Heid*innen' unterlaufen: Anders als etwa im ‚Rolandslied' und eher auf der Linie des ‚Willehalm' und des ‚Barlaam' konzipiert der Erzähler die ‚Heid*innen' nicht als das gänzlich ‚Andere', sondern als Ähnliche, denen das Merkmal der Taufe fehlt (Kap. 3.3.1).[515] Nur diese nämlich habe die Christen *gescheiden | von dem namen der heiden* (v. 37 f.). Dieses Ähnlichkeitsdiktum wird auch damit unterstrichen, dass der Erzähler den Patriarchen Gyburc zitieren lässt, ‚Heid*innen' wie Christen seien *gotes hantgetât* (Wh, v. 306, 28, WvW, v. 3734),[516] also eine ursprüngliche Einheit.[517]

---

[513] Vgl. zum Bedeutungsspektrum des Adjektivs *süeze* etwa Schröder, Gyburc (1960), v. a. S. 46–53, sowie Braun, Kristallworte (2007), S. 19, der auf den meist religiösen Sprachgebrauch des Adjektivs verweist.

[514] Diese attributive Angleichung lässt sich eventuell mit mittelalterlichen Schöpfungsvorstellungen erklären: Das Göttliche galt zwar einerseits als das gänzlich vom Irdischen unterschiedene, andererseits aber als die Spitze der großen ‚Wesenskette', deren Glieder in absteigendem Maße am Göttlichen teilhaben (Kap. 2.2.1). Auf das wesentliche Zeichen dieser Verbindung weist auch der Erzähler im Prolog hin: Die ewige Gottheit habe sich *von himel her ûf erde* mit der Menschheit ‚vermischt' (v. 18).

[515] Vgl. zum ‚Rolandslied' etwa Seidl, Ungleichheiten (2009), zum ‚Willehalm' unter vielen etwa die programmatischen Aufsätze von Heinzle, Kinder (1994), und Knapp, Kinder (2000), insbesondere auch Kleppel, underscheit (1996).

[516] Vgl. zur Darstellung der ‚heidnischen' Figuren, die sich von den christlichen nur durch die fehlende Taufe unterscheiden und ansonsten positiv gezeichnet werden, auch Behr, Machtlegitimation (1989), S. 180 f., S. 191, Herweg, Verbindlichkeit (2010), S. 367, sowie Classen, Tolerance (1991), S. 594.

[517] Ähnlich argumentiert auch Aelred von Rievaulx in seinem Freundschaftstraktat, der den Beginn der Unterschiede zwischen den Guten, die freundschaftsfähig, und den Anderen, denen man nur noch *caritas* entgegenbringen könne, im Sündenfall sieht (Kap. 2.4.4.7).

Zum Ende dieses ersten Handlungssegments stellt sich den Rezipierenden die Situation nach Prolog und Exposition also wie folgt dar: Zwei voneinander in ihren ‚Polen' radikal unterschiedene und getrennte Ähnlichkeitsnormen – weltzugewandte Herrschaft und gottzugewandte Askese – werden in zwei ‚Einleitungen' vorgestellt. Indem diese radikale Opposition vom Erzähler zugleich unterlaufen wird, eröffnet sich für die Rezipierenden bereits eine Perspektive zur Entdifferenzierung.

3.4.1.3 Differenz und Trennung

Zu Beginn dieses Abschnitts (v. 439–502) wähnt sich das Protagonist*innenpaar mit den Ähnlichkeitsnormen des ‚heidnischen' Herrschaftsraums im Reinen und der offenbar intern fokalisierende Erzähler deklariert die Differenzen zum Prologprogramm nicht als narrativ aufzulösenden Makel.[518] Wird nun im Folgenden einerseits davon erzählt, wie das Wissen um die Differenz zwischen den Ähnlichkeitsnormen der semantischen Räume auch die Figuren erreicht, so unterläuft der Erzähler diese Differenz andererseits, indem Wilhalm und Bene als Figuren gezeichnet werden, die sich als vorbildliche *christliche* Herrscher (v. 673–678) eigneten,[519] da sie christlichen Tugenden folgten (v. 650–654, v. 891 f.).[520]

Als Boten des anderen semantischen Pols kommen nun christliche Pilger in Wilhalms Reich und eröffnen der ‚einheitlich' heidnisch-herrschaftlichen Welt mit dem rätselhaften Wort *Krist* (v. 500 ff.) den Blick auf eine alternative Ordnung. Als Wilhalm den Namen Christi zum ersten Mal vernimmt, ist dieser ihm sogleich ‚sympathisch' (v. 503 ff.) und er empfindet sein Nicht-Wissen über den Träger dieses Namens, und damit seine Differenz zu den Vertretern der anderen Ähnlichkeitsnorm, als unzulässigen Makel

---

518 Der Textabschnitt beginnt im ersten Vers mit einer entsprechenden Zustandsbeschreibung: *Wilhelm hete ze wirde phliht* (v. 439). Berichtet wird von ihrer beider Ansehen (v. 442 ff.), von Wilhalms Streben nach Ehre (v. 454), von seinen gerichtlichen Tätigkeiten als mächtiger Fürst (v. 469–473) und ritterlichen Kämpfen (v. 474–482). Darüber hinaus beten die Figuren nicht-christliche Gottheiten an (v. 447 ff.).

519 Vgl. auch Behr, Machtlegitimation (1989), S. 191 f., sowie Herweg, Verbindlichkeit (2010), S. 367.

520 Im Falle Wilhalms heißt es etwa, *er bar alsô ein mandel | die süezen fruht in herter schal: | alsam truoc er sunder mâl | ein süezes herze in heidenschaft, | frühtic an aller tugende kraft* (v. 650–654). An anderer Stelle verweist der Erzähler explizit auf die christliche Tugend der *burmekeit* (v. 680) sowie der Keuschheit (v. 684). Bene zeichnet sich ähnlich durch *volkomene[ ] güete | und rehte[ ] demüete* aus (v. 891 f.). Vgl. ähnlich auch Behr, Machtlegitimation (1989), S. 179 f., sowie Herweg, Verbindlichkeit (2010), S. 367. Anders dagegen Schulmeister, Aedificatio (1971), S. 152.

(v. 518–524),[521] als *disability* (Kap. 1.8.3). Versucht er zunächst noch durch Heimlichkeit beiden Ähnlichkeitsnormen zu entsprechen, indem er allein in seiner Kammer ärmliche Bauernkleidung trägt (v. 723–746), sich aber öffentlich wie ein ‚Kind dieser Welt' verhält (v. 655), trifft er eines Tages dann die Entscheidung gegen alles Weltliche – gegen *rîchtuom, liute unde lant* (v. 563) – und beschließt, die Grenze zum semantischen Feld mit der ‚besseren' Ähnlichkeitsnorm auch physisch zu überschreiten, um Christus zu suchen.[522]

Zwar markiert der Erzähler gleichermaßen auch Bene als Frau, die im Inneren bereits christlichen Werten entspricht und sowohl Engel als auch Frau sei (v. 860 ff.). Dennoch steht sie, auch nachdem sie den Namen Christi zum ersten Mal hört (v. 1119), zwar nicht starr zum ‚heidnischen' Glauben,[523] aber durchaus zu den Herrschaftspflichten (v. 1137–1151).[524] Damit positioniert sich Bene auf der Seite der weltlichen Ähnlichkeitsnorm – wenn auch mit Einschränkungen. Wilhalm wiederum steht auf der Seite der Gottzugewandtheit – ohne allerdings das Armutsideal ernst zu nehmen: So hat er bei seiner Abreise, gegen die literarische Tradition,[525] Gold (v. 1028), einen Diener, genügend Speisen, darunter sogar Fleisch (v. 1871–1879), und Wein dabei (v. 1902 f.). Auf diese Weise werden Bene und Wilhalm zu Teil-Kontrastfiguren.

Mit ihrer gemeinsamen Flucht aus Wenden entsagen Wilhalm und Bene nach außen hin ihrer Identität als adliges Herrscherpaar und markieren diesen Identitätswechsel durch die (gleiche) Kleidung, die eindeutig dem semantischen Feld der Weltentsagung zuzuordnen ist: Sie ist ärmlich, grau und zierlos (v. 1859–1870). Mit diesem Identitätswechsel bringen sie sich auch „sozial zum Verschwinden":[526] Obwohl Wilhalm eine bekannte Straße ins Nachbarland wählt (v. 1910 ff.), können ihre Landsleute sie nicht finden,

---

521 *Krist ouch swârte im den muot | zaller zît wie er dar quæme | sâ er volliclich vernæme | und man im bescheinde | waz Krist der name meinde. | den âbent und den morgen | diz waz des vürsten sorgen.*

522 Mit Herweg, Verbindlichkeit (2010), S. 373 f., treten nun die divergierenden Ähnlichkeitsnormen bzw. „Handlungsimperative in eine sinnträchtig kontradiktorische Relation zueinander […]", wobei sich Wilhalm keineswegs um eine Harmonisierung bemüht, sondern „Lüge und Täuschung für geraume Zeit zu seiner zweiten Natur" macht. Wie wichtig die Verheimlichung seiner ‚inneren' Identität ist, wird mehrfach betont: Der Kämmerer muss sich zur Verschwiegenheit verpflichten (v. 591–602), an die er sich streng hält (v. 640 f.), schleicht sich *verholne* (v. 630) zu Wilhalm, der an einem geheimen Ort auf ihn wartet (v. 632), und der Erzähler lobt die Verschwiegenheit des Kämmerers ausdrücklich (v. 643–649).

523 Vgl. auch Behr, Machtlegitimation (1989), S. 196 f.

524 Sie erinnert ihn außerdem dringend an seine *wirde* (v. 1213, v. 1215, v. 1218) und an die Notwendigkeit einer höfischen Erziehung ihres ungeborenen Kindes (v. 1248–1257). Seinen Fluchtplan hält sie ausdrücklich für Irrsinn (v. 1138). Hier zeigt sich einmal mehr: Die Konfliktlinien verlaufen nicht ausschließlich zwischen den Kontrastwelten christlich-‚heidnisch', sondern vielmehr zwischen Weltzuwendung und Gottzuwendung.

525 Vgl. Leonhardt, Untersuchungen (1931), S. 25.

526 Schulz, Epistemik (2009), S. 667.

suchen sie auch alle Straßen ab (v. 1926–1930). Dies ist das Resultat einer Vermischung höfischen und legendarischen Erzählens: Nach den Regeln höfischer Personenidentifizierung erkennt Gleiches Gleiches, insbesondere der Adel den Adel – weil das Paar aber diesen Adel hinter sich gelassen hat, verschwindet es zugleich aus den feudalen ‚Sichtbarkeitszusammenhängen' seines Ursprungsraums – die Differenz zur geltenden Ähnlichkeitsnorm führt zum sozialen Identitätsverlust.[527] Dennoch bleibt das Paar epistemisch hybrid: Die Witwe, bei der sie unterkommen und die den Adel durch einen früheren Geliebten kennt (v. 2338–2402), bemerkt sofort, dass die Kleidung den Blick auf ein adliges Herrscherpaar verstellt (v. 2403ff, v. 2444–2456).[528] Nachdem sie den Wald durchquert und so den Anforderungen und Blicken des Hofes entflohen und im ‚Zwischenraum' der Küstenstadt angekommen sind,[529] ist es dem Paar dennoch nicht möglich, sich von ihrer adligen *art* endgültig zu trennen: Die abgelegte Ähnlichkeitsnorm haftet ihnen weiter an.[530]

Als Bene im liminalen Grenzraum einer Aue zwischen Wald und Stadt (v. 2170–2173) ihre beiden Kinder *in armuot* (v. 2200) gebiert, schaltet sich der Herrschaftsroman-Erzähler ein und moniert, die Kinder *suln doch vürsten sîn* (v. 2202). Ein politischer Erzähler-*discours* kreuzt so die von (gemäßigter) Weltflucht handelnde *histoire*: Lag der Schwerpunkt im ‚heidnischen' Wenden noch darauf, die christlichen Qualitäten des Protagonist*innenpaars zu betonen, lässt sich nun beobachten, dass ihre adelige *art* als Differenz zu den neuen Bedingungen hervorgehoben wird. Weil die Figuren beiden Ähnlichkeitsnormen entsprechen sollen, scheint der Erzähler stets auch jene in Erinnerung zu rufen, die gerade von den Figuren unterlaufen wird. Dementsprechend widersprüchlich erscheinen die weiteren Handlungen Wilhalms: Einerseits beklagt er die (von ihm bewirkten) ärmlichen Umstände der Geburt (v. 2211–2220) und den würdelosen Zustand seiner Kinder (v. 2234–2237) und bereut es,[531] Benes adlige Abstammung aufs Spiel ge-

---

527 Ein Beispiel wäre etwa Konrads von Würzburg ‚Alexius', v. 303–317: Hier verschwindet der Protagonist aus dem elterlichen Adelshaus, wird von den Häschern seines Vaters sogar gefunden, aber als sie vor ihm stehen, erkennen sie ihn nicht: Der heilige Alexius von Konrad von Würzburg. In: ZfdA 3 (1843), S. 534–576). Vgl. dazu Strohschneider, Textheiligung (2002), S. 139, sowie zum WvW Schulz, Epistemik (2009), S. 669. Vergleichbares ließ sich bereits im BuJ (Kap. 3.3.7) feststellen.
528 Für den WvW ist, so Schulz, ebd., S. 674, insgesamt anzumerken, dass es nur hochrangige Nicht-Adlige sind, die die adlige Identität von Familien eindeutig erkennen können.
529 Vgl. Schnyder, Wald (2008), S. 124f., ähnlich Schmid-Cadalbert, Wald (1989), S. 32f.
530 Vgl. zu diesem Thema grundsätzlich J.-D. Müller, Kompromisse (2007), S. 46–106.
531 In einer ‚Bekennerlegende' wäre dies kaum vorstellbar. Man denke wiederum an Konrads von Würzburg ‚Alexius', v. 218–229, dessen Protagonist seine adlige Ehefrau in der Hochzeitsnacht (noch vor dem Vollzug der Ehe) verlässt und auch ihr vorschreibt, stets keusch zu bleiben und sich von der falschen Welt nicht täuschen zu lassen.

setzt zu haben (v. 2223–2226). Andererseits gibt er seinen Kindern, trotz seines Reichtums,[532] zur Kleidung nur einen Fetzen seines Rocks und so auch seinen Nachkommen die Identität von Pilgern.[533]

Als Wilhalm dann die Kinder verkauft und Bene bei der Wirtin zurückgelassen hat, ist die Trennung der Familie eingeleitet. Die Differenz des Sinnens und Strebens (nach Gott und Askese oder nach Welt und Herrschaft) spaltet die Glieder des ‚Sippenkörpers', dessen Einheit Wilhalm noch am Bug des abfahrenden Schiffes beschwört: Die Familie bestehe aus vier Teilen, die zusammen einen Leib ergäben (v. 2695f.).

3.4.1.4 Exilräume

Der Auflösung des ‚Sippenkörpers' in seine drei Einzelglieder (*histoire*) entspricht eine Teilung des Erzählstrangs (*discours*) in drei Exilgeschichten (Wilhalm: v. 2871–4025; Bene: v. 4026–5048; Zwillinge: v. 5049–6815). Dabei werden die Figuren jeweils jenen Räumen zugeordnet, deren Ähnlichkeitsnormen sie bis hierhin am ehesten entsprochen haben: Findet der Wilhalm-Strang in einer Welt statt, in der *scheinbar* das hagiographische Prolog-Programm zu gelten scheint, lebt Bene in einem Land, das in diesem Erzählabschnitt *scheinbar* als reiner Herrschaftsraum markiert wird.[534] Die Kinder hingegen wachsen auf, wie sie geboren wurden: nicht ihrer adligen ‚Natur' entsprechend, aber christlich. Aus der Perspektive des nullfokalisierenden Erzählers haftet diesen Figuren je ein ‚Makel' an (Kap. 1.8.3), den andere Teile des ‚Sippenkörpers' nicht aufweisen: Wilhalm ist (anders als Bene) kein Herrscher; Bene ist (anders als Wilhalm und die Zwillinge) keine Christin; die Zwillinge leben (anders als Bene und Wilhalm) nicht ihrer adligen *art* entsprechend. Der Tradition der *chanson de geste*-Literatur in der Ausrichtung von Wolframs ‚Willehalm' (Kap. 3.3.1) und Rudolfs BuJ (Kap. 3.3) folgend, sind die Protagonist*innen im WvW Figuren des ‚Dazwischen'. Die Handlung strebt nun darauf hin, die Glieder des ‚Sippenkörpers' aneinander

---

532 Die Alternative, nämlich bessere Kleidung käuflich zu erwerben, wird durchaus angeschnitten, indem, kurz nachdem Wilhalm auf Benes Frage, was man den Kindern denn anziehen könne (v. 2246), Stücke seines Pilgergewands abgeschnitten hat, der Kämmerer vom Einkauf (Wein und Brot) zurückkehrt (v. 2267ff.).

533 Auch anschließend bleibt Wilhalms Handeln widersprüchlich: So *verkauft* er seine Zwillingssöhne zwar – gegen die literarische Tradition (vgl. Leonhardt, Untersuchungen (1931), S. 27 und S. 53) –, doch verlangt nur wenig Geld (v. 2325). Obschon er vorher die unwürdigen Geburtsumstände beklagt hat, scheint ihm der soziale Status der Käufer gleichgültig zu sein (v. 2321). Die Widersprüche im Zusammenhang mit dem Kindsverkauf gehören zu den wesentlichen Argumenten die Herweg, Verbindlichkeit (2010), S. 372, anführt, um zu zeigen, dass der Text gezielt mit Irritationsmomenten arbeite.

534 Vgl. auch Herweg, Verbindlichkeit (2010), S. 374.

anzugleichen und zusammenzufügen, die Hybridität der Figurenprogramme aufzulösen.

Exilraum 1 (Wilhalm in Jerusalem): Auf seiner Überfahrt nach Jerusalem und der damit vollzogenen Grenzüberschreitung in Richtung des Pols christlicher Weltabkehr bleibt Wilhalm trotz seiner Absage an die Ähnlichkeitsnormen des Herrschaftsbereiches[535] von hohem Stand (v. 2871) und denkt gar nicht daran, nach dem Status seiner ärmlichen Kleidung zu leben: Er kehrt bei einem *hôhen wirt* (v. 2880) ein, der als *der beste* (v. 2881) gilt, der Wilhalm als einen *edel hôher süezer art* (v. 2886) erkennt und ihm verspricht, ihn besser als alle anderen Gäste zu versorgen (v. 2898 f.), was Wilhalm dankend annimmt (v. 2901 f.).[536] Der Erzähler bemüht sich auch im Folgenden darum, nicht den leisesten Verdacht einer von Wilhalm gelebten Armutsethik aufkommen zu lassen:[537] Zu Essen gibt es mehr, als der Erzähler sich vorstellen kann (v. 2907–2916); Wilhalms Kämmerer habe schwer am Gewicht des vielen Goldes zu tragen gehabt (v. 2940–2944); der soziale Status Wilhalms wird sogar als Zierde der Taufe betrachtet (v. 3342–3346), zu der er nicht etwa als demütiger Büßer erscheint, sondern im Aufzug eines Herrschers mit prächtiger Ausstattung und einem Taufkleid aus teurem Seidenstoff (v. 3386);[538] die Taufe selbst wird vom Patriarchen vorgenommen, der, als Wilhalm eintrifft, mit Rittern das Lanzenstechen übt (v. 3428–3436).[539]

Adel und Reichtum, so die unüberhörbare Botschaft, gehören auch im Raum der Gotteszuwendung zur Norm: So erfährt der „legendennächste Teil des Romans" eine „fürstlich-herrschaftliche Dimensionierung" und die beiden semantischen Räume der Textwelt ähneln sich stärker als die kontrastiv angelegten Extrempole des Prologs und der Handlungsexposition es zunächst vermuten lassen.[540] Wilhalm wird, trotz seines irritierenden Beharrens darauf, für Christus Verzicht zu üben (v. 2690–2709, v. 2952–2979, v. 3518–3521), kein leidender Wüsteneremit (Kap. 3.5.7).

---

535 Wilhalms Situation lässt sich als vierfache Absage an die Ähnlichkeitsnormen des ‚heidnischen' Herrschaftsraums beschreiben: als Absage an seine ‚heidnischen' Götter durch die Suche nach Christus, als Absage an die Macht durch das Verlassen des Herrschaftsbereiches in Bauernkleidern, als Absage an die Ehe durch das Verstecken der Kleider unter dem Ehebett und durch das Verlassen seiner Familie sowie als Absage an die dynastische Kontinuität durch den Verkauf seiner Kinder, vgl. Kohlmayer, Studien (1974), S. 65.
536 Vgl. auch Röcke, Askese (2010), S. 166.
537 Behr, Machtlegitimation (1989), S. 184, konstatiert süffisant: „[...] wo der Artusritter sein Schwert zieht, zückt Wilhelm die Geldbörse."
538 Er erscheint mit insgesamt 18 teuren Pferden sowie zwölf Knappen in standesgemäßer Kleidung und zwei adligen Kämmerern mit Wechselkleidung (v. 3347–3383).
539 Vgl. auch Behr, Machtlegitimation (1989), S. 183 f.
540 Herweg, Verbindlichkeit (2010), S. 276.

Vielmehr schaltet der Erzähler unvermittelt (und gegen die Tradition)[541] auf ein *chanson-de-geste*-Erzählprogramm um und ‚entproblematisiert' durch diese Gattungsinterferenz das Handeln des Helden:[542] Indem Wilhalm sich nun als ruhmreicher Retter des Christentums betätigen kann, wird das Problem ‚a-sozialer' Weltabwendung zuungunsten von Landesverband und Familie verschleiert. Es vollzieht sich ein Austausch der auf Merkmalsgleichheiten gründenden Solidargemeinschaften (Kap. 2.1): Kündigte Wilhalm zuvor den Solidarpakt mit seinem ‚Sippenkörper' auf, wird er nun zum ‚anderen Ich' der Mitglieder eines neuen Solidarverbands, der sich durch die Gleichheit der Taufe konstituiert. Einen Angriff auf ein Glied des neuen Gemeinschaftskörpers interpretiert er dementsprechend als Angriff auf sich selbst:

> *„tuont iu die heiden ungemach*
> *und swærent sie die kristenheit,*
> *herre, daz muoz mir wesen leit.*
> *swaz sie iu tuon, deist mir getân*
> *sît daz ich kristennamen hân,*
> *den ich mit iu gemeine trage.* […]"
> (v. 3740–3745)

Darüber hinaus bietet das Lebenskonzept des christlichen Kämpfers (*miles christianus*)[543] eine Kompromisslösung für den Fürsten an, der sich Christus zu-, von der Welt aber nicht abwenden will. Denn auch der Repräsentant dieser Ähnlichkeitsnorm ist kein Asket, sondern ein reicher Patriarch,[544] der mit dem Adel verkehrt (v. 3585–3591, v. 3623–3627), sich vor allem für Wilhalms Herkunft (v. 3510) bzw. sozialen Status (v. 3511) interessiert und die Taufe mit dem Ritterschlag verbindet (v. 3351–3354).[545]

Wilhalms Gottzugewandtheit besteht damit nicht in Askese und Demut, sondern im ruhmreichen Kampf für den Glauben – der weltliche Herrschaft

---

541 Vgl. Leonhardt, Untersuchungen (1931), S. 34.
542 Vgl. den Überblick von Mölk, chanson (1979), ausführlich v.a. Heintze, Sippe (1991).
543 Dafür steht in der literarischen Tradition auch Wilhalms Name, insbesondere durch Wolframs ‚Willehalm'. Zu den Gemeinsamkeiten mit anderen Wilhelms-Epen, wie Chrétiens de Troye ‚Guillaume d'Angleterre', Rudolfs von Ems ‚Willehalm von Orlens' oder Johanns von Würzburg ‚Wilhelm von Österreich' vgl. Leonhardt, Untersuchungen (1931), S. 19–52, und Herweg, Nachwort (2017), S. 216.
544 Er lädt Wilhalm und seine Begleiter zu *guoter spîse genuoc* (v. 3617) und zu Wein *in tiuren vazzen* (v. 3620) ein und an seinem Hof staunt Wilhalm über die kostbaren Stühle (v. 3600), wie er sie noch nie gesehen habe, sowie über die wertvollen Edelsteine und das viele Gold (v. 3621 f.). Zum Dank schenkt Wilhalm ihm teure Stoffe, Gürtel und Becher aus rotem Gold (v. 3640–3644) und der Patriarch empfängt die Geschenke *willeclich* (v. 3645).
545 *„des toufs ich in berihte. | in hôher wirde phlihte | sol ich im ritterlîchez leben | in rîcheit nâch dem toufe geben."*

nicht ausschließt. Dem Erzählprogramm der *chanson de geste*-Tradition, deren Rollenentwürfen er sich nun angleicht, entspricht eine in der höfischen Epik meist identitätsstiftende Investiturszene:[546] Vollzog er bereits zuvor den Identitätswechsel vom Herrscher zum Pilger mit seiner ärmlichen Kleidung und jenen zum adligen Christen durch sein teures Taufkleid, so wählt er sich für seine von nun an geltende Identität eine *vremde* Rüstung (v. 3821): Sein Taufkleid wird zum Waffenrock, verziert mit goldenen (!) Kreuzen und damit zum Zeichen seiner Identität als christlicher Kämpfer aus hohem Hause (v. 3822–3825). Mit dem in der *chanson de geste* angelegten Ideologem, den Kampf gegen die ‚Heid*innen' nicht nur für Christus, sondern auch als Minneritter zu bestreiten – am Fähnlein seiner Lanze prangt in goldenen Buchstaben Benes Name (v. 4017–4025) – verschafft die Gattungsinterferenz dem Protagonisten zugleich die Möglichkeit zur Verbindung beider Solidargemeinschaften, zur Rückkehr in Herrschaft und Ehe.

Exilraum 2 (Bene in der Küstenstadt): Die goldenen Lettern dienen dem Erzähler zur Überleitung zum Bericht von Benes Exil und formulieren so bereits die Zielrichtung dieses Abschnitts.[547] Wie Wilhalm sich im Modus der Legende nicht gänzlich dem Weltverzicht zuwendet, weil sich der Legendenteil als herrschaftskompatible *chanson de geste* entpuppt, so ist das Erzählprogramm des ‚Herrschaftsromans' im Bene-Strang vom hagiographischen bzw. *chanson-de-geste*-Diskurs durchzogen und bereits von der zukünftigen Vereinigung des Paars geprägt.[548]

Dem Herrschaftsroman-Programm entsprechend startet der Abschnitt mit einer Regierungskrise des Küstenlandes (v. 4074–4100), die die potentiell zerstörerischen Konsequenzen einer fehlenden Nachfolgeregelung[549] und damit einhergehend die Notwendigkeit sozialer Differenzen in der weltlichen Ordnung aufzeigt: Wo Unterschiede in Frage gestellt werden – einer der bislang gleichgestellten (v. 4087) *lantherren* (v. 4081) könnte nun einen höheren Platz einnehmen – droht Zwiespalt (v. 4080), Chaos (v. 4083), Feindschaft (v. 4095) und ein Ende der gesellschaftlichen Ordnung (Kap. 1.8.1). Die komplexe Lösung dieses Problems, an deren Ende Bene sich, indem sie

---

546 Vgl. grundlegend Kraß, Kleider (2006). Kleidung spielt in den vergleichbaren anderen Wilhelms-Epen keine derartige Rolle, vgl. Leonhardt, Untersuchungen (1931), S. 25.
547 Die Verbindung zwischen Wilhalm und Bene und zwischen den jeweiligen Räumen wird durch Reim und Inhalt der Übergangsverse zwischen den Erzählabschnitten verdeutlicht: Mit, *vrou Bêne tet den vînden wê* (v. 4025), endet die Beschreibung von Wilhalms Fahne, woraufhin der Erzähler mit einem ‚Apropos' – [*w*]*ie ez nû der klâren stê?* (v. 4026) – die Hauptfigur wechselt.
548 Anders Herweg, Verbindlichkeit (2010), S. 375, der den religiösen Diskurs in diesem Erzählteil ausgesetzt sieht.
549 Damit spiegelt diese dritte Krise auch jene in Wenden, nach der ein solches Chaos nur durch die Solidarität der Landherren unterbunden werden konnte, vgl. Herweg, Verbindlichkeit (2010), S. 363 und S. 385.

Herrscherin des Landes wird, als Kontrastfigur Wilhalms etablieren kann,[550] ist Teil des 534 Verse umfassenden Herrschaftsdiskurses dieses Handlungssegments (v. 4047–4472, v. 4639–4775).[551] Doch sind herrschaftsrelevante Themen nicht das alleinige Thema der Episode um Benes Exil: In weiteren 47 Versen lobt der Erzähler Benes Keuschheit (v. 4026–4073) und knapp die Hälfte (!) dieser Episode, nämlich 427 Verse, handeln von gegenseitiger Sehnsucht des Paars und einer Binnenerzählung über Wilhalms Taten im Glaubenskampf (v. 4473–4638, v. 4776–5048). Die Erzählung von Herrschaft steht so bereits im Schatten des nahenden Wilhalm und der Entdifferenzierung der Ähnlichkeitsnormen.

Die Metadiegese zweier Pilger aus Dänemark trägt das Erzählprogramm der *chanson de geste* nun auch in den Herrschaftsraum Benes und kündigt damit auf der Ebene des *discours* bereits eine Angleichung der Räume an.[552] Doch Wilhalm ist schon zuvor präsent: Der Erzähler betont, dass Benes Herrschaftsausübung von Wilhalm getragen, dessen Kampf wiederum von seiner Liebe zu Bene gestützt werde (v. 4543–4548), weil beide die jeweils andere Person im Herzen trügen und auf diese Weise trotz ihrer Trennung eine Einheit bildeten (v. 4502). Auf diese Weise wird die Trennung relativiert und zugleich auf die Ähnlichkeit des Paars hingewiesen: Wie Wilhalm sich in Jerusalem keineswegs vollständig von den weltlichen Ähnlichkeitsnormen, die Bene repräsentiert, entfernt hat, so inszeniert der Erzähler die neue Herrscherin des Küstenlandes als eine, die den hagiographischen Ähnlichkeitsnormen in Teilen entspricht: Der Erzähler hebt ihre asketische *kiusche* hervor (v. 4029, v. 4050, v. 4059, v. 4651, v. 4794) und Bene selbst, die sich schon zuvor als tendenziell religiös indifferent erwiesen hat,[553] öffnet sich deutlich zum christlichen Glauben, indem sie sich auf dem Hoftag des polytheistischen Landes (v. 4742–4751) auf nur *einen* Gott (v. 4405 f.) beruft und – auch dies ein Erzählelement aus der hagiographischen bzw. *chanson de*

---

550 Dass sie Fürstin des Küstenlandes werden solle, begründet der weise Mann am Hoftag einerseits mit ihrem sozialen Status (*geborn von hôher fürsten art*, v. 4287), andererseits und vor allem aber mit ihrer Klugheit hinsichtlich weltlicher Probleme: „*rehten muot und willen vesten | hât sie ûf rehte tugende, | guoten râtes sich vermugende | ûf alle sache, ûf alle tât | die diu werlt ze handen hât; vollen rât sie kann geben | ûf daz heizet fürsten leben*" (v. 4278–4284).
551 Vgl. v. a. J.-D. Müller, Landesherrin (1989), sowie Herweg, Verbindlichkeit (2010), S. 385–392.
552 Dies geschieht im Übrigen nicht nur durch die Tatsache, *dass* von den Kämpfen Wilhalms gegen die ‚Heid*innen' erzählt wird, sondern auch, indem Bene, wie zuvor schon Wilhalm, über einige Aspekte des christlichen Glaubens aufgeklärt wird (v. 4825–4876). Der metadiegetische Einschub unterstützt, wie Behr, Machtlegitimation (1989), S. 183, argumentiert, des Weiteren die Tendenz des Textes, Wilhalm zu ‚entheroisieren'.
553 Im Streitgespräch zwischen ihr und Wilhalm hinsichtlich des Letzteren geplanter Abreise geht es ihr in keinem Moment darum, den ‚heidnischen' Glauben zu verteidigen, sondern ausschließlich um Wilhalms Pflichten als Landesherr, Ehemann und Vater.

geste-Tradition⁵⁵⁴ – an der Macht der ‚heidnischen' Götter zweifelt (v. 4596 f.). Damit legt sie das Fundament ihrer eigenen, sich am Ende des Romans vollziehenden Taufe: *Krist* (v. 4601) habe sie zwar von Mann und Kindern entfernt (ebd.), die Schuld aber liege bei ‚unseren' Göttern (v. 4596 f.). Daraus zieht sie die Konsequenz, sich an Christus zu wenden: Sie bittet ihn, sie wieder mit ihrem Mann zusammenzuführen (v. 4598–4623) und macht die Erfüllung dieses Wunsches zur Voraussetzung einer möglichen Bekehrung: *und ist daz er* [Christus] *mir niht versaget, | sô sol ich mit dem friunde mîn | iemer ze sîme gebote sîn* (v. 4524 ff.). Ihr Umgang mit dem christlichen Glauben bleibt allerdings auch hier, anders als bei Wilhalm, dessen Herz von dem süßen Namen des Herrn ‚erweicht' wurde, pragmatisch und instrumentalisierend, eben herrschaftlich-rational.

Der Abschnitt über Benes Exilleben ist, wie schon der vorherige, mehrfach kodiert: Das Hauptaugenmerk der erzählten Handlung liegt auf dem Herrschaftsgeschehen, die Protagonistin jedoch weicht insofern von der Ähnlichkeitsnorm des semantischen Raums der ‚heidnischen' Herrschaft ab, als sie sich dem Christentum öffnet. Darüber hinaus wird, indem der Erzähler die Handlung immer wieder pausiert, um über das Innenleben des Paars zu berichten, die Trennung zwischen den Erzählsträngen aufgehoben und die Einheit der Getrennten betont. Die *chanson-de-geste*-Binnenerzählung schafft dabei ein weiteres Bindeglied zwischen den Ähnlichkeitsnormen.

Exilraum 3 (Danus und Boizlabe): Erzählt die Geschichte Wilhalms und Benes von einem Herrscherpaar, das zum Christentum finden muss, stellt der Erzählstrang um die Zwillingssöhne eine *Spiegelung* dieser Konstellation dar: Während die Eltern anfangs ungetauft herrschen, sich aber zum Vorbild für Christ*innen eignen, zeigt sich an den getauften Jünglingen, die von ihrer Herkunft nichts wissen, die Natur ihres angeborenen Adels (Kap. 2.3.3.2).⁵⁵⁵ Die Geschichte von Danus und Boizlabe ist darum insbesondere darauf gerichtet, ihre für die weltlich-herrschaftliche Ähnlichkeitsnorm unzulässige Statusdifferenz aufzulösen. Dies betont der Erzähler in den ersten Versen des Abschnitts ausdrücklich: *Die werden kint* (v. 5949 ff.)

---

554 In Wolframs ‚Willehalm' etwa äußert Rennewart Zweifel an der Macht der ‚heidnischen' Götter (193, 2–13), in Rudolfs BuJ hadert Avenier nach dem verlorenen Religionsdisput an seinen Göttern und verweigert diesen die Opfergaben (v. 11311–11344), vgl. Kap. 3.5.5.

555 Die Handlungsabfolge der Geschichte der Zwillinge entspricht insofern dem Erzählkern, den J.-D. Müller, Kompromisse (2007), S. 54, etwas unglücklich ‚Ent-*art*ung' nennt, d. h. dass die Naturalisierung von Ethos dazu führt, dass sich die *art* auch in fremder Umgebung und ohne ein Wissen um diese *art* zeige. Zurückzuführen ist dieser Zustand der Zwillinge darauf, dass nicht Benes herrschaftlich-adliges Erziehungsprogramm, nach dem das Kind lernen müsse, *vürstlîchen prîs | und hôhez lôp zu erwerben* (v. 1254 f.), sondern sich dasjenige Wilhalms durchsetzt, der entscheidet, dass die Kinder in jedem Falle christlich aufwachsen sollen (v. 2296 f.), während der soziale Status der Käufer keine Rolle für ihn spielt.

würden keineswegs standesgemäß behandelt (v. 5056), weswegen sie dazu gezwungen seien, wie die Kinder armer Leute für ihr Brot zu arbeiten (v. 5057 ff.). Ihr angeborenes *gebâren* allerdings unterscheidet sie vom Kaufmannsmilieu, in dem sie aufwachsen (v. 5064–5070, v. 5192 ff.).

Die Felder, auf denen sich die beiden Figuren, die durch ein Wunder zusammengeführt werden (v. 5075–5078), im Verlauf der Handlung zunächst bewegen, sind zwischen den Extrempolen der Textwelt anzusiedeln: Die Religion betreffend sind sie christlich, hinsichtlich des sozialen Status beschreiben die Grenzüberschreitungen der Zwillinge, anders als in der literarischen Tradition,[556] Stationen des Aufstiegs: Zunächst leben sie anders, als es sich für ihre *art* gehört, nämlich arbeitend (v. 5067 ff.) und bettelnd (v. 5201). Die Aufnahme bei einem reichen Edelmann in Lund (v. 5434–5428) führt dann zu einer nahezu standesgemäßen Existenz: Sie erhalten Knappen (v. 5431), gute Kleidung, die ihrer adligen Gestalt entsprechen (v. 5435–5439), und werden *wirdeclîchen* behandelt (v. 5448). Als schließlich König Honestus die Jünglinge aufnimmt, vollzieht sich erneut ein sozialer Aufstieg, der sich in prächtiger Kleidung (v. 5528), Pferden (ebd.), sechs Knappen (v. 5530) und Hofämtern (v. 5546 f.) manifestiert. Dies, so der Erzähler, entspreche ihrer *art* (v. 5545). Dennoch unterscheiden sich die Zwillinge auch hier durch Schönheit und Verhalten von allen anderen (v. 5546–5560). Nach ihrem Abschied von Honestus bleiben sie ihrer adligen *art* treu, handeln nach herrscherlichen Tugenden (*ir milte und ir güete*, v. 5684) und leben im Überfluss (v. 5670–5674). Allerdings verfügen sie nun nicht mehr über die entsprechenden Mittel: Sie verarmen (v. 5685–5687–5691, v. 5712 ff.).

Das Land, in das sie letztendlich geraten, ist jenes, in dem ihre Mutter herrscht, was die Zwillinge in einen emotionalen Zwiespalt versetzt, der auf Merkmalsgleichheiten und -differenzen zurückführbar ist: Die durch die Gleichheit des Blutes bestehende Verbindung zum ‚Sippenkörper' erzeugt eine Anziehung (Kap. 3.4.2) zum Land ihrer Mutter (v. 5738 ff, v. 5752–5758) und ‚zwingt' sie zum Bleiben: *ich enweiz waz mîn gemüete her | twinge* [...], gesteht einer der Brüder (v. 5755 f.). Zugleich stößt sie die Merkmalsdifferenz des Glaubens ab (v. 5740–5745, v. 5757 f.) und ‚zwingt' sie in die Ferne: *nû twinget mich von hin | der ungeloube* [...] (v. 5741 f.). Dass sie nun aus ihrer Armut die Konsequenz ziehen, sich als Räuber zu betätigen, lässt sich erklären: *Handlungslogisch* zeigt sich so der Kern ihrer *art*, nämlich „kriegerische Tüchtigkeit des adeligen Herrn".[557] *Erzähllogisch* wird hier erneut paradigmatisch

---

556 Vgl. Leonhardt, Untersuchungen (1931), S. 29.
557 J.-D. Müller, Kompromisse (2007), S. 55. Zuvor schon Behr, Machtlegitimation (1989), S. 185. Die verheerenden Folgen werden vom Erzähler nur bedingt durch den Kommentar abgemildert, dass sie ja in ihrem eigenen Land seien, also nur nähmen, was ihnen zukomme (v. 5868 ff.).

3.4 Verwandtschaft: Prekäre Einheit. ‚Wilhalm von Wenden'   377

das Thema der Herrschaftskrise durchgespielt,[558] während Wilhalm, der für die prekäre Situation seiner Söhne mitverantwortlich ist, anschließend die Möglichkeit erhalten kann, die Familie zu restituieren, und sich auf diese Weise zu resozialisieren.[559]

3.4.1.5 Die große Wiedervereinigung

Als im letzten Erzählabschnitt alle ‚Sippenglieder' in das Küstenland zurückkehren und sich, ohne sich zu erkennen, wiederbegegnen, befindet sich die Figurenkonstellation wieder im Zustand der Trennungssituation, und zwar als *gesteigerte Wiederholung*: Stand Bene schon bei Wilhelms Abreise für den rationalen politischen Diskurs, ist sie als Fürstin des Küstenlandes die Repräsentantin der weltlichen Ähnlichkeitsnorm; waren die im Wald geborenen Zwillinge ihres Standes und ihrer Identität beraubt,[560] führen sie nun im selben Wald (v. 5784–5795) eine herkunfts- und identitätslose Räuber-Existenz;[561] und reiste Wilhelm einst in Bauernkleidern auf der Suche nach Christus übers Meer, kehrt er nun im Pilgergewand (v. 5890) als Christ zurück.[562] Darüber hinaus weist die Wiederholung dieses Arrangements darauf hin, dass Wilhalm sowohl spaltender Faktor des ‚Sippenkörpers' war als auch für dessen Vereinigung verantwortlich sein wird. Dementsprechend erfüllt er nun zwei sich zuvor widersprechende Rollenkonzepte zugleich, die dazu dienen, die beiden Differenzen im ‚Sippenkörper', Benes fehlende Taufe und das fehlende legitime Adelsleben der Zwillinge, zu überwinden: Als Christ klärt er Bene über die christliche Religion auf (v. 6050–6218), wobei die Szene buchstäblich als physische ‚Annäherung' beschrieben wird (v. 6053–6063);[563] als politischer Stratege wiederum schaltet er sich

---

558 Vgl. Herweg, Verbindlichkeit (2010), S. 398. Darüber hinaus sorgt die religiöse Scheinlegitimierung des Raubzugs – man würde ja in der Stadt bleiben, wenn hier nicht der *ungeloube* herrsche (v. 5740 ff.) – rezeptionsästhetisch für eine erneute Infragestellung des legendarischen Diskurses durch eine durch religiöse Halsstarrigkeit ausgelöste politische Krise.
559 Vgl. Herweg, Herkommen (2004), S. 273. Ähnlich Hörner, Identitätsfindung (2004), S. 60 f.
560 Vgl. Hörner, Identitätsfindung (2004), S. 60.
561 Vgl. dazu auch Behr, Machtlegitimation (1989), S. 191, und Herweg, Verbindlichkeit (2010), S. 401.
562 Auch dies ist ein Unterschied zu den romanischen Wilhelmsepen, vgl. Leonhardt, Untersuchungen (1931), S. 30. Behr, Machtlegitimation (1989), S. 198, merkt an, dass dies v. a. seine Rolle als Suchender betone – nachdem seine Suche nach Christus abgeschlossen ist, befindet er sich nun auf der Suche nach seiner Familie.
563 [...] *und jach mit fuoge witzen, | er solde zuo ir sitzen. | dô sazte er verre sich hindan. | sie sach in güetlîchen an. | sie sprach: ‚sitzt her nâher baz!' | ir gebârt sam ir mit sît gehaz.' | er sprach: ‚daz enwelle Krist!' | sie sprach: ‚wizzet ir, wer der ist?' | er sprach: ‚genzlîchen jâ.' | sie bat in aber sitzen nâ. | Er saz hin zuo nâch ir gebote.*

offensiv in die Auseinandersetzung mit den Räubern ein und bietet sich als Vermittler an.[564]

Narrativ umgesetzt wird diese Konstellation der prekären Einheit durch eine soziale Epistemik, nach der sich die Verwandten zwar nicht erkennen, sich aber durch eine emotional-sympathetische Verbindung (Kap. 2.1), die der Erzähler auf die gemeinsame ‚Natur' (v. 6433) zurückführt (dazu: Kap. 3.4.2), zueinander hingezogen fühlen:[565] Die sympathiestiftende Einheit des ‚Sippenkörpers' überbrückt hier jene Differenzen, die die ‚tatsächliche' Einheit noch verhindern, und führt dazu, dass Wilhalm den Brüdern schließlich ein standesgemäßes Leben an Benes Hof verschafft.

Nachdem so die erste Merkmalsdifferenz, das unadlige Leben der adligen Kinder (v. 6515–6519), durch Wilhalms Vermittlung aufgelöst werden konnte und Danus und Boizlabe *wider an ir hêrschaft* (v. 6792), zu großem Besitz und zu Hofämtern gekommen sind (v. 6794–6801), dreht sich die restliche Handlung um die Auflösung der Glaubensdifferenz, die der Erzähler nun verstärkt als Problem anführt (v. 6839 ff., v. 7699 ff.; 7238–7425, v. 7942 ff., v. 8014–8018). Um den ‚fremden Pilger' am Hof zu halten, wählt Bene zunächst – ähnlich wie Flores Mutter in Flecks Roman (Kap. 3.1.1.1) – das Mittel der Integration des ‚Anderen', die jedoch von einer Assimilation des Eigenen ans Fremde begleitet wird: Wilhalm erhält einen Gebetsraum, wo nun regelmäßig die Messe gelesen wird, zu der sich bald auch Bene und die Großen ihres Hofs gesellen (v. 6850–6876). Durch seine Lebensgeschichte erfährt Bene kurz darauf von seiner wahren Identität, hält die Anagnorisis-Szene aber zurück, um mit ihrem Beraterstab das weitere Vorgehen zu besprechen, der ihr zusichert, sich für sie und ihren Ehemann auch zum Christentum zu bekehren (v. 7290–7297). Der Taufe Benes und damit der Einheit des Paares gehen dabei verschiedene Angleichungsschritte voraus: Bene hört nicht nur regelmäßig die Messe, sondern beruft sich im Gespräch mit Wilhalm auch auf *Krist* (v. 7029, v. 7159), argumentiert gegenüber ihren Ratgebern monotheistisch (v. 7207–7212),[566] entscheidet sich aus Liebe zur Taufe (v. 7243 ff.), zweifelt später erneut an ihren Göttern und dankt stattdessen Christus (v. 7460–7466).

---

564 Dies ist ein erzähllogisches Argument. Die Forschung diskutierte allerdings zuweilen auch ein handlungslogisches: Wilhalms Motivation, den Räubern vermittelnd gegenüberzutreten, statt sich Benes gewalttätigem Vorhaben gegen die Landfriedensbrecher anzuschließen, versteht Kohlmayer, Studien (1974), S. 69, als Ergebnis einer veränderten, nämlich christlichen, Grundeinstellung, die den „rationale[n] Mechanismus von Rechtsbruch und Vergeltung" durch die Möglichkeit der Gnade ersetze. So argumentiert auch Hagby, Überlegungen (2013), S. 79. Behr, Machtlegitimation (1989), S. 197, zeigt aber, dass Wilhalms Argumente dabei weniger religiöser, sondern vielmehr weltlicher Natur sind.
565 Vgl. dazu, aber mit anderem Schwerpunkt Schulz, Epistemik (2009).
566 Vgl. Behr, Machtlegitimation (1989), S. 181.

Während zwar die ‚natürliche' Einheit des ‚Sippenkörpers' die Differenzen zu überbrücken vermag, ist eine Harmonie von hagiographischem und herrschaftlichem Diskurs nur durch zwei weitere ‚Kniffe' möglich, und zwar erstens durch eine *Politisierung des Religiösen*:[567] Nur, weil Bene ihre Ratgeber miteinbezieht und diese die Solidarität zu Bene noch über den eigenen Glauben stellen, ist ein (christliches) Herrscherpaar Wilhalm und Bene, das am Ende das Küstenland, Wenden und weitere Länder regiert, denkbar (v. 8024–8051, v. 8091–8128).[568] Zweitens ist eine *Prozessierung der Weltabkehr* notwendig:[569] Indem Bene und Wilhalm lange Zeit als christliche Herrscher leben und sich anschließend in ein Kloster zurückziehen, von wo aus sie den nun herrschenden Zwillingen noch politische Ratschläge geben (v. 8283–8293), kann Wilhalms Plan, eines Tages mit Bene *dieser kranken werlde urloup* zu geben (v. 7114), aufgehen.

3.4.1.6 Zwischenfazit

Bene und Wilhalm werden zwar einerseits als ‚Kontrastfiguren' inszeniert, die entgegengesetzte Ähnlichkeitsnormen vertreten, der Erzähler weist ihnen aber andererseits Merkmale zu, die jeweils zur entgegengesetzten Ähnlichkeitsnorm gehören und macht sie so zu ‚Zwischenfiguren'. Diese Gleichheit der Ungleichen präfiguriert dabei eine (prekäre) Harmonisierung der Ähnlichkeitsnormen, die am Ende ermöglicht wird: Wilhalm wird Herrscher, Bene Christin, zunächst *herrschen* sie gemeinsam und entschließen sich dann zur *Weltabkehr*.[570] Weil die Handlungsstruktur das Ungleiche zwischen den Figuren betont – die Merkmalsdifferenz des christlichen Glaubens führt das Paar auseinander –, sind es erzählerische Strategien betonter Einheit der Herzen und die daraus resultierende Sympathie für die ‚andere' Person sowie Gattungsinterferenzen, die die Unterschiede überbrücken. Sie weisen darauf hin, dass es – bei allen ‚Resten', die durch Wilhalms eigenwilliges Vorgehen bleiben – Ziel der Handlung ist, die Differenzen zu überwinden.

Während die Hauptfiguren Wilhalm und Bene zwei entgegengesetzte Prinzipien vertreten, der Erzähler aber durch Merkmalsgleichheiten ihre Einheit propagiert, wie sie am Ende auch wiederhergestellt wird, stehen die

---

567 Vgl. Herweg, Verbindlichkeit (2010), S. 364.
568 Als eine Art ‚Neugeburt' der Einheit des ‚Sippenkörpers' findet das entsprechende Hoffest der Vereinigung auf ebenjener Aue statt, auf der einst die Zwillinge geboren worden waren (v. 7332–7338).
569 Vgl. ähnlich J.-D. Müller, Kompromisse (2007), S. 134 ff., und Schulz, Epistemik (2009), S. 666.
570 Vgl. dazu Biesterfeldt, Schlußkonzept (2004), S. 223 ff.

Zwillinge für die ‚Einheit der Gleichen' – sie haben dieselbe Herkunft, ähneln sich auch sonst in vielerlei Hinsicht (Kap. 3.4.3) und finden nach einer Trennung wie durch ein Wunder zusammen. Damit nehmen sie die Einheit der getrennten Familie vorweg und unterstreichen das Anliegen des Romans, das Verschiedene der vorgestellten Lebenskonzepte als zu Vereinbarendes zu verstehen. Darüber hinaus zeigt die Zwillingsgeschichte, dass adelige *art* trotz der Christianisierungsgeschichte der Eltern eine relevante Größe bleibt: Geht es in der Wilhalm-Bene-Handlung darum, die im Verhältnis zur hagiographischen Ähnlichkeitsnorm unzulässige Differenz der fehlenden Gotteszuwendung zu beheben – zu ‚prothetisieren' (Kap. 1.8.3) –, so ist die Danus-Boizlabe-Geschichte darauf gerichtet, die christlichen Jünglinge einem sozialen Status zuzuführen, der der weltlich-herrschaftlichen Ähnlichkeitsnorm entspricht.

3.4.2 Die Einheit des ‚Sippenkörpers' und die Liebe zum Gleichen

Die Inszenierung des Ehepaars bzw. der ‚Kernfamilie' als merkmalsgleich überbrückt, wie dargelegt, die Differenzen, die sich zwischen den Figuren ergeben und zu ihrer Trennung führen. Insgesamt fünf Mal werden diese Figuren *direkt* als physische Einheit beschrieben: (1) Der ‚Sippenkörper' wird in der Hochzeitsnacht durch Liebe begründet (v. 329–335), (2) durch die Geburt der Zwillingssöhne erweitert (v. 2233 f.), (3) bereits bei der ersten räumlichen (v. 2539–2552), dann (4) bei der vorläufig endgültigen Trennung hervorgehoben (v. 2695 ff.) und (5) zur Begründung des Sehnsuchtsschmerzes, den das Paar empfindet, angeführt (v. 4501–4504). Insgesamt wird die Leibeseinheit also dort beschworen, wo sie entsteht (1 und 2) und wo sie prekär ist (3–5). Ab dem Zeitpunkt, zu dem die Figuren wieder vereint sind, sich aber nicht erkennen, taucht die Rede von der Einheit des ‚Sippenkörpers' nur noch als Begründung (v. 6467 f.) für die (6) die inflationäre Betonung der Sympathie unter Merkmalsgleichen auf. Die jeweiligen Textabschnitte möchte ich zunächst knapp kommentieren und dann zusammenfassend interpretieren.

Zu 1 (Hochzeitsnacht): Die Minne ‚verflechte' im Vollzug der Ehe Mann und Frau und so werden diese *ein lîp* (v. 332). Zwei Aspekte sind aus der Perspektive dieser Arbeit erwähnenswert: Zum einen wird die Entstehung *eines* ‚Sippenkörpers' aus *zwei* Geliebten als Resultat einer weiteren Angleichung von ohnehin schon Merkmalsgleichen beschrieben. So wird die ‚Passung' des zukünftigen Paars durch die Gleichheit des Alters (v. 117) und des sozialen Status (Wilhalms ‚Sippe': v. 76, v. 103 f., v. 125; Bene: v. 114) angedeutet, die Wilhalm durch eine Angleichung seiner *wirde* an die Partnerin durch den Ritterschlag zu ergänzen sucht (v. 279–284).⁵⁷¹ Damit realisiert der Text bereits hier den Erzählkern der Entdifferenzierung (Kap. 1.3) als Ehe-Vorgeschichte in Kurzform (zur Langform: Kap. 3.1), und zwar nach den ideologischen Vorgaben der höfischen Feudalkultur, die Ähnlichkeit Freund*innen (Kap. 2.4) und Eheleuten (Kap. 2.4.7) empfiehlt. Zum anderen wird der Konnex von Liebe zwischen Gleichen und verwandtschaftlichem ‚Sippenkörper' hervorgehoben: Wilhalm schreibt nach dem Tod seines Vaters einen Brief an seinen zukünftigen Schwiegervater, indem er ihn bittet, seine Tochter und Wilhalm selbst zu seinen Kindern zu machen (v. 173, v. 177 ff.). Einleiblichkeit wird so durch eine Liebe zwischen Gleichen hergestellt, die nach der Eheschließung als Verwandtschaft bzw. als ‚Verschwisterung' kodiert wird.⁵⁷²

Zu 2 (Geburt): Dieser auf der Gleichheit von Alter, Stand und *wirde* begründete ‚Sippenkörper' wird durch die Zwillingssöhne erweitert, die Wilhalm direkt nach ihrer Geburt als sein Fleisch und Blut und als Leib des Ehepaars bezeichnet (v. 2233 f.). Die Stofffetzen seines Mantels, die Wilhalm seinen Kindern umbindet (v. 2250–2255), sind dabei äußerlich sichtbares Zeichen der Zusammengehörigkeit des ‚Sippenkörpers' und stehen für ihre Identitätssuche, denn die Reisenden tragen genau dieselbe Kleidung (v. 1860–1870). Diese Funktion behalten die Kleidungsstücke bis zum Schluss. Am Ende nämlich sind die Stofffetzen das wesentliche Zeichen, an denen Wilhalm, der sein Pilgerkleid auf einmal wieder trägt und damit den gemeinsamen Status als Suchende markiert, seine Söhne wiedererkennt (v. 6613 ff.).⁵⁷³

Zu 3 (Trennung der Betten): Als das Paar schon kurz vor seiner 24-jährigen Trennung bei der Witwe in verschiedenen Betten schlafen muss, stimmt der Erzähler bereits den Ton für die Trennungsgeschichte an:

Swie an den werden beiden
diu stat was gescheiden,
sie lâgen doch nâhe einander bî.
diu liebe liez sie des niht frî,
sie enslichen zuo einander.
mit gedanken wander

---

571 *und dô nâch vürstlîchem leben | überal was gnuoc gegeben, | Willehalm noch ân die maget | die naht wolt sîn, ist mir gesaget, | der er doch von herzen gert. | in dûhte, er wære ir noch verwert | und niht ze dienste gezæme | ê er ritters reht vernæme.*
572 Der Erzähler verdeutlicht dies im Übrigen durch ein Spiel mit der Polysemie des Lexems *friunt* (mhd. Freund*in, Geliebte*r, Verwandte*r): Sollte Bene sich, so beteuert der Erzähler nach ihrer Hochzeit, nach ihren *friunden* sehnen (der Handlungsverlauf legt die Übersetzung mit ‚Eltern' nahe), so werde *ir friunt* ihr abzuhelfen wissen (v. 407 f.).
573 Anders von Bloh, Zwillinge (2007), S. 8 f., die gegen den Text behauptet, die Ähnlichkeit der Brüder führe dazu, dass der Vater sie erkenne.

sich in das herze der herzogîn,
sam tet diu süeze sich in das sîn.
alsô frou Minne werben kann
daz wert wol gemuot ein man
und des rein gemuotes wîp
wesen ein vereinder lîp
und eines willen unverschert,
swâ daz unminne niht undervert.
(v. 2539–2552)

Die zukünftige trotz räumlicher Trennung bestehende Leibeseinheit wird hier durch das Einschalten einer ‚Probeszene' narrativ vorbereitet. Diese präfiguriert bereits insofern die weitere Handlung, als sie darlegt, dass eine räumliche oder ideologische Trennung einen ‚Sippenkörper' nicht zu spalten imstande ist. Indem nun der Erzähler auch die Anwesenheit der jeweils anderen Person im Herzen betont,[574] die die Handlungen des Trägers mitbestimmt,[575] wird das *herze* zum ‚Kampfplatz' der konkurrierenden Normensysteme des Textes, denn Wilhalms Herz wird nun von zwei Geliebten beherrscht: Neben Bene trägt er auch Christus im Herzen und unterwirft sich seinem Namen (v. 509–514). Diese Konkurrenzsituation in Wilhalms ‚Willensorgan' wirkt sich auf sein Handeln aus: Die Liebe zu Christus lässt seinen Wunsch reifen, ihn zu suchen (v. 555–559), doch Bene umhüllt (*sloufte*) sein Herz mit Sorgen (v. 560–569) und hält ihn vorerst zurück. Allerdings wird diese Rivalitätssituation insofern harmonisiert, als der Erzähler sie auf verschiedene epistemische Ebenen verlegt: Weil Wilhalm Bene im Herzen trägt, kann er sie mit den Augen des Herzens *sehen*, die Liebe zu Christus hingegen operiert mit einem synästhetischen Zusammenspiel der niederen Sinne, die die gelehrte Literatur dieser Zeit für religiöses Erkennen zuständig sieht (Kap. 2.2.1.1; Kap. 3.3.4.3): *Dieser* Gast in seinem Herzen (v. 509) befeuchtet sein Herz (v. 510f.), klingt in seinen Ohren (v. 516) wie süßes Saitenspiel und Vogelgesang (v. 538ff.) und liegt ihm wie ein edles Gewürz im Mund (v. 542f.).[576]

---

574 Vgl. zum ‚Wohnen im Herzen' Philipowski, Gestalt (2013), S. 130–138. Anders als der Leib bleibt das Herz allerdings im WvW stets – bis auf eine Ausnahme (v. 4502) – Teil einer einzelnen Person, was, wie Philipowski, ebd., S. 138, erläutert, für die meisten volkssprachigen Texte des 12. und 13. Jahrhunderts gilt.

575 Im WvW sorgt die geliebte Person im Herzen der jeweils anderen (v. 2544ff., v. 4012–4015, 4474–4481, v. 4513–4519, v. 4541–4545) sowohl für Wilhalms erfolgreichen Kampf (v. 4025, v. 4543ff.) als auch für Benes erfolgreiche Herrschaft (v. 4546ff.).

576 Die derartige Zuordnung bestimmter Sinne zu bestimmten semantischen Feldern deutet sich schon wenige Verse zuvor an: Als Wilhalm die beiden christlichen Pilger *sieht*, denkt er dabei einerseits zuerst an sein weltliches Ansehen – [*n*]*âch êren Willehalm ersach | von verre bilgerîne gân* (v. 454f.) –, doch als er sie dann ihr Anliegen, den Namen Christi, aussprechen *hört*, ist von höfischer ‚Ehre' und Herrscherverhalten nicht mehr die Rede. Der Erzähler breitet die

3.4 Verwandtschaft: Prekäre Einheit. ‚Wilhalm von Wenden'   383

Zu 4 (Trennung der Familie): Die physische Einheit des ‚Sippenkörpers' wird ausgerechnet in jenem Moment wieder betont, als er implodiert, nämlich als Wilhalm am Bug des gen Jerusalem fahrenden Schiffes steht und beklagt, seine Frau zurückgelassen zu haben und dazu *mîniu kint, | diu ensamt mir und der muoter sint | an vier stücken doch ein lîp* (v. 2695 ff.). Wilhalm fühlt die Trennung als physischen Schmerz und bittet Christus darum, die zusammengehörenden ‚Stücke' wieder zusammenzufügen (v. 2710–2716). Der Moment der Spaltung wird zum Moment der Einheitsbeschwörung. Obschon also die Trennung stattfinden muss, weil Wilhalm nun (scheinbar) einer anderen Ähnlichkeitsnorm entsprechen will als seine Familienmitglieder, ist der Verlust derselben eben ein Verlust, ist ‚betrauerbar' und zeigt damit an, dass Wilhalm die Ähnlichkeitsnorm seiner Familie nicht vollständig verlassen hat (Kap. 1.8.2).

Zu 5 (Sehnsucht): Dieser Schmerz wird auch im Exil Benes zum Thema: Frau Minne antwortet auf eine entsprechende Frage des Erzählers (*saget, vrou Minne, tuot ez wê?*, v. 4493), nichts sei schwerer zu ertragen (v. 4494 ff.), und begründet dies damit, dass, wo zwei einander wahrhaftig lieben,

> *aldâ wirt man unde wîp*
> *vereint ein herze und ein lîp.*
> *daz ê an zwein stücken schein,*
> *daz mac man nehmen sus vür ein.*
> (v. 4501–4504)

Die Einheit von Leib und Herzen überbrückt offenbar die extreme räumliche Trennung, denn wer eins ist, trägt – und hier wird das Bild ein wenig schief – die geliebte Person so im (wiederum individuellen) Herzen, dass sie stets im Inneren zu betrachten ist (v. 4508–4519).

Zu 6 (Sympathie unter Gleichen): Mit der räumlichen Wiederannäherung der Figuren bedarf es offenbar kaum mehr einer Erwähnung der Einheit des ‚Sippenkörpers'. Die Überwindung der Merkmalsdifferenzen – im Status (Zwillinge) bzw. im Glauben (Bene) – nach der nun vollzogenen Überwindung der räumlichen Trennung wird nur noch dadurch verhindert, dass die jeweiligen Glieder des ‚Sippenkörpers' sich gegenseitig nicht erkennen. Wesentlicher Zweck dieses retardierenden Moments vor der Ana-

---

Differenz zwischen ‚Vorher' und ‚Nachher' deutlich aus: Wollte Wilhalm ihnen zuvor noch als Landesherrscher einige Worte mit auf den Weg geben (v. 457 ff.), wird er stattdessen zum Fragenden und Suchenden: *er selbe begunde frâgen | von sachen manger hande* (v. 490 f.). Berichtet der Erzähler vor dem Auftritt der Pilger noch von Wilhalms erfolgreichem, auf Öffentlichkeit zielenden Herrscherhandeln (v. 469–482), beginnt anschließend ein neues Leben mit einem Herz in neuem Aggregatszustand: Aus ‚Härte' wird ‚Feuchtigkeit', aus Höhe Erniedrigung (v. 510–514).

gnorisis ist die ausgiebige Inszenierung der Liebe unter Gleichen, die deren Entdifferenzierung vorwegnimmt: Während Wilhalm Benes Augen fremd erscheint (*entwildet*, v. 5958), erkennt *ir herze* (v. 5950, v. 6990) bereits die Wahrheit und zwingt ihre Augen, ihn unablässig anzusehen (v. 5999–6003). So unterscheidet der Erzähler, mittelalterlichen Wahrnehmungstheorien entsprechend (Kap. 2.2.1.2), zwischen der begrenzten Wahrnehmungsfähigkeit der Augen des Leibes (v. 4516) und dem besseren Sehvermögen des Herzens (v. 4518). Obschon diese Herzenswahrnehmung ohne ein synästhetisches Zusammenspiel der niederen Sinne, wie zuvor bei Wilhalms Gotteserkenntnis, stattfindet, wird Benes Herz durch seine Überlegenheit gegenüber den körperlichen Sinnen als Ort der höheren Erkenntnis stilisiert, die allerdings nicht nur göttliche Dinge, sondern auch transpersonale Familienbindungen wahrnimmt.[577] Dieser Ort höherer Erkenntnis steuert nun nicht nur Benes Augen, sondern auch ihre Affekte: Denkt sie an Wilhalm, verfärbt sie sich (v. 5659 ff.), verlässt er sie, ist sie betrübt (v. 5989 ff.). Auch Wilhalms äußere Augen bemerken die Ähnlichkeit zwischen der Fürstin und seiner Frau (v. 6023–6027, v. 7613 f.), die Reaktion darauf ist allerdings eine andere: Er beschließt, die ihm noch unbekannte Fürstin zur Christin zu machen, und zwar *durch sîne liebe* (v. 6047).

In der Begegnung mit den noch unerkannten Zwillingssöhnen, die ja selbst nur aufgrund einer für sie unerklärlichen Sympathie zur Gegend geblieben sind (v. 5738 ff., v. 5752–5758), artikuliert sich die innere Zuneigung der Glieder eines ‚Sippenkörpers' noch deutlicher: Schon während Wilhalm sich den Räubern nähert, freut sich sein Herz (v. 6408). Als er den Söhnen gegenübersteht, freuen sich alle drei Personen über den Anblick des jeweils Fremden, weil die *natûre* es ihnen eingibt (v. 6429–6439), und Wilhalms Herz zeigt sich zu seinem Verwundern so glücklich wie nie zuvor (v. 6460–6466). Der Erzähler nennt als Ursache für diese Liebe zum Gleichen die physische Einheit des ‚Sippenkörpers': Scheine es auch, als säßen hier drei Personen, so sei es eigentlich doch nur eine einzige (v. 6467 f.). Merkmalsgleichheit (in Fleisch und Blut) kanalisiert also auch hier die Affekte (Kap. 2.3.2.3) und

---

[577] Diese Parallelisierung von Gotteserkenntnis und ‚Sippenerkenntnis' wird durch Benes anschließende Beschwerde über ihr Herz noch verstärkt: Indem sie konstatiert, sie werde mit *muot unde sin* (v. 6021) dem Versuch ihres Herzens, die Augen zu verführen, widerstehen (v. 6018–6022), inszeniert der Erzähler das Geschehen als narratives ‚Fenster': Schon bei Wilhalms heimlichem Fluchtversuch, den er seines Herzen wegen unternimmt (v. 1114 ff.), argumentiert Bene ausschließlich mit ihrem Verstand und wirft dem Gatten *witzehaften sin* (v. 1138) und *kranke[n] sin* (v. 1156) vor, vgl. zum Pragmatismus Benes und dem „monistischen Radikalismus" Wilhalms auch Herweg, Verbindlichkeit (2010), S. 368 f., und ähnlich Kohlmayer, Studien (1971), S. 78 und 81. Benes nun geäußerter Vorsatz, weniger der Instanz des Herzens als vielmehr dem Verstand zu vertrauen, wird mit dem Mehrwissen der Rezipierenden – der begehrte Fremde ist ihr Ehemann – möglicherweise auch nachträglich desavouiert.

3.4 Verwandtschaft: Prekäre Einheit. ‚Wilhalm von Wenden'

führt zur Annäherung. Dies wird bei Bene fortgeführt: Schon als Wilhalm ihr von den Jünglingen nur berichtet, erhebt sich ihr Herz *ze vröuden* (v. 6739f.), und als sie sie *von verren* sieht, gibt ihr Herz ihr große Freude ein und öffnet sich *friuntlich* (v. 6753 ff.). Kaum kann sie sich davon abhalten, die Fremden zu umarmen und zu küssen (v. 6756–6764).

Zusammenfassend lässt sich zunächst feststellen, dass die Handlung des Romans, die die Einzelglieder des ‚Sippenkörpers' voneinander trennt und differenziert, durch einen ständigen Diskurs, der die Einheit der Verschiedenen durch die Rede von Einleiblichkeit und natürlicher Sympathie behauptet, begleitet wird. Narrativ hält dieser Paralleldiskurs die episodischen Einzelstränge zusammen und kündigt die finale Entdifferenzierung an. Zentral ist dabei eine vom Erzähler vorgenommene epistemische Unterscheidung: Während die leiblichen Augen der Figuren die Verwandten aufgrund einer Differenzierung nur Ähnlichkeiten zu den Vermissten festzustellen vermögen, erkennen ihre Herzen die Einheit des ‚Sippenkörpers'.

Die daraus resultierende Sympathie zu den Merkmalsgleichen verbindet erneut den hagiographischen Diskurs mit dem politisch-verwandtschaftlichen, indem in beiden Fällen die vom Herzen eingegebene Sympathie die jeweilige Figur leitet: Wie sich Wilhalm durch seine Liebe zu Christus, den er noch nicht ‚erkennt', zu diesem hingezogen fühlt (v. 518–522, v. 555–559, v. 1023–1027, v. 1113–1130), so fühlen sich auch die Glieder des ‚Sippenkörpers' durch Zuneigung zueinander hingezogen, können sich aber noch nicht erkennen.[578] Die Grundlage dieser Analogie ist das Prinzip, dass das Gleiche sich vom Gleiche anziehen lässt: Weil der ‚innere Mensch', die Seele, am Göttlichen teilhat, vermag er das Göttliche zu erkennen und strebt zu ihm hin (Kap. 2.2.1.1; Kap. 2.2.2); weil der äußere Mensch, das Fleisch und das Blut, an den Verwandten teilhat, fühlen sich Verwandte zueinander hingezogen, noch bevor sie wissen, wen sie vor sich haben (Kap. 2.3.3). Beides aber wird hier mit dem Herzen erkannt.

Mit dieser doppelten ‚Herzensausrichtung' steht Wilhalm metonymisch für den im Roman doppelt realisierten Erzählkern der Entdifferenzierung: Wie seine Merkmalsgleichheit zum ‚Sippenkörper' (Leib, Blut, Herz) dessen Entdifferenzierung (Glaube, Status) durch Sympathie zwischen Merkmalsgleichen bewirkt, so ist es auch seine Merkmalsgleichheit zu Gott (Seele), die zur Entdifferenzierung (Taufe) zwischen dem ‚Heiden' Wilhalm und den christlichen Figuren führt und die Christianisierung der ‚heidnischen' Figuren am Ende vorwegnimmt. Beide Figurengruppen, die durch den Er-

---

578 Auf der Ebene des *discours* wird diese analoge Struktur auch durch die Namen miteinander verbunden: Die Namen Benes, Danus' und Boizlabes erfahren die Rezipierenden erst dann, als Wilhalm auch den Namen Christi kennen gelernt hat, vgl. Hörner, Identitätsfindung (2004), S. 45 f.

zählkern der Entdifferenzierung aneinander angeglichen werden (Christ*innen und ‚Heid*innen'; Wilhalms Familie), weisen dabei bestimmte Merkmalsgleichheiten untereinander auf und werden als ursprüngliche Einheit inszeniert: Auch die ‚heidnischen' Figuren nämlich werden vom Erzähler positiv dargestellt[579] und der Gyburc-geschulte Kommentar des Patriarchen, alle Menschen seien Gottes *hantgetât* (v. 3734), legt eine ursprüngliche Einheit der in der Taufe unterschiedenen Menschen nahe.

In beiden Fällen artikuliert sich der Erzählkern der Entdifferenzierung also mithilfe der Denkfigur der Teilung des ursprünglich Einen ins Viele, die mit dem Wunsch nach einer Wiedervereinigung verknüpft ist, wie sie sich auch in Schöpfungserzählungen (Kap. 2.4.1), Freundschaftstheorien (Kap. 2.4.4.4, Kap. 2.4.4.7) und mystischen Texten (Kap. 1.3, Kap. 2.2) nachweisen lässt: Auch im WvW wird auf diese Weise die Geschichte des Menschen seit seinem Hervorgehen aus der Einheit als zunehmende Differenzierung erzählt, dessen Zukunft in der erneuten Einheit des Vielen liegen soll. Zur Einheit verschiedener Personen aber ist nur die göttliche Trinität fähig (v. 6f., v. 21f., v. 3246f., v. 3327f., v. 6192f), an der das *hantgetât* (nach Augustinus) mit seiner Seele teilhat (Kap. 2.2.1.1). Im irdischen Bereich scheint der WvW nun eine solche Einheit ansatzweise auch für den verwandtschaftlichen ‚Sippenkörper' zu behaupten, in dem drei bzw. vier Personen Eins sein können. Diese strukturelle Analogie zwischen der doppelten Realisierung des Erzählkerns der Entdifferenzierung – alle Menschen waren Eins, bleiben trotz Differenz ähnlich (Seele) und sollen Eins werden; der ‚Sippenkörper' war Eins, bleibt sich trotz Differenzierung (Taufe, Status) ähnlich und wird Eins – verbindet erneut den politischen mit dem hagiographischen Diskurs: Der politische wird so sakralisiert und die beiden sujetkonstituierenden Differenzen des Romans werden auf eine Stufe gestellt.

3.4.3 Danus und Boizlabe in der Echokammer. Zwillinge

Im liminalen Raum einer Aue hinter dem Wald werden die Zwillinge zwar ohne Identität geboren,[580] doch als zukünftige Herrscher sind sie bereits identifizierbar: Die Umstände ihrer Geburt, ihre Größe, ihr Verhalten sowie ihre außerordentliche Schönheit (v. 2201, v. 2318–2324) signalisieren jene

---

579 Vgl. dazu Behr, Machtlegitimation (1989), S. 180f.
580 Symbolisch sichtbar wird diese Identitätslosigkeit in ihrer Nacktheit und an der Nichtöffentlichkeit des Zwischenraums ihrer Geburt. Möglicherweise ließe sich auch Benes Löwentraum in diese Richtung lesen, vgl. mit Blick auf die ‚Physiologus'-Deutung der Löwen als ‚Totgeborene' Hörner, Identitätsfindung (2013), S. 60f.

Exorbitanz, die Ausnahmefiguren auszeichnet.[581] Der ‚Sippenkörper' wird so um zwei Glieder erweitert, die nicht nur durch die benannten Merkmale hervorstechen, sondern diese auch miteinander teilen.

In der bisherigen Forschungsdiskussion zum WvW hat die vermeintlich einfache Frage, weshalb überhaupt von Zwillingen erzählt wird, kaum Aufmerksamkeit erhalten:[582] Dass die Kinder Wilhalms und Benes darum Zwillinge darstellten, weil auch die historische Guta im Jahre 1289 die Zwillinge Agnes und Wenzel gebar,[583] genügt als Begründung für die Episode des

---

581 Es geht dabei nicht um jene radikale und amoralische Exorbitanz, die Klaus von See, Heldendichtung (1978), beschreibt, sondern um die sichtbare Herrscherfähigkeit, die die Kinder im Folgenden von ihrer Umgebung abheben soll. Dennoch könnte man darüber nachdenken, ob der Erzähler den Kindern ‚Heroisches' zuschreibt, bedenkt man den gelegentlichen Einsatz von prophetischen Träumen im Zusammenhang mit Heldengeburten, vgl. Schuler-Lang, Erzählen, S. 131, die Herzeloydes Drachentraum als „Teil des *hero* pattern" versteht, der „auf die Geburt eines großen Herrschers" verweise. Der Löwentraum (v. 2333–2350) ist wiederum nicht Teil der literarischen Tradition, vgl. Leonhardt, Untersuchungen (1931), S. 26, S. 50f. und S. 67. Nicht zu vergessen ist, dass der Löwentraum nur die Kinder und Wilhalm als merkmalsgleich (als Löwen) entwirft – möglicherweise ein Hinweis auf die durch die Taufe sich ergebende Differenz zwischen Bene und Wilhalm sowie ihren Kindern. Die sich durch Größe und Verhalten ergebende Differenz der Zwillinge zu ihrem Umfeld als Zeichen einer „verdächtige[n] Abweichung gegenüber dem Allgemeinen" zu verstehen, „die dann im Raubrittertum der Zwillinge ihre Bestätigung findet", wie von Bloh, Zwillinge (2007), S. 9f., behauptet, ist wenig plausibel, wird doch dieses Hervorstechen rundum positiv bewertet und übersieht von Bloh den Aspekt der außergewöhnlichen Schönheit.

582 So bemerkt Honemann, Eustachius (1993), S. 312, Anm. 6, dass das Zwillingsdasein der Kinder eine Veränderung gegenüber der Eustachius-Legende darstellt, konstatiert aber, dass es „unklar" sei, „was mit ihr [...] bezweckt" werde, hält sie aber für nicht weiter relevant. Die meisten Beiträge behandeln die Zwillinge – wie der Erzähler dies ja ehrlicherweise in den meisten Fällen selbst tut – nicht anders als eine Einzelfigur, so z.B. bei Behr, Machtlegitimation (1989), S. 178, S. 184f. und S. 191, Schulz, Epistemik (2009), S. 673 und S. 683f., Herweg, Herkommen (2004), S. 273, ders., Verbindlichkeit (2010), S. 272 und S. 397f., Hörner, Identitätsfindung (2004), S. 58ff., und Kohlmayer, Studien (1974), S. 66–69 und S. 99. Zwar geht J.-D. Müller, Kompromisse (2007), S. 54–56, durchaus auf die Sympathie zwischen den Zwillingen aufgrund der gemeinsamen ‚Natur' ein – doch sein Hauptaugenmerk liegt auf der inszenierten „Naturalisierung von Ethos" (S. 54) und auch für seine Analyse ist die Doppelung der behandelten Figur nicht von Bedeutung. Nur von Bloh, Zwillinge (2007), analysiert die Episode über Wilhalms Söhne als Zwillingsgeschichte. Allerdings führt das beharrliche Vertreten der These, Zwillinge stellten im Mittelalter stets „etwas Fragwürdiges" (S. 4) dar, immer wieder zu fehlerhaften Analysen, etwa wenn sie behauptet, die Ähnlichkeit der Zwillinge werde „gesellschaftsfeindlich ausgespielt" (S. 8), weil die Zwillinge zu Raubrittern würden – von diesem Kausalzusammenhang ist im Text nicht die Rede –, oder ihr Dasein sei bereits qua „fehlender Ununterscheidbarkeit" stigmatisiert und nehme die Räuberexistenz vorweg (S. 8). Dementsprechend ist von Blohs Schlussfolgerung, am Ende werde die „prekäre Zwillingsexistenz [...] zum Anliegen des ganzen Sozialverbands" (S. 13), schlichtweg falsch, weil nirgendwo auch nur implizit davon die Rede ist, dass der Zwillingsstatus der jungen Männer mit ihrem Raubrittertum zusammenhinge.

583 Diese These wurde gelegentlich als Argument für die sogenannte ‚Schlüsselroman-These' angeführt, so etwa von Rosenfeld, Einleitung (1957), S. XXX.

überdies männlichen Zwillingspaars schon deshalb nicht, weil dieses auch Teil der literarischen Tradition ist: In allen strukturell ähnlich angelegten Wilhelmsdichtungen sowie in ‚Die Gute Frau' hat das Fürstenehepaar Zwillingssöhne und auch die Tradition der Eustachius-Legende erzählt immerhin von einem anfangs getrennten Bruderpaar.[584] Allerdings fällt die Zwillingsepisode im WvW sehr viel umfangreicher aus als in den meisten Bearbeitungen des Stoffes[585] mit Ausnahme des ‚Guillaume d'Angleterre',[586] von dem sie allerdings inhaltlich wiederum massiv abweicht. Kurz: *Eine* Zwillingsgeschichte innerhalb dieses Romans zu erzählen, mag nahegelegen haben, *diese* Zwillingsgeschichte jedoch nicht.

Die auffälligsten Neuerungen sind dabei die Entproblematisierung der Zwillingsgeburt,[587] die Namensgebung der Zwillinge, ihr Verkauf, die Geschichte eines sozialen Aufstiegs sowie des Räuberlebens (Kap. 3.4.1.4), spezifische intertextuelle Verweise auf die höfische Zwillings- und Freundschaftsliteratur des 12. und 13. Jahrhunderts und insbesondere die Hervorhebung ihrer Merkmalsgleichheit: Während sie in den romanischen Wilhelms-Erzählungen auf je unterschiedliche Weise von ihren Eltern getrennt werden, sich gegenüber den Pflegeeltern je unterschiedlich verhalten und mit je unterschiedlicher Ausrüstung das Elternhaus verlassen, inszeniert Ulrichs Erzähler ihr Leben als Schicksalsgleichheit und die Brüder als Doppelgänger.[588]

Dieser neue thematische Schwerpunkt auf der Merkmalsgleichheit der Zwillinge lässt sich bereits an den Namen ablesen. Im ‚Guillaume d'Angleterre' etwa erhalten die Zwillinge Namen, die ihrem *individuellen* Schicksal entsprechen: Den einen nennen die Kaufleute *Lovel* – ‚jungen Wolf' –, da sie ihn einem Wolf abjagen, den anderen *Marin* – ‚Seemann' –,[589] weil sie ihn auf einem Kahn im Meer finden (GdA, v. 1350–1356).[590] Im WvW hingegen erfahren die Rezipierenden erst gegen Ende des Romans, wie die

---

584 Vgl. Leonhardt, Untersuchungen (1931), S. 26 f. und S. 53. Zu den Brüdern in der ‚Eustachius'-Legende vgl. ausführlicher Hagby, Überlegungen (2013).
585 Vgl. Honemann, Eustachius-Thema (1993), S. 325. In der ‚Guten Frau' erhalten die Kinder gar keine eigene Geschichte.
586 Vgl. Honemann, Eustachius-Thema (1993), S. 327.
587 In allen romanischen Wilhelms-Epen, die Leonhardt, Untersuchungen (1931), mit dem WvW vergleicht, beschließt die Mutter der Zwillinge kurz nach ihrer Geburt, eines von den beiden zu verspeisen (S. 25), z. B. im ‚Guillaume d'Angleterre', v. 514–520 – wovon Wilhalm sie jeweils abhalten kann.
588 Vgl. ebd.
589 Vgl. die Übersetzungen nach Tobler, Wörterbuch (1963).
590 *L'un firent apeler Lovel: | Lovel por le lo l'apelerent, | Que anmi le chemin troverent, | Qui l'an portoit parmi les rains; L'autre firent Marin clamer | Por ce, qu'il fu trovez sor mer.* Hier und im Folgenden zitiert nach: Wilhelm von England (Guillaume d'Angleterre). Ein Abenteuerroman von Kristian von Troyes, hg. Von Wendelin Foerster, Halle 1911.

3.4 Verwandtschaft: Prekäre Einheit. ‚Wilhalm von Wenden'

Brüder heißen (v. 6566, v. 6636), während sie zuvor, wie dies bei ähnlichen Figuren häufiger der Fall ist (Kap. 3.1, Kap. 3.2), auch vom Erzähler nicht unterschieden werden: Es ist immer nur von beiden *werden kint* (v. 5049) zugleich oder von *dem einen* (v. 5107) der beiden die Rede.[591] Ihre Namen selbst, Danus und Boizlabe, deren späte Nennung im Text ihre ‚Individualität' unterhöhlt, haben nichts mit einer individuellen Lebensgeschichte zu tun – sie erleben, wie der Erzähler hervorhebt, ausdrücklich dasselbe (v. 5186 ff., v. 6639–6644)[592] –, sondern verbinden funktional den textexternen ‚Historizitätsmarker' *Boizlabe*, der eine Nebenform zu ‚Wenzel' darstellt, mit dem textinternen Verweis *Dânus* (lat. Däne) auf eine Ausweitung der Herrschaft Wilhalms auch auf Dänemark (v. 8278).[593]

Neben Geschlecht, Alter, adeliger Herkunft, ‚Fleisch und Blut' (v. 2234 f.) sind dem Erzähler folgende Merkmalsgleichheiten eine Bemerkung wert: Sie wachsen gleich auf, und erleben dasselbe Schicksal (v. 5049–5206, v. 5258–5262), gleichen sich in ihrem adeligen Gebaren und ihrer adeligen Natur (v. 5192 ff.) bzw. *art* (v. 5287), sie teilen *ein herze* (v. 5215), sprechen dieselbe Sprache (v. 5222), sind beide Christen (v. 5236), haben dasselbe ‚Sinnen und Streben' (v. 5270, v. 5308), dementsprechend dieselben Gedanken (v. 5303) und Meinungen (v. 5310), ihnen steht sogar derselbe *engel* zur Verfügung (v. 5317) und sie sehen für Außenstehende genau gleich aus (v. 5345 ff., v. 6485 f.). Während die Merkmalsgleichheit der Gedanken und der Natur dabei Sympathie stiftet (v. 5275–7281), dient jene der äußeren Erscheinung auch unwissenden Figuren als Indiz für eine enge Verwandtschaft der Doppelgänger (v. 5275 f.).

Die folgende Analyse der Zwillingsepisode basiert auf der Annahme, dass die hervorgehobene Merkmalsgleichheit der Zwillinge eng mit den intertextuellen Verweisen verbunden ist, die sich in der Zwillingsepisode

---

591 In den meisten Fällen berichtet der Erzähler von den beiden im Plural (v. 5049–5104, v. 5192–5217, v. 5227 f., v. 5268–5290, v. 5306–5372, v. 5387–5582, v. 5616–5721, v. 5784–5882 usw.). Zwischen ‚dem einen' oder ‚dem anderen' wird nur im Falle direkter Rede unterschieden, der dann der jeweils andere zustimmt oder etwas ähnliches sagt. Die fehlende Unterscheidung zwischen den Brüdern führt gelegentlich sogar zu recht umständlichen Formulierungen des Erzählers, wenn er etwa die direkte Rede einleitet mit: *Dô sprach der gefrâget het* (v. 5257) oder *[...] sprach der der frâgen began* (v. 5304).

592 Zu Beginn der Zwillingsgeschichte wird vom Schicksal der Zwillinge iterativ erzählt und deutlich gemacht: *Nû sehet, wie disem hie geschach | als ergienc ez sînem bruoder dort | dâ er was, hân ich gehört* (v. 5186 ff.). Dasselbe geschieht, als Wilhalm die ‚Räuber' einzeln nach ihren Lebensgeschichten befragt: Nachdem er von dem einen alles gehört hat, konstatiert der Erzähler: *Allez des er het verjehen, | alsô selt dirre daz im geschehen | were. sîn wille unde wort | stuonden als er het gehört | von dem den er zem êrsten sprach, | daz dâ nihtes an gebrach* (v. 6639–6644).

593 Zu Boizlabe: ‚Wenzel' war der Fürst, für den Ulrich tätig war, vgl. Herweg, Verbindlichkeit (2010), S. 138, sowie ders., Nachwort (2017), S. 211. Zu Danus: Herweg, Nachwort (2017), S. 211, Metzner, Faktizitäten (2004), S. 87, und Kohlmayer, Studien (1974), S. 99.

finden lassen:[594] Danus und Boizlabe wandern durch eine ‚Echokammer' der höfischen Zwillings- und Freundschaftsliteratur und werden so für die Rezipierenden zu wesentlichen Sinnträgern des Romans.[595] Um folgende drei Thesen wird es mir dabei gehen: Zunächst (Kap. 3.4.3.1) möchte ich zeigen, dass die Zwillingsepisode sich vor dem Hintergrund anderer Zwillingsgeschichten des Mittelalters besser verstehen lässt, die sie teilweise direkt anzitiert: (1. These) Dabei ‚kommuniziert' die Episode um die Zwillingssöhne mit jener Wilhalms und Benes, indem auch das Ehepaar als ‚Zwillingspaar' inszeniert und ihre Geschichte als harmonisierte Kontrafaktur der ‚Gregorius'-Geschichte erzählt wird. Darüber hinaus (2. These) wird das durch die Zwillingssöhne verkörperte Geminalitätsprinzip vor dem Hintergrund der ‚Crescentia'-Geschichte verdeutlicht, deren inhärentes duales Zwillingsmodell abgewiesen wird. Schließlich (3. These) dienen in der Zwillingsepisode der Freundschaftsdiskurs und die Zitation von Freundschaftsgeschichten (‚Engelhard', ‚Iwein') dazu, Alternativen abzuweisen und das harmonische Prinzip dieser Zwillingsfreundschaft zu unterstreichen (Kap. 3.4.3.2).

3.4.3.1 Geminalität statt Dualität. Zwillingsgeschichten

Aus der Perspektive der Inszenierung von Ähnlichkeit stellen die merkmalsgleichen Geschwister Danus und Boizlabe eine gesteigerte Version Wilhalms und Benes dar, die, wie dargelegt, ebenfalls bestimmte Merkmale miteinander teilen, und deren Zusammenkommen als ‚Verschwisterung' (v. 173, v. 178, v. 179) inszeniert wird. Ein deutliches Zitat aus Hartmanns ‚Gregorius' (um 1190) zu Beginn der Episode über die Zwillingssöhne stärkt diese ‚Kommunikation' zwischen Eltern- und Kindergeschichte:[596]

---

594 Dabei gehe ich davon aus, dass diese ‚Anspielungen' des Romans eben nicht, wie dies bei Ulrichs ‚Alexander' der Fall zu sein scheint, wie Stock, Echokammer (2003), herausarbeitet, vor allem dazu dienen, den Text zu autorisieren und in einen größeren Literatur- und Wertekanon zu stellen, sondern durchaus auch auf die spezifische Sinnstiftung der anzitierten Einzeltexte zielen und mit Erwartungen der Rezipierenden spielen.

595 Wie Stock, ebd., S. 119, verwende ich Barthes Metapher der ‚Echokammer' hier weniger als theoretische, poststrukturalistische Grundlage für Ulrichs Roman, sondern vielmehr als Bild, um zum Ausdruck zu bringen, dass die intertextuellen Verweise hier einen „Nachhall kanonisierter Literatur [ergeben], der den Protagonisten [hier: die Zwillinge] auf weiten Teilen seines Weges umgibt und ihn als Figur auch selbst prägt.".

596 Diese Beobachtung wurde in der Forschung schon häufig gemacht, führte aber bislang noch nie zu einer entsprechend perspektivischen Lektüre, z.B. bei Behr, Machtlegitimation (1989), S. 178, und Hagby, Heiligenlegende (2013), S. 81 f. Den ‚Gregorius' zitiere ich im Folgenden nach der Ausgabe: Hartmann von Aue, Gregorius, hg. von Hermann Paul, neu bearb. von Burghart Wachinger, Tübingen 2004.

Ebenso wie Gregorius stechen die Zwillinge in ihren ‚Pflegefamilien' durch ihre hohe *art* bzw. *gebürte* hervor (Gr, v. 1273–1284, WvW, v. 5064–5071), geraten eines Tages in eine Auseinandersetzung mit einem ihrer ‚Stiefbrüder' (Gr, v. 1285–1293, WvW, v. 5105–5116), woraufhin sie von der Pflegemutter erfahren, dass sie nicht ihre leiblichen Söhne seien (Gr, v. 1306–1374, WvW, v. 5117–5147), erhalten ein ‚Beweisstück' (Tafel bzw. Stofffetzen: Gr, v. 1731–1755, WvW, v. 5148–5159) und beschließen, sich auf die Suche nach ihrer Herkunft zu machen (Gr, v. 1381–1738, WvW, v. 5182 ff.). Das so aktivierte Handlungswissen lenkt den Blick auch auf die Unterschiede zwischen den Texten: Indem die Zwillinge, anders als Gregorius, nichts Genaueres über ihre soziale Herkunft erfahren, kann ihr sozialer Aufstieg und ihr Räuberleben allein auf die Entfaltung ihrer natürlichen adligen *art* zurückgeführt werden,[597] die auch das Handeln jener Figuren bestimmt, die nichts von ihr wissen.[598] Auf diese Weise wiederholen sie die Geschichte ihrer Eltern: Wie Bene steigen sie sozial auf, weil man ihre *art* erkennt, und wie Wilhalm verspüren sie nach einer Information durch Außenstehende (Pilger, Pflegemutter) einen inneren Drang zu dem, was sie unwissend bereits in sich tragen – bei Wilhalm Christus, bei den Zwillingen Herrschaft und Besitz.

Das ‚Gregorius'-Handlungsgerüst in der Zwillingshandlung lädt außerdem dazu ein, auch strukturelle Ähnlichkeiten zwischen den jeweiligen Elternvorgeschichten zu bemerken: Wie Wilhalm und Bene durch das gleiche Alter und Wilhalms Brief als Zwillinge *inszeniert* werden und nach dem Tod von Wilhalms Vater zusammenfinden, sind die Eltern des Gregorius *tatsächlich* Zwillinge (Gr, v. 180–184) und beginnt auch ihre Liebe im Kindesalter mit dem Tod des Vaters (Gr, v. 273–410). Die Entsprechung der Erzählelemente weist insbesondere darauf hin, dass der WvW eine *harmonisierte Gregorius-Kontrafaktur* erzählt: Indem die Merkmalsgleichen nicht wirklich blutsverwandt sind, folgt ihre Vereinigung nur dynastischen Überlegungen und den normativen Vorgaben des Liebes- und Freundschaftsdiskurses (Kap. 2.4). Die Liebe unter Gleichen führt hier nicht zu einer gesellschaftsgefährdenden Entdifferenzierung zwischen ‚verwandt' und ‚nichtverwandt'

---

[597] Nicht also ihr Zwillingsdasein entpuppt sich als gesellschaftsgefährdend, wie von Bloh, Zwillinge (2007), S. 8 und S. 13, behauptet, sondern das Auseinanderklaffen von *art* bzw. *nature* und Möglichkeiten, diese auszuleben, vgl. Behr, Machtlegitimation (1989), S. 185 und S. 191, und J.-D. Müller, Kompromisse, S. 54–56, bzw. darüber hinaus „der herrschaftsdiskursive Charakter des Romans", der eine weitere Herrschaftskrise benötigt, durch die Wilhalm sich rehabilitieren kann, vgl. Herweg, Herkommen (2004), S. 273.

[598] Die Zwillinge werden durch die unterschiedlichen Inszenierungsweisen des Handlungsschemas zu einer Art ‚passiven' Gregorius-Figur, indem nicht sie den Streit anfangen, sondern der Pflegebruder (v. 5105–5108, v. 5130–5138), und nicht sie entscheiden, zu gehen, sondern ihre Pflegemutter (v. 5159).

(Kap. 1.8.1, Kap. 2.3.5), sondern wird vielmehr durch den *Code* der Verwandtschaft gestützt.[599]

Auch die in beiden Texten anschließende Trennungsgeschichte der Familie operiert mit vergleichbaren Erzählelementen: Gregorius wird, wie die Zwillinge, heimlich außerhalb des Herrschaftsbereichs geboren, von der Familie getrennt und einer Ersatzfamilie zugewiesen;[600] auch Gregorius' Vater zieht nach Jerusalem und verlässt seine Geliebte (Gr, v. 571 ff.), die dann allein über ein Reich herrscht. Doch anders als im WvW werden nun keine drei Geschichten über drei (bzw. vier) Familienmitglieder erzählt, sondern ‚verdorrt' (Gr, v. 841) der erste Erzählstrang bereits im Ansatz: Gregorius' Vater kommt nicht im Heiligen Land an, sondern stirbt auf der Fahrt (Gr, v. 831–852).[601] Die Sehnsucht nach der Geliebten führt bei Hartmann dazu, dass der eine ohne seine ‚andere Hälfte' nicht leben kann – im WvW überbrückt diese Sehnsucht der im Leib und im Herzen Vereinten die räumliche und ideologische Distanz.

So ist der ‚Gregorius' normatives Muster und abgewiesene Alternative zugleich: Beide Texte laufen auf eine Harmonisierung gottzugewandten und herrschaftlichen Lebens zu, im ‚Gregorius' als Verdichtung in *einer* Person,[602] im WvW durch Sukzession (der Lebensmodelle), Glättung (durch den Erzähler) und durch Merkmalsgleichheiten zwischen den Verschiedenen. Die Zwillingsgeschichte aus dem ‚Gregorius' wird im WvW dabei vor allem dazu genutzt, um auf das ähnlich gelagerte Sujet zu verweisen, aber den Schwerpunkt zu verschieben: Weist die Zwillingskonfiguration im ‚Gregorius' auf

---

[599] Zugleich hat dieses positive Zwillingskonzept in der Bibel kein Vorbild (Kap. 2.3.4), sondern schreibt eher „die Vorstellung von den [...] durch Liebe verbundenen Zwillingen nach Art der Dioskuren Castor und Pollus" fort, von Bloh, Zwillinge (2007), S. 6.

[600] Solche ‚Ersatzgemeinschaften' sind Teil des hagiographischen Diskurses im Roman. Weil das legendarische Modell „tendenziell antifamilial" ist, propagieren die Texte häufig „die Bildung spirituell geprägter Ersatzfamilien", die in den hybriden Romanen des späten 13. Jahrhunderts meist Episode bleiben, vgl. Schulz, Epistemik (2009), S. 680. Im WvW wird dementsprechend Wilhalm vorübergehend zum *geistlîchen sun* (v. 3571) des Patriarchen, die Wirtin zur *muoter* Benes (v. 4557) und die Zwillinge wandern von Ersatzgemeinschaft zu Ersatzgemeinschaft, vgl. ebd., S. 679.

[601] Dies ist erzähllogisch zu begründen und zeigt einen wesentlichen Unterschied zwischen den Sujets der Texte: Gregorius' Vater *muss* bei seiner Bußfahrt an der sündhaften Minne scheitern, damit diese Bußleistung nicht leistet, was sie verspricht, nämlich die vollkommene Distanzierung vom sündhaften Leben zuvor, vgl. Strohschneider, Inzest-Heiligkeit (2000), S. 126. Nur so kann der Sohn die Sünde wiederholen und zum ‚Sündenheiligen' werden. Bei Wilhalm aber geht es gerade nicht um eine irgendwie ‚verschuldete' Sünde – der Kinderverkauf kann hier gleichwohl ein irritierendes Moment sein –, sondern um die Glättung und Überbrückung des Widerspruchs zwischen profaner Herrschaft und religiösem Heil.

[602] Zu bemerken ist allerdings, dass sich der WvW dabei weitaus mehr als Herrschaftsroman denn als Legende geriert: Nicht gottgefälliges Leben des sündigen Menschen auf Erden ist sein Sujet, sondern die Integration der Gotteszugewandtheit in ein weltzugewandtes Herrscherleben.

die dem Menschen eingeschriebene Sündhaftigkeit hin, die sich hier in der irdisch tendenziell gefährlichen, weil schließlich gewaltsamen Entdifferenzierung von Verwandtschaft und Nichtverwandtschaft artikuliert, geht es bei der Inszenierung der Liebe unter Gleichen anhand scheinbarer und tatsächlicher Zwillingsfiguren im WvW darum, den kulturellen Widerspruch von Herrschaft und Askese zu harmonisieren.

Dazu verwendet der Text zwei Zwillingsmodelle, die, wie erwähnt, als ‚gesteigerte Wiederholung' aufeinander bezogen sind: Das erste ‚Zwillingspaar' Wilhalm und Bene erscheint als die Verkörperung zweier entgegengesetzter, unvereinbarer Prinzipien (dual), deren Gegensätzlichkeit allerdings durch Merkmalsgleichheiten unterlaufen wird. Das zweite Zwillingspaar steht, indem die Brüder sich umfassend ähnelnd und wie *eine* Figur inszeniert werden, für die natürliche Einheit (geminal) des Getrennten: Bis zu ihrer Geburt gehen die Eltern (v. 1243–1258, v. 1269–1278) noch davon aus, dass aus der Beziehung der Einleiblichkeit nur ein einziges *kindelîn* hervorgeht, woran auch der Erzähler keinen Zweifel lässt (v. 840).[603] Die Zwillingsgeburt ist dann ein Textsignal für die Spaltung der Einheit, aus der sie hervorgegangen sind, und knüpft damit implizit an der Vorstellung an, dass Zwillingsgeburten das Resultat einer eigentlich unerwünschten Aufteilung des männlichen Samens auf die Kammern der weiblichen Gebärmutter seien (Kap. 2.3.4). Ihre außerordentliche Merkmalsgleichheit hingegen nivelliert diese Spaltung. Das duale Prinzip wird auf diese Weise zugunsten des geminalen abgewiesen.

Ich komme zur Geschichte von ‚Crescentia': Zwar zitiert der WvW diese Geschichte aus der ‚Kaiserchronik'(um 1150) nicht direkt, aber die Texte weisen dennoch eine ganze Reihe von Gemeinsamkeiten auf:[604] In beiden Texten wird ein Herrscherpaar getrennt, das am Ende wieder zusammenfindet und verleugnet die zwischenzeitlich in der Fremde lebende

---

603 Bene argumentiert dabei nach dem aristotelischen Ein-Samen-Modell (Kap. 2.3.2.1): Das Kind ist für sie nicht Resultat einer Vermischung zweier Samen, sondern, so erklärt sie Wilhalm, sie trage *dîns verhes sâmen* (v. 1237). Auf die Weitergabe von Merkmalsgleichheiten etwa nur von väterlicher Seite, wie es das Ein-Samen-Modell nahelegt, hat dies im Roman allerdings keine weiteren Auswirkungen, da dies die Inszenierung als Einheit des ‚Sippenkörpers' gefährden würde.

604 Mag ein eindeutiges Textsignal für eine direkte Zitation wie beim ‚Gregorius' auch fehlen, genügen diese Gemeinsamkeiten im Verbund mit der Tatsache einer enormen Popularität der ‚Kaiserchronik' insbesondere im 13. Jahrhundert, um es auf einen Vergleich doch ankommen zu lassen, vgl. zur Überlieferung der ‚Kaiserchronik' Nellmann, Kaiserchronik (1983), und Bertelsmeier-Kierst, Verortung (2003), S. 31 ff., und zur Überlieferung der ‚Crescentia'-Geschichte insgesamt Nellmann, Crescentia (1980). Ich zitiere die ‚Kaiserchronik' nach der folgenden Ausgabe: Die Kaiserchronik. Eine Auswahl. Mittelhochdeutsch–Neuhochdeutsch, hg. von Mathias Herweg, Stuttgart 2014. Vgl. grundsätzlich Stock, Kombinationssinn (2002), S. 54–72.

Frau ihre allerdings sichtbare Abstammung, was zu einem sozialen Aufstieg führt;[605] beide Texte orientieren sich an einem höfischen Normen- und Wertesystem, enthalten aber zugleich hagiographische Erzählelemente, beginnen dementsprechend mit einer ähnlich gearteten Herrschaftskrise – ein heidnischer bzw. ‚heidnische' Bräuche praktizierender Herrscher stirbt und die Nachkommen sind noch nicht in der Lage, ihn zu ersetzen (Kchr, v. 11370–11377) – und enden mit einem Moniage: Das Herrscherpaar geht ins Kloster (Kchr, v. 12799 ff.).[606] Darüber hinaus spielen in beiden Texten Zwillinge eine wichtige Rolle.[607]

Das duale und gesellschaftsgefährdende Zwillingsmodell, das die ‚Crescentia'-Erzählung in Übereinstimmung mit den theologischen und medizinischen Schriften der Zeit entwirft (Kap. 2.3.4),[608] ist jenem des WvW diametral entgegengesetzt und verdeutlicht im Vergleich noch einmal die Glättungs- und Harmonisierungsstrategien in Ulrichs Roman. Anders als Danus und Boizlabe sind jene Zwillinge, mit deren Zeugung und Geburt die ‚Crescentia'-Erzählung beginnt, von Beginn an ein Problem, wird von ihnen auch zunächst eine Lösung erwartet: Obschon der alte Kaiser Narcissus eigentlich zeugungsunfähig ist (Kchr, v. 11354f.), wird seine Frau schließlich schwanger (Kchr, v. 11356–11365). Doch das Problem der Erbschaftsnachfolge ist damit keineswegs geregelt, sondern vielmehr durch ein weiteres abgelöst: Die Gleichheit der Zwillinge setzt die Primogenitur-Regel außer Kraft.[609] Den doppelten Anspruch auf das väterliche Erbe, nämlich mächtig

---

[605] Bei dem Paar handelt es sich um Crescentia und den ‚schönen Dietrich'. Während ihres Aufenthalts im fernen Herzogtum behauptet Crescentia, immerhin ehemals römische Kaiserin, sie sei eine *arme muode* (Kchr, v. 11914), lebt keusch und lehnt materiellen Reichtum ab (Kchr, v. 11960–11966, v. 12016 ff.). Weil sie aus den feudalen Sichtbarkeitszusammenhängen verschwunden ist, wird sie auch vom Herzog, der die römische Kaiserin eigentlich gut kennt, nicht wiedererkannt (Kchr, v. 12054–12061). Durchaus aber liest er ihrem *gebæren* ab (v. 12073) – der Adel erkennt den Adel –, dass sie einst geherrscht haben muss (v. 12074 f.). Dementsprechend steigt Crescentia zur Lehrerin des Herzogskindes (Kchr, v. 12092 f.) und zur wichtigsten Beraterin des Herzogs selbst auf (Kchr, v. 12100 ff.). Diese Erzählelemente stellen für Schulz, Erzähltheorie (2015), S. 283, eine grundlegende Gemeinsamkeit der ‚Crescentia'-Erzählungen mit jenen Texten dar, die Schulz als ‚frommer Untertypus' der sogenannten ‚Minne- und Aventiure-Romane' kategorisiert, zu denen er auch den WvW zählt.

[606] Zur älteren Forschungsdiskussion, die sich vor allen Dingen auf den Teil der Crescentia-Figur konzentrierte, der sie zur ‚Heiligen' macht, nämlich Crescentia als Dulderin, verfolgte Unschuld und Beichttheilige, Stock, Kombinationssinn (2002), S. 54 f., der zu Recht anmerkt, dass Crescentia zunächst einmal vor allen Dingen eine „Spenderin und Trägerin von Macht" darstellt (S. 55).

[607] Vgl. dazu von Bloh, Zwillinge (2007).

[608] Vgl. dazu auch von Bloh, Zwillinge (2007). Im Fall der Zwillinge in der ‚Crescentia'-Erzählung kann von Blohs These des grundsätzlich prekären Status und gesellschaftsgefährdenden Potential der Doppelgeburten, anders als beim WvW, bestehen.

[609] Kiening, Familien (2009), S. 93, spricht von der Etablierung einer „Verkettung von Krisenmomenten, welche die Geschichte von vornherein auf den Komplex von Genealogie und

3.4 Verwandtschaft: Prekäre Einheit. ‚Wilhalm von Wenden'

(*rîch*) über das Volk (*diet*) zu sein, formulieren sie in ihren Namen: Sie heißen beide *Dieterîche* (Kchr, v. 11369) – die Problematik der Doppelgeburt unterstreicht der Erzähler auf diese Weise noch durch die Namensdoppelung, die er negativ besetzt, indem er sie auf ‚heidnische' Sitten' zurückführt (Kchr, v. 11367). Die fehlende Differenz führt sogleich zu schlimmen Auseinandersetzungen im Reich (Kchr, v. 11373f.), die erst ein Ende nehmen, als man sich auf eine *Unterscheidung zwischen den Gleichen* einigen kann: Jener, der zuerst heiratet, wird römischer Kaiser (Kchr, v. 11375ff.). Auch diese Lösung allerdings verschiebt das Problem nur auf eine andere Ebene, denn die Brüder begehren nun auch die gleiche Frau: Crescentia.[610] Bis hierhin lässt sich konstatieren, dass die Merkmalsgleichheit der Geburt, des Blutes, des Namens und des Willens als gesellschaftliche Gefährdung beschrieben werden – die Zwillinge sind Rivalen, das Zwillingsmodell betont die Notwendigkeit von Differenzen und fehlende Unterschiede drohen in einer Spirale der Gewalt zu enden (Kap. 1.8.1).

Die Gleichheit der Geburt und des im Namen formulierten Herrschaftsanspruchs tätigen allerdings noch keine Aussage über die Idoneität der Kandidaten, die sich in höfischen Texten häufig im sichtbaren Tugend- und Geburtsadel manifestiert.[611] Hier, so lässt uns der Erzähler jetzt erst wissen, können die Merkmalsgleichen dienen, denn ihre äußere Erscheinung unterscheidet die Brüder: Nur einer der Zwillinge sieht aus, wie ein Fürst aussehen solle, und so nennt man den einen *scônen Dieterich* (Kchr, v. 11398–11401), den anderen *ungetân* (Kchr, v. 11402–11407).[612] Crescentia, der nun die Wahl unter den beiden zufällt, trifft eine überraschende Entscheidung: Sie wählt den hässlichen Dietrich, weil dieser ihrem *muote* entspricht (Kchr, v. 11409–11412). Offenbar ist sie – und darum geht bei dieser Differenz unter den Gleichen –, anders als die auf die Evidenz des äußeren Scheins fokussierte Hofgesellschaft, wie sie auch im ‚Engelhard' zu finden ist (Kap. 3.2.4.2), zu einer tieferen, ihren Heiligenstatus bereits vorwegnehmenden Erkenntnis fähig.[613] Ihre *Unter*scheidung führt zur *Ent*scheidung: Nur der hässliche Diet-

---

Herrschaft beziehen." Das Konfliktpotential werde nie beseitigt, stets nur vorübergehend stillgelegt bzw. verschoben.
610 Vgl. auch Stock, Kombinationssinn (2002), S. 55.
611 Grundlegend zu diesem Konzept Frisch-Rößler, Kalokagathie (1995).
612 Vgl. dazu auch Bloh, Zwillinge (2007), S. 7.
613 Hinsichtlich dieser durchaus bemerkenswerten Differenz zwischen den ansonsten Merkmalsgleichen ergibt sich bei von Bloh, Zwillinge (2007), wieder ein analytischer Fehlschluss: Weil die Einheit von zwei Personen „mit den allgemeinen Vorstellungen" (S. 7) nicht vereinbar sei, müsse jede Gleichheit in entsprechenden Texten durch eine Differenz ausgeglichen werden. In der ‚Crescentia'-Geschichte sei diese notwendige Differenz die unterschiedliche körperliche Erscheinung (S. 7). Das lässt sich im Text so nicht nachweisen. Viel naheliegender ist es, diese Differenz auf den situativen Kontext ihrer Nennung zu beziehen, nämlich auf Crescentias überlegene Erkenntnisfähigkeit: Ihr wird aufgetragen, auf der Grundlage

rich wird Crescentias Gatte und Kaiser von Rom. Doch der schöne Dietrich fügt sich dem Urteil keineswegs – der Nichtanerkennung der Differenz folgt eine eskalierende Kette der Rivalität und der Gewalt.[614]

Bevor sich diese Gewalt allerdings über Crescentia entlädt, bemüht sich diese um zwei unterschiedliche Strategien, um den gesellschaftsgefährdenden Doppelungen Herrin zu werden. Zunächst schlägt sie vor, den schönen Dietrich während der kriegsbedingten Abwesenheit ihres Mannes zu dessen vorübergehendem Ersatz in Fragen des Reiches und ihres Schutzes zu machen (Kchr, v. 11470–11479). Dies hätte eine *Teilangleichung* der Brüder zur Folge: Der schöne Dietrich wäre ein Ersatzherrscher auf Zeit und ein Ersatzehemann ohne Sex. Weil der schöne Dietrich allerdings auch nach Antritt dieser vorübergehenden Substitution auf seinem Absolutheitsanspruch beharrt (Kchr, v. 11479–11517),[615] ist eine weitere Strategie gefragt: Zum Schein verspricht sie ihm die Erfüllung all seiner Wünsche, und zwar unter der Bedingung, dass er ihr einen Turm baue, in dem er dann heimlich bekomme, was er wolle (Kchr, v. 11518–115530) – um ihn schließlich darin einzusperren.

Dieser Turm ist eine ‚Heterotopie des Ausschlusses'.[616] Einerseits repräsentiert er, solange Crescentias Lüge aufrechterhalten wird, die höfische Welt in utopischer Weise, indem er dem schönen Dietrich Aussicht auf das verspricht, was sein gleicher Bruder besitzt: So besteht er aus glänzendem Marmor (Kchr, v. 11547 ff.) und ist gefüllt mit Unmengen an Speisen und

---

    des visuellen Eindrucks eine Unter- und Entscheidung zu treffen, und Crescentia weist das damit zusammenhängende höfisch-weltliche Kalokagathie-Ideal ab, weil sie dem weltlichen Schein offenbar nicht vertraut. Da sie mit dieser Einschätzung Recht behalten soll, erweist sich Crescentia hinsichtlich ihrer Erkenntnisfähigkeit, die sich vom falschen Schein der Welt nicht täuschen lässt, allen anderen überlegen, vgl. Stock, Kombinationssinn (2002), S. 56, insbes. Anm. 71. Von Blohs Thesen der notwendig gegen die ‚suspekte Gleichheit' eingeführten Differenzkriterien treffen auch auf den ‚Gregorius' und den WvW nicht zu (S. 9): Die Zwillinge in Hartmanns Text sind nicht *deshalb* unterschiedlichen Geschlechts, um die bedrohliche Gleichheit abzumildern, sondern damit im Geschlechtsakt der Sündenheilige entstehen kann; die unterschiedlichen Namen von Danus und Boizlabe hingegen sind keine ‚mildernden' Differenzkriterien, denn unterschieden werden die Zwillinge auch anschließend nicht weiter und die Namen werden kaum genannt.

614 Vgl. auch Kiening, Familien (2009), S. 95.

615 Allerdings nimmt der schöne Dietrich die Einschränkung vor, dass er Crescentia nicht mehr zur Ehegattin möchte, weil sie ihn abgewiesen habe. Er verlangt allein die körperliche Ermächtigung über sie.

616 Vgl. aus mediävistischer Perspektive einführend Schulz, Erzähltheorie (2015), S. 304 ff. Heterotopien sind ‚dritte Räume', in denen heterogene Elemente nebeneinander existieren, also einerseits die geltende Norm gespiegelt (Öffnung), zugleich aber das gegen diese Norm Verstoßende eingeschlossen wird (Schließung). In Artusromanen etwa betrifft dies die *Peripherie* als „Unorte der Aventiure […], die in einem Reflexionsverhältnis zu den Orten der gewöhnlichen Ordnung stehen" (ebd., S. 318) und in denen Höfisches und Unhöfisches, dessen Differenz die höfische Ordnung erst konstituiert, vereint sind. Vgl. außerdem Foucault, Räume (1991).

Wein (Kchr, v. 11569–11585), verspricht erotische Erfüllung, steht mitten in Rom (Kchr, v. 11540 ff.) und damit im Zentrum der höfischen Welt. Andererseits ist er dieser zugleich radikal entzogen: Er soll so hoch gebaut werden (Kchr, v. 11529), dass man darin ‚der Welt entfliehen' kann (Kchr, v. 11532); der weltliche Genuss, den der Turm verspricht, wird als Sünde diffamiert und enthält darum Reliquien, um diese sogleich zu büßen (Kchr, v. 11586–11603); und vor allen Dingen dient er dem übergeordneten Zweck, jene, die gegen die Normen der höfischen Welt verstoßen – in diesem Fall der Doppelgänger, der die gesellschaftskonstituierenden Differenzen nicht anerkennt –, mit den besten Schlössern (Kchr, v. 11552–11561, v. 11652 ff.) von ihr auszuschließen, um die so Exkludierten den öffentlichen Blicken zu entziehen, die höfisches Ansehen erst erzeugen. Der Turm-Raum verdichtet in sich somit beide Normensysteme dieses Textes: weltliche Sünde und geistliche Buße, glänzender Reichtum und Unsichtbarkeit, Zentrale und Peripherie, Gottesnähe und Gottesferne, Begehren und, nachdem die Tür ins Schloss fällt, keuscher Verzicht, Gewalt und, nachdem Crescentia deren Quelle abschirmt, Frieden.[617] Mit einem solchen doppelt kodierten Raum wird der Doppelgänger abgeschirmt und darauf hingewiesen, dass Unterschiedslosigkeit *auf Erden* ein Problem ist. Erst als Crescentia die Tür wieder öffnet, strömen daraus mit dem gefährlichen Doppelgänger und seiner entdifferenzierenden Kraft auch die bislang eingeschlossenen Widersprüche – *das Heilige und die Gewalt* (Kap. 1.8.1):

> Und die Gewalt, die aus einer mangelnden Differenz herrührte, dient nun der Differenzierung. Sie versieht Crescentia mit jenem Unterschied, der für die Konstitution von Heiligkeit nötig ist.[618]

Erst die Trennung (oder: Geminalisierung) der gefährlichen Doppelgänger am Ende der Geschichte beseitigt die Gewalt endgültig: Der schöne Dietrich wird Herrscher, der hässliche geht ins Kloster (Kchr, v. 12773–12812).[619]

Geradezu gegenteilig funktioniert nun die harmonische Zwillingsgeschichte in Ulrichs Roman, dessen Zwillinge am Ende in Eintracht *gemeinsam* die Herrschaft übernehmen (v. 8286 ff.). Da es dem Erzähler des WvW offensichtlich um ein positives Zwillingsmodell geht, bemüht er sich darum, diese in der ‚Crescentia'-Erzählung entfalteten Probleme beiseite zu schieben: Statt das Problem der Primogenitur als Krise zu erzählen, wie es sich in einem Roman, der Herrschaftskrisen paradigmatisch reflektiert, vermuten

---

617 Ähnlich schon Kiening, Familien (2009), S. 95: „[D]ieser Turm dient einer Befriedung, die doch nicht von Dauer sein kann. In ihm sind Begehren und Gewalt aufbewahrt […]."
618 Vgl. dazu Kiening, Familien (2009), S. 92–98, hier: S. 96.
619 Vgl. von Bloh, Zwillinge (2007), S. 12 f.

ließe, berichtet der Erzähler neutral über die erstaunliche gemeinsame Machtübernahme durch die Zwillinge nach Wilhalms Moniage: *der lande reht und ir gewalt | sînen sünen er dô gap | und grôzer wirde urhap* (v. 8286 ff.). Das liegt nicht nur vor dem Hintergrund der ‚Crescentia'-Erzählung und dem tendenziell negativen Zwillingsbild in der gelehrten Literatur fern, sondern auch herrschaftstheoretische Schriften der Zeit raten von Doppelherrschaften ab.[620] Hier aber bleiben die Zwillinge, wie fast im gesamten Roman, *eine* Figur.[621]

Eine weitere potentielle Krise, die sich in der ‚Crescentia'-Geschichte aus der Doppelung ergibt, die der WvW-Erzähler aber abweist, ist jene eines rivalisierenden Begehrens, das auch die ‚Gregorius'-Handlung nahe legt: Nachdem Gregorius sich schließlich, wie die Zwillinge, auf die Suche nach seiner Herkunft macht, kommt er, wiederum wie die Zwillinge, durch Zufall in das Reich seiner Mutter (Gr, v. 1825–1850, WvW, v. 5703–5706), die ihn bei der Begegnung nicht erkennt (Gr, v. 1922–1971). Das Handlungsschema von der Befreiung einer bedrohten Landesherrin durch einen fremden Erlöser führt nun im ‚Gregorius' skandalöserweise zur Heirat zwischen Sohn (Erlöser) und Mutter (Landesherrin).[622] Mit dieser Möglichkeit spielt auch der WvW-Erzähler: Zunächst deutet er dieses Handlungsschema schon früh an, indem, schemagemäß (Gr, v. 2185–2224), einer von Benes Vasallen ihr im Auftrag des Rates vorschlägt, zur Stabilisierung der Herrschaft einen Ehegatten zu wählen (v. 4731–4765). Der Handlungsstrang um die Söhne lässt wieder an dieses Erzählschema denken, denn wie Gregorius kommen sie als Fremde wie aus dem Nirgendwo.[623] Aus dieser Gemengelage ergibt sich eine potentiell brisante Situation: Träten die Zwillingssöhne als Erlöser

---

620 Vgl. Sieber-Lehmann, Zwillinge (2015), S. 59.
621 Auch mit der Namensnennung, die die Zwillinge für einen Moment individualisiert und voneinander differenziert, wird, anders als von Bloh, Zwillinge (2007), S. 9, behauptet, kein Differenzkriterium eingeführt, das anhält. Ab der Einzelnennung der unterschiedlichen Namen (v. 6566, v. 6636), aus der sich aber keine individualisierende Tendenz ergibt, denn die Geschichten zu den Namensträgern sind dieselben (v. 6639–6647), werden die Namen selbst insgesamt drei Mal, allerdings stets gemeinsam, ohne die Träger zu unterscheiden, genannt (7963, v. 8216, v. 8234). Ansonsten bleibt der Erzähler dabei, von den Brüdern nur im Plural (v. 6657–6799, v. 6804, v. 6817, v. 6914–6929, v. 6958–6986, v. 7050–7068, v. 7338, v. 7407, v. 7525–7530, v. 7441, v. 7865–7875, 7907 ff., v. 8218 f., v. 8237, v. 8286 ff.) bzw. undifferenzierend von dem *einen* und dem *andern* zu erzählen (v. 6800 ff., v. 6887, v. 7829 ff.).
622 Vgl. dazu Strohschneider, Inzest-Heiligkeit (2000), S. 123. Ähnlich J.-D. Müller, Kompromisse (2007), S. 104 f.
623 Die extreme Variante dieser Erlöserfigur von außen stellt der Schwanritter dar: Er tritt in letzter Minute als Retter einer bedrohten Herzogin auf, indem er als *fremedez wunder* (v. 241) in einem Boot, das von einem Schwan gezogen wird, aus dem Nirgendwo kommt und seine Herkunft konsequent niemandem verrät. Zitiert nach: Der Schwanritter Konrads von Würzburg. Aus der Frankfurter Handschrift neu ediert und mit einem Kommentar versehen von Jan Habermehl (http://publikationen.ub.uni-frankfurt.de/files/38627/Schwanritter.pdf, online aufgerufen am 11. 01. 2019).

3.4 Verwandtschaft: Prekäre Einheit. ‚Wilhalm von Wenden'   399

von außen wie Gregorius auf, wären sie zugleich Werber wie Dietrich und Dietrich aus der ‚Crescentia'-Geschichte. Nicht nur stünde dann mit einem möglichen Inzestfall die Differenz zwischen ‚nichtverwandt' und ‚verwandt' auf dem Spiel, sondern auch die Eintracht der Doppelgänger.[624] Doch der Erzähler eliminiert diese Gefahr, indem er Handlungselemente des Schemas verschiebt: Statt sich, wie Gregorius, als geeignete Landesverteidiger zu beweisen (Gr, v. 1972–2184), werden die Zwillinge selbst zur Gefährdung, die eines Erlösers bedarf. Damit ist die Position des Retters von außen frei und kann durch Wilhalm, der nun wie Gregorius als Fremder übers Meer das krisengebeutelte Land erreicht (v. 5883 ff.), besetzt werden.

Es dürfte bis hierhin deutlich geworden sein, dass der WvW gezielt mit vorhandenen Erzählmodellen operiert, um deren Sinnbildungsmuster zu verwenden und an entsprechender Stelle abzuweisen: Bei der Übernahme bzw. Abweisung des ‚Gregorius'-Programms geht es vor allem um die ungeklärte Herkunftsfrage hinsichtlich der Zwillingssöhne und um eine thematische Brücke zur Elternvorgeschichte. Die strukturellen Ähnlichkeiten zeigen vor allem, wo sich das Handlungsgerüst unterscheidet: Weder zwischen Wilhalm und Bene kommt es trotz ihrer Einleiblichkeit zu einer gefährlichen und gewaltsamen Entdifferenzierung, denn die beiden sind nur ‚künstliche' Zwillinge, noch zwischen den Söhnen bzw. zwischen den Söhnen und ihrer Mutter, denn sie treten nicht als Erlöser mit anschließendem (konkurrierendem) Heiratsanspruch, sondern als ‚Bedrohung' auf und ermöglichen ihrem Vater somit, gutzumachen, was er durch sein Handeln einst erst ausgelöst hat. Vor dem Hintergrund der ‚Crescentia'-Handlung wiederum wird noch einmal deutlich, dass die Merkmalsgleichheit der Zwillinge in anderen Zusammenhängen Gefahren birgt, die der Roman gezielt umschifft und damit ein geminales Zwillingsmodell etabliert, das – wie der gesamte Roman – Widerspruch und Konkurrenz negiert und Harmonie propagiert.

3.4.3.2 Geminale Freundschaft. Freundschaftsgeschichten

Die Handlung um die Zwillinge Danus und Boizlabe *spiegelt* jene um die Eltern einerseits – statt von der Herrschaft zum Christentum, kommen sie vom Christentum zur Herrschaft – und *wiederholt* diese bzw. *nimmt* diese

---

[624] Eine ähnliche Situation ergibt sich kurzzeitig, aber ohne das Handlungsschema des Erlösers einer bedrohten Landesherrin, im ‚Engelhard', als die Freunde den dänischen Hof erreichen. Gedeckelt wird die potentiell gewaltauslösende Konkurrenzsituation zwischen diesen Doppelgängern durch den Tod von Dietrichs Vater, der ihn aus der Situation nimmt, und durch das Einschalten eines weiteren Doppelgängers, der die Rolle des Rivalen einnimmt (Kap. 3.2).

andererseits *vorweg*, indem auch hier eine Geschichte der Trennung und des Wiederfindens zwischen Verwandten, die einander nicht erkennen, erzählt wird, wobei die verwandtschaftlich bedingte Gleichheit der Natur Sympathie stiftet. Mit Blick auf die Freundschaftsdiskurse und die bekannten Freundschaftsnarrative werden beide Tendenzen weiter ausgebaut: Eine *Spiegelung* der Elterngeschichte findet nun auch insofern statt, als hier nicht der Code der Verwandtschaft die Liebe unter Merkmalsgleichheiten unterstützt, sondern, andersherum, der Freundschaftscode eine Beziehung zwischen Verwandten prägt und die Brüder *mit geselleclîcher kraft* | [...] *vereinet* (v. 6494 f.).

Dabei sind dem Freundschaftsdiskurs bestimmte Ideologeme inhärent, die der Text, indem er die Brüder einander nicht erkennen lässt,[625] zielführend aufruft: Wie die mittelalterlichen Freundschaftstheorien Ciceros Diktum (Kap. 2.4.4.3), dass die Herzens- und Wesensverschmelzung von Freunden die gedankliche Gleichheit hinsichtlich göttlicher und weltlicher Dinge zur Voraussetzung hätten, übernehmen und das gemeinsame Streben zum (christlichen) Gott ins Zentrum rücken (Kap. 2.4.4.6/7), so gilt dies auch für Danus und Boizlabe: Noch bevor sie sich über die Herkunft des jeweils anderen (weltliche Dinge) erkundigen, ist die Frage nach der Religion (göttliche Dinge) die Voraussetzung eines Gesprächs (v. 5235 f.).[626] Diese scheinbare Nebensächlichkeit ist es, die ihre Freundschaft zur positiven Spiegelung der Geschichte ihrer Eltern macht, die ja gerade, weil keine ,Übereinstimmung in den göttlichen Dingen' (Lael, 20, 7 ff., Kap. 2.4.4.3) vorhanden ist, getrennt werden.[627] Dass die ,Vereinigung' der Herzen (v. 5278) der Zwillinge nun sowohl auf die Kraft der ,Sippe' als auch auf die Gleichheit des Sinnens uns Strebens zurückgeht (v. 5270 f.) und damit an die Freundschaftstheorien der Zeit anknüpft, hat für die Gesamthandlung die Funktion einer impliziten Prolepse: Auch Wilhalm und Bene müssen ihr Denken über die göttlichen Dinge wieder entdifferenzieren, damit aus der durch den Glaubensunterschied in Frage gestellten und prekären Einheit wieder eine vollständige werden kann.[628]

---

[625] Handlungslogisch wird das Nicht-Erkennen vom Erzähler gewissermaßen damit begründet, dass die Brüder sich die Stofffetzen nicht zeigen (v. 5569–5573).

[626] Ganz in der Tradition der christlichen Freundschaftstheorie verkehren sie die Reihenfolge der Bestandteile der Freundschaftsdefinition, wie sie bei Cicero vorzufinden war, indem bei Augustinus und Cicero nicht mehr zuerst die göttlichen und dann die weltlichen, sondern, als rhetorische Figur der Steigerung die göttlichen Dinge am Ende stehen. Der eine Bruder fragt den anderen dementsprechend zuerst nach seinem weltlichen Streben – *ob ich iuch muoz,* | *knappe, vrâgen, wannen ir gêt* | *oder war iur gemüete stêt?* (v. 5218 ff.) – und dann, als Voraussetzung der weiteren Kommunikation, nach dem geistlichen: *sît ir kristen?* (v. 5236).

[627] Ciceros Freundschaftstheorie wird auch in einschlägigen Schriften zur ,heterosexuellen' Liebe zitiert, etwa bei Andreas Capellanus (Kap. 2.4.7).

[628] Damit zusammenhängend proklamiert die Zwillingsepisode, indem die Rezipierenden von der Verwandtschaft dieser Freunde wissen, ein Verwandtschaftsmodell, das Freundschaft in

Als mit höfischen Tugenden gesegnete, männliche Geschwister gleichen Alters und adliger Abstammung sind Danus und Boizlabe so mit den wichtigsten Merkmalsgleichheiten für eine *antike* Freundschaft ausgestattet, die durch die Gleichheit im (christlichen) Glauben auch den mittelalterlichen genügt. Dem Freundschaftsdiskurs entsprechend,[629] entwirft sie der Text zudem – stärker als die Eltern, die vor allem eine Einheit des Leibes darstellen – als ‚Herzenseinheit' (v. 5215, v. 5278, v. 5286), die, etwa nach Aelred von Rievaulx, eine Entdifferenzierung nach sich zieht – der gemeinsame Plan und der gemeinsame Wille führten mit der Zeit auch zu einer körperlichen Angleichung (amic, III, 30f.). Diese scheint sich zwar im WvW nicht, wie in ‚Flore und Blanscheflur' (Kap. 3.1), sukzessive zu entwickeln, aber sie wird doch sukzessive eingeführt: Während zunächst nur von Merkmalsgleichheiten im Bereich der inneren Ausrichtung die Rede ist (v. 5257–5318), bemerken erst im Anschluss andere Figuren die körperliche Ähnlichkeit. Anders als etwa im ‚Engelhard' wird diese im WvW nicht stark hervorgehoben – nur zwei Personen weisen darauf hin (v. 5345ff., v. 6485f.). Dies dürfte damit zusammenhängen, dass die körperliche Ähnlichkeit in diesem Roman auf den gemeinsamen ‚Sippenkörper' zurückgeführt wird (v. 5368–5371, v. 6491), in der Zwillingsepisode aber insbesondere von der ‚inneren' Gleichheit erzählt werden soll, die den Eltern noch fehlt.

Dennoch dient die Doppelgängerfreundschaft des ‚Engelhard' der Zwillingsfreundschaft im WvW offenbar als sinnstiftende Folie: Wie die Freunde Engelhard und Dietrich begegnen sich die getrennten Gleichen wie durch ein ‚Wunder' (Eng, v. 486–491, WvW, v. 5210), nachdem sie sich wie Engelhard (nicht aber Dietrich) als den Mitgliedern ihrer ‚Familie' weit überlegen ausgezeichnet haben (Eng, v. 234–247, WvW, v. 5052–5071). Wie

sich integriert bzw. enge und merkmalsgleiche Verwandte zu idealen Freund*innen macht, wie es auch die meisten Freundschaftsschriften (insbesondere die ‚Nikomachische Ethik' des Aristoteles), die in dieser Zeit zugänglich waren, behaupten: Der NE zufolge (Kap. 2.4.4.2), die zur Zeit der Entstehung des WvW im Übrigen bereits breit rezipiert wurde, wären Danus und Boizlabe geradezu die perfekten Freunde, nicht nur weil Ähnliches sich grundsätzliches anziehe, sondern weil jene zur vollkommenen Freundschaft sich als besonders geeignet zeigten, die gleichen Geschlechts, gleichen Alters seien (Altersdifferenz wiederum sei für die Freundschaft ein Problem), das gleiche Blut hätten und aus derselben Wurzel stammten. Cicero wiederum (Kap. 2.4.4.3) übernimmt diese Fraternalisierung der Freundschaft nicht, der er einen Mehrwert gegenüber der Verwandtschaft einräumt, wenn man seine Ausführungen wohl auch so verstehen darf, dass die vollkommene Freundschaft eine Verbindung aus der Verwandtschaftsliebe und Freundschaft darstelle. Als ‚Brüder' bezeichnen sich explizit auch die Freunde David und Jonathan (Kap. 2.4.4.5).

629 Von einer Einheit von Herz und Seele ist in nahezu allen Freundschaftstheorien die Rede, etwa bei Aristoteles (NE, 1168b8), bei Cicero (Lael, 25, 92), in der Beschreibung der Glaubensgemeinde in der Apostelgeschichte des Neuen Testaments (Apg. 4, 32), bei Augustinus (Ordensregeln, I.1) und Aelred (amicitia, I, 21 u.v.a). Vgl. mit weiteren Belegen die entsprechenden Unterkapitel in Kap. 2.4.4.

die Freunde bei Konrad sind sie in geradezu jeder Hinsicht merkmalsgleich und suchen einen Dienstherrn (Eng, v. 508–513, WvW, v. 5232 ff., v. 5266 ff.), sind einander aufgrund der Merkmalsgleichheit sympathisch (Eng, v. 565–614, WvW, v. 5269 ff.), sprechen und denken nahezu dasselbe und leisten sich – eine besonders auffällige Gemeinsamkeit – einen nahezu wortgleichen Freundschaftsschwur (Eng, v. 626 f., WvW, v. 5319–5322),[630] woraufhin sie gemeinsam aufbrechen. Beide Erzähler betonen darüber hinaus, dass die Freunde auch die gleiche Sprache sprächen (Eng, v. 464, WvW, v. 5222). Sie verweisen damit zumindest implizit auf den idealen Urzustand der ‚Einstimmigkeit' aller Menschen vor der Differenzierung in der ‚Turmbauerzählung', die strukturell die Paradieserzählung und damit das Narrativ von der Trennung der Einheit und dem Streben nach der Vereinheitlichung (Kap. 2.4.1) wiederholt, das auch der WvW entfaltet.[631] Wie die Doppelgänger-Freunde bei Konrad von Würzburg geraten auch die Zwillinge bei Ulrich anschließend (mit Umwegen) an einen königlichen Hof, an dem sie, ihres unbekannten Standes ungeachtet, sich beide in Hofämtern bewähren und für ihre Schönheit und ihr Verhalten bewundert werden (Eng, v. 762–784, WvW, v. 5545–5564). Und, zuletzt, verlassen sie wie Dietrich (nicht aber Engelhard) aufgrund ihres Herkommens den Hof, um schlussendlich zu Herrschern aufzusteigen (Eng, v. 1326–1628, WvW, v. 5574–5658, v. 8286 ff.).

Dieses gegen die literarische Tradition eingefügte ‚Engelhard'-Handlungsschema[632] lässt die Zwillinge als merkmalsgleiche Freunde erscheinen, zu denen Wilhalm und Bene noch werden müssen. Zugleich weist es durch die wesentlichen strukturellen Unterschiede zum ‚Engelhard' gerade die Aushandlung problematischer Merkmalsdifferenz, von der Konrads Roman erzählt, ab, denn Dietrich und Engelhard müssen sich trennen, weil sie im Status verschieden sind. Auch hier arbeitet der Erzähler nach dem Muster, Handlungsschemata auch aufzurufen, um deren Konfliktpotential abzuweisen: Denn Danus und Boizlabe sind von gleichem Stand, müssen sich nicht wieder trennen und sind nicht zu einer Reflexion über die Privilegierung

---

630 Beim Engelhard: *si lobeten mit dem eide | ein ander dô geselleschaft. | diu wart von in mit stæter kraft | behalten ûf ein ende zil* […]. Im WvW: *Mit unverructer triuwe kraft | lobten sie geselleschaft, | daz diu zergienge niemer | die wîle sie lebten iemer.*

631 Interessanterweise ist eines der Dinge, die zur Differenzierung und Teilung Menschen in der ‚Turmbau-Erzählung' führt, dass diese sich darum bemühen, sich einen ‚Namen' zu machen (Gen 11, 4) – genau dies tun Danus und Boizlabe, deren Namen man erst sehr spät erfährt, explizit nicht. Die Betonung ‚gleicher Sprache' bzw. einer Angleichung der Sprachen spielt im Übrigen auch im FuB (Kap. 3.1), im ‚Engelhard' (Kap. 3.2) und im ‚Willehalm' (Kap. 3.3.1) eine Rolle.

632 In den vergleichbaren Wilhelms-Romanen fehlt das mit dem ‚Engelhard' vergleichbare Handlungsschema vollständig: Die Zwillinge kommen nie an den Königshof, an dem sie aufsteigen, und die Merkmalsgleichheit der Zwillinge spielt ebenfalls keine Rolle, vgl. Leonhardt, Untersuchungen (1931), S. 28 f.

3.4 Verwandtschaft: Prekäre Einheit. ‚Wilhalm von Wenden'

bestimmter Merkmalsgleichheiten gezwungen. Die Strategie der Glättung des Unvereinbaren wird in der Zwillingsepisode so auf die Spitze getrieben, indem alles, das die Eintracht stören könnte, erinnernd aufgerufen und dann beiseitegeschoben wird.[633]

Mit ihrer Abreise vom Hof des Königs Honestus verlassen sie auch das Handlungsschema des ‚Engelhard' und bewegen sich, bevor wieder das ‚Gregorius'-Programm greift, durch die Artuswelt des Hartmannschen ‚Iwein'-Romans, um auch hier vor allen Dingen die entsprechende Freundschaftsgeschichte zwischen Iwein und Gawein aufzurufen und sie als zu problematisch abzuweisen:[634] Sie erbitten von Honestus, wie Iwein von Lunete, *urloup*, um dann mit dem besten Freund durch allerlei Länder zu reiten und zu turnieren – und vergessen die gesetzte Einjahresfrist (Iw, v. 2913–2957, v. 3037–3058, WvW, v. 5616–5682). Von Lunete verantwortlich gemacht wird bei Hartmann zwar Iwein, doch der Erzähler wertet die Sachlage in eine andere Richtung: Gawein, der seinen ‚besten Freund' Iwein (Iw, v. 2742) dazu überredet hat, mit ihm auszureiten und seine Frau zurückzulassen (Iw, v. 2770–2912), habe jenen mit freundlichen Handlungen an sich ‚gefesselt' (*behabte und betwunge*, Iw, v. 3054), so dass Iwein die Frist vergessen habe (Iw, v. 3047–3058). Die schon zuvor auch von Rivalitätsdenken geprägte Freundschaftsbeziehung (Iw, v. 914f.) führt zur Pflichtvergessenheit des Protagonisten, der anschließend auf einem langen Weg der Identitätssuche sein Verhältnis zu sich und zu anderen Menschen reflektieren muss. Während Iwein und Gawein sich dann im späteren Zweikampf nicht erkennen, weil ihr Herz durch eine Wand getrennt sei und die Rivalitätsbeziehung auf diese Weise in einem klärenden Kampf ausgefochten werden kann (Iw, v. 7015–

---

633 Mit der Räuberhandlung, die dieser Glättungsstrategie zu widersprechen scheint, reflektiert der Roman dann, so könnte man sagen, seine eigene Unzulänglichkeit, das Widersprüchliche zu harmonisieren. Denn nun müssen die idealisierten Merkmalsgleichen zu Räubern werden, um Störungen der Harmonisierung zu beseitigen, also um nicht zu Frauenwerbern der Mutter zu werden und um Wilhalm die Möglichkeit zur rettenden Rehabilitierung zu geben. Die Räuberhandlung nämlich verweist zurück auf den Kinderverkauf Wilhalms, bei dem, wie Herweg, Verbindlichkeit (2010), S. 397, ausführt „das herrschaftsdiskursive, doch auch das ethische Sinnpotential des Romans [...] am schärfsten mit dem legendenhaften Rigorismus der *conversio* kollidiert. Die Rückholung der so Ausgestoßenen durch denjenigen, der die Ausstoßung bewirkte, kann somit als „Platzhalter der nie gestellten Schuldfrage" verstanden werden (ebd., S. 398). Weil diese Rückholung so (und nach dem vorgestellten Erlöserschema) erfolgen muss, müssen die Zwillinge zu Räubern werden, auch da ihr Treiben noch einmal den aus dem Verkauf resultierenden Widerspruch zwischen ihrer *art* und ihrer Lebenssituation auf krasseste Weise vorführt. Noch einmal also: Ihr Räuberdasein hat nichts mit einer gesellschaftsgefährdenden Merkmalsgleichheit zu tun, wie wir sie etwa in der ‚Crescentia'-Geschichte vorfinden.

634 Im Folgenden zitiert nach: Hartmann von Aue, Iwein, Text der siebenten Ausgabe von Benecke, Lachmann und Wolff, Übersetzung und Nachwort von Thomas Cramer, Berlin 2001. Vgl. zur Freundschaft im ‚Iwein' Eming, Freundschaft (2015).

7074, v. 7491–7495),⁶³⁵ erkennen sich Danus und Boizlabe zwar als Freunde, nicht aber als Brüder, sind sie ‚ein Herz', aber keine Konkurrenten – keine Differenz überschattet ihr Freundschaftsmodell. Abgewiesen wird das der höfisch-arturischen Freundschaft inhärente agonale Prinzip. Anders als der ‚Iwein' proklamiert der WvW darüber hinaus eine auf verwandtschaftlich bedingter Gleichheit basierende Freundschaft und steht damit Aristoteles näher als Cicero.⁶³⁶ Neben dem Modell der Doppelgängerfreundschaft, die aber auch ihre Differenzen reflektieren und überwinden muss (‚Engelhard'), wird so auch die Freundschaft unter Artusrittern, die von Gleichheit und Konkurrenz zugleich geprägt ist, aufgerufen und zugunsten einer gänzlich auf Gleichheit und Eintracht zielenden geminalen Freundschaft abgewiesen.

3.4.4 Zusammenfassung

Ähnlichkeit zwischen Figuren dient in Ulrichs ‚Wilhalm von Wenden' vornehmlich dazu, Differenzen zwischen Figuren zu überbrücken und eine weitere Angleichung zu präfigurieren. Zunächst ließ sich zeigen (Kap. 3.4.1), dass die zwei sich widersprechenden weltanschaulichen Diskurse (hagiographischer vs. herrschaftlich-politischer Diskurs), die die Forschung immer wieder im Text ausgemacht hat, sich als semantische Extrempole mit Ähnlichkeitsnormen beschreiben lassen, die im Text sowohl kollidieren als auch gezielt unterlaufen werden. Dies geschieht durch eine Angleichung des Gegensätzlichen: Nicht nur sind die semantischen Felder, die diese Pole scheinbar repräsentieren (Wenden/Küstenstadt vs. Jerusalem), überdeterminiert bzw. hybrid. Vor allen Dingen die Figuren harmonisieren das Unvereinbare, indem sie Merkmale beider Ähnlichkeitsnormen zugleich aufweisen: Bene, die tendenziell den Herrschaftsraum repräsentiert, teilt Merkmale mit

---

635 Vgl. dazu v.a. am Beispiel des ‚Erec' Hasebrink, Freundschaft (2009), der die physische Aushandlung von Rivalität in Form von Freundschaftskämpfen als Bedingung für eine auf Gleichheit (im Sinne von Gleichrangigkeit) basierende Freundschaft versteht. Anders als die Freundschaftsphilosophie der Zeit müsse die agonal ausgerichtete höfische Kultur, wie sie in den Artusromanen dargestellt wird, *minne* und *haz* in Männerfreundschaften vereinen, Rivalität und Gleichheit synchronisieren (S. 9) – dies sei der „paradoxe[ ] Kern einer [...] Freundschaft" (ebd.). Eming, Freundschaft (2015), S. 122, thematisiert dies am ‚Iwein' grundsätzlicher und geht davon aus, dass „die polaren Beziehungstypen Rivalität und Freundschaft" als Grundbedingungen höfischer Kultur „am Verhältnis von Iwein und Gawein exemplarisch dargestellt werden."

636 Wie Cicero (Kap. 2.4.4.3) in seinem Freundschaftsbüchlein die Freundschaft grundsätzlich über die Verwandtschaft stellt (5, 19), weil es erstere ohne Zuneigung gar nicht geben könne, konstatiert auch der ‚Iwein'-Erzähler, vermutlich direkt auf Cicero referierend: *als ouch die wîsen wellen, | ezn habe deheiniu græzer kraft | danne unsippiu geselleschaft, | geråte sî ze guote | und sint sî in ir muote | getriuwe under in beiden | sô sich gebruoder scheiden* (Iw, v. 2702–2708).

den Figuren der hagiographischen Ähnlichkeitsnorm und Wilhalm, der den Herrschaftsraum verlässt, um sich nur Gott zuzuwenden, bleibt in seinem Handlungsprogramm zugleich der weltlichen Ähnlichkeitsnorm verpflichtet – beide Figuren sind, wie Willehalm, Gyburc und Rennewart, wie Nachor und im Ansatz auch Josaphat ‚Zwischenfiguren' (Kap. 3.3.1). Die sich im Handlungsverlauf ergebende Angleichung der strikten Gegensätze, wie sie zunächst in Prolog und Handlungsexposition entworfen werden, sind dennoch entscheidend für den Handlungsgang selbst: Auch in diesem Roman sind Merkmalsdifferenzen handlungsauslösend, denn erst durch Wilhalms Hinwendung zur Ähnlichkeitsnorm der christlichen Askese und sein Verlangen nach dem Merkmal der Taufe ergibt sich jene Differenz zwischen dem zuvor als ähnlich inszenierten Paar, die zur Trennung führt. Es ist diese Grenzüberschreitung Wilhalms, die das Sujet des Textes bestimmt und einer Lösung zugeführt werden muss, die sich durch die Angleichung der gegensätzlichen Räume schon andeutet.

In einem zweiten Teil meiner Analyse (Kap. 3.4.2) ging es mir explizit um die Inszenierung des Ehepaars Wilhalm und Bene als merkmalsgleich: Von Beginn an wird ihre Liebesgeschichte als eine der Entdifferenzierung erzählt: Teilen sie zunächst nur einzelne Merkmale, gleichen sie sich daraufhin weiter an und verschmelzen im Vollzug der Ehe zu einem gemeinsamen (Sippen-)Körper. Auf diese Weise bleibt das Paar auch im Zustand der Differenzierung (Wilhalms Suche nach Christus) eine Einheit, die der Erzähler im Verlauf der Trennungsgeschichte immer wieder beschwört und damit sowohl die Spaltung und Differenzierung des ‚Sippenkörpers' überbrückt als auch eine erneute Vereinheitlichung (wie es dem Erzählkern der Entdifferenzierung entspricht) in Aussicht stellt. Beobachten lässt sich dabei, dass der ‚Sippenkörper' vor allen Dingen dort beschworen wird, wo er entsteht bzw. prekär wird und so Figuren einer anderen ‚Ähnlichkeitsnorm' (Kap. 1.8.2) ‚betrauerbar' bleiben, während, sobald sich die Figuren wieder aneinander annähern, die durch die Gleichheit der Natur bedingte Sympathie im Zentrum steht, wie sie sich in der mittelhochdeutschen Literatur zwischen Verwandten, Freund*innen und Geliebten immer wieder zeigt (Homophilie). Auch in diesem Roman also zieht es das Gleiche zum Gleichen – nicht nur die ‚heidnischen' Figuren, die in diesem Text (merkmalsgleich mit den christlichen) als Gottes Schöpfung bezeichnet werden, sondern auch jene, die die Natur miteinander teilen. Diese beiden Entdifferenzierungsbewegungen – die Auflösung der Unterschiede zwischen ‚Heid*innen' und Christ*innen und jene zwischen der Herrscherfamilie – gehören dabei zusammen, weil Herrschaft und Christentum miteinander harmonisiert werden müssen. Dementsprechend wird in diesem Roman nicht nur Religion zum Projekt der Politik (insbesondere durch Benes Handeln), sondern wird auch der herrschaftlich-dynastische ‚Sippenkörper' sakralisiert, indem ihm eine Eigenschaft zugewiesen wird, die ansonsten nur für die göttliche Trinität gilt, nämlich mehrere Personen in einer zu bündeln.

Mit der ausführlichen Episode über die Zwillinge Danus und Boizlabe, so argumentierte ich in einem dritten Teil (Kap. 3.4.3), wird das Erzählziel des Romans, die Vereinigung von einem Leben für Gott und einem Leben als Herrscher, reflektiert und die Handlung um das Elternpaar gespiegelt: Weil die ursprüngliche Einheit des Elternpaars, so legt der Text nahe, nun gespalten ist, entsteht nun nicht nur *ein* Kind, sondern gebiert Bene *zwei* Kinder. Auch diese Spaltung wird durch Ähnlichkeit überbrückt, denn die Zwillinge teilen in einem umfassenden Sinne Merkmale miteinander. Indem sie wie ihre Eltern zunächst getrennt sind, zusammenfinden und Freunde werden, nehmen sie den auch für Wilhalm und Bene notwendigen Prozess der Angleichung des inneren Strebens (nach Gott), wie es der Freundschaftsdiskurs vorgibt, vorweg. Neben dieser Präfiguration der Angleichung des Glaubens zur Neugründung der Einheit hebt die Zwillingepisode die Bedeutung der adligen *art* hervor, indem sie die Elterngeschichte erneut spiegelt: Müssen Wilhalm und Bene ihrem weltlichen Adel den christlichen Glauben beifügen, suchen die christlich erzogenen Kinder, nach ihrer adligen Natur leben zu können.

Die reflektierende Funktion der Zwillingsepisode hinsichtlich der Elterngeschichte wird noch erhöht, indem der Text unterschiedliche Handlungsschemata aus der mittelalterlichen Zwillings- und Freundschaftsliteratur aufruft und deren Konfliktpotential gezielt abweist: Die Zitation der ‚Gregorius'-Handlung zeigt, dass die Liebe zwischen den ‚Zwillingseltern' Wilhalm und Bene nicht zu Buße und endgültiger Trennung führen muss, dass die Söhne die Vereinigung von Weltlichem und Geistlichem verkörpern und weist die gewaltsamen Entdifferenzierungen, die sich aus dem ‚Gregorius'-Schema ergeben würden, zurück. Die ‚Crescentia'-Geschichte wiederum führt vor, welche Zwillingsmodelle dem Mittelalter ansonsten (und vor allem) zur Verfügung standen. Diese betonen den gesellschaftsgefährdenden Aspekt der Entdifferenzierung: Eben diese Rivalität, die aus der Gleichheit erwachsen kann, so ruft der Roman mit dem ‚Kaiserchronik'-Verweis in Erinnerung, spielt hier keine Rolle, denn erzählt wird von der gemeinsamen Herkunft und der Eintracht der Gleichen (Geminalität), nicht von ihrem Dissens (Dualität). Nach einem ähnlichen Muster operiert der Text hinsichtlich der Handlungsschemata von Freundschaftserzählungen: Der ‚Engelhard' Konrads von Würzburg dient als Folie, um von einem sozialen Aufstieg zweier merkmalsgleicher Freunde zu erzählen, der sich von Differenzen unabhängig macht, wobei zugleich dessen reflektierende Passagen darüber, welche Merkmale sich in einer idealen Beziehung gleichen müssen und welche nicht, im WvW keine Rolle spielen; dementsprechend wird auch die implizite Rivalität der arturischen Freundschaftskonzeptionen, speziell des ‚Iwein', zitiert, um die ihm inhärenten Konfliktlinien abzuweisen.

Es ist die schwierige Verbindung des scheinbar Unvereinbaren, an der sich der Roman abarbeitet, und er tut dies mit der Strategie, das Unvereinbare als ähnlich darzustellen. Vergleichbar mit den Ähnlichkeitsinszenierungen jener Texte, die vor allem vom Verhältnis zwischen Christentum und anderen Glaubensgruppen erzählen, ist die Einheit der Verschiedenen das Ziel, die Ähnlichkeit ihr Vorbote. Geminalität, also die Betonung der gemeinsamen Herkunft und Merkmalsgleichheit zweier Dinge, wird in diesem Roman anhand der ähnlichen Figuren als Lösungsoption für die unüberwindbar scheinende Dualität, der schroffe Gegensatz zweier Prinzipien, präsentiert und stellt eine von mehreren Harmonisierungsstrategien des Romans dar.

4 Zusammenfassung der Ergebnisse

Gegenstand dieses Buches sind Figuren der höfischen Epik, die sich ähneln. Im Zentrum der Analysen standen damit solche Figuren, denen explizit durch andere Figuren oder implizit durch deutliche Markierungen im narrativen Verlauf Merkmalsgleichheiten zugewiesen werden und deren Ähnlichkeit für die Gesamthandlung des jeweiligen Textes von Bedeutung ist. Die Fragen, die die Analysen dieser Arbeit dabei bestimmten, waren zunächst schlicht: Wie wird von ähnlichen Figuren erzählt und auf welchen kulturellen Grundannahmen basiert dieses Erzählen?

Dieses Interesse verortet die Arbeit, einer allgemeinen Tendenz der mediävistischen Germanistik folgend, in den Bereich der kulturwissenschaftlichen Literaturwissenschaft und der ‚historischen Anthropologie', denn allein die Entscheidung, von welchen Merkmalsgleichheiten und -differenzen zwischen Menschen oder Figuren erzählt wird, wo Ähnlichkeit Bedeutung zugewiesen wird – und vor allen Dingen welche – ist abhängig vom Imaginären, von Normen, Werten und Wissensinhalten der jeweiligen Kultur, die von sich erzählt: Nur wer Ähnlichkeit für etwas Erzählenswertes hält, erzählt davon – und mit den sich verändernden kulturellen Grundlagen variieren die Modi dieses Erzählens.

Dies gilt auch für Aspekte, die zunächst als historisch und kulturell relativ konstant erscheinen: Die Jahrtausende alte Annahme etwa, dass Gleiches sich gerne zu Gleichem geselle – dass Ähnlichkeit Ursache von Zuneigung sei – mag noch heute als von der Sozialpsychologie weitgehend bestätigte Binsenweisheit gelten. Was verschiedene Kulturen aber darunter verstehen und wie sie sich den Satz erklären, ist nicht dasselbe und abhängig von dahinterstehenden Axiomen der spezifischen Kultur. Hinsichtlich dieses Homophilie-Prinzips etwa konnte in dieser Arbeit an vielen Beispielen illustriert werden, dass es in der höfischen Literatur des Mittelalters weniger die Psychologie der einzelnen Person ist, die jene liebt, die sie durch Ähnlichkeit etwa in ihren Glaubenssätzen und damit in ihrem Selbstwertgefühl bestätigt, sondern vielmehr jene, deren Ähnlichkeit Auskunft über eine tatsächliche, oft körperlich gedachte Verbundenheit dieser Figuren gibt. Gleiches strebt zum Gleichen, weil es Eins war, Eins ist und/oder Eins sein will.

Die Analysen dieser Arbeit zeigen, dass Ähnlichkeit, gerade indem sie Verbundenheit unter den Ähnlichen offenbart und auf diese Weise Sympathie erzeugt, aber auch, indem die Texte bestimmten Merkmalsgleichheiten etwa positive, anderen negative Bedeutungen zuweisen, das thematische Zentrum der behandelten Romane berührt: Wo fehlende Ähnlichkeit thematisiert wird, löst dies oft Handlungen aus, die dem Text eine Richtung geben; wo Differenzen von bestimmten Figuren ignoriert werden, die andere für relevant halten, ergeben sich häufig Wertekonflikte, die in den jeweiligen Romanen verhandelt werden und am Imaginären der jeweiligen Kultur anknüpfen; wo Ähnlichkeit als bemerkenswert inszeniert wird, ergeben sich Brücken zwischen Figuren, deren Differenzen eine Nähe sonst nicht zuließen.

In diesem abschließenden Kapitel möchte ich, der Konzeption dieser Arbeit, in der Zwischenergebnisse bereits regelmäßig zusammengefasst wurden, entsprechend, nicht noch einmal detailliertere Einzelergebnisse der verschiedenen Analysen wiedergeben. Vielmehr sollen drei zentrale und allgemeine Erkenntnisse zum Gegenstand, die immer wieder zur Sprache kamen, resümierend vorgestellt werden: Dies betrifft neben literaturgeschichtlichen und gattungsgeschichtlichen Bemerkungen die Strukturierung der literarischen Texte durch Normen der Ähnlichkeit und zuletzt die Inszenierung von bemerkenswerter Ähnlichkeit als Zeichen der Transzendenz in der Immanenz.

Zunächst war festzustellen, dass sich schon mit Blick auf den Untersuchungszeitraum, dem sich die germanistische Mediävistik wohl am intensivsten zuwendet – den Jahren zwischen 1150 und 1300 –, **literaturgeschichtliche Veränderungen** hinsichtlich des Erzählens von Ähnlichkeit ausmachen lassen: So ist zwar in der gesamten deutschsprachigen höfischen Literatur des Mittelalters eine Inszenierung von Merkmalsgleichheit aufzufinden. Dies geschieht aber für eine längere Zeit vornehmlich im Sinne impliziter kultureller Basisvoraussetzungen erzählter Paarbildung oder im Zusammenhang mit Täuschungs- und Verwechslungshandlungen – und dies trotzdem die entsprechenden Stoffe teilweise in anderen europäischen Sprachen schon lange kursieren (etwa der ‚Barlaam und Josaphat'- und der ‚Amicus und Amelius'-Stoff). Ein paar wenige Ausnahmetexte bestätigen, wie sich zeigen ließ, die Regel: Teile der Geschichte von Crescentia in der ‚Kaiserchronik' (um 1150) etwa reflektieren am Beispiel ähnlicher Zwillinge, die dasselbe begehren, die Gefahren fehlender Unterschiede; der ‚Eneasroman' (1170/1188) präsentiert in einer Nebenepisode eine Freundschaftskonzeption, die auf Ähnlichkeit und Einleiblichkeit basiert und die (ungleichere) Freundschaft des Protagonisten zu Pallas spiegelt; das ‚Narzisslied', dessen Entstehungszeit allerdings schon nah an die ersten Romane der vorliegenden Untersuchungen heranreichen dürfte, überträgt die Personalisierung der Christus-Seele-Beziehung der Hohelied-Exegesen und ihre Ähnlichkeitsphantasmen auf die Liebe zur unerreichbaren Dame.

Zum eigentlichen Gegenstand des Erzählens, der einer narrativen Reflexion unterzogen wird, aber wird die Ähnlichkeit zwischen Figuren nur in einigen nicht-arturischen, am hagiographischen Diskurs partizipierenden höfischen Romanen, und zwar erst im Verlauf des 13. Jahrhunderts. Damit entsteht eine Art ‚Literarische Reihe' hybrider Texte,[1] die sich der Inszenierung von Ähnlichkeit bedienen, um Gattungs- bzw. Wertekonflikte zu narrativieren – klassisch etwa das Agon zwischen dem Programm des höfischen oder gar des ‚Herrschaftsromans' und der Hagiographie – und sich zugleich mit den Standard-Ideologemen der ‚höfischen Klassik' auseinanderzusetzen (ohne sich automatisch von ihnen zu verabschieden). Zu diesen zählt, so eines meiner Erklärungsangebote für das neue Interesse an der Ähnlichkeit, auch die Annahme, dass das Gleiche stets das Gleiche liebe. Die analysierten Romane verwenden das Erzählpotential von Merkmalsgleichheit und -differenz zur Reflexion kultureller Widersprüche, indem sie Figuren entwerfen, die unterschiedlichen Normen der Ähnlichkeit zugleich entsprechen, einander teilweise ähneln, sich teilweise unterscheiden, einander angleichen, Einheit beschwören, Sympathie füreinander artikulieren, die auf Ähnlichkeit basiert, deren Differenz ein Zusammensein allerdings behindert – und so weiter. Und anhand dieses narrativen Potentials verhandeln die Romane widersprüchliche Ideale ihrer Zeit, wie etwa die Fragen, wie sich die herrschaftliche Notwendigkeit der Dynastiebildung und prachtvollen Repräsentation von adligem Lebensstil mit dem christlichen Ideal der Askese vereinbaren lässt oder wie sich der Vierklang von Genealogie, Adel, Schönheit und Tugendhaftigkeit mit sozialem Aufstieg verträgt (Stichwort Geburtsadel vs. Tugendadel).

Die (christliche Adels-)Welt, in die die deutschsprachige Literatur des 13. Jahrhunderts sich einschrieb, hatte sich, wie die analysierten Erzählwelten vor Augen führen, verändert: Ministeriale aus dem niederen Adel, aber auch zunehmend reiche Kaufleute stiegen auf, die Kreuzzüge, aber auch die wirtschaftlichen Begegnungen mit Nicht-Christ*innen machten deutlich, dass die so genannten *heiden* nicht alle hässliche und böse ‚Teufel' waren, die Frömmigkeitsbewegungen (insbesondere etwa der Franziskanerorden)

---

1 Ich möchte nicht behaupten, hier ein gattungsmäßiges Konstrukt, das sich zudem historisch linear entwickle, entdeckt zu haben. Aber es scheinen sich doch, etwa mit dem Erzählkern der Entdifferenzierung, durch alle Texte und darüber hinaus zumindest ansatzweise zwischen einzelnen Texten – etwa zwischen ‚Flore und Blanscheflur' und ‚Engelhard' mit ihren heilsgeschichtlichen Narrativen der Ähnlichkeit auf der einen oder der Inszenierung von ‚Zwischenfiguren' in ‚Flore und Blanscheflur', ‚Willehalm', ‚Barlaam und Josaphat' und ‚Wilhelm von Wenden' auf der anderen Seite – Traditionsstränge, die über kleinere intertextuelle Verweise hinausgehen, herausgebildet zu haben, die es erlauben von einem literarischen ‚Band' mit offenen Rändern zu sprechen, wie Grubmüller, Ordnung (2006), S. 14 f., die literarische Reihe beschreibt. Vgl. generell dazu ders., Gattungskonstitution (1998).

stellten nachdrücklicher als bislang irgendjemand in Frage, ob das Leben des Adels an den Höfen mit christlichen Idealen vereinbar war. Kurz: Vielleicht ist das neue Interesse an Geschichten, die Ähnlichkeit zum Thema machen, auch auf die Erfahrung zurückzuführen, dass manche vermeintlich klaren *Unterscheidungen* sich nicht mehr länger halten ließen und, wo derartige Entdifferenzierungen nicht zurückzuweisen waren, ein neues ‚Framing', eine neue Einordnung benötigten.

Dies gilt es insbesondere hinsichtlich der **Tradition der *chanson de geste*** noch einmal festzuhalten, die unverkennbar in diese Roman-Reihe hineinragt. Auch wenn sich natürlich keine lineare Geschichte dieser ‚Gattung' beschreiben lässt, so ist für die hier untersuchten Texte, die teilweise an dieser Tradition anknüpfen, doch eine literaturgeschichtliche Tendenz zu verzeichnen: Während das ‚Rolandslied' (um 1170) noch Protagonisten entwirft, die eindeutig *einer* Ähnlichkeitsnorm zuzuordnen sind und wo Ähnlichkeit nur zwischen christlichen Figuren bestehen kann, Zwischenfiguren hingegen als Problem empfunden und brutal ‚ausgemerzt' werden, wenden sich spätere Romane nachdenklich und kritisch der Ähnlichkeit zwischen Menschen unterschiedlicher Glaubensrichtungen zu: In Flecks ‚Flore und Blanscheflur' (1200/1220) wird die Glaubensdifferenz durch die Freundschaft zwischen Figuren, die inneren und äußerlich wahrnehmbaren Adel teilen, ein Stück weit überwunden und finden Entdifferenzierungen zwischen den Figuren statt – die Protagonist*innen selbst sind Zwischenfiguren, die eine christlich, aber von niedrigem Adel, der andere ‚heidnisch', aber ein Königssohn, deren Ambivalenz am Ende überwunden wird und so ein neues Geschlecht christlichen Adels entsteht. Diese Tendenz, Zwischenfiguren zu entwerfen, die verschiedenen Normen der Ähnlichkeit entsprechen – vor allen Dingen gute ‚Heid*innen' –, die am Ende auf der Grundlage der entdifferenzierenden Kraft von Liebe und Freundschaft zu Ähnlichen den einzig verbliebenen ‚Makel' (ihr ‚Heidentum') überwinden, setzt sich im ‚Willehalm' (um 1210), im ‚Barlaam und Josaphat' (um 1220), aber auch im ‚Wilhalm von Wenden' (um 1290) fort.[2] Ähnlichkeit in für die Textwelten relevanten Merkmalen – der Tugendadel oder Geburtsadel, die damit zusammenhängende Schönheit, der Lebensstil usw. – führt zu Sympathie zwischen Figuren, die sich im Glauben unterscheiden, lässt sie, so inszenieren dies die Texte, ihre eigent-

---

2 Datierte man Flecks Roman, wie es die Forschung klassischerweise tut, wofür es aber keine stichhaltigen Indizien gibt, eher auf die Zeit um 1220, ließe sich der ‚Willehalm' als Ausgangstext dieser Tendenz in der deutschsprachigen Literatur beschreiben – ein, inhaltlich betrachtet, naheliegender ‚Spitzenahn' dieser literarischen Reihe. Mit den Hinweisen Putzos, Flore (2015), S. 59–89, scheint eine Datierung des FuB auf die Zeit um 1200 wahrscheinlicher, was die Inszenierung des merkmalsgleichen Liebespaars mit Glaubensdifferenzen zum Ausgangspunkt dieser kleinen Reihe machen würde – wobei sich gerade der ‚Barlaam und Josaphat' und der ‚Wilhalm von Wenden' deutlich eher auf den ‚Willehalm' zurückbeziehen.

liche Verbundenheit entdecken, die schließlich die verbliebenen Differenzen überwindet; dies allerdings nicht im Sinne einer Inklusion oder Integration, sondern im Modus der Assimilation: Aus ‚Heid*innen' werden Christ*innen, deren Tugendadel nur ihre eigentliche Bestimmung für den ‚richtigen' Glauben angezeigt hat. Von einer ‚Toleranz' nichtchristlicher Glaubensrichtungen halten die Texte Abstand.

Grundsätzlich lässt sich diesbezüglich konstatieren: Der potentielle fromme Wunsch moderner Leser*innen (mich zu Beginn der Arbeit an diesem Buch eingeschlossen),[3] in den Inszenierungen von Ähnlichkeit und Zuneigung zwischen Figuren unterschiedlichen Glaubens, unterschiedlicher Status und unterschiedlichen Geschlechts so etwas wie **Toleranz** oder gar Akzeptanz bzw. ein Ringen mit integrativen Lösungen zur Überbrückung von Differenzen zu finden, wird von den Texten so nicht erfüllt. Die Betonung der Relevanz der inneren Tugendhaftigkeit im narrativen Verlauf der Texte mag zuweilen den Anschein erwecken, dies sei der Fall, doch das Schlusswort der Texte präsentiert stets eine Feier der Heteronormativität, der vermeintlichen Überlegenheit des christlichen Glaubens und des Adels (sei er hoch oder niedrig): Wo ‚heidnischen' Figuren positive Eigenschaften zugewiesen werden, erweist sich dies als Präfiguration ihrer zukünftigen Taufe, als Zeichen ihres potentiellen Christentums; wo der Tugendadel Figuren zu Herrscher*innen macht, obwohl sie nicht aus Königshäusern stammen, handelt es sich doch stets mindestens um Figuren aus dem Adel (nie aber aus dem Bauernstand); und wo die Effemination männlicher Figuren und die Zuneigung zu Figuren gleichen Geschlechts inszeniert wird, geht es oft eigentlich um die misogyne Erhebung der Männerfreundschaft über die ‚heterosexuelle' Ehe (‚Engelhard') oder um die heteronormative Ausschließung des sexuellen Kontaktes zwischen zwei Frauen, um eine ‚heterosexuelle' Beziehung als besonders keusch darzustellen (‚Flore und Blanscheflur'). Auch wenn Normen kritisch auf ihre Bedingungen untersucht und hinterfragt werden, propagieren die Texte nichts Revolutionäres, sondern festigen schließlich die Ideologeme der patriarchalen, christlichen Feudalkultur des Hochmittelalters. Aber – und dies macht die literaturwissenschaftliche Analyse dieser Texte so ausgesprochen interessant (und notwendig) –, ein Text ist immer mehr als sein Schlusswort, eine Erzählung mehr als ihr Inhalt, ein Erzähler mehr als sein ‚Autor':[4] Indem die Romane die Ideologien ihrer

---

3   Der Arbeitstitel dieses Buches lautete dementsprechend über längere Zeit ‚Einheit der Verschiedenen' und wurde erst relativ spät verworfen, um keine Assoziationen der Toleranz oder des Inklusionsdenkens zu erzeugen.
4   Buchstäblich gilt dies, wo wir es mit impliziten Aufspaltungen der Erzählerstimme zu tun haben, wie im ‚Wilhalm von Wenden', in dem sich an einigen Stellen ein hagiographischer und ein Erzähler eines Herrschaftsroman unterscheiden lassen, oder wo explizit eine Aufteilung

Kultur auf den Prüfstand stellen, um sie schließlich zu bestätigen, legen sie deren Bedingungen und Konstruiertheit narrativ und sukzessive offen und ermöglichen so Einblicke in die ‚Eingeweide' des höfischen Normensystems. Die Lektüre der Texte kann dann gegen den Strich (und gegen die Finalität oder ‚Intention') der Romane erfolgen: Wenn etwa ein Austarieren zwischen unterschiedlichen Merkmalen, die Liebe und Zuneigung begründen, erzählt wird, ist dies offenbar nötig und impliziert dies Alternativen; wenn eine männliche Figur effeminiert und ihre körperbetonte Männerfreundschaft gefeiert wird, verschwimmen die Grenzen zwischen ‚heterosexueller' und homosozialer Beziehung; wenn von einer Entdifferenzierung, zum Beispiel einer ‚heidnischen' Figur zum Christentum oder einer Figur des niedrigen Adels zum Königtum, erzählt wird, wird zumindest potentiell eine Tür der Möglichkeiten von Veränderung, Aufstieg und Akzeptanz geöffnet.

Dass also die Analyse von Ähnlichkeit zwischen Figuren häufig zum thematisch ‚heißen Kern' eines Romans und in das Innere seiner Ideologeme führt, gilt, wie gesagt, nicht nur hinsichtlich der Texte, die eindeutig an der *chanson de geste*-Tradition anknüpfen. Merkmalsgleichheiten und -differenzen und ihre im Text zugewiesene Bedeutung reflektieren, so lässt sich zumindest für die untersuchte höfische Epik des 13. Jahrhunderts sagen, **Normen der Ähnlichkeit**, die jeweils für die gesamte Textwelt von Bedeutung sind. Bei der Nähe zwischen Ähnlichen, die bestimmte Differenzen ignorieren oder überwinden, geht es immer auch darum, Problembereiche aufzuzeigen, Axiome der eigenen Kultur experimentell zu unterlaufen, sie mit anderen abzuwägen oder zu bestätigen. Es lässt sich feststellen, dass dort, wo Figuren sich in bemerkenswerter Weise ähneln, jene Konfliktpunkte zusammengeführt werden, die sich aus ziemlich grundsätzlichen Strukturen der Romane ergeben, weil gerade die Ähnlichkeit häufig dafür sorgt, dass Grenzen be- oder überschritten werden, die für die erzählte Ordnung des Textes konstitutiv und die durch Normen der Ähnlichkeit abgesteckt sind. Solche Grenzüberschreitungen finden dort statt, wo Figuren sich nicht mehr eindeutig diesen Normen entsprechend verhalten, äußern oder mit bestimmten Merkmalen anderer Ähnlichkeitsnormen stärker übereinstimmen (indem sie anderen Figuren ähneln) als ihrer Ausgangsbasis. (Grenzüberschreitende) Ähnlichkeit ist also in vielen Fällen, so könnte man zugespitzt mit Jurij Lotman formulieren, ein ‚Ereignis'. Und um dieses Ereignis narrativ abzuarbeiten, bedarf es, so beschreiben es David Mitchell und Sharon Snyder, einer Bewegung der Auflösung bestimmter Unterschiede zu einer der Ähnlichkeitsnormen – bedarf es einer ‚Erzählprothese'.

---

der Erzähler*innenfigur vorgenommen wird, wie beim christlichen, männlichen Rahmenerzähler und der mutmaßlich ‚heidnischen' weiblichen Erzählerin in ‚Flore und Blancheflur'.

4 Zusammenfassung der Ergebnisse

Mit diesen Abweichungen einer Figur von der bestimmenden Ähnlichkeitsnorm seiner Umwelt geht einher, dass jene Figuren, die eine bestimmte Ähnlichkeitsnorm vertreten, sich von Grenzgängerfiguren abwenden, weil diese den ‚falschen' Figuren ähneln: Ähnlichkeitsnormen nämlich, so führt Judith Butler aus, bestimmen die Verteilung von **Solidarität**, Fürsorge, Zuwendung, Privilegierung, Schutz und ‚Betrauerung'. Es ist dies, was sich als ‚Schattenseite' der Liebe zum Gleichen beschreiben lässt: Wenn Ähnlichkeit Sympathie bestimmt (und dies auf eine eigentliche Einheit der Ähnlichen zurückzuführen ist), führt die Unähnlichkeit hinsichtlich bestimmter, für die entsprechende Gemeinschaft relevanter Merkmale zu Antipathie – die potentiell ‚helfenden Hände' rühren sich nicht.

Dies lässt sich nicht nur mit Blick auf die entsprechenden antiken und mittelalterlichen Diskurse zeigen, die Ähnlichkeit thematisieren – wer kein Mensch ist, wer nicht an den christlichen Gott glaubt, wer kein Mann ist, kann kein Freund sein und so weiter –, sondern bestimmt eben auch hinsichtlich der vier in dieser Arbeit untersuchten Romane: Ähnlichkeitsnormen, die Solidarität regulieren, bedürfen der diskursiven Aushandlung – und dies übernimmt auch die Literatur des 13. Jahrhunderts, die um ähnliche Figuren kreist. In Flecks ‚Flore'-Roman prädestiniert Ähnlichkeit eine Beziehung zwischen Ähnlichen, die sich in den für die Ähnlichkeitsnorm der Umgebung entscheidenden Merkmalen (Glaube und Status) unterscheiden und die ihre anfängliche Nähe ab dem Zeitpunkt nicht mehr zulassen kann, als die Gefahr besteht, die Norm grundsätzlich zu gefährden – weil die Geschlechterdifferenz des Paares zur Dynastiegründung der ‚Zwischenfiguren' führen könnte. Ihre Gleichheit in den Merkmalen der Geburt, der Erziehung, des inneren Adels und der äußeren Schönheit aber setzen sich am Ende als entscheidend durch, auch wenn Blancheflur keine Königstochter und Flore kein Christ ist. Weil aber die Schönheit der beiden ihren Tugendadel anzeigt, der auf Flores ‚inneres Christentum' und Blancheflurs ‚inneren Adel' verweist, kann eine Entdifferenzierung stattfinden, so dass die Liebenden am Ende der Ähnlichkeitsnorm entsprechen können, die der Prolog des Romans entworfen hat, während die Norm des ‚heidnischen' Königs Fenix zerfällt. Ähnlich verfährt der Roman ‚Engelhard' Konrads von Würzburg, mit dem entscheidenden Unterschied, dass die Glaubensdifferenz hier keine Rolle spielt: Der Protagonist ist von niedrigem Adel, geht aber auf der Grundlage von Merkmalsgleichheiten in der Tugendhaftigkeit und Schönheit bzw. im Namen (Engeltrud) oder im Geschlecht (Dietrich) Beziehungen zu Figuren ein, die aus Königshäusern stammen. Mit einem Spiel mit Verfahren der Sinneswahrnehmung und einer Inszenierung schwieriger, auf Ähnlichkeit und Unterscheidungen basierenden Entscheidungen und einer komplexen Struktur der ‚feinen Unterschiede' zwischen den Figuren präsentiert dieser Roman eine Hierarchie der zum sozialen Aufstieg und weltlichen und himmlischen Heil notwendigen Merkmale, an deren Spitze der innere Tugendadel steht – und Männlichkeit.

In Rudolfs ‚Barlaam und Josaphat', ebenfalls ein von männlichen Figuren dominierter Text, stehen auf der höchsten Stufe der erwünschten Merkmalsgleichheiten der Glaube und der asketische, weltabgewandte Lebensstil. Der Protagonist, Josaphat, ist hier gewissermaßen eine Abweichung zweiten Grades: Auf den christlich-hagiographischen Prolog folgt die Beschreibung des guten, aber ‚heidnischen' Herrschers und notorischen Christ*innenmörders Avenier (1. Abweichung), der um jeden Preis die Bekehrung seines Sohnes zum christlichen Glauben verhindern will – doch genau dies geschieht (2. Abweichung). Die beiden Ähnlichkeitsnormen des Textes kollidieren in der Zwischenfigur des Josaphat und seinen beiden männlichen Bezugspersonen, seinem Vater, der für die Herrschaft und das ‚Heidentum', und Barlaam, der für die Askese und das Christentum steht. Auch hier endet die Geschichte mit einer Auflösung der Differenzen, die zugleich eine Auflösung der ‚heidnischen' Herrschaft (sie wird christlich) und einem Ende der Herrschaft Josaphats (er wird Eremit) darstellt, der der Ähnlichkeit zu Barlaam (im Glauben) schließlich jene der Physiognomie und des Lebensstils hinzufügt. Diese Christianisierung der ‚Heid*innen' wird von der Doppelgängerfigur Nachor, eine (Zwischen-)Figur, die Barlaam in allem gleicht, außer in seinem Glauben, vorweggenommen. Anders als in Flecks ‚Flore'-Roman oder in Konrads ‚Engelhard' geht es hier nicht um das Merkmal des Status, aber zum Merkmal des Glaubens gesellt sich im Konflikt der Ähnlichkeitsnormen in diesem Roman jene des Lebensstils zwischen Herrschaft und Askese. Herrschaft wird zu Beginn ausschließlich mit ‚Heidentum', Askese mit Christentum verknüpft; diese Ausschließlichkeit wird im Handlungsverlauf hinterfragt, indem auch der ‚Heide' Nachor, Barlaams Double, am Ende christlicher Eremit wird und Josaphat, der Barlaam im Glauben und erst später in weiteren Merkmalen gleicht, vorübergehend Herrscher ist. Der Roman reflektiert somit anhand verschiedener Ähnlichkeitsnormen den christlich-höfischen Wertekonflikt zwischen Askese und Herrschaft.

Eben jenem Wertekonflikt widmet sich auch der ‚Wilhalm von Wenden', allerdings indem er das Konzept der Einheit des ‚Sippenkörpers' verwendet, um die Spaltung der Textwelt in zwei Ähnlichkeitsnormen, die es zu vereinen gilt, darzustellen. So hybrid, wie sich der Roman und die Erzählerstimme inszeniert, ist auch das Protagonist*innenpaar: Bene steht für ein ‚heidnisches' Herrschaftsideal, ohne religiös allzu festgelegt zu sein, Wilhalm entscheidet sich für ein Leben als christlicher Asket, ohne sich ansatzweise von Prunk und Lebensweise seines Lebens als Fürst loszusagen. Beide sind Figuren zwischen zwei Welten, die nur schwer miteinander vereinbart werden können. Auch in diesem Roman ist eine Christianisierung der Herrschaft die Lösung, um die Einheit der Figuren wiederherzustellen. Diese wird aber kombiniert mit einer Prozessierung des Problems, indem Wilhalm und Bene schließlich die Herrschaft ihren Zwillingssöhnen übergeben, um den Rest ihres Lebens im Kloster zu verbringen.

Ähnlichkeit zwischen Figuren also, so lässt sich mit Blick auf alle vier Romane konstatieren, reflektiert Ideale und Normen, indem bestimmte Merkmalsgleichheiten Sympathie zwischen Figuren erzeugen, die sich zugleich gemeinsam von normativen Vorgaben ihrer Umgebung unterscheiden. Von Bedeutung sind hier, wenig überraschend, der soziale Status, das Geschlecht und der Glaube.

Aus heutiger Sicht vielleicht erstaunlicher als das Festhalten an bestimmten feudalen Ideologemen und Normen der Ähnlichkeit, ist der in dieser Arbeit erbrachte Nachweis einer deutlichen Tendenz der Texte, Ähnlichkeit als Ausdruck von **Transzendenz** in der Immanenz darzustellen. Dies geschieht etwa, indem Ähnlichkeit als Eigenschaft eines ursprünglichen und verloren gegangenen paradiesischen Zustandes des Menschen inszeniert wird, den es wiederzuerlangen gilt, und durch den Einsatz heilsgeschichtlicher Erzählmuster (‚Flore und Blanscheflur'; ‚Engelhard', ‚Narzisslied'), außerdem, indem Wahrnehmungsvorgänge zwischen Ähnlichen an die niedrigen ‚geistlichen' Sinne (‚Engelhard') oder an Seele bzw. Herz – das Kommunikationsorgan zur göttlichen Sphäre – delegiert werden (‚Wilhalm von Wenden', ‚Barlaam und Josaphat') oder indem das Zusammensein von Ähnlichen mit dem Leben der Engel verglichen wird (‚Barlaam und Josaphat').

Die vorliegende Arbeit argumentierte, dass sich diese Beobachtungen mit Blick auf Gelehrtendiskurse zu homosozialen und ‚heterosexuellen' Beziehungen, zu den Theorien der Wahrnehmung und insbesondere zur kosmologischen Ordnung der Welt sowie mit Rückgriff auf Denkfiguren der in dieser Zeit hoch produktiven christlichen Mystik erklären lassen. Vereinfacht gesagt, bediente sich das frühe Christentum und dann auch die Mystik des Hochmittelalters an Konzepten des antiken Neuplatonismus und sprach der göttlichen Transzendenz die umfassende Eigenschaft der Einheit und Ununterschiedenheit zu, in der alles enthalten, aber nichts mehr differenziert sei, während die irdische Immanenz sich durch Teilung und Verschiedenheit auszeichne. Ziel des irdischen Daseins der Menschen sei es dann, so erklärte insbesondere der Kirchenvater Pseudo-Dionysius Areopagita, das Viele hinter sich zu lassen und wieder in jener Einheit aufzugehen, aus der alles hervorgegangen sei. Diese fundamentale Unterscheidung zwischen Göttlichem als ‚Reich der Ähnlichkeit' und Irdischem als ‚Reich der Unähnlichkeit' war fundamental für die christliche Ordnung der Dinge im Hochmittelalter und prägte dementsprechend auch die Texte, die von Ähnlichkeit erzählen. Figuren, deren bemerkenswerte Ähnlichkeit in besonderer Weise herausgestellt und positiv inszeniert werden sollte, beispielsweise um ihre ideale Passung trotz verbliebener Differenzen zu verdeutlichen, werden in den entsprechenden Romanen darum in die Nähe der Sphäre des ‚Heiligen', Ununterschiedenen, gerückt – maximale Ähnlichkeit ist in diesen Romanen gewissermaßen die in der Immanenz höchste Form transzendenter Einheit.

Kaum abschließend zu beantworten ist dabei die sich zweifellos aufdrängende Frage, ob diese Darstellungsweise des Ähnlichen ‚nur' eine konnotative Ausbeutung bestehender Codes – in diesem Fall aus mystischen Texten und theologischen Traktaten – zur Adelung bestimmter Figuren und Figurenbeziehungen darstellt oder deren Identität ‚tatsächlich' sakralisiert (und ob es sich dabei überhaupt um Alternativen handelt). Die Texte partizipieren an diesen Denkfiguren, nutzen die Codes geistlicher Texte, transzendieren Ähnlichkeit – aber ob ‚Weltliches' von ‚Geistlichem' im Rezeptionsprozess der Zeitgenoss*innen deutlich getrennt blieb, ist kaum abschließend zu klären.[5] Ich würde dazu neigen, ein solches Vorgehen konnotativer ‚Anreicherung' nicht so zu verstehen, dass religiöse Codes, die auf Figuren weltlicher Texte übertragen werden, *nur* zum Zweck einer positiven (aber nicht-sakralen) Hervorhebung dieser Figuren dienen. Ähnlichkeit, so lässt sich jedenfalls resümieren, war im Imaginären dieser Zeit tendenziell mit der Sphäre des Heiligen assoziierbar und stellte dann gewissermaßen eine Vorstufe zur göttlichen Einheit dar – was die Rezipierenden damit ‚machten', ist nicht endgültig zu ermitteln und stellt ein in der literaturwissenschaftlichen Mediävistik noch keineswegs ausdiskutiertes Problem dar.

Der Zugang zu erzählter Ähnlichkeit am Hof über das ‚Imaginäre', die Vorstellungswelten der christlichen Gelehrtenkultur, erwies sich als ausgesprochen fruchtbar, wenn auch eine direkte Übertragung von Wissensbeständen und Überlegungen des gelehrten Klerus zum Feudaladel wohl nicht immer stattgefunden haben mag. Doch es scheint übergreifende Denk-

---

5   Abgesehen vom recht kritischen Ton des Begriffs der ‚Ausbeutung', der Umschreibung dieses Vorgangs als etwas ‚Parasitäres' (S. 61) und von der Implikation einer eindeutigen Vorgängigkeit beispielsweise religiöser Semantik, birgt Warnings reizvoller Zugang, den er mit Blick auf die Trobador-Lyrik in seinem Aufsatz zum ‚Lyrischen Ich und Öffentlichkeit' aus dem Jahre 1979 vorstellt, meiner Ansicht nach vor allem das Problem, dass die strikte Trennung von Säkularität und Religiosität, die in der These, dass die „christlichen Konnotatoren […] als Instrumente der Ausbeutung ihres genuinen Referenzsystems zum Zwecke der Artikulation und Legitimation eines säkularen Rollenprogramms" fungieren, impliziert wird, nur bedingt an den Texten nachweisbar ist. Vgl. zu den Problemen des Konzepts beispielsweise Braun, Hermeneutik (2014), sowie zur Thematik insgesamt die Bände ‚Geistliches in weltlicher und Weltliches in geistlicher Literatur des Mittelalters', hg. von Christoph Huber, Burghart Wachinger und Joachim Ziegeler, Tübingen 2000, ‚Literarische und religiöse Kommunikation in Mittelalter und Früher Neuzeit', hg. von Peter Strohschneider, Berlin 2009, und ‚Literarische Säkularisierung im Mittelalter', hg. von Susanne Köbele und Bruno Quast, Berlin 2014.

figuren gegeben zu haben, die ein Erzählen von Ähnlichkeit, ermöglichte. Dazu gehören neben der bereits umrissenen Inszenierung von maximaler Ähnlichkeit auf Erden als höchste Nähe zur immanenten Einheit drei weitere Erzählelemente, nämlich die Liebe zum Gleichen, das Erkennen des Gleichen sowie die Tendenz ähnlicher Figuren, verbliebene Differenzen aufzulösen.

Anders als in den neuzeitlichen, primär wissenschaftlich ausdifferenzierten Diskursen nämlich galt die Liebe zum Gleichen in den höfischen Texten, wie gesagt, nicht als Resultat bestimmter individualpsychologischer Vorgänge, sondern vielmehr als Zeichen einer inneren Verbundenheit der verschiedenen Figuren, die Merkmale miteinander teilen. Diese Denkfigur, Solidarität in Gruppen dadurch zu verstärken, dass die Ähnlichkeit ihrer Mitglieder betont und auf eine eigentliche, oft **körperlich gedachte Einheit** zurückgeführt wird, scheint schon in ältesten Gruppenformationen menschlichen Daseins vorhanden gewesen zu sein. In der Feudalkultur des Mittelalters und ihrer Literatur trägt sich dieses Sympathie-Denken einerseits fort, etwa in der Konzeption eines verwandtschaftlichen ‚Sippenkörpers' oder der Zuneigung des Adels zu allem, was adlig glänzt (Aristophilie), andererseits aber auch durch die Vorstellung der Welt als insgesamt zusammenhängende, miteinander verbundene und einander ähnelnde Einheit des Kosmos, der hierarchisch als Kette organisiert ist, an deren Spitze die göttliche Einheit steht: Alles ist mit allem verbunden, alles ähnelt allem. Jene Wesen aber, die sich in besonderem Maße ähneln, sind, diesem Hierarchiedenken zufolge, füreinander bestimmt: Ähnlichkeit zeigt ein besonderes Maß an tatsächlicher Verbundenheit und somit eine transpersonale Identität zwischen irdischen Geschöpfen an. Diese zu erkennen, das heißt: wahrzunehmen, dass der oder die andere Figur einerseits ‚anders' und andererseits ‚Ich', also ein *alter ego* ist, erweist sich in den Texten, in denen die ähnlichen Figuren immer wieder zwischen Merkmalsgleichheit und -differenz schwanken, als zentral. Es ist dies auch die Übertragung des wesentlichen Erkenntnisparadigmas der hochmittelalterlich-christlichen Mystik, nämlich des Erkennens der unähnlichen Ähnlichkeit der Geschöpfe zu Gott – eine Denkfigur, die bereits einige hoch- und spätmittelalterliche Exeget*innen und Mystik*erinnen ‚personalisiert', d.h. auf das Bild von Braut und Bräutigam übertragen haben.

Eine ursprüngliche und im Sündenfall verspielte maximale Ähnlichkeit, die der göttlichen Einheit am nächsten ist, wiederherzustellen – auf der Wesenshierarchie die nächste Stufe zu erklimmen – ist diesem Denken zufolge das Ziel und möglich durch die Liebe zum Gleichen und göttliche Gnade. Die Liebe ist es auch in den untersuchten Texten, die eine weitere Angleichung, die näher zur Einheit führt, möglich macht, die Differenzen auszulöschen vermag. Ein dementsprechend immer wiederkehrender **Er-**

zählkern kann als eines der zentralen Gesamtergebnisse dieser Untersuchung gelten: Wo Ähnlichkeit in Szene gesetzt wird, gilt dies als Zeichen der Prädestination für Zuneigung und für eine weitergehende Entdifferenzierung zwischen den Figuren – wo Gleiches zu Gleichem strebt, ist Einheit das Ziel und Angleichung der Weg.

5 Bibliographie

5.1 Primärliteratur

Aelred von Rievaulx: Über die geistliche Freundschaft. Lateinisch–deutsch, ins Deutsche übertragen von Rhaben Haacke, eingeleitet von Wilhelm Nyssen, Trier 1978.
Alkuin: *Operum pars septima – opera didascalia. Opera omnia.* Hg. von J.-P. Migne, Paris 1863.
Amis und Amiles. Geschichte einer Freundschaft am Hofe Karls des Großen. Altfranzösisches Epos, übertragen und eingeleitet von Ingel Vielhauer, Amsterdam 1979.
'Attar, Farid-ad-Din: Vogelgespräche und andere klassische Texte. Vorgestellt von Annemarie Schimmel, München 1999.
Attar: The conference of the birds, translated by Sholeh Wolpé, New York 2017.
Aristoteles: Aristoteles, Generation of animals, übersetzt von Arthur L. Peck, Cambridge 1942.
Aristoteles: De anima/ Über die Seele. Griechisch–Deutsch. Mit dem griechischen Originaltext in der Oxfordausgabe von Ross (1956), übersetzt mit Einleitung und Kommentar von Thomas Buchheim, Darmstadt 2016.
Aristoteles: Die nikomachische Ethik. Griechisch–deutsch, übersetzt von Olof Gigon, neu herausgegebenen von Rainer Nickel, Berlin 2014.
S. Aureli Augustini Hipponiensis episcopi epistulae. Recensuit et commentario critic instruxit Al. Goldbacher. Pars IV. Ep. CLXXXV–CCLXX, Vindobonae 1911.
Aurelius Augustinus: Selbstgespräche. Lateinisch und deutsch, hg. von Harald Fuchs, Berlin 2014.
Aurelius Augustinus: Confessiones. Lateinisch–deutsch, übersetzt von Wilhelm Thimme, mit einer Einführung von Norbert Fischer, Berlin 2014.
Aurelius Augustinus: The Works of Saint Augustine. Pt. 3. Sermons; Vol. 20. Expositions of the Psalms; 121–150, hg. von Maria Boulding, Brooklyn 2004.
Aurelius Augustinus: De trinitate. Lateinisch–deutsch, neu übersetzt und mit einer Einleitung hg. von Johann Kreuzer, Hamburg 2001.
Aurelius Augustinus: Dreiundachtzig verschiedene Fragen/ de diversis quaestionibus octoginta tribus. Zum erstenmal in dt. Sprache von Carl Johann Perl, Paderborn 1972.
Aurelius Augustinus: Vom Gottesstaat/ De civitate Dei (Bd. 2), aus dem Lateinischen übertragen von Wilhelm Thimme. Eingeleitet und kommentiert von Carl Andresen, Zürich 1978.
Aurelius Augustinus: Vom Gottesstaat/ De civitate Dei (Bd. 8), aus dem Lateinischen übertragen von Wilhelm Thimme. Eingeleitet und kommentiert von Carl Andresen, Zürich 1985.
Aurelius Augustinus: De vera religione. Zweisprachige Ausgabe, eingeleitet, übersetzt und hg. von Josef Lössl, Paderborn u. a. 2007.
Barlaam et Iosaphat. Versión vulgata latina. Con la traducción castellana de Juan de Arce Solocerno (1608), hg. von Oscar de la Cruz, Madrid 2001.

Der Laubacher Barlaam. Eine Dichtung des Bischofs Otto II. von Freising (1184–1220), hg. von Adolf Perdisch, Tübingen 1913.
Bernardus Claraevallensis: Sermones super Cantica canticorum, Romae 1958.
Marcus Tullius Cicero: Cato Maior & Laelius. Cato maior de senectute. Über das Alter & Laelius de amicitia. Über die Freundschaft. Lateinisch–deutsch, aus dem Lateinischen übersetzt von Max Faltner, mit einer neuen Einführung hg. von Rainer Nickel, Berlin 2014.
Markus Tullius Cicero: Laelius de amicitia / Laelius uebr die Freundschaft, hg. von Marion Giebel, Stuttgart 2015.
Chrétien de Troyes: Wilhelm von England. Ein Abenteuerroman, hg. von Wendelin Foerster, Halle a.S. 1911.
Pseudo-Dionysius Areopagita: Über die himmlische Hierarchie/ Über die kirchliche Hierarchie. Eingeleitet, übersetzt und mit Anmerkungen versehen von Günter Heil, Stuttgart 1986, S. 28–71.
Galen, On Semen. Edition, Translation and Commentary by Phillip de Lacy, Berlin 1992.
Frühmittelhochdeutsche Genesis. Synoptische Ausgabe nach der Wiener, Millstätter und Vorauer Handschrift, hg. von Hamano, Berlin/Boston 2016.
Hartmann von Aue: Erec, hg. von Albert Leitzmann, fortgeführt von Ludwig Wolff, 7. Auflage besorgt von Kurt Gärtner, Tübingen 2007.
Hartmann von Aue: Gregorius, hg. von Hermann Paul, neu bearb. von Burghart Wachinger, Tübingen 2004.
Hartmann von Aue, Iwein. Text der siebenten Ausgabe von Benecke, Lachmann und Wolff, Übersetzung und Nachwort von Thomas Cramer, Berlin 2001.
Heinrich von dem Türlin, Diu Crône. Kritische mittelhochdeutsche Leseausgabe mit Erläuterungen, hg. von Gudrun Felder, Berlin 2012.
Heinrich von Veldeke, Eneasroman. Mittelhochdeutsch/Neuhochdeutsch, hg. von Dieter Kartschoke, Stuttgart 2002.
Heinrich von Veldeke, Eneasroman. Die Berliner Bilderhandschrift, hg. von Hans Fromm, Frankfurt a. M. 1992.
Homerus: Odyssee. Griechisch–deutsch, übertragen von Anton Weiher, Berlin 2014.
Hugo von Sankt Viktor: Didascalicon de studio legendi. Studienbuch, übersetzt und eingeleitet von Thilo Offergeld, Freiburg u.a. 1997.
Ibn-Hazm, Ali Ibn-Ahmad: Das Halsband der Taube. Über die Liebe und die Liebenden, übersetzt von Max Weisweiler, Leiden 1942.
Jans Enikel: Werke. hg. von Philipp Strauch, München 1980.
Johannes von Damaskus: Die Schriften des Johannes von Damaskos, hg. vom byzantinischen Institut der Abtei Scheiyern (VI/1). Historia animae utilis de Barlaam et Ioasaph (spuria), hg. von H.C. Brennecke und E. Mühlenberg, Einführung von Robert Volk, Berlin 2009.
Johannes Scotus Eriugena: Opera quae supersunt omnia, hg. von Heinrich Joseph Floss, Brepolis 1967.
Die Kaiserchronik. Eine Auswahl. Mittelhochdeutsch–Neuhochdeutsch, hg. von Mathias Herweg, Stuttgart 2014.
Flore und Blanscheflur. Eine Erzählung von Konrad Fleck, hg. von Emil Sommer, Quedlinburg und Leipzig 1846.
Konrad Fleck, Flore und Blanscheflur. Text und Untersuchungen von Christine Putzo, Berlin u.a. 2015.

Konrad von Megenburg: Das ‚Buch der Natur' (II). Kritischer Text nach den Handschriften, hg. von Robert Luff und Georg Steer, Tübingen 2003.
Konrad von Würzburg: Der heilige Alexius. In: ZfdA 3 (1843), S. 543–576.
Konrad von Würzburg, Engelhard, hg. von Ingo Reiffenstein, 3., neubearbeitete Auflage der Ausgabe von Paul Gereke, Tübingen 1982.
Konrad von Würzburg, Kleinere Dichtungen (Bd. 3). Die Klage der Kunst, Leiche, Lieder und Sprüche, hg. von Edward Schröder mit einem Nachwort von Ludwig Wolff, Berlin 1959.
Konrad von Würzburg, Eine schöne Historia von Engelhart auss Burgunt. Der ‚Engelhard' Konrads von Würzburg in Abbildung des Frankfurter Drucks von 1573, hg. von Hans-Hugo Steinhoff, Göppingen 1987.
Konrad von Würzburg, Der Schwanritter. Aus der Frankfurter Handschrift neu ediert und mit einem Kommentar versehen von Jan Habermehl (http://publikationen.ub.uni-frankfurt.de/files/38627/Schwanritter.pdf).
Konrad von Würzburg, Der Trojanische Krieg, hg. von Adalbert von Keller, Stuttgart 1858.
Mechthild von Magdeburg: Das fließende Licht der Gottheit. Aus dem Mittelhochdeutschen übersetzt und herausgegeben von Gisela Vollmann-Profe, Berlin 2010.
Des Minnesangs Frühling (I), unter Benutzung der Ausgaben von Karl Lachmann und Moritz Haupt, Friedrich Vogt und Carl von Kraus, bearbeitet von Hugo Moser und Helmut Tervooren, Stuttgart 1988.
Platon: Lysis. Übersetzung und Kommentar von Michael Bordt, Göttingen 1998.
Platon: Lysis, Symposium, Gorgias, with an English translation by W.R.M. Lamb, Cambridge 1925.
Platon, Nomoi, hg. und übersetzt von Klaus Schöpsdau, Göttingen 1994
Platon, Phaidros. Übersetzung und Kommentar von Ernst Heitsch, Göttingen 1997.
Platon: Theätet, aus dem Griechischen von Friedrich Schleiermacher, hg. von Alexander Becker, Frankfurt a. M. 2007.
Platon: Symposion. Griechisch-deutsch, übersetzt von Franz Boll, neu bearbeitet von Wolfgang Buchwald, Berlin 2014.
Reinfrid von Braunschweig, hg. von Karl Bartsch, Stuttgart 1871.
Das Rolandslied des Pfaffen Konrad. Mittelhochdeutsch / Neuhochdeutsch, hg., übersetzt und kommentiert von Dieter Kartschoke, Stuttgart 1993.
Rudolf von Ems: Barlaam und Josaphat, hg. von Franz Pfeiffer, Leipzig 1843.
Richardus de Sancto Victore: Die Dreieinigkeit, übertragen und Anmerkungen von Hans Urs von Balthasar, Einsiedeln 1980.
Thomas Cantimpratensis, Liber de natura rerum. Editio princeps secundum codices manuscriptos, Teil I: Texte, hg. von Helmut Boese, Berlin 1973.
Ulrich von Etzenbach, Alexander, hg. von Wendelin Toischer, Stuttgart 1988.
Ulrich von Etzenbach, Wilhelm von Wenden, hg. von Hans-Friedrich Rosenfeld, Berlin 1957.
Ulrich von Etzenbach, Wilhalm von Wenden. Text, Übersetzung, Kommentar, hg. und übersetzt von Mathias Herweg, Berlin 2017.
Walther von der Vogelweide. Leiche, Lieder, Sangsprüche. 15., veränderte und erweiterte Auflage der Ausgabe Karl Lachmanns. Aufgrund der 14., von Christoph Cormeau bearbeiteten Ausgabe neu herausgegeben von Thomas Bein, Berlin/Boston 2013.
Wolfram von Eschenbach, Parzival. Mittelhochdeutscher Text nach der sechsten Ausgabe von Karl Lachmann, Übersetzung von Peter Knecht, Berlin/New York 2003.

5.2 Sekundärliteratur

Aertsen, Jan: Nature and creature. Thomas Aquinas's Way of Thought, Leiden 1988.
Agamben, Giorgio: Das Offene. Der Mensch und das Tier, Frankfurt a.M. 2003.
Allen, Prudence: The concept of woman. The Aristotelian revolution, 750 BC–AD 1250, Grand Rapids u.a. 1997.
Althoff, Gerd: Verwandte, Freunde und Getreue. Zum politischen Stellenwert der Gruppenbindungen im früheren Mittelalter, Darmstadt 1990.
Althoff, Gerd: Die Macht der Rituale. Symbolik und Herrschaft im Mittelalter, Darmstadt 2013.
Althoff, Gerd: Freundschaftszeichen. Stärken und Schwächen ihrer Ambiguität. In: Freundschaftszeichen. Gesten, Gaben und Symbole von Freundschaft im Mittelalter, hg. von Marina Münkler, Antje Sablotny, Matthias Standke, Heidelberg 2015, S. 33–48.
Altpeter-Jones, Katja: Trafficking in goods and women. Love and economics in Konrad Fleck's ‚Flore und Blanscheflur', Dissertation Duke University 2003 (masch.).
Altpeter-Jones, Katja: When Wealth Was Good and Poverty Sin. Profit, Greed, Generosity, and the Creation of the Noble Merchant in Konrad Fleck's ‚Flôre und Blanscheflûr'. In: Journal of English and Germanic Philology 110 (2011), S. 1–21.
Altpeter-Jones, Katja: Muslim Alterity in Konrad Fleck's ‚Flôre und Blanscheflûr'. In: A Journal of Germanic Studies 48/3 (2012), S. 276–288.
Bagliani, Agostino Paravicini: Der Leib des Papstes. Eine Theologie der Hinfälligkeit, München 1997.
Bär, Gerald: Das Motiv des Doppelgängers als Spaltungsphantasie in der Literatur und im deutschen Stummfilm, Amsterdam u.a. 2005.
Baumgart, Norbert C.: Art. Turmbauerzählung. In: Das wissenschaftliche Bibellexikon im Internet (www.wibilex.de), 2006 (Zugriffsdatum: 19.07.2017).
Behr, Hans-Joachim: Liebe und Freundschaft im ‚Engelhard' Konrads von Würzburg. In: Jahrbuch der Oswald von Wolkenstein-Gesellschaft 5 (1988/90), S. 319–327.
Behr, Hans-Joachim: Literatur als Machtlegitimation. Studien zur Funktion der deutschsprachigen Dichtung am böhmischen Königshof im 13. Jahrhundert, München 1989.
Behr, Hans-Joachim: Art. Ulrich von Etzenbach. In: Verfasserlexikon T. 9 (1995), Sp. 1256–1264.
Belkin, Johanna: Das mechanische Menschenbild in der Floredichtung Konrad Flecks. In: Zeitschrift für deutsches Altertum und Literatur 100 (1971), S. 325–346.
Bendheim, Amelie: Wechselrahmen. Medienhistorische Fallstudien zum Romananfang des 13. Jahrhunderts, Heidelberg 2017.
Bendheim, Amelie / Schuh, Dominik: Gekreuzte Lebenswege, gebrochene Identitäten. Intersektionale Betrachtungen zu Konrad Flecks ‚Flore und Blanscheflur'. In: Abenteuerliche ‚Überkreuzungen'. Vormoderne intersektional, hg. von Susanne Schul, Mareike Böth und Michael Mecklenburg, Göttingen 2017, S. 99–121.
Bennewitz, Ingrid: Mädchen ohne Hände. Der Vater-Tochter-Inzest in der mittelhochdeutschen und frühneuhochdeutschen Erzählliteratur. In: Spannungen und Konflikte menschlichen Zusammenlebens in der deutschen Literatur des Mittelalters, hg. von Kurt Gärtner, Ingrid Kasten und Frank Shaw, Tübingen 1996, S. 157–172.
Berger, Charles R. / Calabrese, Richard J.: Some explorations in initial interaction and beyond: Toward a developmental theory of interpersonal communication. In: Human Communication Research 1 (1975), S. 99–112.

Bertau, Karl: Über Literaturgeschichte. Literarische Kunstcharakter und Geschichte in der höfischen Epik um 1200, München 1983.
Bertelsmeier-Kierst, Christa: Verortung im kulturellen Kontext. Eine andere Sicht auf die Literatur um 1200. In: Eine Epoche im Umbruch. Volkssprachliche Literalität 1200–1300, hg. von Bettina Bildhauer, Christa Bertelsmeier-Kierst und Christopher J. Young, Tübingen 2003, S. 23–44.
Biesterfeldt, Corinna: Moniage. Der Rückzug aus der Welt als Erzählschluss. Untersuchungen zu ‚Kaiserchronik', ‚König Rother', ‚Orendel', ‚Barlaam und Josaphat', ‚Prosa-Lancelot', Stuttgart 2004.
Biesterfeldt, Corinna: Das Schlußkonzept moniage in mittelhochdeutscher Epik als Ja zu Gott und der Welt. In: Wolfram-Studien 18 (2004), S. 211–231.
Birkhan, Helmut (Hrsg.): Motif-index of German secular narratives from the beginning to 1400, Berlin 2005–2010.
Blazek, Pavel: Die mittelalterliche Rezeption der aristotelischen Philosophie der Ehe. Von Robert Grosseteste bis Bartholomäus von Brügge, Brill 2007.
von Bloh, Ute: „Engelhart der Lieben Jager". „Freundtschafft" und „Liebe" im ‚Engelhart'. In: Zeitschrift für Germanistik 8 (1998), S. 317–334.
von Bloh, Ute: Doppelgänger in der Literatur des Mittelalters? Doppelungsphantasien im ‚Engelhart' Konrads von Würzburg und im ‚Olwier und Artus'. In: ZfdPh 124 (2005), S. 341–359.
von Bloh, Ute: Unheilvolle Erzählungen. Zwillinge in Geschichten des 12. und 13. Jahrhunderts. In: Text und Kontext. Fallstudien und theoretische Überlegungen einer kulturwissenschaftlichen angeleiteten Mediävistik, hg. von Jan-Dirk Müller, München 2007, S. 3–20.
von Bloh, Ute: Die unmögliche Gleichheit. Zur Personenverdoppelung in Texten und Bildern des Mittelalters und der Frühen Neuzeit. In: Habitus. Norm und Transgression in Bild und Text. Festgabe für Lieselotte E. Saurma-Jeltsch, hg. von Tobias Frese, Berlin 2011, S. 65–91.
Boiadjiev, Tzotscho / Kapriev, Georgi / Speer, Andreas: Die Dionysius-Rezeption im Mittelalter. Internationales Kolloquium in Sofia vom 8. bis 11. April 1999 unter der Schirmherrschaft der Société Internationale pour l'Étude de la Philosophie Médiévale, Brepols 2000.
De Boor, Helmut: Die höfische Literatur. Vorbereitung, Blüte, Ausklang 1170–1250, München 1953.
De Boor, Helmut: Die höfische Literatur. Vorbereitung, Blüte, Ausklang. 11. Auflage bearb. Von Ursula Hennig. Geschichte der deutschen Literatur. Von den Anfängen bis zur Gegenwart (2. Band), München 1992, S. 172.
Bordt, Kommentar. In: Platon, Lysis. Übersetzung und Kommentar von Michael Bordt, Göttingen 1998, S. 35–236.
Brackert, Helmut: Rudolf von Ems. Dichtung und Geschichte, Heidelberg 1968.
Brandner, Rudolf: Aristoteles, Sein und Wissen. Phänomenologische Untersuchungen zur Grundlegung wesenslogischen Seinsverständnisses, Würzburg 1997.
Brandt, Rüdiger: Konrad von Würzburg. Kleinere epische Werke, Berlin 2009.
Braun, Manuel: Kristallworte, Würfelworte, Probleme und Perspektiven eines Projekts ‚Ästhetik mittelalterlicher Literatur'. In: Das fremde Schöne. Dimensionen des Ästhetischen, hg. von Manuel Braun, Berlin 2007, S. 1–42.
Braun, Manuel: Verdeckte Voraussetzungen oder: Versuch über die Grenzen der Hermeneutik. Einige Vorüberlegungen zur Erfassung literarischer Säkularisierung.

In: Literarische Säkularisierung im Mittelalter, hg. von Susanne Köbele, Berlin 2014, S. 409–425.

Brinkmann, Hennig: Der deutsche Minnesang. In: Der deutsche Minnesang. Aufsätze zu seiner Erforschung (Bd. 1), hg. von Hans Fromm, Darmstadt 1961, S. 85–166.

Brunner, Horst: Genealogische Phantasien. Zu Konrads von Würzburg ‚Schwanritter' und ‚Engelhard'. In: ZfdA 110 (1981), S. 274–299.

Brunner, Horst: Art. Konrad von Würzburg. In: Verfasserlexikon 5 (1985), Sp. 272–304.

Brunner, Horst: Geschichte der deutschen Literatur des Mittelalters im Überblick, Stuttgart 1997.

Bulang, Tobias / Kellner, Beate: Wolframs ‚Willehalm'. Poetische Verfahren als Reflexion des Heidenkriegs. In: Literarische und religiöse Kommunikation in Mittelalter und Früher Neuzeit, hg. von Peter Strohschneider, Berlin 2009, S. 123–160.

Bumke, Joachim, Die Blutstropfen im Schnee. Über Wahrnehmung und Erkenntnis im ‚Parzival' Wolframs von Eschenbach, Tübingen 2001.

Bumke, Joachim: Geschichte der deutschen Literatur im hohen Mittelalter, München 2004.

Bumke, Joachim: Wolfram von Eschenbach, Stuttgart/Weimar 2004.

Bumke, Joachim: Höfische Kultur. Literatur und Gesellschaft im hohen Mittelalter, München 2008.

Butler, Judith: Körper von Gewicht. Die diskursiven Grenzen des Geschlechts, Berlin 1995.

Butler, Judith: Raster des Krieges. Warum wir nicht jedes Leid beklagen. Aus dem Englischen von Reiner Ansén, Frankfurt/New York 2010.

Butler, Judith: Das Unbehagen der Geschlechter, Frankfurt a.M. 2014.

Bynum, Caroline Walker: Fragmentierung und Erlösung. Geschlecht und Körper im Glauben des Mittelalters, Frankfurt a. M. 1996.

Byrne, Donn Erwin: The Attraction paradigm, New York 1971.

Cadden, Joan: Meanings of sex difference in the Middle Ages. Medicine, science, and culture, Cambridge 1993.

Calin, William C.: Flower imagery in ‚Floire et Blancheflor'. In: French Studies. A quarterly reviw 18 (1964), S. 103–111.

de Carvalho, Mário Jorge: Die Aristophanesrede in Platons Symposion. Die Verfassung des Selbst, Würzburg 2009.

Cessari, Michela Fabrizia: Der Erwählte, das Licht und der Teufel. Eine literarhistorisch-philosophische Studie zur Lichtmetaphorik in Wolframs ‚Parzival', Heidelberg 2000.

Classen, Albrecht: Ulrichs von Etzenbach ‚Wilhelm von Wenden' – ein Frauenroman? In: Literaturwissenschaftliches Jahrbuch 30 (1989), S. 27–43.

Classen, Albrecht: Emergence of tolerance. An unsuspected medieval phenomenon. Studies on Wolfram von Eschenbach's ‚Willehalm', Ulrich von Etzenbach's ‚Wilhelm von Wenden' and Johann von Würzburg's ‚Wilhelm von Österreich'. In: Neophilologus 76 (1992), S. 586–599.

Classen, Albrecht: Kulturelle und religiöse Kontakte zwischen dem christlichen Europa und dem buddhistischen Indien im Mittelalter. Rudolfs von Ems *Barlaam und Josaphat* im europäischen Kontext. In: Fabula 41 (2000), S. 204–228.

Classen, Albrecht (Hrsg.): Friendship in the Middle Ages and early modern age. Explorations of a fundamental ethical discourse, Berlin 2010.

Classen, Albrecht, Suffering in Konrad Fleck's ‚Flore und Blanscheflur' as a Catalyst in the Meeting with the Foreign. Emotional Bonds with the Orient in a Late-Medieval Sentimental Romance. In: Neophilologus 95 (2011), S. 605–623.

Clore, Gerald / Byrne, Donn Erwin: A reinforcement-affect model of attraction. In: Foundations of interpersonal attraction, hg. von Ted L. Huston, New York u. a. 1974, S. 143–170.

Cordoni, Constanza: Barlaam und Josaphat in der europäischen Literatur des Mittelalters, Berlin 2014.

Cordoni, Constanza / Meyer, Matthias: Barlaam und Josaphat. Neue Perspektiven auf ein europäisches Phänomen, Berlin 2015.

Czerwinski, Peter: Der Glanz der Abstraktion. Frühe Formen von Reflexivität im Mittelalter, Frankfurt a. M. u. a. 1989.

Czerwinski, Peter: Gegenwärtigkeit. Simultane Räume und zyklische Zeiten. Formen von Regeneration und Genealogie, München 1993.

Czizek, Hanna: Rudolf von Ems ‚Barlaam und Josaphat' und seine lateinische Vorlage, Wien 1931.

Dahm-Kruse, Margit: ‚diu valschen minner nieman lât / komen dar sie kâmen'. Minne zwischen christlicher Fügung und künstlerischer Verhandlung in Konrad Flecks ‚Flore und Blanscheflur'. In: Euphorion 110 (2016), S. 355–387.

Davis, Lennard J.: Nude Venuses, Medusa's Body, and Phantom Limbs. Disability and Visuality. In: The Body and Physical Difference. Discourses of Disability, hg. von David Mitchell und Sharon Snyder, Ann Arbor 1997, S. 51–70.

Deutsches Wörterbuch von Jacob und Wilhelm Grimm, Leipzig 1971.

Diemer, Dorothea / Diemer, Peter: Die Bilder der Berliner Veldeke-Handschrift. In: Heinrich von Veldeke, Eneasroman. Die Berliner Bilderhandschrift mit Übersetzung und Kommentar, hg. von Hans Fromm, Frankfurt a. M. 1992, S. 911–941.

Drosdowski, Günther (Hrsg.): Duden ‚Etymologie'. Herkunftswörterbuch der deutschen Sprache, Mannheim 2007.

Ebenbauer, Alfred: Flore in der Unterwelt. Eine Spekulation. In: ‚swer sînen vriunt behaltet, daz ist lobelîch'. Festschrift für András Vizkelety zum 70. Geburtstag, hg. von Edit Madas, Gábor Sarbak, Márta Nagy, László Jónácsik, Budapest 2001, S. 87–103.

Ebenbauer, Alfred: Art. ‚Reinfried von Braunschweig'. In: Verfasserlexikon 11 (2004), Sp. 1297.

van Eickels, Klaus: Vom inszenierten Konsens zum systematisierten Konflikt. Die englisch-französischen Beziehungen und ihre Wahrnehmung an der Wende vom Hoch- zum Spätmittelalter, Stuttgart 2002.

Egidi, Margreth: Der Immergleiche. Erzählen ohne Sujet. Differenz und Identität in ‚Flore und Blanscheflur'. In: Literarisches Leben. Rollenentwürfe in der Literatur des Hoch- und Spätmittelalters. Festschrift für Volker Mertens zum 65. Geburtstag, hg. von Matthias Meyer und Hans-Jochen Schiewer, Tübingen 2002, S. 133–158.

Egidi, Margreth: Implikationen von Literatur und Kunst in ‚Flore und Blanscheflur'. In: Geltung der Literatur. Formen ihrer Autorisierung und Legitimierung im Mittelalter, hg. von Beate Kellner, Peter Strohschneider und Franziska Wenzel, Berlin 2005, S. 163–186.

Eming, Jutta: Emotion und Expression. Untersuchungen zu deutschen und französischen Liebes- und Abenteuerromane des 12.–16. Jahrhunderts, Berlin u. a. 2006.

Eming, Jutta: Schöne Maschinen, versehrte Helden. Zur Konzeption des künstlichen Menschen in der Literatur des Mittelalters. In: Textmaschinenkörper. Genderorientierte Lektüren des Androiden, hg. von Eva Kormann, Anke Gilleir, Angelika Schlimmer, Amsterdam 2006, S. 35–46.

Eming, Jutta: unsippiu geselleschaft. Paradigmen von Freundschaft und Konkurrenz in Hartmanns ‚Iwein'. In: Freundschaftszeichen. Gesten, Gaben und Symbole von Freundschaft im Mittelalter, hg. von Marina Münkler, Antje Sablotny und Matthias Standke, Heidelberg 2015, S. 103–124.

Emmelius, Caroline: Gesellige Ordnung. Literarische Konzeptionen von geselliger Kommunikation in Mittelalter und Früher Neuzeit, Berlin 2010.

Ernst, Ulrich: Haut-Diskurse. Semiotik der Körperoberfläche in der Erzählliteratur des hohen Mittelalters. In: Körperkonzepte im arthurischen Roman, hg. von Friedrich Wolfzettel, Tübingen 2007, S. 149–200.

von Ertzdorff, Xenia: Rudolf von Ems. Untersuchungen zum Höfischen Roman im 13. Jahrhundert, München 1967.

Etymologisches Wörterbuch des Deutschen (2 Bde.), hg. von Wolfgang Pfeifer, Berlin 1993.

Eyler, Joshua: Disability in the middle Ages. Reconsiderations and Reverberations, Farnham u. a. 2010.

Feistner, Edith: Historische Typologie der deutschen Heiligenlegende des Mittelalters von der Mitte des 12. Jahrhunderts bis zur Reformation, Wiesbaden 1995.

Fichtner, Ingrid: Doppelgänger. Von endlosen Spielarten eines Phänomens, Bern u. a. 1999.

Flasch, Kurt: Augustin. Einführung in sein Denken, Stuttgart 1994.

Flasch, Kurt: Das philosophische Denken im Mittelalter. Von Augustin zu Machiavelli, Stuttgart 2000.

Flüeler, Christoph / Imbach, Ruedi: Art. Mensch. VI. Mittelalter. In: Theologische Realenzyklopädie (Bd. 22), hg. von Horst Robert Balz, Gerhard Krause und Gerhard Müller, Berlin 1992, S. 501–509.

Foucault, Michel: Die Ordnung der Dinge. Eine Archäologie der Humanwissenschaften, Frankfurt a. M., 1971.

Foucault, Michel: Andere Räume. In: Aisthesis. Wahrnehmung heute oder Perspektiven einer anderen Ästhetik. Essais, hg. von Karlheinz Barck, Peter Gente, Heidi Paris und Stefan Richter, Leipzig 1991, S. 34–46.

Frenzel, Elisabeth: Art. Doppelgänger. In: Dies., Motive der Weltliteratur. Ein Lexikon dichtungsgeschichtlicher Längsschnitte, Stuttgart 2008, S. 92–112.

Friedrich, Udo: Die Zähmung des Heros. Der Diskurs der Gewalt und Gewaltregulierung im 12. Jahrhundert. In: Mittelalter – Neue Wege durch einen alten Kontinent, hg. von Jan-Dirk Müller und Horst Wenzel, Stuttgart 1999, S. 149–179.

Friedrich, Udo: Die Ordnung der Natur. Funktionsrahmen der Natur in der volkssprachlichen Literatur des Mittelalters. In: Natur im Mittelalter. Konzepte, Erfahrungen, Wirkungen, hg. von Peter Dilg, Berlin 2003, S. 70–83.

Friedrich, Udo: Menschentier und Tiermensch. Diskurse der Grenzziehung und Grenzüberschreitung im Mittelalter, Göttingen 2009.

Fürst, Alfons: Streit unter Freunden. Ideal und Realität in der Freundschaftslehre der Antike, Stuttgart u. a. 1996.

Gaß, Erasmus: Art. Bileam (AT). In: Das Wissenschaftliche Bibellexikon im Internet (www.wibilex.de), 2007 (Zugriffsdatum: 16. 11. 2016).

Geerlings, Willhelm: Das Freundschaftsideal Augustins. In: Theologische Quartalschrift, München 1981, S. 265–274.
Geerlings, Willhelm: Art. Freundschaft. In: Lexikon des Mittelalters 4, Sp. 911–912.
Geisthardt, Constanze: Nichts als Worte. Die Problematik sprachlicher Vermittlung von Heil in Rudolfs von Ems ‚Barlaam und Josaphat'. In: Barlaam und Josaphat. Neue Perspektiven auf ein europäisches Phänomen, hg. von Constanze Cordoni und Matthias Meyer, Berlin 2015, S. 101–140.
Gerok-Reiter, Annette: Individualität. Studien zu einem umstrittenen Phänomen mittelhochdeutscher Epik, Tübingen u. a. 2006.
Gilbert, Jane: Boys will be ... what? Gender, sexuality, and childhood in ‚Floire et Blancheflor' and ‚Floris et Lyriope'. In: Exemplaria 9 (1997), S. 39–61.
Gimaret, Daniel: Bouddha et les bouddhistes dans la tradition musulmane. In: Journal Asiatique 257 (1969), S. 273–316.
Girard, René: Ausstoßung und Verfolgung. Eine historische Theorie des Sündenbocks, Frankfurt a. M. 1992.
Girard, René: Figuren des Begehrens. Das Selbst und der Andere in der fiktionalen Realität, Münster u. a. 1999.
Girard, René: Das Heilige und die Gewalt, Düsseldorf/Zürich 2006.
Girard, René: Das Ende der Gewalt. Analyse des Menschheitverhängnisses. Erkundungen zu Mimesis und Gewalt mit Jean-Michel Oughourlian und Guy Lefort, Freiburg im Breisgau 2009.
Goebel, Franz M.: Jüdische Motive im märchenhaften Erzählungsgut. Studien zur vergleichenden Motiv-Geschichte, Greifswald 1932.
Goettert, Karl-Heinz: Tugendbegriff und epische Struktur in höfischen Dichtungen. Heinrichs des Glîchezâre ‚Reinhart Fuchs' und Konrads von Würzburg ‚Engelhard', Köln 1971.
Goetz, Hans-Werner: Gott und die Welt. Religiöse Vorstellungen des frühen und hohen Mittelalters. Die materielle Schöpfung: Kosmos und Welt (I, 2), Berlin 2011.
Goetz, Hans-Werner: Gott und die Welt. Die materielle Schöpfung. Kosmos und Welt. Die Welt als Heilsgeschehen, Berlin 2012.
Goetz, Hans-Werner: Die mittelalterlichen Vorstellungen vom Sündenfall als Interaktion zwischen Gott, dem Teufel und den Menschen. In: Gottes Werk und Adams Beitrag. Formen der Interaktion zwischen Mensch und Gott im Mittelalter, hg. von Thomas Honegger, Gerlinde Huber-Rebenich und Volker Leppin, Berlin 2014, S. 3–27.
Goetz, Hans-Werner: Gott und die Welt. Die Geschöpfe. Engel, Teufel, Menschen, Berlin 2016.
Goez, Werner: Art. Zwei-Schwerter-Lehre. In: Lexikon des Mittealters 9, Sp. 725–726.
le Goff, Jacques: Die Waldwüste im mittelalterlichen Abendland. In: Ders., Phantasie und Realität des Mittelalters, Stuttgart 1990, S. 81–97.
Greene, John T.: Balaam and his interpreters. A Hermeneutical History of the Balaam Traditions, Atlanta 1992.
Grieve, Patricia E.: Floire and Blancheflor and the European romance, Cambridge u.a. 1997.
Grubmüller, Klaus: Gattungskonstitutionen im Mittelalter. In: Mittelalterliche Literatur und Kunst im Spannungsfeld von Hof und Kloster, hg. von Nigel F. Palmer und Hans-Jochen Schiewer, Tübingen 1999, S. 193–210.

Grubmüller, Klaus: *Natûre ist der ander Got*. Zur Bedeutung von *natûre* im Mittelalter. In: Natur und Kultur in der deutschen Literatur des Mittelalters, hg. von Alan Robertshaw und Gerhard Wolf, Tübingen 1999, S. 3–17.

Grubmüller, Klaus: Die Ordnung, der Witz und das Chaos. Eine Geschichte der europäischen Novellistik im Mittelalter. Fabliau – Märe – Novelle, Tübingen 2006.

Haferland, Harald: Das Mittelalter als Gegenstand der kognitiven Anthropologie. Eine Skizze zur historischen Bedeutung von Partizipation und Metonymie. In: Beiträge zur Geschichte der deutschen Sprache und Literatur 126 (2004), S. 39–64.

Haferland, Harald: Verschiebung, Verdichtung, Vertretung. Kultur und Kognition im Mittelalter. In: Internationales Archiv für Sozialgeschichte in der deutschen Literatur 33, 2 (2008), S. 52–101.

Haferland, Harald / Schulz, Armin: Metonymisches Erzählen. In: Deutsche Vierteljahrsschrift 84 (2010), S. 3–43.

Haferland, Harald: Motivation von hinten. Durchschaubarkeit des Erzählens und Finalität in der Geschichte des Erzählens. In: Diegesis 3/2 (2014), S. 66–95.

Hagby, Marvonne: Überlegungen zur Literarisierung und Instrumentalisierung der Heiligenlegende in der Epik des Mittelalters. Ulrichs von Etzenbach ‚Wilhelm von Wenden'. In: Geistliche Literatur des Mittelalters und der Frühen Neuzeit. Festgabe für Rudolf Suntrup, hg. von Volker Honemann und Nine Robijntje Miedema, Frankfurt a.M. 2013, S. 69–86.

Hahn, Alois: Konstruktionen des Selbst, der Welt und der Geschichte. Aufsätze zur Kultursoziologie, Frankfurt a. M. 2000.

Hahn, Alois: Wohl dem, der eine Narbe hat. Identitäten und ihre soziale Konstruktion. In: Unverwechselbarkeit. Persönliche Identität und Identifikation in der vormodernen Gesellschaft, hg. von Peter von Moos, Köln u.a. 2004, S. 43–62.

Hahn, Ingrid: Parzivals Schönheit. Zum Problem des Erkennens und Verkennens im ‚Parzival'. In: FS Friedrich Ohly 2, 1975, S. 203–232.

Hahn, Ingrid: Zur Theorie der Personenerkenntnis in der deutschen Literatur des 12. bis 14. Jahrhunderts. In: Beiträge zur Geschichte der deutschen Sprache und Literatur 99 (1977), S. 395–444.

Hammer, Andreas: Erzählen vom Heiligen. Narrative Inszenierungsformen von Heiligkeit im Passional, Berlin u.a. 2015.

Hansen, Bert: Science and magic. In: Science in the Middle Ages, hg. von David C. Lindberg, Chicago u.a. 1978, S. 483–503.

Hasebrink, Burkhard: Spiegel und Spiegelung im ‚Fließenden Licht der Gottheit'. In: Deutsche Mystik im abendländischen Zusammenhang, hg. von Walter Haug und Wolfram Schneider-Lastin, Tübingen 2000, S. 157–174.

Hasebrink, Burkhard: Erecs Wunde. Zur Performativität der Freundschaft im Höfischen Roman. In: Oxford German Studies 38 (2009), S. 1–12.

Haug, Walter: Transzendenz und Utopie. Vorüberlegungen zu einer Literaturästhetik des Mittelalters. In: Ders., Strukturen als Schlüssel zur Welt, Tübingen 1989, S. 513–528.

Haug, Walter: Parzivals *zwîfel* und Willehalms *zorn*. Zu Wolframs Wende vom höfischen Roman zur Chanson de geste. Ders., Strukturen als Schlüssel zur Welt, Tübingen 1989, S. 529–540.

Haug, Walter: Literaturtheorie im deutschen Mittelalter. Von den Anfängen bis zum Ende des 13. Jahrhunderts, hg. von Walter Haug, Darmstadt 2009.

Haug, Walter: Grundformen religiöser Erfahrung als epochale Positionen. Vom frühmittelalterlichen Analogiemodell zum hoch- und spätmittelalterlichen Differenz-

modell. In: Ders., Brechungen auf dem Weg zur Individualität, Tübingen 1995, S. 501–530.
Haug, Walter: Wendepunkte in der Geschichte der Mystik. In: Mittelalter und frühe Neuzeit. Übergänge, Umbrüche und Neuansätze, hg. von Walter Haug, Tübingen 1999, S. 357–377.
Haug, Walter: Gotteserfahrung und Du-Begegnung. Korrespondenzen in der Geschichte der Mystik und der Liebeslyrik. In: Geistliches in weltlicher und Weltliches in geistlicher Literatur des Mittelalters, hg. von Christoph Huber, u.a., Tübingen 2000, S. 195–212.
Haug, Walter: Meister Eckhart und das ‚Granum Sinapis'. In: Forschungen zur Literatur des Spätmittelalters. FS für Johannes Janota, hg. von Horst Brunner und Werner Williams-Krapp, Tübingen 2003, S. 73–92.
Haug, Walter: Das dunkle Licht. Lichtmetaphorik und Lichtmetaphysik bei Dionysius Areopagita, Johannes Scotus Eriugena und Nicolaus Cusanus. In: Ders., Positivierung von Negativität. Letzte kleine Schriften, hg. von Ulrich Barton, Tübingen 2008, S. 271–285.
Hausherr, Rainer: Über die Christus-Johannes-Gruppen. Zum Problem ‚Andachtsbilder' und deutsche Mystik. In: Beiträge zur Kunst des Mittelalters. Festschrift für Hans Wentzel zum 60. Geburtstag, hg. von Rüdiger Becksmann, Ulf-Dietrich Korn und Johannes Zahlten S. 79–103.
Heffernan, Carol F.: The Orient in Chaucer and Medieval romance, Cambridge u. a. 2003.
Heine, Steven J. / Foster, Julie-Ann B. / Spina, Roy: Do birds of a feather universally flock together? Cultural variation in the similarity-attraction effect. In: Asian Journal of Social Psychology 12 (2009), S. 247–258.
Heintze, Michael: König, Held und Sippe. Untersuchungen zur Chanson de geste des 13. und 14. Jahrhunderts und ihrer Zyklenbildung, Heidelberg 1991.
Heinzle, Joachim: Geschichte der deutschen Literatur von den Anfängen bis zum Beginn der Neuzeit Bd. 2, Teil 2. Wandlungen und Neuansätze im 13. Jahrhundert (1220/30–1280/90), Königsstein 1984.
Heinzle, Joachim: Die Heiden als Kinder Gottes. Notiz zum ‚Willehalm'. In: ZfdA 123 (1994), S. 301–308.
Herweg, Mathias: Herkommen und Herrschaft. Zur Signatur der Spätausläufer des deutschen höfischen Romans um 1300. In: Archiv für das Studium der neueren Sprachen und Literaturen 241 (2004), S. 241–287.
Herweg, Mathias: Wege zur Verbindlichkeit. Studien zum höfischen Roman um 1300, Wiesbaden 2010.
Hildenbrock, Aglaja: Das andere Ich. Künstlicher Mensch und Doppelgänger in der deutsch- und englischsprachigen Literatur, Tübingen 1986.
Honemann, Volker: Art. Aristoteles. C. Übersetzungen, Rezeption in den volkssprachlichen Literaturen. III. Deutsche Literatur. In: Lexikon des Mittelalters 1 (1980), Sp. 946–947.
Honemann, Volker: Guillaume d'Angleterre, Gute Frau, Wilhelm von Wenden. Zur Beschäftigung mit dem Eustachius-Thema in Frankreich und Deutschland. In: Chrétien de Troyes and the German Middle Ages. Papers from an International Symposium, hg. von Martin H. Jones und Roy Albert Wisbey, Cambridge 1993, S. 311–329.
Hörner, Petra: Identitätsfindung in Ulrichs von Etzenbach ‚Wilhelm von Wenden'. In: Böhmen als ein kulturelles Zentrum deutscher Literatur, hg. von Petra Hörner, Frankfurt a. M. 2004, S. 45–62.

Huber, Christoph: Die Aufnahme und Verarbeitung des Alanus ab Insulis in mittelhochdeutschen Dichtungen. Untersuchungen zu Thomasin von Zerklaere, Gottfried von Straßburg, Frauenlob, Heinrich von Neustadt, Heinrich von St. Gallen, Heinrich von Mügeln und Johannes von Tepl, München 1988.

Huber, Christoph / Wachinger, Burghart / Ziegeler, Joachim (Hrsg.): Geistliches in weltlicher und Weltliches in geistlicher Literatur des Mittelalters, Tübingen 2000.

Huber, Christoph: Zur Bildlichkeit in Morungens ‚Narzisslied'. In: Das Narzisslied Heinrichs von Morungen. Zur mittelalterlichen Liebeslyrik und ihrer philologischen Erschließung, hg. von Manfred Kern, Cyril Edwards und Christoph Huber, Heidelberg 2015, S. 105–127.

Huber, Christoph / Kern, Manfred: Übersetzung nach *E*. In: Das Narzisslied Heinrichs von Morungen. Zur mittelalterlichen Liebeslyrik und ihrer philologischen Erschließung, hg. von Manfred Kern, Cyril Edwards und Christoph Huber, Heidelberg 2015, S. 11.

Hupfeld, Klaus Bernhard: Aufbau und Erzähltechnik in Konrad Flecks ‚Floire und Blanscheflur', Hamburg 1967.

Jackson, Timothy R.: Religion and love in ‚Flore und Blanscheflur'. In: Oxford German Studies 4 (1969), S. 12–25.

Jackson, Timothy R.: Typus und Poetik. Studien zur Bedeutungsvermittlung in der Literatur des deutschen Mittelalters, Heidelberg 2003.

Jackson, Timothy R.: Abraham and Engelhard. Immoral Means and Moral Ends. In: Connections. Essays in Honour of Eda Sagarra on the Occasion of her 60th Birthday, hg. Von Peter Skrine, Stuttgart 1993, S. 117–126.

Jaeger, Charles S.: Ennobling Love. In search of a lost sensibility, Philadelphia 1999.

Jannidis, Fotis: Figur und Person. Beitrag zu einer historischen Narratologie, Berlin 2004.

Janz, Brigitte: Genelun. ‚den armen Iudas er gebildot'. Verrat und Verräter im deutschsprachigen ‚Rolandslied'. In: Verführer, Schurken Magier, hg. von Ulrich Müller und Werner Wunderlich, St. Gallen 2001, S. 317–329.

Jung, Martin H.: Die Bedeutung der Wüste in der Vita Antonii und in den Apophthegmata partum. In: Religiöse Erfahrung und wissenschaftliche Theologie. Festschrift für Ulrich Köpf zum 70. Geburtstag, hg. von Albrecht Beutel und Reinhold Rieger, Tübingen 2011, S. 157–187.

Jütte, Robert: Die Geschichte der Sinne. Von der Antike bis zum Cyberspace, München 2000.

Kantorowicz, Ernst: Die zwei Körper des Königs. Eine Studie zur politischen Theologie des Mittelalters, München 1994.

Kaplan, Martin F. / Anderson, Norman H.: Information integration theory and reinforcement theory as approaches to interpersonal attraction. In: Journal of Personality and Social Psychology 28/3 (1973), S. 301–312.

Karner, Daniela: Täuschung in Gottes Namen. Fallstudien zur poetischen Unterlaufung von Gottesurteilen in Hartmanns von Aue ‚Iwein', Gottfrieds von Straßburg ‚Tristan', des Strickers ‚Das heiße Eisen' und Konrads von Würzburg ‚Engelhard', Frankfurt a. M. 2010.

Kartschoke, Dieter: *Der ain was grâ, der ander was chal.* Über das Erkennen und Wiederkennen physiognomischer Individualität im Mittelalter. In: FS Walter Haug und Burghart Wachinger 1, 1992, S. 1–24.

Kasten, Ingrid: Der Pokal in ‚Flore und Blanscheflur'. In: Erzählungen in Erzählungen.

Phänomene der Narration in Mittelalter und Früher Neuzeit, hg. von Harald Haferland und Michael Mecklenburg, München 1996, S. 189–198.
Keck, Annette/Schulz, Armin: Überdetermination. In: RdL 3, S. 715 ff.
Keil, Gundolf: Art. Zeugung. II. Medizinisch. In: Lexikon des Mittelalters 9, Sp. 592–594.
Keil, Gundolf: Art. Hippokrates, II. Rezeption im abendländischen MA. In: Lexikon des Mittelalters 5, Sp. 31–33.
Keller, Elisabeth: Wüste. Kleiner Rundgang durch einen Topos der Askese. In: Askese und Identität in Spätantike, Mittelalter und Früher Neuzeit, hg. von Werner Röcke und Julia Weitbrecht, Berlin 2010, S. 191–206.
Kellner, Beate: Gewalt und Minne. Zur Wahrnehmung, Körperkonzept und Ich-Rolle im Liedcorpus Heinrichs von Morungen. In: PBB 119/1 (1997), S. 33–66.
Kellner, Beate: Ursprung und Kontinuität. Studien zum genealogischen Wissen im Mittelalter, München 2004.
Kellner, Beate: Poetik des Schauens. Der anbrechende Tag, das Licht und die Blickordnungen im Minnesang. In: Aurora. Indikator kultureller Transformationen, hg. von Elisabeth Tiller und Christoph O. Mayer, Heidelberg 2007, S. 181–202.
Kemp, Simon: Cognitive Psychology in the Middle Ages, London 1996.
Kermani, Navid: Der Schrecken Gottes. Attar, Hiob und die metaphysische Revolte, München 2005.
Kern, Manfred: Das ‚Märchen' vom Widerstreit. Weltkritik, Götterpolemik und poetische Resistenz im ‚Barlaam' Rudolfs von Ems. In: Barlaam und Josaphat. Neue Perspektiven auf ein europäisches Phänomen, hg. von Constanza Cordoni und Matthias Meyer, Berlin 2015, S. 191–210.
Kern, Manfred / Edwards, Cyril / Huber, Christoph (Hrsg.): Das Narzisslied Heinrichs von Morungen. Zur mittelalterlichen Liebeslyrik und ihrer philologischen Erschließung, Heidelberg 2015.
Kersting, Wolfgang: Noli Foras Ire, In Te Ipsum Redi. Augustinus über die Seele. In: Die Seele. Ihre Geschichte im Abendland, hg. von Gerd Jüttemann, Göttingen 1991, S. 59–74.
Kerth, Sonja: Schreiende Kriegswunden. Darstellungen kriegsbedingter Traumatisierung in mittelalterlicher heroischer Dichtung. In: (De)formierte Körper 2. Die Wahrnehmung und das Andere im Mittelalter, Göttingen 2014, S. 273–298.
Kessels, Ursula / Hannover, Bettina: Gleichaltrige. In: Pädagogische Psychologie, hg. von Elke Wild und Jens Möller, Berlin u. a. 2015, S. 283–304.
Kesting, Peter: Diu rehte wârheit. Zu Konrads von Würzburg ‚Engelhard'. In: ZfdA 99 (1970), S. 246–259.
Kiening, Christian: ‚Wer aigen mein die welt …'. Weltentwürfe und Sinnprobleme deutscher Minne- und Abenteuerromane des 14. Jahrhunderts. In: Literarische Interessenbildung im Mittelalter, hg. von Joachim Heinzle, Stuttgart 1993, S. 474–494.
Kiening, Christian: Historische Anthropologie in literaturwissenschaftlicher Perspektive. In: Historische Anthropologie. Kultur, Gesellschaft, Alltag 10 (2002), S. 205 ff.
Kiening, Christian: Unheilige Familien. Sinnmuster mittelalterlichen Erzählens, Würzburg 2009.
Klein, Mareike: Die Farben der Herrschaft. Imagination, Semantik und Poetologie in heldenepischen Texten des deutschen Mittelalters, Berlin 2014.
Kleinschmidt, Erich: Literarische Rezeption und Geschichte. Zur Wirkungsgeschichte von Wolframs ‚Willehalm' im Spätmittelalter. In: DVjs 48 (1974), S. 585–649.

Kleppel, Christoph: Vremder bluomen underscheit. Erzählen von Fremden in Wolframs ‚Willehalm', Frankfurt a. M. 1996.
Klinger, Judith / Winst, Silke: Zweierlei minne stricke. Zur Ausdifferenzierung von Männlichkeit im Engelhard Konrads von Würzburg. In: Aventiuren des Geschlechts. Modelle von Männlichkeit in der Literatur des 13. Jahrhunderts, hg. von Martin Baisch, Göttingen 2003, S. 259–289.
Knapp, Fritz Peter: Und noch einmal. Die Heiden als Kinder Gottes. In: ZfdA 129 (2000), S. 296–302.
Knapp, Fritz Peter: D.V. Perspektiven der Interpretation. In: Wolfram von Eschenbach. Ein Handbuch (Bd. 1: Autor, Werk, Wirkung), hg. von Joachim Heinzle, Berlin 2011, S. 676–702.
Knapp, Fritz Peter: Ulrich von Etzenbach, ‚Alexander'. In: Historische und religiöse Erzählungen, hg. von Geert H. M. Claassen, Fritz Peter Knapp und Hartmut Kugler, Berlin 2014, S. 64–72.
Köbele, Susanne / Quast, Bruno (Hrsg.): Literarische Säkularisierung im Mittelalter, Berlin 2014.
Koch, Arne: Die zwei Formen der triuwe in Konrads von Würzburg ‚Engelhard'. In: Colloquia Germanica 32 (1999), S. 201–222.
Koch, Elke: Trauer und Identität. Inszenierungen von Emotionen in der deutschen Literatur des Mittelalters, Berlin u. a. 2006.
Kohlmayer, Rainer: ‚Wilhelm von Wenden'. Studien zu Tektonik und Thematik einer politischen Legende aus der nachklassischen Zeit des Mittelalters, Meisenheim am Glan 1974.
Kohlmayer, Rainer: Formkunst und Politik in den Werken Ulrichs von Etzenbach. Zahlenkomposition und politische Thematik in der Alexandreis, im Herzog Ernst D, im Wilhelm von Wenden und im Anhang der Alexandreis. In: ZdfPh 99 (1980), S. 355–384.
Kokott, Hartmut: Konrad von Würzburg. Ein Autor zwischen Auftrag und Autonomie, Stuttgart 1989.
Kolb, Herbert: Der Begriff der Minne und das Entstehen der höfischen Lyrik, Tübingen 1958.
Könnecker, Barbara: Erzähltypus und epische Struktur des ‚Engelhard'. Ein Beitrag zur literarhistorischen Stellung Konrads von Würzburg. In: Euphorion 62 (1968), S. 239–277.
Kooper, Erik: Multiple births and multiple disaster. Twins in medieval literature. In: Conjunctures. Medieval Studies in Honor of Douglas Kelly, hg. Von Keith Busby Norris Lacy, Amsterdam 1994, S. 253–269.
Kössinger, Norbert: Barlaam und Josaphat deutsch. Eine Projektskizze zur Pragmatik von Legenden. In: Barlaam und Josaphat. Neue Perspektiven auf ein europäisches Phänomen, hg. Von Constanza Cordoni und Matthias Meyer, Berlin 2015, S. 211–226.
Kurbjuhn, Charlotte: Kontur. Geschichte einer ästhetischen Denkfigur, Berlin 2014.
Kragl, Florian: Bilder-Geschichten. Zur Interaktion von Erzähllogiken und Bildlogiken. Mit Beispielen aus ‚Flore und Blanscheflur' und ‚Parzival'. In: Erzähllogiken in der Literatur des Mittelalters und der Frühen Neuzeit. Akten der Heidelberger Tagung vom 17. bis 19. Februar 2011, hg. von Christian Schneider und Florian Kragl, Heidelberg 2013, S. 119–152.
Kragl, Florian: Alterität als Methode. In: Wie anders war das Mittelalter?, hg. von Manuel Braun, Göttingen 2013, S. 95–126.

Kragl, Florian: Betrogen? Eindruckslose Listen und gleichmütige Verlierer in ‚Flore und Blanscheflur' und anderswo. In: Verstellung und Betrug im Mittelalter und in der mittelalterlichen Literatur, hg. von Matthias Meyer und Alexander Sager, Göttingen 2015, S. 113–142.
Kraß, Andreas: Das erotische Dreieck. Homosoziales Begehren in einer mittelalterlichen Novelle. In: Queer denken. Gegen die Ordnung der Sexualität, hg. von dems., Frankfurt a. M. 2003, S. 277–297.
Kraß, Andreas: Queer lesen. Literaturgeschichte und Queer Theory. In: Gender Studies. Wissenschaftstheorien und Gesellschaftskritik, hg. von Caroline Rosenthal, Therese Frey Steffen und Anke Väth, Würzburg 2004, S. 233–248.
Kraß, Andreas: Das Geschlecht der Mode. Zur Kulturgeschichte des geschlitzten Kleids. In: Die Kunst der Mode, hg. von Gertrud Lehnert, Oldenburg 2006, S. 26–51.
Kraß, Andreas: Geschriebene Kleider. Höfische Identität als literarisches Spiel, Tübingen/Basel 2006.
Kraß, Andreas: Der zerbrochene Spiegel. Minnesang und Psychoanalyse. Das Narzisslied Heinrichs von Morungen. In: Narziss und Eros. Bild oder Text?, hg. von Eckhart Goebel und Elisabeth Bronfen, Göttingen 2009, S. 77–100.
Kraß, Andreas: Kritische Heteronormativitätsforschung. Der queer turn in der germanistischen Mediävistik. In: ZfdPh 128 (2009), S. 95–106.
Kraß, Andreas: Der Rivale. In: Die Figur des Dritten. Ein kulturwissenschaftliches Paradigma, hg. von Eva Esslinger u. a., Frankfurt 2010, S. 225–237.
Kraß, Andreas: Im Namen des Bruders. Fraternalität in Freundschaftsdiskursen der Antike, des Mittelalters und der Frühen Neuzeit. In: Behemoth. A Journal on Civilisation, Vol. 4, Issue No. 3 (2011), S. 4–22.
Kraß, Andreas: Rez. zu Silke Winst, Amicus und Amelius. Kriegerfreundschaft und Gewalt in mittelalterlicher Erzähltradition. In: Arbitrium 29/2 (2011), S. 145–147.
Kraß, Andreas: Freundschaft als Liebe. Antike *amicitia* und mittelalterliche Minne. In: Allegorien des Liebens. Liebe – Literatur – Lesen, hg. von Karin Peters und Caroline Sauter, Würzburg 2015, S. 59–82.
Kraß, Andreas: Ebenbildlichkeit. Symbolik der Freundschaft im ‚Engelhard' Konrads von Würzburg. In: Freundschaftszeichen. Gesten, Gaben und Symbole von Freundschaft im Mittelalter, hg. von Marina Münkler, Antje Sablotny und Matthias Standke, Heidelberg 2015, S. 251–269.
Kraß, Andreas: Ein Herz und eine Seele. Geschichte der Männerfreundschaft, Frankfurt a. M. 2016.
Kraß, Andreas: Einführung. Historische Intersektionalitätsforschung als kulturwissenschaftliches Projekt. In: Durchkreuzte Helden. Das ‚Nibelungenlied' und Fritz Langs Film ‚Die Nibelungen' im Licht der Intersektionalitätsforschung, hg. von Natasa Bedekovic, Andreas Kraß und Astrid Lembke, Bielefeld 2014, S. 7–47.
Kropik, Cordula: Metonymie und Vormoderne. Zur kulturgeschichtlichen Verortung einer Denkfigur. In: Poetica 44/1 (2012), S. 81–112.
Krüger, Caroline: Freundschaft in der höfischen Epik um 1200. Diskurse von Nahbeziehungen, Berlin 2011.
Kuhn, Hugo: Rittertum und Mystik. Vortrag, gehalten beim 490. Stiftungsfest am 30. Juni 1962, München 1963.
Küsters, Urban: Die Liebe und der zweite Blick. Wahrnehmungshaltungen in höfischen Liebesbegegnungen. In: Personenbeziehungen in der mittelalterlichen Literatur,

hg. von Helmut Brall-Tuchel, Barbara Haupt und Urban Küsters, Düsseldorf 1994, S. 271–320.

Langer, Otto: Teleia filia und amicitia spiritualis. Zwei Formen rationaler Personenbeziehungen im Abendland. In: Personenbeziehungen in der mittelalterlichen Literatur, S. 163–188.

Laqueur, Thomas Walter: Auf den Leib geschrieben. Die Inszenierung der Geschlechter von der Antike bis Freud, Frankfurt a. M. 1996.

Lasch, Katja / Theßeling, Denise: Freundschaft, triuwe und êre. Leitsemantiken und konkurrierende Verpflichtungen im ‚Engelhard' und ‚Prosalancelot'. In: Jenseits der Geltung. Konkurrierende Transzendenzbehauptungen von der Antike bis zur Gegenwart, hg. von Stephan Dreisher, Berlin u. a. 2013, S. 197–211.

Laufer, Esther: Das Kleid der triuwe und das Kleid der Dichtung. maere erniuwen als Verfahren stilistischer Erneuerung bei Konrad von Würzburg. In: Literarischer Stil. Mittelalterliche Dichtung zwischen Konvention und Innovation, hg. von Elisabeth Andersen, Ricarda Bauschke-Hartung, Nicola McLelland und Silvia Reuvekamp, Berlin 2015, S. 157–178.

Lawrence, Bruce B.: Shahrastani on the Indian religions, Mouton 1976.

Leonhardt, Käthe: Quellengeschichtliche Untersuchungen zum ‚Wilhelm von Wenden' des Ulrich von Etzenbach, Tübingen 1931.

Lesky, Erna: Die Zeugungs- und Vererbungslehren der Antike und ihr Nachwirken, Mainz 1951.

Lévi-Strauss, Claude: Die Luchsgeschichte. Indianische Mythologie in der Neuen Welt, München 1996.

Lévi-Strauss, Claude: Die elementaren Strukturen der Verwandtschaft, Frankfurt a. M. 1993.

Lexer, Matthias: Mittelhochdeutsches Handwörterbuch, Leipzig 1992.

Lieb, Ludger / Müller, Stephan: Situationen literarischen Erzählens. Systematische Skizzen am Beispiel von ‚Kaiserchronik' und Konrad Flecks ‚Flore und Blanscheflur'. In: Wolfram-Studien 18. Erzähltechnik und Erzählstrategien in der deutschen Literatur des Mittelalters. Saarbrücker Kolloquium 2002, hg. von Wolfgang Haubrichs, Berlin 2004, S. 33–57.

Lieb, Ludger: Schöpfung als Wiederholung. Die Luzifergeschichte und der erste Schöpfungsbericht in der Wiener Genesis. In: Genesis – Poeiesis. Der biblische Schöpfungsbericht in Literatur und Kunst, hg. von Manfred Kern und Ludger Lieb, Heidelberg 2009, S. 43–59.

Lieberwirth, Rolf: Art. Sachsenspiegel. In: Lexikon des Mittelalters 7, Sp. 1240–1242.

Lienert, Elisabeth: Konrads Romane. In: Das ritterliche Basel. Zum 700. Todestag Konrads von Würzburg, hg. von Christian Schmid Cadalbert, Basel 1987, S. 59–61.

Lindemann, Uwe: Die Wüste. Terra incognita – Erlebnis – Symbol. Eine genealogie der abendländischen Wüstenvorstellungen in der Literatur von der Antike bis zur Gegenwart, Heidelberg 2000.

Linden, Sandra: Glück und Glas. Morungens *Narzisslied* als Traumliedkritik. In: Das Narzisslied Heinrichs von Morungen. Zur mittelalterlichen Liebeslyrik und ihrer philologischen Erschließung, hg. von Manfred Kern, Cyril Edwards und Christoph Huber, Heidelberg 2015, S. 129–151.

Linden, Sandra: Exkurse im höfischen Roman, Wiesbaden 2017.

Lotman, Jurij M.: Die Struktur literarischer Texte, München 1972.

Lovejoy, Arthur O.: Die große Kette der Wesen. Geschichte eines Gedankens, übersetzt von Dieter Turck, Frankfurt a.M. 1985.
Louth, Andrew: Paradies IV. Theologiegeschichtlich. In: Theologische Realenzyklopädie 25 (1995), S. 714–719.
Luhmann, Niklas: Liebe als Passion. Zur Codierung von Intimität, Frankfurt a. M. 1990.
Lugowski, Clemens: Die Form der Individualität im Roman, Frankfurt a. M. 1994.
Madej-Anderson, Agniezska: ‚Glicheit'. Medien und Modelle der Ähnlichkeit bei Heinrich Seuse. In: Similitudo Konzepte der Ähnlichkeit in Mittelalter und Früher Neuzeit, hg. von Martin Gaier, Jeanette Kohl und Alberto Saviello, München 2012, S. 101–127.
Mahoney, Dennis F.: Double into Doppelgänger. The Genesis of the Doppelgänger-Motif in the Novels of Jean Paul and E.T.A. Hoffmann. In: From Goethe to Novalis. Studies in Classicism and Romanticism. Festschrift for Dennis F. Mahoney in celebration of his sixty-fifth birthday, hg. von Wolfgang Mieder, New York u.a. 2015, S. 215–224.
Manuwald, Bernd: Die Rede des Aristophanes (189a1–193e2). In: Platon, Symposion, hg. von Christoph Horn, Berlin 2012.
Manuwald, Henrike: gotes kunst – des tiuvels kunst. Zum Kunstdiskurs in ‚Barlaam und Josaphat' Rudolfs von Ems. In: Interartifizialität. Die Diskussion der Künste in der mittelalterlichen Literatur, hg. von Susanne Bürkle, Berlin 2009, S. 49–68.
Martínez, Matías: Doppelte Welten. Struktur und Sinn zweideutigen Erzählens, Göttingen 1996.
Masser, Achim: Zum ‚Wilhelm von Wenden' Ulrichs von Etzenbach. In: ZfdPh 93 (1974), S. 141–155.
McCaffrey, Phillip: Sexual identity in 'Floire et Blancheflor' and 'Ami et Amile'. In: Gender transgressions. Crossing the normative barrier in Old French literature, hg. von Karen Jane Taylor, New York u.a. 1998, S. 129–151.
McCracken, Peggy: The curse of Eve, the wound of the hero. Blood, gender, and medieval literature, Philadelphia 2003.
McEvoy, James: Anima una et cor unum. Friendship and Spiritual Unity in Augustine. In: Recerces de théologie ancienne et médiévale 53 (1986), S. 40–92.
McGinn, Bernard: Der Mensch als Abbild Gottes II. Die westliche Christenheit. In: Geschichte der christlichen Spiritualität (Bd. 1). Von den Anfängen bis zum 12. Jahrhundert, hg. von Bernard McGinn, John Meyendorff und Jean Leclercq, Würzburg 1993, S. 317–334.
McGinn, Bernard: Die Mystik im Abendland (1). Ursprünge, Freiburg u.a. 1994.
McGuire, Brian P.: Friendship and community. The monastic experience 350–1250, Kalamazoo 1988.
McNamara, Marie Aquinas: Friendship in Saint Augustine, Fribourg 1958.
Melville, Gert: Vorfahren und Vorgänger. Spätmittelalterliche Genealogien als dynastische Legitimation zur Herrschaft. In: Die Familie als historischer und sozialer Verband. Untersuchungen zum Spätmittelalter und zur frühen Neuzeit, hg. von Peter-Johannes Schuler, Sigmaringen 1987, S. 203–309.
Mertens, Volker: Bildersaal – Minnegrotte – Liebestrank. Zu Symbol, Allegorie und Mythos im Tristanroman. In: Beiträge zur Geschichte der deutschen Sprache und Literatur 117 (1995), S. 40–64.
Mertens, Volker: Langweilige Heilige – heilige Langeweile? In: Barlaam und Josaphat. Neue Perspektiven auf ein europäisches Phänomen, hg. von Constanza Cordoni und Matthias Meyer, Berlin u.a. 2015, S. 247–270.

Metzler-Lexikon Philosophie. Begriffe und Definitionen, hg. von Peter Prechtl, Stuttgart 2008.
Metzler, Irina: Disability in medieval Europe. Thinking about physical impairment during the High Middle Ages, c. 1100–1400, London u. a. 2006.
Metzler, Irina: Fools and idiots? Intellectual disability in the middle ages, Manchester 2016.
Metzner, Ernst Erich: Frühmittelalterliche Faktizitäten im slawisch-deutschen ‚Wilhelm von Wenden'. Ein bohemozentrischer Nachklang verunklärter ottonischer Hausüberlieferung aus Mainz über karolingerzeitliche Geschichte um 860 zwischen Kattegat und Adria. In: Deutsche Literatur des Mittelalters in und über Böhmen, hg. von Vaclav Bok und Hans-Joachim Behr, Hamburg 2004, S. 73–110.
Meyer, Heinz / Suntrup Rudolf: Lexikon der mittelalterlichen Zahlenbedeutungen, München 1987.
Michel, Andreas: Baum der Erkenntnis / Baum des Lebens. In: Das wissenschaftliche Bibellexikon im Internet (www.wibilex.de), 2006 (Zugriffsdatum: 19. 07. 2017).
Mierke, Gesine: Riskante Ordnungen. Von der Kaiserchronik zu Jans von Wien, Berlin u. a. 2014.
Mitchell, David / Snyder, Sharon: Narrative Prosthesis. Disability and the dependencies of discourse, Ann Arbor 2000.
Mitchell, David / Snyder, Sharon (Hrsg.): The Body and Physical Difference. Discourses of Disability, Ann Arbor 1997.
Mittelstrass, Jürgen / Schlüter, Dietrich: Art. ‚Gleichheit'. In: Historisches Wörterbuch der Philosophie, hg. von Joachim Ritter, Karlfried Gründer und Gottfried Gabriel (Bd. 1), S. 114, Basel 1971.
Mölk, Ulrich: Chanson de geste. In: Enzyklopädie des Märchens 2, Berlin 1979, Sp. 1221–1232.
Montoya, Matthew R. / Horton, Robert S. / Kirchner, Jeffrey: Is actual similarity necessary for attraction? A meta-analysis of actual and perceived similarity. In: Journal of Social and Personal Relationships 25 (2008), S. 889–922.
Montoya, Matthew R. / Horton, Robert S.: A meta-analytic investigation of the processes underlying the similarity-attraction effect. In: Journal of Social and Personal Relationships 30/1 (2012), S. 64–94.
von Moos, Peter: Persönliche Identität und Identifikation vor der Moderne. Zum Wechselspiel von sozialer Zuschreibung und Selbstbeschreibung. Einleitung. In: Unverwechselbarkeit. Persönliche Identität und Identifikation in der vormodernen Gesellschaft, hg. von Peter von Moos, Köln u. a. 2004, S. 1–42.
Müller, Carl-Werner: Gleiches zu Gleichem. Ein Prinzip frühgriechischen Denkens, Wiesbaden 1965.
Müller, Jan-Dirk: Die *hovezuht* und ihr Preis. Zum Problem höfischer Verhaltensregulierung in Ps.-Konrads ‚Halber Birne'. In: Jahrbuch der Oswald von Wolkenstein-Gesellschaft 3 (1984/85), S. 281–311.
Müller, Jan Dirk: Landesherrin per compromissum. Zum Wahlmodus in Ulrichs von Etzenbach ‚Wilhelm von Wenden', v. 4095–4401. In: Sprache und Recht. Beiträge zur Kulturgeschichte des Mittelalters. Festschrift für Ruth Schmidt-Wiegand zum 60. Geburtstag, hg. von Karl Hauck und Karl A. Kroeschell, Berlin 1986, S. 490–514.
Müller, Jan-Dirk: Woran erkennt man einander im Heldenepos? Beobachtungen an Wolframs ‚Willehalm', dem ‚Nibelungenlied', dem ‚Wormser Rosengarten A' und dem ‚Eckenlied'. In: Symbole des Alltags, Alltag der Symbole. Festschrift für Harry

Kühnel zum 65. Geburtstag, hg. von Gertrud Blaschitz, Helmut Hundsbichler, Gerhard Jaritz, Elisabeth Vavra, Graz 1992, S. 87–111.
Müller, Jan-Dirk: Der Prosaroman – eine Verfallsgeschichte? Zu Clemens Lugowskis Analyse des ‚Formalen Mythos‘ (mit einem Vorspruch). In: Mittelalter und frühe Neuzeit. Übergänge, Umbrüche und Neuansätze, hg. von Walter Haug, Tübingen 1999, S. 143–163.
Müller, Jan-Dirk: Identitätskrisen im höfischen Roman um 1200. In: Unverwechselbarkeit. Persönliche Identität und Identifikation in der vormodernen Gesellschaft, hg. von Peter von Moos, Köln u. a. 2004, S. 297–324.
Müller, Jan-Dirk: Höfische Kompromisse. Acht Kapitel zur höfischen Epik, Tübingen 2007.
Müller, Jan-Dirk: Einige Probleme des Begriffs: ‚Metonymisches Erzählen‘. In: Poetica 45/1 (2013), S. 19–40.
Müller, Karl Ernst: Sympathie. In: Zeitschrift für Parapsychologie und Grenzgebiete der Psychologie 37 (1995), S. 131–144.
Müller, Karl Ernst: Das magische Universum der Identität. Elementarformen sozialen Verhaltens. Ein ethnologischer Grundriß, Frankfurt u. a. 1987.
Müller, Karl Ernst: Anfänge der Kulturentwicklung. Sinnkonzepte archaischer Gesellschaften. In: Handbuch der Kulturwissenschaften (I). Grundlagen und Schlüsselbegriffe, hg. von Friedrich Jaeger und Burkhard Liebsch, Stuttgart 2011, S. 431–452.
Münkler, Marina / Röcke, Werner: Der ‚ordo‘-Gedanke und die Hermeneutik der Fremde im Mittelalter. Die Auseinandersetzung mit den monströsen Völkern des Erdrandes. In: Die Herausforderung durch das Fremde, hg. von Herfried Münkler, Berlin 1998, S. 701–766.
Münkler, Marina: Die *monstra* in Konrads von Megenburg Buch der Natur. In: Konrad von Megenburg (1309–1374) und sein Werk. Das Wissen der Zeit, hg. von Claudia Märtl, Gisela Drossbach, Martin Kintzinger, München 2006, S. 229–250.
Nägler, Charlotte: Studien zu ‚Barlaam und Josaphat‘ Rudolfs von Ems, Karlsruhe 1972.
Nolte, Cordula / Frohne, Bianca / Halle, Uta / Kerth, Sonja (Hrsg.): Dis/ability History der Vormoderne. Ein Handbuch, Affalterbach 2017.
Nellmann, Eberhard: Art. Kaiserchronik. In: Verfasserlexikon 4 (1983), Sp. 949–964.
Novick, Ricky: Abraham and Balaam. A biblical contrast. In: Jewish Bible Quarterly 35/1 (2007), S. 28–33.
Oetjens, Lena: Amicus und Amelius im europäischen Mittelalter. Erzählen von Freundschaft im Kontext der Roland-Tradition. Texte und Untersuchungen, Wiesbaden 2016.
Oettli, Peter H.: Verschränkung und Steigerung. Zur Interpretation von Konrads von Würzburg ‚Engelhard‘. In: ZfdPh 105 (1986), S. 63–77.
Oettli, Peter H.: Traditions and creativity. The Engelhard of Konrad von Würzburg, its structure and its sources, New York 1986.
Oettli, Peter H.: Konrad von Würzburg, Engelhard. In: Interpretationen. Mittelhochdeutsche Romane und Heldenepen, hg. von Horst Brunner, Stuttgart 1993, S. 373–390.
Ohly, Friedrich: Hohelied-Studien. Grundzüge der Hoheliedauslegung des Abendlandes bis um 1200, Wiesbaden 1958.
Orsuto, Donna Lynn: The Harmony of Love. Idem velle atque idem nolle. In: The Way of Love. Reflections on Pope Benedict XVI's Encyclical Deus Caritas Est, hg. von Livio Melina und Carl A. Anderson, San Francisco 2006, S. 277–286.

Oschema, Klaus: Freundschaft und Nähe im spätmittelalterlichen Burgund. Studien zum Spannungsfeld von Emotion und Institution, Köln u. a. 2006.
Oster, Carolin: Die Farben höfischer Körper. Farbattribuierung, Figurenkonstruktion und höfische Identität in Artus- und Tristanromanen des deutschen Mittelalters, Berlin 2014.
Oswald, Marion: Gabe und Gewalt. Studien zur Logik und Poetik der Gabe in der frühhöfischen Erzählliteratur, Göttingen 2004.
Oswald, Marion: Aussatz und Erwählung. Beobachtungen zu Konstitution und Kodierung sozialer Räume in mittelalterlichen Aussatzgeschichten. In: Innenräume in der Literatur des deutschen Mittelalters, hg. von Burkhard Hasebrink, Hans-Jochen Schiewer, Almut Suerbaum und Annette Volving, Tübingen 2008, S. 23–44.
Otto, Stephan: Das Wissen des Ähnlichen. Michel Foucault und die Renaissance, Frankfurt/M 1992.
Pape, Walter: Art. Doppelgänger. In: Enzyklopädie des Märchens. Handwörterbuch zur historischen und vergleichenden Erzählforschung (Bd. 3), hg. von Kurt Ranke, Berlin u. a. 1981, S. 766–773.
Pearman, Tory Vandeventer: Women and Disability in Medieval Literature, New York 2010.
Peek, Philipp M: Introduction. Beginning to Rethink Twins. In: Twins in African and Diaspora Cultures. Double Trouble, Twice Blessed, hg. von ders., Bloomington 2011.
Pellegrin, Pierre: Aristotle's Classification of Animals. Biology and the conceptual unity of the Aristotelian corpus, London 1986.
Pescatori, Rossella: The Myth of the Androgyne in Leone Ebreo's Dialogues of Love. In: A Journal of Medieval and Renaissance Studies 38 (2007), S. 115–128.
Peschel, Dietmar: Geglückte Pubertät? Diet-rîch, Engel-hart, Engel-trût. Vom Erwachsenwerden eines jungen Adligen in der Erzählung ‚Engelhart' Konrads von Würzburg. In: Jahrbuch für Internationale Germanistik 33 (2001), S. 8–27.
Pfister-Burghalter, Margarete: Art. Lilie. In: Lexikon der christlichen Ikonographie (Bd. 3), Rom u. a. 1971, Sp. 100ff.
Philipowski, Katharina-Silke: Die Gestalt des Unsichtbaren. Narrative Konzeptionen des Inneren in der höfischen Literatur, Berlin 2013.
Philosophisches Wörterbuch 1, hg. von Georg Klaus, Berlin 1972.
Philosophisches Wörterbuch, hg. von Heinrich Schmidt, Stuttgart 1991.
Plate, Ralf: Wie fängt die Bibel an? Zu den Vorstufen der ‚Weltchronik' Heinrichs von München am Beispiel der Schöpfungsgeschichte. In: Metamorphosen der Bibel. Beiträge zur Tagung ‚Wirkungsgeschichte der Bibel im deutschsprachigen Mittelalter', hg. von Ralf Plate und Andrea Rapp, Bern u. a. 2004, S. 229–246.
Putzo, Christine: Eine Verlegenheitslösung. Der ‚Minne- und Aventiureroman' in der germanistischen Mediävistik. In: Hybridität und Spiel. Der europäische Liebes- und Abenteuerroman von der Antike zur Frühen Neuzeit, hg. von Martin Baisch und Jutta Eming, Berlin 2013, S. 41–70.
Quast, Bruno: Anthropologie des Opfers. Beobachtungen zur Konstitution frühneuzeitlicher ‚Verfolgungstexte' am Beispiel des ‚Endinger Judenspiels'. In: Zeitschrift für Germanistik 8 (1998), S. 349–360.
Quast, Bruno: Monochrome Ritter. Über Farbe und Ordnung in höfischen Erzähltexten des Mittelalters. In: Die Farben imaginierter Welten, hg. von Monika Schausten, Berlin 2012, S. 169–182.
Rathmayr, Reinhard: Zwillinge in der griechisch-römischen Antike, Wien u. a. 2000.

Reinhardt, Thomas: Claude Lévi-Strauss zur Einführung, Hamburg 2008.
Rener, Monika: Ein Humanist im zwölften Jahrhundert. Aelred von Rievaulx, De spiritali amicitia. In: Mentis amore ligati. Lateinische Freundschaftsdichtung und Dichterfreundschaft in Mittelalter und Neuzeit. Festgabe für Reinhard Düchting zum 65. Geburtstag, Heidelberg 2001, S. 395–410.
Ridder, Klaus: Ästhetisierte Erinnerung – erzählte Kunstwerke. Tristans Lieder, Blanscheflurs Scheingrab, Lancelots Wandgemälde. In: Memoria in der Literatur, Stuttgart u. a. 1997, S. 62–85.
Ridder, Klaus: Mittelhochdeutsche Minne- und Aventiureromane. Fiktion, Geschichte und literarische Tradition im späthöfischen Roman. ‚Reinfried von Braunschweig', ‚Wilhelm von Österreich', ‚Friedrich von Schwaben', Berlin u. a. 1998.
Rikl Susanne: Erzählen im Kontext von Affekt und Ratio. Studien zu Konrads von Würzburg ‚Partonopier und Meliûr', Frankfurt a. M. 1996.
Ritter, Hellmut: Das Meer der Seele. Mensch, Gott und Welt in den Geschichten Fariduddin 'Attar. Leiden 1955.
Röcke, Werner: Höfische und unhöfische Minne- und Abenteuerromane. In: Epische Stoffe des Mittelalters, hg. von Volker Mertens, Stuttgart 1984, S. 395–423.
Röcke, Werner: Die Macht des Wortes. Feudale Repräsentation und christliche Verkündigung im mittelalterlichen Legendenroman. In: Höfische Repräsentation. Das Zeremoniell und die Zeichen, hg. von Hedda Ragotzky und Horst Wenzel, Tübingen 1990, S. 209–226.
Röcke, Werner: Historische Anthropologie. Ältere deutsche Literatur. In: Germanistik als Kulturwissenschaft. Eine Einführung in neue Theoriekonzepte, hg. von Claudia Benthien und Hans Rudolf Velten, Hamburg 2002, S. 35–55.
Röcke, Werner: Das Alte im Neuen. Paradoxe Entwürfe von Konversion und Askese in Legende und Roman des Mittelalters (Eustachius-Typus). In: Askese und Identität in Spätantike, Mittelalter und Früher Neuzeit, hg. von Werner Röcke und Julia Weitbrecht, Berlin 2010, S. 157–172.
Rohr, Günther W.: Konrads von Würzburg kleiner Roman ‚Engelhard'. In: Euphorion 93 (1999), S. 305–348.
Rosenfeld, Hellmut: Art. Barlaam und Josaphat. B. Verbreitung. VI. Deutsche Literatur. In: Lexikon des Mittelalters 1 (1980), Sp. 1467–1468.
Roth, Klaus: Art. Stellvertreter. In: Enzyklopädie des Märchens (Bd. 12), Berlin u. a. 2007, Sp. 1232–1236.
Ruh, Kurt: Meister Eckhart. Theologe – Prediger – Mystiker, München 1985.
Ruh, Kurt: Geschichte der abendländischen Mystik (Bd. 1). Die Grundlegung durch die Kirchenväter und die Mönchstheologie des 12. Jahrhunderts, München 1990.
Rupp, Heinz: Rudolf von Ems ‚Barlaam und Josaphat'. In: Dienendes Wort. Eine Festgabe für Ernst Bender zum 70. Geburtstag, hg. von Walter Franke, Karlsruhe 1959, S. 11–37.
Sabel Barbara: Toleranzdenken in mittelhochdeutscher Literatur, Wiesbaden 2003.
Schimmel, Annemarie: Einleitung. In: 'Attar, Farid-ad-Din, Vogelgespräche und andere klassische Texte. 'Attar, vorgestellt von Annemarie Schimmel, München 1999, S. 7–56.
Schimmel, Annemarie: Sufismus. Eine Einführung in die islamische Mystik, München 2005.
Schipperges, Heinrich / Durling, Richard J.: Art. Galen im MA. In: Lexikon des Mittelalters 4, Sp. 1082–1084.

Schirok, Bernd / Heinzle, Joachim / Mertens, Volker: D. Parzival. In: Wolfram von Eschenbach. Ein Handbuch (Bd. 1: Autor, Werk, Wirkung), hg. von Joachim Heinzle, Berlin 2011, S. 221–439.
Schleusener-Eichholz, Gudrun: Das Auge im Mittelalter. 2 Bde., Münster 1985.
Schlick, Andreas J.: Über den Satz vom Widerspruch im vierten Buch der aristotelischen Metaphysik, Würzburg 2011.
Schlüter, D.: Art. Ähnlichkeit. In: Historisches Wörterbuch der Philosophie, hg. von Joachim Ritter, Karlfried Gründer und Gottfried Gabriel (Bd. 1), S. 114f., Basel 1971.
Schlüter, Art. Ähnlichkeit. In: Historisches Wörterbuch der Philosophie, hg. von Joachim Ritter, Sp. 114f.
Schmid, Elisabeth: Über Verwandtschaft und Blutsverwandtschaft im Mittelalter. In: Acta Germanica 13 (1980), S. 31–46.
Schmid, Elisabeth: Über Liebe und Geld. Zu den Floris-Romanen. In: Der fremdgewordene Text. Festschrift für Helmut Brackert, hg. von Silvia Bovenschen, New York 1997, S. 42–57.
Schmid, Elisabeth: *ich bin iemer ander und niht eine*. Das Ich und das Andere in Morungens *Narzisslied*: In: Das Narzisslied Heinrichs von Morungen. Zur mittelalterlichen Liebeslyrik und ihrer philologischen Erschließung, hg. von Manfred Kern, Cyril Edwards und Christoph Huber, Heidelberg 2015, S. 55–71.
Schmid, Karl: Geblüt, Herrschaft, Geschlechterbewusstsein. Grundfragen zum Verständnis des Adels im Mittelalter, Sigmaringen 1998.
Schmid-Cadalbert, Christian: Der wilde Wald. Zur Darstellung und Funktion eines Raumes in der mittelhochdeutschen Literatur. In: Gotes und der werlde hulde. Literatur im Mittelalter und Neuzeit. Festschrift für Heinz Rupp zum 70. Geburtstag, hg. von Rüdiger Schnell, Bern 1989, S. 24–47.
Schmidt, Margot: Regio dissimilitudinis. Ein Grundbegriff mittelhochdeutscher Prosa im Lichte seiner lateinischen Bedeutungsgeschichte. In: Freiburger Zeitschrift für Philosophie und Theologie 16 (1968), S. 63–108.
Schmidt, Margot: Einflüsse der ‚Regio dissimilitudinis' auf die deutsche Literatur des Mittelalters. In: Revue des études augustiniennes 17 (1971), S. 299–313.
Schmitz-Berning, Cornelia: Vokabular des Nationalsozialismus, Berlin 2007.
Schnell Rüdiger: Rudolf von Ems. Studien zur inneren Einheit seines Gesamtwerkes, Bern 1969.
Schnell, Rüdiger: Die ‚Wahrheit' eines manipulierten Gottesurteils. Eine rechtsgeschichtliche Interpretation von Konrads von Würzburg ‚Engelhard'. In: Poetica 16 (1984), S. 24–60.
Schnell, Rüdiger: Causa amoris. Liebeskonzeption und Liebesdarstellung in der mittelalterlichen Literatur, Bern u.a. 1985.
Schnell, Rüdiger: Die Frau als Gefährtin (socia) des Mannes. Eine Studie zur Interdependenz von Textsorte, Adressat und Aussage. In: Geschlechterbeziehungen und Textfunktion. Studien zu Eheschriften der Frühen Neuzeiten, hg. von dems., Tübingen 1998, S. 119–170.
Schnell, Rüdiger: Sexualität und Emotionalität in der vormodernen Ehe, Köln u.a. 2002.
Schnell, Rüdiger: Wer sieht das Unsichtbare? *Homo exterior* und *homo interior* in monastischen und laikalen Erziehungsschriften. In: *anima* und *sêle*. Darstellungen und Systematisierungen von Seele im Mittelalter, hg. von Katharina Philipowski und Anne Prior, Berlin 2006, S. 83–112.

Schnyder, Mireille: Der Wald in der höfischen Literatur. Raum des Mythos und des Erzählens. In: Der Wald im Mittelalter. Funktion, Nutzung, Deutung, hg. von Elisabeth Vavra, Berlin 2008, S. 122–135.
Schramm, Michael: Freundschaft im Neuplatonismus. Politisches Denken und Sozialphilosophie von Plotin bis Kaiser Julian, Berlin 2013.
Schreiner, Klaus: Maria. Jungfrau, Mutter, Herrscherin, München 1994.
Schröder, Werner: Süeziu Gyburc. In: Euphorion. Zeitschrift für Literaturgeschichte 54 (1960), S. 39–69.
Schröder, Werner: Die Rolle der Mäzene und der wahre Patron des Ulrich von Etzenbach. In: ZfdA 118 (1989), S. 243–279.
Schubart, Johann Heinrich Christian: Rezension zu: Historia Barlaami et Joasaph. In: Boissonade Jean-Francois (Hg.): Anecdota Graeca e codicibus regiis. Bd. 4. Paris 1832, S. v–x, 1–365 und 474–479 (Addenda et Corrigenda). In: Jahrbuch der Literatur 73 (1836), S. 176–203.
Schuler-Lang, Larissa: Wildes Erzählen, Erzählen vom Wilden. Parzival, Busant und Wolfdietrich D, Berlin 2014.
Schulmeister, Rolf: Aedificatio und Imitatio. Studien zur intentionalen Poetik der Legende und Kunstlegende, Hamburg 1971.
Schultz, James A.: Bodies That Don't Matter. Heterosexuality before Heterosexuality in Gottfried's *Tristan*. In: Constructing Medieval Sexuality, hg. von Karma Lochrie, Peggy McCracken und James A. Schultz, London 1997, S. 91–119.
Schultz, James A.: Courtly Love, the Love of Courtliness, and the History of Sexuality, Chicago 2006.
Schulz, Anne: Essen und Trinken im Mittelalter (1000–1300). Literarische, kunsthistorische und archäologische Quellen, Berlin u.a. 2011.
Schulz, Armin: Poetik des Hybriden. Schema, Variation und intertextuelle Kombinatorik in der Minne- und Aventiureepik. Willehalm von Orlens, Partonopier und Meliur, Wilhelm von Österreich, die schöne Magelone, Berlin 2000.
Schulz, Armin: Notwendige Unterscheidungen. Zur Epistemik der Sinne bei Konrad von Würzburg. In: www.germanistik2001.de. Vorträge des Erlanger Germanistentags (Bd. 1), hg. von Hartmut Kugler, Bielefeld 2002, S. 129–142.
Schulz, Armin: Schwieriges Erkennen. Personenidentifizierung in der mittelhochdeutschen Epik, Tübingen 2008.
Schulz, Armin: Hybride Epistemik. Episches Einander-Erkennen im Spannungsfeld höfischer und religiöser Identitätskonstruktionen. Die gute Frau, Mai und Beaflor, Wilhelm von Wenden.
Schulz, Armin: Erzähltheorie in mediävistischer Perspektive, hg. von Manuel Braun, Alexandra Dunkel, Jan-Dirk Müller, Berlin 2015.
Schumacher-Wolfgarten, Renate: Art. Rose. In: Lexikon der christlichen Ikonographie (Bd. 3), Freiburg im Breisgau 1971, Sp. 563–568.
Schwietering, Julius: Natur und art. In: ZfdA 91 (1961/62), S. 108–137.
von See, Klaus: Was ist Heldendichtung? In: Europäische Heldendichtung, Darmstadt 1978, hg. von Klaus von See, Darmstadt 1978, S. 1–38.
Seeber, Stefan: Wissen, Macht, Freude. Rezipientenlenkung im ‚Wilhelm von Wenden' Ulrichs von Etzenbach. In: Höfische Wissensordnungen, hg. von Hans-Jochen Schiewer und Stefan Seeber, Göttingen 2012, S. 103–119.
Seidl, Stephanie: Narrative Ungleichheiten. Heiden und Christen, Helden und Heilige in der ‚Chanson de Roland' und im ‚Rolandslied' des Pfaffen Konrad. In: Integration

oder Desintegration? Heiden und Christen im Mittelalter, hg. von Uta Goerlitz und Wolfgang Haubrichs, Stuttgart 2009, S. 46–64.

Sedgwick, Eve Kosofksy: Between men. English literature and male homosocial desire, New York 1985.

Selfhout, Maarten / Denissen, Jaap / Branje, Susan / Meeus, Wim: In the Eye of the Beholder: Perceived, Actual, and Peer-Rated Similarity in Personality, Communication, and Friendship Intensity During the Acquaintanceship Process. In: Journal of Personality and Social Psychology 96/6 (2009), S. 1152–1165.

Sherwood-Smith, Maria: Old Friends. David and Jonathan in the Vulgate, the *historia scholastica* of Peter Comestor, the *Weltchronik* of Rudolf von Ems, and the *Rijmbijbl* of Jacob van Maerlant. In: Oxford German Studies 36/2 (2007), S. 163–183.

Sieber-Lehmann, Claudius: Papst und Kaiser als Zwillinge? Ein anderer Blick auf die Universalgewalten im Investiturstreit, Köln u. a. 2015.

Speckenbach, Klaus: Kontexte mittelalterlicher Träume. Traumtheorie – fiktionale Träume – Traumbücher. In: Lingua Germanica. Studien zur deutschen Philologie. Jochen Splett zum 60. Geburtstag, hg. von Eva Schmitsdorf, Nina Hartl und Barbara Meurer, Münster 1998, S. 298–316.

Speer, Andreas: Lichtkausalität. Zum Verhältnis von dionysischer Lichttheologie und Metaphysik bei Albertus Magnus und Thomas von Aquin. In: Die Dionysius-Rezeption im Mittelalter. Internationales Kolloquium in Sofia vom 8. bis 11. April 1999 unter der Schirmherrschaft der Société Internationale pour l'Étude de la Philosophie Médiévale, hg. von Tzotcho Boiadjiev, Georgi Kapriev und Andreas Speer, Brepols 2000, S. 343–372.

Spreitzer, Brigitte: Störfälle. Zur Konstruktion, Destruktion und Dekonstruktion von Geschlechterdifferenz(en) im Mittelalter. In: Manlîchiu wîp, wîplîch man. Zur Konstruktion der Kategorien ‚Körper' und ‚Geschlecht', hg. von Ingrid Bennewitz und Helmut Tervooren, Berlin 1999, S. 249–263.

Steer, Georg: Predigt 51. ‚Haec dicit dominus: Honora patrem tuum'. In: Lectura Eckhardi III. Predigten Meister Eckharts von Fachgelehrten gelesen und gedeutet, hg. von Dagmar Gottschall, Georg Steer und Loris Sturlese, Stuttgart 2008, S. 51–92.

Stemplinger, Eduard: Sympathieglaube und Sympathiekuren in Altertum und Neuzeit, München 1919.

Stock, Markus: Kombinationssinn. Narrative Strukturexperimente im ‚Straßburger Alexander', im ‚Herzog Ernst B' und im ‚König Rother', Tübingen 2002.

Stock, Markus, Alexander in der Echokammer. Intertextualität in Ulrichs von Etzenbach Montagewerk. In: Dialoge. Sprachliche Kommunikation in und zwischen Texten im deutschen Mittelalter, hg. von Christine Putzo, Nikolaus Henkel, Martin H. Jones, Nigel F. Palmer, Tübingen 2003, S. 113–134.

Stock, Markus: Figur. Zu einem Kernproblem historischer Narratologie. In: Historische Narratologie – mediävistische Perspektiven, hg. von Harald Haferland, Matthias Meyer und Carmen Stange, Berlin u. a. 2010, S. 187–204.

Stolz, Fritz: Art. Paradies. In: Theologische Realenzyklopädie XXV, Berlin u. a. 1995, S. 708–711.

Störmer-Caysa, Uta: Einführung in die mittelalterliche Mystik, Stuttgart 2004.

Störmer-Caysa, Uta: Lose Enden. Nichterzähltes und Unbeendetes in Konrad Flecks ‚Flore und Blanscheflur'. In: Hybridität und Spiel. Der europäische Liebes- und Abenteuerroman von der Antike zur Frühen Neuzeit, hg. von Martin Baisch und Jutta Eming, Berlin 2013, S. 327–338.

Strohschneider, Peter: Einfache Regeln – komplexe Strukturen. Ein strukturanalytisches Experiment zum ‚Nibelungenlied'. In: Mediävistische Komparatistik. Festschrift für Franz Josef Worstbrock zum 60. Geburtstag, hg. von Susanne Köbele, Bruno Quast, Wolfgang Harms und Jan-Dirk Müller, Stuttgart 1997, S. 43–75.

Strohschneider, Peter: Ur-Sprünge. Körper, Gewalt und Schrift im ‚Schwanritter' Konrads von Würzburg. In: Gespräche, Boten, Briefe. Körpergedächtnis und Schriftgedächtnis im Mittelalter, hg. von Horst Wenzel, Berlin 1997, S. 127–153.

Strohschneider, Peter: Inzest-Heiligkeit. Krise und Aufhebung der Unterschiede in Hartmanns ‚Gregorius'. In: Geistliches in weltlicher und Weltliches in geistlicher Literatur des Mittelalters, hg. von Christoph Huber, Burghart Wachinger und Hans-Joachim Ziegler, Tübingen 2000, S. 105–133.

Strohschneider, Peter: Textheiligung. Geltungsstrategien legendarischen Erzählens im Mittelalter am Beispiel von Konrads von Würzburg ‚Alexius'. In: Geltungsgeschichten. Über die Stabilisierung und Legitimierung institutioneller Ordnungen, hg. von Gert Melville und Hans Vorländer, Köln u.a. 2002, S. 109–148.

Strohschneider, Peter (Hrsg.): Literarische und religiöse Kommunikation im Mittelalter und Früher Neuzeit, Berlin 2009.

Strohschneider, Peter: Höfische Textgeschichten. Über Selbstentwürfe vormoderner Literatur, Heidelberg 2014.

Sturlese, Loris: Art. Regio dissimilitudinis. In: Historisches Wörterbuch der Philosophie 8, hg. von Joachim Ritter und Karlfried Gründer, Basel 1992, S. 479–481.

Tervooren, Helmut: Minnesang, Maria und das Hohe Lied. Bemerkungen zu einem vernachlässigten Thema. In: Vom Mittelalter zur Frühen Neuzeit. FS für Horst Brunner, hg. von Dorothea Klein, Elisabeth Lienert und Johannes Rettelbach, Wiesbaden 2000, S. 15–47.

The prestige of the pagan prophet Balaam in Judaism, early Christianity and Islam, hg. von Geurt Hendrik van Kooten, Boston 2008.

Tidwell, Natasha D. / Eastwick, Paul W. / Finkel, Eli J.: Perceived, not actual, similarity predicts initial attraction in a live romantic context: Evidence from the speed-dating paradigm. In: Personal Relationships 20 (2013), S. 199–215.

Tobler, Adolf: Altfranzösisches Wörterbuch, Stuttgart 1925–2002.

Toepfer, Regina: Höfische Tragik. Motivierungsformen des Unglücks in mittelalterlichen Erzählungen, Berlin u.a. 2013.

Tuana, Nancy: Der schwächere Samen. Androzentrismus in der aristotelischen Zeugungstheorie und der galenischen Anatomie. In: Das Geschlecht der Natur. Feministische Beiträge zur Geschichte und Theorie der Naturwissenschaften, hg. von Barbara Orland und Elvira Scheich, Frankfurt a. M. 1995, S. 203–223.

Twins in African and Diaspora Cultures. Double Trouble, Twice Blessed, hg. von Philipp M. Peek, Bloomington 2011.

Ubl, Karl: Inzestverbot und Gesetzgebung. Die Konstruktion eines Verbrechens (300–1100), Berlin u.a. 2008.

Urban, Felix: Vom Ende der Unterschiede. Oder: Eine Ästhetik der Angleichung. Angleichung als poetologisches und handlungsleitendes Prinzip im ‚Engelhard' Konrads von Würzburg. In: ‚Wo die Epigonen wohnen'. Epigonalität in mediävistischer Perspektive, hg. von Anna Chalupa-Albrecht und Maximilian Wick, Berlin 2020, S. 167–195.

Velte, Laura: Vom Erzählen wiedererzählen. Selbstreferentielle Erzählstrategien in ‚Floire et Blancheflor', Konrad Flecks ‚Flore und Blancheflur' und Giovanni Boccaccios

‚Filocolo'. In: Renarrativierung in der Vormoderne, hg. von Verena Linder-Spohn, Sebastian Kleinschmidt und Thorsten Glückhardt (2019), S. 149–178.

Wachinger, Burgart: *Hôher wîp von tugenden und von sinnen.* Zur letzten Strophe eines schwierigen Lieds. In: Das Narzisslied Heinrichs von Morungen. Zur mittelalterlichen Liebeslyrik und ihrer philologischen Erschließung, hg. von Manfred Kern, Cyril Edwards und Christoph Huber, Heidelberg 2015, S. 93–103.

Walker Bynum, Caroline: Fragmentierung und Erlösung. Geschlecht und Körper im Glauben des Mittelalters, Frankfurt a. M. 1996.

Waltenberger, Michael: Diversität und Konversion. Kulturkonstruktionen im französischen und deutschen Florisroman. In: Ordnung und Unordnung in der Literatur des Mittelalters, hg. von Kathrin Stegbauer, Wolfgang Harms, Charles Stephen Jaeger, Horst Wenzel, Stuttgart 2003, S. 25–44.

Wandhoff, Haiko: Der epische Blick. Eine mediengeschichtliche Studie zur höfischen Literatur, Berlin 1996.

Wandhoff, Haiko: Ekphrasis. Kunstbeschreibungen und virtuelle Räume in der Literatur des Mittelalters, Berlin u. a. 2003.

Wandhoff, Haiko: Bilder der Liebe – Bilder des Todes. Konrad Flecks Flore-Roman und die Kunstbeschreibungen in der höfischen Epik des deutschen Mittelalters. In: Die poetische Ekphrasis von Kunstwerken. Eine literarische Tradition der Großdichtung in Antike, Mittelalter und Früher Neuzeit, hg. von Christine Ratkowitsch, Wien 2006, S. 55–76.

Warning, Rainer: Lyrisches Ich und Öffentlichkeit bei den Trobadors. In: Deutsche Literatur im Mittelalter. Kontakte und Perspektiven. Hugo Kuhn zum Gedenken, hg. von Christoph Cormeau, Stuttgart 1979, S. 120–159.

Warning, Rainer: Poetische Konterdiskursivität. Zum literaturwissenschaftlichen Umgang mit Foucault. In: Ders., Die Phantasie der Realisten, München 1999, S. 313–345.

Warning, Rainer: Erzählen im Paradigma. Kontingenzbewältigung und Kontingenzexposition. In: Romanistisches Jahrbuch 52 (2001), S. 176–209.

Warning, Rainer: Die narrative Lust an der List. Norm und Transgression im ‚Tristan'. In: Transgressionen. Literatur als Ethnographie, hg. von Gerhard Neumann und Rainer Warning, Freiburg i. Br. 2003, S. 175–212.

Weber, Regina: Die ‚Heiligen' Barlaam und Josaphat, Alexander, Georg und Karl der Große als Integrationsfiguren im monastischen, dynastischen und städtischen Europa. In: Europäisches Erbe des Mittelalters. Kulturelle Integration und Sinnvermittlung einst und jetzt, hg. von Ina Karg, Göttingen 2011, S. 31–49.

Wenzel, Horst: Hören und Sehen. Zur Lesbarkeit von Körperzeichen in der höfischen Literatur. In: Personenbeziehungen in der mittelalterlichen Literatur, hg. von Helmut Brall-Tuchel, Barbara Haupt und Urban Küsters, Düsseldorf 1994, S. 191–218.

Wenzel, Horst: Hören und Sehen, Schrift und Bild. Kultur und Gedächtnis im Mittelalter, München 1995.

Wenzel, Horst: Spiegelungen. Zur Kultur der Visualität im Mittelalter, Berlin 2009.

Willmes, Bernd: Sündenfall. In: Das wissenschaftliche Bibellexikon im Internet (www.wibilex.de), 2006 (Zugriffsdatum: 19. 07. 2017).

Winkelman, Johan H.: Florisromane. In: Germania litteraria mediaevalis Francigena 5. Höfischer Roman in Vers und Prosa, hg. von Nils Borgmann, René Pérennec, Elisabeth Schmid, Berlin u. a. 2010, S. 331–368.

Winst, Silke: Amicus und Amelius. Kriegerfreundschaft und Gewalt in mittelalterlicher Erzähltradition, Berlin/New York 2009.
Winst, Silke: Freundespaar und Bruderpaar. Verflechtungen von Freundschaft und Verwandtschaft in spätmittelalterlichen Bearbeitungen von ‚Valentin und Namelos' und ‚Amicus und Amelius'. In: Verwandtschaft, Freundschaft, Bruderschaft. Soziale Lebens- und Kommunikationsformen im Mittelalter, hg. von Gerhard Krieger, Berlin 2009, S. 427–439.
Winst, Silke: Identity vs. Difference. Sameness as a Concept of Identity Formation in Medieval Literature. In: Text or context. Reflections on literary and cultural criticism, hg. von Rüdiger Kunow und Stephan Mussil, Würzburg 2013, S. 129–152.
Wipfler, Esther P.: Amicitia in der Kunst des Mittelalters. Die Personifikation und ihre Rezeption. In: Freundschaft. Motive und Bedeutungen, hg. von Sibylle Appuhn-Radtke und Esther P. Wipfler, München 2006, S. 155–180.
Wittekind, Susanne: Kommentar mit Bildern. Zur Ausstattung mittelalterlicher Psalmenkommentare und Verwendung der Davidgeschichte in Texten und Bildern am Beispiel des Psalmenkommentars des Petrus Lombardus (Bamberg, Staatsbibliothek, Msc. Bibl. 59), Bern u. a. 1994.
Witthöft, Christiane: Selbst-loses Vertrauen? Probleme der Stellvertretung im ‚Engelhard' Konrads von Würzburg und im ‚Nibelungenlied'. In: Frühmittelalterliche Studien 39 (2005), S. 387–409.
Witthöft, Christiane: Vertreten, Ersetzen, Vertauschen. Phänomene der Stellvertretung und der Substitution im ‚Prosalancelot', Berlin 2016.
Wyss, Ulrich: Theorie der mittelhochdeutschen Legendenepik, Erlangen 1973.
Zeikowitz, Richard E.: Homoeroticism and chivalry. Discourses of male same sex in the fourteenth century, New York 2003.
Zumkeller, Adolar: Das Mönchtum des heiligen Augustinus, Würzburg 1968.

6 Register

Aufgenommen sind Werktitel, Autor*innennamen sowie einschlägige und für die Arbeit zentrale Begriffe. Dabei wurden auch Textstellen berücksichtigt, in denen der entsprechende Begriff nur sinngemäß erscheint.

1. Kotintherbrief (NT) 205
1. Mose (AT) 5, 49, 79, 143, 154, 156–162, 184, 198, 202, 241, 276, 280, 285, 292, 334
1. Samuel (AT) 175 f.
2. Samuel (AT) 176
4. Mose (AT) 334, 338 f.
Aelred von Rievaulx
  De spirituali amicitia 2, 16, 35, 49, 96, 160, 162 f., 165, 176, 181–186, 191 f., 196, 198 f., 201–203, 206–208, 217, 220, 242, 249, 251, 279 f., 366, 401
Ähnlichkeitsnormen 9, 52, 57–63, 65, 67, 72, 191, 216, 222 f., 228–230, 240–242, 252, 263–265, 267, 270 f., 274, 283, 292, 301, 319–321, 324, 326 f., 330 f., 356, 362 f., 365, 367–369, 372, 375, 377, 379 f., 383, 405, 410–412, 414 f., 417
Albertus Magnus 110
Altersgleichheit, Altersdifferenz 8, 27, 93, 167, 170, 179, 186, 190, 213, 243, 246, 254, 273, 391, 401
Amis und Amiles 273
Andreas Capellanus
  De amore 197, 244, 400
Apostelgeschichte (NT) 177, 179, 401
Aristoteles 40, 74, 76, 79, 86, 104, 122, 125–127, 141 f., 154, 299
  De Anima 288
  Nikomachische Ethik 1, 49, 163 f., 168–173, 175, 177, 183, 189–191, 202 f., 404
  Über die Entstehung der Tiere 127, 130–132, 134, 141, 152, 288, 325

Artusroman 42, 66
Askese, Weltflucht 46, 248, 290, 315 f., 319, 345–347, 355 f., 359, 364, 367, 369–372, 374, 393 f., 398, 405, 411, 416, 425, 433
Augustinus 2, 19, 49, 79, 82–87, 90–92, 96, 98, 103, 163, 165, 177–183, 191 f., 202 f., 205 f., 266, 280, 340, 348, 386, 400 f.
Averroes 126
Avicenna 126 f.
Barlaam et Iosaphat 328, 340, 347 f.
Bernhard von Clairvaux 99, 101 f., 104, 106, 205, 285, 345
Bonaventura 99, 200
Chanson de Geste 43–45, 50, 62, 211, 214, 219, 316, 318 f., 327, 355, 370, 373–375, 412, 414
Christianisierung 18, 45, 181, 225, 248, 319, 327–329, 331, 338, 356, 361 f., 364, 380, 385, 416
Cicero
  Laelius de amicitia 1, 35, 49, 164 f., 171–173, 175, 177, 179, 181, 190–192, 196 f., 202, 207, 260, 400, 404
  Somnium Scipionis 114
Conte de Floire et Blancheflor 210–212, 218, 245
Der Pleier
  Meleranz 26, 31, 132, 136
Die Gute Frau 388
Effeminierung 244 f., 305–307, 413 f.
Eike von Repgow
  Sachsenspiegel 133
Eilhart von Oberg
  Tristrant 22

Einleiblichkeit 48, 77, 123f., 132–140, 146, 205, 241, 247, 333, 380–382, 385, 393, 399, 410
Einleiblichkeit 140
Empedokles von Akragas 141
Entdifferenzierung 10f., 13f., 17–20, 35f., 42, 45–47, 50f., 53–57, 62, 78, 87f., 91, 96, 98f., 101f., 104, 107, 115, 140, 144, 150, 154, 159, 161f., 169, 172, 174–176, 180, 198, 200f., 203, 205–207, 209, 213, 216f., 221, 223, 225, 228f., 234, 240f., 245, 247f., 252f., 266f., 269, 271, 273f., 277, 282–285, 301f., 305–307, 310f., 313f., 319, 322, 326, 329, 337, 354f., 360f., 365–367, 374, 380f., 384–386, 391, 393, 397, 399–402, 404–406, 411f., 414f., 419f.
Erzählprothese 47, 62–67, 89, 265, 271, 364, 380, 414
Fariddudin Attar
 Vogelgespräche 9, 14f., 50, 57, 104, 109, 112, 157, 161, 211
Fleck, Konrad
 Flore und Blanscheflur 6, 26, 29, 32f., 36f., 56, 125, 132, 135, 193–195, 209–254, 281, 284, 288, 306, 314, 321f., 325, 345, 378, 401, 411–417
Frühmittelhochdeutsche Genesis 88–90, 279
Galen 126, 130–132
Gelasius I. 143
Gerhard von Cambrai 143
Geschlechtergleichheit, Geschlechterdifferenz 129, 131, 140, 142, 157, 159f., 162, 165, 170–172, 176, 179f., 182, 184, 188–190, 193–198, 200, 202f., 207f., 212f., 216, 221, 224, 228, 230, 232, 236, 240, 245f., 250, 253, 261, 274, 276, 306f., 320, 325f., 388f., 401, 413–417
Glaubensgleichheit, Glaubensdifferenz 7, 17, 22, 29–31, 37, 44f., 50, 62, 135, 165, 177f., 180, 182, 184f., 192, 208, 210–213, 215f., 221, 223–230, 240f., 250–253, 314, 318–320, 322, 324f., 327, 330–332, 337, 341, 343, 355, 360, 368, 375f., 378f., 383, 385, 400f., 406, 412f., 415f.
Gottesähnlichkeit 41, 48f., 85f., 90, 96, 104, 112, 123, 209f., 220, 247, 329, 344, 397
Gottfried von Straßburg
 Tristan 22, 25, 42, 66, 137, 175, 194, 219, 232, 255, 258, 263, 276, 294, 299f., 304
Göttweiger Trojanerkrieg 26
Granum Sinapis 115–120
Guillaume d'Angleterre 358, 372, 388
Hagiographie, Legende 24, 27, 43, 66, 86, 88, 102, 104, 257, 305, 315, 338, 356, 358f., 362–365, 369f., 373f., 380, 385–388, 392, 394, 405, 411, 416, 434
Hartmann von Aue 135
 Erec 93, 95
 Gregorius 46, 150, 390–393, 398f., 403, 406
 Iwein 92, 95, 343, 403f., 407
Heinrich von dem Türlin
 Diu Crône 22, 25f., 93
Heinrich von Morungen
 Narzisslied 46, 56, 79, 103, 105–121, 138f., 193, 206, 313, 410
Heinrich von Veldeke
 Eneasroman 27, 32, 46, 48, 122–125, 186–188, 345, 410
Heinrich von Wildonie
 Der nackte Kaiser 22, 24
Hippokrates 125–127, 130f., 141f., 146, 153, 218
Homer
 Odyssee 1, 155, 162
Homophilie 1–4, 7f., 35, 37, 41, 44, 49, 69, 155f., 162, 165–168, 171, 174, 181, 189, 192, 196, 202, 205, 207, 249, 327, 332, 405, 409
Hugo von St. Viktor 81, 85, 87, 90, 197, 199, 240, 280, 344
Hybridit 258
Hybridität 44, 211, 258, 305, 316, 326, 357, 359f., 362f., 369, 371, 392, 404, 411f., 416
Inzest 29, 32, 51, 53, 55, 105, 145–151, 154, 207, 275, 392, 398, 424

Jans Enikel
  Weltchronik 22, 25, 46, 88–90, 132, 146–151, 279
Johannesevangelium (NT) 176
Kaiserchronik 390, 393–399, 406, 410
Karlmeinet 22
Kitab Bilawhar wa Budasaf 328
Konrad von Megenberg
  Buch der Natur 78, 82, 141 f., 154
Konrad von Würzburg 94
  Engelhard 1, 3, 6, 22, 26, 28 f., 33 f., 36, 41, 45, 56, 61, 125, 135 f., 155, 193, 254–314, 322, 325, 345, 390, 401–404, 406, 413, 415–417
  Geistlicher Leich 308
  Partonopier und Meliur 44, 70–73, 94
  Trojanerkrieg 33, 137
Konstantin von Afrika 126
Körperliche Ähnlichkeit/Gleichheit (Doppelgänger) 6, 9, 20, 22–26, 28, 30, 32–35, 43, 45 f., 51, 55, 62 f., 67, 72, 86, 93, 102, 104, 123, 140, 144, 147 f., 158, 185–189, 195 f., 200 f., 204, 212 f., 215, 228, 230, 240, 244, 246, 259 f., 263, 267, 269 f., 273–275, 282, 285, 287, 289, 296, 299, 308, 311 f., 318, 320 f., 325, 327 f., 331 f., 334 f., 337 f., 341 f., 346, 355, 365, 376, 386, 388 f., 397, 399, 401 f., 416, 437, 440
Lukasevangelium (NT) 143, 308
Macrobius 114
Mai und Beaflor 32, 132, 305
Marie de France
  Lai le Fresne 142
Matthäusevangelium (NT) 177, 186
Mechthild von Magdeburg
  Das Fließende Licht der Gottheit 112 f.
Meister Eckhart 116
Minne- und Aventiureroman 45, 66, 210, 256, 316, 357, 361
Namensgleichheit, Namensdifferenz 1, 22, 27, 33, 45, 56, 61, 73, 123, 218, 220, 235, 258, 260, 262 f., 267 f., 270, 272, 274, 281, 290, 300, 302 f., 305, 307, 309, 328, 334, 337–340, 395, 415
Nemesius von Emesa 193

Neuplatonismus 5, 10 f., 14, 19 f., 41, 57, 77, 79, 88, 97, 103, 106, 120, 165, 179 f., 183, 191, 202, 205 f., 209, 239, 325, 417
Otfrid von Weißenburg
  Evangelienbuch 87
Otto II. von Freising
  Laubacher Barlaam 315, 333 f., 338, 340, 347 f.
Otto von Freising 83, 133, 315
Paradies, paradiesisch 16, 45, 49, 87–89, 96, 115, 124, 156–158, 160, 162, 184, 192, 197, 202, 206, 208–211, 213, 220 f., 228, 230–232, 234, 238–242, 244 f., 247, 252 f., 276–285, 287, 289–293, 305, 402, 417, 437
Personenidentifizierung 12, 20 f., 24, 26 f., 30–32, 37, 75, 86, 114, 136 f., 139, 158, 188, 213, 230, 242, 259, 288, 293–296, 298 f., 324, 332, 337, 342–344, 355, 359, 369, 377 f., 380, 383, 385, 400, 403, 419
Petrus Lombardus 84, 199, 280
Pfaffe Konrad
  Rolandslied 44, 46, 75, 92, 94 f., 215, 241, 318–321, 323, 327, 329, 366, 412
Platon 49, 74, 79, 86, 99, 174, 325
  Lysis 1, 40, 162 f., 166–170, 172 f., 181, 183, 201
  Symposion 5, 156–162, 168, 184 f., 199, 202, 241, 285
  Theaitetos 288
Plotin 40, 49, 79, 86, 112, 163, 173, 180, 182 f., 191 f., 198, 202, 296
Prosalancelot 22, 24, 26, 42
Pseudo-Dionysius Areopagita
  De divinis nominibus 109
  Die himmlische Hierarchie 79, 96–100, 103 f., 106, 109, 116, 144, 180, 183, 185, 205, 231 f., 277–280, 337, 417
Rappoltsheimer Parzival 26
Reinfrid von Braunschweig 3 f., 8, 27, 33, 137
Reinmar
  Ich hân varender vröiden vil 120
Richard von St. Viktor 99 f.
Rudolf von Ems
  Alexander 32, 135

Barlaam und Josaphat 6, 22, 26, 32, 44f., 66f., 135, 248, 313–319, 327, 356, 360, 364, 366, 369f., 375, 410–412, 416f.
  Weltchronik 317
Sakralisierung, Transzendierung 17, 19, 29, 36, 38, 78, 94, 107, 209, 248, 252f., 255, 261, 267, 275f., 284, 294, 298, 302, 307–310, 312, 386, 405, 410, 417f.
Sergius und Bacchus 186
Sippenkörper 17f., 36, 75, 77, 124, 132, 134, 136f., 139, 150, 153f., 271f., 324, 326, 356, 370, 372, 376–387, 393, 401, 405, 416, 419
Sprachgleichheit, Sprachdifferenz 30, 58, 159, 161, 213, 216, 287, 322f., 389
Statusgleichheit, Statusdifferenz 1, 15, 27, 29f., 35, 37, 42, 45, 51, 208, 210, 213, 216, 221f., 224–228, 230f., 240f., 250f., 253, 263, 265–270, 274f., 283, 290, 295, 301, 306f., 311, 313f., 371f., 375, 380, 385, 402, 413, 415f.
Sujet, sujethaft 43, 46, 66, 214, 221f., 228, 252, 259, 319, 324, 357, 364, 392, 405
Synästhesie 1, 86, 267, 278, 295, 298f., 302, 304, 309, 312, 364, 382, 384
Thomasin von Zerklaere 210, 344
Thomas von Aquin 74, 81, 110, 128, 155, 198, 285
Thomas von Cantimpré
  liber de natura rerum 82, 343
Tugendgleichheit, Tugenddifferenz 8, 22, 33, 61f., 72, 74, 93, 148, 158, 164f., 167, 169–172, 174, 180, 186, 190, 196, 202, 210, 215f., 222f., 227f., 242, 247f., 251–253, 261, 266f., 269f., 272, 274f., 279, 282, 287, 290, 295, 297, 299, 301f., 307f., 314, 320, 343, 345, 355, 359, 368, 395, 401, 412, 415f.
Ulrich von Etzenbach
  Alexander 357
  Wilhalm von Wenden 6, 26, 28, 33, 41f., 46, 50, 208, 216, 226, 245, 301, 305, 317, 319, 322, 331f., 356–407, 412f., 416f.
Ulrich von Türheim
  Rennewart 26
Valentin und Orsus 142
Verwechslung, Täuschung 1, 12, 22, 24f., 27, 32, 42, 57, 145, 203, 233, 288, 299, 310, 332, 341, 355, 410
Walther von der Vogelweide
  Alterston 120
Wesenskette 48, 78f., 82f., 97, 99, 103, 180, 182f., 276, 280f., 294, 307, 366, 437
Wolfram von Eschenbach 135
  Parzival 14, 26, 32, 50f., 57, 89, 92f., 95, 104, 109, 134, 139, 211, 241, 329
  Willehalm 26, 62, 124, 139f., 226, 287, 318f., 321–327, 360, 364, 366, 370, 386, 411f.
Zeugungsmodelle 48, 121f., 125–132, 142, 146, 152–154, 193, 245, 288f., 325, 393f.
Zürcher Barlaam 315
Zwillinge 9, 18, 20, 28, 33, 43, 46, 49, 55, 125, 141–145, 152, 154, 170, 192, 208, 212, 217–219, 252, 272, 288f., 309f., 325, 357, 361, 370, 375–377, 379–381, 383, 386–392, 394f., 397–400, 402f., 406, 410, 425
Zwischenfigur 16, 45, 216, 319, 321–324, 326f., 333f., 355, 379, 405, 411f., 415f.

www.ingramcontent.com/pod-product-compliance
Lightning Source LLC
Chambersburg PA
CBHW031748220426
43662CB00007B/327